# PRINCIPES

# D'ÉCONOMIE POLITIQUE

PAR

## CHARLES GIDE

PROFESSEUR D'ÉCONOMIE POLITIQUE A LA FACULTÉ DE DROIT
DE MONTPELLIER

## QUATRIÈME ÉDITION

*REVUE ET CORRIGÉE*

PARIS

LIBRAIRIE
DU RECUEIL GÉNÉRAL DES LOIS ET DES ARRÊTS
ET DU JOURNAL DU PALAIS

## L. LAROSE, ÉDITEUR

22, RUE SOUFFLOT, 22

1894

# PRINCIPES

# D'ÉCONOMIE POLITIQUE

IMPRIMERIE
CUNTANT-LAGUERRE

LVX · VITAM

Bra .& L C

# PRINCIPES
# D'ÉCONOMIE POLITIQUE

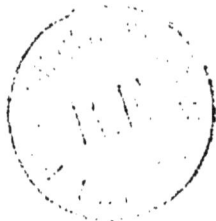

PAR

## CHARLES GIDE

PROFESSEUR D'ÉCONOMIE POLITIQUE A LA FACULTÉ DE DROIT
DE MONTPELLIER

———

### QUATRIÈME ÉDITION

*REVUE ET CORRIGÉE*

———

PARIS

LIBRAIRIE
DU RECUEIL GÉNÉRAL DES LOIS ET DES ARRÊTS
ET DU JOURNAL DU PALAIS
L. LAROSE, ÉDITEUR
22, RUE SOUFFLOT, 22
1894

# AVANT-PROPOS.

Pour la quatrième fois j'ai remis ce petit livre sur le métier, ajoutant de ci et défaisant de là pour ne pas dépasser les proportions que comporte un ouvrage de ce genre. Ce travail aussi ingrat que celui de Pénélope ne cessera sans doute que le jour où la bienveillance du public se lassera, car dans un *guide-book* comme celui-ci, où il faut toucher à tous les sujets et n'indiquer chacun d'eux que d'un trait léger, d'incessantes retouches sont inévitables.

Depuis la dernière édition, deux traductions publiées en langue étrangère m'ont permis de bénéficier d'un cercle de lecteurs — et aussi de critiques — plus vaste.

J'ai fait droit à la plupart de ces critiques qui n'étaient, hélas! que trop fondées. Je dois remercier ici M. James

Bonar pour les notes dont il a enrichi l'édition anglaise, MM. W. Smart et Julius Léo pour quelques modifications qu'ils m'ont suggérées, et M. Schwiedland qui a bien voulu revoir une partie des épreuves.

Je n'ai pas cru cependant devoir modifier le plan et la méthode d'exposition de la première édition [1]. Je reconnais que ce plan est un peu classique, même un peu vieux et qu'il aurait gagné peut-être à être rajeuni par l'emploi de la méthode historique. Mais, outre qu'il convient de laisser à un livre sa physionomie première, j'estime que la méthode didactique est préférable à l'exposition historique pour le genre de public auquel ce livre s'adresse plus particulièrement, je veux dire les étudiants et les gens du monde qui désirent se faire une opinion sur les questions économiques. J'ai ajouté cependant un chapitre sur l'histoire des doctrines économiques et un autre sur l'histoire du système protecteur. J'ai aussi donné plus de renseignements sur la législation économique. Je prierai en outre les lecteurs de vouloir bien ne pas négliger les notes que j'ai accumulées au bas des pages : j'y ai rejeté tous les faits, chiffres, citations, renseignements bibliographiques ou questions ardues, qui auraient rompu le fil de l'exposition, mais elles n'en sont pas moins indispensables à l'intelligence du texte.

Encore moins ai-je songé à modifier l'esprit de cet

---

[1] Parue en 1883.

ouvrage. On l'a qualifié pourtant de dangereux. Mais pourquoi? Parce qu'il laissait planer quelque doute sur la légitimité de certaines institutions considérées comme fondamentales et témoignait quelque sympathie pour certaines doctrines jugées subversives. Il est vrai que nous nous sommes appliqués, en décrivant l'organisation économique, à ne pas en dissimuler les misères, et en discutant les systèmes, à mettre en lumière la part de vérité que chacun d'eux renferme, appliquant ici, comme nous le disions dans les précédentes éditions, la maxime admirable de Shakspeare : « Il y a quelque âme de bonté dans les choses mauvaises [1] ». Nous avons cherché à apprendre à nos lecteurs ce que les autres avaient pensé et à les faire penser eux-mêmes, mais sans poser de thèses, et n'avons même laissé percer nos opinions personnelles que d'une façon discrète.

CH. GIDE.

Juillet 1893.

---

[1] There is some soul of goodness in things evil.
(Shakspeare, *Henri V,* acte IV, scène 1.)

# PRINCIPES
# D'ÉCONOMIE POLITIQUE.

## NOTIONS GÉNÉRALES.

### I.

#### HISTOIRE DE L'ÉCONOMIE POLITIQUE.

C'est en 1615 que l'Économie politique a reçu pour la première fois le nom sous lequel elle est aujourd'hui connue, dans un livre français, le *Traicté de l'Économie politique*, par Montchrétien.

Le mot *Économie* était cependant déjà usité et même un des livres de Xénophon porte ce titre : mais les anciens entendaient par là l'économie domestique (οἶκος maison, νομὸς, règle, loi). En ajoutant le qualificatif *politique*, Montchrétien a voulu marquer le caractère nouveau de cette science, qui est de s'occuper des intérêts publics et non des intérêts privés, et qui coïncidait avec l'avènement des grands États modernes. Aujourd'hui que ce caractère n'est plus discuté, il vaudrait mieux revenir au nom d'*Économie* ou *Économique* qui aurait l'avantage de cadrer avec la terminologie ordinaire des sciences.

Bon nombre de ces questions que nous appelons aujourd'hui questions économiques, ont attiré de tout temps l'attention des hommes, telles que l'argent, le commerce et les moyens d'enrichir les particuliers et l'État. Les Pères de l'Église avaient condamné le luxe, l'inégalité des richesses, le prêt à intérêt. Les anciens eux-mêmes, Aristote entr'autres, avaient très bien analysé la nature de la monnaie, la division des métiers, les moyens d'acquérir la propriété.

Mais on n'avait pas vu le lien qui unissait ces différentes questions et on n'avait pas songé à en faire l'objet d'une science commune. C'était plutôt l'occasion de sages conseils donnés soit aux souverains, soit aux particuliers.

La découverte de l'Amérique provoqua pour la première fois, dans le cours du xvi° et surtout du xvii° siècle, la formation d'une véritable théorie économique, d'un *système*, c'est-à-dire que ces conseils prirent la forme d'un ensemble de préceptes coordonnés et raisonnés. Les pays comme la France, l'Italie et l'Angleterre, qui voyaient d'un œil d'envie l'Espagne tirer des trésors de ses mines du Nouveau-Monde, se demandèrent par quels moyens ils pourraient se procurer aussi l'or et l'argent. C'est précisément le titre que porte le livre d'un Italien, Antonio Serra, publié avant celui de Montchrétien, en 1613 : *Des causes qui peuvent faire abonder l'or et l'argent dans les royaumes dépourvus de mines.* Et ils crurent trouver ce moyen dans l'exportation des produits manufacturés, par conséquent dans le développement du commerce extérieur et des manufactures, et imaginèrent à cet effet tout un système de règlements. C'est ce qu'on a appelé le *système mercantile.*

Au milieu du xviii° siècle, nous voyons se produire en France une vive réaction contre ces doctrines, et c'est alors seulement que la science économique va vraiment prendre naissance. Un médecin du roi Louis XV, le docteur Quesnay, en 1758, publia le *Tableau Economique* et les *Maximes générales du gouvernement économique*[1], et eut pour disciples tout un groupe

---

[1] Peu d'années auparavant (en 1755) avait paru un livre *Essai sur la*

d'hommes éminents qui se donnèrent le nom de *Physiocrates* ou d'*Économistes*. L'Ecole des physiocrates a introduit dans la science deux idées nouvelles qui étaient précisément l'opposé du système mercantile :

1° La prééminence de l'agriculture sur le commerce et l'industrie. La terre seule pour eux est la source des richesses, seule elle donne un *produit net :* les classes de la société autres que la classe agricole sont des classes *stériles.*

2° L'existence d'un ordre naturel et essentiel des sociétés humaines (c'est le titre même du livre d'un des physiocrates, Mercier de la Rivière) qu'il suffit de reconnaître et auquel il suffit de se conformer. Inutile donc d'imaginer des lois, règlements ou systèmes : il n'y a qu'à *laisser faire.*

Le premier de ces principes, bien que réagissant d'une façon heureuse contre les erreurs du système mercantile, était lui-même entaché d'une erreur ou du moins d'une exagération qui a porté un coup mortel à cette école.

Le second, au contraire, devait servir de fondement pendant près d'un siècle à tout l'édifice de la science économique. Des faits quelconques ne peuvent servir de base à une science qu'autant qu'on a reconnu entr'eux des rapports de cause à effet, « un ordre essentiel et naturel ». L'un des disciples les plus illustres de cette école, Turgot, ne se contenta pas d'exposer ces principes dans des écrits remarquables, mais encore il les appliqua, d'abord comme intendant de Limoges, puis comme ministre de Louis XVI, en abolissant les réglementations de l'ancien régime, douanes intérieures, droits sur les grains, et surtout les règlements des corporations.

---

*nature du commerce,* par Cantillon, qui depuis a été reconnu avoir été écrit vers 1725. Ce livre qui était resté presque inconnu jusqu'à nos jours, vient d'être remis en lumière par les économistes anglais et a été appelé par l'un d'eux le premier traité méthodique d'économie politique. Toutefois cet ouvrage resté généralement ignoré, n'a exercé une influence sur le développement de la science que par le canal de l'école physiocratique qui la connaissait et lui a emprunté beaucoup.

L'apparition du livre de l'Écossais Adam Smith : *Recherches sur la nature et les causes de la Richesse des Nations*, en 1776, a exercé une telle influence sur les esprits qu'il a valu à son auteur, assez injustement d'ailleurs, le titre de père de l'Économie politique.

Il est vrai que très supérieur aux écrits des physiocrates au point de vue de l'observation des faits et des enseignements à tirer de l'histoire, embrassant à peu près tout le champ de la science économique et qui n'a guère été élargi depuis lors, ce livre marque une ère décisive dans l'histoire de l'économie politique et va assurer à l'école anglaise une prééminence incontestée pendant près d'un siècle. Adam Smith rejette le premier principe des physiocrates, en rendant à l'industrie sa place légitime dans la production des richesses, mais il confirme le second, c'est-à-dire la croyance à des lois économiques naturelles et au laisser faire, du moins comme règle de conduite pratique.

Peu de temps après Adam Smith, apparaissent trois grands économistes : deux en Angleterre, Malthus, auteur d'une théorie célèbre sur l'accroissement de *la population* (1803) qui, bien que spéciale, devait avoir un retentissement considérable sur toutes les doctrines économiques ; Ricardo, non moins célèbre par sa théorie sur la *rente* foncière (1817), mais qui, par l'abus de la méthode abstraite et purement déductive, devait provoquer plus tard une vive réaction ; — le troisième en France, Jean-Baptiste Say, dont le *Traité d'économie politique* (1803) brille surtout par la clarté de l'exposition, par la belle ordonnance du plan et par la classification. Traduit dans toutes les langues d'Europe, il a été le premier traité d'économie politique vraiment populaire et a servi plus ou moins de modèle aux innombrables manuels classiques qui se sont succédé depuis lors.

C'est dans ce livre surtout qu'apparaît nettement (non sans exagération, mais exagération salutaire à cette époque de fondation) le caractère de science naturelle, c'est-à-dire purement descriptive, attribué à l'économie politique. Adam Smith encore la définissait comme « se proposant d'enrichir à la fois le peuple et le souverain », lui assignant ainsi un but pratique. Mais J.-B. Say, commentant cette définition, écrit : « J'aimerais mieux dire que l'objet de l'économie politique est de faire connaître les moyens par lesquels les richesses *se forment*, *se distribuent* et *se consomment* ». Et c'est le titre en effet qu'il a donné à son livre [1].

A partir de cette époque, l'économie politique peut être considérée comme définitivement constituée. Désormais elle va se diviser en un grand nombre d'écoles et les noms des économistes appartenant à la période suivante seront mieux placés dans le chapitre où nous exposerons les doctrines de ces différentes écoles (Voir le ch. VI).

## II.

### DE LA CLASSIFICATION DE L'ÉCONOMIE POLITIQUE DANS LES SCIENCES.

Les êtres qui constituent l'univers et les phénomènes dont il est le théâtre — corps célestes, terre qui nous porte, éléments contenus dans son sein, animaux et végétaux qui peuplent sa surface — voilà autant d'objets de sciences distinctes qui s'appellent les *sciences physiques et naturelles*.

Mais dans ce vaste monde, il y a d'autres objets bien

---

[1] *Traité d'Économie politique ou simple exposition de la manière dont se forment, se distribuent et se consomment les richesses.*

[2] Sur l'histoire des doctrines économiques, consultez :

Ingram, *Histoire de l'économie politique*, traduit par de Varigny.

Espinas, *Histoire des doctrines économiques.*

Cossa, *Introduzione allo studio dell' Economia Politica.*

dignes de notre étude, ce sont les hommes eux-mêmes vivant
en société : — ils ne sauraient vivre autrement [1]. Les rapports
qu'ils soutiennent entr'eux et les phénomènes dont ces sociétés
sont le théâtre, forment l'objet d'un autre groupe de sciences
qui s'appellent les *sciences sociales* [2].

Autant de relations différentes les hommes peuvent avoir
entre eux : — rapports moraux, juridiques, économiques,
politiques, religieux, et relations de langage qui servent de
véhicule à toutes les autres; — autant de sciences distinctes
qui s'appelleront la morale, le droit, l'économie politique, la
politique, la science des religions ou des langues [3].

Il est vrai qu'Auguste Comte considérait comme vaine et
irrationnelle toute séparation des sciences qui ont pour objet
la société humaine : il n'admettait qu'une science unique
embrassant tous les aspects de cette société et à laquelle il a
donné le nom devenu classique de *sociologie* [4]. Toutefois cette
opinion n'a point prévalu, et aujourd'hui ceux-là même qui
étudient la sociologie considérée comme étude générale des
sociétés, ne refusent pas aux sciences sociales déjà nommées
le droit de se constituer à l'état de disciplines distinctes.

Il est vrai que les lignes de démarcation entre les sciences

[1] L'homme, considéré uniquement au point de vue physique comme
faisant partie du règne animal, rentre naturellement, comme les autres
animaux, dans le domaine de la zoologie et de la physiologie.

[2] On les appelait autrefois *sciences morales et politiques,* et c'est le
nom que porte encore la section de l'Institut de France qui leur est spécialement affectée.

Dans notre enseignement universitaire, ces sciences se trouvent partagées d'une façon assez incohérente d'ailleurs, entre deux Facultés, celle
de *Droit* et celle des *Lettres,* non sans préjudice pour chacune d'elles.

[3] *L'histoire* n'est pas une science distincte par son objet. Toute science
sociale — et même toute science naturelle — a son histoire qui est l'étude
des faits particuliers dont elle s'occupe considérés au point de vue de
leur succession dans le temps.

[4] « Toute étude isolée des divers éléments sociaux est donc, par la nature de la science, profondément irrationnelle et doit demeurer essentiellement stérile, à l'exemple de notre économie politique ». *Cours de philosophie positive,* XLVIII⁰ leçon.

sociales qui s'occupent toutes, en somme, des faits de l'homme, ne sauraient être aussi tranchées que celles que l'on peut tracer entre des sciences dont les objets sont dissemblables, telles que la géologie, la botanique, la zoologie. Cette classification sera toujours plus ou moins artificielle, et plutôt faite pour faciliter l'étude et subvenir à la faible portée de notre entendement que par suite d'une nécessité naturelle. Pour les trois sciences notamment qui se touchent de plus près — morale, droit et économie politique — les frontières seront toujours plus ou moins flottantes : certaines institutions, telle que la propriété, la transmission des biens, le salariat, rentrent dans la juridiction de toutes les trois à la fois. Heureuse pénétration d'ailleurs et très profitable à ces sciences sœurs ! Il suffit de noter que les mêmes objets peuvent être envisagés sous des points de vue distincts et de savoir reconnaître ces points de vue différents auxquels se placent le moraliste, le jurisconsulte et l'économiste. Or cela est relativement aisé : *faire son devoir*, — *exercer ses droits*, — *satisfaire à ses besoins*, constituent trois fins assez différentes de l'activité humaine. C'est de la dernière seulement que notre science a à s'occuper.

## III.

### SI L'ÉCONOMIE POLITIQUE PRÉSENTE LES CARACTÈRES D'UNE VÉRITABLE SCIENCE.

Quand on donne à une branche quelconque des connaissances humaines le titre de « science », on n'entend point par là lui décerner simplement un titre honorifique, mais on prétend affirmer que les faits qu'elle étudie sont enchaînés naturellement les uns aux autres *dans un ordre régulier*.

Il est certains domaines dans lesquels l'ordre des phéno-

mènes est si apparent que les esprits les moins habitués aux
spéculations scientifiques n'ont pu faire autrement que de le
remarquer.

Il suffit de lever les yeux au ciel pour constater la régularité avec laquelle se déroule chaque nuit la marche des étoiles,
chaque mois les phases de la lune, chaque année le voyage
du soleil à travers les constellations. Aux jours les plus loin-
tains de l'histoire, les pâtres en gardant leurs troupeaux ou
les navigateurs en dirigeant leurs barques, avaient déjà reconnu la périodicité de ces mouvements, et par là, ils avaient
jeté les bases d'une vraie science, la plus vieille de toutes, la
science astronomique.

Les phénomènes qui se manifestent dans la constitution des
corps bruts ou organisés ne sont pas aussi simples, et l'ordre
de leur coexistence ou de leur succession n'est pas aussi facile
à saisir. Aussi a-t-il fallu de longs siècles avant que la raison
humaine, perdue dans le labyrinthe des choses, réussît à
saisir le fil conducteur, à retrouver l'ordre et la loi dans ces
faits eux-mêmes, et à édifier ainsi les sciences physiques,
chimiques et biologiques.

Petit à petit cette idée d'un ordre constant des phénomènes
a pénétré dans tous les domaines, même dans ceux qui, à
première vue, semblaient devoir lui rester toujours fermés.
Même ces vents et ces flots dont les poètes avaient fait de tout
temps l'emblème de l'inconstance et du caprice, ont reconnu
à leur tour l'empire de cet ordre universel. On a pu constater
les grandes lois auxquelles obéissent, à travers l'atmosphère
ou les océans, les courants aériens ou maritimes, et la météorologie ou physique du globe a été à son tour fondée. Il n'est
pas jusqu'aux chances des paris, jusqu'aux combinaisons du
jeu de dés qui n'aient été soumises au calcul des probabilités.
Le hasard même désormais a ses lois.

Le jour devait venir enfin où cette grande idée d'un ordre
naturel des choses, après avoir envahi peu à peu comme une

puissance conquérante tous les domaines des connaissances humaines, pénétrerait dans le domaine des faits sociaux. C'est à Montesquieu et aux physiocrates, comme nous l'avons vu, que revient l'honneur d'avoir reconnu et proclamé les premiers l'existence de ce « gouvernement naturel » des choses[1]. Mais si les faits s'enchaînent dans un ordre constant, comme une procession bien réglée dans laquelle chacun garde son rang et observe ses distances, s'il y a, pour employer une locution populaire, « une marche des événements », il doit toujours être possible, un fait étant donné, de prévoir celui qui doit lui succéder ou qui doit l'accompagner. La *prévision*, voilà en effet le critérium d'une véritable science.

Dans certaines sciences, en raison de leur simplicité, cette prévision s'exerce avec une telle ampleur qu'elle fait la stupéfaction du vulgaire et prend les apparences de véritables prophéties : c'est le cas de l'astronomie. Dans les sciences physiques et naturelles, la prévision ne pénètre que bien rarement l'avenir, mais elle permet cependant au chimiste qui combine deux substances dans un creuset, de dire quel est le corps qui sortira de cette combinaison et quelles en seront les propriétés; au géologue, d'annoncer les diverses couches de terrain que l'on rencontrera en perçant un tunnel ou en creusant un puits de mine. Le naturaliste qui aperçoit pour la première fois un animal inconnu, sans même avoir besoin de le disséquer, sait d'avance, par certains signes extérieurs, quels organes son scalpel rencontrera et dans quel ordre ils se présenteront à lui. — L'économiste est-il en mesure de faire valoir, à l'appui de ses prétentions scientifiques, une semblable faculté de prévision?

---

[1] « Les lois sont les rapports nécessaires qui dérivent de la nature des choses, et dans ce sens, tous les êtres ont leurs lois ». C'est par cette définition immortelle que débute l'*Esprit des Lois*.

Quant aux Physiocrates, le nom même de leur école vient de deux mots grecs qui signifient « gouvernement de la nature ».

1*

Il est permis d'hésiter, car les faits qui rentrent sous la discipline de l'économie politique sont des faits de l'homme, par conséquent des faits *volontaires* et qui, comme tels, peuvent bien faire l'objet de certaines conjectures, mais non d'une prévision vraiment scientifique?

Pour répondre à cette vieille objection, il suffirait d'abord de considérer combien grande est la part de l'involontaire et de l'inconscient dans tous les faits sociaux, quelle influence, par exemple, ou plutôt quelle tyrannie exercent sur notre conduite de tous les jours l'*habitude*, l'*imitation*, l'*hérédité*, ces trois facteurs qui ont, tous les trois, pour caractère commun d'être absolument indépendants de notre volonté[1].

Il faut ensuite remarquer que tout acte de l'homme est *nécessairement* déterminé par une cause quelconque : agir sans cause serait le fait d'un insensé. Le libre-arbitre, pour ceux qui l'admettent (pour les déterministes qui ne l'admettent pas, l'objection ne se pose même pas[2]), c'est simplement la possibilité pour l'homme de se déterminer à son choix entre plusieurs mobiles.

Il serait donc très facile à l'économiste de prévoir à coup sûr la conduite d'un homme qui ne serait mu que par un seul mobile (par exemple, le désir de s'enrichir), aussi sûrement que la direction d'un corps qui tombe vers la terre. Malheureusement ce cas ne se présente jamais, ou n'existe qu'à l'état de pure hypothèse imaginée pour simplifier le problème. Toujours plusieurs causes concourent, et il en résulte que l'économiste, en supposant même qu'il connût toutes ces causes, ne pourrait prévoir laquelle l'emportera pour un individu donné et dans un cas donné. Mais il peut prévoir du moins quelles sont les causes qui détermineront le plus grand nombre d'hommes : or,

---

[1] Voy. le livre de M. Tarde, *Les lois de l'Imitation*.

[2] Pour un déterministe, les mobiles étant nécessairement de force inégale, il n'est pas possible que le plus fort ne l'emporte pas et par conséquent la liberté du choix est illusoire.

cela nous suffit. Nous n'avons aucun intérêt, quand il s'agit de faits économiques, à prévoir la conduite de Pierre ou de Paul : la seule chose qui nous importe, *c'est la conduite des hommes considérés en masse*. Nous ne nous servons dans nos calculs que de moyennes[1].

La statistique, du reste, a confirmé maintes fois la régularité vraiment surprenante avec laquelle se reproduisent les faits les plus importants de la vie humaine, tels par exemple que les mariages ; ou les plus insignifiants, tel que le fait de mettre une lettre à la poste sans avoir écrit l'adresse. Dans les faits économiques proprement dits, elle n'est pas moins remarquable. Le débit d'un fleuve, qui est incontestablement régi par des lois naturelles, n'est pas plus constant ni plus régulier que le transit d'un grand courant commercial, tel par exemple qu'une ligne de chemin de fer.

L'économiste peut donc prévoir. Entre deux objets de même qualité, mais de valeur inégale, il peut prévoir que l'acheteur choisira le moins cher, — ou, si l'on trouve cet exemple puéril, il peut aujourd'hui, à divers signes, tels que le cours du change, qui sont ni plus ni moins certains que ceux que le baromètre fournit au marin, reconnaître et prévoir l'approche des crises commerciales[2].

Il est à remarquer que ceux-là même qui dénient le plus

---

[1] On a fait remarquer (Voy. Renouvier, *Classification des systèmes philosophiques*, tome I, p. 292) que quand bien même les faits et gestes des hommes ne seraient que le résultat du pur hasard, alors même la prévision rationnelle pourrait parfaitement s'exercer dans les limites que nous venons d'indiquer, puisque le calcul des probabilités nous apprend précisément à prévoir, par exemple, combien de fois tel numéro sortira au jeu de la roulette. A plus forte raison les actes d'êtres raisonnables permettent-ils la prévision : et si l'on avait affaire à des hommes infiniment sages, il est vraisemblable que la prévision s'exercerait avec autant de sûreté que pour les corps célestes.

[2] Nous aurons l'occasion de voir d'autres exemples. — Si l'on voit s'introduire dans un pays une mauvaise monnaie (par exemple, une monnaie de papier), on peut prédire à coup sûr que la bonne monnaie ne tardera

vivement aux économistes la possibilité de prévision dans les questions économiques, ne manquent pas pourtant d'en user dans le train ordinaire de le ir vie et dans la conduite de leurs affaires quotidiennes. Ce financier qui achète une action de Suez ou d'un chemin de fer, prévoit la continuité et l'augmentation progressive d'un certain trafic dans une direction déterminée, et en payant ce titre fort cher, il affirme par là, qu'il le veuille ou non, sa ferme confiance dans la régularité d'une loi économique. Quiconque spécule, et qui ne spécule pas? exerce tant bien que mal la prévision scientifique.

Il est vrai qu'ici les prévisions sont souvent démenties par les événements[1]. Mais si nos prévisions en fait d'économie politique sont toujours incertaines et à courte vue, la raison ne doit point en être cherchée dans le jeu du libre-arbitre, mais simplement dans notre ignorance des causes, comme pour la météorologie, par exemple. Tout homme qui réfléchit est bien assuré que le vent, la pluie, la grêle ou les orages ne sont pas le résultat du hasard ni bien moins encore de la volonté humaine : il ne met pas en doute qu'ils ne soient régis par des lois naturelles. Cependant les prévisions en ce domaine ne sont pas plus exactes que dans le domaine économique et il est peut-être plus facile de prédire l'arrivée d'une crise commerciale que celle d'un cyclone.

---

pas à disparaître (Voy. *Loi de Gresham*). — A la seule vue du cours du change, on peut juger de la situation financière et commerciale d'un pays (Voy. *Du change*). — Stanley Jevons a même prétendu démontrer une périodicité décennale dans les crises commerciales, réglée sur celle des taches du soleil à laquelle sa théorie audacieuse s'efforçait de les rattacher (Voy. *Des crises*).

[1] On donne comme argument contre l'existence des lois naturelles en matière sociale, le fait que beaucoup de choses tournent autrement qu'elles n'avaient été *prévues* : mais pourquoi ne pas voir plutôt un argument pour l'existence de ces mêmes lois dans le fait que beaucoup de choses tournent autrement qu'elles n'avaient été *voulues* par leurs auteurs? Cela ne prouve-t-il pas que dans ce monde il n'y a à l'œuvre des causes plus fortes que la volonté des hommes?

On a même réussi à donner à l'économie politique le caractère d'une science mathématique. On y arrive en considérant
l'homme comme *mu* par des désirs qu'on assimile (à bon
droit) à des forces, et en déterminant les positions d'équilibre
de ces forces. L'économie politique devient ainsi comme une
branche de la *mécanique* qui est elle-même, comme on le
sait, une science mathématique. Il est certain que les désirs
de l'homme, considérés au point de vue économique, présentent ce caractère tout à fait particulier, et unique dans les
sciences sociales, de pouvoir être mesurés *quantitativement*.
Et comment? Par l'échange. Si un Arabe donne 1,500 fr. pour
avoir un cheval et 1,000 fr. pour avoir une femme, il est clair
que le premier de ces désirs est exactement une fois et demie
plus grand que le second.

## IV.

### DE L'OBJET DE L'ÉCONOMIE POLITIQUE.

La plupart des auteurs définissent l'économie politique la
science « de la richesse ». Bien que ce mot de richesse ait
lui-même grand besoin d'être défini, il éveille assez nettement dans l'esprit l'idée des faits essentiels dont s'occupe
notre science et dispense de recourir à de longues circonlocu-
tions. Toutefois cette définition a l'inconvénient de faire croire
que puisque l'économie politique a pour objet la richesse, c'est-
à-dire des choses, *res*, elle doit être classée parmi les sciences
de la nature qui étudient les corps. En réalité, la richesse, ainsi
que nous le verrons, n'ayant d'existence que par les *besoins des
hommes*, étudier la richesse, ce n'est donc pas autre chose
qu'étudier l'homme lui-même sous un de ses aspects les plus
caractéristiques. Il vaut donc mieux dire que l'économie

politique est la science de tous les faits de l'homme qui se rapportent à la richesse[1].

Trois questions se sont imposées de tout temps aux préoccupations des hommes :

Quels sont les meilleurs moyens d'acquérir la richesse?

Quel est le meilleur emploi qu'on puisse en faire?

Quel est le meilleur mode de répartition?

Et la réponse à chacune de ces questions constitue une des grandes divisions de l'économie politique, à savoir la *production*, la *consommation* et la *répartition*[2].

Il est évident que les trois questions dans lesquelles nous venons de résumer toute l'économie politique, ont un caractère essentiellement *pratique* et il semble par conséquent que la science qui a pour objet d'y répondre doive avoir aussi un caractère pratique, être un *art*, comme on dit, plutôt qu'une science.

En effet, c'est bien comme art, comme étude pratique poursuivant une fin déterminée, à savoir la prospérité des individus ou de la nation, que l'économie politique avait toujours été considérée par les anciens et même jusqu'à Adam Smith.

Toutes les sciences, d'ailleurs, ont commencé par les appli-

---

[1] M. Richard Ely, dans son livre *Introduction to political Economy*, fait très finement remarquer que l'on a assigné pour objet à l'économie politique d'abord *la richesse*, puis *la richesse* dans ses rapports avec *l'homme*, et finalement *l'homme* dans ses rapports avec *la richesse*.

[2] Dans tous les traités d'économie politique, presque sans exception, on ajoute une quatrième partie : la *circulation*. Mais nous avouons n'avoir jamais pu comprendre à quoi elle répond. La circulation des richesses, c'est-à-dire le transfert des marchandises, n'est rien de plus, comme nous le verrons, qu'une conséquence et un aspect de la division du travail. Il est donc irrationnel de détacher cette étude de la branche de la production pour en faire une branche distincte. Le fait de transférer une richesse d'une main à une autre et de lui imprimer une sorte de mouvement de rotation, est un fait sans intérêt par lui-même, et qui ne vaut la peine d'être étudié que dans la mesure où il concourt à la *production* sociale. Ainsi du reste a fait J.-B. Say dans son *Traité d'économie politique*.

cations pratiques, et ce n'est que peu à peu que l'esprit humain s'élève à des spéculations purement désintéressées, c'est-à-dire se place à un point de vue purement scientifique. Telle a été aussi la marche suivie par l'économie politique (Voy. p. 2).

Bon nombre d'auteurs attachent une importance capitale à cette distinction entre la science et l'art et considèrent comme désastreux de les confondre dans une même exposition [1].

Nous considérons au contraire cette réunion comme nécessaire pour rendre l'exposition de la science intéressante et vivante, du moins dans un traité comme celui-ci. Et d'une façon générale il nous paraît difficile, quand il s'agit d'une science comme la nôtre qui n'a d'autre objet que d'étudier les faits et gestes de l'homme, d'écarter délibérément le problème de *ce qu'il doit faire* ou de *ce qu'il peut faire*.

En dehors des trois questions fondamentales que nous avons indiquées, l'esprit humain, toujours curieux de chercher la raison des choses, a fini par se poser une quatrième question : Qu'est-ce que la richesse? — Celle-ci, à la différence des trois autres, est d'un ordre purement spéculatif : il s'agit de rechercher quelles sont les causes qui font la richesse désirable, quels sont les rapports nécessaires qui existent entre les différentes richesses, autrement dit, quelles sont les lois de la

---

[1] Voy. notamment Courcelle-Seneuil, *Traité théorique et pratique d'Économie politique.* Introduction.

M. le professeur Secrétan (*Utopie sociale,* p. 265) déclare que la science économique, comme dans toute science d'ailleurs, comporte trois études distinctes également indispensables et dont la confusion serait désastreuse :

la *description* des phénomènes économiques, la statistique du présent et du passé;

la *théorie* qui montre comment les phénomènes procèdent les uns des autres, s'enchaînent par des rapports de causalité, et qui dégage ces rapports nécessaires qui sont des lois de la nature;

l'*art* qui indique les moyens d'utiliser ces lois pour atteindre les buts proposés par la nature et par la raison.

*valeur et des prix*[1]. — C'est ce qu'on appelle l'économie politique *pure*[2]. Nous consacrerons à cette question une quatrième partie, — mais qui, pour satisfaire à l'ordre logique, devra être la première.


# V.

## DE LA MÉTHODE EN ÉCONOMIE POLITIQUE.

On appelle « méthode » dans le langage scientifique, le chemin qu'il faut suivre pour arriver à la découverte de la vérité.

La méthode *déductive* part de certaines données générales, admises comme indiscutables, pour en déduire par voie de conséquence logique une série indéfinie de propositions. La géométrie peut être citée comme le type des sciences qui emploient la méthode déductive. On peut citer aussi, comme exemple familier à des étudiants en droit, le droit lui-même, surtout le droit romain, dans lequel on voit le jurisconsulte, partant de quelques principes posés par la loi des Douze-Tables ou par le *jus gentium*, construire tout ce prodigieux monument qui s'appelle les *Pandectes*. Dans la science économique, l'école classique est partie de ce principe « que l'homme cherche en toute occasion à se procurer le maximum de satisfaction possible avec le minimum de peine[3] » et de

---

[1] Dans presque tous les traités d'économie politique, on fait simplement de la *valeur* un des chapitres de l'échange. C'est la présenter sous un aspect singulièrement étriqué. La notion de la valeur est le fondement de toute l'économie politique, et ce n'est pas seulement l'échange, mais la répartition, la consommation et la production elle-même qui se ramènent, tant au point de vue purement scientifique qu'au point de vue pratique, à des questions de valeur. Il est donc rationnel de lui faire une place à part, à moins qu'on ne veuille la mettre partout.

[2] Voy. les traités de MM. Walras et Pantaleoni.

[3] Ce principe est connu sous le nom de principe *édonistique :* ce n'est pas précisément un principe *a priori* puisqu'il est emprunté évidemment à la psychologie.

quelques autres axiomes tels que le rendement non-proportionnel du sol (Voy. plus loin), et elle en a déduit une série de propositions qui constituent encore à ce jour toute la charpente de la science économique [1].

Dans les sciences physiques et naturelles, la seule méthode employée depuis Bacon est la méthode *inductive*, c'est-à-dire celle qui part de l'observation de certains faits particuliers pour s'élever à des propositions générales, — par exemple, *du fait* que tous les corps tombent *à la loi* de la gravitation. Dans le domaine économique, ce sera l'observation patiente et accumulée de tous les faits sociaux — tels qu'ils nous sont révélés, dans leur état actuel, par les statistiques ou les renseignements des voyageurs, dans leur état passé, par l'histoire — qui permettra d'édifier lentement l'édifice de la science économique. Et telle est, en effet, la méthode pratiquée et recommandée par la nouvelle école dite historique ou réaliste, à l'exclusion de la méthode déductive.

Cette exclusion est trop absolue; il faut remarquer que l'emploi de la méthode purement inductive ne saurait être aussi efficace dans les sciences sociales que dans les sciences physiques et naturelles : et cela pour deux raisons.

D'abord l'observation des faits y est plus difficile, — bien qu'il puisse sembler paradoxal au premier abord de déclarer plus difficile l'observation des faits qui nous touchent de plus près et à l'égard desquels nous sommes non pas simplement spectateurs mais acteurs. Mais voilà justement la raison qui nous empêche de les bien voir. — De plus, ils sont infiniment plus diversifiés. Qui a vu un seul hanneton les a tous vus : mais qui a vu un seul ouvrier mineur n'a rien vu. A vrai dire, l'observation des faits économiques et sociaux est

---

[1] « L'économie politique, de même que les sciences exactes, se compose d'un petit nombre de principes fondamentaux et d'un grand nombre de corollaires ou déductions de ces principes ». J.-B. Say, *Traité d'économie politique*. Discours préliminaire.

une tâche qui dépasse infiniment les forces individuelles et qui ne saurait être que l'œuvre collective de milliers d'hommes réunissant leurs observations, ou des États eux-mêmes employant à cet effet les puissants moyens d'investigation dont ils disposent[1]. C'est tout une science qui s'appelle la *Statistique*.

De plus, l'observation pure des faits n'aurait jamais donné dans les sciences naturelles le merveilleux résultat que nous admirons, sans le secours de ce mode particulier d'observation pratiqué dans certaines conditions artificielles qui s'appelle l'*expérimentation*. Or justement, dans les sciences sociales, l'expérimentation est d'un emploi très difficile, souvent impossible. Le chimiste, le physicien, le biologiste même (quoique pour ce dernier ce soit déjà plus difficile) peuvent toujours placer le fait qu'ils veulent étudier dans certaines conditions artificiellement déterminées et variables à volonté, — par exemple, pour étudier le phénomène de la respiration d'un animal, le placer sous la cloche d'une machine pneumatique et faire varier à leur gré la pression de l'air. Mais l'économiste, fût-il même doublé d'un législateur ou d'un despote tout-puissant, n'a point cette faculté. En matière sociale, il est obligé

---

[1] Par exemple, le plus simple de tous les faits que puissent étudier les sciences sociales, c'est assurément le nombre de personnes qui composent une société. Cependant, n'est-il pas évident qu'un observateur isolé est dans l'impuissance absolue d'arriver à cette détermination? Les administrations publiques peuvent seules entreprendre cette tâche, et encore n'est-ce que depuis bien peu de temps que les recensements officiels sont arrivés à un degré d'exactitude tolérable.

Autre exemple : En 1879, la Société nationale d'Agriculture a voulu faire une enquête sur la question de savoir si la division de la propriété avait augmenté ou diminué. Peut-on imaginer une question plus simple Or, le résultat de cette enquête (reproduit par M. Leroy-Beaulieu dans son livre sur la *Répartition des richesses*) fut que, sur 88 correspondants, 38 répondirent que la division de la propriété avait augmenté, 4 qu'elle avait diminué, 21 qu'elle était restée la même, et 25 n'ont rien répondu du tout, vraisemblablement parce qu'ils n'en savaient rien! — Et il en est plus ou moins de même dans toutes les enquêtes!

d'étudier les faits tels qu'ils se présentent à lui, sans pouvoir les isoler de la trame des faits connexes dans laquelle ils se trouvent engagés. Nous ne pouvons pas mettre un pays sous cloche, et, en admettant même que ce fût en notre pouvoir, ce ne serait point encore assez pour nous permettre de conclure avec certitude. Supposons que pour étudier les effets du libre-échange, nous puissions prendre deux pays, soumettre l'un à un régime libre-échangiste absolu, l'autre à un régime protectionniste, et qu'au bout de dix ans nous constations que le premier s'est beaucoup enrichi, tandis que le second s'est ruiné? Sans doute, ce sera là un renseignement très précieux, mais pourtant, même dans les circonstances extraordinairement favorables et d'ailleurs tout à fait irréalisables que je viens de supposer, ce ne sera point une expérimentation décisive. Bien d'autres causes, en effet, autres que la différence du régime commercial, telles que les différences de milieux, de races, de législations, d'énergies individuelles, etc., peuvent expliquer les destinées différentes des deux pays[1].

Nous sommes donc obligés, au lieu de provoquer directement des expérimentations sociales, d'attendre celles qu'un heureux hasard veut bien nous fournir dans certaines circonstances particulières, telles que l'application d'une législation nouvelle, la fondation de quelque colonie socialiste, l'apparition d'une crise pathologique dans une société, — et encore cette expérimentation indirecte ne nous permet-elle que très rarement d'arriver à des conclusions certaines[2].

Il ne faut donc pas rejeter l'emploi de la méthode abstraite,

---

[1] Des deux colonies australiennes sœurs, la Nouvelle-Galles du Sud et Victoria, toutes les deux pourtant d'une commune origine et vivant dans le même milieu, la première est libre-échangiste, la seconde est protectionniste; bien que cette expérience dure depuis assez longtemps, pense-t-on qu'elle ait tranché la question? Nullement : *adhuc sub judice lis est.*

[2] Voy. cependant l'efficacité de la méthode expérimentale dans les sciences sociales énergiquement soutenue par M. Donnat dans *La politique expérimentale.*

ni ces « supposons que .... », familiers à l'école de Ricardo et que l'école historique a en horreur, ni même ses Robinsonades qu'elle raille. Le labyrinthe des faits économiques est bien trop inextricable pour que nous puissions jamais arriver, par le seul secours de l'observation, à nous y reconnaître et à démêler ces rapports fondamentaux qui constituent la matière de toute science[1]. Ce n'est pas seulement à l'abstraction, mais à l'imagination, c'est-à-dire à l'hypothèse, qu'il faut faire appel pour porter la lumière dans ces ténèbres et l'ordre dans ce chaos. La véritable méthode procède par trois étapes :

1º *Observer* les faits, sans idée préconçue, et ceux-là même qui paraissent à première vue les plus insignifiants;

2º *Imaginer* une explication générale qui permette de rattacher entr'eux certains groupes de faits : en d'autres termes, faire une *hypothèse ;*

3º *Vérifier* le bien-fondé de cette hypothèse, en recherchant, soit par l'expérimentation si possible, soit tout au moins par l'observation conduite d'une façon spéciale, — si elle correspond exactement aux faits[2].

C'est ainsi, du reste, que l'on procède même dans les sciences physiques et naturelles. Toutes ces grandes lois qui constituent les bases des sciences modernes, — à commencer par la loi de la gravitation de Newton, — ne sont que des hypothèses *vérifiées :* et il faut même dire que les grandes théories qui ont servi de base aux découvertes scientifiques de

---

[1] Chevreul, le savant français qui est mort récemment plus que centenaire, disait : « Tout fait est une abstraction ». Cette formule, qui paraît bizarre au premier abord, se comprend très bien, si l'on songe que ce que nous appelons un fait c'est quelque chose qui a dû être dégagé d'une foule d'autres faits connexes et pour l'observation duquel il a fallu déjà faire abstraction de beaucoup d'autres choses.

[2] Bien entendu, il n'est pas nécessaire que le même économiste observe, fasse des hypothèses et les vérifie! Les dons de l'observation et de l'imagination se trouvent d'ordinaire assez rarement réunis. Une division du travail suivant les aptitudes, s'établira naturellement entre les adeptes de la science.

notre temps, — par exemple, l'existence de l'éther dans les
ciences physiques ou la doctrine de l'évolution dans les
sciences naturelles, — ne sont que des hypothèses encore à
*vérifier*[1].

Le tort de l'école classique, ce n'est donc point précisément
d'avoir trop usé des abstractions, mais d'avoir pris trop souvent ces abstractions pour des réalités, d'en avoir fait des
dogmes au lieu d'y voir de simples hypothèses provisoires et
destinées à être vérifiées ou... démenties. Elle a vu dans ces
généralisations la charpente même de l'édifice économique,
alors qu'elle ne devait y voir que ces échafaudages nécessaires
à la construction des édifices, mais qui sont destinés à être
démolis une fois l'œuvre achevée. Ce n'est point la méthode
déductive, c'est l'esprit *dogmatique* qu'il importe d'éviter.

Il s'est formé du reste dans ces derniers temps une nouvelle
école déductive qui, tout en restant fidèle à la méthode abstraite et même en la poussant à l'extrème, puisqu'elle emploie
de préférence le langage mathématique, a su ne pas se laisser
prendre au piège de ses propres spéculations, comme l'avait
fait l'école ancienne. Elle donne ses abstractions simplement
pour ce qu'elles sont, c'est-à-dire pour des hypothèses destinées à éclairer les faits et à guider l'observateur[2].

---

[1] Voy. l'*Introduction à l'étude de la Médecine expérimentale* de
Claude Bernard et la *Logique de l'hypothèse* de M. Naville. —Comme l'a
fait observer Stanley Jevons, dans ses *Principles of Sciences*, la méthode qu'on emploie pour arriver à la découverte de la vérité dans les
sciences est semblable à celle qu'emploient inconsciemment ceux qui cherchent l'explication de ces rébus ou de ces langages chiffrés qui figurent à
la dernière page des journaux illustrés. Pour deviner quel peut être le
sens de ces énigmes, nous *imaginons* un sens quelconque; puis nous
*vérifions* si, en effet, il s'accorde avec les chiffres ou les images que nous
avons sous les yeux. S'il ne s'accorde pas, c'est une hypothèse à rejeter.
Nous en imaginons alors quelque autre jusqu'à ce que nous soyons plus
heureux ou que nous perdions courage. Le chercheur ne trouvera jamais
rien dans les faits, s'il n'a pas déjà dans la tête l'image pressentie de la
vérité.

[2] « L'économie politique pure, dit M. Walras dans ses *Éléments*

# VI.

## LES QUATRE ÉCOLES ÉCONOMIQUES.

La science économique est divisée en nombreuses écoles — presqu'autant que la philosophie — ce qui est incontestablement un signe d'infériorité. Il ne suffit pas de dire, pour se consoler, qu'elle n'a guère plus d'un siècle d'existence et que ce défaut passera avec l'âge. D'autres sciences qui ne sont guère plus vieilles, qui ont à peine encore une vie d'homme, sont arrivées à constituer déjà un ensemble de principes assez certains pour obtenir l'adhésion unanime de tous ceux qui les cultivent. Tel n'est pas le cas de la science économique : et c'est pour cette raison que bon nombre d'esprits se refusent à lui attribuer le titre de science, ou du moins trouvent ce titre prématuré. Il importe cependant de remarquer que les diverses écoles diffèrent entr'elles moins sur l'explication des phénomènes économiques que sur la méthode à suivre pour les étudier, sur la façon de les apprécier et sur les conséquences pratiques qu'on peut en tirer. Tant qu'il ne s'agit que de découvrir, par exemple, les causes qui déterminent l'inégalité des richesses, on n'est pas loin de s'entendre, mais quand il s'agit de savoir si l'inégalité des conditions est une chose bonne en soi et surtout s'il convient de chercher à la

---

*d'économie politique pure,* est essentiellement la théorie de la détermination des prix sous un régime *hypothétique* de libre concurrence absolue ».

M. Pantaleoni dit de même (*Principii di Economia pura*) : « Que l'hypothèse édonistique et psychologique (celle du maximum de satisfaction et du minimum d'efforts) d'où se déduisent toutes les vérités économiques, coïncide *ou non* avec les motifs qui déterminent réellement les actions de l'homme... c'est là une question qui ne touche point à l'exactitude des vérités ainsi déduites ».

modifier, c'est alors que les divergences s'accusent. Elles tiennent donc au caractère moral et politique de cette science et il n'est pas probable qu'elles disparaissent jamais, bien qu'il y ait lieu d'espérer qu'on arrivera à s'entendre sur certains principes essentiels.

## § 1. — L'École libérale.

La première de ces écoles est celle qu'on appelle *classique,* parce qu'elle a apparu la première et a longtemps régné sans partage, ou *libérale,* en vertu de la formule fameuse qui lui sert de devise, ou *orthodoxe* comme la qualifient ses adversaires non sans quelque ironie. Mais est-ce bien une école? Ses partisans s'en défendent avec quelque hauteur et prétendent représenter la science elle-même : ils se donnent à eux-mêmes, et leurs adversaires leur concèdent même le plus souvent, le titre de « économistes » tout court[1]. Sa doctrine est fort simple et peut se résumer en les trois points suivants.

1° Les sociétés humaines sont gouvernées par des *lois natu-*
*relles — que nous ne pourrions point changer, quand même
nous le voudrions,* parce que ce n'est pas nous qui les avons
faites, et que, d'ailleurs, *nous n'avons point intérêt à modifier, quand même nous le pourrions,* parce qu'elles sont

---

[1] Remontant directement par ces origines aux Physiocrates et à J.-B. Say, elle a eu pour principaux représentants : — en France, Dunoyer (*Liberté du travail,* 1845), Bastiat (*Harmonies,* 1848), Baudrillart et Courcelle-Seneuil morts récemment, et actuellement MM. Paul Leroy-Beaulieu, Molinari, Léon Say, etc., — en Amérique, Carey (*Science sociale,* 1838) et actuellement M. Francis Walker. Quant aux économistes anglais qui ont succédé aux grands fondateurs dont nous avons déjà parlé et que l'on désigne ironiquement sous le nom d'école de Manchester, Mac-Culloch, Senior, Stuart Mill, Cairnes, ils peuvent être considérés comme se rattachant à l'école libérale, sous réserve toutefois du caractère optimiste qui est beaucoup moins accusé ou même totalement absent chez eux, mais, en revanche, avec un caractère *dogmatique* encore plus accentué. Le beau livre de Stuart Mill (*Principes d'économie politique,* 1848) est le premier où ait passé un souffle socialiste.

bonnes ou du moins les meilleures possibles [1]. La tâche de
l'économiste se borne à découvrir le jeu de ces lois naturelles, et le devoir des individus et des gouvernements es
de s'appliquer à régler leur conduite d'après elles.

2° Ces lois ne sont point contraires à la liberté humaine ;
elles sont, au contraire, l'expression des rapports qui s'établissent *spontanément* entre les hommes vivant en société,
partout où ces hommes sont laissés à eux-mêmes et libres
d'agir *suivant leurs intérêts*. En ce cas, il s'établit entre ces
intérêts individuels, antagoniques en apparence, une *harmonie* qui constitue précisément l'ordre naturel et qui est de
beaucoup supérieur à toute combinaison artificielle que l'ont
pourrait imaginer.

3° Le rôle du législateur, s'il veut assurer l'ordre social
et le progrès, se borne donc à développer autant que possible
ces initiatives individuelles, à écarter tout ce qui pourrait les
gêner, à empêcher seulement qu'elles ne se portent préjudice les unes aux autres, et par conséquent, l'*intervention
de l'autorité doit se réduire à un minimum* indispensable à
la sécurité de chacun et à la sécurité de tous, en un mot à
*laisser faire* [2].

Une telle conception ne manque assurément ni de simplicité ni de grandeur. Quelle que soit la destinée qui lui est

---

[1] « Les lois qui président au capital, au salaire, à la répartition des
richesses sont aussi bonnes qu'inéluctables. Elles amènent l'élévation
graduelle du niveau humain ». Leroy-Beaulieu, *Précis d'économie politique.*

[2] « Nous disons que ces lois naturelles gouvernent la production et la
distribution de la richesse de la manière la plus utile, c'est-à-dire la plus
conforme au bien général de l'espèce humaine ; qu'il suffit de les observer,
en aplanissant les obstacles naturels qui s'opposent à leur action, et surtout en n'y ajoutant point des obstacles artificiels, pour que la condition
de l'homme soit aussi bonne que le comporte l'état d'avancement de ses
connaissances et de son industrie. C'est pourquoi notre évangile se résume
en ces quatre mots : laisser faire, laisser passer ». De Molinari, *Les lois
naturelles.* — Tout le célèbre ouvrage de Bastiat, les *Harmonies économiques*, n'est que le développement de cette idée.

réservée, elle aura du moins le mérite d'avoir servi à constituer la science économique, et si d'autres doctrines doivent
la remplacer un jour, elle n'en sera pas moins le fondement
sur lequel celles-ci auront bâti.

Le plus grave reproche qu'on puisse faire à cette doctrine,
c'est une tendance très marquée à l'*optimisme*, tendance qui
paraît inspirée beaucoup moins par un esprit vraiment scientifique que par le parti pris de justifier l'ordre de choses
existant. Sans doute, quand on considère l'organisation économique d'une société et les institutions qui en sont le fondement, on est autorisé à conclure qu'elles sont bonnes par
certains côtés, puisqu'elles démontrent suffisamment, par le
fait même de leur existence et de leur durée, une valeur au
moins relative : on est même autorisé à conclure qu'elles sont
naturelles, en ce sens qu'elles sont évidemment déterminées
par la série des états antérieurs qui leur ont donné naissance ; mais on n'est nullement autorisé à conclure qu'elles
sont les meilleures possibles. Cette conclusion est tout à fait
irrationnelle[1].

L'idée que l'ordre économique existant est le produit spontané de la liberté — et que par conséquent il ne pourrait être
remplacé que par un ordre fondé sur la contrainte et par conséquent pire — ne paraît pas plus exacte. Cet ordre est, pour
une part au moins, le résultat, soit de faits de guerre et
de conquête brutale (par exemple, l'appropriation du sol de
l'Angleterre par un petit nombre de landlords a pour origine
incontestée la conquête normande), soit de lois positives édic-

---

[1] Auguste Comte avait déjà protesté, au nom de la science, contre « cette
tendance systématique à l'optimisme, dont l'origine est évidemment théo-
logique » (*Cours de philosophie positive*, xlviii° leçon). Mais cette doctrine n'a même pas pour excuse, comme le suppose Auguste Comte, d'être
conforme à la théologie ! car la théologie chrétienne n'est rien moins qu'optimiste : elle considère, au contraire, l'ordre de choses actuel et toutes
les manifestations de la liberté humaine comme irrémédiablement viciés
par la chute du premier homme.

tées par certaines classes de la société à leur profit (lois successorales, lois fiscales, etc.). Si donc le monde était à refaire et s'il pouvait être refait dans des conditions de liberté absolue, rien ne prouve qu'il fût semblable à celui qui existe aujourd'hui [1].

On n'est pas davantage autorisé à conclure que, parce que les lois naturelles sont permanentes et immuables, les faits et les institutions économiques actuelles doivent avoir aussi un caractère de permanence et d'immuabilité. C'est là un pur sophisme, pour ne pas dire un jeu de mots. Si, au contraire, comme tend à le croire la science contemporaine, la loi naturelle par excellence est celle de l'évolution, alors il faudrait dire que les lois naturelles, *bien loin d'exclure l'idée de changement, la supposent toujours.* Quand les socialistes, par exemple, prétendent que le salariat doit disparaître, parce que de même qu'il a succédé au servage et à l'esclavage, de même il sera remplacé à son tour par la coopération ou tout autre état innommé, on peut sans doute critiquer leur argumentation, mais on ne peut prétendre qu'elle soit en contradiction avec les lois naturelles, puisque ces mêmes lois font succéder sur une même plante la fleur à la graine et le fruit à la fleur.

Et non seulement les faits et les institutions économiques peuvent changer, mais encore *notre volonté n'est certainement pas impuissante à déterminer ces changements.* En fait, cette volonté s'exerce tous les jours sur les faits de l'ordre physique, et de la façon la plus efficace, pour les modifier suivant nos besoins, et cette action raisonnée de l'homme sur les phénomènes naturels n'est nullement incompatible avec l'idée de loi naturelle : elle lui est au contraire intimement liée [2].

---

[1] Voy. Secrétan, *Études sociales,* p. 35.

[2] Comme le dit spirituellement M. Espinas (*Sociétés animales*) : « Si l'activité humaine était incompatible avec l'ordre des phénomènes, il faudrait considérer comme un miracle le fait de faire cuire un œuf ».

Sans doute, il est certains faits qui échappent, par leur immensité ou leur éloignement, à toute action de notre part, tels que les phénomènes de l'ordre astronomique ou géologique ou même météorologique : nous n'avons ici qu'à les subir en silence et notre faculté de prévision ne saurait nous permettre d'échapper au choc d'une comète ou à un tremblement de terre : — mais que d'autres domaines où notre science est quasi-souveraine! La plupart des composés de la chimie inorganique, et les plus importants ont été créés par le savant dans son laboratoire. A voir l'éleveur de bétail dans ses étables, ou l'horticulteur dans ses jardins, modifier sans cesse les formes animales ou végétales et créer des races nouvelles, il semble que la nature vivante se laisse pétrir aussi docilement que la matière inerte. Même les phénomènes atmosphériques n'échappent pas absolument à l'empire de l'industrie humaine : celle-ci émet la prétention, par des défrichements ou des reboisements appropriés, de modifier le régime des vents et des eaux et, renouvelant le miracle du prophète Élie, de faire descendre à son gré du ciel la pluie et la rosée!

A plus forte raison, notre activité peut-elle s'exercer sur les faits économiques, précisément parce que ce sont des faits de l'homme, et que nous avons immédiatement prise sur eux [1]. Sans doute, ici comme dans le domaine des phénomènes physiques, cette action est renfermée dans certaines limites que la science cherche à déterminer et que tous les hommes, soit qu'ils agissent individuellement par des entreprises privées, soit qu'ils agissent collectivement par des règlements législatifs, devraient s'efforcer de respecter. C'est le cas de répéter

[1] Même les représentants de l'école déterministe, même ceux qui nient le libre-arbitre (et tel, certes, ne saurait être le cas de l'école qui s'intitule « libérale »!) reconnaissent à l'homme le pouvoir de modifier l'ordre des choses dans lequel il vit. Ils font seulement cette réserve, que tout acte modificateur de l'homme est lui-même *prédéterminé* nécessairement par certaines causes, mais ceci est une question de pure métaphysique dans laquelle nous n'avons pas à entrer ici.

le vieil adage de Bacon : *naturæ non imperatur nisi parendo,*
qu'on peut traduire ainsi : on ne peut modifier les faits économiques qu'à la condition de connaître les lois économiques
et de s'y conformer. L'alchimie s'efforçait de convertir le
plomb en or : la chimie a abandonné cette vaine recherche depuis qu'elle a constaté que ces deux corps sont des éléments
simples ou du moins irréductibles, mais elle n'a pas renoncé
à convertir le charbon en diamant; parce qu'elle a constaté au
contraire qu'il n'y a là qu'un même corps sous deux états différents. L'utopiste torture inutilement la nature pour lui demander ce qu'elle ne peut lui donner : l'homme de science
ne lui demande que ce qu'il sait être possible. Mais la sphère
de ce possible est infiniment plus vaste que ne le pense l'école
classique.

Enfin, cette défiance extrême de l'État et du législateur, qui
ne leur laisse guère d'autre rôle que de préparer leur abdica-
tion progressive, ne paraît pas non plus scientifiquement établie[1]. L'histoire nous montre l'État comme un facteur très
actif du progrès social (abolition de l'esclavage, du servage,
des maîtrises) et dont les attributions vont s'élargissant sans
cesse. En effet, pour déterminer ces grandes modifications sociales dont nous venons de parler, l'initiative individuelle est le
plus souvent impuissante. L'association a plus de puissance,
sans doute, mais ceux qui opposent l'association libre à l'État

---

[1] M. Leroy-Beaulieu, dans son *Précis d'économie politique,* résume
parfaitement les divers griefs que l'école libérale fait valoir contre l'extension des attributions de l'État. Il lui reproche :

1° De manquer d'*initiative et d'activité* parce qu'il n'est pas soumis à
l'aiguillon de l'intérêt personnel ni de la concurrence;

2° De ne présenter aucune supériorité réelle sur les individus : ni au
point de vue de la *capacité,* ni au point de vue de l'*impartialité,* ni
même au point de vue de l'*esprit de suite* dans ses desseins, étant donnés l'origine, le fonctionnement et les vicissitudes inévitables de tout gouvernement sous n'importe quel régime, mais plus spécialement sous celui
qui tend à devenir universel, le régime démocratique.

Voy. surtout le pamphlet d'Herbert Spencer, l'*Individu contre l'État.*

e doivent pas oublier que l'*État n'est, lui-même, qu'une forme très remarquable de l'association coopérative*, forme supérieure non seulement par son ancienneté et son étendue, mais parce qu'elle poursuit des intérêts d'un ordre plus élevé et plus éloigné. Le fait que cette association qui nous réunit à nos concitoyens est obligatoire, au lieu d'être purement volontaire, ne diminue pas sa force : l'idée de solidarité est indépendante de l'idée de liberté.

Ce qui a donné et donne encore une grande force à la thèse de l'école libérale, c'est que trop souvent l'État fait preuve d'une déplorable incapacité en matière économique et se fait trop souvent l'instrument d'un parti plutôt que l'organe de cette grande association dont nous venons de parler. Mais ce sont là des vices tenant non à la nature de l'État, mais à son organisation. Il ne faut pas oublier que l'État, même dans les pays les plus avancés au point de vue politique (surtout dans ceux-là, pourrait-on dire !) n'a été organisé *qu'en vue de ses fonctions politiques et nullement de ses fonctions économiques*, que la forme encore embryonnaire de la division du travail dans le gouvernement, l'arbitraire avec lequel sont distribuées les fonctions publiques, l'instabilité du pouvoir, le rendent impropre à s'acquitter de ces fonctions nouvelles. Mais il est permis d'espérer que le jour où l'État sera constitué sur des bases plus scientifiques, il pourra exercer dans le domaine économique une action plus rationnelle et plus efficace que celle qu'il a exercée jusqu'à présent[1].

## § 2. — L'École socialiste.

L'école socialiste est aussi ancienne que l'école classique : on peut même dire qu'elle l'est davantage, car il y a eu des

---

[1] Voy. en ce sens Dupont White, *L'Individu et l'État* (1865); — Hamilton, *Le développement des fonctions de l'État dans leurs rapports avec le droit constitutionnel (Revue d'économie politique*, 1891); — Cauwès, *Cours d'économie politique*, tome I, liv. 1, 3e édit.

socialistes longtemps avant qu'on connût une économie politique. Les doctrines de cette école ayant surtout un caractère critique, il est beaucoup plus difficile de les formuler que celles de l'école précédente. Voici cependant comment on peut les résumer, du moins dans leur expression la plus moderne [1].

Les nombreuses écoles socialistes considèrent l'organisation des sociétés modernes comme entachée de certains vices incurables qui doivent entraîner sa fin dans un délai plus ou moins rapproché.

Elles voient la source de tous ces vices dans *la propriété individuelle* et s'efforcent de démontrer que cette institution tend constamment à sacrifier l'intérêt général à l'intérêt individuel et à faire vivre un petit nombre de privilégiés aux dépens de la masse des déshérités, *paucis humanum genus vivit*.

Elles attendent donc un ordre de choses nouveau dans lequel la propriété individuelle sera sinon complètement supprimée, du moins plus ou moins réduite; et ces diverses écoles peuvent même être classées d'après ce critérium (suppression de la propriété privée pour tous les biens, *communistes et anarchistes;* — suppression de la propriété seulement pour les instruments de production, *collectivistes;* — suppression de la propriété seulement pour la propriété immobilière, *nationalistes*).

---

[1] Le socialisme, — en laissant de côté toute la lignée des précurseurs qu'on peut faire remonter jusqu'à Platon, — a eu comme principaux représentants dans ce siècle : en France : Saint-Simon (*Système industriel,* 1821), Fourier (*Association domestique agricole,* 1822), Proudhon (*Qu'est-ce que la propriété,* 1840) ; — en Angleterre, Owen (son principal ouvrage *New views of Society,* est de 1812); — en Allemagne, Karl Marx (*Le capital,* 1867, édition française), Lassalle (*Bastiat et Schulze-Delitzsch,* 1864, traduit en français) ; — en Belgique, Colins (mort en 1859), de Pæpe (mort en 1892). — Ce sont les socialistes allemands qui ont donné au socialisme contemporain, dit *collectivisme,* sa physionomie caractéristique. La forme dite *anarchisme* est due surtout aux socialistes usses : Tchernyschewsky (mort en 1865), Bakounine (mort en 1876) et Kropotkine (les ouvrages de ce dernier ont été publiés en français). — Voir au livre IV, *Les solutions socialistes.*

Quant aux autres traits de cette société future, ils sont encore assez indéterminés. Les anciens socialistes (Thomas Morus, Saint-Simon, Fourier) qu'on qualifie dédaigneusement d'*utopistes* et dont les doctrines sont aujourd'hui assez discréditées, peut-être trop, s'étaient complu à la construire de toutes pièces d'après certaines idées de justice *a priori*. Les autres, qui prennent fièrement le titre de socialisme *scientifique* (Karl Marx, Malon), prétendent que cette société future saura bien se dégager d'elle-même de la société actuelle comme le papillon de sa chrysalide : et la partie la plus intéressante et la plus originale de leur thèse consiste à démontrer que cette société future se trouve contenue, comme à l'état d'embryon, dans le sein de nos sociétés modernes qui sont déjà mûres pour cet enfantement[1].

Cette école ne conteste nullement, comme on le répète à tort, l'existence de lois naturelles; elle est, au contraire, déterministe à outrance. Seulement, tandis que ce mot « loi naturelle » implique pour l'école libérale l'idée de stabilité et d'immutabilité, ce même mot implique pour l'école socialiste contemporaine l'idée de changement et de transformation indéfinie. Au lieu de se représenter les sociétés humaines, comme Bastiat se représentait le monde planétaire tournant autour d'un point fixe et suspendu dans un équilibre éternel qui ne se trouble jamais, elle se le représente à la façon d'une plante ou d'un animal qui, de la naissance à la mort, se transforme sans cesse — et il faut reconnaître que ce point de vue est mieux conforme à l'esprit de la science contemporaine. En outre, la plupart des socialistes attendent la Révolution comme une mesure indispensable pour substituer l'ordre de choses nouveau à l'ordre de choses actuel. De la part d'évolutionnistes,

---

[1] Voy. la description de cette société future au point de vue collectiviste, dans *La Quintessence du socialisme* par Schæffle; — *Cooperative Commonwealth,* par Gronlund ; — et aussi dans le roman *Looking Backward* de Bellamy (traduit en français sous le titre *Seul de son siècle*).

cette façon de voir peut étonner au premier abord : ils s'efforcent de la justifier en faisant observer que le procès de l'évolution s'accomplit souvent par des crises, c'est-à-dire par le
passage brusque et même violent d'un état à un autre, témoins
la chrysalide qui doit, pour devenir papillon, déchirer son
cocon, ou le poussin qui, pour sortir de l'œuf, doit en briser
la coquille à coups de bec.

Enfin toutes ces écoles — hormis une seule, l'école anarchiste, qui est au contraire individualiste à outrance — sont
naturellement disposées à étendre autant que possible les attributions des pouvoirs collectifs, représentés soit par l'État,
soit par les communes, puisqu'en effet leur but est d'arriver
à transformer en services publics tout ce qui est aujourd'hui
du ressort de l'entreprise privée[1].

Il est impossible d'apprécier dans ce chapitre la valeur des
critiques que l'école socialiste dirige contre l'ordre social actuel; nous les rencontrerons au cours de nos explications. Disons cependant dès à présent que la part de vérité qu'elles
contiennent paraît assez grande et qu'elles ont exercé, à tout
prendre, une influence salutaire sur les esprits et les tendances
de ce siècle.

Mais c'est au point de vue positif, ou, si l'on veut, cons-
tructif, que se trouve le côté faible de cette école. Quels que
soient, en effet, les imperfections ou même les dangers de

---

[1] Ce n'est cependant que comme mesure transitoire que le socialisme
demande l'extension des attributions de l'État. Car il professe le plus grand
mépris, au contraire, pour l'État tel qu'il est aujourd'hui, « l'État bour-
geois » comme il l'appelle, c'est-à-dire l'État gérant ses intérêts et ses
entreprises par les mêmes procédés que les individus : aussi déclare-t-il
qu'il faut commencer par le renverser. Il évite même, dans ses plans de
réorganisation de la société future, de prononcer le mot d'État, et il emploie de préférence celui de Société. L'État, dans le plan socialiste, devra perdre tout caractère politique pour devenir simplement économique :
il ne sera rien de plus que le conseil d'administration d'une sorte d'immense société coopérative embrassant le pays tout entier. C'est par là que
le pur socialisme se distingue du *socialisme d'État*.

l'*intérêt personnel*, du désir de s'enrichir, en tant que moteur de tout le mécanisme économique, on n'imagine pas aisément par quel autre ressort on pourra faire agir les hommes : on n'en aperçoit que deux autres auxquels l'on puisse songer, l'un s'appelle la *contrainte* et l'autre l'*amour*.

Or, quant à l'amour d'abord — ou comme l'on dit en l'opposant à « l'égoïsme » —quant à « l'altruisme », ce serait, certes, la vraie solution et il faut espérer qu'un jour elle se réalisera. Mais les socialistes qui comptent dès à présent sur ce mobile font preuve d'un *optimisme* bien moins justifié encore que celui que nous reprochions tout à l'heure aux économistes. Avant que l'homme, en effet, se décide à travailler uniquement pour l'amour du prochain, il faudra une transformation plus radicale que celle que pourra produire n'importe quelle révolution socialiste : il ne suffira pas de changer le milieu dans lequel il vit, il faudra changer son cœur.

Il est donc à craindre que les socialistes, à défaut de l'amour, ne soient obligés de se rabattre sur la contrainte. Or, outre que ce serait payer trop cher le bien-être général que de le payer au prix de la liberté, il est à craindre que même à ce prix on n'atteignît pas encore le résultat désiré. En effet, la production des richesses, pour être abondante, exigera toujours le déploiement maximum des énergies individuelles et l'expérience prouve que ces énergies ne sauraient prendre leur essor sous un régime de contrainte. Quant à penser, comme le croient beaucoup de socialistes, que le rôle de l'initiative individuelle pourra devenir moins nécessaire à mesure qu'on recourra à l'action des corps collectifs, Etat, communes, corporations puissamment organisés, — cette thèse non plus ne paraît pas fondée, car l'expérience de tous les jours nous apprend que les associations, grandes ou petites, ne valent rien de plus que ce que valent les individus qui les dirigent : par conséquent, tout système qui tendrait à réduire les énergies individuelles n'a pas chance d'obtenir grand chose de bon des collectivités, si ingénieusement d'ailleurs qu'elles puissent être organisées.

## § 3. — L'École catholique.

Bien que l'épithète même qui sert à désigner cette école semble la mettre en dehors d'une classification scientifique, cependant elle a pris un trop grand développement dans différents pays et, même au point de vue purement économique, le seul dont nous ayons à nous occuper ici, elle présente des traits trop caractéristiques pour que nous puissions la passer sous silence [1].

L'école catholique croit fermement, comme l'école classique, à l'existence de lois naturelles, qu'elle appelle *lois providentielles*, et qui gouvernent les faits sociaux aussi bien que les faits de l'ordre physique.

Seulement, elle croit que le jeu de ces lois providentielles peut être profondément troublé par le mauvais emploi de la liberté humaine, et qu'en fait c'est précisément ce qui est arrivé : *par la faute de l'homme, le monde n'est pas ce qu'il devait être, ce que Dieu aurait voulu qu'il fût.* A la différence de l'école libérale, elle n'est donc nullement optimiste : elle ne considère point l'ordre social comme bon ni même comme tendant naturellement vers le mieux; surtout elle n'a aucune confiance dans le laisser-faire pour rétablir l'harmonie et assurer le progrès, puisqu'elle voit au contraire dans cette liberté même, ou du moins dans ce qu'elle appelle le

---

[1] Les chefs de cette école appartiennent plutôt à l'Église (Mgr von Ketteler, évêque de Mayence, le cardinal Manning, archevêque de Westminster, tous les deux décédés), ou à la politique (le comte de Mun en France, le prince Liechstenlein en Autriche, M. Decurtins en Suisse) qu'à la science proprement dite, et il n'y a pas précisément de livre où sa doctrine se trouve exposée *ex professo*. On peut cependant citer l'*Evolution sociale* par M. Urbain Guérin et de nombreux articles dans la revue l'*Association catholique*.

*libéralisme*, la véritable cause de la désorganisation sociale.

La véhémence des critiques que l'école catholique dirige contre l'organisation actuelle lui ont valu de la part des économistes libéraux le nom de *Socialisme catholique*. Elle s'en défend cependant très vivement, et en effet, malgré certains points de vue qui lui sont communs, elle diffère de l'école socialiste *toto orbe :* — d'abord, en ce qu'elle ne se propose nullement d'abolir les institutions fondamentales de l'ordre social actuel, propriété, hérédité, salariat, etc., mais bien plutôt de les restaurer ou de les consolider[1]; — ensuite, en ce qu'elle ne croit nullement à l'évolution ni au progrès indéfini de l'espèce humaine, et cherche beaucoup moins son idéal dans le futur que dans un retour à certaines institutions du passé, par exemple, à « la famille-souche[2] », à la vie rurale, aux corporations professionnelles de patrons et d'ouvriers réunis. — Professant aussi peu de confiance dans le principe d'égalité que dans celui de liberté, elle compte rétablir la paix sociale par l'autorité sous une triple forme : celle du *père* dans la famille, du *patron* dans l'atelier, de l'*Église* dans l'État, bien entendu sous la condition de devoirs réciproques de la part de ces « autorités sociales ».

Elle ne se montre pas hostile en général à l'intervention de l'État « qui est, après l'Église, le ministre de Dieu pour le bien[3] », et la réclame même formellement pour assurer aux classes ouvrières le repos dominical, la réglementation du travail dans de justes limites, etc. Cependant l'école dite de

---

[1] Pour elle, par conséquent, le vice de l'ordre économique actuel ne doit pas être cherché dans la propriété individuelle, mais dans la *libre concurrence*. — Toutefois, fidèle aux traditions de l'Église, elle conserve une vive antipathie pour l'intérêt de l'argent qu'elle flétrit du nom d'usure, *usura vorax*.

[2] Ce terme de *famille-souche* sert à désigner, dans l'école de Le Play, la famille fortement constituée et stable d'autrefois, formant une petite société permanente dans la grande Société, — par opposition à la famille instable et sans cesse dispersée qui caractérise les sociétés modernes.

[3] Paroles du pape Léon XIII.

*Le Play*[1], qui peut être considérée comme une branche de l'école catholique, se montre non moins opposée que l'école libérale elle-même à l'intervention de l'État. Et cette question a même provoqué des querelles assez vives dans le sein de l'école catholique.

L'objection la plus forte que l'on puisse adresser à cette doctrine, en écartant toute controverse qui porterait sur le terrain politique ou religieux, a été formulée, il y a longtemps déjà, par Stuart Mill quand il a dit qu'il n'y a pas d'exemple qu'une classe quelconque, en possession du pouvoir, se soit jamais servie de ce pouvoir dans l'intérêt des autres classes de la société. Il serait fort à craindre que le patronage des classes dirigeantes, si jamais on se fiait uniquement à elles du soin de résoudre la question sociale, ne fît que confirmer une fois de plus le fait douloureux signalé par Stuart Mill.

### § 4. L'École historique.

L'école qu'on a d'abord appelée *historique* ou *socialiste de la chaire* (*katheder socialist*) mais qui prend plus volontiers aujourd'hui le titre d'école *réaliste*, est née d'un mouvement de réaction contre l'école classique, tant au point de vue de sa méthode que de ses tendances. C'est en Allemagne qu'elle a

---

[1] L'école de Le Play (auteur des *Ouvriers Européens,* 1855, et de *la Réforme sociale,* 1864) a cependant un caractère plus laïque. Elle se rapproche même d'assez près de l'école libérale; pourtant elle s'en distingue : — par sa méthode qui est exclusivement historique et statistique (Monographies de familles ouvrières); — par une part beaucoup plus large faite à l'élément moral et religieux; — par l'importance extrême qu'elle attache à l'organisation de la famille et à la conservation du patrimoine (liberté de tester); — par une assez grande méfiance à l'égard de la libre concurrence, de l'évolution et du progrès naturel, et surtout par une vive hostilité contre « les faux dogmes » de la Révolution française et de ses précurseurs. — (Voy. en dehors des livres de Le Play déjà cités, Périn, *De la richesse dans les sociétés chrétiennes,* 1861; Claudio Jannet, *Le socialisme d'État).*

pris naissance il y a une quarantaine d'années[1], et c'est encore aujourd'hui parmi les professeurs des Universités alle-
mandes qu'elle compte ses principaux chefs. Mais elle a de
nos jours rallié un grand nombre de professeurs d'économie
politique par tous pays[2].

Au point de vue de la méthode, l'école réaliste rejette
absolument la méthode déductive, celle qui se fonde sur des
raisonnements *a priori*, sur des abstractions, sur des hypothèses, et déclare qu'on ne peut arriver à la vérité que par
l'observation patiente des faits.

Ces faits sociaux et économiques, c'est par l'*histoire* surtout qu'elle prétend les étudier. L'histoire seule en effet, en
nous apprenant comment se sont formées les institutions économiques et sociales et comment elles se transforment, peut
nous éclairer sur leur véritable caractère.

Or les institutions étudiées au point de vue historique nous
apparaissent comme très changeantes de peuple à peuple et
comme changeant sans cesse dans le sein d'un même peuple :
le double caractère d'universalité et de permanence que
l'école classique attribuait aux phénomènes économiques et
qu'elle décorait du nom de lois naturelles, s'évanouit donc. *Il
n'y a plus à chercher de lois générales régissant l'homme abstrait*, mais les lois historiques régissant les rapports des

---

[1] C'est au *Traité d'économie politique* de Roscher, publié en 1854,
que l'on fait remonter d'ordinaire la date de naissance de l'école historique. Il faut remarquer que c'est en Allemagne aussi qu'a pris naissance,
avec Savigny, l'école historique dans la science du *droit*. Elle compte
comme principaux représentants à cette heure en Allemagne les professeurs Schmoller, Brentano et M. Wagner pour le socialisme d'État. Pour
la langue française, on peut y rattacher M. de Laveleye le professeur de
Liège, mort récemment, et notre collègue M. Cauwès (*Cours d'économie
politique*, 1re édit. 1878. — 3e édit. 1893).

[2] Il faut faire cependant exception pour la France où, pour des raisons
qu'il est inutile d'exposer ici, presque tous les économistes sont restés
fidèles à l'école classique (Voy. l'*Enseignement de l'économie politique en Allemagne et en France*, par St-Marc).

hommes vivant dans une société déterminée : d'où le nom
qu'on donne quelquefois aussi à cette école, d'économie politique *nationale*[1].

Au point de vue des tendances, cette école rejette absolument le « laisser-faire ». Elle assigne à la science *un but pratique* : elle considère comme surannée, du moins quand il
s'agit des sciences sociales, la vieille distinction entre l'art et
la science et revient par là à la conception des premiers économistes (Voy. p. 15). Elle estime, en effet, que nous ne pouvons songer à modifier les institutions économiques que dans
le sens que l'histoire nous indique, et que par conséquent la
science renferme l'art de la même façon que le passé renferme
l'avenir. Ce qui *est*, ce qui *sera*, ce qui *doit être*, tout cela est
inséparable.

Précisément en raison du peu d'importance qu'elle attache
à la notion de loi naturelle, elle en attache une d'autant plus
grande aux *lois positives* émanées du législateur, et y voit un
des facteurs les plus efficaces de l'évolution sociale[2]. Elle
est donc portée à étendre considérablement les attributions
de l'État et ne partage nullement à cet égard les antipathies
ou les défiances de l'école libérale. C'est cette tendance qui a
valu à la nouvelle école, ou au moins à la fraction la plus notable de cette école, le nom de *socialisme d'État*.

Cette école a exercé une grande influence dans ces derniers
temps, non seulement sur les esprits, mais sur la législation.
La plupart des lois promulguées depuis une vingtaine d'an-

---

[1] Par exemple, tandis que l'école classique considère la propriété foncière, le salariat, comme des institutions définitives dues à des causes nécessaires et générales, l'école historique les considère comme de simples
« catégories historiques », dues à des causes diverses, et qui affectent des
formes très variables suivant les temps et suivant les pays.

[2] «Les lois dont s'occupe l'économie politique ne sont pas des lois de
la nature : ce sont celles qu'édicte le législateur. Les unes échappent à la
volonté de l'homme, les autres en émanent ». De Laveleye, *Éléments
d'économie politique*, p. 17.

nées, et qui sont connues sous le nom de *législation ouvrière*, ainsi que le puissant mouvement en faveur de la réglementation internationale du travail, sont en grande partie son œuvre. Elle a certainement rendu grand service à la science en élargissant le point de vue étroit, factice, d'une simplicité voulue et d'un optimisme irritant, auquel l'école classique s'était toujours complue : — elle lui a conféré une vie nouvelle en rajeunissant ses théories un peu creuses par des matériaux nouveaux puisés dans l'histoire, dans la législation comparée et dans la statistique : — elle l'a fait sortir de cette abstention systématique dans lequel elle s'enfermait, et à cette question posée depuis si longtemps par la misère humaine : que faire? elle a cherché une autre réponse qu'un stérile laissez-faire.

Mais c'est au point de vue de la méthode que l'école nouvelle donne prise à la critique. Nous avons dit qu'en raillant, comme elle le fait, les procédés et les méthodes de l'école déductive, l'école nouvelle faisait preuve de beaucoup de prétention et de quelque ingratitude, car, en somme, elle se meut toujours dans les catégories que la vieille école avait posées : elle n'a pas précisément refait la science, elle y a simplement apporté un esprit nouveau. En admettant même que toutes les généralisations de l'économie politique classique, ses prétendues lois naturelles, ne fussent, comme nous l'avons dit (p. 21), que des échafaudages destinés à disparaître une fois l'édifice achevé, elles n'en auraient pas moins rendu à la science d'éminents services, puisque sans eux, on n'aurait rien bâti[1].

A force d'appliquer son attention à l'observation des faits et aux variations des peuples et des temps, elle tend trop à verser dans l'érudition et à perdre de vue les conditions générales qui déterminent partout les phénomènes économiques. S'il fallait renoncer à découvrir, sous les manifestations changeantes des

---

[1] L'école dite Autrichienne (MM. les professeurs Charles Menger, Sax, etc.) s'est séparée de l'école allemande et l'a vivement combattue à ce même point de vue.

phénomènes, des rapports permanents et des lois générales,
il faudrait renoncer définitivement à faire de l'économie politique une science ; or, si dangereuses que puissent être pour
la science des hypothèses téméraires, elles le seraient infiniment moins que cet aveu d'impuissance (V. ci-dessus, p. 8
et 9). Si justifiées que puissent être, à certains égards, les
railleries que l'on a dirigées contre l'homme abstrait, l'*homo
œconomicus* de l'école classique, il faut bien admettre cependant qu'il y a certains caractères généraux propres à l'espèce
humaine, et la meilleure preuve qu'on puisse en trouver est
justement dans l'histoire, puisqu'elle nous montre que partout où des sociétés humaines se sont trouvées placées dans
des conditions analogues, elles ont reproduit des types similaires (Régime féodal en Europe au XII° siècle et au Japon
jusqu'au XIX° siècle; formes successives de la propriété; emploi
simultané de la monnaie, etc.).

**Appendice.** — Comme on nous a reproché d'avoir exposé les doctrines
de ces différentes écoles d'une façon purement objective et sans indiquer
celle à laquelle nous nous rallions, nous croyons devoir, dans cette édition, donner satisfaction à cette critique.
   L'école à laquelle nous appartenons et que nous appellerons, faute d'un
terme mieux approprié, l'*école coopérative*, n'a pas encore un programme
assez défini, des maîtres assez autorisés et des adhérents assez nombreux
pour que dans un livre d'enseignement, un *text-book* comme celui-ci, nous
puissions la ranger à côté des grandes écoles. Cependant voici quels sont
les traits auxquels on la reconnaîtra.
   Cette école attache une importance tout à fait prépondérante au fait de
la *solidarité*. Par là elle se distingue assez nettement des autres écoles :
   De l'école libérale d'abord, parce qu'elle ne voit dans la liberté qu'une
solution purement négative; parce qu'elle n'a que peu de confiance dans
la concurrence et la lutte pour la vie pour résoudre la question sociale.
Elle n'est pas systématiquement hostile à l'intervention de l'État qui lui
apparaît au contraire comme la plus haute expression de la solidarité sociale. L'idée de solidarité n'implique pas celle de liberté. Toutefois, elle
croit que le progrès se manifeste par la transformation progressive de la
solidarité fatale et inconsciente en solidarité voulue et cherchée[1] ;
   De l'école socialiste, parce qu'elle ne considère pas l'égalité comme un

1 Voy. en ce sens : Fouillée, *La science sociale*, le philosophe allemand Wundt,
*Ethik*, et Metchnikoff, *Les grands fleuves historiques*.

but désirable. L'idée de solidarité n'implique pas celle d'égalité, mais suppose au contraire la diversité des parties qu'elle réunit dans une fin commune (Comparez la solidarité qui existe entre les grains d'un tas de sable, tous égaux, tous semblables, et celle qui existe entre les organes d'un être vivant, tous inégaux, tous divers). Toutefois, nous considérons les inégalités extrêmes comme fâcheuses en tant qu'elles peuvent avoir pour résultat (par l'extrême richesse comme par l'extrême pauvreté) d'affranchir certains individus de la communauté de biens ou de maux avec leurs semblables;

De l'école catholique, par une tournure d'esprit différente et qui lui a fait donner quelquefois le nom de socialisme protestant ou évangélique, par son peu de confiance dans le patronage des classes dirigeantes ou des « autorités sociales », comme aussi dans les associations corporatives ou professionnelles, redoutant de voir celles-ci ressusciter l'égoïsme corporatif sous des formes encore plus féroces que le régime individualiste.

De l'école historique, enfin, avec laquelle elle a le plus de rapports, elle se distingue pourtant par la question de méthode, par la foi qu'elle attache à certains principes généraux et par un caractère très idéaliste qui fait contraste avec le caractère réaliste de l'école allemande.

Comme voies et moyens, elle compte sur le développement de l'association coopérative sous ses différentes formes, sans exclure d'ailleurs certains cas d'association générale imposés par la loi, tels que : assurances obligatoires, assistance légale, caisse nationale de retraite, etc. Elle vise à remplacer le salariat par l'association et, sans vouloir supprimer la propriété individuelle, elle tend à la transformer en propriété associée. Elle est favorable au libre-échange et, d'une façon générale, se réjouit de tout progrès ayant pour conséquence de resserrer entre individus ou entre nations les liens de la solidarité, et cela dans le mal comme dans le bien. Elle se réjouit, par exemple, qu'on ait découvert que les microbes des quartiers pauvres infectaient les quartiers riches, car sans cela on ne prendrait probablement pas la peine d'édicter des règlements de salubrité publique ou de construire des logements ouvriers.

# LIVRE I.

## LA VALEUR.

........ .

### I.

Les besoins de l'homme présentent un double caractère : ils sont *limités en capacité* et *illimités en nombre.*

Ils sont limités en capacité, en ce sens que pour satisfaire un besoin quelconque, il suffit d'une quantité donnée. Le besoin décroît, au fur et à mesure qu'il se satisfait, jusqu'à la limite où il y a *satiété*, c'est-à-dire où le besoin disparaît et où le dégoût commence. Il est clair qu'il ne faut qu'une certaine quantité de pain pour rassasier un homme ou qu'une certaine quantité d'eau pour le désaltérer.

Plus le besoin est naturel, je veux dire physiologique, et plus la limite est nettement marquée : plus le besoin est artificiel, plus la limite est élastique. Ainsi s'il est facile de dire exactement quelle est la quantité de pain ou d'eau qui peut suffire aux besoins d'un homme, il est déjà plus difficile de dire quelle sera la quantité d'alcool qu'il pourra absorber sans dégoût et plus difficile encore de fixer à quel nombre de chevaux pour un sportman, de mètres de dentelles pour une femme du monde, de rubis pour un rajah de l'Inde, le besoin sera satisfait [1]. Cependant, même les besoins de ce genre viennent aboutir, en fin de compte, à la satiété.

Ils sont illimités en nombre, en ce sens qu'à peine un est-il satisfait un autre surgit, du moins à un degré suffisamment avancé de civilisation.

Il en est des besoins de l'humanité comme de ceux de l'enfant. A sa naissance, il n'en a point d'autres qu'un peu de lait et une chaude enveloppe, mais peu à peu des aliments plus variés, des vêtements plus compliqués, des jouets, lui deviennent nécessaires; chaque année fait surgir quelque besoin, quelque désir nouveau. Plus nous voyons, plus nous apprenons, plus notre curiosité s'éveille, et plus aussi nos désirs grandissent et se multiplient. Nous de même, nous éprouvons aujourd'hui mille besoins de confort, d'hygiène, de propreté, d'instruction, de voyage, de correspondance, inconnus à nos aïeux, et il est certain que nos petits-fils en ressentiront davantage encore. Chaque invention, chaque idée qui naît en ce monde engendre toute une génération de besoins nouveaux [2].

Si nous pouvions connaître quelque part un être supérieur à l'homme, nous découvririons certainement en lui une infinité de besoins dont nous ne pouvons nous faire en ce monde aucune idée. Civiliser un peuple, ce n'est donc rien de plus que faire naître chez lui des besoins nouveaux. Malheur aux races satisfaites à trop bon marché, qui n'étendent pas leurs désirs au delà du cercle étroit d'un horizon prochain et qui ne demandent qu'une poignée de fruits mûrs pour vivre et un pan de mur pour y dormir à l'abri du soleil! Elles ne tarderont pas à disparaître d'une terre dont elles n'ont pas su tirer parti [3].

---

[1] C'est qu'ici le besoin se complique d'un élément nouveau qui, lui, est insatiable : le désir de se distinguer de ses semblables.

[2] Sur le rôle de l'invention comme génératrice de tous les besoins, voy. Tarde. « La première cause de tout désir économique, c'est l'invention... Même quand j'ai soif d'eau pure, mon désir de la boire dans un verre, et non dans le creux de la main, est le résultat de bien des inventions ». — *Les deux sens de la valeur* (*Revue d'économie politique*, 1888, p. 532).

[3] L'école dont nous venons de parler part de cette idée que moins un

Il est vrai qu'il en est dans le nombre qui ne persistent pas et qui, après avoir duré quelques générations ou peut-être quelques jours seulement, tombent comme les feuilles caduques qui se détachent de l'arbre, soit que le même caprice qui les a fait naître les abandonne, comme les éphémères créations de la mode, soit qu'un besoin nouveau et inconciliable avec le précédent vienne le détrôner. Mais d'une façon générale, le nombre des besoins qui disparaissent est loin de balancer le nombre de ceux qui naissent, et de même que dans les générations humaines, c'est une foule qui va se multipliant d'âge en âge.

Une école de moralistes, qui remonte à une très haute antiquité, puisqu'elle compte parmi ses fondateurs Diogène avec son tonneau, considère cette multiplication progressive et indéfinie des besoins comme un grand mal que l'économie politique devrait se donner la tâche d'enrayer. Sans doute, dans ces besoins nouveaux qui germent incessamment au milieu des générations humaines, il en est un grand nombre qui sont frivoles ou même funestes et qui, bien loin de favoriser le développement normal des facultés de l'homme, ne font que le compromettre : le goût des boissons alcooliques, par exemple. Mais on ne réfléchit pas que pour travailler efficacement à déraciner un besoin funeste, le meilleur moyen est de lui en substituer un bon, ce qui, par conséquent, n'en diminue pas le nombre[1].

peuple aura de besoins, et plus il consacrera de temps aux spéculations de l'esprit! Mais l'expérience prouve que les choses se passent d'une façon précisément inverse, et que moins les peuples ont de besoins, plus en général ils sont dominés par les appétits les plus grossiers.

[1] Pour combattre l'alcoolisme, par exemple, les sociétés d'abstinence n'ont rien trouvé de mieux que d'ouvrir des établissements dans lesquels on s'efforce d'habituer les consommateurs à boire du thé ou du café. Remarquez qu'un besoin matériel peut être remplacé par un besoin intellectuel, par exemple, le cabaret par le cabinet de lecture; — ou par un besoin moral, par exemple, un ouvrier se prive d'une « consommation » au café, pour verser sa cotisation à une caisse de prévoyance, de résistance ou de propagande. C'est même dans cette substitution que consiste le progrès.

Il est facile de comprendre en vertu de quelle loi les besoins
de l'homme tendent ainsi à se développer. C'est chez un seul
homme d'abord ou dans un petit groupe d'hommes que le
besoin s'éveille, timide et incertain encore, chez ceux-là seulement qui, par leur position privilégiée, peuvent déjà satisfaire amplement aux premières nécessités de la vie et tournent
alors leurs désirs vers un horizon nouveau.

Mais l'homme est par excellence un être imitatif : l'*imitation* propage aussitôt le besoin. Comme une épidémie, il
rayonne de proche en proche. Chacun le ressent ou croit le
ressentir, et s'ingénie pour trouver les moyens d'y satisfaire.
Au fur et à mesure que les progrès de l'industrie permettent
d'obtenir cette satisfaction plus aisément et à moins de frais,
le nombre des imitateurs va sans cesse grandissant, et ce qui
n'était d'abord qu'un caprice du luxe, réservé aux privilégiés
de la fortune, gagne bientôt les dernières couches de la société[1].

D'autre part, si le besoin s'étend en surface, il gagne aussi
en profondeur. L'homme n'est pas seulement, en effet, un
être imitatif, c'est aussi un être à *habitudes* : le désir, une
fois ressenti et satisfait régulièrement, se fixe peu à peu, prend
racine, et ne peut plus être arraché sans un ébranlement
douloureux. Il devient, comme le dit si justement le langage
courant, une seconde nature. Il fut un temps où les ouvriers
ne portaient ni linge, ni chaussure, où ils n'avaient ni café,
ni tabac, où ils ne mangeaient ni viande, ni pain de froment;
mais aujourd'hui ces besoins sont si bien invétérés que
l'ouvrier qui ne pourrait plus les satisfaire et qui se trouverait

---

[1] Voyez la richesse des développements sur ce sujet dans le beau livre
de M. Tarde déjà cité.

Pour M. Tarde, l'habitude n'est que l'imitation de soi-même et l'hérédité
n'est que l'imitation biologique, en sorte que toute similitude des phénomènes se ramène à l'imitation qui reste ainsi, en fin de compte, la seule
loi naturelle dans le monde sociologique.

ramené brusquement à la condition de ses pareils au temps de saint Louis ou de Henri IV, périrait sans doute.

Si l'on ajoute enfin qu'une habitude transmise pendant une longue suite de générations, ne tarde pas à se fixer par l'*hérédité*, que les sens deviennent plus subtils et plus exigeants, on comprendra quelle puissance despotique peut acquérir à la longue le besoin qui paraissait le plus futile ou le plus insignifiant à l'origine.

## II.

### LE DÉSIR DE LA RICHESSE.

Il faut distinguer entre les mobiles qui poussent l'homme à rechercher la richesse : ils sont de deux ordres bien différents. Les hommes désirent la richesse tout à la fois pour satisfaire leurs besoins et pour se distinguer de leurs semblables : ils sont poussés d'une part par *le désir du bien-être* et d'autre part par *le désir de l'inégalité.*

### § 1.

Être riche, en effet, c'est d'abord avoir les moyens de se bien nourrir, de se bien vêtir, de se bien loger, de se faire bien soigner si l'on est malade, de se tenir au chaud l'hiver et au frais l'été; c'est être libre de disposer à son gré de son temps et de ses facultés, c'est être délivré de tout souci quant à son avenir et à celui de ses enfants.

En ce premier sens, le désir de la richesse est très légitime : l'homme a le droit et même le devoir de chercher la satisfaction de tous les besoins qui tendent à la conservation et au développement de son être, dans le sens le plus large de ces mots. Ce qu'il faudrait blâmer, ce n'est pas tant le désir de la richesse que les moyens que l'on emploie pour se la procurer et surtout l'usage qu'on en fait. Si la richesse en ce monde était toujours le résultat du travail personnel, si d'autre part elle était toujours employée pour le plus grand bien physique, intellectuel et moral de l'homme, en ce cas, elle serait toujours bienfaisante, jamais funeste : il n'y en aurait jamais trop, il n'y en aurait même jamais assez.

C'est un fait malheureusement trop certain que dans le monde entier, et même dans les sociétés modernes les plus fières de leur savoir et les plus vaines de leur luxe, l'immense majorité des hommes ne possède pas même ce minimum de richesses qui constitue le pain quotidien, bien moins encore ce confort dont la dignité humaine ne saurait se passer sans dommage. L'inégale répartition des richesses peut nous faire illusion à cet égard, mais si l'on pouvait faire le partage, on serait consterné en voyant combien est misérable la part qui reviendrait à chacun. Nous devons donc nous réjouir en pensant que nous sommes un peu plus riches que nos pères et espérer que nos fils le seront beaucoup plus que nous. Si un jour vient, comme il faut l'espérer, où la richesse sera assez multipliée pour suffire largement aux besoins matériels de tous, alors il sera temps d'enrayer dans cette voie et la masse humaine pourra désormais consacrer ses forces et son temps à la poursuite de biens d'un ordre plus noble.

### § 2.

Mais la richesse a un autre sens : elle implique non pas seulement une certaine relation entre *l'homme et les choses*, mais entre *un homme et les autres hommes*, un état de supériorité, le pouvoir de commander le travail d'un grand nombre de ses semblables. « Richesse, c'est pouvoir », a dit Hobbes. C'est même là son sens étymologique (*Reich*, empire, puissance). Cette forme de la richesse éveille dans le cœur des hommes un désir plus intense que la première et plus dangereux parce qu'il est dans sa nature d'être illimité. Le désir de la richesse, en tant que bien-être, trouve assez promptement la satisfaction et même la satiété (Voy. p. 42) : le désir de la richesse, en tant que puissance, est insatiable : lui seul devient passion.

Beaucoup d'auteurs estiment néanmoins qu'on ne pourrait le supprimer, ou même le réduire, sans grand dommage pour la civilisation et sans risquer de tarir la source même des richesses. Ils pensent que pour la faire jaillir à gros bouillons on ne saurait se fier uniquement au premier des deux mobiles, au désir du bien-être. A lui seul et sans le stimulant de l'inégalité, il serait impuissant pour faire sortir l'homme de la paresse native, — témoins ces sociétés primitives qui vivent contentes de leur misère sans jamais songer à en sortir [1]. Cette argumentation ne nous convainc pas : autant il est raisonnable pour un homme de désirer être bien, autant il est déraisonnable de désirer être *mieux que les autres* [2]. Et sans méconnaître que ce sentiment essentiellement individualiste n'ait pu être un facteur important du progrès, il est à souhaiter qu'il soit remplacé progressivement par le sentiment inverse d'une solidarité de plus en plus étroite et de plus en plus voulue avec nos semblables [3].

---

[1] L'argument ne porte pas. C'est tout simplement parce que ces peuples étaient dépourvus de la faculté d'invention.

[2] Ajoutons qu'il est aussi déraisonnable de désirer que les autres ne soient *pas mieux que soi* — sentiment malheureusement encore plus fréquent.

[3] Cette thèse a été développée notamment par un auteur anglais, M. Mallock (*L'égalité sociale*), et il la précise dans la formule suivante : « Tout travail productif qui dépasse la satisfaction nécessaire des besoins alimentaires est toujours motivé par le désir de l'inégalité sociale (*the desire for social inequality* ». Nous ne voyons pas en quoi les chemins de fer, photographie, téléphone, et les besoins qui y correspondent, procèdent du désir de l'inégalité ?

## III.

### LA DÉFINITION DE LA RICHESSE.

Le mot de richesse est employé d'ordinaire pour exprimer la situation d'un homme qui a beaucoup de biens. Mais dans la langue économique, on l'emploie pour désigner ces biens eux-mêmes, considérés objectivement et indépendamment de toute idée de quantité ou d'opulence. En ce sens, un morceau de pain, une épingle, une pièce d'un centime, est pour l'économiste *une richesse* tout aussi bien qu'un domaine, une rivière de diamants, ou un titre de rente.

1° Pour qu'une chose puisse être qualifiée de richesse, la première condition à remplir, c'est qu'elle soit propre à satisfaire un besoin ou un désir quelconque, en d'autres termes que *nous la jugions utile*, car l'utilité n'est pas autre chose que la corrélation que nous établissons entre certaines choses et nos besoins.

Il se peut que le jugement que nous portons ainsi sur l'utilité des choses soit fort erroné. Des reliques plus ou moins authentiques ont été pendant bien des siècles, et sont encore aujourd'hui, dans certains pays, considérées comme des richesses incomparables, à raison des vertus qu'on leur prête. Il y a bien des eaux minérales et des produits pharmaceutiques qui sont très recherchés, quoique leurs propriétés curatives soient loin d'être démontrées. Il n'importe : utiles ou non, il suffit que nous les jugions telles, pour que ce soient des richesses [1].

Mais d'ordinaire, notre jugement n'est pas tout à fait aveugle, et si nous estimons qu'une chose est utile, c'est que nous

---

[1] C'est en ce sens que M. Tarde fait reposer l'idée de valeur, d'une part sur le besoin et le désir, et d'autre part sur la croyance ou *la foi*. Voy. l'article déjà cité : *Les deux sens de la valeur*.

avons quelque raison de croire qu'elle l'est en effet, c'est que
nous avons découvert une certaine relation entre ses propriétés
physiques et l'un quelconque de nos besoins. Si le pain est
utile, c'est d'une part que nous avons besoin de nous nourrir,
et d'autre part que le blé contient justement les éléments
éminemment propres à notre alimentation. Si le diamant est
très recherché, c'est qu'il est dans la nature de l'homme,
comme d'ailleurs dans celle de certains animaux, d'éprouver
du plaisir à contempler ce qui brille, et que le diamant, à
raison de son pouvoir réfringent, supérieur à celui de tout
autre corps connu, possède justement la propriété de jeter
des feux incomparables.

Le rôle de la science est d'éclairer nos jugements en nous
renseignant sur les propriétés des corps et les lois de la nature. C'est ainsi, grâce à la découverte et l'invention, que le
patrimoine de l'humanité s'agrandit tous les jours de quelque
nouvelle conquête. Tantôt avec cet argile qui fait la boue de
nos rues, l'industrie humaine fabrique ce métal étincelant,
solide et léger à la fois, qui s'appelle l'aluminium, et tantôt
elle convertit les résidus infects de la houille en couleurs plus
splendides que la pourpre de Tyr. Toutefois, bien petite encore est la liste des choses dont nous savons user, relativement au nombre immense de celles dont nous ne faisons rien.
Sur les 140,000 espèces connues du règne végétal, la culture
n'en utilise pas 300 ; sur les centaines de mille espèces que
compte le règne animal, il en est à peine 200 dont nous avons
su tirer parti[1], et dans les corps inorganiques, la proportion
n'est pas plus favorable. Mais la liste de nos richesses s'al-
longe chaque jour, et il y a tout lieu de penser que si notre
science était parfaite, il n'y aurait pas dans ce vaste monde
un seul brin d'herbe, pas un grain de sable dans lequel nous
n'eussions su découvrir une utilité quelconque.

---

[1] De Candolle, *Origine des plantes cultivées*, page 366.

2º Enfin, pour pouvoir compter une chose au nombre de
nos richesses, ce n'est pas tout que de la savoir utile : encore
faut-il que *nous puissions l'utiliser*. Savoir, c'est pouvoir,
a-t-on dit : ce n'est pas toujours vrai; notre science peut rester à l'état purement spéculatif et ne pas nous fournir de
moyen pratique d'atteindre nos fins. Nous savons que le diamant n'est qu'un cristal de carbone; mais nous n'avons pas
encore réussi à faire des diamants avec du charbon; nous savons qu'il est en Chine des mines de houille très riches, et sur
les plateaux de l'Afrique des terres fertiles et salubres, mais
pour diverses raisons, ni les unes, ni les autres ne sont à
notre portée, et nous ne pouvons les exploiter. Elles ne sont
donc pas des richesses, du moins pour le temps présent, —
pas plus que des terres fertiles ou des métaux précieux dont
l'astronome, à l'aide du télescope ou de l'analyse spectrale,
découvrirait l'existence dans Mars ou dans Vénus.

Ces premières conditions que nous venons d'indiquer sont
hors de toute discussion. En voici deux autres, au contraire,
qui sont depuis longtemps l'objet de controverses célèbres
dans l'école, mais qui ne sont heureusement que des questions de définitions.

Première question : la définition de la richesse implique-
t-elle nécessairement l'idée de *matérialité?* — Tous les économistes autrefois et bon nombre encore aujourd'hui considèrent cette condition comme également indispensable : et il est
certain que dans le langage courant, le mot de richesse éveille
nécessairement l'idée d'une chose qui tombe sous nos sens,
qui peut se toucher, se compter, se peser, figurer dans un
inventaire. On dira bien que la vertu, le talent, le savoir-faire
sont des richesses, mais on croira, en le disant, parler par
métaphore.

Cependant, nous pensons, non sans quelque hésitation[1]

---

[1] Dans les premières éditions, nous avions, en effet, soutenu que l'idée

que cette condition n'est point indispensable. Il ne serait pas exact sans doute dans un langage scientifique de dire que les vertus ou les talents sont des richesses, mais il est exact de dire que tout *acte de l'homme qui est de nature à répondre à un désir d'un autre homme*, à lui procurer certains avantages, peut rentrer dans la sphère économique et constituer une richesse. La consultation du médecin doit être une richesse pour le malade absolument au même titre que la morphine qu'il lui administre, et les leçons que débite le professeur à ses élèves au même titre que le livre qu'il a publié et mis en vente chez le libraire. Les services que nous demandons à nos semblables ne contribuent pas moins à notre bien-être et ne tiennent pas une moins grande place dans notre vie, que les choses dont nous usons.

et le mot de richesse ne pouvaient s'appliquer qu'aux objets matériels. Nous avions été déterminés surtout par cette considération que ces objets matériels peuvent seuls faire l'objet des lois de la production, de la circulation, de la consommation et surtout de la répartition, telles qu'elles sont exposées dans nos traités classiques. Nous n'avions pas assez réfléchi peut-être que cela prouve simplement que le cadre ordinaire de la science économique est trop étroit et aurait besoin d'être élargi. Nous n'avions pas non plus prêté une attention suffisante à ce fait capital que nous verrons tout à l'heure, c'est que puisque la notion de la richesse et de la valeur est exclusivement *subjective, psychologique*, elle doit être nécessairement indépendante de l'idée de matérialité.

Il faut rendre cette justice à l'école française qu'elle a été une des premières, avec J.-B. Say, Dunoyer et Bastiat, à enseigner la théorie des « richesses immatérielles ».

Les auteurs les plus récents, Clark, Pantaleoni, Mazzola, font remarquer, d'ailleurs, non sans quelque subtilité, que pour procurer une satisfaction quelconque à un homme, il faut nécessairement passer par l'intermédiaire de ses sens, et par conséquent aussi de quelque objet matériel : vibrations sonores de l'air en mouvement, ou vibrations lumineuses de l'éther. La parole du professeur ne nous parviendrait point dans le vide, ni les jeux de physionomie de l'acteur dans la nuit. Mais c'est là une façon de tourner la question plutôt que de la résoudre, car ce raisonnement revient à supprimer toute distinction entre les richesses matérielles et immatérielles en les faisant toutes rentrer dans la première catégorie. Il est vrai que nous ne savons guère ce que c'est que « la matière », mais tout le monde sait bien la différence entre des biens *corporels* et des biens *incorporels*.

On pourrait cependant, pour ne pas faire trop de violence
aux habitudes reçues, réserver le nom de richesse aux choses
proprement dites *res*, et appeler *service* tout fait de l'homme
qui est susceptible de procurer une satisfaction à d'autres hommes, directement et sans s'incorporer dans un objet matériel.

Seconde question : la définition de la richesse implique-t-elle
nécessairement l'idée de *valeur?*

Il est vrai que dans le langage ordinaire l'idée de richesse
est liée toujours à l'idée de valeur. Cela tient à ce que les
hommes vivant en société estiment les choses qu'ils possèdent
non pas précisément d'après la somme de satisfactions qu'elles
peuvent leur procurer, mais d'après la somme d'argent qu'elles peuvent leur permettre d'acquérir, — non point d'après
leur utilité, mais d'après leur puissance d'acquisition[1]. Un
propriétaire de vignobles, par exemple, est riche non pas suivant que la récolte de vin est plus ou moins abondante, mais
suivant qu'elle a plus ou moins de valeur : si personne autre
que lui n'en avait récolté, sa richesse serait au maximum; si
au contraire le vin se trouvait aussi abondant que l'eau des
sources, en ce cas il serait ruiné[2].

Pourtant, au point de vue social, l'idée de valeur n'est pas
nécessairement liée à l'idée de richesse, car assurément un sol
fertile, un ciel clément, un beau réseau de fleuves navigables,
des rades sûres et profondes, sont les premières des richesses
pour un pays, quoiqu'elles n'ont point de valeur d'échange.
Supposons que par un heureux miracle de l'industrie humaine
tous les produits soient tellement multipliés qu'ils deviennent
aussi abondants que l'eau des sources ou le sable du rivage,
ne faudrait-il pas voir dans ce prodige une multiplication de
richesses, le comble même de la richesse? Et pourtant, dans

---

(1) Voy. ci-après, p. 64 en note.

(2) C'est ce qu'exprimait Mme de Sévigné de la façon la plus pittoresque,
quand elle écrivait de Grignan (octobre 1673) : « Tout crève ici de blé et
je n'ai pas un sol ! Je crie famine sur un tas de blé ».

celte hypothèse, toutes choses, à raison même de leur surabondance, auraient perdu toute valeur; elles n'en auraient
ni plus ni moins que cette même eau des sources ou ces mêmes grains de sable auxquels nous venons de les comparer. Il
est même clair que dans ce pays de Cocagne il n'y aurait plus
de riches, puisque désormais tous les hommes seraient égaux
devant la non-valeur des choses, de même qu'aujourd'hui
Rothschild et le mendiant sont égaux devant la lumière du soleil[1].

Peut-être, ici, aussi, conviendrait-il d'employer des mots
différents et, réservant le mot de richesses pour les choses qui
ont une valeur vénale, d'appeler *biens* (ce qui est d'ailleurs la
langue du droit, *bona*) toute chose qui, sans être dans le commerce ni même appropriable, est néanmoins susceptible de
procurer aux hommes une satisfaction quelconque.

Puisque l'idée de valeur est distincte de l'idée de richesse,
c'est elle maintenant qu'il nous faut étudier.


# IV.

### QU'EST-CE QUE LA VALEUR?

Quand nous savons qu'une chose est propre à nous procurer une satisfaction quelconque, elle devient par là même
l'objet de nos désirs.

Mais parmi les choses même qui sont de nature à nous

---

(1) Cette opposition entre le point de vue individuel et le point de vue
social est facile à saisir. C'est pourtant la question que J.-B. Say considérait comme la plus épineuse de l'économie politique et qu'il posait en ces
termes : « La richesse étant composée de la valeur des choses possédées,
comment se peut-il qu'une nation soit d'autant plus riche que les choses
y sont à plus bas prix »? (*Cours d'économie politique*, 3ᵉ partie, ch. v.)
Et Proudhon, dans ses *Contradictions économiques*, a repris la même
question en mettant au défi « tout économiste sérieux » d'y répondre.

procurer certaines satisfactions, il en est que nous prisons
très haut : il en est dont nous faisons peu de cas : nous établissons entre elles une sorte de hiérarchie. En un mot, nous
avons des *préférences*.

Or, l'ordre de ces préférences, ce rang inégal dans notre
estime que nous attribuons aux choses, c'est là précisément
ce qu'exprime le mot de *valeur*. Dire que l'or a plus de valeur
que l'argent, ou d'une façon plus générale que l'or a une
grande valeur, c'est constater tout simplement ce fait que
pour une raison ou pour une autre (nous chercherons tout à
l'heure pour quelle raison) nous jugeons que l'or est plus
désirable que l'argent ou plus désirable que tout autre objet.
La valeur, qui est l'idée maîtresse de toute la science économique, ne désigne donc rien de plus qu'un fait très simple
en lui-même, le fait qu'une chose est plus ou moins désirée.
Disons tout simplement que la valeur c'est la *désirabilité*[1].

## § 1.

Puisque la valeur naît du désir, elle procède de nous plutôt que des choses. Elle est, comme l'on dit aujourd'hui, *subjective* bien plus qu'objective. Elle n'est point attachée aux
objets comme une qualité sensible; elle naît au moment où le
désir s'éveille, et s'évanouit quand il s'éteint. Elle se promène
avec lui de chose en chose, et ne demeure que là où il se
pose.

Sans doute, si telle richesse est au nombre de celles qui
répondent à quelque besoin permanent de l'espèce humaine,
comme le blé, par exemple, ou le fer, elle pourra conserver

---

[1] Il serait à désirer que ce mot, que nous avons employé dans la première édition de ce livre, en 1883, quoique un peu barbare, acquît droit
de cité dans le vocabulaire de l'économie politique qui n'est pas déjà si
riche. M. Paul Leroy-Beaulieu l'a adopté dans son *Précis d'économie
politique*.

sa valeur à travers les âges : mais si elle est de celles qui ne correspondent qu'à ces besoins changeants que bouleversent chaque jour les caprices de la mode ou les découvertes de la science, en ce cas sa valeur sera aussi éphémère et fugitive que le besoin qui l'a créée. Costumes qu'on ne porte plus, livres qu'on ne lit plus, tableaux qu'on ne regarde plus, remèdes même qui ne guérissent plus... que la liste serait longue de ces richesses qui ont perdu leur valeur ! Et pourtant, même alors, si par aventure le désir du collectionneur, le plus intense de tous peut-être, vient à se fixer sur ces richesses mortes, il leur rendra une nouvelle vie et elles reprendront aussitôt une valeur bien supérieure, peut-être, à celles qu'elles avaient au cours de leur première existence.

Il n'est pas seulement possible, il est inévitable que la valeur de tout objet change suivant les circonstances. Les besoins de l'homme ne peuvent pas, en effet, être classés dans un ordre invariable, comme les sept couleurs du prisme. Ils sont incessamment mobiles, et c'est tantôt l'un, tantôt l'autre qui devient prépondérant. Un affamé mettra nécessairement au premier rang dans l'ordre de ses préférences un morceau de pain ou, comme Ésaü, sacrifiera son héritage en échange d'un plat de lentilles, mais, une fois rassasié, il n'en donnera pas une obole. Dans le Sahara, l'eau peut valoir son pesant d'or : dans nos villes bien pourvues de fontaines, elle ne vaut rien : dans un pays humide et marécageux, elle vaut *moins que rien*, puisqu'on paie pour s'en débarrasser. En effet, puisque nous savons que tout besoin est limité, et que le désir décroît au fur et à mesure que l'on se rapproche de cette limite, pour se changer même en répulsion quand la satiété commence, il est nécessaire que la valeur attachée au désir suive le même sort[1].

---

[1] C'est comme ces séries bien connues des mathématiciens qui vont diminuant jusqu'à zéro, puis recommencent à croître au-dessous de zéro, mais en prenant une valeur négative.

## § 2.

Il résulte aussi de notre définition que la notion de la valeur est purement relative, puisqu'elle consiste dans une préférence donnée à une chose sur une autre ; elle suppose donc nécessairement une *comparaison* entre deux choses. C'est une notion du même genre que celle de grandeur ou de pesanteur. Dire qu'une chose *vaut* serait une proposition inintelligible, si on n'ajoutait qu'elle vaut *plus* ou *moins* que d'autres. Et quand on dit, employant une expression courante, qu'un objet quelconque, le diamant, par exemple, a « une grande valeur », sans rien ajouter de plus, le terme de comparaison, pour être sous-entendu, n'en existe pas moins. Nous entendons dire par là : soit qu'il a une grande valeur relativement à l'unité monétaire, auquel cas nous le comparons à cet objet déterminé qui s'appelle des pièces de monnaie ; — soit qu'il occupe un rang élevé dans l'ensemble des richesses, auquel cas nous le comparons à toutes les autres richesses considérées collectivement. De même, quand nous disons qu'un corps, le platine, est très lourd, sans exprimer aucune compara' 'n, nous entendons par là : soit qu'il représente un nombre .- sidérable de kilog., c'est-à-dire que nous le rapportons au poids d'un litre d'eau ; — soit que, si l'on dressait la liste de tous les corps à nous connus, il occuperait, au point de vue de la pesanteur, le premier rang [1].

Cette comparaison entre deux choses, nous sommes habi-

---

[1] Donc, on ne doit jamais parler d'une hausse ou d'une baisse de *toutes* les valeurs : une semblable proposition serait dénuée de sens. Car si la valeur n'est rien de plus qu'un ordre ou un classement établi entre les richesses, comment pourrait-on comprendre que toutes, en même temps, pûssent monter ou descendre? *Pour que les unes puissent monter sur l'échelle*, il faut nécessairement qu'elles prennent la place des autres qui, par conséquent, *doivent descendre.* C'est absolument comme si des candidats admis à l'École Polytechnique ou Normale et classés par ordre

tués à la faire par l'échange, en balançant dans notre esprit
l'objet que nous voulons acquérir et celui que nous devons
céder. Aussi est-ce un principe indiscutable pour beaucoup
d'économistes que l'idée de valeur ne saurait se concevoir en
dehors de l'échange.

L'analyse que nous avons faite démontre au contraire que
l'idée de valeur est antérieure et supérieure à l'échange. L'idée
de valeur ne suppose rien de plus qu'une préférence accordée
à une chose sur une autre; une comparaison, une balance,
une lutte *entre deux désirs*[1]. Donc, cette idée n'est pas nécessairement liée à l'échange. Robinson, certes, avait ses préférences. J'avoue cependant qu'elles étaient à l'état latent et
que les conditions de sa vie isolée n'étaient pas propres à les
révéler aux autres ni même à lui-même. Si on lui avait demandé de les indiquer et de classer les richesses qui compo-
saient son modeste avoir d'après les valeurs qu'il leur attribuait, il eût été sans doute embarrassé pour le faire. Tout au
plus aurait-il pu les classer grossièrement en deux ou trois
catégories, suivant qu'elles correspondaient à des besoins plus
ou moins essentiels. Cependant on peut imaginer telle circonstance qui fît surgir soudain de son for intérieur cette notion
confuse et indistincte de la valeur et la forçât à se préciser.
Une telle circonstance, par exemple, s'était présentée à lui
dès les premiers jours de son débarquement. Quand il avait
dû retirer une à une chaque richesse du navire sur le point
de sombrer, comme il ne savait pas si la mer lui laisserait le
temps de les amener toutes à terre, il avait bien fallu qu'il se

---

de mérite, se demandaient s'ils n'auraient pas pu être reçus tous *à la fois*
à un meilleur rang!

Cependant cette proposition prendrait un sens si on entendait par là
que l'intensité des désirs de l'homme tend d'une façon générale à croître
ou à diminuer, — comme on pourrait dire que tous les corps deviennent
plus lourds ou plus légers, si l'on constatait un affaiblissement ou un accroissement dans la force de la gravitation terrestre.

[1] Voy. Tarde, l'article déjà cité, *Les deux sens de la valeur*.

décidât à faire un choix et qu'il déterminât celles qu'il pré-
férait sauver en première ligne. L'ordre dans lequel il les avait
successivement amenées à terre indiquait parfaitement l'ordre
de ses préférences, et par conséquent aussi les valeurs res-
pectives qu'il leur attribuait.

Reconnaissons cependant que dans la vie sociale, c'est presqu'uniquement l'échange qui fait surgir l'idée de la valeur
du for intérieur où elle sommeillait pour ainsi dire, qui provoque la comparaison et force nos préférences à s'affirmer et
à se préciser.


# V.

## QUEL EST LE FONDEMENT DE LA VALEUR?

Cette question revient à demander pourquoi nous désirons
une chose plus qu'une autre? ou pourquoi nous désirons une
même chose plus dans certains cas que dans d'autres? et voici
plus d'un siècle que ce pourquoi met à la torture toutes les
générations d'économistes. Chacune se flatte d'y avoir répondu
d'une façon catégorique[1], mais la suivante ne se tient pas
pour satisfaite et cherche à creuser un peu plus profondément.

Presque chaque économiste a sa théorie sur ce sujet : toutefois, toutes peuvent se ramener à l'une ou l'autre de ces deux
théories fondamentales : celle de l'*utilité* et celle du *travail*.

[1] En 1848, dans ses *Principes d'économie politique,* Stuart Mill disait :
« Heureusement il n'y a plus, dans les lois de la valeur, rien à éclaircir
présentement ni dans l'avenir : cette théorie est complète ». Les économistes qui ont repris aujourd'hui cette théorie disent de même, mais il
n'est pas dit qu'ils ne reçoivent pas de l'avenir le même démenti.

## § 1. Utilité.

L'utilité, c'est-à-dire la qualité propre à certaines choses de satisfaire plus ou moins bien à nos besoins, paraît le fondement le plus naturel de la valeur. Et en effet, telle a été l'explication donnée par les premiers économistes : les Physiocrates, Condillac, J.-B. Say.

S'il s'agit de deux objets correspondant à un même besoin, l'explication paraît suffisante. Il est relativement facile de mesurer le degré d'appropriation d'une chose à un besoin déterminé et l'échelle des valeurs ici paraît correspondre assez exactement à l'échelle des qualités. Entre deux fruits, nous préférons le plus savoureux : entre deux moutons, le plus gras : entre deux appartements, le plus confortable : entre deux terres, la plus fertile, et si les deux objets, par exemple deux sacs de blé, peuvent procurer des satisfactions identiques, ils ont la même valeur.

Mais si nous considérons des objets répondant à des besoins différents, par exemple un pain et un chapeau, ici nous perdons le fil. Lequel en effet est le plus utile?

Dira-t-on que nos besoins peuvent parfaitement être classés au point de vue de la raison, de la morale, de l'hygiène : que dès lors nous préférons ou nous devons préférer les objets qui correspondent aux besoins les plus essentiels : que c'est même là ce qu'on ne manque pas d'exprimer dans le langage courant toutes les fois qu'on dit d'un objet quelconque qu'il rentre dans la catégorie des objets nécessaires, utiles, agréables, superflus?

En ce cas, nous devrions dire alors que le pain a plus de valeur que le chapeau, parce qu'il est plus essentiel pour l'homme de se nourrir que de se couvrir la tête.

Mais la conclusion même que nous venons de formuler suffit à démontrer l'inanité de ce raisonnement. En fait, on sait bien qu'un pain n'a pas plus de valeur qu'un chapeau : c'est le contraire qui est vrai. Il suffit de jeter un coup d'œil, si superficiel qu'il soit, sur toutes les choses qui constituent nos biens pour s'assurer que leur valeur est le plus souvent non point en raison directe, mais bien plutôt en raison inverse de leur utilité rationnelle. Quels sont les objets qui occupent les derniers rangs dans l'échelle des valeurs? Le blé, le charbon, le fer, l'eau, c'est-à-dire justement les objets qui correspondent aux besoins les plus essentiels des hommes et dont ils ne sauraient se passer sans périr. Et quels sont ceux qui occupent les plus hauts rangs dans cette hiérarchie des valeurs? L'or, les diamants, les dentelles, peut-être quelque pièce de faïence ébréchée dans une collection, ou quelque édition rare d'un vieux livre que personne n'a jamais lu et ne lira jamais, c'est-à-dire des objets qui ne servent qu'à satisfaire notre curiosité ou à flatter notre vanité.

Et qu'on ne dise point que si les choses se passent de la sorte, c'est parce que les hommes sont insensés : que s'ils étaient sages, alors leurs préférences seraient dictées par la raison, et l'ordre des valeurs se trouverait conforme à l'ordre des utilités rationnelles. D'abord, il ne sert de rien de rechercher quelles devraient être les préférences des hommes en cette matière : toute explication de toute valeur doit rendre compte de *ce qui est* et non de *ce qui devrait être*. De plus, l'objection n'est pas fondée. La terre entière ne serait peuplée que de sages qu'un verre d'eau, par exemple, n'en vaudrait pas une obole de plus.

Pour sortir d'embarras, on a essayé de compléter l'idée d'utilité par une autre idée, celle de rareté. L'utilité, à elle seule, serait impuissante à créer la valeur et resterait comme à l'état latent, mais elle entrerait en action sitôt que la rareté vient se combiner avec elle. La valeur en ce sens, c'est *l'utilité rare* (Walras père en France, Senior en Angleterre).

Cette modification à l'explication première permet en effet de résoudre assez bien les difficultés qui nous arrêtaient tout à l'heure. Pourtant elle satisfait mal l'esprit, car elle manque d'unité et on ne s'explique pas bien le dualisme de ces deux éléments en apparence tout à fait hétérogènes : l'utilité et la rareté.

Il était réservé à une école plus récente de découvrir le lien logique qui unit ces deux idées, ou plutôt de montrer qu'elles n'en font qu'une, en les réconciliant dans la théorie de l'*utilité finale*. Elle a montré que la rareté, c'est-à-dire la limitation dans la quantité, bien loin d'être une cause indépendante de l'utilité et qui viendrait se greffer artificiellement sur elle, sans qu'on sache trop pourquoi ni comment, est, en réalité, inséparable de l'idée d'utilité : que toutes les deux ont la même racine, à savoir le fait déjà étudié que l'homme a des besoins et que ces besoins sont limités [1].

Elle peut se formuler ainsi :

*Toute quantité d'un bien quelconque possédé par un individu peut se décomposer en une série de fractions d'utilité décroissante, et c'est toujours l'utilité de la fraction la moins utile qui détermine l'utilité de toutes les autres.*

Ainsi imaginons la quantité d'eau dont je puis disposer journellement, distribuée en 5, 6, 10, 20, etc., seaux rangés sur une étagère. Le seau n° 1 a pour moi une utilité maximum, car il doit servir à me désaltérer; le seau n° 2 en a une grande aussi, quoique moindre, car il doit servir à mon pot-au-feu; le seau n° 3 moindre, car il doit servir à ma toilette; le seau n° 4, à faire boire mon cheval; le seau n° 5, à arroser

---

[1] Cette célèbre théorie de l'utilité finale a été indiquée pour la première fois par un ingénieur des mines en France, Dupuit (1844), et par un allemand Gossen (1851). Mais les travaux de l'un et de l'autre seraient restés parfaitement inconnus, si depuis une vingtaine d'années Stanley Jevons en Angleterre, Walras en France, Charles Menger et Böhm-Bawerk en Autriche, Clark aux États-Unis, n'avaient créé à nouveau cette théorie. Le fait que, sans se connaître, ces auteurs sont arrivés simultanément à peu près aux mêmes conclusions, constitue évidemment une présomption de vérité.

mes dahlias; le seau n° 6, à laver le pavé de ma cuisine, etc.
Supposons que ce 6e seau soit le dernier et que je ne puisse
m'en procurer d'autres, mon puits ne pouvant en fournir davantage : — je dis qu'en ce cas chacun des 6 seaux aura une
certaine valeur, mais que cette valeur ne pourra être plus
grande que celle du dernier. — Pourquoi? parce que c'est
celui-là seulement dont la privation peut me toucher. Si en
effet le 1er seau, par exemple, celui qui devait servir à ma
boisson, vient à être renversé par accident, il est clair que je
ne me priverai pas de boire pour cela : seulement je serai
obligé de sacrifier pour le remplacer un autre seau — lequel?
Naturellement celui qui m'est le moins utile : le seau n° 6.
C'est celui-là donc qui détermine la valeur de tous les autres.
Si mon puits était assez abondant pour me fournir 10, 20 seaux
d'eau, il est clair que nous arriverions à un seau d'eau n° 10
ou n° 20 dont je ne saurais que faire et dont l'utilité par
conséquent serait nulle. En ce cas aussi, la valeur de tous
les autres seaux d'eau serait entraînée dans sa chute : or
c'est justement le cas qui se trouve réalisé d'ordinaire dans
nos pays [1]. Voilà pourquoi, dans cette théorie, on dit que la
valeur est déterminée par l'*utilité finale* ou *utilité limite*, ou
mieux encore par l'*intensité du dernier besoin satisfait* [2].

---

[1] Si l'eau n'a pas de valeur dans nos contrées, c'est seulement comme
eau potable, en tant qu'elle a pour fonction de nous désaltérer, parce
qu'à ce point de vue elle est, en effet, surabondante. Nous avons fait le
compte qu'une rivière qui débiterait seulement 52 mètres cubes d'eau par
seconde suffirait pour désaltérer tout le genre humain. Or le Mississipi à lui
seul roule 20,000 mètres cubes à la seconde! Mais lorsqu'elle doit satisfaire
aux besoins de l'irrigation, ou à ceux de l'agrément, ou qu'elle devient
force motrice, l'eau prend d'ordinaire une valeur et même une valeur considérable. Pourquoi? parce que, pour de semblables emplois, elle n'est
pas en quantité suffisante pour répondre aux besoins de tous les propriétaires; par conséquent même le seau n° 1,000, ou n° 10,000 aurait encore
une certaine utilité finale et conférerait cette valeur à la masse tout entière.

[2] Dans son beau livre, trop oublié aujourd'hui sur *Le Commerce et le
gouvernement* (1776), le philosophe Condillac avait déjà fait cette analyse

Nous pouvons donc très bien nous expliquer maintenant pourquoi, soit que nous considérions un individu, soit que nous considérions le genre humain, la valeur des choses possédées diminue au fur et à mesure que leur quantité augmente : — c'est que leur utilité finale diminue proportionnellement. Il y a donc ici non pas contradiction, mais confirmation de la théorie qui fait reposer la valeur sur l'utilité[1].

avec une clarté parfaite et, en cela, de beaucoup devancé les physiocrates : « La valeur des choses est fondée sur leur utilité ou, ce qui revient au même, sur le besoin que nous en avons... Or, puisque la valeur des choses est fondée sur le besoin, il est naturel qu'un besoin plus senti donne aux choses une plus grande valeur et qu'un besoin moins senti leur en donne une moindre. La valeur des choses croît donc dans la rareté et diminue dans l'abondance. — Elle peut même dans l'abondance diminuer au point de devenir nulle. Un surabondant sera sans valeur toutes les fois qu'on n'en pourra faire aucun usage, *puisqu'alors il sera tout à fait inutile...* La valeur est moins dans la chose que dans l'estime que nous en faisons, et cette estime croît et diminue comme notre besoin croît et diminue lui-même ». Suit l'exemple de l'eau prise à la source ou au désert. — 1re partie, ch. I.

Et Franklin avait dit plus simplement encore dans *La Science du bonhomme Richard* : « C'est quand le puits est à sec, qu'on connaît la valeur de l'eau ».

[1] Il reste cependant un point obscur. Voici un propriétaire ou un négociant en blé qui a mille sacs de blé dans son magasin. Pour ses besoins personnels, la quantité est évidemment surabondante ; l'utilité finale du millième sac et même du dixième, peut-être, est donc nulle. S'ensuit-il que la valeur de chacun des sacs soit zéro ? Assurément non ; ils ont tous une certaine valeur et aucun d'eux, pas plus le millième que le premier, ne sera cédé pour rien. Alors que vaut l'explication ? — Il suffit de réfléchir que si le propriétaire ou le marchand, dans l'espèce, a plus de blé qu'il ne lui en faut, d'autres hommes et en grand nombre n'en ont point assez et qu'il y aura toujours quelqu'un, par conséquent, pour lequel le millième sac lui-même aura une utilité et qui sera disposé à faire un sacrifice pour l'acquérir. Mais il est clair aussi que s'il n'en était point ainsi et si tous les hommes avaient assez de blé, en ce cas le blé du marchand serait dépourvu de valeur comme il est dépourvu d'utilité finale. En d'autres termes, les hommes, par suite des relations d'échange, ne formant qu'un, et ce qui est *en trop* chez les uns correspondant à ce qui *manque* chez les autres, la valeur des choses se règle non sur l'utilité finale d'une chose pour l'individu le mieux pourvu, mais sur l'utilité finale de cette chose pour l'individu le moins pourvu : — elle dépend non de la quantité possédée par Pierre ou Paul, mais de la quantité possédée par la société (ou même par

## § 2. — Le Travail.

Cette seconde théorie est en quelque sorte l'inverse de la première : tandis que celle-là s'attache à l'idée de *satisfaction* procurée, celle-ci s'attache à l'idée *d'effort* accompli. Elle tient une place considérable dans la science : exposée pour la première fois par Adam Smith, fortement développée par Ricardo, elle a rallié des économistes appartenant aux écoles les plus opposées, depuis les optimistes comme Bastiat jusqu'aux socialistes comme Karl Marx[1].

Bien entendu, cette théorie ne conteste pas que l'utilité, c'est-à-dire la propriété de satisfaire à un besoin ou à un désir quelconque de l'homme, ne soit la condition primordiale de

le genre humain, puisque, par suite du commerce international, les divers pays eux-mêmes sont solidaires dans une certaine mesure) (Voy. du reste plus loin *Valeur d'échange*).

Ceci est surtout vrai pour l'argent. Il n'est pas difficile de comprendre que pour l'argent comme pour toute autre richesse, l'utilité finale diminue au fur et à mesure que la quantité possédée augmente. Une pièce de vingt francs n'a certainement pas la même utilité pour un millionnaire que pour un pauvre homme, car pour celui-ci elle représente plusieurs jours de vie et pour celui-là quelques colifichets. D'autre part, il n'est pas moins évident que la pièce de vingt francs entre les mains du riche a la même valeur qu'entre celles du pauvre : toutes les pièces de vingt francs se valent. Pourquoi ? Tout simplement parce qu'il n'y en a pas assez pour tous ceux qui en voudraient, parce que leur utilité finale est grande pour beaucoup d'hommes. Mais que les pièces d'or deviennent aussi abondantes que les assignats du temps de la Révolution et on verra bien alors qu'elles n'auront pas plus d'utilité qu'aujourd'hui les centimes.

[1] « Il est tout simple, dit Adam Smith, que ce qui est d'ordinaire le produit de deux heures de travail vaille le double de ce qui n'exige ordinairement qu'une heure de travail ». Livre 1, ch. 16.

« Je considère le travail, dit Ricardo, comme la source de toute valeur et sa quantité relative comme la mesure qui règle presque exclusivement la valeur relative des marchandises ». Ch. 1, sect. 2.

« La valeur d'une marchandise est déterminée par le quantum du travail dépensé pendant sa production ». Karl Marx, ch. 1.

Malgré cette identité apparente, les explications de la valeur données par ces trois grands théoriciens sont, au fond, assez différentes : mais nous ne pouvons entrer ici dans ces nuances.

toute valeur. Il faudrait, en effet, avoir perdu le sens pour
imaginer qu'une chose qui ne sert à rien puisse avoir une
valeur quelconque, quel que soit d'ailleurs le travail qu'elle
a pu coûter. Mais d'après cette école, si l'utilité est la condition de la valeur, elle n'en est point la cause. Le fondement de
la valeur ce serait le travail de l'homme, et toute chose vaudrait plus ou moins suivant qu'elle aurait coûté un travail
plus ou moins considérable.

Si cette explication a pu séduire tant d'esprits généreux,
c'est qu'à la différence de la théorie précédente qui fait reposer la valeur sur un fait simplement naturel, l'utilité ou la
rareté, celle-ci la fait reposer sur un fait moral, le travail.
Si l'on pouvait démontrer que la valeur de toutes les choses
que nous pouvons posséder, de la terre par exemple, est en
raison du travail qu'elles coûtent, il serait relativement facile
d'arranger un monde où *la richesse serait proportionnelle au
travail* et d'asseoir par là solidement l'organisation sociale
sur un principe de justice[1].

Il serait donc à souhaiter que cette théorie pût être considérée comme l'expression de la réalité. Malheureusement, si
elle exprime bien ce qui *doit être*, elle n'exprime nullement
*ce qui est*.

1° D'abord, si la valeur d'une chose avait pour cause ou
pour substance le travail consacré à la produire, cette valeur
devrait être nécessairement immuable, car, comme le reconnaît Bastiat lui-même, « le travail *passé* n'est pas susceptible
de plus ou de moins ». — Or, chacun sait, au contraire, que

---

[1] Cette doctrine, du reste, comme le sabre légendaire de Joseph Prudhomme, peut servir aussi bien à combattre les institutions existantes
qu'à les défendre. Tandis que l'école de Bastiat s'en sert pour démontrer
que la fortune de chacun est proportionnelle à son travail, l'école de Karl
Marx s'en sert pour démontrer, au contraire, que les valeurs possédées par
les classes riches sont dues uniquement au travail des ouvriers qui en
ont été indignement spoliés, et elle conclut qu'il faut faire rentrer ces valeurs
entre les mains de ceux qui les ont créées.

la valeur d'un objet varie constamment et sans cesse. Il est donc bien évident que ces variations sont absolument indépendantes du travail de production. *A priori*, d'ailleurs, il est absurde de penser que la valeur d'une chose peut ainsi dépendre d'un fait passé sans retour. C'est là une affaire finie, il n'y a plus à y revenir, et c'est le cas de dire, comme lady Macbeth : *what is done, cannot be undone !* ce qui est fait est fait, n'en parlons plus !

2° Si le travail était la cause de la valeur, à des travaux égaux correspondraient toujours des valeurs égales : et à des travaux inégaux, des valeurs inégales. — Or, à chaque instant, nous voyons des objets qui ont coûté le même travail se vendre à des prix très différents (exemple : un filet de bœuf et la queue du même bœuf), et à l'inverse, des objets qui ont coûté des travaux très différents se vendre au même prix (exemple : un hectolitre de blé récolté sur une terre qui en produit 15 à l'hectare et un hectolitre de blé de même qualité récolté sur une terre qui en produit 50 à l'hectare[1]).

3° Si le travail était la cause de la valeur, là où le travail serait nul, la valeur serait nulle aussi. — Or, innombrables sont les choses qui ont une valeur sans avoir exigé aucun travail : source d'eau minérale ou de pétrole, guano déposé par les oiseaux de mer, plage de sable d'Aigues-Mortes qui n'a été labourée que par le vent du large et qui se vend très cher pour y planter des vignes, quelques mètres de terrain situés à Paris, aux Champs-Elysées[2], etc. — ou qui acquièrent une

---

[1] Ricardo ne niait pas ce fait, puisqu'au contraire c'est sur ce fait qu'il a basé sa fameuse théorie de la *rente* (Voy. ci-dessous, *La loi de la rente*), mais l'explication qu'il en donne ne fait que constater le fait incontestable que deux objets de même qualité, c'est-à-dire de même utilité, ont nécessairement la même valeur, quelque inégaux que soient les travaux qu'ils ont coûtés.

[2] Ricardo et son école ne nient pas non plus (car le fait n'est pas niable) qu'il n'y ait certains objets « dont la valeur ne dépend que de la rareté, parce que nul travail ne peut en augmenter la quantité ». Seulement, il

valeur nouvelle sans travail : par exemple, le vin en restant en cave.

4° Enfin, si le travail est la cause de la valeur, quelle sera donc la cause de la *valeur du travail* lui-même? Car le travail a incontestablement une valeur; il se vend et s'achète ou, si l'on préfère, il se loue tous les jours à un certain prix. Il est facile d'expliquer la valeur du travail par la valeur de ses produits, de même que la valeur d'une terre est déterminée par la valeur des récoltes qu'elle peut donner. Mais si l'on veut expliquer la valeur de ces mêmes produits par la valeur du travail qui leur a donné naissance, alors on tourne dans un cercle sans issue.

Des tentatives ingénieuses ont été faites pour accommoder cette théorie aux diverses difficultés de fait que nous venons de signaler.

Carey dit que la valeur d'un objet quelconque dépend non pas précisément du travail consacré à sa production, mais du travail qui serait nécessaire pour produire un objet similaire, c'est-à-dire du *travail de reproduction.*

Bastiat dit qu'il faut considérer non point le travail effectué par celui qui a produit l'objet, mais le *travail épargné* à celui qui veut s'en rendre acquéreur [1].

les considère comme insignifiants, et ne cite en exemple que les tableaux précieux, statues, etc. Ces objets-là constituent, au contraire, une exception énorme et qui emporte la règle.

Bastiat, au contraire, nie que les biens que nous venons d'énumérer (terre ou richesses naturelles) aient une valeur quelconque : l'utilité qui provient uniquement de la nature est toujours *gratuite,* dit-il, jamais elle ne se paie. M. Cauwès soutient la même opinion (*Cours d'économie politique,* tome I, p. 240). Sa thèse c'est que toute richesse et toute valeur présuppose au moins un fait de l'homme qui est l'*appropriation.* Mais ne peut-on pas répondre que c'est l'appropriation qui présuppose la valeur, puisque nul ne songe à s'approprier ce qui ne vaut rien?

[1] Et comme épargner à quelqu'un un certain travail, c'est, d'après Bastiat, « lui rendre service », l'auteur des *Harmonies* arrive par là à définir la valeur : le *rapport de deux services échangés,* et à déclarer que la valeur a pour cause et pour mesure *un service rendu.* Cette for-

Karl Marx enfin déclare qu'il n'y a pas à s'occuper du travail individuel qui a pu être consacré à produire un objet quelconque, mais du *travail social* ou plutôt du nombre d'heures qui est nécessaire en moyenne pour la production de cet objet.

Enfin, au lieu d'employer le mot de travail, on emploie quelquefois le mot *difficulté d'acquisition* qui comprend le travail, mais qui comprend aussi quantité d'autres idées telles que la rareté, l'utilité, etc., et qui à raison de tout ce qu'il dit et de tout ce qu'il ne dit pas, peut s'accommoder assez bien à tous les systèmes.

Sans discuter ici ces divers amendements, nous nous bornerons à faire remarquer que tous, dérivés de l'idée du travail, se heurtent plus ou moins aux mêmes difficultés que la théorie fondamentale et qu'ils n'ont même pas le mérite, qu'avait du moins celle-ci, de satisfaire à l'idée de justice. Nous avons reconnu, en effet, qu'il y aurait harmonie si l'on pouvait démontrer que la valeur d'un objet est proportionnelle à la peine qu'on a dû prendre pour le produire, mais cette harmonie s'évanouit ou du moins devient fort obscure, si l'on se contente de démontrer que la valeur est simplement proportionnelle au travail nécessaire pour reproduire un autre objet de même espèce, comme le dit Carey, — ou à la peine épar-

mule, malgré la vogue qu'elle a eue pendant un certain temps, paraît une simple tautologie. A cette question : pourquoi un diamant a-t-il une plus grande valeur qu'un caillou? elle répond : « parce que, en me cédant un diamant, on me rend un plus grand service qu'en me cédant un caillou ». Personne ne conteste une aussi puérile proposition, mais il suffit de répondre que si le service rendu par le transfert d'un diamant est plus grand que le service rendu par le transfert d'un simple caillou, c'est tout simplement parce que le diamant a plus de valeur que le caillou : nous n'avons donc fait que tourner sur place. Ce n'est pas, en effet, le service rendu par celui qui me cède un objet qui en détermine la valeur, c'est, au contraire, la valeur de l'objet cédé qui détermine et mesure l'importance du service rendu. Voy. dans la *Revue d'économie politique* (mai-juin 1887), une critique que nous avons faite de cette théorie. Voy. *contrà*, dans Cauwès (tome I, p. 308), la défense de la théorie de Bastiat.

gnée (et qui, par conséquent n'a pas été prise), comme le dit Bastiat, — ou au travail moyen qu'exige la production industrielle de la catégorie de marchandises dont cet objet fait partie, comme le dit Karl Marx.

Entre ces deux explications de la valeur, nous ne devons pas hésiter. La première est l'expression de *ce qui est* : en fait la valeur des choses est en raison des désirs des hommes. La seconde est seulement l'expression de *ce qui devrait être :* il serait à souhaiter que la valeur des choses fût en raison du travail des hommes. Il faut donc adopter la première tout en regrettant la seconde.

Il faut cependant remarquer que la seconde explication est nécessaire *indirectement* pour compléter la première, en ce sens que si l'utilité finale, comme nous l'avons vu, est liée nécessairement à la limitation dans la quantité, la limitation de la quantité est liée à son tour à l'idée du travail.

En effet, la limitation dans la quantité n'est jamais un fait absolu. Il n'est pas une chose au monde, même parmi les produits de la nature, à plus forte raison parmi les produits de l'industrie humaine, dont la quantité soit si rigoureusement déterminée qu'on ne puisse l'accroître *en y prenant peine.* Quand on dit que les diamants sont rares, on n'entend point dire que la nature n'en a mis dans la circulation qu'un nombre d'exemplaires déterminé et qu'après cela elle a brisé le moule : on veut dire simplement qu'il faut beaucoup de peine ou beaucoup de chance pour en trouver et que par conséquent la quantité existante ne peut s'accroître que difficilement. Quand on dit que les chronomètres sont rares, on n'entend point dire qu'il n'en existe de par le monde qu'un certain nombre d'exemplaires numérotés; on peut en produire un nombre indéfini : mais comme la fabrication d'un bon chronomètre exige un temps considérable et une habileté spéciale, la quantité se trouve limitée par le temps et le travail disponible. Il serait même imprudent d'affirmer que les tableaux de Raphaël soient en nombre absolument limité, car il n'est pas impossible qu'on ne parvienne, un jour ou l'autre, à en découvrir d'autres que ceux que nous connaissons.

Et alors même que la quantité existante ne devrait pas, en fait, être modifiée, la simple *possibilité* d'accroître cette quantité à volonté, par exemple, la découverte d'un chimiste pour cristalliser le carbone en diamant, même avant d'avoir reçu aucune application industrielle, suffirait pour agir comme réfrigérant sur le désir et sur la valeur.

En résumé donc, à cette question : quelle est la cause de la valeur? nous pouvons répondre de la façon suivante : .

*Les choses ont plus ou moins de valeur, suivant que nous les désirons plus ou moins vivement.*

*Nous les désirons plus ou moins vivement, suivant qu'elles sont en quantité plus ou moins insuffisante pour nos besoins.*

*Elles sont en quantité plus ou moins insuffisante, suivant qu'il est en notre pouvoir de les multiplier plus ou moins aisément.*

# VI.

### DE LA VALEUR D'ÉCHANGE.

Les explications que nous venons de donner sur la valeur laissent dans l'esprit une grosse incertitude. En effet, si la valeur n'a d'autre fondement que les désirs des hommes et si ces désirs varient non seulement suivant les personnes, mais, pour la même personne, suivant les circonstances, si la valeur telle qu'on la définit est purement subjective — il semble alors qu'il n'y a pas deux choses au monde qui puissent avoir la même valeur. Sur un marché au blé, chaque sac de blé devrait avoir une valeur différente, et pour le même sac la valeur devrait varier, suivant la situation du vendeur ou de l'acheteur.

Or, nous savons qu'il n'en est pas ainsi. C'est un fait au contraire très certain que sur un marché[1], *il ne peut y avoir qu'un même prix pour des marchandises de même qualité*, pour tous les sacs de blé, par exemple. Il y a pour toute marchandise un prix indépendant des appréciations individuelles, qui s'appelle le *cours* ou la *cote*, qui est publié dans tous les journaux commerciaux et qui sert de base aux statistiques comme d'ailleurs aux spéculations privées.

N'y a-t-il pas là une contradiction?

Nullement. Il est très vrai que des cent sacs de blé exposés sur le marché, il n'y en a pas deux peut-être qui aient la même valeur individuelle — la même utilité finale — pour leurs possesseurs ni pour ceux qui veulent les acquérir. Mais il n'est pas moins vrai qu'ils se vendront tous au même prix parce que même le vendeur qui attribue à son sac de blé la plus petite utilité finale — et qui par conséquent serait consentant à le céder au plus bas prix — ne le fera pourtant point s'il peut en obtenir un prix supérieur : il attendra donc pour le céder que le prix maximum que comporte l'état du marché ait été établi : et si, par ignorance, il l'offrait *au-dessous du cours*, la foule des acheteurs qui se précipiteraient aussitôt de son côté et surenchériraient pour l'obtenir aurait bien vite fait de lui faire relever son prix. En sens inverse, même l'acheteur qui attribue au blé la plus haute utilité finale — et qui par conséquent serait disposé à le payer le plus cher — ne le fera pourtant point s'il peut l'obtenir à plus bas prix : et si,

---

[1] Il faut entendre par *marché*, dans le sens économique du mot, non pas seulement une même place ou un même local, mais toute sphère dans laquelle le déplacement des marchandises et les communications des vendeurs et acheteurs sont assez rapides pour qu'un même prix s'établisse. L'étendue du marché varie donc suivant la nature de la marchandise : la France constitue presque un seul marché pour le blé : le monde, un seul marché pour l'or.

par ignorance, il offre un prix *au-dessus du cours*, la foule des vendeurs qui se précipitent de son côté pour lui offrir leur blé aurait bien vite fait de lui faire rabaisser son prix.

Il est donc facile de comprendre que l'identité des prix sur un même marché pour des objets identiques est une nécessité[1].

Seulement, étant admis qu'il ne peut y avoir qu'un prix, reste à savoir quel sera ce prix? Il résulte de l'analyse que nous venons de faire que ce prix sera déterminé non point, comme on pourrait le penser peut-être, par le vendeur le plus disposé à vendre (celui qui attribue au blé la plus petite utilité finale) et l'acheteur le plus disposé à acheter (celui qui attribue au blé la plus grande utilité finale), mais tout au contraire par le vendeur le moins pressé de vendre et l'acheteur le moins pressé d'acheter. Ce sont eux qui, à raison même de la forte situation qu'ils occupent, font la loi du marché[2].

Il n'y a donc point d'antinomie entre la valeur individuelle et la valeur d'échange. Celle-ci vient bien de celle-là; la valeur du marché, le cours, ce que dans la nouvelle école on appelle la valeur *objective,* est bien le résultat des appréciations individuelles, de la valeur subjective, de l'utilité finale[3].

---

[1] C'est ce que Stanley Jevons appelle la *loi d'indifférence.* Il entend par là que toutes les fois qu'il nous est absolument indifférent d'acquérir l'un ou l'autre de deux objets, parce qu'ils sont identiques, nous ne consentirons pas à payer l'un plus cher que l'autre.

[2] C'est ce qu'on appelle le *couple limite.* Bien entendu, il faut supposer que le vendeur le moins pressé de vendre et l'acheteur le moins pressé d'acheter, soient cependant en disposition de traiter et que leurs prétentions ne soient pas inconciliables, car il est bien clair que s'il s'agit d'un vendeur qui ne veuille vendre son blé qu'à 20 francs et d'un acheteur qui ne veuille en donner que 19, l'échange est impossible entr'eux! et ce ne sont pas eux qui fixeront le prix, puisqu'ils ne seront finalement ni vendeur ni acheteur et se retireront du marché comme ils sont venus.

[3] En réalité, le problème de la détermination du prix sur le marché, con-

Toutefois, il faut noter que la valeur d'échange réagit à son tour nécessairement sur la valeur individuelle. En effet, quand des hommes vivent en société ils peuvent toujours vendre ce qu'ils ont en trop et acheter ce qui leur manque et cette situation ne peut manquer d'influencer leur appréciation individuelle. Pour quelqu'un qui possède déjà une bonne montre, une seconde montre n'a qu'une bien petite utilité ; toutefois il lui attribuera une valeur égale à sa valeur d'échange, c'est-à-dire au prix auquel il pourrait la vendre[1],

La valeur d'échange était expliquée autrefois par la loi de l'offre et de la demande et on la formulait ainsi : « Le prix varie en raison directe de la demande et en raison inverse de l'offre ». Cette prétendue loi, attaquée pour la première fois par Cournot, est aujourd'hui fort discréditée. On peut lui reprocher avec raison :

1° D'être, dans ses prétentions mathématiques, en contradiction avec les faits. Si l'offre du blé venait à diminuer de moitié, le prix du blé ferait beaucoup plus que doubler : il quintuplerait et *vice versa*[2].

formément aux principes de l'utilité finale, est très compliqué, car il faut tenir compte de quatre éléments :

1° Utilité finale de la chose vendue pour chacun des vendeurs ; 2° utilité finale de la même chose pour chacun des acheteurs ; 3° utilité finale de l'argent (ou de toute autre chose à payer) pour chacun des acheteurs ; 4° utilité finale de l'argent (ou de toute autre chose à obtenir en échange) pour chacun des vendeurs.

Ceux qui seront curieux de voir comment un esprit subtil joue avec ces difficultés n'ont qu'à se référer au livre de Böhm-Bawerk sur le *Capital* (tome II, livre IV), dont une traduction a paru en anglais, ou au résumé très complet de M. Smart, *Introduction to the Theory of Value*.

[1] Mais la valeur d'échange de cette montre surnuméraire dépend à son tour de l'utilité finale qu'elle peut avoir pour ceux qui sont dépourvus de montre (Voy. ci-dessus, p. 61, note).

[2] Un économiste anglais du xvii° siècle, Gregory King, dans une loi célèbre qui porte son nom, établissait ainsi la relation entre la quantité de blé et le prix du blé : — à un déficit de 10, 20, 30, 40, 50 p. 0/0 correspondait respectivement une hausse des prix de 30, 80, 160, 280, 450 p. 0/0. Il est vrai que cette loi, vraie du temps où l'Angleterre formait

2º De prendre l'effet pour la cause. Si l'accroissement de la demande fait hausser le prix, il est clair que la hausse du prix à son tour va faire décroître la demande : et si l'accroissement de l'offre fait baisser le prix, il est clair que la baisse du prix à son tour tend à restreindre l'offre. En d'autres termes, si l'offre et la demande règlent les prix, il est aussi vrai de dire que les prix règlent l'offre et la demande [1].

3º De n'attacher aux mots *offre* et *demande* aucun sens intelligible. Encore par le mot offre peut-on comprendre la quantité de marchandises, le stock existant sur le marché (quoique dans bien des cas, une raréfaction purement virtuelle — par exemple la crainte d'une mauvaise récolte — produise le même effet), mais qu'entendre par demande ? La quantité demandée, en effet, est absolument indéterminée puisqu'elle dépend uniquement du prix : à 1 sou la bouteille, la demande de vin de Bordeaux serait illimitée : à 100 fr. la bouteille, elle serait nulle.

Toutefois on peut donner un sens raisonnable à la loi de l'offre et de la demande en désignant par « offre » la quantité

un marché fermé, a perdu de nos jours toute importance pratique par suite du commerce international des céréales.

[1] Prenons une valeur quelconque sur le marché de la Bourse, la rente 3 p. 0/0 par exemple, et supposons-la à 90 francs. Il y a continuellement une certaine quantité de rentes offerte et une certaine quantité demandée. Je suppose qu'à l'ouverture de la Bourse, le chiffre de rentes demandé se trouve être le double du chiffre de rentes offert. Qui pourra imaginer que le prix de la rente doive *doubler* et s'élever à 180 francs ! Et cependant c'est bien le phénomène qui devrait se produire si la formule de tout à l'heure était exacte. Or, en réalité, le cours de la rente ne s'élèvera peut-être pas même de 1 franc. Et cela, par la raison toute simple que le plus grand nombre de personnes qui se portaient acheteurs à 90 francs, se retirent dès que le prix s'élève. Il est clair que si le chiffre de rentes demandé diminue au fur et à mesure que le prix monte, en même temps et pour la même raison, le chiffre de rentes offert augmente. Il arrivera donc nécessairement un moment où la demande qui décroît et l'offre qui croît seront égales, et à ce moment l'équilibre se rétablira. Mais une hausse de *quelques centimes* est d'ordinaire suffisante pour amener ce résultat.

disponible d'une marchandise sur un marché et par « demande » l'intensité des désirs qui s'attachent à cette marchandise. Il est clair que si le désir en général grandit, la
quantité restant la même, l'utilité finale et par suite la valeur
doit augmenter. Et si à l'inverse, le désir restant le même, la
quantité vient à augmenter, nous savons que l'utilité finale
diminue et peut tomber jusqu'à zéro. Mais, en ce sens, la loi
de l'offre et de la demande ne dit rien de plus que ce que
nous savons déjà, à savoir que la valeur des choses dépend en
fin de compte de l'utilité et de la rareté.

# VII.

## COÛT DE PRODUCTION.

On désigne sous le nom de *coût de production* la somme
des valeurs, en matériaux ou en services, consommées pour
produire une richesse. On peut bien penser qu'il doit exister
une certaine relation [1] entre la valeur des choses consommées
pour faire un produit et la valeur de ce produit une fois con-
fectionné. D'ordinaire, cette relation tend à l'égalité.

Mais l'école qui voit dans le travail la cause et le fondement
de la valeur, va plus loin en affirmant que la valeur des
choses est déterminée par leur coût de production.

L'école au contraire qui voit dans l'utilité et dans nos désirs le seul fondement de la valeur, ne saurait évidemment
voir dans les frais de production la cause du prix. Pour elle,

---

[1] Il existe d'autres catégories de *relation* entre certains groupes de
valeurs, fort intéressantes, mais que nous ne pouvons étudier ici : par
exemple entre celles des biens *supplémentaires*, c'est-à-dire qui peuvent
se remplacer (le bois et le charbon, l'argent et l'or); ou celles des biens
*complémentaires*, c'est-à-dire qui, bien qu'ayant des utilités distinctes,
ont une origine commune (gaz et coke, — viande et cuir, — fromage et
lait, etc.). (Voy. l'ouvrage déjà cité de M. Smart.)

au contraire, ce serait plutôt la valeur des choses qui déterminerait leur production et règlerait les frais qu'il faut faire
pour cela. L'art de l'entrepreneur consiste justement à ne pas
dépenser pour produire une chose plus qu'elle ne vaudra :
s'il est assez habile pour dépenser moins, il recueillera un
bénéfice : s'il est assez maladroit pour dépenser plus qu'elle
ne vaut, il se ruinera, mais la valeur du produit n'en sera
pas accrue d'une obole.

Il n'y a donc pas de relation nécessaire de *cause à effet*
entre les frais de production et la valeur des produits. Cependant toutes les fois qu'on voit une production s'opérer d'une
façon régulière et continue, on est fondé à penser que la valeur de ce produit doit être sensiblement égale au coût de
production [1], car si cette valeur était inférieure, l'industrie se
trouverait produire à perte — ce qui peut bien arriver acciden-
tellement, mais non pas normalement — et si cette valeur était
très supérieure aux frais de production, elle ne pourrait se
maintenir à ce taux, parce que les bénéfices extraordinaires
qu'elle procurerait aux producteurs auraient bientôt fait d'attirer les entrepreneurs dans cette voie, de multiplier cette
catégorie de produits, et en fin de compte d'en abaisser la valeur.

Il ne faut donc point dire que la valeur tend à se régler sur
les frais de production, mais simplement que, sous la pression
d'une cause extérieure qui est la concurrence et là seulement
où elle agit, le coût de production et la valeur du produit
tendent toujours à coïncider [2].

---

[1] Sauf cependant cette marge qui constitue justement le profit normal du
producteur. Il est vrai que certains économistes, surtout de l'école anglaise,
font rentrer le profit normal lui-même dans les frais de production.

[2] Comme le dit très bien M. Walras : « On arrive à l'égalité du prix de
vente des produits et de leur prix de revient en *augmentant la quantité*
des produits dont le prix de vente excède le prix de revient et en *diminuant la quantité* de ceux dont le prix de revient excède le prix de
vente » (*Théorie de la détermination des prix*, Lausanne, 1892).

# VIII.

## DE LA LOI DE LA RENTE.

Nous venons de dire que, sous la pression de la concurrence, la valeur des produits et le coût de production tendent à coïncider. Mais voici alors le curieux phénomène qui peut se présenter.

Considérons par exemple quelques centaines de sacs de blé vendus sur un marché. Il est évident qu'ils n'ont pas tous été produits dans des conditions identiques; les uns ont été obtenus à force d'engrais et de travail, les autres ont poussé comme d'eux-mêmes sur un terrain fertile; ceux-ci arrivent de San-Francisco après avoir doublé le cap Horn, ceux-là viennent de la ferme voisine. Si donc chaque sac portait, inscrit sur une étiquette, son coût de production, on n'en trouverait pas deux peut-être sur lesquels on pût lire le même chiffre : supposons, par exemple, que leurs prix de revient soient échelonnés de 10 à 20 fr. et que tous soient vendus.

Mais nous savons d'autre part qu'il ne saurait jamais y avoir qu'un seul et même prix sur un marché pour des produits similaires (Voy. p. 72). Le prix de vente de tous ces sacs de blé sera donc le même.

Alors, comment — les prix de revient étant tous différents et le prix de vente étant identique — la coïncidence entre le prix de vente et les prix de revient peut-elle s'établir? Voici la réponse : la coïncidence aura lieu seulement entre le prix de vente et le prix de revient du sac qui a coûté le plus à produire, soit 20 fr. dans l'exemple que nous avons pris. La raison en est bien simple : si le prix de vente n'était pas suffisant pour rembourser les frais du vendeur qui a produit le blé dans les conditions les plus défavorables, celui-ci n'en apporterait plus sur le marché; or la quantité de blé se trouvant diminuée, le prix se relèverait forcément (Voir la note 2 de la p. 77).

Nous pouvons donc formuler cette proposition :

Toutes les fois que des produits identiques se vendent sur un même marché, la valeur de tous tend à coïncider avec le *coût de production maximum.*

Or il est clair que ce prix va laisser un bénéfice gradué à tous les producteurs de sacs de blé plus favorisés dont le coût de production est moindre — bénéfice de 10 pour celui dont le sac de blé revient à 10, de 8 pour celui dont le sac revient à 12, de 5 pour celui dont le sac revient à 15, etc. C'est ce bénéfice d'une nature particulière qui s'appelle la *rente* et qui joue en économie politique un rôle considérable.

C'est un anglais, Anderson (en 1777), qui le premier a démontré la loi de la rente[1]. Mais c'est Ricardo qui en a accaparé toute la gloire. L'un et l'autre ne la croyaient applicable qu'aux produits agricoles, tandis que de nos jours on l'a fort étendue. Partout où des produits similaires sont vendus à un même prix, le phénomène de la rente qui résulte de l'excès du prix de vente sur le coût de production se manifeste au profit des producteurs les plus privilégiés[2].

---

[1] On trouvera sa démonstration reproduite dans la *Theory of political economy* de Stanley Jevons (Ch. *De la rente*). Elle est même plus claire que celle de Ricardo qui l'a compliquée inutilement par une hypothèse historique très contestable (Voy. : au liv. IX, *Loi de la rente foncière*). Toutefois, c'est lui qui a énoncé cette proposition célèbre : « Ce n'est pas la rente qui détermine le prix du blé; c'est le prix du blé qui détermine la rente ».

[2] Voy. notamment dans la revue américaine de Haward College, *Quarterly Economics* (No d'avril 1891) les deux articles sur les diverses espèces de rente par MM. Hobson et Clark.

Outre la rente des producteurs, le professeur Marshall a fait remarquer avec beaucoup de finesse qu'il existait aussi une *rente des consommateurs* qui est déterminée par les mêmes principes. Reportons-nous à la théorie de l'utilité finale (p. 62). Des produits identiques (10 seaux d'eau, 10 sacs de blé) ont la même valeur pour le consommateur, puisqu'il les paie le même prix, mais ils ont pour lui des utilités finales très inégales, celle

# IX.

## COMMENT LA VALEUR SE MESURE PAR L'ÉCHANGE.

Puisque le fondement de la valeur, c'est le désir, mesurer la valeur d'une chose, c'est chercher quelle est l'intensité du désir qu'elle provoque en nous. Et pour cela, nous n'avons qu'un moyen, c'est de le comparer au désir que quelque autre chose éveille en nous et de voir lequel est le plus fort, lequel le plus faible, ou s'ils sont égaux, ou dans quel rapport ils sont entr'eux. De même que pour mesurer le poids d'un corps quelconque nous comparons la force attractive que le globe terrestre exerce sur lui à celle qu'elle exerce sur un autre corps, de même nous pouvons mesurer la valeur des choses par le degré d'attraction qu'elles exercent sur nous.

Il est vrai que pour peser les désirs nous n'avons pas de balance, mais nous avons un procédé tout aussi sensible : c'est l'échange. Dans tout échange — et nous savons que dans toute société civilisée les échanges sont innombrables — chaque coéchangiste est appelé à faire un certain sacrifice pour satisfaire son désir; il faut qu'il cède une certaine quantité de la richesse qu'il possède pour obtenir celle qu'il convoite. Or il est clair que l'étendue du sacrifice qu'il est disposé à faire mesure très bien l'intensité de son désir. Si j'échange dix moutons contre un bœuf, n'est-ce pas une preuve que, pour une raison ou pour une autre, je juge qu'un bœuf est dix fois plus désirable qu'un mouton?

du premier seau ou du premier sac de blé étant énorme (et la preuve c'est que s'il ne pouvait faire autrement, dans une île déserte, il le paierait à un prix énorme). Donc par suite de la différence entre l'utilité réelle du premier, du deuxième, du troisième bien et leur valeur respective, leur consommation lui procure un avantage décroissant qui est identique dans sa nature à la rente (Voy. *Economics of Industry*, liv. III, ch. 6).

Plus vif est le désir qu'un objet nous inspire, d'autant plus reculée sera la limite à laquelle nous consentirons à nous en dessaisir. Plus haut il est placé dans l'ordre de nos préférences, d'autant plus grande aussi sera la quantité de toute autre richesse qu'il faudra nous offrir pour éveiller dans notre âme un désir contraire et égal en intensité, et pour faire pencher la balance du côté de cette dernière. On s'exprime donc bien quand on dit que *la valeur d'une chose est déterminée par la quantité d'autres choses contre laquelle elle peut s'échanger,* ou, plus brièvement, que la valeur d'une chose est déterminée par son *pouvoir d'acquisition*[1].

Si donc, en échange d'un bœuf, je puis avoir 8, 10, 12 moutons, je dirai que la valeur d'un bœuf est 8, 10, 12 fois plus grande que celle d'un mouton, ou à l'inverse que la valeur d'un mouton est 8, 10, 12 fois plus petite que celle d'un bœuf, ce que l'on peut exprimer en disant que *les valeurs de deux marchandises quelconques sont toujours en raison inverse des quantités échangées.* Plus il faut livrer d'une chose, moins elle vaut : et moins il faut en livrer en échange d'une autre, plus elle vaut.

C'est comme dans la pesée : quand la balance est en équilibre, vous pouvez dire que les poids des objets sont en raison inverse des quantités pesées. S'il a fallu mettre 10 moutons dans un des plateaux pour faire équilibre à un seul bœuf dans l'autre, c'est que le poids du mouton n'est que le 1/10 du poids du bœuf.

Il y aurait encore un autre moyen de mesurer les valeurs.

On peut admettre que le travail est proportionnel à la valeur des choses, et par conséquent, peut servir à la mesurer.

---

[1] Mais il ne faut pas dire, comme on le fait trop souvent, que le pouvoir d'acquisition est *ce qui constitue* la valeur. C'est notre désir seul qui constitue la valeur. La puissance d'acquisition n'est qu'un *effet* de la valeur, comme la puissance d'attraction d'un électro-aimant n'est qu'un effet du courant qui le pénètre.

On peut prétendre, à bon droit, que les hommes consentent
à prendre d'autant plus de peine pour produire une chose
qu'ils la désirent davantage, en d'autres termes qu'ils lui
accordent plus de valeur. De même que tout à l'heure nous
mesurions la valeur d'un bien par le sacrifice d'un autre bien
qu'une personne est disposée à faire pour se le procurer —
par la quantité d'argent cédée par l'acheteur, par exemple, —
de même aussi nous pourrions la mesurer par le sacrifice de
leur temps et de leur peine que les hommes sont consentants à
faire pour les produire. C'est en ce sens que l'on peut accepter la belle expression d'Adam Smith : « Le travail a été la
monnaie primitive avec laquelle les hommes ont payé toutes
choses [1] ».

Toutefois, cette théorie se heurtera toujours à une grosse
difficulté ; — c'est que le travail, bien loin de constituer une
bonne mesure, est lui-même très difficile à apprécier et ne
se laisse mesurer que très imparfaitement soit dans son intensité , soit même dans sa durée [2].

---

[1] Cette théorie n'est point la reproduction de la doctrine qui voit dans
le travail la cause de la valeur, doctrine que nous avons déjà rejetée.
Le travail est considéré ici non point comme *la cause,* mais au contraire comme l'*effet de la valeur* ou plutôt *du désir* qui constitue la valeur. Or, si l'on admet que le travail est un effet de la valeur, rien de
plus scientifique que de mesurer une cause par ses effets. On mesure bien
mieux la pesanteur par le pendule que par la balance, car la balance ne
nous permet que de comparer des poids — de même que l'échange ne
nous permet que de comparer des valeurs — au lieu que le pendule mesure
l'intensité même de la pesanteur. Il nous apprend, par exemple, ce que
la balance ne saurait nous apprendre, que l'intensité de la pesanteur décroît à mesure qu'on s'élève sur les montagnes. Et si l'on pouvait mesurer
la valeur par le travail, cela nous apprendrait, par exemple, si les désirs
économiques des hommes sont plus intenses aujourd'hui qu'ils ne le seront
dans quelques siècles.

[2] Nous verrons plus loin (Liv. IV) que cependant l'école collectiviste prétend introduire dans son système cette mesure des valeurs comme règle
de répartition.

## X.

### DU CHOIX D'UNE COMMUNE MESURE DES VALEURS.

Pour nous faire une idée claire de la grandeur, de la pesanteur, de la valeur, de toutes les notions quantitatives, il ne nous suffit pas de comparer les choses deux à deux, comme nous venons de le faire, il nous faut comparer toutes choses à une chose déterminée, toujours la même; il nous faut avoir un terme de comparaison unique; il nous faut, en un mot, *une commune mesure*. Pour mesurer les longueurs, on a choisi pour terme de comparaison, soit quelque partie du corps humain (pied, pouce, coudée), soit une fraction déterminée de la circonférence du globe. Pour mesurer les poids, on a choisi, pour terme de comparaison, un poids déterminé d'eau distillée. Pour mesurer la valeur, il faut sans doute prendre pour terme de comparaison la valeur d'une chose quelconque. Mais laquelle choisir?

C'est un fait remarquable que les peuples se soient trouvés presque tous d'accord pour choisir comme mesure des valeurs, comme étalon, la valeur des métaux précieux, or, argent ou cuivre, mais surtout des deux premiers. Ils se sont tous servis d'un petit lingot d'or ou d'argent, qu'ils ont appelé le franc, la livre sterling, le marc, le dollar, le rouble, etc. Pour mesurer la valeur d'un objet quelconque, on le compare à la valeur de ce petit poids d'or ou d'argent qui sert d'unité monétaire; c'est-à-dire on cherche combien il faut céder de ces petits lingots pour acquérir la marchandise en question, et s'il en faut 10 par exemple, on dit que la marchandise vaut 10 francs ou 10 dollars, etc.

Pourquoi a-t-on choisi les métaux précieux comme commune mesure des valeurs? Parce que les métaux précieux ayant déjà été choisis à raison de certaines propriétés remarquables comme instrument d'échange[1], et l'échange étant précisément l'opération qui sert, comme nous l'avons montré, à mesurer les valeurs, les métaux précieux se trouvaient naturellement désignés pour cette haute fonction.

Il est juste de reconnaître, du reste, que bien que les métaux précieux soient beaucoup mieux désignés par leurs propriétés naturelles pour servir d'instrument d'échange que pour servir de mesure des valeurs, cependant ils ont deux propriétés particulières qui leur permettent de remplir cette seconde fonction d'une façon sinon parfaite, du moins supérieure à toute autre valeur que l'on pourrait imaginer.

Ces deux propriétés sont : d'une part une très grande *facilité de transport*, d'autre part une *durée* presque indéfinie. Grâce à la première de ces deux propriétés, la valeur des métaux précieux est de toutes les valeurs celle qui varie le moins d'un lieu à un autre : grâce à la seconde, c'est celle qui varie le moins d'une année à une autre. Et cette double invariabilité, au moins relative, dans l'espace et dans le temps, est la condition essentielle de toute commune mesure.

1° Quant à la première condition, *invariabilité dans l'espace*, il est clair que si la difficulté de transport pouvait être supprimée pour une marchandise quelconque, si on pouvait lui conférer le don d'ubiquité, si le monde ne constituait pour elle qu'un seul marché (Voy. p. 71, note) on arriverait à ce résultat que sa valeur serait sensiblement la même en tous lieux. Suppose-t-on en effet qu'elle fût moins élevée sur tel point du monde que sur tel autre? on ne manquerait pas de venir la chercher sur le premier de ces points pour la transporter sur le second, et comme le transport, par hypothèse, ne présenterait aucune difficulté ni aucun frais, la plus légère différence suffirait pour que l'opération fût profitable. L'équi-

---

[1] Voyez, quant aux raisons qui ont fait choisir les métaux précieux comme instruments d'échange, au Chap. de l'*Echange : Du choix d'une marchandise tierce.*

libre, en le supposant rompu, se rétablirait donc instantanément, comme le niveau se rétablit instantanément dans un
liquide dont les molécules sont parfaitement fluides.

Or, les métaux précieux étant de toutes les marchandises,
hormis les pierres précieuses, celles qui ont la plus grande
valeur sous le plus petit volume, ce sont aussi celles dont le
transport est le plus aisé et dont la valeur par conséquent reprendra le plus rapidement son niveau normal. Moyennant 1
p. 0/0 de sa valeur, fret et assurance compris, on transportera
une masse d'or ou d'argent d'un bout du monde à l'autre, tandis que le même poids de blé devrait payer, suivant les distances, 20, 30 et 50 p. 0/0 de sa valeur. Il résulterait de là que
la valeur des métaux précieux devrait être la même, à 1 p. 0/0
près, sur tous les points du monde. Ce serait là, toutefois,
une conclusion exagérée. Il est certain au contraire que la valeur des métaux précieux n'est pas la même partout et que
notamment elle est plus dépréciée sur les lieux de production,
dans les pays miniers (ce qui explique les prix très élevés en
usage dans ces contrées), mais néanmoins on peut dire que la
valeur de ces métaux satisfait très suffisamment à la première
condition, invariabilité dans l'espace.

2º Elle satisfait beaucoup moins heureusement à la seconde :
*invariabilité dans le temps.* Toutefois, même à ce point de
vue, les métaux précieux sont encore supérieurs à la plupart
des autres marchandises et cela par la seconde raison que
nous avons donnée, à savoir leur très grande durée.

La principale cause, en effet, qui fait varier la valeur d'une
chose d'une époque à une autre, c'est la variation dans sa
quantité. Si on suppose un produit de telle nature que sa
quantité soit susceptible de varier depuis zéro jusqu'à un
chiffre très considérable, les variations de valeur seront extrêmes : c'est le cas du blé par exemple. Avant la récolte, les
greniers peuvent être absolument vides : après, ils seront
pleins et la différence entre une bonne et une mauvaise année

peut être énorme. De là, variations énormes aussi dans la valeur de cette denrée et qui seraient encore bien plus considérables, si la facilité des transports et l'échange international ne maintenaient un certain équilibre dans la production.

Mais à raison de leur durée, qui fait que les mêmes particules de métal monnayées et remonnayées peuvent traverser les âges, les métaux précieux présentent des caractères tout différents. Ils s'accumulent petit à petit en une masse énorme, dans laquelle la production annuelle se déverse comme dans un réservoir toujours grandissant, et dans laquelle, par conséquent, les variations accidentelles vont s'atténuant de plus en plus.

Dans un torrent qui se précipite, les moindres crues se manifestent par des changements de niveau énormes, mais les plus fortes crues du Rhône n'élèvent le niveau du lac de Genève que dans des proportions insensibles. Il en est de même pour les valeurs. Supposez que la récolte du blé vienne une année à doubler dans le monde entier, le stock se trouvant également doublé, l'avilissement des prix sera effroyable. Supposez, au contraire, que la production des mines d'or ou d'argent vienne à doubler en une année, comme cette production représente à peine 2 p. 0/0 du stock existant, l'effet produit sera insignifiant.

Et toutefois ces variations finissent par être sensibles à la longue, puisqu'au taux de 2 p. 0/0 par an, le stock finirait par doubler en 36 ans. Si donc la valeur des métaux précieux présente des garanties suffisantes de stabilité dans le temps, quand on s'en tient à de courtes périodes, elle ne les présente à aucun degré quand on embrasse de longues périodes de temps, je ne dirai pas de plusieurs siècles, mais seulement d'une génération. A ce point de vue, la mesure choisie est donc très défectueuse [1].

---

[1] Aurait-on pu en trouver une meilleure ? — On en a proposé plusieurs, notamment le *blé*.

Ce choix étonne à première vue, car nous venons de dire que si l'on

# XI.

## QU'EST-CE QUE LE PRIX?

La valeur d'une chose est susceptible de mille expressions différentes. Homère dit que l'armure de Diomède valait cent bœufs. Un Japonais aurait dit, il y a peu d'années encore, qu'elle valait tant de quintaux de riz, un noir de l'Afrique tant de mètres de cotonnades, un trappeur du Canada tant de peaux de renards ou de loutres : un Français ou un Américain du xixe siècle dira qu'elle vaut tant de francs ou de dollars. Chacune de ces expressions est en son genre une mesure

considère la valeur de cette denrée en différents lieux ou à différentes époques, on constate qu'il en est peu dont les variations soient plus marquées. Au même moment l'hectolitre de blé peut se vendre 25 francs en France et 7 à 8 dans tel État de l'Ouest Américain. Et dans le même lieu, suivant que l'année sera bonne ou mauvaise, le blé peut varier aussi dans des proportions énormes, bien que la facilité des échanges ait atténué ces variations.

Mais on répond que bien que la valeur du blé soit incomparablement plus variable que celle des métaux précieux, lorsqu'on ne considère que de courts intervalles de temps, elle est, par contre, beaucoup plus stable si l'on embrasse de longues périodes. A travers ses brusques et nombreuses oscillations, elle tend à revenir toujours à son niveau, parce que son utilité finale pour l'ensemble des hommes (du moins de race Européenne) peut être considérée comme constante. D'une part le blé répond à un besoin permanent et toujours semblable à lui-même. D'autre part, sa rareté, c'est-à-dire le rapport entre la quantité offerte et demandée, doit être également considérée comme constante. En effet, il faut bien produire la quantité de blé nécessaire pour nourrir les habitants d'un pays, car au-dessous de cette limite, ils mourraient de faim : mais on se garde d'en produire davantage, car au-dessus de cette limite, on n'en saurait que faire et la surabondance entraînerait une dépréciation énorme.

Bien qu'il ne faille pas se fier absolument à ces propositions syllogistiques, il est très vrai que le blé présente, au point de vue des variations de sa valeur, des qualités et des défauts *précisément inverses* de ceux qui caractérisent les métaux précieux. A ce titre, il est souvent employé par les statisticiens comme un bon moyen de contrôle.

de la valeur, mais la dernière seule — celle qui consiste à mesurer la valeur d'une chose par la valeur d'une certaine quantité de pièces d'or ou d'argent — porte le nom de *prix*.

Le prix d'une chose est donc l'expression du rapport qui existe entre la valeur de cette chose et la valeur d'un certain poids d'or ou d'argent, ou plus brièvement *sa valeur exprimée en monnaie :* et comme, par tout pays civilisé, la monnaie est la seule mesure des valeurs, le mot de prix est devenu synonyme du mot même de valeur. C'est en effet la seule expression de la valeur que nous employons en fait, quoique théoriquement nous puissions en employer une infinité d'autres. C'est ainsi que pour mesurer les longueurs, nous ne parlons jamais que de mètres et de centimètres, quoique nous puissions au besoin exprimer une longueur en la comparant à la taille de l'homme, à la hauteur d'un arbre, ou à n'importe quelle autre grandeur.

Néanmoins il ne faut pas confondre absolument le prix et la valeur, comme le fait le vulgaire, et croire, par exemple, que parce que le prix d'une chose est le même en deux lieux différents, sa valeur doit être nécessairement la même, ni à l'inverse croire que parce que le prix d'une chose a varié, sa valeur doit avoir varié nécessairement dans la même proportion. Ce pourrait être une erreur grossière.

Supposez, en effet, que la valeur des métaux précieux ne soit pas restée la même d'hier à aujourd'hui : il est clair que la valeur de tout objet que vous aurez mesuré avec ces métaux précieux, se trouvera avoir changé, c'est-à-dire que son prix aura varié, et qu'il devra avoir varié précisément en raison inverse des variations de valeur des métaux précieux.

Si la longueur du mètre, ou plutôt si la longueur de la circonférence terrestre dont le mètre n'est qu'une subdivision, par suite de la contraction du globe terrestre, venait à être réduite de 1/10, n'est-il pas évident que tous les objets que nous mesurerions désormais nous paraîtraient plus longs ou plus hauts de 1/10? Cependant il n'en serait rien : en réalité, il n'y aurait là qu'une illusion produite par le raccourcissement de l'unité de mesure. De même, si la monnaie, ou plutôt les métaux précieux qui la constituent, venaient à perdre 1/10 de leur valeur par suite de quelque cause beaucoup moins extraordinaire, par exemple par suite de leur surabondance, il est clair que le prix de tous les objets, c'est-à-dire leur valeur exprimée en monnaie, nous paraîtrait avoir haussé de 1/10.

Ainsi donc on peut poser cette formule que *toute variation dans la valeur de la monnaie entraîne une variation inversement proportionnelle dans les prix*[1].

Et comme la plus ou moins grande quantité de numéraire est le principal élément qui agit sur la valeur de la monnaie, on peut poser encore cette seconde formule, qui n'est pas cependant aussi absolument vraie que la première : *toute variation dans la quantité de monnaie entraîne une variation directement proportionnelle dans les prix*. Si, par exemple, la quantité de monnaie vient à doubler dans un pays, il est certain que, toutes choses égales d'ailleurs, les prix hausseront beaucoup, quoiqu'il fût téméraire d'affirmer qu'ils doubleront[2].

---

[1] La réciproque serait-elle également vraie et pourrait-on dire que toute variation dans les prix suppose une variation inverse dans la valeur de la monnaie? Oui, si la variation dans les prix est *absolument générale :* non, si elle ne l'est pas; en ce cas, la variation dans les prix de tels ou tels objets tient évidemment à des causes particulières à ces objets eux-mêmes.

[2] Cette seconde formule n'est pas absolument vraie, disons-nous, parce que la quantité n'est pas le seul élément qui influe sur la valeur de la monnaie. Le développement des échanges, l'accroissement de la population, la substitution à la monnaie métallique d'instruments de crédit. et surtout *la plus ou moins grande rapidité de sa circulation* qui équivaut à une plus ou moins grande multiplication, peuvent agir en sens différents sur l'utilité de la monnaie et, par suite, sur sa valeur, indépendamment de toute variation dans sa quantité. Voyez la critique de cette formule,

# XII.

## SI LA MONNAIE PEUT VÉRITABLEMENT MESURER LA VALEUR.

Le rôle d'une commune mesure est de pouvoir comparer *deux choses situées en des lieux différents*, qui par conséquent ne peuvent être comparées directement, ou de comparer *une même chose à divers moments* et de s'assurer si elle a varié et dans quelle proportion. Le mètre permet de comparer la taille des Lapons à celle des Patagons et de mesurer exactement de combien ceux-ci sont plus grands que ceux-là. Il permettra, s'il est usité ou simplement connu dans quelques milliers d'années, de comparer l'homme d'alors à l'homme de nos jours et de s'assurer si sa taille a dégénéré.

Mais il est clair que nos conclusions ne pourront être exactes qu'autant que nous aurons la certitude que la longueur du mètre employé pour étalon est bien la même en Laponie et en Patagonie, qu'elle sera bien la même dans mille ans qu'aujourd'hui. L'invariabilité de la grandeur choisie pour commune mesure, *invariabilité dans l'espace et dans le temps*, apparaît donc comme une condition indispensable.

L'utilité que nous demandons à une commune mesure des valeurs, c'est-à-dire à la monnaie, n'est pas différente. Nous voulons aussi, par elle, comparer les valeurs de marchandises situées en divers lieux, ou comparer la valeur d'une même marchandise à des époques différentes. De quel intérêt n'est-il pas pour un marchand de blé de savoir si le blé a plus de valeur en France qu'en Russie, s'il en a plus cette année que l'année dernière? Mais à quoi nous serviraient nos cal-

quand elle est prise dans un sens trop absolu, dans un article de M. Milet intitulé « Un aphorisme orthodoxe, mais inexact sur la monnaie » (*Revue d'Economie politique*, mars-avril 1890).

culs, s'il arrivait que la valeur de la marchandise choisie pour unité, c'est-à-dire de la monnaie, ne fût pas la même en Russie qu'en France, ou cette année que l'année dernière? Ne faut-il donc pas que la valeur de la monnaie remplisse, elle aussi, cette condition de toute commune mesure, invariabilité dans l'espace et dans le temps?

Or, nous savons que la valeur de toute chose varie, et celle des métaux précieux également, quoique dans de moindres proportions que les autres. Il semble donc que la recherche d'une mesure des valeurs soit un problème insoluble et même contradictoire, la quadrature du cercle de l'économie politique : telle est bien, en effet, la conclusion presque unanime des économistes [1].

Nous ne saurions toutefois nous y ranger. Il est vrai que nous devons renoncer à trouver une unité de mesure invariable, mais cette condition n'est pas indispensable.

Il n'existe en réalité nulle part un étalon rigoureusement invariable. Même le mètre de platine et d'iridium fondu à grand'peine et à grands frais au Conservatoire des Arts et Métiers pour servir d'étalon-type à tous les pays qui ont adopté le système métrique, même celui-là varie de longueur à chaque degré de température : mais qu'importe? on connaît le coëffi- cient de dilatation et on fait les rectifications nécessaires. Le litre d'eau distillée qui nous sert d'unité de mesure pour la pesanteur, sous le nom de kilogramme, a en réalité un poids qui varie suivant chaque degré de latitude ou chaque mètre d'altitude. Mais on connaît la loi de ces variations et on en tient compte.

De même aussi, il nous importerait peu que notre valeur- type variât *si nous pouvions reconnaître et déterminer ces*

[1] Voy. notamment Cherbuliez, *Science économique* (Tome 1, p. 239); Villey, *Traité élémentaire d'Économie politique* (p. 238), et Charles Menger, dans un article sur « La Monnaie mesure de la valeur » (*Revue d'Économie politique*, février 1892).

*variations :* rien ne serait plus facile que de faire alors les corrections nécessaires.

Toute la question se réduit donc à savoir si nous pouvons reconnaître et déterminer ces variations.

Or supposons une liste soigneusement dressée du prix de toutes les marchandises, à ce jour, sans en excepter aucune. Supposons que dix ans ou cent ans plus tard, on dresse une nouvelle liste des prix, et qu'en la comparant à l'ancienne, on constate que tous les prix sans exception ont augmenté de 50 p. 0/0 : nous pourrons affirmer en pareille hypothèse que la valeur de la monnaie a en réalité baissé de 33 p. 0/0. Puisque désormais toute chose qui coûtait 2 francs en coûte 3, c'est que 3 francs n'en valent pas plus que 2, et, par conséquent, que le numéraire a perdu 1/3 de sa valeur.

Et quelle est la raison qui nous autorise à formuler une telle conclusion ?

La voici. C'est qu'un phénomène tel qu'*une hausse générale et uniforme des prix* ne comporte que deux explications possibles : — ou bien il faut admettre que les choses sont ce qu'elles paraissent être, c'est-à-dire que toutes les marchandises ont subi un mouvement de hausse général et identique; — ou bien il faut admettre que la valeur d'une seule chose, la monnaie, a subi un mouvement de baisse, rien n'ayant changé d'ailleurs dans la valeur des autres marchandises. Entre ces deux explications, laquelle choisir? Le bon sens ne permet pas d'hésiter un instant. Autant la seconde est simple et facile, autant la première est invraisemblable par le prodigieux concours de circonstances qu'elle suppose. Comment en effet imaginer une cause ayant la vertu d'agir simultanément et également sur la valeur des objets les plus dissemblables au point de vue de leur utilité, de leur quantité, de leur mode de production? une cause capable de faire monter à la fois et dans une proportion identique, la soie et la houille, le blé et le diamant, les dentelles et les vins, la terre et là main-d'œuvre et tous autres objets qui n'ont aucune solidarité entre eux? Préférer cette seconde explication serait tout juste aussi irrationnel que de préférer, pour expliquer le mouvement des astres, le système de Ptolémée à celui de Copernic. Ce mouvement, lui, aussi, peut s'expliquer de deux façons, soit par le déplacement de la voûte céleste tout entière d'Orient en Occident, soit tout simplement par le déplacement de notre terre en sens inverse. Or, même à défaut de toute preuve directe, il ne serait pas permis d'hésiter entre les deux explications : comment imaginer en effet que des astres aussi divers par leur nature et aussi prodigieusement distants les uns des autres que le soleil, la lune, les planètes, les étoiles et les nébuleuses, puissent marcher ainsi en conservant leurs rangs et leurs distances, comme des soldats à la manœuvre? — Le raisonnement est identique pour le mouvement ascendant des prix : il ne peut raisonnablement s'expliquer que comme une sorte d'illusion d'optique : ce n'est qu'un mouvement *apparent* causé par le mouvement réel et inverse de la monnaie[1].

Il est vrai que les faits ne se présentent pas d'une façon aussi simple que nous l'avons supposé. On ne constatera jamais une hausse absolument générale et uniforme des prix : comme la valeur de chaque chose a ses causes de variations qui lui sont propres, on constatera que certains prix ont haussé dans des proportions très diverses, que certains sont restés stationnaires, que certains même ont baissé. Toutefois, si à l'aide de calculs bien conduits, on peut dégager une moyenne générale, une hausse de 10 p. 0/0, par exemple, cette moyenne ne pourra s'expliquer, par suite des mêmes raisons que nous venons de donner, que par une baisse égale et inverse du numéraire[2]. On comprend donc très bien que l'on

---

[1] Voyez Cournot, *op. cit.*

[2] Qu'on nous permette d'emprunter encore une comparaison au domaine astronomique. On a constaté que les étoiles, qualifiées faussement de fixes,

puisse, par le moyen des variations des prix, calculer les variations de l'étalon, et publier même, à périodes déterminées,
des tables de ces variations *qui pourraient servir de cours
officiel pour corriger les erreurs résultant dans la pratique
de l'emploi du numéraire comme mesure des valeurs* : par
exemple, pour permettre aux débiteurs qui auraient emprunté
100 fr. de se libérer en remboursant seulement 90 fr., — ou à
l'inverse pour les contraindre à rembourser 110, — suivant
que l'on aurait constaté une hausse ou une baisse de 10 p.
0/0 dans la valeur de la monnaie[1].

## XIII.

### SI LE NUMÉRAIRE OCCUPE UNE PLACE A PART PARMI LES RICHESSES?

Si l'on consulte l'opinion courante, la réponse à cette question ne sera pas douteuse. De tout temps, en tout lieu, sauf

se déplaçaient en réalité dans des directions très divergentes. Cependant
on a cru constater une *direction moyenne* de tous ces mouvements vers
un point déterminé du ciel, la constellation d'Hercule. Et on n'a d'autre
ressource pour expliquer ce mouvement général que de le considérer
comme une illusion d'optique produite par un mouvement de translation
de notre système solaire vers un point *précisément opposé*, mouvement
que l'on a même essayé de mesurer.

[1] De semblables tables, dites *tables de références*, ont été proposées
déjà en 1822 par Lowe et en 1833 par Scrope (Voyez *De la monnaie*,
par Stanley Jevons, p. 269).

M. Menger, dans l'article précité, déclare que pour pouvoir mesurer la
valeur de la monnaie, il faudrait non seulement une connaissance exacte
et détaillée des prix, mais aussi des causes de leurs variations, autant
dans la théorie que pour les cas donnés, et en conclut que ce problème
est insoluble, bien qu'il semble que ce soient là des difficultés pratiques
plutôt qu'une impossibilité logique. Mais d'ailleurs il propose une solution encore plus hardie, qui consisterait dans la création d'une monnaie
dont la valeur serait invariable et par conséquent en dehors de la loi
commune. L'éminent théoricien pense qu'on peut arriver à ce résultat en
émettant cette monnaie dans des proportions calculées de façon à neutrali-
ser les causes de variations au fur et à mesure qu'elles se produiraient.

chez les sauvages, le numéraire a tenu une place hors rang dans les préoccupations et dans les désirs des hommes. Ils l'ont considéré, sinon comme la seule richesse, du moins comme la plus importante de beaucoup, et à vrai dire, ils semblent n'estimer toute autre richesse qu'en raison de la quantité de numéraire qu'elle représente et qu'elle permet d'acquérir. Être riche c'est avoir, soit de l'argent, soit les moyens de s'en procurer.

Il serait curieux de suivre à travers l'histoire les manifestations diverses de cette idée qui confond l'or avec la richesse, — dans les tentatives des alchimistes du Moyen âge pour changer en or les métaux et réaliser ainsi ce qu'ils appelaient « le Grand Œuvre », entendant par là bien moins une découverte chimique qu'une révolution économique; — dans l'enthousiasme qui saisit le vieux monde à l'arrivée des premiers galions d'Amérique et lui persuada qu'il allait trouver dans ce pays d'Eldorado la fin de toutes les misères; — dans les efforts des gouvernements pour établir ce système ingénieux, dit mercantile, qui devait avoir pour résultat de faire affluer le numéraire dans les pays qui n'en possédaient pas, et de l'empêcher de sortir de ceux qui en étaient pourvus; — et à cette heure encore dans les préoccupations avec lesquelles hommes d'État et financiers surveillent de l'œil les entrées et sorties du numéraire, telles qu'elles semblent résulter de la balance des exportations et des importations.

Mais si on s'adresse aux économistes, la réponse sera bien différente. On peut dire que c'est par une protestation contre cette idée, qu'elle qualifie de préjugé, que l'économie politique a révélé pour la première fois son existence. Elle venait à peine de naître et balbutiait encore avec Boisguillebert (1697) que déjà par sa bouche elle affirmait : « qu'il est très certain que l'argent n'est point un bien de lui-même et que la quantité ne fait rien pour l'opulence d'un pays[1] ». Et depuis lui, il

---

[1] *Économistes du xviiie siècle,* édit. Guillaumin, t. I, p. 209.

n'est pas d'économiste qui n'ait traité le numéraire avec un parfait dédain et n'ait affirmé que ce n'est qu'une marchandise comme toutes les autres, et même bien inférieure à toute autre, car par elle-même elle est incapable de satisfaire directement aucun besoin ou de nous procurer aucune jouissance, et c'est en conséquence *la seule dont on puisse dire que son abondance ou sa rareté sont choses également indifférentes.* S'il y a peu de pièces de monnaie dans un pays, chacune aura un pouvoir d'acquisition plus considérable; s'il y en a beaucoup, chacune aura un pouvoir d'acquisition moindre. Que nous importe? (Voy. ci-dessus, p. 89).

Ces deux opinions, si contradictoires qu'elles paraissent, se concilient très bien. Le public a raison au point de vue *individuel*, le seul auquel il ait l'habitude de se placer; les économistes ont raison au point de vue *général*.

Toute pièce de monnaie doit être considérée comme un *bon portant sur l'ensemble des richesses existantes et donnant droit au porteur de se faire délivrer une portion quelconque de ces richesses, à son choix, jusqu'à concurrence de la valeur de sa pièce* [1].

Il est clair que l'intérêt de chacun de nous c'est d'avoir le plus grand nombre possible de ces « bons » et que plus nous en aurons, plus nous serons riches. Sans doute nous savons bien que, par eux-mêmes, ces bons ne peuvent ni nous rassasier ni nous désaltérer : nous ne sommes pas si stupides, et longtemps avant que les économistes eussent découvert cette vérité, la légende antique nous l'avait enseignée en nous dépeignant le roi Midas mourant de faim au milieu des richesses que sa sottise avait transformées en or. Mais nous estimons néanmoins qu'il est infiniment plus commode d'avoir de ces bons que n'importe quelle autre richesse, et nous avons par-

---

[1] Un bon, toutefois, qui présente cette supériorité sur les titres de crédit de porter son gage avec lui; il est garanti en effet par la valeur du métal que contient la pièce. Voy. les ouvrages de Macleod.

faitement raison de le penser. En effet, étant donnée l'organisation de nos sociétés (Voy. l'*Échange*), toute personne qui désire se procurer un objet qu'elle n'a pas produit directement (et c'est le cas de l'immense majorité), ne peut se le procurer que par une double opération qui consiste : 1° à échanger les produits de son travail ou son travail lui-même contre du numéraire, ce qui s'appelle *vendre*; 2° à échanger ce numéraire contre les objets qu'elle désire, ce qui s'appelle *acheter*. — Or, de ces deux opérations, la seconde, l'achat, est très aisée : avec de l'argent, il est toujours facile de se procurer ce que l'on veut. La première opération, la vente, est infiniment plus difficile; avec un objet, même de grande valeur, il n'est pas toujours aisé de se procurer de l'argent. Le possesseur de numéraire se trouve donc dans une position bien plus avantageuse que le possesseur d'une marchandise quelconque : car le premier, pour arriver à la satisfaction de ses besoins, n'a qu'une étape à franchir et très aisée, tandis que le second en a deux et dont l'une est souvent très malaisée. Comme on l'a donc fort bien dit, une richesse quelconque ne permet de satisfaire qu'*un besoin spécial et déterminé*, au lieu que le numéraire permet de satisfaire un besoin quelconque *à notre choix*. Le possesseur d'une marchandise même très utile peut ne savoir qu'en faire. Le possesseur de monnaie n'est pas en peine : il trouvera toujours preneur, et si par hasard il ne trouvait pas à l'employer, il aurait du moins la ressource de la garder indéfiniment pour une meilleure occasion, ce qui n'est pas toujours possible pour toute autre marchandise[1].

---

[1] Le numéraire, en dehors de cette qualité d'être *le seul instrument d'acquisition* direct, en possède une autre fort importante : il est *le seul instrument de libération*. Il n'est aucune autre richesse qui jouisse de cette vertu singulière, car la loi, comme l'usage, ne reconnaît d'autre mode de libération que la monnaie. Il n'est personne, dans le monde commercial ou industriel, qui ne soit toujours débiteur de sommes plus ou moins considérables. Or, vainement le commerçant ou le fabricant posséderait-il en magasin des marchandises pour une valeur supérieure au montant de

Mais si au lieu de considérer la situation d'un individu, nous considérons l'ensemble des individus constituant une société, le point de vue change et la thèse des économistes, en vertu de laquelle le plus ou moins de numéraire est chose indifférente, devient plus exact. Peu m'importe, en effet, de voir décuplée la quantité de numéraire que je puis avoir en ma possession, *si pour tous les autres membres de la société il en est de même.* Dans cette hypothèse, en effet, je ne serai pas plus riche, car la richesse est chose purement relative (Voy. p. 47), et je ne pourrai même pas me procurer une plus grande somme de satisfactions que par le passé, puisque la somme totale de richesses sur laquelle portent ces « bons » ne se trouvant pas accrue, chaque bon désormais ne donnera droit qu'à une part dix fois moindre, — en d'autres termes, chaque pièce de numéraire aura un pouvoir d'acquisition dix fois moindre, ou en d'autres termes encore, tous les prix se trouveront décuplés, — et ma situation restera la même.

Et pourtant *dans leurs rapports les uns vis-à-vis des autres*, les pays ont intérêt, tout comme les individus dans leurs rapports entr'eux, à être bien pourvus de numéraire. Si la quantité de numéraire existant en France venait à décupler, cela ne changerait rien sans doute à la situation respective des Français les uns vis-à-vis des autres (en supposant que l'augmentation fût proportionnelle pour tous), mais cela changerait fort la situation de la France vis-à-vis des pays étrangers, et les économistes ont quelquefois le tort, dans leur lutte contre le système mercantile, de sembler nier un fait aussi évident. Il est bien vrai, en raison même de leur abondance, que les

___

ses dettes (et il arrive en effet plus d'une fois que, dans une faillite, l'actif se trouve, tout compte fait, supérieur au passif) — s'il n'a pas au moment voulu, pour faire honneur à sa signature, cette richesse spéciale qui s'appelle des espèces monnayées, il est déclaré en faillite. Est-il donc surprenant qu'on attache une importance si grande à une marchandise de la possession de laquelle peut dépendre à tout instant notre crédit et notre honneur?

pièces de monnaie se trouveraient dépréciées en France, mais non point ailleurs : elles conserveraient intact leur pouvoir d'acquisition sur les marchés étrangers et là, par conséquent, la France pourrait se procurer un accroissement de satisfaction proportionnel à l'accroissement de son numéraire.

La thèse des économistes que le plus ou moins d'abondance du numéraire est chose indifférente, ne devient donc absolument vraie que du moment où l'on embrasse par la pensée non plus seulement certains individus, ni même certains pays, mais *le genre humain dans son ensemble.* Alors il devient parfaitement exact d'affirmer que la découverte de mines d'or cent fois plus abondantes que celles qui existent à ce jour ne serait d'aucun avantage pour les hommes : ce serait même un événement plutôt désagréable, car l'or en ce cas ne valant pas plus que le cuivre, nous serions obligés de surcharger nos poches d'une monnaie aussi encombrante que celle que Lycurgue voulut imposer aux Lacédémoniens.

# LIVRE II.
## LA PRODUCTION.

---

### PREMIÈRE PARTIE.
#### LES CONDITIONS DE LA PRODUCTION INDIVIDUELLE.

---

Il convient d'étudier d'abord les conditions de la production *individuelle*, j'entends par là celles auxquelles tout homme est soumis, alors même qu'il serait seul au monde, tel que Robinson dans son île. — Nous étudierons ensuite les conditions de la production *sociale*, c'est-à-dire celles auxquelles sont soumis les hommes vivant en société et qui ne se manifestent ou du moins ne se développent que par les progrès de la civilisation.

En vertu d'une tradition aujourd'hui consacrée, on distingue trois agents de la production : la *terre*, le *travail* et le *capital*. Cette division tripartite a l'avantage d'être simple et commode pour la classification et il ne nous paraît pas qu'il y ait utilité à l'abandonner, du moins dans un livre élémentaire comme celui-ci.

Mais du moins elle a grand besoin de quelques rectifications préliminaires. L'économie politique classique a toujours eu une tendance fâcheuse à mettre ces trois facteurs de la production sur pied d'égalité et il est probable qu'en cela elle a été influencée par l'idée préconçue de justifier les revendications de chacun d'eux, ou du moins de ceux qui les représentent, dans la répartition éventuelle des produits : au travailleur, le salaire, au propriétaire de la terre, la rente, au propriétaire du capital, le profit.

Une semblable préoccupation doit être absolument écartée pour le moment. Nous n'avons à nous occuper ici que de la production. Or, il est facile de voir que ces trois facteurs jouent en réalité des rôles très inégaux.

Le premier, le travail, est le seul qui puisse prétendre au titre d'*agent* de la production dans le sens exact de ce mot. L'homme seul joue un rôle actif; seul il prend l'initiative de toute opération productive.

La nature ne joue qu'un rôle absolument *passif;* elle obéit à la sollicitation de l'homme, le plus souvent après de longues résistances. Pourtant, elle constitue un facteur indispensable de la production, toutes les fois du moins qu'il s'agit de richesses corporelles[1]. On peut même à bon droit l'appeler un *facteur originaire* de la production, car non seulement il est concomitant à l'action du travail, mais encore il lui est préexistant. L'activité de l'homme ne saurait en effet s'exercer dans le vide; elle ne procède pas par un *fiat* créateur; elle doit trouver au-dehors d'elle les matériaux indispensables et c'est précisément la nature qui les lui fournit.

Le troisième, le capital, non seulement ne joue qu'un rôle purement passif comme la nature, et ne mérite en aucune façon le nom d'agent, mais même il ne saurait être qualifié comme celle-ci de facteur originaire. Il n'est qu'un facteur en sous-ordre qui, au point de vue logique comme au point de vue généalogique, dérive des deux autres. Le capital, comme nous le verrons d'une façon plus précise, est un produit du travail et de la nature, employé à la production. Le véritable nom qui lui convient est celui d'*instrument,* dans le sens large de ce mot[2].

---

[1] Quand il s'agit de services rendus, il est clair que le travail de l'homme suffit, à moins qu'on ne prétende que ces services eux-mêmes ne peuvent se transmettre que par l'intermédiaire de la nature. (Le chant d'une cantatrice, le conseil d'un médecin ne peuvent arriver à notre oreille que par l'intermédiaire des vibrations sonores de l'air).

[2] Dans le second volume de son grand ouvrage sur *le Capital* (publié

# CHAPITRE I.

## LE TRAVAIL.

## I.

### DU RÔLE QUE JOUE LE TRAVAIL DANS LA PRODUCTION.

Pour réaliser ses fins, et principalement pour satisfaire aux nécessités de son existence, tout être qui vit est obligé d'accomplir un certain travail. La graine elle-même fait effort pour soulever la croûte de terre durcie qui la recouvre et venir respirer l'air et la lumière. L'huître attachée à son banc ouvre et referme ses écailles pour puiser dans le liquide qui la baigne les éléments nourriciers. L'araignée tisse sa toile. Le renard et le loup vont en chasse..... L'homme n'échappe pas à la loi commune; lui aussi doit faire des efforts persévérants pour suffire à ses besoins [1]. Cet effort inconscient dans la plante, instinctif dans l'animal, devient chez l'homme un acte volontaire et conscient et prend le nom de *travail*.

Mais n'y a-t-il pas certaines richesses que l'homme peut se procurer sans travail, celles du moins que la nature lui donne libéralement?

---

en 1888 et traduit en anglais) M. Böhm-Bawerk dit très bien : « Le capital est le médium par le moyen duquel opèrent les deux pouvoirs originaires de la production » (Liv. II, ch. III).

[1] « Les dieux, dit Xénophon, nous vendent tous les biens au prix de notre travail ».

Il faut remarquer d'abord que pour cette catégorie de richesses qui s'appellent des *produits*, il n'en est pas une seule qui ne suppose dans une mesure quelconque l'intervention du travail. Cela résulte de l'étymologie même du mot produit, *productum*, *tiré de quelque part.* Or, qui l'aurait ainsi retiré, sinon la main de l'homme? Pour que des fruits puissent servir à la satisfaction de nos besoins, même ceux que la nature nous donne d'elle-même, fruit de l'arbre à pain, bananes, dattes, ou les coquillages que l'on appelle dans les pays du midi « fruits de mer », encore faut-il que l'homme ait pris la peine de les ramasser; or, la cueillette représente certainement un travail, et qui peut même, suivant les circonstances, devenir fort pénible.

Il faut remarquer d'ailleurs que l'on ne se fait pas d'ordinaire une idée juste du rôle considérable que joue le travail, même dans la création de ces produits qualifiés très inexactement souvent de « naturels ». On est disposé à croire, par exemple, que tout ce qui pousse sur la terre, céréales, légumes, fruits, est une libéralité de cette terre *alma parens rerum.* En réalité, la plupart des plantes qui servent à l'alimentation des hommes ont été, sinon créées, du moins tellement modifiées par la culture et les travaux de centaines de générations, qu'à cette heure encore les botanistes n'ont pu retrouver leurs types originaires. Le froment, le maïs, la lentille, la fève n'ont pu être découverts nulle part à l'état spontané. Même les espèces que l'on retrouve à l'état de nature sont singulièrement différentes de leurs congénères cultivées. Entre les grains acides de la vigne sauvage et nos grappes de raisin, entre les légumes ou les fruits succulents de nos vergers et les racines coriaces ou les baies âpres, vénéneuses quelquefois, des variétés sauvages, la différence est telle que l'on peut bien considérer ces fruits ou ces légumes comme des produits artificiels, c'est-à-dire de véritables créations de l'industrie humaine. Et la preuve, c'est que si le travail incessant de culture vient à se relâcher pendant quelques années, ces produits ne tardent pas, comme l'on dit, à dégénérer, ce qui signifie simplement qu'ils retournent à l'état de nature, en perdant toutes les vertus dont l'industrie humaine les avait dotés.

Mais il est vrai qu'il y a certaines richesses qui ne sont pas des produits du travail, justement parce qu'elles ne sont pas « des produits », c'est-à-dire *parce qu'elles préexistent à tout acte de production*. J'entends par là la terre d'abord et tous les matériaux à l'état brut ou organisé qu'elle nous fournit, la source jaillissante d'eau ou de pétrole, la forêt sur pied, la prairie naturelle, la carrière de pierre, la mine de métal ou de charbon, la chute d'eau propre à faire tourner une roue de moulin, le gisement de guano déposé par les oiseaux de mer, la pêcherie abondante en poisson, en coquillages ou en corail; en un mot, le fonds primitif où nous puisons les éléments de toute richesse. Certes, ce sont là des richesses et les premières de toutes par leur importance. Or elles existent indépendamment de tout travail de l'homme [1].

---

[1] Voy. *contrà*, M. Cauwès, *op. cit.*, t. I, p. 260. M. Cauwès au contraire, nie l'existence de toutes « richesses naturelles » et affirme que « toute richesse est le fruit d'un travail quelconque ». A notre avis, il y a là une confusion entre le fonds productif et les produits. Toutefois on peut remarquer en ce sens :

1° Que ces richesses naturelles n'existent en tant que richesses, c'est-à-dire en tant que choses utiles et valables, qu'autant que l'intelligence humaine a su d'une part *découvrir leur existence* et d'autre part *reconnaître en elles les propriétés qui les rendent aptes à satisfaire quelqu'un de nos besoins*. Prenez une terre quelconque, une terre à blé en Amérique, par exemple. Si elle est une richesse, c'est parce qu'un explorateur ou un pionnier quelconque, marchant dans la voie que Christophe Colomb avait ouverte le premier, a révélé l'existence de cet emplacement particulier. Or, le fait de la découverte, qu'il s'applique à un Nouveau Monde ou à des champignons dans les bois, suppose toujours un certain travail.

2° Que ces richesses naturelles ne pourront être *utilisées*, c'est-à-dire servir ultérieurement à la satisfaction des besoins de l'homme, qu'autant qu'elles auront subi plus ou moins l'action du travail : s'il s'agit d'une

## II.

### DE QUELLE FAÇON LE TRAVAIL PRODUIT.

A voir la variété infinie des produits sortis des doigts de fée de l'industrie humaine, on s'imagine que le travail doit être une puissance infiniment variée dans ses procédés et dont la complexité défie toute analyse. Il n'en est rien. Il n'y a rien de plus dans le travail qu'une force musculaire dirigée par une intelligence ; il ne saurait donc produire d'autres effets que ceux d'une force motrice quelconque, et encore d'une force motrice très faible, à savoir *un mouvement, un déplacement.*

Ce déplacement peut consister soit dans un *changement de lieu de l'objet lui-même,* soit dans un *changement de place de ses parties constitutives.* Dans ce dernier cas, nous disons bien que l'objet a subi une transformation, mais toute trans-

terre vierge, qu'autant qu'elle aura été défrichée, s'il s'agit d'une source d'eau minérale, qu'elle aura été captée et mise en bouteille, s'il s'agit de champignons ou de coquillages, qu'ils auront été cueillis et probablement mis à cuire dans la casserole.

Il est donc vrai de dire que même ces richesses naturelles impliquent un certain travail, puisque c'est lui qui les révèle et lui qui les utilise, mais il ne nous paraît pas exact de dire qu'elles sont des fruits du travail. Elles sont des richesses originaires.

Bastiat, lui admet l'existence de richesses naturelles et leur fait même une très grande place, mais, d'après lui, elles sont *gratuites,* c'est-à-dire sans valeur, précisément parce qu'elles sont une libéralité de la nature, et elles conservent ce caractère à travers toutes les transactions successives par lesquelles elles peuvent passer. Mais l'observation la plus vulgaire donne un démenti à cette théorie, qui n'a été d'ailleurs imaginée que pour défendre la propriété foncière contre le reproche que lui font les socialistes d'accaparer les dons de la nature qui devaient être communs à tous les hommes. Par le fait, la valeur étant uniquement attachée à l'utilité, les richesses naturelles (terre vierge, gisement aurifère, guano, etc.) ont parfaitement une valeur *préexistante à tout travail.* Le gouvernement du Pérou n'a guère eu d'autre revenu pendant longtemps que la vente de son guano.

formation se réduit en somme à un déplacement. Les formes exquises que revêt l'argile sous la main du potier ou du statuaire, les dessins riches et compliqués que suit la dentelle sous les doigts de la dentellière, ne sont que les effets produits par les déplacements des molécules de l'argile ou des fils du tissu. Tout ce que peut faire le travail de l'homme, c'est remuer, séparer, réunir, intervertir, superposer, arranger, rien que des mouvements. Prenez par exemple la production du pain, passez en revue les divers actes de cette production, labourer, semer, moissonner, vanner, moudre, bluter, pétrir, enfourner, et vous verrez que tous ne représentent que certains déplacements imprimés à la matière. L'homme n'a pas en effet d'autre rôle dans l'œuvre de la production. Là se borne son pouvoir. Toutes les transformations intimes qui s'opèrent dans la constitution des corps, qui modifient leurs propriétés physiques ou chimiques et concourent par là à la production, l'évolution mystérieuse qui avec du germe fait une plante, la fermentation qui avec un jus sucré fait de l'alcool, la combinaison chimique qui avec du fer et du charbon fait de l'acier, ne sont pas son fait : l'homme s'est borné à disposer les matériaux dans l'ordre voulu, le blé dans la terre, la vendange dans la cuve, le minerai dans le haut-fourneau, c'est la nature qui a fait le reste.

En voyant combien est faible cette force motrice[1] et combien son mode d'action est limité, on admire bien plus qu'elle suffise pour transformer le monde.

Tout travail matériel proprement dit doit être précédé d'un travail purement intellectuel qui s'appelle l'*invention*, et qui

---

[1] Cette force de l'homme est relativement faible, si on la compare à celle des animaux. Elle est de 1/7 de celle du cheval par exemple, quoique le cheval ne soit ni 7 fois plus lourd, ni surtout 7 fois plus grand.

Toutefois il faut dire que si l'homme a moins de vigueur musculaire que les animaux, il a en général plus de dextérité et il la doit surtout (comme le nom l'indique assez d'ailleurs, *dextera*, droite) à ce merveilleux organe qui s'appelle la main.

consiste à trouver les moyens pratiques ·de faire servir à nos
fins les forces dont nous disposons et les objets auxquels elles
peuvent s'appliquer[1]. L'invention n'est pas, comme on pourrait le croire, une idée rare qui ne peut sortir que du cerveau d'un savant : le travail d'invention se mêle au contraire
intimement à tout acte de production même le plus humble.
Il n'est aucun mouvement des bras ou des doigts de l'ouvrier
qui n'ait dû être à l'origine inventé par quelqu'un. A ce
point de vue, nous pouvons dire que l'intelligence humaine
est le premier créateur de toute richesse, l'unique agent de
toute production[2].

Il est à remarquer que toute invention, une fois faite, a
ce privilège de pouvoir servir à un nombre indéfini d'actes
de production ou, pour mieux dire, de reproduction. C'est
même ce qui rend si difficile pour le législateur de régler et
de protéger le droit de propriété de l'inventeur.

Tout travail aussi quand il ne s'exerce pas à l'état isolé,
mais sous une forme collective, exige une *direction* et la
direction constitue elle-même un mode de travail très efficace
et dont l'importance va grandissant à mesure que la production prend de plus en plus la forme collective.

[1] Les mots d'*invention* et de *découverte* ne doivent pas être confondus
et le langage vulgaire, du reste, sait bien faire la distinction. On dit bien
de Christophe Colomb qu'il a découvert l'Amérique, mais on prêterait à
rire si l'on disait qu'il l'a « inventée ». Découvrir, c'est révéler quelque
chose qui existe déjà, mais qui était inconnu (terre, corps, astre ou propriété nouvelle du corps). Inventer, c'est imaginer quelque procédé nouveau pour tirer parti des éléments que nous connaissons.

[2] M. Tarde fait remarquer, non sans quelque subtilité (*Les deux sens
de la valeur*. Rev. d'Économie politique, 1888) que l'invention est même
la cause première de tout désir, de tout besoin. Le besoin de voyager,
de notre temps, a pour cause l'invention des chemins de fer, etc.

M. Tarde proteste contre toute confusion entre l'invention (intuition,
joie) et le travail (effort, peine) : pour lui, il y a entre eux la même différence qu'entre la joie de la conception et les douleurs de l'enfantement.
Mais si l'on réfléchit au mot de Buffon que « le génie est une longue patience », on sera plus porté à penser avec nous que l'invention aussi est
un travail et une peine.

## III.

C'est une histoire fort curieuse que de suivre la filiation des doctrines économiques sur cette question et de voir comment ce titre de productif, d'abord réservé à une seule catégorie de travaux, s'est peu à peu élargi et a fini par être décerné indistinctement à tous.

1° L'école des physiocrates réservait le titre de productif au seul travail *agricole* (et aussi chasse, pêche, mines) et le refusait à tout autre, même au travail manufacturier. La raison qu'elle en donnait est que seules ces industries fournissent les matériaux de toute richesse, matériaux que les autres industries se bornent à mettre en œuvre.

2° La définition des physiocrates était incontestablement trop étroite. Tels qu'ils nous sont livrés par les industries agricoles ou extractives, les matériaux sont en général absolument impropres à notre consommation, et ils ont besoin de subir de nombreuses modifications qui sont justement le fait de l'industrie *manufacturière*. Celle-ci est donc le complément indispensable des premières et le procès de la production est aussi incomplet sans elle qu'un drame dont on aurait supprimé les derniers actes. A quoi servirait le minerai sur le carreau de la mine, s'il ne devait passer par la forge ou la fonderie? A quoi bon le blé, s'il ne devait passer par les mains du meunier et du boulanger? Sans le travail du tisserand, le lin ne serait pas plus utile que l'ortie. De quel droit donc refuser à ces travaux le titre de productifs, puisque sans eux ces richesses nous seraient inutiles, en d'autres termes, ne seraient même pas des richesses?

Quant à croire que les industries extractives et agricoles

*créent* la richesse, tandis que l'industrie manufacturière ne ferait que la *transformer*, c'est une erreur. L'agriculteur ne crée rien : il ne fait que transformer, lui aussi, les éléments simples empruntés au sol et à l'atmosphère. Il fait du blé avec de l'eau, de la potasse, de la silice, des phosphates, des nitrates, absolument comme le fabricant de savon fait le savon avec de la soude et des corps gras.

Aussi, à partir d'Adam Smith, personne n'a plus hésité à étendre le titre productif aux travaux manufacturiers.

3° Pour les travaux de *transport*, on a hésité plus longtemps, par cette raison que le fait du transport n'imprime, semble-t-il, aucune modification à l'objet. Le colis n'est-il pas le même à la gare d'arrivée qu'à la gare de départ? C'est là, disait-on, une différence caractéristique avec l'industrie manufacturière.

Cette distinction est peu philosophique, car tout déplacement constitue une modification essentielle des corps, et c'est même, à vrai dire, comme nous l'avons vu tout à l'heure, la seule modification que nous puissions imprimer à la matière (Voy. ci-dessus, p. 121). Si d'ailleurs on estimait qu'un déplacement ne constitue pas une modification assez essentielle pour être qualifiée de productive, alors il faudrait refuser le titre de productive aux industries extractives, car quelle différence peut-on établir entre le travail du mineur qui transporte le minerai ou la houille du fond du puits à la surface du sol, et celui du voiturier qui prend ce minerai ou cette houille sur le carreau de la mine et le transporte dans l'usine, — à moins de prétendre que le déplacement n'est productif que quand il s'opère dans le sens vertical, et qu'il cesse de l'être quand il s'opère dans le sens horizontal! Inutile d'ailleurs de faire remarquer que de même que l'industrie manufacturière est le complément indispensable des industries agricoles et extractives, de même l'industrie des transports est le complément indispensable de celles qui précèdent. A quoi servirait-il d'écorcer les arbres à quinquina dans les forêts du Brésil, d'extraire le guano des îles du Pérou, de faire la chasse aux dents d'éléphants dans l'Afrique Australe, si l'on n'avait des marins et des voituriers pour transporter ces produits là où on doit en faire usage? A quoi sert-il à un propriétaire d'avoir la plus belle récolte du monde, s'il ne peut la transporter faute de route? C'est comme s'il n'en avait point.

4° Pour l'industrie *commerciale*, l'hésitation a été encore plus longue.

En effet, on peut faire observer que l'opération commerciale réduite à sa plus simple expression, c'est-à-dire au fait d'acheter pour revendre (telle est précisément sa définition juridique) ne suppose aucune création de richesse. Elle peut, sans doute, faire gagner beaucoup d'argent à celui qui s'y livre, mais il semble qu'elle n'ajoute rien à la richesse générale, et par le fait nous verrons que la multiplication des commerçants et des intermédiaires peut devenir un véritable fléau dans nos sociétés modernes.

Mais, d'autre part, il faut considérer que l'industrie commerciale ne peut guère se séparer des industries de transport : c'est le cas, par exemple, des armateurs qui font le commerce d'exportation ou d'importation. Les commerçants sont même les vrais directeurs des transports dans le monde : l'industrie voiturière ne fait qu'exécuter leurs ordres. De plus, ils s'occupent de *conserver* les marchandises sous forme d'approvisionnements. Ils leur font subir aussi certaines *modifications :* le marchand d'étoffes coupe les coupons, l'épicier fait griller le café, etc. Enfin même réduit à l'échange pur et simple, le simple fait de faire parvenir la propriété d'une chose entre les mains de celui qui doit l'utiliser doit être considéré comme productif, car par là la richesse est réellement accrue (Voy. ci-après *de l'Échange*).

5° Enfin, c'est pour les travaux qui ne consistent que dans

des services rendus, tels que les *professions libérales*, que la discussion a été la plus vive. Il peut paraître bizarre de déclarer productif le travail du chirurgien quand il ampute une jambe ou même celui du bourreau quand il coupe une tête.

Cependant ce dernier pas a été franchi et aujourd'hui, sans s'arrêter à des distinctions surannées et scolastiques, on fait rentrer sous le nom de travaux productifs tous ceux qui contribuent d'une façon quelconque à la satisfaction des besoins des hommes.

C'est d'abord la conséquence logique de la théorie que nous avons développée (p. 44) et en vertu de laquelle les services doivent être comptés, aussi bien que les objets matériels, au nombre des richesses.

Mais quand bien même on n'accepterait pas cette théorie et qu'on voudrait n'admettre au nombre des richesses que les seuls objets matériels, même alors il faudrait accepter cette dernière extension du mot productif. En effet, dans l'organisme social, grâce à la loi de la division du travail que nous verrons plus loin, il y a une telle solidarité entre tous les travaux des hommes qu'il n'est pas possible de les séparer.

Voici par exemple la production du pain. Sans doute nous rangerons sans hésiter parmi les travaux productifs, ceux des laboureurs, semeurs, moissonneurs, voituriers, meuniers, boulangers, en commençant par le Triptolème quelconque qui a inventé le blé et par tous ses successeurs qui ont découvert telle ou telle variété de céréales, qui ont inventé la rotation des cultures ou les procédés de la culture intensive. Mais nous ne pouvons nous en tenir aux travaux manuels proprement dits. Il est clair que le travail du fermier ou du maître du domaine, encore qu'il n'ait pas mis lui-même la main à la charrue, est très utile pour la production du blé, non moins que celui du berger pour la production de la laine, encore que celui-ci n'ait pas fait la tonte lui-même. On ne peut négliger non plus le travail de l'ingénieur qui a dressé le plan d'un

système d'irrigation, de l'architecte qui a construit les bâtiments d'exploitation et les greniers.

Faut-il s'arrêter là? On le peut sans doute, mais pourtant
le travail du garde champêtre qui a effrayé les maraudeurs,
celui du procureur de la République qui les a poursuivis, du
juge qui les a condamnés, du soldat qui a protégé les récoltes
contre ces dévastateurs de pire espèce qui sont les armées
ennemies, n'ont-ils pas eux aussi contribué à la production
du blé? Et que dire du travail de ceux qui ont formé l'agriculteur lui-même et ses gens, de l'instituteur qui leur a
inculqué des notions d'agriculture ou les moyens de les acquérir, du médecin qui les a entretenus en bonne santé? Est-il
donc indifférent, même à ne considérer que la production du
blé, que les travailleurs soient instruits et bien portants,
qu'ils possèdent l'ordre et la sécurité et qu'ils jouissent des
bienfaits d'un bon gouvernement et de bonnes lois? A-t-on
même le droit d'écarter comme indifférents à la production
du blé les travaux les plus étrangers à l'agriculture, tels que
ceux des littérateurs, poëtes, artistes? Pense-t-on que le goût
des travaux agricoles ne puisse être utilement développé
dans une société par les romanciers qui nous retracent les
scènes de la vie rustique ou les poëtes qui célèbrent les
charmes des travaux des champs et qui nous apprennent à
répéter avec l'auteur des *Géorgiques* :

> *Fortunatos nimium sua si bona norint*
> *Agricolæ!*

Où donc s'arrêter? nous voyons le cercle des travaux productifs s'étendre à l'infini jusqu'aux extrêmes confins de la
société, — tout comme ces cercles concentriques qui vont
s'élargissant sur la surface des eaux autour du centre que l'on
a touché et se perdent au loin, sans que le regard puisse saisir la limite où ils s'arrêtent. Sans doute on peut dire que
les travaux que nous venons de considérer n'ont pas contribué

tous de la même façon à la production du blé : ceux-ci ont agi d'une façon directe, ceux-là d'une façon indirecte, mais à vrai dire, depuis le travail du laboureur jusqu'à celui du président de la République, *on n'en pourrait supprimer aucun sans que la culture du blé en souffrît.*

Il n'y a même pas lieu d'établir entre eux une hiérarchie au point de vue de leur utilité économique. D'après l'ordre des besoins économiques auxquels ils répondent, on pourrait être tenté de classer au premier rang les travaux de découverte et d'invention, puis les travaux agricoles, puis ceux des manufactures, puis ceux du transport, et au dernier rang ceux du commerce et des fonctions publiques. Mais il suffit de remarquer que si le pays est mal gouverné ou s'il n'a point de moyens de transport, toutes ses richesses agricoles ne lui serviront de rien. Ce qu'il faut chercher, c'est une juste proportion entre la répartition des diverses fonctions et des divers travaux. Or, malheureusement, ce juste équilibre est loin d'être réalisé même dans nos sociétés civilisées. C'est ainsi que nous voyons certains pays, par exemple, dépenser des milliards pour développer leurs moyens de transport sans se préoccuper de savoir s'ils auront des produits à transporter : c'est ainsi que nous voyons le nombre de personnes engagées dans le petit commerce ou dans les fonctions publiques augmenter tous les jours, alors que les travaux agricoles sont de plus en plus désertés.

## IV.

### DE LA PEINE CONSIDÉRÉE COMME ÉLÉMENT CONSTITUTIF DU TRAVAIL.

Tout travail productif suppose une certaine *peine*. C'est là une loi d'une importance capitale en économie politique. Si en effet le travail n'était pas une peine, on peut affirmer que tous les phénomènes économiques seraient autres qu'ils ne sont. Par exemple, si les hommes travaillaient par plaisir, il ne serait plus nécessaire de donner comme stimulant au travail l'appât de la propriété individuelle et la plus grave objection qu'on puisse faire au communisme tomberait.

Le socialiste Fourier l'a très bien compris : aussi avait-il donné pour pivot à la société future qu'il se proposait d'organiser, le *travail attrayant*. Il déclarait que si le travail est pénible cela tient uniquement à une organisation vicieuse de nos sociétés modernes, et il se faisait fort, dans son phalanstère, de transformer le travail en plaisir par le libre choix des vocations, la variété des occupations, la brièveté des tâches, l'esprit de corps, l'émulation et mille autres combinaisons les unes ingénieuses, les autres fantasques [1].

Pourquoi pas? dira-t-on peut-être. Le travail, en somme, n'est qu'une forme de l'activité humaine : or l'activité n'a en soi rien de pénible; agir, c'est vivre; c'est au contraire l'inaction absolue qui est un supplice, et si atroce que quand il est trop prolongé dans l'emprisonnement cellulaire, il tue le patient ou le rend fou. On ne voit aucune différence essentielle entre le travail et une foule d'exercices qui sont considérés comme des plaisirs, quoiqu'ils exigent souvent une dépense de forces supérieure à celle du travail, tels que ascensions de montagne, canotage, jardinage, danse même. Si le roi Louis XVI prenait son plaisir à fabriquer des serrures, pourquoi tous les hommes aussi ne pourraient-ils pas arriver à travailler par goût?

Il faut répondre que l'homme ne prend son plaisir à agir qu'autant qu'il trouve sa satisfaction dans l'exercice même de cette activité, qu'autant que cet exercice est pour lui une

---

[1] Voy. Fourier, *Œuvres choisies,* petite édition Guillaumin. Les anarchistes aussi soutiennent la même thèse : voy. Kropotkine, *La conquête du pain.*

fonction naturelle. Mais quand cette activité lui apparaît au contraire comme *la condition d'une jouissance ultérieure*, comme l'effort qu'il faut faire pour arriver à un but déterminé d'avance — et tel est précisément le caractère du travail — alors elle devient pénible. Entre un canotier qui rame pour s'amuser et un batelier qui rame pour travailler, entre un touriste qui fait une ascension et le guide qui l'accompagne, entre une jeune fille qui passe sa nuit au bal et une danseuse qui figure dans un ballet, je ne vois qu'une différence, c'est que les uns rament, grimpent ou dansent à seule fin de ramer, grimper ou danser, tandis que les autres rament, grimpent ou dansent pour gagner leur vie; mais cette différence, quoique purement subjective, suffit pour que ces mêmes modes d'activité soient considérés par les uns comme un plaisir et par les autres comme une peine. Celui qui suit une route uniquement pour s'y promener peut y prendre plaisir, lors même qu'elle offre peu de charmes, mais celui qui la parcourt matin et soir pour arriver à un but déterminé, la trouve toujours longue et fatigante. Or pour la presque totalité de l'espèce humaine, le travail n'est qu'une voie dans laquelle elle est engagée par la nécessité de vivre, et voilà pourquoi, suivant la vieille malédiction de la Genèse, elle « travaille à la sueur de son front ». — Sans doute le travail même le plus humble a aussi ses joies, les joies du devoir accompli et d'une loi naturelle volontairement acceptée, mais ces joies austères ne seront jamais goûtées que par quelques natures d'élite, et il ne semble pas qu'on puisse se flatter, sans tomber dans l'optimisme le plus chimérique, de voir un jour tous les hommes travailler uniquement par plaisir, c'est-à-dire sans avoir besoin d'y être poussés par l'intérêt.

Il faut donc pour déterminer l'homme à travailler et pour contre-balancer le sentiment de peine que fait naître tout travail, une force supérieure quelconque. Autrefois pour l'esclave, c'était le fouet, la *contrainte*. Dans l'avenir peut-être ce sera le sentiment du *devoir* librement rempli. Mais quant au temps présent, c'est l'*intérêt*.

Tout homme qui travaille est soumis à l'action de deux forces opposées : d'une part *le désir de se procurer une jouissance quelconque*, d'autre part *le désir de se soustraire à la peine que le travail lui cause*. Suivant que l'un ou l'autre de ces deux mobiles fera pencher le plateau de la balance, il poursuivra son travail ou s'arrêtera.

Comme l'a fait remarquer très ingénieusement Stanley Jevons, la peine supportée par le travailleur va toujours croissant, à mesure que le travail se prolonge, tandis que la satisfaction qu'il en attend va sans cesse diminuant, au fur et à mesure que ses besoins les plus pressants commencent à être satisfaits, en sorte qu'entre ces deux désirs, celui qui le pousse à travailler et celui qui le pousse à s'arrêter, il est évident que le second finira tôt ou tard par remporter la victoire. Considérez un travailleur qui tire des seaux d'eau d'un puits. La fatigue augmente à chaque nouveau seau d'eau qu'il faut tirer; d'autre part l'utilité de chaque seau diminue, car si le premier est indispensable pour l'alimentation, le second ne servira qu'à abreuver les bestiaux, le troisième à des soins de propreté, le quatrième à arroser le jardin, le cinquième à laver le pavé, etc.[1]. A quel chiffre s'arrêtera-t-il? Cela dépend dans une certaine mesure de sa résistance à la fatigue, mais surtout de l'échelle de ses besoins. L'Esquimau qui ne voit d'autre utilité à l'eau que celle de se désaltérer, s'arrêtera au premier seau ou au deuxième, mais le Hollandais qui éprouve le besoin de laver jusqu'au toit de ses maisons, aura peut-être à en puiser cinquante avant de s'estimer suffisamment pourvu.

Si au stimulant des besoins présents et actuels vient se joindre le stimulant des besoins à venir, — si, par exemple,

---

[1] Voy. ci-dessus, *De la valeur individuelle*, p. 63.

dans un pays où l'eau est rare, le travailleur songe à remplir une citerne pour les jours de sécheresse, — l'activité productrice peut se trouver singulièrement accrue. Mais cette faculté de mettre en balance une peine immédiate et une satisfaction lointaine, faculté qui de son vrai nom s'appelle la *prévoyance*, n'appartient qu'aux races civilisées et parmi elles aux classes aisées. Le sauvage et le pauvre sont également imprévoyants.

# V.

## DU TEMPS CONSIDÉRÉ COMME ÉLÉMENT CONSTITUTIF DU TRAVAIL.

Si tout travail suppose une certaine peine, tout travail aussi implique une certaine *durée*.

Entre le moment où le travail commence et celui où il donnera les résultats qu'on en attend, il s'écoule toujours un temps plus ou moins long. C'est là une des conditions essentielles de toute production, condition absolument générale, car la nature elle-même y est également soumise : il faut attendre de longs mois avant que le grain qui dort dans le sillon soit devenu épi, et de longues années avant que le gland soit devenu chêne.

En règle générale cette durée est d'autant plus longue que l'opération doit être plus productive. Quand il s'agit de travaux qui font vivre l'homme au jour le jour, *from hand to mouth* (de la main à la bouche), comme disent les Anglais, tels que la chasse, la pêche, ou la cueillette des fruits sauvages, quelques heures suffisent : mais quand il s'agit de travaux agricoles, de grandes entreprises industrielles ou de ces travaux d'art qui sont l'honneur de notre temps, tels que mines, puits artésiens, chemins de fer, tunnels ou canaux, le temps nécessaire devient énorme et se proportionne à la grandeur des résultats. Combien d'années s'écouleront entre le jour où on a donné le premier coup de pioche dans l'isthme de Panama et le jour où le premier navire y passera?

Cette condition de toute opération productive est précisément, comme nous le verrons bientôt, une des principales causes de l'importance des capitaux et de la situation privilégiée de ceux qui les possèdent. En effet, comme il faut vivre en attendant le résultat, le travailleur ne peut rien entreprendre sans certaines avances : or ces avances, ce sont les capitalistes qui les lui fournissent.

Il ne suffit pas de constater que le temps est un élément indispensable de toute production : il faut remarquer que le temps dont l'homme dispose est très limité, non seulement parce que sa vie est courte, mais parce qu'il y a de nombreuses déductions à faire. En effet, il ne peut :

1° Ni travailler *toutes les heures du jour*. Il faut bien déduire le temps du sommeil et le temps des repas, et l'expérience a prouvé que l'on ne gagnait rien, au point de vue de la productivité, à vouloir forcer la durée de la journée de travail. La coutume ou même la loi fixent cette durée à 10 ou 12 heures, et la fameuse formule des *Trois huit* tend à l'abaisser à 8 heures, ce qui ferait le tiers seulement de la journée [1]. Et il est vrai qu'après avoir déduit un tiers de la journée pour le sommeil, un tiers pour le travail, c'est-à-dire pour les besoins économiques, ce n'est pas trop que de réserver un dernier tiers pour la satisfaction de mille besoins d'un autre ordre mais qui ne sont pas moins urgents : devoirs civiques, de famille, de sociabilité, d'instruction, de récréation physique et intellectuelle, etc.

---

[1]     Eight hours to work, eight hours to play,
Eight hours to sleep, eight shillings a day.

« Huit heures pour le travail, huit heures pour s'amuser, huit heures pour dormir, et huit shillings par jour », dit le refrain d'une vieille chanson anglaise que les débats récents sur la limitation des heures de travail ont remis à la mode (Voy. ci-après au chapitre des *Salaires*).

2° Ni travailler *tous les jours de l'année*. Il n'y a aucun pays où il n'y ait un certain nombre de jours fériés. L'Angle-terre et l'Amérique appliquent avec rigueur le repos domini-cal : les Anglais s'accordent en plus l'après-midi du samedi, ce qui représente, avec quelques autres jours fériés, un peu plus de 80 jours par an. La Russie, avec les nombreux saints qu'elle fête, en a bien davantage. Les pays qui, comme la France, se piquent de n'avoir pas la superstition du diman-che, fêtent le lundi et quelquefois le mardi. Il y a d'ailleurs à faire la part des jours de maladie. Il est rare qu'un ouvrier, parmi les plus laborieux, atteigne une moyenne de 300 jours de travail dans l'année. Et à vouloir supprimer les jours de repos, on ne gagne rien que d'user inutilement les forces pro-ductives de l'homme.

3° Ni travailler enfin *toutes les années de la vie*, car il faut déduire les années de l'enfance, dans tous les cas, et aussi celles de la vieillesse, quand l'ouvrier a la chance d'y arriver. En supposant que sa vie se prolonge jusqu'à 70 ans, en sup-posant que la période productive ait commencé à 18 ans et se soit clôturée à 60 ans — toutes suppositions plutôt exagérées quand il s'agit du travail manuel, — c'est 28 années à re-trancher sur 70, soit 40 p. 0/0 [1].

---

[1] Il est évident que la puissance productive d'un individu dépend du rapport entre les deux périodes de sa vie, la *double période improductive* d'une part (jeunesse et vieillesse) et la *période productive* (âge adulte) d'autre part. Jeune ou vieux, non seulement il ne produit pas, mais il consomme. Le cas le plus avantageux pour la société, au point de vue purement économique, serait évidemment celui où l'homme mourrait tout juste à la fin de la période productive et avant d'entrer dans la seconde période improductive. Plus tôt, c'est autant d'enlevé à la période produc-tive ; plus tard, c'est autant d'ajouté à la période improductive. C'est, du reste, en vertu de ce raisonnement instinctif que certaines peuplades égorgent leurs vieillards.

Le pays le plus favorisé au point de vue de la puissance productive sera évidemment celui qui peut offrir le plus grand nombre d'hommes entre l'âge de 18 et de 60 ans, dans la période de la *vie utile*, comme on dit. La France, par exemple, compte 610 adultes de 15 à 60 ans par 1,000 habitants, et l'Allemagne 565 seulement.

# CHAPITRE II.

## LA NATURE.

Il faut entendre par le mot de nature non un facteur déterminé de la production, car ce mot n'aurait point de sens intelligible, mais l'ensemble des éléments préexistants qui nous
sont fournis par le milieu dans lequel nous vivons[1].

Pour que l'homme puisse produire, il faut que la nature
lui fournisse un *milieu* propice, une étendue de *terrain*
suffisante[2] et une *matière première* utilisable. Elle lui fournit
aussi les *forces motrices* qui font marcher ses machines. Quelques mots seulement sur chacun de ces quatre modes de
collaboration de la nature.

## I.

### LE MILIEU.

On a pu reprocher à quelques historiens ou philosophes
d'exagérer l'influence du milieu géographique sur le déve-

---

[1] On disait autrefois la *terre*. Et l'expression est équivalente, en effet,
si l'on entend par là non pas seulement le sol cultivable, mais le globe
terrestre avec son atmosphère. Il est bien évident que notre planète, et
seulement dans son écorce superficielle, est la seule portion de l'univers
qui puisse servir de théâtre à notre activité économique. Toutefois,
comme on a vu des peuplades utiliser le fer natif qu'elles trouvaient dans
les aérolithes tombés du ciel, et comme toute force motrice (vents, cours
d'eau, et le calorique emmagasiné dans le charbon) dérive de la chaleur
solaire, à tout prendre, le mot de nature est plus exact.

[2] On pourrait dire que le terrain est déjà compris dans le « milieu » ?
Philosophiquement, oui : mais économiquement, non, parce que le terrain étant l'objet de la propriété, tandis que le milieu ne l'est pas, doit
constituer un élément distinct.

loppement politique, littéraire et artistique des peuples, mais il serait difficile d'exagérer cette influence en ce qui touche leur développement économique et leur puissance productrice [1].

1° *La situation climatérique* d'abord. Les contrées tropicales ont pu voir s'épanouir des civilisations brillantes : elles n'ont pas vu de races laborieuses et industriellement fécondes. La nature y semble décourager la production aussi bien par ses libéralités que par ses violences. Dans ces heureux climats « où le pain pousse comme un fruit », où la température dispense de songer au vêtement et presque au logement, l'homme s'habitue à compter sur la nature et s'épargne l'effort. Et, d'autre part, les forces physiques ont dans ces régions une telle violence, elles sont si irrésistibles dans leurs manifestations diverses, pluies diluviennes, débordements, tremblements de terre, cyclones, que l'homme intimidé ne conçoit même pas l'idée audacieuse de les dompter et de les faire servir à ses fins; c'est à peine s'il songe à se défendre. Dans nos contrées tempérées, au contraire, la nature est assez avare pour obliger l'homme à compter beaucoup sur ses propres efforts, mais elle n'est pas assez redoutable pour ne pas se laisser domestiquer par l'industrie humaine. Ici elle favorise l'activité productrice à la fois par ce qu'elle nous refuse et par ce qu'elle nous accorde.

---

[1] Montesquieu, comme on le sait, avait attaché une influence décisive à la question du climat.

L'école de Le Play fait de cette question du milieu le point de départ de toute la science sociale. Elle distingue trois catégories de sol qui donnent naissance aux trois types de sociétés primitives : la *steppe* aux peuples *pasteurs;* — le *rivage maritime* aux peuples *pêcheurs;* — la *forêt* aux peuples *chasseurs.* Ce sont là les types fondamentaux des sociétés *simples,* c'est-à-dire qui vivent uniquement des produits spontanés du sol. Mais l'école en fait dériver, par des rapports de filiation nécessaire, toutes les sociétés *complexes,* autrement dit civilisées. Elle retrouve ainsi dans l'état primitif du sol l'origine des formes actuelles, de la propriété, de la famille, du gouvernement, etc. Voyez ce système développé d'une façon intéressante par M. Demolins dans la Revue de *la Science sociale,* 1886.

2° La *configuration géographique*. Qui pourrait penser que l'Angleterre fût devenue la première puissance maritime et commerciale du monde sans sa position insulaire[1]? Si l'on cherche pourquoi le continent Africain, connu de toute antiquité — et qui même a été le siège de la plus vieille des civilisations connues, celle de l'Égypte,—est resté jusqu'à ces derniers jours en dehors de tout mouvement économique, tandis que les deux Amériques, découvertes depuis quatre siècles à peine, sont sillonnées en tous sens par les courants commerciaux, la principale cause doit en être cherchée dans la différence de leur réseau fluvial. Tandis que les fleuves du Nouveau Monde débouchent dans l'Océan par d'immenses estuaires et entrelacent si bien leurs réseaux que l'on peut passer des affluents de la Plata dans ceux de l'Amazone et de là dans ceux de l'Orénoque, ou bien encore du bassin du Mississipi dans celui des Grands-Lacs, presque sans quitter la route d'eau[2] — les fleuves Africains, non moins vastes pourtant, opposent tous aux explorateurs, dans la partie inférieure de leur cours, une barrière de cataractes infranchissables ou de marais pestilentiels.

3° La *constitution géologique* du sol et sous-sol n'exerce pas une moindre influence. C'est elle, en effet, qui fait la richesse agricole et métallurgique. La terreur avec laquelle l'Angleterre calcule la date à laquelle ses mines de houille pourront lui faire défaut, indique assez tout ce qu'elle leur doit au point de vue de son développement industriel : la Chine a sa « terre jaune », et la Russie n'est pas moins redevable à ses riches « terres noires » : riches est bien le mot! car au

---

[1] S'il fallait une preuve du rôle prépondérant que « la ceinture d'argent » a joué dans les destinées de l'Angleterre, on la trouverait dans le curieux sentiment de terreur qui s'est emparé d'elle à la seule perspective d'être rattachée au continent par un tunnel sous-marin, et l'opposition insurmontable que depuis dix ans elle fait à ce projet parfaitement réalisable.

[2] Voy. la *Géographie universelle* d'Élisée Reclus, où les preuves de l'influence du milieu sont innombrables.

dire des géologues, elles ne renferment pas moins de 16 milliards de francs d'azote.

Il semble à première vue que l'homme ne puisse modifier le milieu où la nature l'a placé et qu'il n'ait d'autre ressource que de s'y adapter de son mieux. Toutefois il ne laisse pas que d'exercer une action modificatrice sur ce milieu lui-même, quoique assurément elle ne puisse être que très limitée. — Il ne peut pas, au point de vue géologique, créer des mines là où il n'y en a point, mais il peut, par des amendements, fabriquer de toutes pièces le sol cultivable, remplacer des marais, des étangs ou même des golfes, par des terres arables. — Il ne peut pas, au point de vue géographique, changer les grandes lignes que la nature a dessinées, mais pour peu que celle-ci y ait mis quelque complaisance, il peut les modifier, compléter par exemple un réseau de navigation intérieure, supprimer les barrières des montagnes et des bras de mer en établissant des routes soit par-dessus, soit mieux encore par-dessous; ou bien encore détacher l'Afrique de l'ancien continent, l'Amérique du Sud du nouveau, et faire de ces deux presqu'îles, deux îles. — Il ne peut certainement pas changer la situation climatérique, mais par des reboisements sur grande échelle, par certaines cultures appropriées, peut-être par d'autres moyens dont nous n'avons pas encore le secret[1], l'industrie humaine pourra modifier d'une façon appréciable le régime des pluies et même des vents.

---

[1] Quelques savants ont proposé, par exemple, de détourner par de grands écueils artificiels les courants maritimes, tels que le Gulf-stream, pour distribuer la chaleur ou la fraîcheur aux continents, comme on distribue l'eau et le gaz dans les villes.

## II.

### LE TERRAIN[1].

Il faut à l'homme une certaine place sur la terre ferme, ne fût-ce que pour y poser son pied. Il lui en faut un peu plus pour s'y coucher, un peu plus pour y bâtir sa maison, et beaucoup plus encore pour y semer son blé ou y faire paître ses troupeaux.

Or, cette question de place devient très grave sitôt que la population d'un pays a dépassé un certain degré de densité. Quand les êtres humains, obéissant à leurs instincts de sociabilité, s'agglomèrent dans quelqu'une de ces grandes fourmilières qui s'appellent Londres ou Paris, New-York ou Hânkoou, l'emplacement nécessaire pour les loger finit par faire défaut; on voit les terrains acquérir une valeur supérieure à celle des constructions qui les recouvrent, fussent-elles des palais de marbre, et les conséquences sociales, comme nous le verrons à propos de la question des loyers, en sont déplorables pour les classes ouvrières.

Il serait absurde, certes, de craindre qu'un jour vienne où il n'y aura plus sur la terre assez de place pour que les hommes puissent s'y loger, mais il n'est pas absurde de se demander s'il y aura toujours assez de place pour qu'ils puissent s'y nourrir. En effet l'étendue de terrain nécessaire pour suffire à l'alimentation d'un homme est considérable.

---

[1] Le mot de *terre* que l'on emploie d'ordinaire, exprime un ensemble d'idées très complexe : d'abord une certaine *étendue superficielle,* c'est ce que nous désignons sous le nom de terrain; ensuite des *matières premières* représentées par les éléments qui constituent le sol et le sous-sol; ensuite une foule *d'agents physiques et chimiques* qui sont incessamment à l'œuvre dans le sol cultivé, sous forme de lumière, chaleur, humidité, électricité, etc., etc.

Les progrès de la civilisation et de l'industrie agricole tendent, il est vrai, à réduire sans cesse cet espace. Chez les peuples chasseurs, il faut à chaque individu plusieurs lieues carrées : chez les peuples pasteurs, plusieurs kilomètres carrés. Chez les peuples agricoles, quelques hectares suffisent, et au fur à mesure qu'ils s'élèvent de la culture extensive à la culture intensive, la limite s'abaisse encore. La Chine, grâce à une culture intensive, qui est presque devenue une culture maraîchère, arrive à faire vivre plusieurs hommes par hectare. Cependant la borne fatale, quoique sans cesse reculée, demeure et suffit pour inquiéter l'espèce humaine sur ses destinées futures.

La découverte du Nouveau Monde, de l'Afrique Australe, de l'Australie, ont assuré une place suffisante pour bien des générations encore. Mais avec un accroissement de l'espèce humaine qui n'est guère inférieur à 15 millions d'hommes par an, ces réserves de l'avenir s'épuiseront vite. Et nous n'avons plus l'espoir d'en découvrir de nouvelles. Avant qu'un siècle encore se soit écoulé, la dernière terre vacante aura été occupée, le dernier jalon aura été planté, et désormais l'espèce humaine sera bien obligée de se contenter de son domaine de 13 milliards d'hectares, sans pouvoir espérer l'agrandir par de nouvelles conquêtes. La seule consolation alors pour elle sera de se répéter le vers que Regnard avait inscrit, avec une prétention assez peu justifiée d'ailleurs, sur un rocher de Laponie,

*Et stetimus tandem ubi defuit orbis.*

## III.

### LA MATIÈRE PREMIÈRE.

Les *matériaux bruts* qui composent l'écorce terrestre, jusqu'à la très petite profondeur à laquelle nous pouvons pénétrer, et les *substances organisées* provenant des êtres vivants
(végétaux ou animaux) qui peuplent sa surface, fournissent à
l'industrie la matière première qui lui est indispensable et
constituent l'élément originaire de toute richesse.

Il est certains de ces matériaux que la nature a répandus à
profusion et d'autres dont elle s'est montrée très avare. On
peut citer parmi les premiers, par exemple, ceux avec lesquels elle a bâti l'écorce terrestre, le granit, les calcaires,
l'argile et aussi l'eau douce ou salée qui recouvrent les trois
quarts de sa surface. Au contraire, ces cristaux de carbone
qui s'appellent des diamants, ou même certains métaux tels
que l'or ou le mercure, ne se rencontrent qu'en quantité infinitésimale.

Il est à remarquer que même les matériaux dont la quantité
est très considérable peuvent néanmoins être rares, si l'on
considère telle région déterminée. Assurément il y a dans le
monde assez de carrières de pierre à bâtir pour qu'on pût
construire des milliers de capitales comme Paris, mais cela
n'empêche pas qu'elles ne fassent défaut pour bâtir une ville
là où fut Ninive autrefois, là où est Londres aujourd'hui. Le
chlorure de sodium (sel marin) existe en quantité incalculable,
mais dans l'Afrique centrale il est si précieux qu'on lui fait
jouer le rôle de monnaie. L'eau douce est un des corps que
l'on cite en général comme exemple d'une richesse en quantité illimitée : cependant il n'est guère de grande ville où l'eau
ne soit insuffisante et où l'on ne doive faire de grands travaux

pour s'en procurer. On ne connaît à vrai dire qu'un seul corps qui soit partout en quantité illimitée ; c'est l'air atmosphérique au milieu duquel nous sommes plongés et qui enveloppe tout le globe d'une couche uniforme... et encore, pour peu que l'on demande à cet air certaines conditions spéciales de salubrité, de fraîcheur ou de chaleur, lui-même ne se trouve plus à la portée de tout le monde. Si à Cannes ou à Nice un terrain aride se vend 100 francs le mètre, c'est qu'on y paye non pas précisément le droit au sol, mais plutôt le droit à un air et à un soleil qu'on ne trouve point ailleurs.

Quand il s'agit de ces matériaux qui sont surabondants, mais inégalement répartis, l'industrie humaine peut remédier à cet inconvénient en déplaçant ces matériaux et en les *transportant* là où ils font défaut. C'est pour cela que, comme nous l'avons vu, le transport est véritablement un acte de production (Voy. p. 109). Mais comme la matière, grâce à sa pesanteur et à son inertie, oppose au déplacement une résistance qui peut être fort considérable et comme l'effort et les frais nécessaires pour vaincre cette résistance grandissent proportionnellement à la distance, l'industrie des transports n'est pas toute-puissante et elle ne peut pas supprimer absolument les inégalités de la nature.

En ce qui touche les matériaux naturels qui sont réellement en quantité restreinte, il est possible que l'homme, retrouvant les procédés de la nature, puisse les former de toutes pièces, par exemple, fabriquer le diamant en faisant cristalliser le charbon ; et si le charbon à son tour vient un jour à lui faire défaut, il pourra le retirer peut-être des carbonates de chaux qui sont très répandus dans l'écorce terrestre. Il est possible aussi que l'homme trouve quelque *succédané*, c'est-à-dire une substance analogue par ses propriétés à celle qui lui fait défaut ; il y réussit souvent et y réussirait toujours si sa science était plus grande, parce que, dans l'infinie variété des corps organisés ou bruts, il en est beaucoup qui présentent des

caractères similaires et peuvent, par conséquent, se suppléer
dans une certaine mesure[1].


# IV.

FORCES MOTRICES.

Le travail de production consiste uniquement, comme nous
l'avons vu, à déplacer la matière. La résistance qu'elle oppose
en vertu de son inertie peut être considérable et la force
musculaire de l'homme est peu de chose[2]. De tout temps,
donc — et surtout depuis que la suppression de l'esclavage
ne lui a plus permis d'employer gratuitement la force de ses
semblables — l'homme a cherché à suppléer à sa faiblesse
à l'aide de certaines forces motrices que la nature lui fournit.
Elles ne sont pas très nombreuses, quoiqu'on se livre souvent en cette matière à des énumérations trop complaisantes.
Il n'en est que quatre ou cinq que l'homme ait su utiliser

---

[1] L'ivoire animal menace de faire défaut par suite de la chasse destructive qu'on fait aux éléphants, mais on a trouvé dans les forêts de l'Amazone un ivoire végétal qui peut le remplacer.

[2] Il est vrai que par l'invention des *outils*, l'homme a su se créer des
organes artificiels qui ont singulièrement augmenté sa force et sa dextérité. Ainsi, à l'aide d'une presse hydraulique, un enfant peut exercer une
pression théoriquement illimitée, et avec un levier et un point d'appui,
Archimède se vantait avec raison de pouvoir soulever le monde. Toutefois
on a pris la peine de calculer que, en supposant même qu'il eût trouvé ce
point d'appui qui lui faisait défaut, il n'aurait réussi à soulever la terre,
en y travaillant pendant quelques millions d'années, que d'une quantité infiniment petite. C'est en effet une loi de la mécanique qu'à l'aide de ses
instruments l'homme *perd comme temps, ce qu'il gagne comme force.*
Il pourra, grâce à eux, soulever un poids 1,000 fois plus lourd qu'avec la seule
force de ses bras, mais il devra y consacrer 1,000 fois plus de temps; or
le temps, ainsi que nous l'avons vu, étant un élément très précieux et dont
nous devons être très avares, l'avantage qu'on trouve dans l'emploi des
instruments est en pratique assez limité. Avec la machine mue par des forces
naturelles, au contraire, la multiplication de la force devient illimitée.

pour la production : la force musculaire des *animaux*, la force motrice du *vent* et des *cours d'eau*, la force expansive des *gaz* et surtout de la vapeur d'eau, enfin depuis peu de temps et dans une faible mesure encore, l'*électricité*.

C'est à l'aide des *machines* que l'homme utilise les forces naturelles. La machine n'est qu'un outil, mais qui présente ce caractère particulier qu'au lieu d'être mu par la main de l'homme, il est actionné par une force naturelle (chute d'eau, vapeur, etc.). Or, c'est un difficile problème mécanique que de domestiquer une force naturelle, de la contraindre à tourner une roue, à pousser un rabot, ou à faire courir {une navette.

Il est à remarquer que d'autant plus puissantes sont ces forces naturelles, et d'autant plus de temps et de peine il a fallu à l'homme pour les utiliser et les faire servir à ses fins. Il est naturel qu'il en soit ainsi : la résistance grandit en raison directe de la puissance.

La domestication de certains animaux, cheval, bœuf, chameau, éléphant, renne ou chien d'Esquimau, etc., a fourni aux hommes la première force naturelle dont ils aient fait usage pour le transport, pour la traction, pour le labourage. C'était déjà une précieuse conquête, car l'animal est proportionnellement plus fort que l'homme. La force d'un cheval est évaluée à 7 fois celle d'un homme, tandis que son entretien représente une valeur moindre. Mais le nombre de ces animaux est restreint — d'autant plus restreint qu'un pays devient plus peuplé, car il faut beaucoup de place pour les nourrir : — aussi ne représentent-ils qu'une force motrice relativement peu considérable.

La force motrice du vent et des rivières a été utilisée de tout temps pour le transport, et beaucoup plus tard, dès l'antiquité cependant, pour faire tourner les moulins. C'est là une force très puissante. On a calculé que la force motrice des seuls cours d'eau de la France, qui se dépense inutilement à user des galets, représentait quelque chose comme

30 millions de chevaux-vapeur, c'est-à-dire une force au moins égale à celle de tous les hommes en âge de travailler que compte à cette heure l'espèce humaine. Une seule chute, comme celle du Niagara, suffirait à toutes les fabriques de l'Angleterre. Un cyclone, dans les quelques heures de son existence dévastatrice, développe assez de force motrice pour faire marcher toutes les usines du monde pendant mille ans, si l'on savait s'en servir; et les vagues que le vent soulève sur la surface des mers, ou le flot de la marée qui deux fois par jour vient ébranler des milliers de lieues de côtes, constituent des réservoirs de force véritablement inépuisables. Malheureusement ces forces qui soulèveraient le monde sont encore à l'état sauvage, trop capricieuses, trop intermittentes.

Toutefois, pour tirer parti de la force immense des eaux en mouvement, il suffirait qu'on trouvât le secret, d'une part de la *transporter* à distance, pour l'appliquer sur le point où nous pouvons l'utiliser, et d'autre part d'*emmagasiner* ces forces, qui ne se développent que d'une façon intermittente, pour les employer au moment où nous en avons besoin. Or, c'est ce qu'on commence à faire aujourd'hui, soit par la distribution directe de l'eau à haute pression dans des conduites, comme à Genève, soit par le moyen de l'électricité, comme à la chute du Niagara[1]. Déjà la force motrice se distribue à domicile, comme l'eau et le gaz, et il suffit de tourner un robinet pour se la procurer.

La force expansive des gaz, — ou plutôt la chaleur développée par la combustion du charbon et dont cette force n'est que la transformation, — est *artificielle*, en ce sens que ce n'est pas la nature qui l'a créée, c'est l'homme. Elle présente cet avantage inappréciable que l'homme peut la développer *où il veut, quand il veut, comme il veut*. Elle est mobile, portative,

---

[1] Il est aujourd'hui établi qu'on peut transporter la force, comme on envoie une dépêche, par un simple fil télégraphique, en cuivre toutefois et un peu plus gros que les fils ordinaires.

continue, elle peut se développer à 1, 2, 3, 4..., 10 atmosphères, et sans qu'il y ait, théoriquement du moins, de limite assignable[1].

Le préhistorique inventeur, dont le nom restera à jamais inconnu, mais que la reconnaissance des peuples a divinisé sous le nom de Prométhée, et qui, le premier, fit jaillir l'étincelle du choc de deux cailloux, ne se doutait guère, en contemplant cette flamme, créée par le hasard sans doute plus que par son génie, de quelle merveilleuse puissance il dotait l'industrie humaine. Ce fut sans doute aux plus humbles usages de la vie domestique que le feu servit d'abord. Plus tard, on l'employa à des usages industriels, tels que l'extraction, la fonte et le travail des métaux. Il commença à être utilisé comme force motrice le jour où l'on eut découvert la force explosive qu'une seule étincelle peut communiquer à certaines substances, c'est-à-dire la poudre à canon, et, sous cette forme, il est encore employé de nos jours, non seulement pour chasser à quelques kilomètres des projectiles, mais pour divers travaux industriels. Mais ce n'est que lorsque Newcomen (1705) et plus tard James Watt (1769) eurent employé la chaleur à dilater de la vapeur d'eau enfermée dans un réservoir clos, et eurent ainsi créé ce merveilleux instrument[2] de l'industrie moderne qui s'appelle la machine à vapeur, que le feu devint l'âme de l'industrie.

---

[1] Il suffirait de chauffer l'eau à 516°, ce qui n'est pas une température bien élevée, pour développer une pression de 1.700.000 atmosphères, plus que suffisante pour soulever l'Himalaya! La seule difficulté serait de trouver une enveloppe qui pût résister.

[2] Je dis « merveilleux », en raison des services rendus. En réalité, la machine à vapeur est, au contraire, un instrument très défectueux, en ce sens qu'elle n'utilise qu'une très faible partie, 1/10° tout au plus, de la chaleur développée par la combustion du charbon. Il y a déperdition énorme du foyer à la chaudière, et déperdition considérable encore, quoique moindre, de la chaudière à la machine proprement dite. Aussi, un ingénieur, M. Le Bon, a-t-il pu dire : « J'espère bien qu'avant vingt ans, le dernier exemplaire de ce grossier appareil aura été rejoindre, dans les musées, les haches de pierres de nos primitifs aïeux ».

Il est donc permis de se demander avec quelque anxiété ce qu'il adviendrait de l'industrie humaine, si un jour, la houille venant à lui faire défaut, il lui fallait éteindre ses foyers.

Il est de mode de dire que l'on remplacera la chaleur par l'électricité, mais on ne réfléchit pas que le seul moyen économique que nous connaissions pour produire l'électricité en grand est justement la machine à vapeur !

On commence déjà à se demander s'il ne faudra pas aller puiser à la source même de toute force, c'est-à-dire au soleil, la chaleur dont nous avons besoin[1]. Même en admettant qu'on y réussît, cette force empruntée au soleil aurait l'inconvénient des autres forces naturelles, de ne pouvoir être développée ni où l'on veut, ni quand on veut, ni comme l'on veut. Le soleil ne brille ni toujours ni partout. Si c'est lui qui doit faire marcher un jour nos usines, quel coup pour l'Angleterre! les brouillards de la mer du Nord deviendront son linceul et ce sera désormais au fond du Sahara que l'industrie humaine devra aller bâtir ses capitales.

---

[1] Il y a là, en effet, une source de force véritablement incalculable et qu'on évalue à 6 millions de chevaux-vapeur par kilomètre carré. On a fait des essais déjà avec la machine Mouchot, mais qui n'ont pas donné de résultats très encourageants.

# CHAPITRE III.

## LE CAPITAL.

## I.

### DU RÔLE QUE JOUE LE CAPITAL DANS LA PRODUCTION.

Entre les innombrables auteurs qui nous ont raconté des histoires de Robinsons et qui se sont proposés de nous montrer l'homme seul aux prises avec les nécessités de l'existence, il n'en est pas un seul qui n'ait eu soin de doter son héros de quelques instruments ou provisions, d'ordinaire sauvés d'un naufrage. Ils savent bien, en effet, que sans cette précaution il leur faudrait arrêter leur roman dès la seconde page, l'existence de leur héros ne pouvant se prolonger au delà. Cependant que leur manquerait-il à tous ces Robinsons ? N'auraient-ils pas les ressources de leur travail et les trésors d'une nature féconde, quoique vierge ? Oui, mais quelque chose pourtant leur ferait défaut et, comme ils ne peuvent s'en passer, il faut bien que l'auteur s'arrange par un artifice quelconque pour le leur procurer : ce quelque chose, c'est le *capital*.

Il n'est pas besoin du reste d'aller chercher l'exemple d'un Robinson pour se convaincre de l'utilité du capital. Au milieu de nos sociétés civilisées, la situation n'est pas différente. Il n'est pas de problème plus difficile à résoudre, dans le monde où nous vivons, que d'acquérir quelque chose quand on ne possède rien. Considérez un prolétaire, c'est-à-dire un

individu sans aucune avance; que fera-t-il pour produire
ce qui lui est nécessaire pour vivre, pour gagner sa vie,
comme on dit? Un peu de réflexion suffit pour montrer qu'il
n'est aucun genre d'industrie productive qu'il puisse entreprendre; pas même celle de braconnier, car il lui faudrait
un fusil, ou du moins des collets; pas même celle de chif-
fonnier, car il lui faudrait un crochet et une hotte[1]. Il se
trouve aussi misérable, aussi impuissant, et serait aussi
sûrement condamné à mourir de faim qu'un Robinson qui
n'aurait rien sauvé du naufrage, si par le salariat il ne pouvait entrer au service d'un capitaliste qui lui fournit, sous
certaines conditions, les matières premières et les instruments
nécessaires pour la production.

Si grande que soit l'importance de ce troisième élément de
la production, il n'est cependant, comme nous l'avons déjà fait
remarquer, que *le produit de la nature et du travail* bien
qu'à cette heure il ait pris une importance telle qu'on le fait
figurer au même rang que ses collaborateurs et que parfois
même on lui donne la préséance! Les animaux sont bien obligés
de se contenter de leur travail et de la nature pour suffire à
leurs besoins. L'homme primitif a été nécessairement dans le
même cas. Il est bien évident que *le premier* capital de l'espèce humaine a dû être formé sans le secours d'aucun autre
capital. Il a bien fallu qu'un jour l'homme sur cette terre,
plus déshérité que Robinson dans son île, résolût le difficile
problème de produire la première richesse sans le secours
d'une richesse préexistante. La première pierre ramassée à ses
pieds, le silex éclaté au feu des anthropopithèques, a servi d'a-
bord d'auxiliaire pour en créer une nouvelle dans des conditions
un peu plus favorables et celles-ci à leur tour ont servi à en
créer d'autres. C'est donc réduit au seul secours de ses mains,

[1] Il peut seulement rendre quelques menus « services », faire des commissions, ouvrir les portières des voitures, etc., mais ce sont plutôt des
formes de la mendicité que des travaux productifs.

que l'homme a dû mettre en branle l'immense roue de l'industrie humaine. Mais une fois mise en mouvement, le plus difficile était fait et la plus légère impulsion a suffi pour lui imprimer une vitesse sans cesse accrue.

La facilité de la production croît suivant une progression géométrique, en raison de la quantité de richesse déjà acquise. Mais on sait que si une progression géométrique, arrivée à un certain point, s'accroît avec une rapidité vertigineuse, pendant les premiers termes l'augmentation est des plus lentes. Ainsi nos sociétés modernes qui, vivant sur les richesses accumulées de mille générations, se font un jeu de multiplier la richesse sous toutes ses formes, ne doivent pas oublier combien lente et périlleuse a dû être dans les débuts l'accumulation des premières richesses, et pendant combien de siècles ont dû se traîner les premières sociétés humaines, à travers les âges obscurs de la pierre taillée et de la pierre polie, avant de réunir leurs premiers capitaux. Sans doute beaucoup ont péri de misère en traversant ce redoutable défilé : il n'a été donné qu'à un petit nombre de races d'élite de le franchir heureusement pour s'élever au rang de sociétés vraiment capitalistes, *ad augusta per angusta!*

## II.

### DANS QUEL SENS FAUT-IL ENTENDRE LA PRODUCTIVITÉ DES CAPITAUX ?

Le rôle que joue le capital dans la production donne lieu à de fâcheuses confusions, que les économistes classiques n'ont pas peu contribué à accréditer.

On s'imagine que tout capital donne un revenu de la même façon qu'un arbre donne des fruits ou qu'une poule donne des œufs : on voit dans le *revenu* un produit formé exclusivement par le capital et sorti de lui. Et en effet quand on fait figurer le capital parmi les facteurs de la production, au même titre que la terre ou le travail, il est naturel d'en conclure qu'il doit produire des fruits?

Et ce qui contribue à propager cette idée fausse, c'est que la plupart des capitaux nous apparaissent sous la forme de titres de rente, d'actions ou obligations, desquels, suivant la formule consacrée,. on *détache des coupons* qui représentent le revenu. Pendant six mois ou trois mois ou un an, suivant la nature du titre, le coupon grossit; le jour de l'échéance arrivé, il est mûr : on peut le détacher, et en effet on le sépare d'un coup de ciseau.

Bien plus, de même que quand le fruit ou le grain est cueilli, on peut le semer de nouveau et faire pousser une nouvelle plante qui donnera de nouveaux fruits, ou de même que lorsque l'œuf est pondu, on peut le mettre à couver et faire éclore un poussin qui donnera de nouveaux œufs, — de même en plaçant ce coupon, on peut créer un nouveau capital qui donnera de nouveaux coupons d'intérêt, et il semble de la sorte que le capital croisse et se multiplie suivant les mêmes lois que celles qui président à la multiplication des espèces végétales ou animales. Mais la loi de l'*intérêt composé*, car c'est ainsi qu'on l'appelle, est bien autrement merveilleuse que la multiplication des harengs ou des champignons, si souvent citée à propos des lois de Malthus et de Darwin. Car on calcule qu'un simple sou placé à intérêts composés au premier jour de l'ère chrétienne, aurait produit aujourd'hui une valeur égale à celle de quelques milliards de globes d'or massif du volume de la terre; l'exemple est resté classique.

Il faut re défaire de toute cette fantasmagorie qui irrite si fort, et non sans raison, la bile des socialistes. Cette espèce de force productive et mystérieuse que l'on attribue au capital et qui lui serait propre, cette vertu génératrice est pure chimère. Quoi qu'en dise le dicton populaire, l'argent ne fait pas de petits, et le capital, pas davantage. Non seulement un sac d'écus n'a jamais produit un écu, comme l'avait déjà remarqué Aristote, mais un ballot de laine ou une tonne de fer n'ont jamais produit un flocon de laine ou un atome de fer, et si des moutons reproduisent d'autres moutons — comme le disait Bentham, pensant réfuter par là Aristote, — ce n'est point parce que les moutons sont des capitaux, mais tout simplement parce qu'ils sont... des moutons et que la nature a doué les êtres vivants de la propriété de reproduire des individus semblables à eux-mêmes. Mais le capital n'est qu'une matière inerte et par elle-même absolument stérile. Il donne au travail le moyen de produire, mais par lui-même il ne produit rien du tout. Donc tout ce qu'on appelle le revenu ou le produit du capital n'est en réalité qu'un prélèvement sur le produit du travail [1].

Ce qui fait illusion, c'est que l'on voit bon nombre de rentiers vivre sans rien faire et même accroître rapidement leur fortune. On se demande alors d'où leur vient ce revenu ? Pas de leur travail assurément, puisqu'ils n'ont ni industrie ni occupation d'aucune sorte : pas davantage d'un agent naturel, puisque nous supposons qu'ils ne sont pas propriétaires fonciers. Alors ce revenu ne peut provenir, semble-t-il, que du capital lui-même qui le produirait *sponte sua ?* — En réalité ce revenu est parfaitement le produit du travail, seulement d'un travail qu'on ne voit pas, mais qu'il n'est pas difficile de découvrir en le cherchant bien : c'est *le travail de ceux qui ont emprunté les capitaux du rentier et qui les emploient productivement.* Les coupons d'intérêts des actions ou obligations de charbonnage représentent la valeur des tonnes de houille extraites par le travail des mineurs, et les coupons des actions ou obligations de chemin de fer représentent les

---

[1] Voy. plus loin *Du profit.*

résultats du travail des mécaniciens, hommes d'équipe, chefs de gare, aiguilleurs, qui ont coopéré au transport[1].

Il se peut toutefois que le capital entre les mains de l'emprunteur ait été dissipé ou consommé improductivement ; en ce cas les intérêts touchés par le prêteur représentent non plus le produit du travail de l'emprunteur, mais celui de quelqu'autre qu'il s'agit de découvrir. Par exemple les coupons de titres de rente sur l'État ne représentent pas des richesses produites par le travail ou l'industrie de l'État, puisque celui-ci ne produit pas grand'chose et que même il a l'habitude de dépenser improductivement la plupart des capitaux à lui prêtés, mais ils représentent le produit du travail de tous les Français, qui, sous forme de contributions, a été versé annuellement dans les caisses du Trésor et a passé de là dans les mains des rentiers. Et quand un fils de famille emprunte de l'argent pour le manger, les intérêts qu'il paie à l'usurier représentent non pas assurément le produit de son travail, mais probablement celui de ses fermiers.

## III.

### DE LA DISTINCTION ENTRE LES RICHESSES QUI SONT CAPITAL ET CELLES QUI NE LE SONT PAS.

Pour chacun de nous l'idée de capital n'a rien d'obscur. Dans notre patrimoine, nous distinguons à première vue deux

---

[1] Voy. ci-après dans *La Consommation*, au chapitre *Du placement*.

Il n'en résulte pas comme conséquence nécessaire, ainsi que le prétendent les socialistes, que ce prélèvement exercé par le capitaliste constitue une iniquité sociale. Ce n'est point le lieu de traiter cette question, mais il suffit de faire remarquer que sans le secours du capital, la puissance de travail serait à peu près stérile. Il faut donc bien que le travailleur se procure l'aide du capital et, s'il ne l'a pas, il paraît difficile qu'il se la procure gratis.

catégories de biens. Les uns sont destinés à nous procurer directement quelque jouissance ou quelque satisfaction : aliments, vêtements, maisons d'habitation, objets de parure, chevaux de selle, parcs d'agrément, argent de poche. Les autres sont destinés à nous procurer un revenu : fermes, maisons de rapport, valeurs en portefeuille, usines, machines, instruments, fonds de commerce. Nous nous servons des premiers pour *notre usage personnel* ou pour celui de notre famille; nous nous servons des seconds pour *les faire valoir*. A ceux-là seulement, qui rentrent dans la deuxième catégorie, nous réservons le nom de capital.

Cette distinction entre les richesses qui sont capital et celles qui ne le sont pas, paraît fort simple. Elle est cependant, quand on y regarde de près, hérissée de difficultés, et la définition du capital est, après le problème de la valeur, le plus ardu de la science économique.

Il faut remarquer d'abord qu'un grand nombre d'objets ayant des propriétés différentes, peuvent figurer dans l'une ou dans l'autre des deux catégories, suivant celle de ses propriétés qu'on veut utiliser. Un diamant est capital s'il est employé par un vitrier pour couper des carreaux de vitre : il ne l'est pas, s'il est monté en bague ou en pendant d'oreilles : dans le premier cas, en effet, il est employé à raison de sa dureté, dans le second cas à raison de son éclat. Un œuf est un capital quand il est mis à couver pour reproduire des poulets : il ne l'est pas, quand il est mis dans la poêle pour faire une omelette : dans le premier cas, en effet, on utilise la puissance de vie qu'il contient en germe, dans le second cas on n'utilise que les matières alimentaires qu'il renferme. Le charbon est un capital quand on le jette dans le fourneau d'une machine à vapeur, parce qu'on veut utiliser alors la force motrice qu'il recèle à l'état latent : il ne l'est pas, quand on le tisonne sur la grille d'une cheminée parce qu'on ne lui demande rien de plus que de nous réchauffer. Inutile de poursuivre ces oppositions qui pourraient être multipliées à l'infini. Là n'est pas la difficulté.

Ce n'est pas tout. Considérons même les objets qui, à raison de leur nature, ne sauraient en aucun cas et sous aucune forme être employés à la production, tels que bijoux, dentelles, tableaux, costumes de théâtre ou de carnaval, équipages et chevaux de luxe, tabac ou absinthe, photographies ou romans, ceux-là aussi, si on se place au point de vue subjectif, individuel, peuvent être employés comme capitaux et par le fait, ils le sont tous les jours. N'y a-t-il pas des marchands de tous les produits que je viens d'énumérer, orfèvres, modistes, costumiers, brocanteurs, maquignons, photographes, libraires, débitants de tabac ou de boissons, et tous ne considèrent-ils pas les marchandises qui remplissent leurs magasins comme des capitaux et ne sont-ils pas en droit de les considérer comme tels, puisqu'en fait ils en font l'instrument de leur industrie et en tirent un revenu?

Nous sommes donc amenés à distinguer deux espèces de capitaux : 1° ceux qui servent réellement à produire des richesses nouvelles et que nous appellerons des capitaux *productifs*; 2° ceux qui servent simplement à procurer un revenu à leurs propriétaires et que nous appellerons, pour les distinguer des premiers, des capitaux *lucratifs*[1]. Toute richesse quelconque, fût-ce même un costume d'arlequin, peut jouer le rôle de capital lucratif par le moyen de la location ou du commerce : il n'y a au contraire que certaines richesses qui, à raison de leur nature, puissent jouer le rôle de capitaux productifs. Ce sont même, à vrai dire, les seules dont il y ait

---

[1] M. de Bœhm-Bawerk dans son livre déjà cité, approuve cette classification et cette terminologie : toutefois il appelle aussi les capitaux productifs *capital social*, et les capitaux lucratifs *capital individuel*. L'expression ne nous paraît pas heureuse, car au contraire, les capitaux lucratifs ne peuvent se concevoir que dans la vie de société, tandis que les capitaux productifs existent même pour Robinson.

lieu de s'occuper dans le chapitre de la production ; les autres
n'ont leur place qu'au chapitre de la répartition [1].

# IV.

## DE LA DURÉE DES CAPITAUX FIXES ET CIRCULANTS.

Un capital peut durer plus ou moins longtemps. Suivant
que sa durée sera plus ou moins longue, il pourra suffire à
un nombre d'actes de production plus ou moins considérable.

[1] Voici quelques catégories de richesses qui ont donné lieu à de nombreuses controverses.

Dans le langage courant on désigne sous le nom de « capitaux », par
opposition à la propriété immobilière, toutes les *valeurs mobilières*, représentées par des titres de rente, actions ou obligations de compagnies
industrielles, créances hypothécaires ou chirographaires, etc. Il est à
remarquer que de semblables biens ne sont que des capitaux lucratifs,
puisqu'ils ne sont que des titres de créance. Sans doute, ils produisent
des revenus à leurs possesseurs, mais le revenu que touche le créancier
est pris dans la poche du débiteur, en sorte que le pays n'en est pas
plus riche : — à moins qu'il ne s'agisse de titres sur l'étranger, auquel cas
évidemment, le pays se place, pour apprécier ces biens, au même point
de vue qu'un simple particulier.

A l'inverse, dans le langage courant, jamais on ne donne à la propriété
immobilière, *terres* ou *maisons,* le nom de capital. Cependant, il y a des
cas dans lesquels ce qualificatif leur convient parfaitement. Pour la terre
par exemple, il ne faut certainement pas lui donner le nom de capital en
tant qu'il ne s'agit que de la terre vierge, du fonds primitif fourni par la
nature, car *ce serait alors confondre la nature et le capital,* mais
du jour où ce sol a été modifié par le travail de l'homme et nous apparaît
sous la forme de terre cultivée, défrichée, clôturée, complantée, arrosée,
etc., elle rentre parfaitement dans la définition du capital productif, puisqu'elle constitue un produit de la nature et du travail et sert incontestablement à la production de richesses nouvelles. Quant aux maisons, elles
peuvent être capitaux productifs lorsqu'elles sont employées comme bâtiments d'exploitation (fermes, usines, magasins, etc.), capitaux lucratifs
lorsqu'elles sont louées, et restent dans le fonds de consommation quand
elles sont habitées par leurs propriétaires.

Quant aux *capacités acquises*, aux connaissances professionnelles, à

On désigne sous le nom de capitaux *circulants* ceux qui ne peuvent servir qu'une seule fois, parce qu'ils doivent disparaître dans l'acte même de production, par exemple le blé qu'on sème, l'engrais qu'on enfouit dans le sol, la houille qu'on brûle, le coton qu'on file; — et sous le nom de capitaux *fixes* ceux qui peuvent servir à plusieurs actes de production,

l'instruction en général, on dit souvent dans le langage courant que ce sont des capitaux. Il faut prendre garde ici de ne pas ranger sous le nom de capital des facultés personnelles qui ne sont autre chose qu'une des formes de l'activité de l'homme, car *ce serait alors confondre le travail et le capital.* Mais du jour où les facultés naturelles de l'homme ont été modifiées par l'instruction et nous apparaissent sous la forme de connaissances acquises, alors on peut leur donner le nom de capitaux productifs, puisqu'elles constituent aussi en ce cas un produit de la nature et du travail et servent incontestablement à la production de richesses nouvelles.

L'argent, le *numéraire*, au point de vue d'un pays et en sa qualité d'instrument d'échange, doit figurer parmi les capitaux productifs, non parmi les plus importants (Voy. ci-dessus, p. 98), mais tout au moins sur le même rang que les poids et mesures, balances, ou tout autre instrument servant à faciliter l'échange. Il faut, en effet, pour qu'un pays soit en mesure de produire, qu'il possède une certaine quantité de numéraire aussi bien qu'une certaine quantité de wagons. Au point de vue subjectif, individuel, l'argent peut être soit un capital lucratif quand on le fait valoir, soit un simple objet de consommation quand on le dépense.

L'hésitation est grande surtout pour cette importante catégorie de produits qu'on désigne sous le nom d'*approvisionnements* (vivres, vêtements, abris). La plupart des économistes les rangent parmi les capitaux par cette raison qu'ils servent à entretenir les forces productives de l'homme, l'azote et le carbone qu'il consomme sous forme de viande ou de pain, jouant un rôle identique au charbon qui brûle dans une machine à vapeur et se transformant en force musculaire.

Stanley Jevons déclare même que les approvisionnements constituent le *seul* capital, que c'est là du moins sa forme essentielle et primordiale dont toutes les autres formes ne sont que des dérivées. Il part en effet de ce point de départ que la véritable fonction du capital c'est de faire vivre le travailleur *en attendant le moment où le travail pourra donner des résultats*, et il est clair que cette définition du rôle du capital implique nécessairement qu'il se présente sous la forme de subsistances, d'*avances.* Les instruments, machines, chemins de fer, etc., ne seraient que des formes dérivées de celle-ci, car eux-mêmes ont eu besoin d'un certain temps, et souvent même d'un long temps, pour être pro-

depuis les instruments les plus fragiles, comme une aiguille
où un sac, jusqu'aux plus durables, comme un tunnel ou un
canal[1], qui peuvent subsister aussi longtemps que le relief du
globe terrestre. Il y a un grand avantage à employer, quand
on le peut, des capitaux à longue durée. En effet, si considérable que soit le travail exigé par leur établissement et si

duits, et en conséquence ont exigé à leur tour certaines avances sous
forme d'approvisionnements. C'est donc toujours à cette forme originaire
qu'il faudrait en revenir.

Cette théorie est séduisante par sa simplicité et son élégance : néanmoins, bien que nous l'ayons autrefois exposée et défendue (*Journal
des Économistes,* octobre 1881), nous pensons qu'elle est inexacte. Le
temps, assurément, constitue une des conditions essentielles de toute
production (nous avons insisté plus haut sur ce point), mais il ne nous
paraît pas exact d'en conclure que tout travail productif exige nécessairement une certaine avance sous forme de provisions. L'homme n'a pas
attendu pour devenir agriculteur d'avoir amassé des provisions pour un
an : il a semé et labouré dans l'intervalle de ses chasses. Avant d'entreprendre le percement de l'isthme de Panama, on ne s'est pas amusé à
entasser de quoi nourrir une armée de travailleurs pendant dix ou vingt
ans : ils vivront sur les provisions qui seront produites, au fur et à mesure, par le travail des autres hommes. Il n'y a rien dans les sociétés
primitives ou civilisées qui ressemble à ces vastes approvisionnements
dans lesquels Stanley Jevons voit le capital ; — la totalité des subsistances d'un pays est au contraire produite au jour le jour (Comp. avec
la théorie du fonds des salaires, *Wagefund,* Liv. IV). Il faut dire au contraire que puisque les approvisionnements sont, par définition même, des
objets de consommation, ils doivent être exclus de la liste des capitaux
productifs, — quoiqu'ils puissent être évidemment des capitaux lucratifs,
pour l'entrepreneur.

[1] Ces termes de capitaux fixes et de capitaux circulants, employés
pour la première fois par Adam Smith, étaient pris par lui dans un sens
un peu différent. Il entendait par capitaux circulants ceux qui ne donnent un revenu qu'à la condition de circuler, c'est-à-dire *de changer de
mains, d'être échangés,* par exemple les marchandises et la monnaie,
— et par capitaux fixes, ceux qui donnent un revenu sans être échangés,
*en restant entre les mêmes mains,* par exemple une usine. Dans cette
doctrine, il faudrait dire que la houille qu'un industriel brûle dans ses
fourneaux est un capital fixe, car elle n'est pas destinée à la vente, tandis
qu'à l'inverse des maisons, entre les mains d'une société immobilière qui
les achète pour les revendre, devraient être considérées comme un capital circulant.

minime que l'on veuille supposer le travail épargné annuellement par leur concours, il doit arriver nécessairement, un peu
plus tôt ou un peu plus tard, un moment où le travail épargné égalera le travail dépensé. Ce moment arrivé, le capital
se trouvera *amorti*, pour employer l'expression consacrée,
c'est-à-dire que dorénavant le travail économisé constituera
un gain net pour la société. A dater de ce jour, et pour tous
les siècles durant lesquels l'humanité poursuivra sa carrière,
le service rendu par le capital sera désormais gratuit. Aussi
les progrès de la civilisation tendent-ils incessamment à remplacer des capitaux de moindre durée par des capitaux plus
durables.

Toutefois il ne faut pas oublier :

1° Que la formation de semblables capitaux exige *d'autant
plus de travail qu'ils doivent durer davantage*, que par conséquent il y a ici une balance à établir. Il est vrai que l'augmentation dans la quantité de travail dépensé n'est pas en
général proportionnelle à l'accroissement de durée obtenu et
c'est là justement ce qui rend profitable l'emploi de semblables capitaux.

2° Que la formation des capitaux fixes exige un sacrifice
présent et immédiat sous la forme d'une grande quantité de
travail ou de frais, tandis que la rémunération qui doit en
résulter sous forme de travail supprimé ou de frais économisés
est fort éloignée, et en général *d'autant plus reculée que la
durée du capital est plus longue*. Si la construction d'un canal
maritime, tel que celui de Panama par exemple, doit coûter
2 milliards et ne doit être amorti qu'au bout de 50 ans, il
faut alors mettre en balance d'une part un sacrifice immédiat de 2 milliards, d'autre part une rémunération qui se
fera attendre un demi-siècle. Or, pour établir une semblable
balance, il faut être doué à un haut degré de prévoyance
et de hardiesse et avoir une singulière confiance dans l'avenir, toutes conditions qui ne se trouvent réunies que dans

des milieux très civilisés. C'est pour cette raison que les peuples dont l'état social est peu avancé et dont la constitution politique offre peu de sécurité, n'emploient que peu de capitaux fixes. Toutes leurs richesses affectent la forme d'objets de consommation ou de capitaux circulants[1].

Si grande que soit d'ailleurs cette faculté de prévoyance, même dans le milieu le plus propice, elle ne dépassera pas certaines limites. Jamais un particulier, ni une Compagnie, ni même un État, ne consentiront à avancer des capitaux qui ne pourraient être amortis, par exemple, qu'au bout de deux siècles, quand bien même il serait prouvé que ce capital est de nature à durer 1,000 ans et sera susceptible par conséquent de rendre pendant 800 ans encore des services gratuits. Pourquoi ? Parce que des résultats qui ne doivent se produire qu'au bout d'un si long temps n'entrent pas dans les prévisions humaines. On peut poser en fait que tout emploi de capital qui ne donne pas l'espoir de le reconstituer dans le cours d'une génération sera écarté dans la pratique.

3° Enfin il faut remarquer encore au désavantage des capitaux fixes, que si leur durée est trop longue, *ils risquent de devenir inutiles*, et à ce point de vue il faut une grande prudence dans les prévisions que nous indiquions tout à l'heure. En effet la durée matérielle du capital n'est pas tout, c'est la durée de son utilité qui seule nous intéresse; or, si on peut compter jusqu'à un certain point sur la première, on ne le peut jamais absolument sur la seconde. L'utilité, nous le savons, est instable, et au bout d'un certain temps, celle que nous croyons la mieux établie peut s'évanouir. Rien ne nous garantit, quand nous perçons un tunnel ou que nous creusons un canal, que d'ici à un siècle ou deux le trafic ne prendra pas quelque autre route. Or si, le jour où cette révo-

---

[1] Comparez, par exemple, les principautés de l'Inde ou les pays musulmans avec nos sociétés d'Europe.

lution se produira, le capital engagé dans le tunnel n'a pas
été encore amorti, il en résultera qu'une grande quantité de
travail aura été inutilement dépensée. Il est donc prudent,
étant donnée notre incertitude de l'avenir, de ne pas bâtir
pour l'éternité et, à ce point de vue, l'emploi de capitaux
trop durables peut constituer une dangereuse opération.

## V.

### COMMENT SE FORME LE CAPITAL.

Tout capital étant un produit, « un produit intermédiaire »,
comme dit M. de Bœhm-Bawerk, ne peut être formé, comme
tout produit, que par les deux facteurs originaires de toute production : le travail et la nature. Il suffit de passer en revue tous
les capitaux que l'on peut imaginer, outils, machines, travaux
d'art, matériaux de toute catégorie, pour s'assurer qu'ils n'ont
pu avoir d'autre origine que celle que je viens d'indiquer [1].

Il n'y aurait pas lieu de s'arrêter sur un point aussi évident, si l'on n'avait voulu voir à l'œuvre, dans la formation
du capital, un agent nouveau et d'une nature spéciale qu'on
appelle l'*épargne* : toute fortune vient de l'épargne, dit-on.
Qu'est-ce que ce nouveau venu qui apparaît sur la scène? —
Est-ce un troisième facteur originaire de la production que
nous aurions oublié? Non : on n'en saurait point imaginer
d'autre que le travail et les forces naturelles [2]. — Serait-ce
une forme du travail? On l'a soutenu, mais qu'y a-t-il de commun entre ces deux actes : travailler qui est agir, épargner

---

[1] L'expression de Karl Marx que le capital est « du travail cristallisé »,
serait juste, s'il n'omettait de parti pris la part de la nature dans la formation du capital, fidèle à son principe que toute valeur est due uniquement au travail.

[2] C'est pourtant ce qu'affirme en propres termes Senior et bien d'autres
avec lui. Il reconnaît trois instruments de la production : travail, agents
naturels, *abstinence*.

qui est s'abstenir[1]? On ne conçoit pas comment un acte purement négatif, une simple abstention pourrait *produire* n'importe quoi. Montaigne a beau dire qu'il « ne connaît pas de faire plus actif et plus vaillant que ce non-faire », cela peut être vrai au point de vue moral, mais cela n'explique pas que ce non-faire puisse créer seulement une épingle. Quand donc on dit que telle ou telle richesse a été créée par l'épargne, on veut dire tout simplement que si cette richesse avait été consommée au fur et à mesure qu'elle a pris naissance, elle n'existerait pas à cette heure : qui songe à le nier? Si à un enfant qui demande d'où viennent les poulets, on lui répond que pour produire les poulets, il faut s'abstenir de manger les œufs, il sera en droit de trouver la réponse fort sage en tant que conseil, mais singulièrement absurde en tant qu'explication. Or, le raisonnement qui fait de l'épargne la cause originaire de la formation des capitaux, ne nous paraît guère plus satisfaisante. Elle revient à dire, en somme, que la non destruction doit être classée parmi les causes de la production, ce qui paraît une logique bizarre[2].

C'est l'emploi du numéraire qui a donné naissance à cette idée. Epargner, dans nos sociétés civilisées, c'est mettre une certaine quantité de monnaie en réserve. Or celui qui met des pièces de monnaie dans un tiroir ne crée assurément ni richesse ni capitaux (il retire au contraire une certaine richesse de la circulation), mais comme chaque pièce de monnaie re-

---

[1] M. Courcelle-Seneuil soutient, il est vrai, que l'épargne n'est « qu'une forme du travail » (Voy. dans le *Journal des Économistes* de juin 1890 l'article sous ce titre), mais comme cette thèse n'a, de l'aveu même de l'auteur, d'autre but que de justifier la fonction sociale des capitalistes et les services qu'ils rendent, il n'y a pas lieu de s'y arrêter.

[2] M. de Bœhm-Bawerk, dans son ouvrage sur le capital déjà cité, admet cependant que l'épargne est nécessaire pour la formation du capital, en même temps que le travail, et préalablement à lui. Et à notre objection, il répond : si l'épargne n'est qu'un acte purement négatif, pourquoi est-elle si difficile et si désagréable pour tant de gens? — Par la même raison, répondrons-nous, qu'il est désagréable de s'abstenir de boire quand on a soif.

présente un bon donnant à son possesseur le droit de prélever
une valeur équivalente sur la masse des richesses existantes,
il est clair que celui qui accumule ces pièces se ménage par
là une richesse disponible, et tout aussi réelle pour lui que
s'il la produisait par son travail. Mais c'est là un point de vue
purement individuel.

Nous voyons bien en effet la thésaurisation s'appliquer à la
monnaie, mais, en dehors d'elle, il est douteux que l'épargne
ait jamais créé un seul capital. La hache de pierre taillée de
l'homme quaternaire n'a pas été le résultat d'une épargne.
Il est probable qu'il était aussi peu en mesure de restreindre
sa consommation que le prolétaire de nos jours qui gagne tout
juste de quoi ne pas mourir de faim. Ce n'est pas en restreignant sa consommation, c'est en augmentant sa production,
par exemple, à la suite d'une journée de chasse heureuse
qui lui avait rapporté plus que de coutume, qu'il a produit
ce premier capital. Pense-t-on que pour passer de l'état de
peuple chasseur à l'état agricole, les peuples aient dû préalablement épargner des approvisionnements pour toute une
année? Rien de moins vraisemblable. Ils ont tout simplement
domestiqué les bestiaux, et ce bétail qui a été leur premier
capital leur a donné, avec la sécurité du lendemain, le loisir
nécessaire pour entreprendre les longs travaux. Mais en quoi,
comme le fait très bien remarquer Bagehot[1], un troupeau
représente-t-il une épargne quelconque? Son possesseur a-t-il
dû s'imposer des privations? Tout au contraire, grâce au lait
et à la viande, il a été mieux nourri; grâce à la laine et au
cuir, il a été mieux vêtu.

Nous n'entendons nullement, du reste, contester les mérites
ni les vertus de l'épargne. Mais si l'épargne joue un rôle, et
un rôle considérable dans la consommation[2], elle n'a rien à
faire dans la production. Ce n'est pas ici sa place.

---

[1] *Economic Studies.* — *Growth of capital*, p. 166, 167.
[2] V. dans la Consommation, le chapitre : *Qu'est-ce que l'épargne?*

# DEUXIÈME PARTIE.

## LES CONDITIONS SOCIALES DE LA PRODUCTION.

----

## I.

### L'ORGANISATION DU TRAVAIL.

Nous avons étudié jusqu'à présent la production telle que nous aurions pu la voir fonctionner dans l'île de Robinson, la production de l'homme isolé.

Mais c'est là une hypothèse de roman. L'homme est un être sociable : la production est toujours une œuvre plus ou moins collective. Il faut donc étudier maintenant non plus la production individuelle, mais la production collective.

Il s'agit d'organiser le travail dans une société de la façon qui sera la plus efficace.

Dans nos sociétés modernes il n'y a point d'autorité qui règle l'organisation du travail : en vertu du principe de *la liberté du travail*, chacun choisit à son gré le genre de travail qui lui semble bon. Cependant il y a tout de même une organisation *spontanée* qui naît de cette liberté même; c'est la *concurrence* qui est en réalité la grande distributrice des fonctions et établit entre les diverses professions ou métiers les proportions nécessaires. La façon dont elle opère est des plus simples.

Si tel ou tel genre d'industrie ne se trouve pas suffisamment pourvu de bras et de capitaux, le besoin social auquel

il correspond se trouvant en souffrance, ses produits acquièrent une valeur (une utilité finale) plus haute, qui se traduit
par un accroissement de salaires ou de profits et qui a justement pour effet d'attirer dans cette branche de la production
le travail et les capitaux, puisque la concurrence n'est autre
chose que la compétition des hommes en vue d'obtenir le
maximum d'avantages. Si, à l'inverse, une industrie se trouve
encombrée, les produits qu'elle fournit devenant surabondants, leur valeur baisse et cette baisse de valeur se traduit
par une diminution de salaires et de profits qui fait refluer
travail et capital dans d'autres canaux.

Cette organisation spontanée, dans laquelle Bastiat et tous
les économistes de son école voient une harmonie aussi merveilleuse que celle que Pythagore entendait descendre des
sphères célestes, est en réalité assez grossière. Il s'en faut de
beaucoup que dans nos sociétés modernes le travail soit organisé et les fonctions soient distribuées au mieux des besoins
sociaux. Les travaux les plus utiles, tels que ceux de l'agriculture, tendent à être délaissés, alors que les plus improductifs, par exemple les boutiquiers dans les villes ou les
employés de bureau, sont disputés avec acharnement et ridi-
culement multipliés [1]. Il ne faut pas s'en étonner : d'une part
les hommes ne se déterminent pas uniquement dans le choix

---

[1] Le nombre des débitants de boissons patentés en France est de
422,303. Il est vrai que là dedans sont compris les maîtres d'hôtels et
restaurateurs, mais les débits d'eau-de-vie proprement dits n'en sont pas
moins en nombre effrayant dans les grandes villes. Dans celles du département du Nord, on compte 1 débit pour 46 habitants, et comme sur 46
habitants il y a les 3/4 de femmes ou d'enfants, cela fait 1 débit pour 12
hommes !

En revanche on ne compte pour toute la France que 11,538 médecins
ce qui serait suffisant (1 pour 2,600 habitants) s'ils étaient mieux répartis,
mais ils sont presque tous dans les villes, et il n'en reste que 3 ou 4,000
pour une population rurale de 20 millions d'habitants (1 pour 6 ou 7,000
habitants et très dispersés). A propos d'une épidémie de petite vérole qui
vient d'éclater en Bretagne (janvier 1893), les journaux ont signalé ce fait
qu'il ne s'est pas trouvé un seul médecin à 15 kilomètres à la ronde.

d'une carrière ou d'un métier par la valeur plus ou moins élevée des produits ou des services qu'ils pourront fournir[1]. Et, d'autre part, la valeur de ces produits ou de ces services n'est nullement en proportion de leur utilité sociale, mais simplement de leur utilité finale, ce qui est bien différent.

Cette organisation du travail, abandonnée au libre jeu de la concurrence, est du reste un fait relativement nouveau dans l'histoire économique. Elle n'était pratiquée ni par les sociétés antiques où l'organisation du travail était fondée sur l'*esclavage* et dans certains pays avait revêtu la forme très complexe du système des *castes*, ni même au moyen âge et sous l'ancien régime où l'organisation du travail était fondée sur le système des *corporations*[2].

Ces régimes avaient tous pour caractère commun de régler par voie d'autorité ou d'hérédité le nombre et l'importance des fonctions sociales et de soumettre ceux qui viendraient à les exercer à certaines conditions. Non seulement donc ces organisations rendaient inutile l'action de la concurrence, mais encore elles l'excluaient formellement[3].

On sait que ce fut la Révolution française (après une tentative infructueuse, en 1776, du ministre économiste Turgot) par la loi célèbre du 17 mars 1891, qui supprima les corporations et proclama le principe de la *liberté du travail*.

Ce régime nouveau de la liberté du travail et de la concurrence, salué au début par d'unanimes acclamations, n'a pas

---

[1] Les métiers des petits employés, de boutiquiers, d'instituteurs, ne sont pas très rémunérés, mais pour diverses raisons, ils sont très recherchés. Ainsi on compte en France 106,101 épiciers, soit en moyenne 1 pour 90 familles, 52,957 boulangers et à peu près autant de bouchers, soit 1 pour 181 familles. Et si l'on ne prenait que les villes, la proportion serait bien supérieure.

[2] Sur cette question des modes anciens de distribution des fonctions, voy. Ott, *Traité de la science sociale*, vol. I.

[3] Le principe était que nul ne pouvait exercer un métier sans l'autorisation du roi. Voy. Esmein, *Histoire du Droit*.

tardé à donner prise aux plus violentes attaques, d'abord des écoles socialistes[1], plus tard de l'école catholique. On lui a reproché d'être incohérent et anarchique dans son fonctionnement, de ne pouvoir régler la production sur les besoins, de gaspiller la richesse dans des crises de surproduction périodiques et le travail dans des industries parasites, surtout de consacrer l'injustice en introduisant dans le monde économique la loi darwinienne du *struggle for life* et de l'élimination des faibles par les forts.

Il est à remarquer, chose curieuse, que le développement même du régime de la liberté du travail semble tendre de nos jours à le ruiner en ressuscitant le monopole. Si d'une part en effet la diffusion de l'instruction, la facilité des communications et des moyens de transport, joints à l'abolition des barrières légales, tendent à rendre plus facile à tous l'accès de toutes les carrières, il faut remarquer que la concurrence elle-même, justement par l'élimination des petits au profit des gros, tend à constituer des entreprises géantes qui deviennent par le fait de véritables monopoles. Et ces grands producteurs tendent à s'unir à leur tour en gigantesques syndicats nationaux ou internationaux (appelés *Trusts* aux États-Unis, *Cartels* en Allemagne) qui règlent despotiquement, au moins pour un certain temps, tout une branche de la production. Ces grandes entreprises qui deviennent en quelque sorte des États dans l'État, éveillent les défiances des gouvernements qui interviennent par voie de réglementation ou de tarifs et qui dans certains cas se substituent eux-mêmes à ces entreprises, remplaçant ainsi un monopole privé par un monopole public[2]. En sorte que l'évolution qui

---

[1] Saint-Simon et surtout Fourier, ce dernier dès 1822, a dénoncé et même prédit les abus de l'organisation économique avec une précision et une verve qui n'a pas été surpassée. Voy. *Œuvres choisies de Fourier*, édition Guillaumin.

[2] Voy. l'article de M. Foxwell sur *Le développement des Monopoles*

se dessine de notre temps semble passer par ces étapes successives : concurrence, grande production, monopole, intervention de l'État.

D'autre part, il est à remarquer que si la liberté d'association a favorisé le développement des syndicats ouvriers, ces syndicats tendent à revêtir un caractère de plus en plus obligatoire et qui rappelle beaucoup par certains traits ceux des corporations d'autrefois.

Aussi bien propose-t-on aujourd'hui, sous le nom de régime collectiviste ou de régime corporatif, des modes d'organisation du travail d'où la concurrence serait plus ou moins supprimée et qui nous ramènerait ainsi indirectement à des formes qu'on croyait disparues[1]. Mais, comme modes d'organisation du travail, nous ne sommes pas forcément réduits à opter entre la réglementation par voie d'autorité et les hasards de compétitions individuelles : l'association sous ses différentes formes (sociétés coopératives, syndicats), soit entre les entrepreneurs, soit entre les ouvriers, soit entre les producteurs et les consommateurs, tend déjà à faire disparaître quelques-uns des inconvénients du régime actuel et pourra un jour y faire régner l'ordre[2].

dans la *Revue d'Économie politique*, septembre-octobre 1889. — On tend vers le monopole exercé directement soit par l'État (postes, télégraphes, chemins de fer, banques d'émission), soit par les villes (éclairage au gaz ou à l'électricité, omnibus ou tramways).

[1] Voy. ci-dessus, p. 35 et ci-après livre VI, en particulier Saint-Simonisme.

[2] Les syndicats entre grands producteurs tendent à réglementer la production dans une branche d'industrie, de façon à empêcher l'excès de production et l'avilissement des prix. Les Trades-Unions tendent indirectement au même but et se sont même plus d'une fois entendues à cet égard avec les patrons. Les sociétés coopératives de consommation et les syndicats agricoles tendent à supprimer les intermédiaires inutiles en mettant en relations directes les producteurs et les consommateurs.

Il y a d'ailleurs, en dehors des arguments économiques, des arguments d'ordre moral et philosophique pour croire que la *coopération* (solidarité, union, amour) est destinée à se substituer de plus en plus à la *concurrence* (lutte, égoïsme, individualisme). Et même dans le domaine

## II.

### LA CONCURRENCE ET LE MONOPOLE.

Il était de règle autrefois, dans la plupart des traités d'économie politique, d'opposer les bienfaits de la concurrence aux méfaits du monopole. On s'accordait à reconnaître à la concurrence les avantages suivants :

1° De donner un très grand essor à la production, de stimuler *le progrès* par la lutte et d'agir dans le monde économique de la même façon que la sélection naturelle dans le monde organique.

2° D'entraîner une baisse graduelle des prix et par là de tendre *au bon marché* pour le plus grand profit de tous et des classes pauvres en particulier.

3° D'amener une *égalisation progressive des conditions* en ramenant les profits et les salaires à peu près au même niveau dans toutes les industries.

Et naturellement les méfaits attribués au monopole étaient, en sens inverse, la routine, la cherté et l'enrichissement sans juste cause[1].

biologique, une école nouvelle tend à croire que l'association pourrait bien être un ressort du progrès et de l'amélioration des espèces aussi puissant que la concurrence de Darwin et de Spencer. Voy. Geddes, *L'évolution des sexes* (traduit en français).

[1] Voir, par exemple, en quels termes dithyrambiques, dans le premier *Dictionnaire d'Économie politique* publié en 1852 sous la direction de MM. Coquelin et Guillaumin, s'exprimait le premier, au mot *Concurrence*: « Le principe de la concurrence est trop inhérent aux conditions premières de la vie sociale; il est en même temps trop grand, trop élevé, trop saint, et dans son application générale, trop au-dessus des atteintes des pygmées qui le menacent, pour qu'il soit nécessaire de le défendre. On ne défend pas le soleil quoiqu'il brûle quelquefois la terre : il ne faut pas non plus défendre la concurrence qui est au monde industriel ce que le soleil est au monde physique ».

On est aujourd'hui un peu revenu de cette antithèse absolue. On admet bien que les avantages de la concurrence sont fondés[1] et même que tout monopole privé constitue un danger éventuel pour l'intérêt public. Mais il faut remarquer :

1° Que le monopole absolu ni la concurrence absolue ne sont réalisés nulle part. Je ne pense pas qu'on pût citer un seul cas de monopole dans toute la force étymologique de ce terme (μόνος, seul , πωλεῖν, vendre), car même le propriétaire du crû de Château-Yquem ou de Tokaï a des voisins qui peuvent vendre à peu près le même vin , et en tout cas il y a dans le monde d'autres crûs plus ou moins analogues qui peuvent les remplacer. Et à l'inverse je ne pense pas qu'il y ait un seul métier où la concurrence soit absolue, c'est-à-dire qui soit immédiatement et indifféremment accessible à n'importe qui. Même les travaux qui n'impliquent aucun apprentissage , ceux que les Anglais appellent *unskilled labor* et dont le type sont les portefaix des docks de Londres, supposent certaines conditions, au moins de vigueur musculaire. Il en résulte donc que du monopole à la concurrence il ne peut y avoir que des nuances.

2° Qu'au point de vue des prix, le régime du monopole n'est pas le régime du bon plaisir : les prix n'y sont pas plus arbitraires que sous le régime de la concurrence, car dans un cas comme dans l'autre ils sont soumis à la loi générale des

---

Voir aussi dans les *Harmonies Économiques* de Bastiat les chapitres sur *l'Organisation naturelle* et sur *la Concurrence.*

Et Stuart Mill n'est pas moins catégorique : « Le monopole, quelle que soit sa forme, est une taxe levée sur ceux qui travaillent au profit de la fainéantise, sinon de la rapacité ». Et il en conclut naturellement : « que tout ce qui limite la concurrence est un mal , et tout ce qui l'étend un bien en définitive ». *Principes,* Liv. IV, ch. 7.

[1] Les véritables avantages de la concurrence, ceux qu'il importe de conserver, sont : 1° l'émulation entre producteurs, qui est bien différente de la compétition; 2° la liberté du choix pour les consommateurs, qui est une garantie précieuse contre les erreurs inhérentes à toute organisation du travail.

valeurs : le prix d'un objet quelconque ayant pour limite les désirs des consommateurs pour cet objet et les sacrifices qu'ils sont disposés à faire pour se le procurer. Sans entrer dans la discussion de ce point difficile [1], il suffit de remarquer que tout monopoleur a intérêt à abaisser ses prix pour augmenter ses ventes et de prendre pour devise celle du magasin du Bon Marché : « vendre bon marché pour vendre beaucoup ». Il est même très possible que les concurrents n'ayant pas, à raison même de leur concurrence, la possibilité de vendre beaucoup, n'aient pas non plus la possibilité d'abaisser leurs prix autant qu'un monopoleur.

3° Qu'au point de vue de la qualité des produits, le monopole présente plus de garanties que la concurrence, chaque concurrent ayant intérêt à substituer toujours une qualité inférieure à une qualité supérieure pour pouvoir vendre meilleur marché — et de là les falsifications de denrées sur vaste échelle qui sont devenus un des traits caractéristiques du régime commercial de notre temps et le distinguent d'une façon si fâcheuse de celui d'autrefois.

4° Que pour les plus grands monopoles, ceux qui prennent le caractère de services publics, les profits abusifs peuvent et doivent être corrigés par l'intervention de l'État sous forme de tarifs — tel est le cas en France pour les chemins de fer, la Banque de France, le Crédit foncier, les compagnies de Gaz, d'Omnibus, etc. — ou même par la substitution du monopole public au monopole privé. (Voy. p. 153).

---

[1] Voy. les beaux chapitres de Cournot sur le monopole dans sa *Théorie mathématique des richesses.*

# III.

## LES QUATRE CONDITIONS DE L'ORGANISATION DU TRAVAIL.

Quel que soit le mode d'organisation du travail — autorité ou liberté, monopole ou concurrence — il présente toujours certains caractères essentiels, qui sont au nombre de quatre et qui paraissent tellement inhérents à toute organisation qu'on les a retrouvés même dans l'organisation de tous les êtres vivants. Et ce n'est pas sans raison qu'on a pu appeler cette rencontre entre les phénomènes du monde social et du monde biologique : « le plus grand événement scientifique de notre temps[1] ».

---

[1] Edgard Quinet, *La création.*

(Les naturalistes), en effet, nous apprennent :

1° Que tout corps organisé se compose d'innombrables cellules ayant chacune leur vie propre et leur individualité, en sorte que tout être vivant n'est en réalité qu'une *association* de millions et de milliards — plus nombreuses par conséquent que les plus grandes sociétés humaines — d'individualités infiniment petites qui, comme le dit Claude Bernard, « s'unissent et restent distinctes néanmoins comme des hommes qui se tiendraient par la main ».

2° Que tout être organisé est soumis à la loi de la *division physiologique du travail.* Dans les organismes tout à fait inférieurs, toutes les fonctions sont confondues, il est vrai, dans une masse informe et homogène, mais à mesure que l'organisation se perfectionne, les fonctions diverses de nutrition, de reproduction, de locomotion, etc., se différencient et chacune dispose d'un organe spécial, en sorte que la perfection de l'organisme est d'autant plus grande que le travail physiologique est plus divisé.

3° Que tout être vivant est le siège d'un mouvement perpétuel d'*échange et de circulation,* échange de services et même de matériaux ; il faut bien en effet pour qu'une fonction de l'organisme puisse être spécialisée dans un seul organe, comme nous venons de le voir, que les autres organes s'acquittent des autres fonctions essentielles à la vie et lui en communiquent les bienfaits. Spencer fait remarquer par exemple : « que la classe qui achète et revend, en gros et en détail, les produits de toute sorte et qui par mille canaux les distribue partout, à mesure des besoins,

Ces quatre caractères sont :

1° L'association.

2° La division du travail.

3° L'échange.

4° Le crédit.

Il y a d'ailleurs entr'eux un lien étroit. La division du tra-vail, comme nous le verrons, n'est qu'une forme plus com-plexe de l'association. L'échange à son tour ne peut se con-cevoir sans la division du travail. Et enfin le crédit n'est qu'une sorte d'échange, temporaire au lieu d'être définitif.

Les deux premiers caractères ne nous arrêteront pas long-temps : les deux derniers au contraire dont on fait dans la plupart des traités une partie distincte sous le nom de *circu-lation* (Voy. p. 14, note) exigeront de plus longs développe-ments.

---

accomplit la même fonction que dans le corps vivant le système circula-toire ».

4° Que le crédit lui-même est indispensable au fonctionnement des êtres vivants, comme à celui de l'organisme social. « Si un organe du corps de l'animal ou du corps politique, dit encore Spencer, est subitement appelé à fournir une action considérable... il faut qu'il reçoive un supplément des matériaux qu'il consomme en fonctionnant, il faut qu'il ait un *crédit* ouvert sur la fonction qu'il remplit. Dans l'organisme individuel l'appareil nerveux vaso-moteur sert à cette fin... il contracte légèrement les arté-rioles des parties inactives, ce qui diminue l'afflux du sang dans les par-ties où le besoin n'en fait pas sentir et permet de l'augmenter là où il en est besoin ».

Il y a bien chez les sociologues une certaine tendance à exagérer ces analogies entre les formes d'organisation du corps vivant et celles des sociétés humaines; mais elles sont en tout cas assez frappantes pour nous autoriser à voir dans les modes de la production sociale les manifes-tations d'une véritable loi naturelle. — Voy. *Principes de sociologie* d'Her-bert Spencer (tome II, p. 130 de la traduction française) et Schäffle, *Struc-ture et vie du corps social (Bau und Leben des socialen Kœrpers).*

# CHAPITRE I.

## L'ASSOCIATION.

## I.

### LES DIVERSES FORMES DE L'ASSOCIATION DANS LA PRODUCTION.

« Aujourd'hui, jour du Vendredi-saint, écrivait Fourier en 1818, j'ai trouvé le secret de l'Association Universelle ». Il se vantait; il ne l'avait certes pas découverte, bien qu'il l'ait mise en relief avec une singulière vigueur, car l'association n'est pas de l'ordre de ces phénomènes qu'il faut découvrir : elle éclate à tous les yeux : c'est la plus générale probablement de toutes les lois qui gouvernent l'univers, puisqu'elle se manifeste non seulement dans les rapports des hommes vivant en société, mais aussi dans ceux qui unissent les mondes en systèmes solaires et les molécules ou les cellules en corps bruts ou organisés, et jusque dans les rapports logiques qui nous permettent de penser. Les animaux eux-mêmes connaissent les lois de l'association et quelques-unes de ces sociétés animales, abeilles, fourmis ou castors, ont été de tout temps pour les hommes un inépuisable sujet d'instruction et d'admiration[1].

L'association est indispensable d'abord pour tous les travaux qui excèdent les forces individuelles, ne fût-ce qu'un poids à soulever. C'est par cette coopération que les hommes d'autrefois ont pu élever les murs Cyclopéens ou les pyra-

---

[1] Voy. le beau livre de M. Espinas sur les *Sociétés animales.*

mides d'Egypte[1] et ébranler les galères à trois et quatre rangs
de rames.

Mais il y a une autre raison plus importante qui rend l'association indispensable : c'est la façon dont les éléments de
la production se trouvent répartis entre les hommes. Nous
savons que pour toute opération productive il faut nécessairement une certaine étendue de terrain, une certaine quantité
de capitaux et surtout une certaine quantité de travail. Or il
est rare que ces divers éléments se trouvent réunis sur la
même tête, je veux dire qu'un seul homme puisse fournir à la
fois le travail personnel, la terre et les capitaux nécessaires à
la production. Ce cas peut se présenter dans la petite production, par exemple pour le paysan qui cultive son champ uniquement avec le secours de ses bras et de ses 'petites économies, ou bien encore pour l'artisan ou le petit boutiquier qui
gagnent leur vie par leurs propres ressources, mais d'ordinaire les choses se passent autrement. Les sociétés humaines
se sont toujours trouvées partagées en deux classes : les unes
qui possèdent les instruments de production sous la forme de
terres ou de capitaux ; les autres qui n'ont que leurs bras,
c'est-à-dire que leur travail. Comme ni les uns ni les autres
ne peuvent rien produire isolément — le travail sans instruments et les instruments sans le travail étant également inutiles — il s'est formé nécessairement, et de tout temps, *une association entre les propriétaires et capitalistes d'une part et les
travailleurs d'autre part.* Mais cette association entre les propriétaires et les prolétaires a pris, suivant les temps, des
formes bien différentes et le développement de ces formes
successives est un des domaines où la méthode historique
peut s'exercer le plus utilement.

Au début cette association a été *coercitive*, imposée : elle

---

[1] Des bas-reliefs égyptiens nous montrent des centaines d'hommes atte-
lés à un même câble et s'ébranlant en mesure au rhythme d'un instrument
d'airain.

s'est appelée l'esclavage. Des hommes de race étrangère, des vaincus, groupés sous la puissance absolue d'un maître, entretenus par lui sur ses terres ou dans sa maison, exécutaient tous les travaux de la production.

Le caractère coercitif de ce premier système de coopération productive s'est peu à peu adouci avec la transformation de l'esclavage en colonat ou servage, et il a presque disparu sous le régime actuel du salariat qui groupe dans les grandes fabriques des centaines ou même des milliers d'hommes sous l'autorité d'un patron : mais ce sont des hommes libres, libres d'y entrer ou d'en sortir. Cependant malgré cette liberté, qui d'ailleurs est plus théorique que pratique, ce mode d'association est loin de présenter les caractères d'une association parfaite. Et la meilleure preuve c'est que ni le langage juridique ni le langage vulgaire n'emploient jamais dans ce cas le mot d'association et que peut-être même il étonnera le lecteur. Il n'y a ici qu'une association de fait, non de droit, une association *dans la production, non dans la répartition.* Les ouvriers n'ont pas le moins du monde le sentiment d'être associés au patron, — et c'est justement, comme nous le verrons plus tard, un des vices du salariat.

La forme coercitive de l'entreprise industrielle dans le passé et la forme monarchique[1] qu'elle revêt encore aujourd'hui dans nos sociétés modernes, ont pu être nécessaires pour discipliner le travail et forcer les hommes à coopérer à l'œuvre de la production. Mais il est problable qu'elles ne seront pas définitives et de même que la première a fait place à la se-

---

[1] Dans la sphère politique, il semble que l'évolution procède par ces trois phases successives : — la monarchie absolue, — la monarchie constitutionnelle, — la république. L'évolution économique avec la forme d'abord coercitive, — puis patronale, — puis patronale tempérée par la participation aux bénéfices et une certaine part accordée aux ouvriers dans la direction de l'entreprise ou tout au moins dans la gérance des caisses de retraite, économats, etc., — puis enfin la forme coopérative, — correspondrait, étape par étape, à l'évolution politique.

conde, celle-ci à son tour fera place à l'association intégrale, c'est-à-dire libre, complète, embrassant la répartition aussi bien que la production et dans laquelle *chacun aura la claire conscience qu'il fait partie d'une œuvre collective et la ferme volonté d'y coopérer.* — C'est pour cela que les entreprises où l'on met en pratique la participation aux bénéfices, et mieux encore les associations coopératives de production, bien qu'elles n'occupent encore les unes et les autres qu'une place microscopique, doivent être considérées comme la forme vers laquelle nous pousse l'évolution sociale[1].

Mais laissant de côté l'avenir et le passé pour nous en tenir au présent, nous voyons dans nos sociétés modernes la production organisée sous la forme d'*entreprises* (c'est le terme consacré dans le vocabulaire de l'économie politique), c'est-à-dire de groupements libres d'un plus ou moins grand nombre d'individus dans lesquels l'un, le *patron*, fournit le capital, les instruments, la terre, et les autres, les salariés, la force du travail. Cependant toutes les fois que les entreprises prennent des proportions considérables — et nous verrons dans le chapitre suivant que telle est précisément leur tendance — il arrive souvent que le même homme ne peut fournir des capitaux en quantité suffisante et proportionnée au nombre des travailleurs. Alors un nombre plus ou moins grand de capitalistes se réunissent pour fournir les capitaux nécessaires et l'entreprise se trouve constituée sous la forme dite de *société par actions*[2], forme nouvelle qui se multiplie extraordinairement de nos jours, du moins dans le commerce et l'industrie.

[1] Voy., dans ce sens, Hertzka, *Die Gesetze der sozialen Entwickelung*; Lange, *Die Arbeiterfrage;* Metchnikoff, *La civilisation et les grands fleuves historiques;* Secrétan, *Études sociales*, et notre conférence sur l'*Avenir de la Coopération* (dans la Revue socialiste du 15 juin 1888).

Mais, en sens inverse, cette thèse est vivement combattue par la plupart des économistes de l'école classique (sauf Stuart Mill) et même par quelques-uns des maîtres de l'école historique comme M. Luio Brentano.

[2] On dit aussi *Compagnie* quand il s'agit de très grandes sociétés (la

La société par actions présente en effet de grandes facilités, précisément parce qu'elle est exclusivement une association de capitaux. Or, des trois instruments de production, le travail, la terre et le capital, ce dernier est celui qui se prête le mieux à l'association à raison de certains caractères qui lui sont propres, et que les deux autres sont loin de présenter au même degré, sa *divisibilité* et sa *mobilité*.

Le capital d'abord peut se diviser en fractions indéfiniment réduites, ce qui permet à chaque capitaliste associé de limiter sa part dans l'association, et par conséquent ses risques, autant que bon lui semble. C'est même là ce qui a fait le succès de la société par actions : chaque action étant de 500 fr. (et même dans certains cas et dans certains pays, de 50 fr., de 25 fr., etc.), chacun peut en prendre ce qu'il veut, suivant sa situation de fortune ou le degré de confiance qu'il accorde à l'entreprise[1].

De plus, le capital jouit d'une facilité de déplacement merveilleuse et que le développement des institutions de crédit accroît encore chaque jour. Pour que des travailleurs ou des propriétaires puissent coopérer à une entreprise productive, il faut que cette entreprise prenne naissance sur les lieux mêmes et elle ne peut réunir que des personnes vivant dans la même région. Le travail ne se déplace pas aisément : la terre pas du tout; mais les capitaux ont des ailes d'aigle et ils savent accourir des extrémités du monde partout où ils voient quelque chose à gagner.

Compagnie de Paris-Lyon-Méditerranée, la Compagnie d'Anzin, etc.). L'étude des diverses formes de sociétés, sociétés en *nom collectif, en commandite, anonyme*, rentre dans le droit commercial.

[1] Cette divisibilité permet aussi la constitution d'entreprises colossales et très aléatoires qui, sans elle, eussent été impossibles. Aucun capitaliste, si riche fût-il, n'aurait pu ou n'aurait osé fournir les 1,300 millions dépensés pour le percement de l'isthme de Panama, à cause des risques à courir, tandis que ces risques divisés à l'infini n'ont plus effrayé personne, et par le fait cet immense écroulement n'a entraîné la ruine que d'un très petit nombre de personnes.

› Mais, d'autre part, cette forme d'association présente de graves inconvénients et nous ne saurions nous résigner à y voir la forme de l'avenir, comme quelques économistes nous y convient[1]. Le fait même qu'*elle n'associe que les capitaux et non les personnes* est une marque d'infériorité. Les associés qui s'appellent des actionnaires ne se connaissent pas entr'eux et souvent même ne connaissent de l'entreprise, à laquelle ils sont soi-disant associés, que le nom qui figure sur les titres qu'ils ont en portefeuille. La société par actions se trouve divisée en deux groupes de personnes : — l'un, celui des actionnaires, associés au point de vue de la répartition, mais non au point de vue de la production; l'autre, celui des salariés, associés par le fait de la production et du travail en commun, mais non au point de vue de la répartition; — les uns qui se partagent les produits d'une entreprise dans laquelle ils ne travaillent point; les autres qui travaillent dans une entreprise dont ils ne recueillent point les fruits. C'est là une situation peu conforme à la loi morale et qui même au point de vue économique paraît dans des conditions d'équilibre singulièrement instables.

## II.

### LES AVANTAGES ET LES INCONVÉNIENTS DE LA GRANDE PRODUCTION.

Nous venons de constater que dans le mécanisme de la production, *la forme collective* tend à se substituer chaque jour davantage à *la forme individuelle*. Autrefois, la plupart des richesses étaient produites par des individus travaillant isolément, des artisans comme on les appelait; aujourd'hui, la plupart de ces mêmes richesses sont produites par des groupes plus ou moins nombreux et souvent même par de

---

[1] Voy. de Molinari, *L'évolution économique au xixe siècle.*

véritables armées industrielles travaillant collectivement[1]. Cette
évolution de la petite production vers la grande production
est un des traits les plus caractéristiques de notre temps[2].

Si cette évolution s'accomplit, ce n'est pas en vertu d'une
sorte de fatalité, c'est parce qu'elle présente, au point de vue
de la production, des avantages incontestables. Lesquels?

D'abord, elle seule peut permettre certaines entreprises qui
soit à raison de leur étendue, soit à raison de leur durée, dépassent de beaucoup les limites des forces et de la vie des individus.

Mais même pour les entreprises qui ne dépasseraient pas
la sphère des capacités individuelles, l'entreprise collective
présente encore une supériorité marquée. En groupant tous
les facteurs de la production, main-d'œuvre, capitaux, agents
naturels, emplacement, on réussit à les économiser, c'est-à-
dire on arrive à produire la même quantité de richesses avec
moins de frais, ou, ce qui revient au même, à en produire
davantage avec les mêmes frais.

1º Économie de *travail* d'abord.

Ce premier avantage tient surtout à la possibilité d'établir

[1] La Compagnie des mines d'Anzin, les forges du Creuzot emploient
chacune de 10 à 15,000 ouvriers : l'usine Krupp, à Essen en Prusse, près
de 30,000. Une grande Compagnie de chemin de fer, comme celle de
Paris-Lyon-Méditerranée, compte 60,000 employés.

[2] C'est même le principal argument sur lequel s'appuie l'éco' collectiviste pour soutenir sa thèse. D'après elle, cette évolution qui tend sans
cesse à éliminer la production individuelle par la production collective,
doit avoir pour terme final l'absorption de toute entreprise individuelle
dans la plus vaste de toutes les entreprises collectives, à savoir celle
qui s'appelle l'État ou la Société. — Cette conclusion paraît une généralisation un peu hâtive. D'une part la production agricole semble manifester plutôt une tendance opposée, et d'autre part, les entreprises qui
passent de la forme individualiste à la forme collective sont sans cesse
remplacées par des industries nouvelles qui recommencent à leur tour la
forme individuelle. Peut-être aussi le transport et la distribution à domicile de la force motrice par l'électricité permettront-ils à la petite industrie de se défendre contre la grande industrie et même de regagner du
terrain.

une division du travail plus perfectionnée, comme nous le verrons bientôt. Mais il résulte aussi du simple fait du groupement des travailleurs. Dans la production morcelée, il y a beaucoup de temps perdu. Les heures pour chaque travailleur restent souvent inoccupées. Voici 100 maisons de commerce qui entretiennent chacune 10 employés. Réunissez-les en une seule : il ne sera pas nécessaire évidemment, pour faire un chiffre d'affaires égal à celui de ces cent maisons séparées, de conserver tous leurs employés. Point n'est besoin de 100 caissiers ou de 100 teneurs de livres. Chaque employé pouvant travailler désormais d'une façon continue, pourra faire deux ou trois fois plus de travail et par conséquent remplacer à lui seul deux ou trois travailleurs.

2° Economie d'*emplacement*.

Pour avoir cent fois plus de place dans un magasin ou dans une usine, il n'est pas nécessaire d'occuper une superficie centuple, ni d'employer cent fois plus de matériaux pour construire le local. Le calcul le plus simple démontre que lorsque les volumes de deux cubes sont entre eux comme 1 est à 1000 leurs surfaces sont entr'elles comme 1 est à 600. Or ce sont les surfaces seules qui coûtent. — D'ailleurs, à défaut de calcul mathématique, l'observation démontre tous les jours que le coût d'une construction ou le prix du loyer, ne grandit pas proportionnellement à la place occupée. Le moindre magasin à Paris faisant pour 500 fr. d'affaires par jour paiera 8 ou 10,000 fr. de loyer. Mais le loyer du « Bon Marché », qui vend pour près de 500,000 fr. par jour (150 millions par an) et fait par conséquent mille fois plus d'affaires, est loin d'être mille fois plus élevé, ce qui ferait 8 ou 10 millions; il est évalué à 1 million fr. seulement, c'est-à-dire l'équivalent de deux journées de vente!

3° Économie d'*agents naturels*.

Une puissante machine à vapeur consomme relativement beaucoup moins de charbon qu'une plus faible : la différence peut aller du simple au décuple[1]. L'éclairage électrique est plus économique que l'éclairage au gaz quand on l'emploie pour éclairer de vastes espaces, mais sur une petite échelle il est plus onéreux.

4° Économie de *capitaux*.

Voici un grand magasin qui fait 100 fois plus d'affaires qu'un petit : il n'a nullement besoin d'avoir 100 fois plus de marchandises en magasin : il lui suffit d'en avoir 10 fois plus et de les renouveler 10 fois dans l'année. Il pourra donc obtenir un résultat centuple avec un capital simplement décuple. Et le consommateur s'en trouvera mieux, les marchandises étant plus fraîches et plus à la mode, justement par suite de ce renouvellement incessant.

De plus, quand on peut acheter sur une grande échelle, on achète à bien meilleur compte. Le grand magasin ou la grande usine qui s'approvisionnent par grandes masses réalisent donc de ce chef aussi une économie notable sur les capitaux qu'ils mettent en œuvre[2].

Cette évolution vers la grande production n'a-t-elle donc que des avantages? Il faudrait être singulièrement optimiste pour le penser.

La perspective qui s'offre à nous, si ce mouvement devait conserver toujours la même allure, ce serait de voir disparaître peu à peu de la scène économique tous ceux qui travaillent pour leur propre compte, petits artisans, petits boutiquiers,

---

[1] Une force égale à celle de 1 cheval vapeur coûte par heure 0 fr. 40 quand elle est produite par une machine de 5 chevaux, 0 fr. 27 quand la machine est de 10 chevaux, 0 fr. 10 1/2 quand elle est de 50 à 100 chevaux, et 5 centimes seulement pour les plus puissantes. (Achard, *Une distribution municipale de force motrice*, Revue d'Economie politique. Septembre 1890.)

[2] En somme et pour toutes ces causes réunies, on estime que les frais généraux d'un magasin de nouveautés ordinaire sont de 40 0/0, tandis ? ceux d'un magasin comme le Bon Marché sont de 14 0/0, — ce qui r  nt à dire que les mêmes marchandises qui peuvent être vendues 114 fra s par le Bon Marché ne peuvent l'être au-dessous de 140 francs par n petit magasin. Voy. De Foville, *Des moyens de transport*.

petits propriétaires, tous *producteurs autonomes*, pour les voir
reparaître sous la figure de commis, d'employés, c'est-à-dire
de *salariés* travaillant pour le compte d'autrui.

Ils y trouveront un emploi plus utile de leur travail et de
leurs capacités et une existence plus stable et plus régulière :
mais la division des classes en sera plus accentuée et l'équilibre social et politique plus instable.

L'espoir des collectivistes c'est que la Société ou les Communes se substitueront peu à peu aux patrons et aux actionnaires et que ces entreprises privées se trouveront transformées par là en « services publics ». Mais qu'on soit employé
de la Société ou de la Commune au lieu d'être l'employé
d'un patron ou d'une compagnie, l'avantage paraît bien
mince, et l'objection de tout à l'heure demeure. Espérons
plutôt que ces grandes entreprises seront un jour la propriété des travailleurs eux-mêmes, associés dans la propriété
comme ils le sont déjà dans la production, et qui redevien-
dront par là ce qu'ils étaient autrefois sous le régime de la
petite industrie, c'est-à-dire propriétaires de leurs instruments de travail et produisant pour leur propre compte.

Et même, dans ce cas, si la généralisation de l'entreprise
sous forme d'association était absolue, elle ne laisserait pas
d'avoir quelques inconvénients, et il est à souhaiter que l'entreprise individuelle trouve encore place dans cette organisation
future. Elle seule, en effet, maintiendra toujours bandés les
ressorts de l'initiative et de la responsabilité individuelle qui
dans l'entreprise collective risquent de se détendre un peu.

### III.

#### SI LA GRANDE PRODUCTION DOIT S'ÉTENDRE AUSSI A L'INDUSTRIE AGRICOLE.

L'évolution vers la grande production ne marche point du
même pas dans tous les domaines. Très avancée dans l'in-

dustrie des transports, un peu moins dans l'industrie commerciale, elle l'est encore moins dans l'industrie manufacturière[1], et dans l'industrie agricole surtout, c'est à peine si
elle se fait sentir. On ne voit nullement en France ni même
en Europe la petite culture disparaître devant la grande culture[2]. Quelle en est la raison?

Les collectivistes, d'accord en cela avec la plupart des
économistes de l'école classique, soutiennent que ce n'est là
qu'une anomalie, un simple retard dans l'évolution, qui est
dû au caractère un peu routinier de l'industrie agricole. Et
ils font valoir l'exemple des États-Unis qui font de l'agriculture sur la plus grande échelle : n'est-ce pas à elle qu'ils
doivent cette supériorité qui leur permet de venir écraser nos
agriculteurs d'Europe sur nos propres marchés[3]?

La grande production ne présente-t-elle pas en effet, dans
l'agriculture aussi bien que dans l'industrie, les mêmes avantages, à savoir l'économie des frais généraux? — Il est vrai :
on les retrouve ici, quoique dans de moindres proportions :
économie d'emplacement et de local, car il y a dans un grand
domaine moins de terrain perdu en fossés, clôtures, tours de
charrue, moins de place perdue aussi en caves, greniers,
étables, que dans une petite exploitation; — économie de travail

[1] En 1860, on comptait dans Paris 62,000 ouvriers artisans travaillant
en chambre, seuls ou avec un apprenti : or en 1872, le nombre avait atteint
100,000. — (Voy. la discussion de la Société d'Économie politique de Paris
sur ce sujet dans le *Journal des Économistes* de novembre 1881.) —
Dans le commerce de détail, l'évolution est loin d'être aussi rapide qu'on
le prétend. On comptait à Paris, en 1873, 11.528 magasins et, en 1885,
le nombre était de 11.624 : il avait donc légèrement augmenté.

[2] D'après la statistique agricole de 1882, on compte en France 5,672,007
exploitations agricoles, ce qui donne une moyenne d'un peu moins de 9
hectares par exploitation. — Mais le plus grand nombre est très inférieur
à cette moyenne; plus de 2 millions mesurent moins d'un hectare.

[3] Il y a telle de ces fermes qui compte plus de 15,000 hectares de terres
labourées, où tout se fait par des machines à vapeur, et dans lesquelles
on voit une centaine de charrues partir en rang le matin pour n'arriver
qu'au soleil couché au bout du même sillon.

aussi, car bien que la division du travail soit plus difficile à réaliser dans une ferme que dans un atelier, elle peut cependant être appliquée dans une certaine mesure, et surtout l'emploi d'animaux et de machines permet de réduire beaucoup la main-d'œuvre; — économie du capital surtout : il est bien évident qu'une exploitation agricole de 500 hectares n'aura pas besoin d'autant de bœufs, de chevaux, de charrettes, d'ustensiles aratoires de tous genres que 50 fermes de 10 hectares chacune.

Mais, en dépit de tous ces avantages, la grande culture présente un vice en quelque sorte rédhibitoire : elle obtient du sol, proportionnellement à la surface exploitée, une bien moindre quantité de richesses que la petite culture. Elle peut donner un *produit net plus considérable*, c'est-à-dire plus de bénéfices au propriétaire, mais elle donne un *produit brut très inférieur*[1]. Or, étant donnée la densité croissante de la population dans toutes les sociétés civilisées, l'avenir appartient au mode de culture qui saura retirer du sol la plus grande quantité de subsistances.

L'exemple des États-Unis ne prouve rien à cet égard. Ces fermes colossales du Nouveau-Monde, en effet, si elles ont l'avantage de produire le blé à très peu de frais, ont l'inconvénient de n'en produire qu'une très petite quantité. Le rendement ne dépasse pas une moyenne de 10 à 12 hectolitres par hectare, c'est-à-dire inférieur à celui des terres les plus

---

[1] Dans son *Traité des systèmes de culture* qui n'a pas vieilli, quoique déjà ancien, M. Hippolyte Passy va plus loin, car il attribue une supériorité à la petite culture, non seulement au point de vue du produit brut, mais même au point de vue du produit net. Ce qui fait illusion sur la supériorité de la grande culture, c'est la supériorité intellectuelle que présentent d'ordinaire dans notre société les grands agriculteurs sur les petits paysans : on voit les grands domaines mieux tenus et donnant l'exemple des améliorations agricoles, et on attribue à la différence des modes d'exploitation ce qui ne tient en réalité qu'à la différence de condition et d'instruction des personnes.

médiocres de France[1]. On peut se permettre aux États-Unis cette culture extensive parce que la terre y est à discrétion et la population relativement rare : mais du jour où les hommes y seront aussi nombreux que chez nous, il faudra bien renoncer à ces procédés de la grande culture et concentrer le travail et le capital sur des surfaces de plus en plus réduites pour accroître le rendement. Déjà, d'un recensement à l'autre, on voit s'opérer cette réduction dans l'étendue des exploitations agricoles. Et le jour où les États-Unis seront peuplés comme la Chine, s'ils doivent l'être jamais, et où ils devront demander à chaque hectare de terre de quoi nourrir toute une famille, on verra, comme en Chine précisément, l'agriculture prendre les formes de la culture maraîchère, c'est-à-dire concentrer toutes ses ressources dans des exploitations agricoles qui ne seront plus que de petits jardins.

Nous croyons donc que l'avenir appartient beaucoup plus à la petite culture qu'à la grande et nous trouvons ici la vérification et l'explication de cette loi que nous avons signalée déjà à propos de l'emplacement (voy. p. 108), à savoir la réduction progressive des superficies exploitées, au fur et à mesure qu'un peuple passe par les phases successives de la vie de chasseur, de la vie pastorale, de la vie agricole, et dans la période agricole elle-même, au fur et à mesure qu'il passe de la culture extensive à la culture intensive et de celle-ci à la culture maraîchère, telle qu'elle se pratique dès aujourd'hui là où la population est la plus agglomérée, c'est-à-dire dans la banlieue des grandes villes. La culture maraîchère dans la banlieue de Paris peut donner jusqu'à 20 et 30,000 francs de produit brut par hectare, c'est-à-dire de quoi nourrir 50 ou 60 personnes, mais naturellement aussi l'étendue des exploitations est en raison inverse de l'importance des

---

[1] La moyenne du rendement qui est de 15 hectolitres par hectare pour la France, s'élève à 25 et 30 pour la Belgique, la Hollande et l'Angleterre.

rendements : il faut être déjà assez riche pour pouvoir exploiter seulement un hectare dans ces conditions.

Les petites exploitations ne sont pas, du reste, absolument incompatibles avec l'association ni même avec les procédés de la grande culture, si l'on entend par là la concentration de la plus grande somme possible de capital et de travail sur un point donné. Tous les petits propriétaires peuvent s'associer entr'eux pour appliquer sur leurs terres tous les perfectionnements de l'art agricole, pour acheter ou louer en commun des machines ou des chemins de fer Decauville, pour acheter en gros les engrais, semences, plants, pour transporter et vendre à frais communs leurs produits et pour emprunter des capitaux. C'est ce que font déjà, sur une échelle encore très réduite, les *syndicats agricoles*[1]. Toutefois il faut reconnaître que l'association entre propriétaires, dès qu'il s'agit non plus simplement de faire quelques affaires en commun, mais d'*exploiter* en commun, présente des difficultés presque insurmontables. En effet, une semblable association ne peut se former utilement qu'entre propriétés contiguës; or le voisinage entre propriétaires est en général mieux fait pour provoquer les procès que pour faciliter l'association. « Qui terre a, guerre a », dit un vieux dicton.

---

[1] Ces syndicats agricoles, dont le développement date de la loi de 1884 sur les syndicats professionnels (qui cependant n'avait été faite qu'en prévision des syndicats ouvriers), sont aujourd'hui en France au nombre de plus de 1000, dont quelques-uns sont très considérables. Ils ont amené déjà des progrès réels dans l'industrie agricole, en particulier pour l'emploi des engrais chimiques qui étaient jusqu'alors l'objet de falsifications éhontées, et font l'éducation des cultivateurs par la publication de nombreux journaux.

# CHAPITRE II.

## LA DIVISION DU TRAVAIL.

### I.

#### LES DIFFÉRENTES FORMES DE LA DIVISION DU TRAVAIL.

L'association par elle-même ne suppose rien de plus que
le groupement des forces individuelles, chacun faisant la même
opération, ce qu'on appelle la *coopération simple*. — La division du travail suppose une certaine répartition du travail
entre tous les associés, de telle façon que chacun fasse une
opération différente : c'est ce qu'on peut appeler la *coopération complexe*.

Si le travail qu'il s'agit d'exécuter est absolument simple
(défoncer la terre, soulever un poids, ramer, couper du bois),
ce travail ne se prête pas à une division quelconque : chacun
exécutera de son côté les mêmes mouvements. Mais pour peu
que l'opération soit complexe et comprenne des mouvements
variés, il y a tout avantage à décomposer ce travail — qui
considéré dans son ensemble apparaissait comme un tâche
unique — en une série de tâches parcellaires en nombre aussi
grand qu'il convient, et à assigner à chaque homme une seule
de ces tâches.

La première forme sous laquelle se présente la division du
travail — après la division des sexes et les fonctions différentes, même au point de vue économique, qui en résultent, —
c'est la séparation des occupations, des *métiers*. Quand la
société est sous la forme embryonnaire, par exemple à l'état

de peuplade ou même de société patriarcale, chacun se livre indifféremment à un travail quelconque. Mais sitôt que la société commence à s'organiser, chaque homme tend à se consacrer à une occupation déterminée et la division des métiers s'établit : ceux-ci préparent la nourriture, ceux-là le vêtement, les autres veillent à la défense de tous. Puis à mesure que l'organisation se perfectionne, la spécialisation des fonctions se ramifie à l'infini. La même industrie se subdivise en branches divergentes (l'industrie du bois subdivisée en menuisiers, charpentiers, charrons, etc.), ou en tranches successives (ainsi pour la même industrie, bûcherons, scieurs de long, etc.), dont chacune forme un métier spécial[1].

La seconde forme sous laquelle se présente la division du travail, c'est la division du travail *dans l'atelier*. C'est celle-là qui la première a attiré l'attention d'Adam Smith sur ce merveilleux phénomène et lui a inspiré des pages mille fois reproduites[2]. Tout travail industriel étant, comme nous l'avons vu déjà (Voy. ci-dessus, p. 121), une simple série de mouvements, on s'applique à décomposer ce mouvement complexe en une série de mouvements aussi simples que possible que l'on confie à autant d'ouvriers différents, de façon que chacun d'eux n'ait autant que possible à exécuter qu'un seul mouvement, toujours le même.

Enfin nous verrons plus loin une dernière forme de la division du travail, qu'on peut appeler *internationale*, parce

---

[1] Sur le développement historique de la division du travail dans la famille, l'industrie, l'agriculture, le commerce, comp. les articles de M. Schmoller, *La division du travail étudiée au point de vue historique*, dans la *Revue d'Économie politique*, 1889 et 1890, et celui de M. Bücher dans le même recueil, mai 1893. — La statistique des professions en Allemagne en 1882, relevait 6139 métiers différents — et encore les professions libérales n'y étaient pas comprises.

[2] Voyez les pages classiques qu'Adam Smith consacre à ce sujet (t. I, liv. I, chap. 1). L'exemple qu'il a choisi, du reste, a vieilli, car les épingles se font aujourd'hui à la machine.

qu'elle se manifeste sous l'influence du développement des transports et de l'échange international, chaque peuple se consacrant plus spécialement à la production des denrées qui paraissent le mieux appropriées à son sol, à son climat ou aux qualités propres de sa race. Celle-ci qui semblait prendre un grand essor, il y a trente ans, se trouve arrêtée, au moins momentanément, par le mouvement protectionniste qui tend au contraire à faire de chaque pays un marché autonome.

La division du travail est, évidemment, d'autant plus parfaite que l'on peut décomposer le travail en un plus grand nombre de tâches parcellaires, mais le nombre d'ouvriers devra être nécessairement en rapport avec le nombre de ces opérations distinctes [1]. Or, il est clair que le nombre d'ouvriers qu'un industriel peut employer, dépend de l'étendue de sa production. Et comme nous savons que l'étendue de la production dépend elle-même de l'étendue du marché, on peut dire, en dernière analyse, que la division du travail est en raison directe de l'*étendue du marché* [2].

C'est pour cette raison que, comme on l'a fait remarquer souvent, la division du travail n'existe guère que dans les grands centres et est inconnue à la campagne ou au village. Là on trouvera pêle-mêle dans une même boutique, épicerie, charcuterie, jouets d'enfants, papeterie, mercerie, etc., qui constitueraient, dans une grande ville, autant de commerces

---

[1] Ce serait un très faux calcul de croire qu'on pourra réaliser la division du travail en employant un seul ouvrier pour chaque opération distincte; il en faut en général beaucoup plus. Supposons que la fabrication d'une aiguille comprenne trois opérations, la pointe, la tête et l'œil. Supposons qu'il faille 10 secondes pour chaque pointe, 20 pour la tête et 30 pour percer l'œil. Il est clair que pour tenir tête au seul ouvrier des pointes, il faut 2 ouvriers pour les têtes et 3 pour les œils; il faut donc en tout, non pas 3, mais 6 ouvriers, sans quoi le premier restera une partie de la journée les bras croisés. Et il serait facile de compliquer l'hypothèse.

[2] M. Durkheim, dans un livre qui vient de paraître *De la division du travail social,* préfère cette formule : « La division du travail varie en raison directe du volume et de la densité des sociétés ». Mais le travail est-il plus divisé en Chine qu'aux États-Unis?

différents [1]. La raison en est évidente. L'homme au village est obligé de faire tous les métiers, d'être un *Jack of all trades*, comme disent les Anglais, par la bonne raison qu'un seul ne suffirait pas à lui faire gagner sa vie.

On indique dans la plupart des traités d'économie politique, une seconde condition, à savoir une *production continue*, non intermittente, et on en conclut, d'ordinaire, que la division du travail n'a pas d'application dans l'industrie agricole. — Cette conclusion est trop absolue. Sans doute il n'est pas possible d'organiser dans une ferme une division du travail identique à celle d'un atelier : il n'est pas possible d'avoir un homme pour semer, un autre pour moissonner, un autre encore pour vendanger, ou greffer, ou tailler la vigne, ou la planter, parce que chacune de ces opérations, semailles, vendange, moisson, greffe, taille, plantation, ne peut avoir lieu qu'en une saison déterminée et pendant un petit nombre de jours. L'ouvrier qui se consacrerait à l'une quelconque de ces spécialités resterait donc oisif au moins onze mois sur douze. Mais il est possible, ou du moins il serait désirable, d'arriver à la division du travail sous une autre forme, celle dans laquelle chaque homme ou chaque groupe d'hommes se consacrerait à la culture d'une plante déterminée. Et il est très probable qu'au fur et à mesure que la culture deviendra plus intensive et se rapprochera de l'horticulture, c'est précisément ce qui se produira [2].

---

[1] On pourrait croire, à première vue, que les grands bazars des capitales, Louvre ou Bon Marché, sont dans le même cas, puisqu'ils vendent toute espèce d'objets. Mais ils appliquent au contraire au plus haut degré la division du travail, chaque comptoir de vente formant un commerce distinct et ayant des hommes spéciaux, des « chefs de rayons », celui-ci qui ne s'occupe que de dentelles, celui-là que des tapis d'Orient, etc.

[2] C'est ainsi que Fourier comprenait la division du travail dans l'*Association agricole*, et il la poussait à l'extrême, organisant autant de groupes de travailleurs que d'espèces (choutistes, ravistes, poiristes, cerisistes, etc.) et même autant de sous-groupes qu'il pouvait exister de variétés dans la même espèce.

## II.

LES AVANTAGES ET LES INCONVÉNIENTS DE LA DIVISION DU TRAVAIL.

La division du travail accroît la puissance productive du travail dans des proportions qui dépassent tout ce qu'on pourrait imaginer. En voici les raisons :

1° Le travail le plus compliqué, ainsi que nous l'avons expliqué, se trouve *décomposé en une série de mouvements très simples*, presque mécaniques et, par conséquent, d'une exécution très aisée, ce qui facilite singulièrement la production.

On peut même arriver par là à des mouvements si simples que l'on s'aperçoit que l'intervention de l'homme n'est plus nécessaire pour les exécuter et qu'une machine suffit. Et c'est, en effet, par ce procédé d'analyse que l'on est arrivé à faire exécuter mécaniquement les travaux qui semblaient les plus compliqués à première vue.

2° La diversité des tâches qui sont ainsi créées, toutes différentes au point de vue de la difficulté, de la vigueur ou de l'attention qu'elles requièrent, permettent *d'approprier chaque tâche aux capacités individuelles des travailleurs*. On peut utiliser ainsi les aptitudes naturelles de chacun et éviter le gaspillage de temps, de forces et même de capital, qui résulterait du fait que tous, forts ou faibles, ignorants ou intelligents, auraient à accomplir la même œuvre, — gaspillage du travail des plus forts ou des plus capables sur une tâche trop facile pour eux, ou à l'inverse déperdition du travail des plus faibles ou des plus ignorants sur une tâche au-dessus de leurs forces.

3° *La répétition continue du même exercice* crée chez tous les hommes une dextérité qui est véritablement merveilleuse, de même que dans les travaux de l'ordre intellectuel une appli-

cation soutenue et persévérante développe singulièrement les
facultés intellectuelles et par conséquent la puissance productrice. Médecins, avocats, peintres, romanciers, savants,
chacun aujourd'hui a sa *spécialité* : chacun trouve profit à se
cantonner dans un petit coin du savoir humain et à le fouiller
obstinément.

A ces raisons, on en ajoute en général trois autres de moindre importance;

4° *L'économie de temps*, qui résulte de la continuité du
travail. Un ouvrier qui change souvent de travail perdra à
chaque changement, non seulement l'intervalle de temps qui
sépare nécessairement deux opérations distinctes, mais surtout le temps de la *mise en train*.

5° *L'économie des outils*, qui est portée au maximum quand
chaque travailleur n'emploie qu'un seul instrument et l'emploie constamment.

6° Enfin *la moindre durée de l'apprentissage*, apprentissage d'autant plus long que le métier est plus compliqué.

Mais en regard de ces avantages, on a signalé depuis longtemps des inconvénients assez graves :

1° *Abrutissement* du travailleur qui est réduit, par la répétition d'un même mouvement aussi simplifié que possible, à
un rôle purement machinal [1].

A cela il faut répondre que l'emploi des machines tend à
corriger sans cesse ce funeste effet de la division du travail.
On peut être assuré, en effet, que sitôt qu'on est arrivé à simplifier une opération au point de la rendre purement machi-
nale, il ne se passe pas longtemps avant qu'on ait remplacé le
travailleur par une machine, car, en pareil cas, on trouve
toujours économie à le faire.

La limitation de la journée de travail, qui laisse à l'ouvrier

[1] Voir l'opuscule classique de Lemontey sur « la Division du Travail »,
et sa phrase fameuse : « C'est un triste témoignage à se rendre que de
n'avoir jamais fait dans sa vie que la dix-huitième partie d'une épingle. »

le moyen d'occuper d'une façon plus normale son corps et son esprit, doit être considérée aussi comme un correctif indispensable de la division du travail dans l'industrie moderne[1].

2° *Dépendance* extrême de l'ouvrier qui est incapable de rien faire en dehors de l'opération déterminée et tout à fait spéciale dont il a pris l'habitude et qui, par suite, se trouve à la merci d'un chômage ou d'un renvoi. Comme les pièces même qu'il façonne et qui ne valent quelque chose que par l'assemblage qui en fera un tout, on peut dire que lui-même ne vaut plus qu'en tant que rouage de cette grande machine qu'on appelle une manufacture : en dehors d'elle, il n'est bon à rien.

Il y a certainement dans cette critique une part de vérité. Sans doute, étant donnée l'organisation actuelle de l'industrie avec la spécialisation à outrance dans des opérations purement mécaniques, il peut en résulter quelques inconvénients, surtout au point de vue du chômage : mais d'une façon générale on n'est pas fondé à se plaindre de ce que chaque homme tend à devenir de plus en plus dépendant de ses semblables.

C'est là la conséquence d'une loi naturelle et absolument

---

[1] Le socialiste Fourier a cru pouvoir, tout à la fois, obtenir les avantages de la division du travail et éviter ses inconvénients, à l'aide de ce qu'il appelle *les courtes séances*. Chaque travailleur devra pratiquer non un seul, mais un certain nombre de métiers et passera alternativement de l'un à l'autre. Les avantages de la spécialisation subsistent, — car il n'est pas nécessaire que l'homme ne fasse toute sa vie qu'une seule chose pour la faire bien : on peut très bien devenir habile dans cinq ou six opérations différentes, surtout, si par suite de la division du travail, ces opérations sont très simples ; — et d'autre part, la monotonie abrutissante d'une même opération est évitée. La passion que Fourier désigne très pittoresquement du nom de *papillonne* reçoit ainsi satisfaction. — L'idée de Fourier n'est point absurde, quoiqu'on l'ait fort raillée ; seulement, pour être mise à exécution, il faudrait que l'ouvrier pût changer de travail sans perdre trop de temps : c'est précisément pour cela qu'il avait inventé « le phalanstère » et y groupait tous les travailleurs, afin que cette rotation des travaux fût facile à organiser et que le forgeron pût à toute heure quitter son enclume pour aller cultiver des roses.

générale. Dans les sociétés primitives faiblement constituées, à raison même de l'imperfection de leur organisation, chaque individu conserve par lui-même sa valeur propre et il pourrait être séparé de la société à laquelle il appartient sans grand dommage ni pour lui ni pour la société elle-même, — de même que les éponges, les polypes ou même les vers de terre, peuvent être séparés en tronçons sans grands inconvénients, le tronçon arraché se suffisant à lui-même. Mais dans une société organisée où la division du travail est fortement constituée, l'homme se trouve dans une telle dépendance de ses semblables que, séparé d'eux, la vie lui devient impossible[1], de même que dans les êtres supérieurs le membre séparé du corps meurt aussitôt, et peut dans certains cas entraîner la mort du corps lui-même auquel il appartenait. C'est toujours la vieille fable de Ménénius Agrippa, qui pourtant ne connaissait guère la sociologie ni la biologie, celle « des membres et de l'estomac. »

Cette dépendance réciproque, ce lien de plus en plus serré qui réunit en faisceau les individus, n'a pas pour conséquence de diminuer l'individualité, mais plutôt de la fortifier. Comme le dit très bien M. Espinas (*Sociétés animales*) : « l'aptitude à l'isolement n'est qu'un caractère très inférieur de l'individualité...... Ce n'est pas une déchéance, c'est un progrès pour l'individu de devenir organe par rapport à un tout plus étendu et de soutenir des rapports nombreux avec d'autres foyers de vie, d'autres individualités[2] ». Toutes les fois donc que l'on viendra se plaindre, à propos de la division du travail,

---

[1] « Séparez les populations houillères des populations voisines qui fondent les métaux ou fabriquent les draps d'habillement à la machine, et aussitôt celles-ci mourront socialement, parce que leurs fonctions s'arrêtent, puis elles mourront individuellement ». Herbert Spencer, *Sociologie*, tome II, ch. v.

[2] Voy., pour le développement de cette idée, notre conférence sur l'*École nouvelle*, dans le volume *Quatre écoles d'Économie sociale*, Genève, 1889.

qu'elle tue l'individualité en réduisant le travailleur à l'état d'accessoire, en le plaçant dans un état de dépendance absolue, il faut répondre que ce n'est là qu'un petit mal en échange d'un grand bien, à savoir *le développement de plus en plus large de la solidarité humaine*[1].

---

[1] Cette thèse vient d'être développée par M. Durkheim dans son livre, déjà cité, *De la division du travail social* (1893).

Voyez aussi les articles déjà cités de M. Schmoller, *Revue d'Écon. Polit.*, 1890, p. 246. « Ceux qui formulent ces critiques se trompent historiquement et pratiquement s'ils s'imaginent que l'homme ait été, antérieurement à la division du travail, plus rapproché de l'idéal de l'individualité humaine, plus harmoniquement développé... Sans elle il ne serait qu'un barbare qui mange, boit et paresse... Ce n'est que par la division du travail que toute haute culture intellectuelle, morale, esthétique et économique a été rendue possible, d'abord, il est vrai, pour un petit nombre seulement, mais peu à peu pour un plus grand nombre d'individus. Nous ne créerons pas l'homme parfait en cherchant à développer harmoniquement toutes ses forces, ce serait demander l'impossible. La faiblesse de l'homme et la courte durée de son existence ne lui permettent rien de plus, ni de plus noble, que de se vouer à une vocation spéciale, tout en conservant une intelligence ouverte pour tout ce qu'il y a de grand et de beau dans d'autres sphères d'activité ».

# CHAPITRE III.

## L'ÉCHANGE.

## I.

### DU RÔLE DE L'ÉCHANGE DANS LA PRODUCTION.

La place qu'occupe l'échange dans la vie sociale est énorme. Pour s'en assurer, il suffit de remarquer que la presque totalité des richesses produites n'ont été produites que pour être échangées. Prenez les récoltes dans les greniers ou dans les celliers des propriétaires, les vêtements dans les ateliers de confection, les chaussures chez le cordonnier, les bijoux chez l'orfèvre, le pain chez le boulanger... et demandez-vous quelle est la part de ces richesses que le producteur destine à sa propre consommation. Elle est nulle ou insignifiante. Ce ne sont que des *marchandises*, c'est-à-dire, comme le nom l'indique assez, des objets destinés à être vendus. Notre industrie, notre habileté, nos talents, sont aussi le plus souvent destinés à satisfaire les besoins *des autres* et non les *nôtres*. Combien de fois arrive-t-il que l'avocat, le médecin, le notaire, aient à travailler pour leur propre compte, à plaider leurs propres procès, à soigner leurs propres maladies ou à dresser des actes pour leur propre compte? Eux aussi ne considèrent ces services qu'au point de vue de l'échange. Cela est si vrai que quand il s'agit d'apprécier nos richesses, nous les apprécions, nous le savons (Voy. p. 45), non point d'après le plus ou moins de satisfaction qu'elles peuvent nous conférer, mais uniquement d'après leur valeur, autrement dit, d'après leur pouvoir d'échange.

Une famille de paysans qui vivrait sur sa propre terre et n'aurait que peu de besoins, pourrait à la rigueur ne consommer que ce qu'elle produit et ne produire que ce qu'elle devra consommer : encore faudrait-il pour cela supposer qu'elle vit presque à l'état sauvage, et je ne pense pas que dans une société civilisée on pût en citer un seul exemple.

C'est la division du travail, telle que nous l'avons étudiée dans le chapitre précédent, qui a amené le règne de l'échange. Comment un homme pourrait-il se cantonner dans une seule occupation, par exemple consacrer sa vie à faire des clous ou des fromages, s'il ne pouvait compter que d'autres feront du pain pour eux et pour lui et qu'il pourra ainsi se procurer par l'échange tout ce qu'il ne produit pas lui-même? Spécialisation des métiers et échange des produits, voilà les deux traits caractéristiques de l'organisation sociale [1].

C'est une vieille question d'école que celle de savoir s'il faut considérer l'échange comme productif de richesses. Les physiocrates le niaient. Ils prétendaient même démontrer que l'échange ne pouvait rien faire gagner à personne. En effet, disaient-ils, tout échange, s'il est équitable,

---

[1] Il faut dire cependant que certaines écoles socialistes se chargent de reconstruire une société dans laquelle l'échange sera supprimé sans que la division du travail soit modifiée. La solution du problème se trouve dans le *communisme*. Dans le sein de la famille, en effet, ou même d'une tribu, il y a une certaine division du travail, quoique embryonnaire, et pourtant il n'y a point d'échange entre les membres de cette famille. Chacun verse dans le fonds commun les produits de son travail particulier et chacun en retire les produits dont il use pour sa consommation personnelle. Ne pourrait-on concevoir ce système étendu à tout un pays? — Non, car la communauté de fait ne peut exister qu'entre personnes vivant ensemble, par exemple dans la même commune : or, comme il serait absurde de penser que chaque commune dans un pays civilisé peut produire tout ce qu'elle consomme et ne consommer que ce qu'elle produit, il faudrait bien établir des relations d'échange entre les différentes communes. Et si, par une hypothèse absurde, on veut supposer la communauté de fait étendue à tout un pays, encore faudrait-il bien recourir à l'échange entre pays différents. Tout ce que peut faire le communisme donc, c'est de remplacer l'*échange entre les individus* par l'*échange entre les groupes*.

suppose l'*équivalence des deux valeurs échangées* et implique par conséquent qu'il n'y a ni gain ni perte d'aucun côté. Il est vrai qu'il peut y avoir une dupe, mais en ce cas le profit de l'un a pour compensation exacte le dommage de l'autre, en sorte que dans tous les cas le résultat final est zéro[1]. — C'est là un pur sophisme que Condillac a réfuté depuis longtemps. Il suffit de remarquer d'abord que si aucun échange ne faisait rien gagner à personne ou si tout échange supposait nécessairement une dupe, il serait difficile de comprendre pourquoi les hommes persistent à pratiquer l'échange depuis tant de siècles. En réalité, il n'y a pas équivalence dans les valeurs échangées; ce que je cède par l'échange vaut toujours moins pour moi que ce que j'acquiers, car sans cela il est bien évident que je ne le céderais pas : et mon coéchangiste fait de son côté le même raisonnement. Chacun de nous pense par l'échange *recevoir plus qu'il ne donne* — et chacun a raison. Et il n'y a dans ces jugements opposés et dans ces préférences inverses aucune contradiction, puisque nous savons que l'utilité de toute chose est purement subjective et varie suivant les besoins et les désirs de chacun (Voy. ci-dessus, p. 49). Sans entrer du reste dans ces raisonnements un peu subtils, il faut voir dans l'échange le dernier acte de cette série d'actes de production qui commence par l'invention, acte immatériel aussi, et qui se poursuit à travers toute la série des opérations agricoles, manufacturières et de transport, acheminant les produits, étape par étape, vers leur destination définitive qui est d'arriver entre les mains de celui qui doit en user. Changement *de forme*, changement *de lieu*, changement *de mains*, tous les trois sont également indispensables pour arriver au résultat final. Et assurément le dernier n'est pas le moins important.

---

1 Voy. Quesnay, *Dialogues sur le Commerce* et Le Trôsne, *De l'intérêt social.*

## II.

### LES AVANTAGES DE L'ÉCHANGE.

Les avantages de l'échange peuvent se ramener aux deux suivants :

1° L'échange permet d'utiliser pour le mieux une grande quantité de *richesses qui sans lui seraient restées inutiles.*

Sans l'échange que ferait l'Angleterre de sa houille, la Californie de son or, le Pérou de son guano, le Brésil de son écorce de quinquina? En analysant la notion de la richesse, nous avons constaté qu'une condition indispensable pour qu'un objet quelconque figure parmi les richesses, c'est que l'on puisse l'utiliser (p. 43). Or pour qu'une richesse puisse être utilisée, il faut que l'échange la mette entre les mains de celui qui doit s'en servir, la quinine entre les mains du fiévreux, le guano entre celles du cultivateur, la houille entre celles de l'usinier, etc. Imaginez que demain, en vertu d'un décret, l'échange soit partout supprimé et que chaque homme et chaque pays soit obligé de garder chez soi et pour soi la totalité des richesses qu'il possède, et pensez quelle énorme quantité de richesses se trouveraient du même coup frappées d'inutilité et bonnes seulement à laisser pourrir sur place ! Non seulement il faut dire que sans l'échange la plupart des richesses resteraient inutiles, mais encore il faut dire, comme nous allons le voir, que sans lui, elles n'auraient jamais été produites.

2° L'échange permet d'utiliser pour le mieux une foule de *capacités productrices qui sans lui seraient restées inactives.*

Remarquez en effet que si l'échange n'existait pas, chaque homme devrait se préoccuper de produire tout ce qui est nécessaire à ses besoins, et en supposant que ses besoins fus-

sent au nombre de dix par exemple, il devrait faire dix métiers différents : qu'il les fît bien ou mal, il n'importe, il
serait obligé de régler sa production *non point sur ses aptitudes, mais sur ses besoins.* Du jour où l'échange est mis en
pratique, la situation est complètement intervertie : chaque
homme, sûr désormais de pouvoir se procurer par l'échange
tout ce qui lui sera nécessaire, se préoccupe seulement de
faire ce qu'il pourra faire le mieux; il règle désormais sa
production *non sur ses besoins, mais sur ses aptitudes* ou ses
moyens. Avant l'échange, chacun en ce monde devait se préoccuper de produire ce qui lui était le plus nécessaire; depuis
l'échange, chacun en ce monde ne se préoccupe plus de
produire que ce qui lui est le plus aisé. C'est une grande et
merveilleuse simplification.

On peut dire que les avantages que nous venons de signaler ressemblent beaucoup à ceux que procure la division du
travail, et en effet, ce sont bien les mêmes, mais combien
singulièrement agrandis et multipliés! Si l'échange n'existait
pas, l'association et la division du travail exigeraient nécessairement un concert préalable entre les coopérateurs : il faudrait que tous s'entendissent pour concourir à l'œuvre commune. Mais l'échange *dispense de cet accord préalable* et par
là permet à la division du travail de franchir le cercle étroit
de l'atelier ou de la communauté de famille, pour rayonner
sur toute la surface d'un vaste pays et jusqu'aux extrémités de
la terre. Chacun désormais, de près ou de loin, produira
suivant ses aptitudes naturelles ou acquises, suivant les propriétés naturelles de la région qu'il habite; il pourra se consacrer tout entier à un seul travail et jeter toujours le même
produit sur le marché, assuré qu'il est, grâce aux mécanismes ingénieux que *nous* étudierons plus loin, de retirer en
échange n'importe quel objet dont il aura besoin. On a souvent fait remarquer que ce que chacun de nous consomme
dans un jour était le résultat combiné de l'action de centaines

et peut-être de milliers de travailleurs, tous réunis par le lien d'une association très réelle quoique inconsciente [1].

## III.

### DES MOYENS PROPRES A FACILITER L'ÉCHANGE.

L'échange serait bien difficile, presque impossible, si l'on n'avait inventé certains moyens ingénieux pour le simplifier et le faciliter.

Ces moyens peuvent être classés de la façon suivante :

1º Formation d'une catégorie d'intermédiaires désignés sous le nom de *marchands* ou *commerçants*, et divers autres procédés imaginés pour mettre en communication producteurs et consommateurs;

2º Création et perfectionnement des *moyens de transport* destinés à faciliter le déplacement des marchandises;

3º Invention d'une marchandise tierce désignée sous le nom de *monnaie* et destinée à décomposer le troc en vente et achat.

Quelques mots seulement sur les deux premiers moyens : le troisième exigera de plus longs développements.

---

[1] On raconte que le richissime industriel américain, M. Carnegie, en offrant un splendide festin aux membres du congrès pan-américain de 1890, leur dit fièrement : « Le monde presque entier a contribué au menu qui va vous être servi ! » Mais un pauvre homme pourrait en dire exactement autant de son dîner ! Comme le dit très bien M. de Laveleye : « Le plus pauvre ouvrier consomme les produits des deux mondes. La laine de ses habits vient d'Australie; le riz de sa soupe, des Indes; le blé de son pain, de l'Illinois; le pétrole de sa lampe, de Pennsylvanie; son café, de Java... » (*Éléments d'Économie politique*, page 198).

# IV.

## DU RÔLE DES MARCHANDS DANS LA PRODUCTION.

Le commerce n'a point commencé, comme on pourrait être tenté de le croire, entre voisins pour s'étendre peu à peu au loin. Entre les habitants d'une même tribu, il y avait trop de conformité d'habitudes et de besoins, une division du travail trop peu développée pour qu'un mouvement d'échanges réguliers pût prendre naissance. C'est entre des peuples éloignés et des régions différentes que l'échange a d'abord pris naissance : il a été international avant d'être intérieur.

Il en est résulté que les premiers marchands ont dû être des *royageurs*, des aventuriers, ainsi que l'indiquent bien clairement les histoires de Marco-Polo ou celles tout aussi caractéristiques, quoique imaginaires, de Sindbad le Marin dans les Mille et une Nuits.

Il en est résulté aussi que le commerce se faisant d'étranger à étranger, c'est-à-dire (car les deux mots étaient synonymes pour les anciens) d'ennemi à ennemi, a partout débuté par la fraude, la ruse et souvent la violence, et que Mercure a pu être en même temps, sans que la conscience publique songeât à s'en étonner, le dieu des marchands et celui des voleurs.

Il en est résulté enfin que dès le début les marchands ont été de grands personnages, enviés et redoutés, bien au-dessus des artisans et des agriculteurs, constituant une véritable aristocratie. Ce n'est qu'à une époque relativement récente que le petit commerce de détail a apparu [1].

---

[1] Voyez sur toute cette histoire des marchands, les articles de M. Schmoller sur la *Division du travail au point de vue historique*, dans la *Revue d'Économie politique*, mars-avril 1890.

On peut signaler deux phases dans l'histoire des marchands :

1º La première est celle du marchand *ambulant*. — Tous les pays où le commerce est encore peu développé en sont encore à cette phase là : le commerce s'y fait par *caravanes*. On la retrouve dans nos villages sous la figure du *colporteur* et même sous celle de ces marchands à la *criée* qui font retentir les rues de Paris de leurs mélopées variées.

Mais ce système du marchand voyageant avec sa marchandise ne peut s'appliquer qu'à des produits d'un transport facile, — et surtout est très onéreux, parce qu'il grève chaque article de frais généraux énormes. Les profits des marchands qui vont en caravanes dans l'Afrique centrale doivent être de 400 p. 100 au moins pour être rémunérateurs.

2º Aussi, partout où le commerce prend un certain développement, le marchand ambulant ne tarde pas à faire place au marchand sédentaire, au *boutiquier*. Avant, c'était le marchand qui allait chercher le client : désormais, c'est le client qui ira chercher le marchand. Seulement il faut alors que le marchand attire l'attention du passant soit par des *enseignes* parlantes — dont nous retrouvons le souvenir dans le plat à barbe qui se balance à la porte des coiffeurs, dans la pipe de bois qui se dresse sur celle des marchands de tabacs, ou dans le chapeau de tôle qui décore celle des chapeliers, — soit par l'*étalage* des marchandises elles-mêmes dans des devantures resplendissantes, — ou même qu'il cherche à attirer le client de loin, soit par des *annonces, prospectus, catalogues,* soit par des *commis-voyageurs* ou, comme on dit plus élégamment aujourd'hui, par des « représentants de commerce », qui diffèrent des marchands voyageurs d'autrefois en ce qu'ils emportent avec eux non des marchandises, mais de simples échantillons.

Les avantages que la société retire de l'existence des commerçants sont les suivants :

1º Ils servent d'*intermédiaire* entre le producteur et le

consommateur, en épargnant à chacun d'eux le temps qu'il lui faudrait perdre à rechercher l'autre.

2° Ils prennent les marchandises *en gros* chez le producteur, et, en les débitant *au détail,* ils épargnent par là les embarras qui résulteraient nécessairement de l'absence de coïncidence entre la quantité offerte par le producteur et la quantité réclamée par le consommateur.

3° Ils *gardent* la marchandise en magasin et suppriment par là les difficultés qui résulteraient de l'absence d'une autre coïncidence, à savoir le moment où le producteur veut se défaire de son produit et celui où le consommateur est disposé à l'acquérir.

Ce sont là, sans doute, des services réels, mais ils sont payés un peu cher. En effet, par suite de diverses causes, au premier rang desquelles on doit faire figurer le caractère peu pénible de la profession de marchand et l'attrait qu'elle exerce sur beaucoup de personnes, notamment en France, il s'est trouvé que le nombre de ces intermédiaires, surtout des commerçants au détail, des boutiquiers, devenait tout à fait disproportionné avec les besoins[1]. Cette multiplication des intermédiaires, en réduisant le débit de chacun, a eu pour résultat de grever chaque article de frais généraux proportionnellement énormes, et d'empêcher la baisse naturelle des prix — due aux progrès de la mécanique et au développement du commerce international — de se faire sentir dans le commerce de détail[2]. Ainsi l'excès de concurrence annule les effets ordinaires de la concurrence (Voy. p. 154). Ces intermédiaires tendent à devenir de véritables parasites[3].

---

1 Voy. les chiffres que nous avons donnés à la p. 151. La dixième partie environ de la population française s'adonne au commerce sous différentes formes; il y a là une proportion excessive : c'est un véritable gaspillage que d'entretenir un intermédiaire pour dix personnes.

2 Comp. l'article de M. Schwiedland sur *Les prix de gros et les prix de détail.* (Revue d'Économie politique, 1890.)

3 Les prix du blé et de la viande sont en baisse continue depuis plu-

Si l'on ajoute à cet inconvénient déjà si grave, la falsification des denrées qui devient un véritable péril pour la santé publique et qui est également un effet de la concurrence acharnée des marchands, on se trouve amené à se demander si les services rendus par ces intermédiaires ne sont pas payés aujourd'hui trop cher et si l'on ne pourrait pas trouver quelque autre mode d'organisation de l'échange moins onéreux pour la société.

Le véritable remède serait évidemment de mettre directement en relations le producteur et le consommateur en supprimant les intermédiaires, ou du moins en réduisant leur nombre au minimum[1].

sieurs années; la concurrence des pays d'outre-mer en sont la cause et les lamentations des propriétaires en sont la preuve. Mais le prix du pain et de la viande dans les boulangeries et dans les boucheries ne s'est abaissé que dans des proportions infimes ou même ne s'est pas abaissé du tout, parce que la multiplication des intermédiaires ne l'a pas permis. On comptait à Paris, il y a trente ans, un boulanger pour 1,800 habitants; aujourd'hui on en compte un pour 1,300 habitants : cela revient à dire que chacun vend un tiers de moins et que, pour vivre, il est obligé de gagner davantage sur chaque pain.

Il n'est pas rare de voir un marchand prélever sur une pièce d'étoffe vendue un bénéfice supérieur au salaire touché par l'ouvrier qui l'a fabriquée, ce qui revient à dire que le travail qui consiste à couper un coupon d'étoffe et à le livrer au client se trouve plus rémunéré que le travail qui a été consacré à la fabriquer.

Si l'on pouvait chiffrer le tribut total qui est prélevé sur le public par les intermédiaires, on en serait épouvanté. D'après une enquête faite par la Compagnie du chemin de fer d'Orléans en 1866 sur les denrées qu'elle fournissait à ses employés, la différence entre le prix de revient et le prix de vente variait entre 30 p. 0/0 et 127 p. 0/0. En prenant seulement le chiffre minimum de 30 p. 0/0, qui est certainement inférieur à la réalité, et en l'appliquant au total de la consommation de la France qui est au moins de 25 milliards, on voit que le tribut prélevé par les intermédiaires s'élèverait à 7 1/2 milliards, *plus du double de ce que nous payons sous forme d'impôts!* Socialistes et économistes sont du reste unanimes pour dénoncer ce vice de notre organisation sociale. Voy. notamment Fourier et Paul Leroy-Beaulieu, *passim*.

[1] Dès longtemps, et avant même sans doute que la classe des marchands se fût constituée, producteurs et consommateurs avaient trouvé le moyen de s'aboucher directement dans les *marchés* et les *foires* qui ont

La grosse difficulté, c'est que le producteur ne peut guère vendre au détail, tandis que le consommateur peut encore moins acheter en gros. Mais cette difficulté ne paraît plus aujourd'hui insurmontable grâce à l'association sous une double forme : — soit l'association des producteurs qui s'entendent pour vendre directement au public, par exemple les *syndicats agricoles* [1] ; soit l'association des consommateurs qui s'entendent pour acheter directement aux producteurs; c'est le rôle des *sociétés coopératives de consommation*.

## V.

### DES MOYENS DE TRANSPORT.

L'échange peut très bien se concevoir sans aucun déplacement de la matière, par exemple quand il s'applique aux choses immobilières ou encore quand il s'agit de simple spéculation sur les marchandises. Néanmoins le déplacement peut être considéré comme un caractère essentiel de cette forme particulière de l'échange à laquelle la pratique et le langage ju-

joué un si grand rôle autrefois et qui ont encore conservé une certaine importance au milieu des populations rurales. Mais on ne peut songer à revenir à un semblable mécanisme qui serait encore plus onéreux que l'emploi des marchands, à raison de la perte de temps et des frais de transport qu'il exige, aussi tend-il à être de plus en plus abandonné. La fameuse foire de Beaucaire n'est plus guère qu'un grand marché régional; toutefois dans les pays où les perfectionnements de l'échange ne sont pas encore introduits, les foires tiennent une place considérable : à l'extrémité orientale de l'Europe, la foire de Nijni-Novogorod fait encore 400 millions d'affaires et réunit 2 à 300,000 personnes venues des extrémités de l'ancien continent.

[1] Voy. ci-dessus, p. 172. — Par le fait, un petit nombre seulement de ces syndicats sont entrés dans la voie de la vente au public : la plupart se bornent à acheter les matières premières ou instruments nécessaires à l'agriculture, rentrant ainsi plutôt dans le rôle des sociétés de consommation.

ridique réservent le nom de *commerce*. Or l'opération du déplacement, c'est-à-dire le transport, nécessite beaucoup de travail et par suite beaucoup de frais[1]. Toute invention qui aura pour résultat de faciliter les moyens de transport facilitera par là même l'échange, et il en résulte que l'histoire du commerce se confond dans une certaine mesure avec l'histoire du développement des communications par terre et par mer.

Les difficultés du transport sont de diverses natures.

Elles peuvent tenir :

1° *A la distance*. Le génie de l'homme n'a aucune prise sur la distance : il ne peut en aucune façon supprimer ou réduire l'espace qui sépare deux points du globe. Mais l'obstacle de la distance se traduit pratiquement pour nous par une question de temps : or l'invention humaine s'est exercée d'une façon singulièrement efficace à réduire le temps nécessaire pour parcourir une distance donnée. Si le temps nécessaire pour parcourir une distance quelconque en France est aujourd'hui 20 fois moindre qu'il n'était au XIIIᵉ siècle, on peut dire rigoureusement que le résultat obtenu est absolument le même que si la France était aujourd'hui 400 fois plus petite qu'au XIIIᵉ siècle (les surfaces variant proportionnellement aux carrés des rayons). Or, grâce aux chemins de fer, cette hypothèse est devenue une réalité. Les progrès dans la rapidité des communications ont donc pour résultat de réduire indéfiniment la superficie du globe terrestre.

2° *A la nature de la marchandise*. Un bœuf ne se transporte pas aussi aisément que des légumes, ni des légumes aussi facilement que de la houille, ni la houille aussi bien

---

[1] Le transport des marchandises s'élève pour la France (et ce n'est pas le pays où le chiffre est le plus élevé) à 22 milliards de tonnes kilométriques par an, ce qui revient à dire que pour satisfaire aux besoins de chaque individu, il faut transporter chaque jour 1650 kilogr. de marchandises à 1 kil. — ou 16 1/2 kilogr. à 100 kilom.

que l'or. Le *poids*, la *fragilité*, la *difficulté de conservation* sont autant d'obstacles. Cette même rapidité des transports dont nous venons de parler, permet d'y remédier dans une grande mesure. Le bétail, vivant ou mort, n'aurait pu arriver à bon port d'Amérique ou d'Australie au temps de la navigation à voile; il le peut aujourd'hui, grâce à la courte durée du trajet. Le poisson, les primeurs, le gibier ne pouvaient être expédiés de la province à Paris : ils le sont journellement à cette heure, un semblable trajet se faisant en moins de vingt-quatre heures. Sans parler même de la rapidité des transports, diverses inventions ont aidé à surmonter cet obstacle, par exemple, l'application des procédés frigorifiques à l'aide desquels on fait venir de la viande fraîche d'Australie, ou les procédés chimiques usités, pour les conserves des denrées alimentaires (viande fumée, procédé Appert, etc.). — Malgré tout, la difficulté de transport de certains objets, et particulièrement de la viande, a encore aujourd'hui des conséquences économiques importantes et très fâcheuses.

3° *A l'état des voies de communication.* C'est là l'obstacle le plus sérieux, mais celui aussi dont l'industrie humaine a réussi à triompher avec le plus de succès.

Par mer, la route est toute faite ou plutôt il n'est pas besoin de route; l'élément liquide porte indifféremment un poids quelconque et sa surface mathématiquement horizontale permet aux véhicules de se déplacer librement dans une direction quelconque. La force motrice la plus faible, force gratuite si l'on emploie le vent, suffit pour mettre en mouvement des masses énormes. Il n'est donc pas étonnant que la mer ait été de tout temps le grand chemin du commerce et que des peuples séparés par mille lieues de mer se soient trouvés en réalité plus voisins que d'autres séparés par cent lieues de terre ferme. Même à cette heure, malgré les progrès des transports par voie de terre, le transport par voie de mer est infiniment moins onéreux, ce qui signifie qu'il représente un travail infiniment moindre[1]. Le prix de transport de la tonne kilométrique par mer ne dépasse presque jamais 2 centimes et s'abaisse très souvent à 1/2 centime et même au-dessous encore, tandis que, comme nous le verrons, le prix de transport par voie ferrée revient à 8 ou 9 centimes.

Sur terre, la difficulté est plus grande. La surface accidentée de notre planète ne permet guère le transport des marchandises sans l'établissement de routes artificielles[2]. Le transport par caravanes, c'est-à-dire à dos d'hommes, comme dans l'Afrique, ou sur des bêtes de somme, comme dans l'Asie Centrale, peut sans doute s'en passer, mais le transport par véhicules ne le peut pas. Or l'établissement de la route est un travail très coûteux et d'autant plus coûteux que la route est plus perfectionnée, c'est-à-dire que sa surface est plus résistante et que son tracé se rapproche davantage de l'horizontale. Le chemin de fer est une route parfaite, mais c'est aussi la plus coûteuse. Elle revient à 400,000 fr. le kilomètre dans nos pays, et au moins à 100,000 fr. là où on peut la construire au coût minimum[3]. Il y a donc là un capital énorme engagé, qui grèvera évidemment le transport des marchandises de toute la somme indispensable pour l'intérêt et l'amortissement. Malgré cela, si le trafic est suffisant, c'est-à-dire

---

[1] A Marseille, le charbon qui vient d'Angleterre en passant par le détroit de Gibraltar et qui a parcouru ainsi 3,000 kilomètres, se vend moins cher que le charbon qui vient des mines de la Grand'Combe et qui n'a eu à franchir qu'une distance de 177 kilomètres.

[2] Le perfectionnement des moyens de transports, soit sur terre, soit sur mer, se manifeste sous trois aspects différents : la *route* (sur terre : chaussée empierrée, chemins de fer, ponts et tunnels; — sur mer : tracé des grandes routes maritimes d'après la direction des vents et des courants, canaux de Suez, de Panama, de Corinthe); — le *véhicule* (sur terre : invention merveilleuse de la roue; — sur mer : substitution des navires de fer aux navires en bois); — le *moteur* (machines à vapeur et locomotives).

[3] Il y a à cette heure de par le monde plus de 500,000 kilomètres de voies ferrées ayant coûté au moins *cent cinquante milliards* de francs.

si les marchandises transportées.sur la voie ferrée sont en
quantité assez considérable, on réalise une grande économie
dans les transports, sans même faire entrer en ligne de
compte la régularité, la commodité, ni la rapidité. Le prix de
transport de la tonne kilométrique est de 8 à 9 centimes
environ [1], tandis que par roulage il serait de 30 centimes.
C'est donc une économie des 2/3 au moins. Il n'y a pas lieu
de s'en étonner quand on pense que pour produire le même
travail qu'une locomotive attelée à un train de marchandises,
il faudrait au moins, sur une route ordinaire, 300 chevaux,
et ils feraient 10 fois moins de chemin.

# VI.

### DE LA DÉCOMPOSITION DU TROC EN VENTE ET ACHAT.

Pour que l'échange puisse s'effectuer, ce n'est pas assez de
cette personne tierce, interposée entre le producteur et le consommateur, qu'on appelle le marchand, il faut de plus une
marchandise tierce, interposée entre la chose à céder et la
chose à acquérir, qu'on appelle la *monnaie*.

Quand l'échange se fait directement, marchandise contre
marchandise, il porte le nom de *troc*, mais c'est la plus incommode et souvent même la plus impraticable des opérations.
Il faut, en effet, pour que le troc aboutisse, que le possesseur
d'un objet quelconque se mette en quête d'une personne *disposée à acquérir la marchandise qu'il possède* et (coïncidence

---

[1] On ne compte d'ordinaire que 5 à 6 centimes : tel est en effet le prix
que font payer en moyenne les Compagnies : — mais il faut tenir compte,
en France du moins, des travaux faits gratuitement par l'État pour le
compte des Compagnies, qui représentent un capital considérable, et qui,
s'ils devaient être rémunérés, augmenteraient de beaucoup le prix des
transports.

bien plus difficile encore à réaliser!) qui se trouve disposée à
*lui céder précisément l'objet dont il a besoin.* Ce n'est pas tout :
il faut encore, en admettant que cette rencontre heureuse
puisse s'effectuer, que *les deux objets à échanger soient de valeur sensiblement égale,* troisième improbabilité [1] !

L'invention d'une marchandise tierce remédie à ces inconvénients. Elle suppose évidemment une certaine convention
expresse ou tacite établie entre des hommes vivant en société,
à savoir que chacun consentira à recevoir en échange de ses
produits cette marchandise tierce. Ceci une fois convenu, l'o-
pération marche à souhait. Soit le métal argent choisi à cette
fin. En échange de la marchandise que j'ai produite et dont
je veux me défaire, j'accepte volontiers une certaine quantité
d'argent, alors même que je n'en ai que faire : et pourquoi
cela? parce que je sais que lorsque je voudrai acquérir l'objet
dont j'ai besoin, je n'aurai qu'à offrir à son possesseur cette
même quantité d'argent, et qu'il l'acceptera par la même
raison qui me l'a fait accepter à moi-même.

Il est clair, d'après ce que nous venons de dire, que toute
opération de troc va se trouver décomposée en deux opérations
distinctes. Au lieu d'échanger ma marchandise A contre votre
marchandise B, j'échange ma marchandise A contre de l'argent, pour échanger ensuite cet argent contre la marchandise
B. La première opération porte le nom de *vente* et la deuxième
d'*achat* (du moins quand la marchandise tierce se présente

---

[1] Le lieutenant Cameron dans son voyage en Afrique (1874), nous raconte comment il dut s'y prendre pour se procurer une barque : « L'homme
de Saïd voulait être payé en ivoire et je n'en avais pas. On vint me dire
que Mohammed Ibn Sélib avait de l'ivoire et qu'il désirait de l'étoffe :
malheureusement comme je n'avais pas plus de l'un que de l'autre, cela ne
m'avançait pas beaucoup. Mais Ibn Guérib qui avait de l'étoffe manquait
de fil métallique dont j'étais largement pourvu. Je donnai donc à Ibn
Guérib le montant de la somme en fil de cuivre : il me paya en étoffe que
je passai à Ibn Sélib : celui-ci en donna l'équivalent en ivoire à l'agent de
Saïd... et j'eus la barque ! »

sous la forme de monnaie proprement dite). Il semble donc
qu'il y ait là une complication plutôt qu'une simplification.
Mais le chemin le plus court n'est pas toujours la ligne droite,
et ce détour ingénieux supprime au contraire une quantité
incalculable de peine et de travail. Ce qui rendait en effet le
troc impraticable, c'est que, comme nous l'avons dit, un producteur quelconque, Primus, devait rencontrer comme coéchangiste une autre personne, Secundus, qui fût disposée
tout à la fois : 1° à acquérir la chose dont Primus voulait se
défaire; 2° à lui céder précisément la chose que Primus voulait acquérir. Dorénavant le producteur Primus aura bien à
se préoccuper de trouver preneur pour sa marchandise, mais
il n'aura plus besoin de demander à ce preneur la marchandise dont il a besoin lui-même. C'est à une autre personne,
dans un autre moment, dans un autre lieu, qu'il s'adressera
pour cela. C'est l'*indivisibilité de ces deux opérations qui les
rendait très difficiles* : une fois rompu le nœud qui les unissait, chacune d'elles séparément devient assez simple. Il ne
sera pas très difficile de trouver quelqu'un qui ait besoin de
votre marchandise, c'est-à-dire un acheteur. Il ne sera pas
très difficile non plus de trouver quelqu'un d'autre qui soit
disposé à vous céder la marchandise dont vous avez besoin,
c'est-à-dire un vendeur.

Mais il ne faut pas oublier que quoique désormais séparées,
ces deux opérations continuent pourtant à former un tout et
que l'une ne saurait se concevoir sans l'autre. Nous sommes
trop disposés, dans la vie de tous les jours, à nous imaginer
qu'une vente ou un achat sont des opérations indépendantes
et qui se suffisent à elles-mêmes. C'est une illusion. *Tout
achat suppose une vente préalable*, car avant de pouvoir
échanger son argent contre des marchandises, il faut au
préalable avoir échangé ses marchandises contre de l'argent.
A l'inverse *toute vente présuppose un achat pour l'avenir*, car
si on échange ses marchandises contre de l'argent, ce n'est

que pour échanger plus tard cet argent contre d'autres marchandises : sinon, qu'en ferait-on ? — Toutefois, comme l'argent peut se conserver indéfiniment sans être employé, il se
peut qu'il s'écoule un entr'acte très long, plusieurs années,
peut-être même plusieurs générations, entre les deux actes
de la pièce, entre la vente et l'achat complémentaire. Mais
la pensée doit rapprocher ces deux actes et en réalité, malgré
l'intervention de la marchandise tierce et la complication
qu'elle introduit, tout homme, dans nos sociétés civilisées
aussi bien que dans les sociétés primitives, vit encore en
échangeant ses produits ou ses services, présents ou passés,
contre d'autres produits ou d'autres services, présents ou
passés.

---

Nous voici arrivés à la monnaie métallique. Bien que cette
matière, avec celles de la monnaie de papier et du commerce
international, dûssent être traitées dans le même chapitre
que l'échange, auquel elles se rattachent directement, cependant, à raison des développements considérables qu'elles exigent, n us sommes obligés de leur ouvrir autant de chapitres
spéciaux.

# CHAPITRE IV.

## LA MONNAIE MÉTALLIQUE.

### I.

#### POURQUOI A-T-ON CHOISI LES MÉTAUX PRÉCIEUX COMME INSTRUMENT D'ÉCHANGE?

Ce n'est pas en vertu d'une convention expresse que certains objets ont pu devenir le *medium* des échanges, mais par suite de certains avantages qui les imposaient au choix des hommes et les prédestinaient à cette haute fonction.

Dans les sociétés patriarcales, c'est naturellement le bétail, bœuf ou mouton, qui paraît avoir joué ce rôle de marchandise tierce, et beaucoup de langues Indo-européennes, même la langue basque, nous ont transmis le souvenir de cette forme primitive de la monnaie, dans le nom même qu'elles lui donnent[1].

Nombre d'autres marchandises ont pu, suivant les cas et suivant les pays, jouer le rôle de marchandise tierce, riz au Japon, briques de thé dans l'Asie Centrale, fourrures sur le territoire de la baie d'Hudson, rassades, guinées, barres de sel dans l'Afrique Centrale, mais il est une certaine catégorie d'objets qui ont eu le privilège d'attirer de bonne heure l'attention des hommes et qui n'ont pas tardé, dans toutes les sociétés tant soit peu civilisées, à détrôner toute autre mar-

---

[1] C'est ainsi, pour ne citer que la plus connue, que le mot latin *pecunia* désignait, à l'origine, le bétail, le troupeau.

chandise, je veux parler des métaux dits précieux, l'or, l'argent et le cuivre.

Grâce à leurs propriétés chimiques qui les rendent relativement inaltérables, ce sont les seuls qu'on trouve dans la nature à l'*état natif*, et par conséquent les hommes ont pu les connaître et les exploiter avant que leurs connaissances métallurgiques leur permissent de connaître et d'exploiter d'autres métaux, tel que le fer. Il est à remarquer que la vieille légende des quatre âges, âge d'or, d'argent, de cuivre et de fer, range les quatre métaux précisément dans l'ordre où ils ont dû être connus des hommes. Leurs propriétés physiques, éclat, couleur, malléabilité, rares aussi et qui les ont fait rechercher de bonne heure, soit pour l'ornementation, soit pour certains travaux industriels, justifieraient assez le rôle considérable qu'ils ont joué de tout temps et chez tous les peuples.

Ces propriétés naturelles entraînent certaines conséquences économiques de la plus grande importance et qui confèrent aux métaux précieux une supériorité très marquée sur toute autre marchandise [1].

1º *Facilité de transport.* Aucun autre objet n'a une si grande valeur sous un si petit poids. Le poids qu'un homme peut transporter sur son dos est au plus de 30 kilogrammes. Or 30 kil. en charbon représenteraient à peine une valeur de 1 fr.; en blé, de 7 fr.; en laine, de 30 à 40 fr.; en cuivre, 60 fr.; en ivoire, 7 à 800 fr.; en soie grège, 1,500 fr.; en argent, 5,000 fr.; et en or pur, 100,000 fr.

2º *Identité de qualité.* Les métaux précieux étant, comme on dit en chimie, des corps simples, sont partout identiques à eux-mêmes. Un négociant expérimenté saura distinguer le blé d'Odessa du blé de Californie, ou une touffe de laine d'un

---

[1] Nous avons vu ci-dessus les causes qui justifiaient la supériorité des métaux précieux, non point comme instrument de l'échange, mais comme mesure des valeurs. Ce ne sont pas tout à fait les mêmes, voy. p. 83, 84.

mouton d'Australie de celle prise sur le dos d'un mérinos d'Espagne, mais l'orfèvre le plus habile ou le chimiste armé des plus puissants réactifs ne trouvera aucune différence entre l'or de l'Australie et celui de l'Oural. Il n'est pas besoin ici d' « échantillons ».

3° *Difficulté de falsification*. Les métaux précieux sont reconnaissables à la fois à l'œil, à l'oreille, au toucher par leur couleur, leur poids et leur sonorité, et se distinguent assez aisément de tout autre corps.

4° *Divisibilité parfaite*. Cette divisibilité doit s'entendre non seulement au sens mécanique de ce mot (l'or et l'argent étant en effet extraordinairement divisibles, soit à la filière, soit au laminoir) mais encore au sens économique. Divisez un lingot en cent parties, vous n'en changez en rien la valeur : chaque fragment a une valeur précisément proportionnelle à son poids et tous les fragments réunis ont une valeur précisément égale à celle du lingot primitif.

Les pierres précieuses présentent une supériorité sur les métaux précieux au premier point de vue, grande valeur sous un petit volume, mais à tous les autres, elles sont dans des conditions défavorables. Elles sont très variables en qualité, susceptibles d'être imitées avec succès, et surtout ne pouvant être divisées sans que leur valeur soit pour ainsi dire anéantie.

5° *Durée indéfinie*. A raison de leurs propriétés chimiques qui les rendent réfractaires presque à toute combinaison avec l'air, l'eau, ou tout autre corps, l'or et l'argent peuvent se conserver indéfiniment sans altération. Il n'est aucune autre richesse dans la nature dont on puisse en dire autant : les produits d'origine animale et végétale se gâtent, et même les métaux, tels que le fer, s'oxydent et finissent par tomber en poussière [1].

---

[1] Le cuivre se conserve assez bien aussi, grâce à la belle patine (carbonate) qui le recouvre et le protège.

# II.

## DE L'INVENTION DE LA MONNAIE FRAPPÉE.

Autre chose est employer les métaux précieux comme instrument d'échange, autre chose est employer la monnaie proprement dite. C'est une évolution qui a passé par différentes étapes très distinctes.

1° On a commencé par se servir des métaux précieux sous la forme de lingots bruts. Il fallait donc dans tout échange les *peser* d'abord, les *essayer* ensuite. Les actes juridiques du vieux droit romain, la *mancipatio* par exemple avec son *libripens*, nous offrent le souvenir de ce temps où l'instrument des échanges, argent ou bronze, était pesé. Aujourd'hui encore en Chine, où la monnaie frappée n'est pas en usage, on voit les marchands porter à leur ceinture la balance et la pierre de touche [1].

2° Las d'être obligés de se livrer à chaque échange à cette double opération, les hommes ont eu l'idée de se servir de lingots taillés, dont le poids et le titre étaient déterminés à l'avance et au besoin garantis par quelque sceau, quelque poinçon officiel. Le législateur qui a eu cette idée ingénieuse, peut revendiquer la gloire d'avoir véritablement inventé la monnaie, car désormais on ne *pèsera* plus les lingots, on les *comptera* et telle est la caractéristique de la monnaie. Il est établi que c'est à la race grecque, à laquelle le genre humain est

---

[1] « De grands et puissants empires comme ceux de l'Égypte, de la Chaldée et de l'Assyrie, ont traversé des milliers d'années d'existence dans la richesse et la prospérité, avec des relations commerciales aussi étendues qu'ont jamais pu l'être celles d'aucun peuple de l'antiquité, en se servant constamment de métaux précieux dans les affaires de négoce, mais en ignorant absolument l'usage de la monnaie ». Lenormant, *Monnaies et Médailles*, ch. I.

déjà redevable de tant d'idées fécondes, qu'il faut attribuer encore l'honneur de celle-ci[1]. En Chine, les lingots sont quelquefois revêtus de la marque de certaines maisons de commerce, destinée à certifier leur poids et leur titre.

3° Il restait encore un pas à faire. Non seulement la forme du lingot cubique ou irrégulière est peu commode, mais, malgré l'empreinte du poinçon, rien n'est plus aisé que de le rogner, sans que cette falsification laisse de trace. Il serait toujours prudent de le peser, pour s'assurer qu'il est intact. C'est pour remédier à ces difficultés pratiques qu'on a été conduit à adopter cette forme de la monnaie frappée qui est familière à tous les peuples civilisés, à savoir celle de petits disques revêtus d'empreintes en relief sur la totalité de leur surface, la face, le revers et le cordon, de façon qu'on ne puisse altérer la pièce sans altérer en même temps le dessin qui la recouvre de toutes parts.

Désormais on est arrivé au type de la pièce de monnaie proprement dite, qui, depuis des siècles, ne s'est pas sensiblement modifié et pour lequel on peut adopter la définition donnée par Stanley Jevons : « lingots dont le poids et le titre sont garantis par l'État et vérifiés par l'intégrité des empreintes qui en recouvrent la surface ».

## III.

### DES CONDITIONS QUE DOIT REMPLIR TOUTE BONNE MONNAIE.

*Toute monnaie légale doit avoir une valeur intrinsèque rigoureusement égale à sa valeur nominale.*

Tel est le principe dominant en cette matière.

---

[1] On possède des spécimens d'une monnaie d'argent de l'île d'Égine et d'une monnaie d'or de Lydie, toutes deux à peu près contemporaines, 7 ou 800 ans avant Jésus-Christ , toutes les deux ne s'étant pas encore dégagées de la forme ovoïde du lingot primitif; il est difficile de savoir à laquelle des deux il faut attribuer la priorité.

Nous savons que la monnaie a une double fonction qui lui est conférée par la loi, celle d'être le seul instrument d'acquisition et le seul instrument de libération (Voy. ci-dessus, p. 97), autrement dit, de ne pouvoir être refusée dans les paiements, soit par les vendeurs, soit par les créanciers. C'est ce privilège qui constitue ce qu'on appelle le *cours légal*. Mais ce privilège suppose une condition, celle-là même que nous venons d'indiquer. Voici une pièce d'or de 20 francs. En faisant graver sur cette pièce ce chiffre de 20 francs, en même temps que les armes de l'État, le gouvernement entend certifier que la pièce a bien réellement une valeur de 20 francs et que chacun peut la recevoir en toute confiance. Si la pièce n'a pas la valeur qu'il lui attribue, l'État commet un véritable faux. Pendant de longs siècles malheureusement les souverains ont eu peu de scrupules à cet égard; mais aujourd'hui c'est là une question de dignité et de loyauté dans laquelle un gouvernement n'oserait se laisser prendre en faute.

Toute pièce de monnaie doit donc être considérée sous un double aspect : — *En tant que pièce de monnaie frappée, elle a une valeur déterminée, qui est inscrite sur l'une des faces.* — *En tant que lingot, elle a une valeur proportionnelle au prix du métal sur le marché;* car il y a des marchés et des prix cotés pour l'or et pour l'argent, tout aussi bien que pour le blé ou le coton.

Toutes les fois que ces deux valeurs coïncident — toutes les fois, par exemple, que le petit lingot de 6 grammes 451 milligr. au titre de 9/10, qui constitue notre pièce de 20 francs, a sur le marché une valeur de 20 francs (ce qui correspond au prix de 3,444 francs le kil. or pur) — on dira que la monnaie est bonne, ou, pour employer l'expression technique, qu'elle est *droite*[1].

[1] Il semble cependant que le lingot d'or une fois monnayé devrait valoir toujours un peu plus que le lingot brut, par la même raison que tout objet vaut plus quand il a été manufacturé que quand il est à l'état brut,

Si la valeur du lingot est supérieure à celle de la pièce, si, par exemple, alors que la pièce ne vaut légalement que 20 francs, le poids de métal fin qu'elle contient vaut 21 ou 22 francs, on dit que la monnaie est *forte*. C'est un beau défaut, pourtant c'est un défaut et qui même, comme nous le verrons bientôt, peut avoir d'assez graves inconvénients. — Toutefois il n'y a pas lieu de s'inquiéter beaucoup de cette éventualité : 1° parce qu'il n'arrivera pas souvent qu'un gouvernement s'avise de frapper de la monnaie trop forte : s'il le fait, ce ne peut être que par ignorance, car cette opération le constitue évidemment en perte : frapper des pièces d'or qui ne valent que 20 francs, avec des lingots qui en valent 21 ou 22, serait une opération aussi ruineuse que celle d'un industriel qui fabriquerait des rails à 100 francs la tonne avec du fer qui en vaudrait 110 ; — 2° parce que même en admettant que le fait se produise, par suite de certaines circonstances que nous verrons plus tard (par exemple une hausse dans le prix du métal survenue après coup), il ne peut être de longue durée car, du jour où le public saurait que la pièce de 20 francs vaut comme lingot 21 ou 22 francs, chacun , pour réaliser ce bénéfice, s'empresserait de traiter sa monnaie comme une marchandise en la vendant au poids , et cette opération continuerait jusqu'à ce que les pièces d'or eussent complètement disparu. Nous verrons que dans les systèmes bi-métallistes cette situation se présente assez fréquemment.

et la différence devrait être égale aux frais de fabrication? — Et, en effet , tel est le cas pour la monnaie, mais les frais de fabrication sont ici si peu de chose qu'ils n'entraînent pas de différence sensible. L'hôtel des Monnaies de Paris fait payer 6 fr. 70 pour transformer un kil. or en monnaie, soit 2 p. 1000 environ. Cela représente pour chaque pièce de 20 francs une différence de 4 centimes environ entre la valeur de la pièce et celle du lingot. — L'État pourrait même, s'il le voulait bien, éviter cette légère différence en transformant gratuitement le lingot en monnaie, c'est-à-dire en prenant les frais de monnayage à sa charge. C'est précisément ce que fait l'Angleterre. Aussi le souverain anglais est-il le type d'une monnaie parfaite : sa valeur légale est absolument identique à sa valeur marchande.

Si la valeur du lingot au contraire est inférieure à celle de la pièce, si par exemple, alors que la pièce vaut légalement 20 francs, le poids du métal qu'elle contient ne vaut que 18 ou 19 francs, on dit que la monnaie est *faible*.

Cette éventualité est beaucoup plus à redouter que l'autre pour deux raisons : 1° parce que, à l'inverse de la précédente, elle est de nature à induire en tentation un gouvernement. Faire des pièces de 20 francs avec des lingots qui n'en valent que 18 ou 19 est une opération assez séduisante pour un gouvernement besogneux et peu scrupuleux et, par le fait, nombreux sont ceux qui se sont laissés entraîner : il suffit de se souvenir de l'épithète de « faux-monnayeur » que le ressentiment public a justement attaché à la mémoire de certains rois de France, Philippe le Bel entr'autres[1] ; 2° parce que, une fois qu'une semblable monnaie est entrée dans la circulation, elle ne s'élimine pas par la force même des choses comme la monnaie forte ; elle demeure au contraire, et on a même, comme nous le verrons (Voy. *Loi de Gresham*), toutes les peines du monde à s'en débarrasser.

Pour maintenir l'équivalence entre la valeur du lingot et celle de la pièce, il est de règle, dans tout bon régime moné-

---

[1] On sait que l'unité monétaire sous l'ancien régime s'appelait la *livre*. Mais on ne sait pas d'ordinaire que ce nom lui vient de ce qu'à l'origine, du temps de Charlemagne, elle représentait réellement un poids d'une livre d'argent (la livre carolingienne était de 408 grammes seulement) c'est-à-dire qu'elle représentait un poids égal à celui de 82 francs d'aujourd'hui (en faisant même abstraction de toute variation dans le pouvoir d'acquisition de la monnaie)! Comment est-elle tombée de chute en chute à ce poids de 5 grammes qui était à peu près celui de la livre à la fin de l'ancien régime et qui est devenu celui de notre franc? — Uniquement par une série continuelle d'émissions de monnaies de plus en plus faibles ; chaque roi rognait un peu sur le poids de l'ancienne livre, tout en essayant de lui maintenir son ancienne valeur légale. — L'histoire de la livre anglaise est à peu près la même, un peu plus honorable cependant pour le gouvernement anglais, puisque étant partie du même point de départ, elle s'est arrêtée dans sa chute à la valeur de 25 francs qui est sa valeur actuelle.

taire, de laisser à quiconque voudra transformer un lingot en
monnaie, la faculté de le faire, non pas chez lui bien entendu,
mais par l'intermédiaire de l'Hôtel des Monnaies : c'est ce
qu'on appelle la *liberté du monnayage*. Aussi longtemps
qu'elle existe, elle garantit l'équivalence, car s'il arrivait que
la valeur de la pièce d'or fût supérieure à celle du lingot,
chacun s'empresserait de profiter du bénéfice qui résulterait
de la fabrication de cette monnaie : chacun achèterait des
lingots d'or et les porterait à l'Hôtel des Monnaies pour les
faire transformer en monnaie, jusqu'à ce que la raréfaction
du métal or et l'augmentation de l'or monnayé eût rétabli
l'égalité entre les deux valeurs.

Il existe cependant, par tout pays, certaines catégories de
pièces qui ne satisfont pas à la condition précédente, c'est-
à-dire qui n'ont qu'une valeur intrinsèque plus ou moins inférieure à leur valeur légale : on les appelle monnaies de *billon*.
Ce sont en général des pièces de peu de valeur, le plus souvent de cuivre, quelquefois aussi d'argent[1], dont on n'a pas
l'habitude de se servir pour des paiements importants, mais
seulement comme *appoint*. Dans ces conditions là, on peut
sans inconvénient se départir de la rigueur des principes[2].
Mais pourtant, même en abandonnant le principe, la loi le
respecte encore, en ce sens qu'*elle refuse à toute monnaie de
billon le caractère de monnaie légale :* elle n'entend contrain-

---

[1] En France, ce ne sont pas seulement les pièces de cuivre, comme on
le croit généralement, qui sont monnaies de billon, mais aussi toutes les
pièces d'argent, hormis la pièce de 5 francs. La pièce de 1 sou n'a pas
une valeur intrinsèque de plus de 1 centime : la pièce d'argent de 1 franc,
n'a pas une valeur intrinsèque de plus de 0,60 à 0,70. (Voir plus loin.)

[2] Remarquez, quant aux pièces de cuivre, que pour leur donner une
valeur intrinsèque égale à leur valeur nominale, il faudrait leur donner
un poids très considérable, cinq fois plus grand que le poids actuel, ce qui
serait fort incommode. Pour les pièces d'argent, c'est une autre raison,
comme nous le verrons plus loin, qui a forcé le gouvernement à les billonner.

dre personne à la recevoir dans les paiements [1]. Bien entendu aussi, *elle suspend dans ce cas la liberté de monnayage*, sans quoi tout le monde ferait frapper du métal en monnaie de billon pour gagner la différence entre sa valeur métallique et sa valeur légale. C'est le gouvernement seul qui se réserve le droit d'en émettre telle quantité qu'il jugera utile aux besoins et il doit se faire une règle de ne jamais en émettre en proportion exagérée.

# IV.

### DE LA LOI DE GRESHAM.

*Dans tout pays où deux monnaies légales sont en circulation, la mauvaise monnaie chasse toujours la bonne.*

C'est en ces termes que l'on formule une des lois les plus curieuses de l'économie politique, que l'on a baptisée du nom d'un chancelier de la reine Élisabeth qui l'a découverte, dit-on, il y a trois siècles. Mais longtemps avant lui, Aristophane, dans sa pièce des *Grenouilles*, avait signalé et même fort bien analysé ce fait curieux, à savoir la préférence que les hommes donnent toujours à la mauvaise monnaie [2].

Ce qui donne à ce fait et à la loi qui l'exprime un caractère d'étrangeté tout particulier, c'est qu'il serait incompréhensible pour tout autre objet que la monnaie. Comment com-

---

[1] Personne n'est forcé de recevoir les pièces de cuivre pour une somme supérieure à 5 fr.; ni les pièces d'argent (sauf la pièce de 5 fr.) pour une somme supérieure à 100 francs.

[2] « Le public nous a paru bien souvent se conduire vis-à-vis des plus nobles et des meilleurs de nos concitoyens de la même façon que vis-à-vis des vieilles pièces de monnaie et des neuves. Car nous nous gardons de faire usage, si ce n'est dans l'intérieur de nos maisons ou au dehors de nos frontières, des pièces de bon aloi, des plus belles, des seules qui soient bien frappées et bien rondes, mais nous n'employons que de mauvaises pièces de cuivre, revêtues de la plus vilaine empreinte ».

prendre que les hommes eûssent le goût assez dépravé pour préférer d'une façon générale la mauvaise marchandise à la bonne? L'organisation économique de toutes nos sociétés avec liberté du travail et concurrence, est fondée au contraire sur ce postulat qu'en toute circonstance l'homme préférera le produit qui est de meilleure qualité, qui répond le mieux à ses besoins. Pourquoi alors agit-il d'une façon inverse quand il s'agit de la monnaie?

L'étonnement cesse si l'on réfléchit que la monnaie n'est pas, comme toute autre richesse, destinée soit à notre consommation, soit à la production, mais uniquement à l'échange. Entre deux fruits, nous préférons le plus savoureux et entre deux montres, celle qui marche le mieux; mais entre deux pièces de monnaie de qualité inégale, peu nous importe d'employer l'une plutôt que l'autre, car nous ne les destinons point à notre usage personnel, et tout ce que nous leur demandons, c'est de servir à payer nos créanciers et nos fournisseurs : or nous serions naïfs de leur donner les meilleures pièces; au contraire, nous avons tout intérêt à choisir les plus mauvaises et c'est ce que nous ne manquerons pas de faire — à une condition toutefois, c'est que le créancier ou le fournisseur ne puisse les refuser, c'est-à-dire que la mauvaise monnaie ait force libératoire aussi bien que la bonne. Et c'est bien dans cette hypothèse en effet que s'applique la loi de Gresham : c'est lorsqu'il s'agit de deux monnaies qui sont l'une et l'autre monnaies légales.

Ceci nous explique pourquoi la mauvaise monnaie reste dans la circulation, mais ne nous explique pas encore pourquoi la bonne disparaît. Que devient-elle donc?

Elle fuit par trois voies différentes : la thésaurisation, les paiements à l'étranger et la vente au poids.

1° La *thésaurisation* d'abord. — Quand les gens veulent se faire une réserve de monnaie, c'est-à-dire la garder pour les cas imprévus, ils ne manquent pas cette fois de se conformer à la règle commune et ils n'ont garde de jeter leur dévolu sur les mauvaises pièces. Ils choisissent au contraire les meilleures, parce qu'ils les gardent pour eux-mêmes et que ce sont celles qui leur offrent le plus de garanties. Les gens effrayés qui, pendant la Révolution française, voulaient thésauriser, ne s'amusaient pas à le faire en assignats, mais en bons louis d'or. Ainsi font les Banques aussi. La Banque de France cherche à grossir surtout son encaisse or. Par cette voie déjà une certaine quantité de la meilleure monnaie peut disparaître de la circulation. Toutefois, cette première cause de déperdition n'est pas définitive, mais seulement temporaire.

2° Les *paiements à l'étranger* ont un eff t plus considérable. — Bien qu'un pays n'ait jamais à solder en numéraire qu'une petite partie de ses importations, cependant il y a toujours des remises en espèces à faire à l'étranger. Or, si quand il s'agit de payer nos dettes à l'intérieur et vis-à-vis de nos concitoyens, nous avons de par la loi la faculté de nous servir de la mauvaise monnaie aussi bien que de la bonne, cette alternative nous fait défaut quand il s'agit de régler un achat fait à l'étranger. Le créancier étranger n'étant nullement tenu de prendre notre monnaie, ne l'acceptera que pour le poids de métal fin qu'elle contient, c'est-à-dire pour sa valeur réelle. Nous ne pouvons donc songer à lui envoyer de la monnaie faible. La conclusion qui s'impose, c'est que nous devons garder celle-ci pour le commerce intérieur, puisque dans ce domaine elle rend les mêmes services que l'autre, et réserver la bonne pour notre commerce extérieur. Et c'est là une seconde et importante cause de déperdition de la bonne monnaie [1].

3° Mais la cause qui fait disparaître le plus rapidement la

---

[1] Il est curieux qu'Aristophane eut déjà remarqué ce double fait que le public qui préfère la mauvaise monnaie emploie cependant la bonne « à l'intérieur des maisons (thésaurisation) et au dehors des frontières (commerce extérieur) ».

bonne monnaie, c'est la vente, *la vente au poids*. — Vendre
la monnaie au poids! Voilà une opération bien singulière en
apparence et dont on ne s'explique pas bien l'utilité. Elle est
pourtant fort simple. Sitôt qu   .r suite d'une hausse dans
la valeur de l'or, la pièce d'or se trouve avoir une valeur intrinsèque supérieure à sa valeur légale, sitôt qu'*elle vaut plus
comme lingot que comme monnaie*, on a un intérêt évident
à ne plus s'en servir comme pièce de monnaie, mais à s'en
servir comme lingot. On la retire donc de la circulation et on
l'envoie sur le marché des métaux précieux. Si la valeur du
bronze haussait notablement, ne pense-t-on pas que nombre
d'objets en bronze, cloches, canons, statuettes, seraient dé-
truits pour réaliser la valeur du métal qu'ils contiennent? Ou
bien encore, si l'on imaginait que la valeur du papier vînt à
augmenter dans des proportions très considérables, beaucoup
de livres ne seraient-ils pas retirés des rayons des bibliothèques pour être vendus au poids au marchand de vieux papiers?
Il en est exactement de même de la monnaie. Quand le métal
précieux hausse de valeur, les pièces de monnaie frappées
avec ce métal perdent leur caractère de monnaie et deviennent
des marchandises que l'on s'empresse de réaliser, c'est-à-dire
de vendre.

La loi de Gresham trouve son application dans les cas suivants :

1º Toutes les fois qu'une *monnaie usée* se trouve en circulation avec une *monnaie neuve*.

C'est précisément en pareille circonstance que la loi fut
observée par Thomas Gresham. On avait fait frapper, sous le
règne d'Elisabeth, une monnaie neuve pour remplacer celle
qui était en circulation et qui était tout à fait détériorée, bien
plus encore par la rognure que par l'usure, et l'on constata
avec stupeur que les pièces neuves ne tardaient pas à disparaître, tandis que les anciennes pullulaient plus que jamais.

Il importe donc à un gouvernement de procéder à des refontes fréquentes pour entretenir toujours sa monnaie à l'état de neuf, sans quoi il rencontrera plus tard de grandes difficultés à remplacer la monnaie vieillie par la neuve.

2° Toutes les fois qu'une *monnaie de papier dépréciée* se trouve en circulation avec une *monnaie métallique*.

Dans ce cas, et pour peu que la dépréciation du papier soit un peu forte, l'expulsion du numéraire s'opère sur la plus vaste échelle. Nous avons vu jusqu'à ces dernières années la totalité de la monnaie italienne chassée en France : le gouvernement italien avait beau prendre diverses mesures pour la faire rentrer et obtenir même du gouvernement français d'en interdire la circulation en France, il n'aurait pu y réussir, s'il n'avait attaqué le mal dans sa racine en supprimant le papier-monnaie ou du moins le cours forcé. Nous avons vu les deux pays qui sont précisément les pays producteurs de métaux précieux, les États-Unis et la Russie, ne pouvoir réussir à conserver chez eux cette monnaie métallique dont pourtant ils fournissaient la matière première au monde entier. Mais vainement essayaient-ils d'en frapper : leur papier-monnaie déprécié l'expulsait impitoyablement.

3° Toutes les fois qu'une *monnaie faible* se trouve en circulation avec une *monnaie droite,* ou même toutes les fois qu'une *monnaie droite* se trouve en circulation avec une *monnaie forte.*

En ce cas, la plus faible des deux monnaies expulse l'autre. C'est le cas le plus intéressant : il se présente presque dans tous les pays qui ont adopté à la fois la monnaie d'or et la monnaie d'argent. Nous renvoyons donc l'examen de ce cas à la question du mono-métallisme et du bi-métallisme, que nous allons traiter dans la section suivante.

# La question du mono-métallisme et du bi-métallisme

## I.

### DE LA NÉCESSITÉ DE PRENDRE PLUSIEURS MÉTAUX
### ET DES DIFFICULTÉS QUI EN RÉSULTENT.

La discussion qui s'est engagée depuis longtemps sur cette célèbre question ne porte pas, comme on pourrait le croire, sur le point de savoir si un pays doit employer plusieurs métaux pour constituer son appareil monétaire ou s'il doit se contenter d'un seul. Cette question ne se pose pas, parce qu'il est bien évident que tout pays civilisé est dans l'obligation d'avoir à la fois des pièces d'or, des pièces d'argent et des pièces de cuivre ou d'un métal similaire. Comment pourrait-on songer, par exemple, à n'employer que l'or? La pièce d'or de 5 francs est déjà incommode par sa petitesse : que serait une pièce d'or de 1 sou? un grain impalpable. Bien moins encore pourrait-on songer, à moins de nous ramener au temps de Lycurgue, à n'employer que le cuivre, puisqu'une pièce de 20 francs en cuivre pèserait une dizaine de kilogrammes. Même l'argent seul, quoique moins incommode à raison de sa valeur intermédiaire, ne pourrait suffire, la pièce de 5 francs étant déjà trop grosse et la pièce de 20 centimes trop petite pour l'usage courant. Il faut donc de toute nécessité employer les trois métaux à la fois.

Mais ce n'est pas une nécessité que de les employer tous les trois *en qualité de monnaie légale;* de fait, nous savons que l'un des trois, le cuivre, n'a jamais cette qualité : il est toujours monnaie de billon et monnaie d'appoint. Restent les deux autres : convient-il de reconnaître le caractère et les attributs de monnaie légale à tous les deux ou à un seul seulement ? C'est là la question qu'on désignait autrefois sous le nom de question du simple et du double étalon et qu'on désigne plus correctement aujourd'hui sous le nom de *mono-métallisme* ou *bi-métallisme*.

Si l'on ne reconnaît le titre de monnaie légale qu'à un seul des deux métaux, l'or, par exemple, en ce cas il n'y a point de difficultés. La monnaie d'argent est reléguée, comme la monnaie de cuivre, au rang de monnaie de billon : on lui attribue une valeur purement conventionnelle, mais aussi ne force-t-on personne à le recevoir dans les paiements. La monnaie d'or est la seule qui ait cours légal : c'est la seule aussi pour laquelle on ait à se préoccuper de maintenir une parfaite équivalence entre sa valeur légale et sa valeur intrinsèque.

Si on veut reconnaître aux deux monnaies *à la fois* le caractère de monnaie légale, en ce cas la situation devient beaucoup plus compliquée. Prenons, pour nous rendre mieux compte de ces difficultés, le système français, qui peut être considéré comme le type du système bi-métalliste, et reportons-nous au moment où le législateur l'organisait de toutes pièces (Loi du 7 germinal an XI, 28 mars 1803).

L'unité monétaire était l'ancienne livre transformée en franc. C'était une pièce d'argent : l'argent fut donc pris comme monnaie légale ; du reste, à cette époque, nul n'aurait songé à lui contester ce titre. Mais on ne pouvait faire moins que de l'accorder aussi à l'or.

Prenons, pour plus de clarté, les deux pièces similaires qui existent l'une et l'autre dans notre système monétaire, la pièce de 5 fr. d'argent et la pièce de 5 fr. d'or. Nous voulons que l'une et l'autre soient monnaie légale ; il faut donc que l'une et l'autre aient une valeur intrinsèque rigoureusement égale à leur valeur légale ; c'est une condition *sine qua non*, nous lo savons. Quant à la pièce d'argent, il n'est pas difficile de satisfaire à cette condition. L'argent vaut, ou du moins valait à l'époque où nous nous sommes placés, 200 fr. le kilogramme : donc un lingot de 25 grammes valait juste 5 fr. : nous devons donc donner à notre pièce de 5 fr. d'argent un poids de 25 grammes, et, en ce qui la concerne, la condition voulue sera remplie. Mais quel poids devons-nous donner à la pièce d'or de 5 fr.? A cette époque le kilogramme d'or valait 3,100 fr. (au même titre que l'argent, 9/10). Si donc, avec un kil. d'or, on frappe 620 pièces, chacune d'elles vaudra exactement 5 fr. (car 620 × 5 = 3,100), et chacune pèsera 1 gr. 613 : la condition voulue sera remplie aussi pour celle-ci.

Prenons ces deux pièces et mettons-les dans les deux plateaux d'une balance : nous verrons que *pour faire équilibre à la pièce d'argent de 5 fr., il faut mettre dans l'autre plateau 15 pièces d'or de 5 fr., plus une demi*, ou, si l'on aime mieux, que pour faire équilibre à 2 pièces d'argent, il faut mettre dans l'autre plateau 31 pièces d'or. Cela nous prouve que l'opération a été bien faite. En effet, le kil. or vaut, ou valait à cette époque, tout juste 15 fois et demie le kil. argent (3,100 fr. le kil. or contre 200 fr. le kil. argent). Retenons ce rapport de 15,5 : c'est le rapport légal entre la valeur des deux métaux, il est aussi célèbre en économie politique que le fameux rapport $\pi = 3,1416$ en géométrie. Jusqu'à présent donc tout marche à souhait, mais attendons la fin.

En 1847, on découvre les mines d'or de la Californie; en 1851, celles d'Australie. La quantité d'or produite annuellement se trouve quintuplée (5 ou 600 millions par an au lieu de 100 millions environ). Par contre, l'argent se raréfie par suite du développement du commerce dans l'Inde qui en absorbe des quantités considérables. Il en résulte que la valeur respective des deux métaux change : sur le marché des métaux précieux, pour se procurer 1 kil. or, il n'est pas nécessaire de donner comme autrefois 15 1/2 kil. argent, il suffit d'en

donner 15, même 14 1/2; ce qui revient à dire que l'or a
perdu plus de 6 p. 0/0 de sa valeur. Dès lors il est clair que
ces petits lingots d'or, qui constituent les pièces d'or ont subi
une dépréciation proportionnelle : la pièce de 5 fr. d'or ne
vaut plus en réalité que 4 fr. 70.

Que faudrait-il faire pour rétablir l'équilibre? Évidemment
ajouter un peu plus d'or à chaque pièce d'or — 6 p. 0/0 de
plus environ; il faudrait, pour rétablir l'équivalence entre la
valeur intrinsèque et la valeur légale, que la pièce de 5 fr.
d'argent fît équilibre à 15 ou 14 1/2 pièces de 5 fr. d'or.
Alors c'est toute la monnaie d'or qui est à refondre!.... Attendons encore.

Vingt ans plus tard, vers 1873, changement à vue. Les
mines d'argent découvertes dans les États de l'Ouest américain jettent sur le marché des quantités d'argent énormes; en
même temps l'Allemagne, adoptant l'étalon d'or, démonétise
sa monnaie d'argent et fait refluer sur le marché ses thalers
dont elle ne veut plus. Encore une fois la valeur respective
des deux métaux change, mais cette fois en sens inverse :
sur le marché des métaux précieux, avec un kil. d'or on peut
se procurer non plus seulement 15 1/2 kil. argent, mais 16,
17, 18, 20 et jusqu'à 22 kil. d'argent! Ce qui revient à dire
que l'argent a perdu plus d'un quart de sa valeur relativement à l'or. Dès lors il est clair que chaque lingot d'argent
qui constitue une pièce d'argent a subi une dépréciation proportionnelle : la pièce de 5 fr. d'argent ne vaut plus en réalité
que 3 fr. 50. Que faudrait-il faire pour rétablir l'équilibre?
Évidemment mettre beaucoup plus d'argent dans chaque
pièce, augmenter d'un quart leur poids, faire que la pièce
d'argent de 5 fr. pesât autant que 20 pièces d'or de 5 fr. :
alors l'équivalence entre la valeur intrinsèque et la valeur
légale serait rétablie : mais c'est toute notre monnaie d'argent
qui est à refondre!

Mais quoi! si nous voulons conserver à nos deux monnaies

leur caractère de monnaie droite, c'est-à-dire l'équivalence
rigoureuse entre leur valeur intrinsèque et leur valeur légale,
faudra-t-il donc refondre perpétuellement tantôt l'une, tantôt
l'autre des deux monnaies pour accommoder leurs poids aux
variations de valeur des deux métaux? C'est, semble-t-il, la
conclusion qui s'impose. Mais c'est impraticable et absurde [1].

## II.

### COMMENT LES PAYS BI-MÉTALLISTES SE TROUVENT EN FAIT N'AVOIR QU'UNE SEULE MONNAIE.

Tout système bi-métalliste présente, comme nous venons
de le voir, cet inconvénient grave qu'il ne peut réussir à maintenir, pour chacune des deux monnaies à la fois, cette équivalence entre la valeur intrinsèque et la valeur légale qui doit

---

[1] Pour peu qu'on y réfléchisse, on voit bien qu'il suffirait, au besoin,
de faire varier le poids *d'une seule* des deux monnaies, en prenant l'autre,
toujours la même, pour unité : — par exemple, en prenant pour unité le
franc d'argent de 5 grammes, faire varier le poids des pièces d'or, tantôt
au-dessus, tantôt au-dessous du poids légal, suivant les variations de valeur du métal or. Mais, malgré cette simplification, ce ne serait guère plus
pratique.

On pourrait aussi, dans la même hypothèse, laissant les poids des pièces
d'or invariables, effacer l'indication de la valeur légale qui y est gravée et
laisser leur valeur osciller librement suivant les lois de l'offre et de la demande, comme varient dans certains pays, en Cochinchine par exemple,
la valeur de la piastre, ou comme variait en Autriche, jusqu'à ces dernières
années, la pièce d'or de 8 florins (20 francs). Mais alors les pièces d'or ne
seront plus, à vrai dire, des pièces de monnaie; elles ne seront plus que
des lingots qui circuleront comme une marchandise quelconque. Il y aura
un cours coté pour les pièces de 20 fr., comme pour les cotons ou le blé,
et qui variera de même. Quelle complication dans les affaires, quels pièges
tendus aux simples!

Les législateurs de germinal an XI, en organisant notre système monétaire, avaient parfaitement prévu les difficultés qui pourraient en résulter
et ils avaient même proposé l'un et l'autre des deux remèdes que je viens
d'indiquer.

être le caractère de toute bonne monnaie. Sans cesse, suivant es variations de valeur des deux métaux, l'une des deux se trouvera trop forte ou trop faible.

On pourrait penser, peut-être, que cet inconvénient est plus théorique que pratique : « Qu'importe, dira-t-on, que nos pièces d'or ou d'argent aient une valeur légale un peu supérieure ou un peu inférieure à leur valeur réelle? Personne n'y fait attention et en tout cas personne n'en souffre ».

C'est une erreur : il y a dans cette situation un inconvénient pratique, plus que cela, un véritable péril, et voici lequel : la monnaie qui est la plus faible des deux expulsera peu à peu de la circulation la monnaie forte, en sorte que tout pays qui est soi-disant au régime du double étalon, se trouve en fait dans cette singulière situation qu'il *ne conserve jamais dans sa circulation qu'une seule des deux monnaies et justement la plus mauvaise.* Un mouvement de flux et de reflux périodique emporte le métal qui est en hausse et ramène le métal qui est en baisse.

C'est l'application pure et simple de la loi de Gresham que nous avons déjà étudiée, mais l'histoire de notre système monétaire depuis quarante ans en offre une merveilleuse démonstration.

Quand, sous le second Empire, l'or se trouva en baisse par suite des circonstances que nous avons indiquées dans le chapitre précédent, notre monnaie d'argent commença à disparaître et à être remplacée par la monnaie d'or, par ces beaux « napoléons », monnaie à laquelle on était peu habitué encore, que l'on admirait fort et dans laquelle les courtisans saluaient la richesse et l'éclat du nouveau règne, mais qui, en réalité, n'était si abondante que parce qu'elle était faite avec un métal déprécié. Et ce phénomène de la transmutation des métaux s'explique très aisément.

Le banquier de Londres qui voulait se procurer de l'argent pour l'envoyer aux Indes, cherchait naturellement à l'acheter là où il pouvait le trouver à meilleur compte. A Londres, avec 1 kil. or, il n'aurait pas pu se procurer plus de 14 kil. argent. Mais en envoyant son kil. or à la Monnaie de Paris, il pouvait faire frapper 3,100 francs or, et échanger ensuite ces 3,100 francs or contre 3,100 francs d'argent qui pèsent tout juste 3,100 × 5 gr. = 15 kil. 1/2. Avec son kil. or, il avait donc réussi en définitive à se procurer 15 1/2 kil. argent[1].

Il est facile de voir que, grâce à ce commerce, une certaine quantité de monnaie d'argent était sortie de France et qu'elle avait été remplacée par une quantité égale de monnaie d'or. C'est justement le jeu de la loi de Gresham : la monnaie forte est remplacée par la monnaie faible. C'est par pleines cargaisons que l'on emportait aux Indes les pièces d'argent de France. On les achetait à leur poids d'argent pour les vendre aux hôtels des monnaies de Bombay et de Madras et les convertir en roupies. Durant cette période, ces hôtels transformèrent en monnaie indienne plus de deux milliards de nos pièces françaises.

On ne tarda pas à souffrir d'une véritable disette de monnaie d'argent. Pour arrêter sa fuite, on n'aurait pas manqué, au temps jadis, de recourir à des mesures prohibitives et peut-être à des pénalités contre les gens qui exportaient la monnaie d'argent. La science économique, en indiquant la cause du mal, permettait d'apporter un remède bien plus efficace. La monnaie d'argent disparaissait parce qu'elle était trop forte :

---

[1] L'opération pouvait se faire encore d'une façon inverse. Un banquier de Paris réunissait 2,800 pièces de 1 franc argent qui pèsent tout juste 13 kil. (2,800 × 0,005 = 14). Il envoyait ces 14 kil. argent à Londres, et obtenait en échange 1 kil. or, puisque telle était la valeur marchande de ces deux métaux. Il se faisait renvoyer de Londres son kil. or, et le faisait frapper à la Monnaie de Paris sous la forme de 3,100 francs or. Il gagnait donc 300 francs brut sur cette opération, soit un peu plus de 10 p. 0/0, et, déduction faite du prix de monnayage et de transport, l'opération était encore très lucrative.

il suffisait donc de l'affaiblir en diminuant son poids ou simplement sa proportion de métal fin, et on pouvait être certain
qu'on lui aurait coupé les ailes : elle ne bougerait plus. C'est
ce que firent d'un commun accord la France, l'Italie, la Belgique, la Suisse, par la convention du 23 décembre 1865. Le
titre de toutes les pièces d'argent, *hormis des pièces de 5
francs*, fut abaissé de 900/1000 à 835/1000, ce qui leur enlevait un peu plus de 7 p. 0/0 de leur valeur. *Toutes ces pièces
devinrent donc, et sont restées depuis, de la monnaie de billon*
et, suivant les principes invariables en cette matière, elles ont
perdu depuis ce jour leur caractère de monnaie légale et n'ont
plus été reçues que comme monnaie d'appoint[1]. Pourquoi fit-
on exception pour la pièce de cinq francs? Il n'y avait aucune
bonne raison pour cela, mais ce fut la France qui l'exigea.
Billonner toutes les pièces d'argent, c'eût été abandonner complètement la monnaie d'argent comme monnaie légale, c'eût
été devenir franchement mono-métalliste or, comme l'Angleterre, et cette révolution dans notre système monétaire effraya
le gouvernement français. On maintint donc la pièce de cinq
francs avec son poids et son titre et son caractère de monnaie
légale. Naturellement elle continua à fuir, mais on pouvait plus
aisément se passer d'elle que de la monnaie divisionnaire : au
besoin, on pouvait la remplacer par la pièce de cinq francs d'or.

A partir de 1870, nous avons vu qu'une révolution inverse
s'était accomplie dans la valeur respective des deux métaux,
et que l'appareil monétaire français s'était trouvé de nouveau
désaccordé, mais cette fois en sens inverse. Ce fut la monnaie
d'or qui se trouva trop forte et qui, par conséquent, commença à émigrer. Ce fut la monnaie d'argent qui se trouva
trop faible et qui commença à pulluler.

---

[1] Jusqu'à concurrence de 50 fr. entre particuliers et de 100 fr. dans les
caisses publiques. Aujourd'hui, par une tolérance exagérée pour une
monnaie aussi faible, la limite a été élevée à 100 fr. entre particuliers et
même a été tout à fait supprimée pour les caisses publiques.

Les mêmes opérations que nous avons expliquées tout à l'heure recommencèrent, mais en sens inverse. Recommençons l'explication, pour éviter toute obscurité sur ce point essentiel.

Un banquier à Paris se procurait 3,100 francs d'or, en pièces de vingt francs ou de dix francs, il n'importe. Cela fait tout juste un kil. d'or. Il les mettait dans un sac et les expédiait à Londres. Sur le marché des métaux précieux, à Londres, avec 1 kil. or, on pouvait avoir jusqu'à 20 kil. argent. Il achetait donc 20 kil. argent, se les faisait réexpédier à Paris et les faisait monnayer à l'Hôtel des Monnaies. Comme avec 1 kil. argent, la Monnaie doit frapper 40 pièces de 5 francs (c'est-à-dire 200 francs), on délivrait à notre banquier 20 × 200 = 4,000 francs, en pièces de cinq francs. Bénéfice brut 900 francs. Déduisez les frais de transport, de monnayage, etc., et aussi la prime nécessaire pour se procurer les pièces d'or, à mesure qu'elles devenaient rares, l'opération n'en était pas moins très lucrative. Et il est clair que pour la France l'opération se traduisait par une diminution de la monnaie d'or et une augmentation de la monnaie d'argent. Répétée indéfiniment, cette simple opération devait avoir pour résultat au bout d'un certain temps de substituer complètement dans la circulation la monnaie d'argent à la monnaie d'or.

Il fallut donc que les puissances qui avaient formé l'Union Latine (la Grèce depuis s'y était adjointe) se concertassent pour remédier à ce nouveau danger. De même qu'en 1865 elles avaient arrêté la fuite de la monnaie d'argent en affaiblissant son titre, de même elles auraient pu arrêter la fuite de la monnaie d'or en affaiblissant son titre ou en diminuant son poids. Mais ces refontes incessantes portant tantôt sur une monnaie, tantôt sur l'autre, auraient fini par désorganiser tout le système monétaire. On préféra recourir à un procédé plus simple. *La convention du 5 novembre 1878 a suspendu complètement la frappe de la monnaie d'argent.* Dès lors l'opération que nous venons de décrire est devenue impossible. Il n'y a plus guère de profit à acheter des lingots d'argent à l'étranger, puisqu'on ne peut plus les convertir en monnaie.

Aussi bien cette mesure réussit pleinement à conserver à la France son beau stock métallique or, qui n'avait pas encore été sensiblement entamé. Mais, comme on peut bien le penser, cette convention qui fermait au métal argent un marché de près de 80 millions d'hommes et restreignait d'autant ses débouchés, eut pour effet de précipiter encore la dépréciation du métal argent, c'est-à-dire d'aggraver le mal. C'est alors qu'on vit le métal argent, qui jusqu'alors n'avait guère perdu que 10 ou 12 p. 0/0, tomber de chute en chute jusqu'au prix de 135 francs le kil. (mars 1893), au lieu de 200 francs qui est le prix légal, ce qui correspond presque au rapport de 1 à 23 entre la valeur des deux métaux !

A cette heure encore, la frappe de la monnaie d'argent n'a pas été reprise, et nul ne sait si on la reprendra jamais. Dès lors on peut dire que bien que les pays de l'Union Latine soient encore légalement sous le régime bi-métallique, en fait, ils sont à peu près devenus mono-métallistes or. *De toutes leurs pièces d'argent, il n'en est plus qu'une seule qui soit encore monnaie légale, et celle-là justement on ne la frappe plus !*

## III.

### S'IL CONVIENT D'ADOPTER LE SYSTÈME MONO-MÉTALLISTE.

Il semble, d'après les explications qui précèdent, qu'il n'y ait pas lieu d'hésiter. Le système mono-métalliste est infiniment plus simple; il coupe court à toutes les difficultés que nous venons de signaler. Pourquoi ne pas l'adopter?

C'est justement la thèse que soutient presque toute l'école

économique classique; le mono-métallisme est pour elle, un
peu comme le libre-échange, un article de foi.

Tel est d'ailleurs le parti qu'a adopté depuis longtemps déjà
la première nation commerciale du monde, l'Angleterre (depuis 1816); puis le Portugal, l'Allemagne (en 1873), les
trois États Scandinaves (en 1875), l'Autriche (en 1892).

Toutefois les pays bi-métallistes — en Europe le groupe de
l'Union Latine avec la France, l'Italie, la Belgique, la Suisse
et la Grèce — et surtout les États-Unis d'Amérique[1], ne sont
pas disposés à abandonner leur système. Au contraire, dans
les congrès réitérés qui se sont réunis depuis quelques
années, ils se sont efforcés, sans succès d'ailleurs, de
rallier au système bi-métalliste les États qui s'en étaient dé-
tachés.

C'est qu'en effet l'adoption du système mono-métalliste n'est
pas sans inconvénients ni même sans dangers, soit pour le
présent, soit pour l'avenir :

1° Le premier inconvénient, c'est que l'adoption de l'étalon
d'or entraîne la démonétisation de l'argent : car si on enlève à
la pièce de 5 francs le caractère de monnaie légale, il faut
aussi la retirer, au moins en partie, de la circulation. Or, il
y a en France pour près de 3 milliards de ces pièces, mais
qui vendues au poids d'argent ne vaudraient guère plus de 2
milliards. Les frais de cette opération s'élèveraient donc à
près d'un milliard et peut-être plus, car il est bien évident

---

1 Les États-Unis n'ont pas adopté le même rapport que l'Union Latine
entre la valeur des deux métaux; entre le dollar or et le dollar argent, le
rapport est de 1/16. Les États-Unis seraient depuis longtemps convertis
au mono-métallisme, comme l'Angleterre, sans la nécessité de réserver
un débouché à leurs riches mines d'argent. C'est pour cette raison qu'en
vertu de lois qui ont causé une grande agitation et ont servi de plate-
forme électorale, le *Bland bill* et le *Silver bill*, le gouvernement doit faire
frapper un certain nombre de millions de dollars d'argent chaque mois. Il
est vrai que ces dollars d'argent n'entrent guère dans la circulation et
s'entassent dans les caisses publiques.

qu'une semblable mesure aurait inévitablement pour effet de précipiter encore plus bas la chute du métal argent[1].

2° Un second inconvénient, c'est que si tous les pays choisissent l'or pour étalon, il est à craindre que le métal or ne suffise plus aux besoins. Il ne faut pas oublier que la moitié environ de la production est absorbée par les emplois industriels. Il est donc à craindre que l'or ne devenant à la fois plus rare et plus demandé, n'augmente trop de valeur[2].

Qu'importe, dira-t-on peut-être? la seule conséquence c'est qu'avec une pièce de 20 fr. d'or, on pourra se procurer deux fois plus de marchandises qu'autrefois : où est le mal? — Le mal est justement dans la baisse générale du prix que suppose une telle hypothèse. Déjà beaucoup d'économistes pensent que la crise dont se plaignent depuis quelques années tous les producteurs n'a d'autre cause que « l'appréciation » de l'or, comme disent les Anglais, c'est-à-dire sa hausse de valeur provoquée par sa rareté, et ils en concluent que la généralisation du système mono-métalliste aggraverait singulièrement cette rareté et, par voie de conséquence, la crise elle-même.

3° Le troisième inconvénient enfin, c'est que les variations

---

[1] On dira peut-être que l'État n'aurait qu'à laisser la perte pour compte aux porteurs des écus de 5 francs? — D'abord ce serait un procédé peu honorable de la part de l'État qui a garanti la valeur de ces pièces par le fait qu'il a inscrit cette valeur sur la pièce elle-même; — et en tout cas ce serait la ruine de la Banque de France, car elle a dans son encaisse plus de 1,200 millions d'argent, sur lesquels elle se trouverait perdre plus de 300 millions, c'est-à-dire près de deux fois le montant de son capital.

[2] Cependant depuis quelques années la production de l'or tend sensiblement à se relever, grâce à l'exploitation des mines du Transvaal. La valeur annuelle qui était tombée au-dessous de 500 millions en 1883, s'est relevée en 1892 à près de 700 millions. La valeur de la production annuelle de l'argent (valeur marchande, non valeur légale) a été presque exactement la même, un peu moins de 700 millions — Mais si cette progression devait continuer, ce serait plutôt un argument en faveur des bimétallistes, puisqu'en ce cas le rapport entre la valeur des deux métaux tendrait à redescendre au rapport de 15 1/2.

de prix sont beaucoup plus à redouter avec un seul étalon des valeurs qu'avec deux.

Quand il n'y a pour mesurer les valeurs qu'une seule monnaie, toute variation dans la valeur de celle-ci a pour conséquence immédiate une variation inverse dans les prix (Voy. ci-dessus, p. 89) et pour peu que ces variations soient fréquentes et brusques, elles détraquent tout l'organisme commercial et provoquent des crises.

Quand on emploie au contraire, pour mesurer les valeurs, deux monnaies, alors *il s'établit entre elles une sorte de compensation* très favorable à la stabilité des prix et par suite aussi à la prospérité du commerce, car dans les affaires c'est surtout la stabilité qui est à considérer. L'explication de ce phénomène de compensation est un peu délicate, mais il est facile cependant de s'en faire une idée.

Il suffit de se rappeler que la principale cause de la supériorité des métaux précieux, en tant que mesure des valeurs, tient à ce fait que les variations de quantité sont peu de chose relativement à la masse existante (Voy. ci-dessus, p. 83). Mais cette condition est d'autant mieux remplie que le stock métallique est plus considérable et qu'il s'alimente à des sources différentes. Composé de deux métaux, il formera d'abord une masse double, et, de plus, comme il est peu probable que les causes qui amènent un surcroît de production de l'un ou de l'autre des deux métaux coïncident, les variations seront moins sensibles; c'est ainsi que les crues d'un fleuve sont d'autant moins soudaines et moins à redouter que ses affluents sont plus nombreux et qu'ils prennent leurs sources dans des régions plus éloignées et plus différentes par leurs caractères géologiques ou climatériques. Les crues de la Seine, dont les affluents sont nombreux et ont la forme rayonnante, sont inoffensives, tandis que celles de la Loire dont les grands affluents prennent tous leur source dans la même région, sont désastreuses. A ce point de vue, il est préférable que notre réservoir métallique soit alimenté par deux affluents d'origines différentes, par l'or et l'argent plutôt que par un seul, et s'il y en avait trois ou quatre, ce serait encore mieux. En fait, s'il n'y avait eu que le métal or, la découverte des mines d'or de Californie et d'Australie aurait causé la plus profonde perturbation par une hausse démesurée des prix. Leur épuisement en causerait une autre encore plus redoutable. *Il importe assez peu que dans le monde les prix soient hauts ou bas, mais ce qui importe beaucoup, c'est qu'on ne voit pas brusquement les bas prix succéder à de hauts prix, et vice versa* [1].

Et il est à désirer aussi que la valeur du numéraire tende d'une façon générale à la baisse plutôt qu'à la hausse, car cette baisse continue et progressive dans la puissance de l'argent agit dans un sens égalitaire, soulage les débiteurs et tend à diminuer la supériorité des possesseurs d'argent sur ceux qui n'en ont pas. Or, avec un seul métal, l'or, il pourrait arriver que la valeur du numéraire tendît au contraire vers la hausse.

On s'explique donc fort bien que les pays bi-métallistes hésitent à adopter le mono-métallisme : si faible que soit le fil qui les rattachent encore au bi-métallisme, il peut leur en coûter cher de le couper. Pour le moment, ils se sentent suffisamment protégés par la loi qui interdit la frappe de la monnaie d'argent — et, en effet, depuis qu'elle fonctionne, on ne voit pas que la quantité d'or existant en France ait diminué dans des proportions inquiétantes — et ils attendent pour se décider une occasion plus propice, soit le jour où l'ouverture de la Chine ou de l'Afrique centrale au commerce européen aura

---

[1] M. Walras a proposé de perfectionner ce système de compensation — qui n'agit, il faut bien le dire, qu'un peu au hasard — par l'intervention de l'État qui introduirait ou retirerait de la circulation, suivant les cas, une quantité de monnaie d'argent déterminée à l'aide de calculs statistiques ; et il espère, en faisant ainsi varier artificiellement la quantité de monnaie, rendre sa valeur à peu près invariable. — Voy. au reste ci-dessus, p. 91.

pour résultat possible de relever la valeur du métal argent, soit le jour où l'accroissement possible dans la production de l'or en aura abaissé la valeur. Cette politique du *statu quo* nous paraît la plus sage. Ce n'est pas un grand mal et c'est même un bien qu'il y ait à la fois de par le monde des pays mono-métallistes or, des pays mono-métallistes argent (comme la Chine et les Indes), et des pays bi-métallistes qui servent précisément de lien entre les deux. Sans doute ceux-ci se trouvent dans une situation un peu plus difficile : ils ont toujours à défendre celle de leurs deux monnaies qui se trouve en hausse, mais ils peuvent y parvenir dans une certaine mesure : — et, d'ailleurs, quand bien même ils devraient céder à l'étranger une partie de la monnaie qui est en hausse, comme ils ne la leur céderont pas gratis, mais en leur faisant payer la prime, ce sera là en fin de compte une opération commerciale tout comme une autre et le mal ne sera pas bien grand.

## IV.

### SI LA VALEUR RESPECTIVE DES DEUX MÉTAUX NE POURRAIT PAS ÊTRE FIXÉE PAR UNE ENTENTE INTERNATIONALE ?

Les partisans du bi-métallisme vont même plus loin; ils prétendent qu'aucune des difficultés qui paraissent inhérentes au système bi-métallique ne se produirait, si ce système était consacré par un accord international de tous les peuples civilisés sur le pied de 15 1/2, ou d'un autre rapport.

C'est cette affirmation qui paraît particulièrement choquante aux économistes de l'école classique. Il ne saurait dépendre, disent-ils, de la volonté d'un gouvernement, ni même de tous les gouvernements réunis, de fixer la valeur respective de l'or et de l'argent *ne varietur*, pas plus que la valeur respec-

tive des bœufs et des moutons ou celle du blé et de l'avoine.
La valeur des choses est fixée uniquement par la loi de l'offre
et de la demande et échappe complètement à la réglementation du législateur : celle des métaux précieux ne fait pas
exception à la règle.

Ce raisonnement de l'école classique nous paraît trop
absolu. L'or et l'argent ne sont point des marchandises
qui puissent être assimilées aux bœufs ni aux moutons ni à
toute autre marchandise, et voici pourquoi : c'est que leur
principale utilité est justement de servir à fabriquer la monnaie. Par conséquent, quand on parle de la demande des métaux précieux, il faut entendre par là presque exclusivement
la demande qu'en font une douzaine de gouvernements pour
leurs Hôtels des Monnaies. Or il n'y a rien d'absurde à penser
que si cette douzaine d'acheteurs s'entendaient pour fixer les
prix respectifs des deux métaux, ils ne pussent en effet y
réussir. S'ils déclarent qu'ils achèteront tous le kil. or sur le
pied de 3,100 fr., et le kil. argent sur le pied de 200 fr., il
est fort probable qu'ils feront la loi au marché. On dit qu'il
serait absurde de décréter qu'un bœuf vaudra toujours dix
moutons ou qu'un hectolitre de blé vaudra toujours deux hectolitres d'avoine! Oui sans doute, parce que le marché de ces
marchandises est immense et que chacun de nous par ses
achats personnels contribue à en régler les cours. Mais s'il
n'y avait de par le monde qu'une douzaine de personnes qui
fissent usage de bœuf ou de mouton, il est très vraisemblable
qu'il dépendrait d'elles, en se coalisant, d'en fixer les prix
sur le pied de 1 à 10 ou sur tout autre pied qu'il leur plai-
rait. Ce cas là ne se présente que trop souvent dans les spéculations commerciales formées par de grands commerçants
coalisés, sous le nom de *Cartels* ou *Trusts*[1].

---

[1] On peut citer d'ailleurs bien des preuves de cette influence exercée
par le législateur sur le cours des métaux précieux : — par exemple la

Sans doute, il ne faut pas pousser cette conclusion à l'absurde. Il va sans dire qu'il ne serait pas au pouvoir des gouvernements, fussent-ils unanimes, de décréter que le rapport entre l'or et l'argent sera désormais sur pied d'égalité, ou mieux encore, que le rapport sera renversé et que désormais 1 kil. d'argent vaudra 15 1/2 kil. or! Pourquoi une telle déclaration serait-elle lettre morte? Parce que l'emploi industriel des métaux précieux, bien que de moindre importance que l'emploi monétaire, ne saurait cependant être négligé et il serait suffisant pour empêcher la fixation d'un rapport aussi extravagant que celui que nous venons d'indiquer. Tous les gouvernements du monde auraient beau décréter que l'argent vaudra autant que l'or, jamais hommes et femmes ne paieront pour une montre ou pour une bague d'argent le même prix que pour une montre ou pour une bague d'or[1].

Mais dans des limites raisonnables, nous n'hésitons pas à croire qu'un accord international serait efficace pour fixer la valeur respective des deux métaux et pour supprimer par conséquent le principal inconvénient du système bi-métalliste, à savoir la fuite de l'une des deux monnaies. Où fuirait-elle, puisque par tout pays elle serait soumise à la même loi?

stabilité du rapport entre la valeur des deux métaux qui s'est prolongée près d'un demi-siècle grâce à la loi française; — et en sens inverse la baisse de l'argent produite par la démonétisation de l'Allemagne et aggravée par la convention qui a supprimé la frappe de ce métal dans l'Union latine. — Voyez les nombreuses brochures de M. Cernuschi.

[1] Ajoutons que si, par hypothèse, on parvenait à maintenir la valeur de l'or au même niveau que celle de l'argent, comme les frais de production de l'or sont beaucoup plus considérables que ceux de l'argent, les mines d'or ne tarderaient pas à être abandonnées parce qu'elles ne donneraient plus de bénéfices, et une semblable mesure aurait finalement pour résultat de supprimer la production de l'or dans un délai plus ou moins éloigné. De même que si on décrétait qu'un bœuf ne vaudra pas plus qu'un mouton et qu'on réussit à imposer cette base d'évaluation, on peut tenir pour certain que personne n'élèverait plus de bœufs et qu'au bout d'un certain temps la race même en aurait disparu.

# CHAPITRE V.

## LA MONNAIE DE PAPIER.

## I.

### SI L'ON PEUT REMPLACER LA MONNAIE MÉTALLIQUE PAR DE LA MONNAIE DE PAPIER.

Si nous ne savions déjà, par une expérience journalière, que l'on peut substituer la monnaie de papier à la monnaie métallique, nous aurions quelque peine à le croire et la question inscrite en tête de ce chapitre paraîtrait bizarre.

Il est clair en effet qu'on ne saurait remplacer du blé, ou du charbon ou une richesse quelconque par de simples feuilles de papier sur lesquelles on aurait fait graver ces mots : « 100 hectolitres de blé » ou « 100 quintaux de charbon ». Ce ne sont pas ces feuilles de papier qui pourront nous nourrir ou nous chauffer. Si même nous nous servions des pièces de monnaie, comme les filles d'Orient de leurs sequins d'or ou d'argent, pour les suspendre à notre cou, il est clair que des morceaux de papier ne pourraient les remplacer. — Il est vrai. Mais nous savons que dans nos sociétés civilisées l'utilité des pièces de monnaie est toute immatérielle (Voy. p. 99). Une pièce de monnaie n'est pas autre chose qu'un *bon* qui nous donne le droit de nous faire délivrer, sous certaines conditions, une part des richesses existantes. Or ce rôle de bon peut être joué par une feuille de papier aussi bien que par un morceau de métal.

Pour mieux éclaircir ceci, il faut distinguer trois espèces de monnaie de papier :

1° La monnaie de papier *représentative* est celle qui ne fait que représenter une somme égale de numéraire déposée quelque part, par exemple dans les caisses d'une Banque, et qui lui sert de gage. C'est ainsi que le gouvernement des États-Unis, voyant que le public n'aime pas beaucoup les dollars d'argent, les garde dans ses caisses et les remplace dans la circulation par des *silver certificates* qui sont, précisément parce que ce sont des feuilles de papier, d'un maniement plus commode. — Cette première forme de monnaie de papier ne peut présenter aucune difficulté.

2° La monnaie de papier *fiduciaire* est celle qui se présente sous la forme d'un titre de crédit proprement dit, d'une promesse de payer une certaine somme d'argent. Il est clair que la valeur de cette créance dépend uniquement de la solvabilité du débiteur : — mais si, pour une raison ou pour une autre, on a pleine confiance dans cette solvabilité, si, comme on le dit quelquefois dans le langage des affaires, « la signature vaut de l'or », il est clair qu'il n'y a pas de raison pour que cette feuille de papier ne circule aussi facilement que la monnaie métallique. Les billets de Banque rentrent en général dans cette catégorie, sauf dans quelques cas particuliers que nous verrons ci-après.

3° La monnaie de papier *conventionnelle* est celle qui ne représente rien du tout et ne donne droit à rien. C'est pour celle-ci qu'on réserve d'ordinaire le nom de *papier-monnaie* dans le sens strict. Ce sont, par exemple, des feuilles de papier émises par un État qui n'a point de numéraire. Ces feuilles portent, il est vrai, ces mots inscrits : « billets de 100 fr. ou de 1,000 fr. » et par là revêtent l'apparence, comme les précédents, d'une promesse de payer une certaine somme d'argent. Mais on sait que c'est une pure fiction et que l'État ne les remboursera point, puisqu'il n'a point d'argent pour cela.

C'est sous cette dernière forme surtout que la substitution de la monnaie de papier à la monnaie métallique paraît difficile à comprendre, et de fait elle n'est point aussi aisée à réaliser. Cependant des expériences cent fois répétées dans tous les pays ont prouvé que, sous certaines conditions, cette substitution était possible et que même les peuples s'en accommodaient assez aisément. La Russie et les républiques de l'Amérique du Sud sont à ce régime depuis plusieurs générations. Pourquoi pas en effet? Si par la volonté de la loi, et par le consentement général qui doit toujours ratifier dans une certaine mesure la déclaration du législateur, — ces morceaux de papier blancs ou bleus sont investis de la propriété de servir à payer nos achats, nos dettes, nos impôts, pourquoi ne circuleraient-ils pas tout aussi bien que les pièces blanches ou jaunes? Celles-ci ne nous servent à rien de plus.

Cependant il faut avouer qu'entre la valeur de la monnaie métallique et celle de la monnaie de papier, il y aura toujours quelques graves différences. Celle-ci sera toujours plus précaire, plus resserrée, plus variable :

1° La valeur du papier est *précaire*, car elle repose uniquement sur la volonté du législateur, et la même loi qui l'a créée peut aussi l'anéantir. Si la loi démonétise le papier-monnaie, il ne restera rien entre les mains du porteur qu'un chiffon sans valeur; quand il a perdu sa valeur légale, il a tout perdu. Il n'en est pas tout à fait de même de la monnaie métallique. En dehors de sa valeur légale, elle a aussi une valeur naturelle qu'elle doit aux propriétés physiques et chimiques du métal dont elle est composée. Sans doute, si l'or et l'argent étaient démonétisés par tout pays, la monnaie métallique perdrait la plus grande partie de sa valeur : il n'y a pas d'illusion à se faire à cet égard[1] et la baisse de

---

[1] C'est cependant une illusion que se font beaucoup d'auteurs ou contre laquelle du moins ils ne mettent nullement en garde leurs lecteurs. La plupart semblent dire que le sceau de l'État imprimé sur les pièces d'or et d'argent ne fait que constater leur valeur réelle, comme ces étiquettes que les marchands piquent sur leurs marchandises. Mais la déclaration

la monnaie d'argent, provoquée par sa démonétisation dans
quelques pays seulement, l'a prouvé surabondamment. Toutefois, même dans cette hypothèse, les métaux précieux conserveraient encore une certaine utilité, puisqu'ils pourraient
être affectés à des usages industriels; et comme ces emplois
industriels deviendraient d'autant plus importants et d'autant
plus nombreux que la valeur du métal baisserait, il est possible que cette baisse de valeur ne fût pas aussi grande
qu'on le pense. Mettons qu'elle descendît au tiers ou au quart
de sa valeur actuelle. Il resterait encore entre les mains du
porteur de pièces de monnaie, une certaine valeur que la loi
n'aurait pu lui ravir, probablement même une valeur supé-

---

que la pièce d'or de six grammes vaut 20 francs n'est pas seulement *dé-
clarative,* elle est *attributive* de valeur. C'est parce que la volonté du législateur, ou, si l'on préfère, la convention des hommes a choisi l'or et
l'argent comme monnaie, que ces métaux ont acquis la plus grande partie de
valeur, et ils la perdraient sitôt que cette convention ou cette loi viendrait
à disparaître. C'est ce qu'Aristote du reste avait vu très clairement : « Par
» l'effet d'une convention volontaire, dit-il, la monnaie est devenue l'ins-
» trument d'échange. On l'appelle νόμισμα, de νόμος loi, parce que la
» monnaie n'existe pas de par la nature : elle n'existe que de par la loi et
» il dépend de nous de la changer et de la priver de son utilité, si nous
» le voulons ». (*Morale à Nicomaque*, livre V.)
   Toutefois il faut remarquer que le choix des hommes en se portant sur
les métaux précieux, n'a rien eu d'arbitraire, car il a été dicté par les qualités très réelles que possèdent ces métaux et que nous avons indiquées.
Ce n'est donc pas raisonner très juste que de dire, comme le font, en
sens inverse, d'autres économistes et M. Cernuschi notamment, que la valeur des métaux précieux est purement *conventionnelle*. Pour qu'un objet
quelconque ait une utilité et une valeur reconnues, il faut en tout cas que
la volonté et le choix des hommes interviennent, mais si cette volonté et ce
choix sont déterminés par *des causes naturelles,* la valeur qui en résultera
sera naturelle et nullement conventionnelle. Le blé lui-même doit sa valeur
au fait que la plupart des hommes civilisés ont choisi cette céréale entre
tant d'autres pour leur alimentation, et si jamais ils la remplacent par
une autre, on peut dire aussi que sa valeur sera anéantie : personne ne
songera pourtant à dire que la valeur du blé est conventionnelle. Il en est
de même des métaux précieux. La seule différence, c'est qu'il est plus aisé
de remplacer des métaux précieux comme monnaie que de remplacer le
blé comme aliment.

rieure encore à celle de n'importe quelle autre marchandise.

2° La valeur de la monnaie de papier est plus *resserrée*, car comme elle est conférée par la loi, elle ne peut s'étendre en dehors des limites du territoire que cette loi régit[1]. Elle ne peut donc servir à régler les échanges internationaux. Au contraire, la valeur de la monnaie métallique, étant réglée par le métal, est à peu près la même par tout pays civilisé; elle peut donc circuler partout, sinon comme monnaie frappée, du moins comme lingot. Voilà pourquoi la monnaie métallique est essentiellement une monnaie universelle et internationale, tandis que la monnaie de papier est essentiellement une monnaie nationale.

3° Enfin la valeur de la monnaie de papier est plus *variable* que celle de la monnaie métallique, et cela par la fort bonne raison que la quantité de monnaie de papier dépend de la volonté du législateur, tandis que la quantité de monnaie métallique ne dépend que de causes naturelles, à savoir la découverte de nouvelles mines. L'une est donc émise par les hommes, l'autre par la nature. Il dépend d'un législateur imprévoyant de déprécier la monnaie de papier en en émettant une quantité exagérée, et le fait n'est que trop fréquent, mais il ne dépend d'aucun gouvernement de déprécier de cette façon la monnaie métallique. Alors même qu'il aurait la prudence de n'émettre qu'une quantité déterminée de papier-monnaie, l'inconvénient subsisterait; car les besoins varient suivant le moment : et si à une période d'activité commerciale qui aura nécessité un accroissement de l'instrument des échanges, succède, ce qui arrive le plus souvent, une période de

---

[1] Sans doute un billet de la Banque de France peut être accepté à l'étranger par un changeur ou par quiconque connaît la Banque de France et sait ce que vaut sa signature. Mais en ce cas on le reçoit, non comme une monnaie, mais comme un titre de créance, c'est-à-dire *avec l'intention de se le faire payer*, tout comme on accepterait par tout pays un billet signé de M. de Rothschild.

dépression, le papier-monnaie se trouvera nécessairement en quantité surabondante.

Il est vrai que la découverte de mines exceptionnellement riches peut jeter dans le monde, à un moment donné, une quantité considérable de métaux précieux, et, par suite, faire baisser la valeur de la monnaie métallique. Il est vrai aussi que lorsque une période de dépression succède à une période d'activité, la monnaie métallique qui a été attirée dans un pays peut se trouver en excès. Le fait s'est produit plus d'une fois, mais ces variations n'ont jamais l'amplitude et les fatales conséquences qu'entraîne toute variation dans la quantité de papier-monnaie, parce qu'elles s'étendent sur toute la surface du monde civilisé : partout recherchés et reçus, les métaux précieux, s'ils sont en excès dans un pays, ne tardent pas à refluer d'eux-mêmes dans les autres pays, tandis que les crues subites du papier-monnaie, étant toujours renfermées dans les limites d'un pays déterminé, qui forme comme un réservoir clos et en dehors duquel elles ne peuvent se déverser, sont désastreuses.

Les inconvénients que nous venons de signaler et qui font du papier-monnaie un instrument si imparfait comparativement à la monnaie métallique, disparaîtraient presque complètement, si l'on imaginait une convention internationale conclue entre tous les pays civilisés et par laquelle ils s'engageraient tous :

1° à donner cours légal à un même papier-monnaie;

2° à n'en pas augmenter la quantité, ou à ne l'augmenter que dans une proportion déterminée à l'avance et calculée pour chaque pays, par exemple, d'après l'accroissement de sa population.

En ce cas, la valeur du papier monnaie, quoique toujours conventionnelle, reposant sur le consentement unanime des peuples, reposerait désormais sur une base presqu'aussi large et aussi solide que la valeur de la monnaie métallique elle-même, et peut-être même serait-elle moins sujette à varier puisque sa quantité, au lieu de dépendre du hasard, serait réglée par une loi fixe et connue.


## II.

### SI LA CRÉATION D'UNE MONNAIE DE PAPIER ÉQUIVAUT A UNE CRÉATION DE RICHESSE.

Les hommes qui les premiers ont eu l'idée de créer de la monnaie de papier[1] se flattaient par là d'accroître la richesse générale, de la même façon que s'ils avaient découvert une mine d'or ou réalisé le Grand-Œuvre de la permutation des métaux rêvé par les alchimistes.

Sous cette forme l'idée était évidemment absurde, car elle suppose une création de richesses *ex nihilo*. Et pourtant on l'a trop tournée en ridicule, car il est très vrai que l'émission d'une monnaie de papier peut accroître dans une certaine mesure la quantité de richesses existant dans un pays. Mais de quelle façon? C'est Adam Smith qui le premier en a donné l'explication. Il fait observer que la monnaie métallique qui circule dans un pays est un capital improductif et que la substitution de la monnaie de papier, en rendant disponible ce capital, permet de l'utiliser et de lui donner un emploi productif. C'est ainsi, dit-il dans une comparaison restée célèbre,

---

[1] Qui a inventé la monnaie de papier? On ne sait. Elle était connue en Chine de temps immémorial. L'antiquité nous a laissé maints exemples de monnaies, sinon de papier, du moins de cuir ou d'une valeur purement conventionnelle, que l'on appelait monnaies *obsidionales*, parce qu'elles avaient été en général émises dans des places assiégées, pour suppléer à la monnaie métallique qui se trouvait faire défaut. C'est le financier Law qui a fait le premier sur une grande échelle, en 1716, l'émission de la monnaie de papier : tout le monde sait à quelle catastrophe aboutit son système.

que si l'on trouvait le moyen de voyager dans les airs, on pourrait restituer à la culture et à la production toute la surface du sol qui est occupée par les routes.

La comparaison ingénieuse d'Adam Smith laisse cependant quelque obscurité dans l'esprit. On voit bien clairement que du jour où l'on n'aurait plus besoin des routes ni des chemins de fer, on pourrait défricher le terrain qu'ils occupent et rendre ainsi à la culture et à la production environ 400,000 hectares, rien que pour la France, — mais on ne voit pas bien clairement ce qu'on pourra faire de la monnaie métallique du jour ou l'on aura trouvé le moyen de s'en passer? La fera-t-on fondre pour en faire de la vaisselle plate ou des pendants d'oreilles? Le gain sera bien mince — Non! mais on la placera à l'étranger : voilà le bénéfice. La France a un capital de 8 milliards environ sous forme de monnaie d'or et d'argent. Ce capital énorme sert à ses échanges, mais ne lui rapporte rien : supposons qu'on trouve le moyen de le remplacer par du papier : voilà 8 milliards qu'elle pourra placer à l'étranger, soit en achetant des titres de rentes, des actions de chemins de fer, des terres, des navires, soit en renouvelant son outillage industriel ou agricole, et qui, d'une façon ou de l'autre, peuvent lui rapporter 4 ou 5 p. 0/0, c'est-à-dire 3 ou 400 millions de revenu. C'est comme un père de famille qui possédant quelques millions de francs sous forme d'argenterie et, estimant que le ruolz ferait aussi bien son affaire, réaliserait le capital représenté par cette argenterie pour grossir ses revenus. Ou bien encore comme ces particuliers bien avisés qui, sachant que l'argent ne rapporte rien aussi longtemps qu'il dort dans leur poche ou dans leur coffre-fort, ont soin de n'en garder chez eux que le strict nécessaire et de placer tout le reste. Les plus riches, en Angleterre notamment, sont le plus souvent ceux qui ont le moins d'argent chez eux. Le paysan a un tiroir secret de son armoire plein de napoléons ou d'écus, mais le millionnaire pour payer son fournisseur lui donne un chèque sur son banquier. Les nations font de même. Tandis que la France possède 8 milliards de numéraire, l'Angleterre se contente de 3, même de 2 1/2 : elle n'en est pas plus pauvre, elle a placé le reste.

Quand donc on pose cette question : Peut-il dépendre d'un État ou même de banques, en émettant du papier-monnaie, d'augmenter réellement la richesse du pays? — il ne faut pas répondre par une négation absolue. En réalité, la chose est faisable, mais *seulement jusqu'à concurrence de la quantité de monnaie métallique en circulation*. En remplaçant les 8 milliards de numéraire que possède la France par pareille somme en billets, l'émission de papier-monnaie pourrait en effet procurer à la France un supplément de richesses de 8 milliards, et encore serait-il bien imprudent d'aller jusqu'à cette limite.

Il importe de remarquer cependant que si le gain que nous venons d'indiquer peut être réalisé par certains pays, il ne saurait l'être *par tous à la fois*. Un pays peut bien utiliser son stock métallique d'une façon productive en l'écoulant à l'étranger, mais si chacun voulait en faire autant, il est clair qu'aucun n'y réussirait. Les espèces d'or et d'argent étant offertes par tous les pays qui chercheraient à s'en débarrasser et n'étant demandées par aucun, deviendraient une marchandise encombrante et désormais sans valeur[1].

Et toutefois, même dans cette hypothèse fort invraisemblable d'ailleurs, le genre humain trouverait encore son compte à se passer des métaux précieux. Il économiserait en effet désormais tout le travail qu'il consacre annuellement à entretenir son stock métallique, à convertir les lingots en mon-

---

[1] C'est en cela que la comparaison d'Adam Smith pèche un peu. Car si l'on découvrait le moyen de se passer de routes, il en serait autrement : tous les pays pourraient bénéficier également et *à la fois* de l'utilité nouvelle qu'ils trouveraient dans les terrains autrefois consacrés au transport, aujourd'hui devenus disponibles.

naie, à combler le vide que le frai et les pertes accidentelles
y creusent chaque jour, et surtout à en maintenir la masse au
niveau qu'exigent les besoins d'un commerce et d'une population toujours grandissants. Pense-t-on que ce travail là soit
peu de chose? La production annuelle de l'or et de l'argent
dans le monde dépasse depuis bien des années le chiffre d'un
milliard. Or, il en est des métaux précieux comme de toutes
les marchandises : leur valeur, là où il n'y a pas monopole,
tend à se régler sur la quantité de travail qu'elles coûtent. Il y
a donc tout lieu de penser que chaque année le monde, pour
maintenir et accroître son stock métallique, doit entretenir
bon an mal an quelque chose comme 4 ou 500,000 travailleurs,
c'est-à-dire l'équivalent d'une grande armée. Supprimez la
nécessité d'employer les métaux précieux et tous ces bras vont
devenir disponibles pour une production nouvelle. La force
productive de l'humanité se sera accrue d'autant.

En résumé on voit que la monnaie de papier accroît la richesse d'un pays, non point, comme on le croyait autrefois,
*dans la mesure où elle augmente son stock monétaire*, mais
au contraire *dans la mesure où elle permet de le diminuer*.

Tel est l'avantage économique que peut procurer l'émission
du papier-monnaie à un pays. Si l'on demande maintenant
quel est l'avantage financier que l'émission du papier-monnaie
peut procurer à *un gouvernement*, il est beaucoup plus facile
à saisir. Quand un gouvernement se trouve à court d'argent,
la création d'un papier-monnaie est pour lui un moyen très
commode de payer ses fournisseurs, ses fonctionnaires, ses
soldats ou ses rentiers, de pourvoir en un mot à toutes ses
dépenses *sans être obligé d'emprunter et par conséquent sans
avoir besoin de payer d'intérêt*. En général, quand un gouvernement est dans cette situation, c'est qu'il ne jouit pas d'un
crédit très élevé : par conséquent s'il devait emprunter, le
taux d'intérêt serait probablement très onéreux, et le papier-
monnaie peut lui procurer en ce cas une économie qui n'est

pas à dédaigner. Beaucoup d'États y ont eu recours et en somme ne s'en sont pas mal trouvés, à la condition bien entendu de ne pas dépasser dans leurs émissions la limite que nous avons fixée et qui est représentée par la quantité de monnaie métallique en circulation[1]. Toute émission qui dépasserait cette limite ne pourrait avoir pour résultat que de déprécier les prix et elle infligerait au pays et à l'État lui-même des pertes bien supérieures à l'économie dont nous venons de parler.

## III.

### DES DANGERS QUI RÉSULTENT DE L'EMPLOI DU PAPIER-MONNAIE ET DES MOYENS DE LE PRÉVENIR.

Les avantages que peut procurer la monnaie de papier, soit à un pays, soit à un gouvernement, sont donc réels, mais il se peut qu'ils soient payés bien cher, plus cher peut-être qu'ils ne valent. Et on a même pu dire que l'invention du papier-monnaie « avait causé plus de calamités, fait plus de mal et tué plus d'hommes que la guerre elle-même ».

[1] Pendant la guerre franco-allemande, le gouvernement français eut besoin d'argent : il émit pour 1,500 millions de billets. S'il les avait demandés à l'emprunt, il aurait dû payer 6 p. 0/0 environ, soit 90 millions par an. Or l'émission ne lui coûta que 15 millions par an ; encore aurait-il pu ne rien débourser du tout, sauf les frais de fabrication, s'il avait voulu émettre directement ce papier-monnaie. Mais il préféra, avec grande raison d'ailleurs, recourir à l'intermédiaire de la Banque de France, en lui payant un droit de commission de 1 p. 0/0. Quant au pays, il n'avait qu'une quantité d'argent tout à fait insuffisante en circulation, soit que la monnaie eût été exportée pour des achats à l'étranger, soit qu'elle eût servi au paiement de l'indemnité de guerre, soit plutôt qu'elle se cachât. L'émission de ces billets, en reconstituant l'instrument des échanges, fut donc un bienfait pour tous ; même la quantité émise resta plutôt au-dessous des besoins, puisque plusieurs banques privées durent se syndiquer pour émettre de petits billets au-dessous de cinq francs que le public réclamait.

Toutefois il est bon de remarquer que ces fâcheux effets sont dus plutôt à l'imprudence des gouvernements qu'à la nature même du papier-monnaie[1]. Ils ne se manifestent en effet que lorsque le gouvernement a voulu franchir la limite que nous avons déjà marquée et émettre de la monnaie de papier en quantité supérieure aux besoins (ces besoins sont eux-même très suffisamment mesurés par la quantité de monnaie métallique habituellement en circulation). Malheureusement la tentation est grande, pour un gouvernement obéré, de franchir cette limite fatale : beaucoup l'ont fait et ont fini par la banqueroute[2].

Toutefois on peut dire que, dans l'état actuel de la science économique, un gouvernement qui franchit la limite est vraiment inexcusable. Il y a en effet des signes certains, familiers à l'économiste et au financier, qui permettent de reconnaître le danger, même à distance, et qui donnent des indications plus sûres que celles que le plomb de sonde ou les amers peuvent donner au pilote.

1° Le premier, c'est *la prime de l'or*. Du jour où le papier-monnaie a été émis en quantité exagérée relativement aux besoins, il commence à se déprécier suivant la loi constante

---

[1] L'expérience a démontré que lorsque l'émission de la monnaie de papier est confiée à des banques au lieu d'être faite directement par le gouvernement, elle s'opère en général avec beaucoup plus de mesure et présente beaucoup moins de dangers. Aussi la plupart des gouvernements ont-ils recours aujourd'hui à ce procédé. Voy. au chapitre du Crédit, *De la différence entre le billet de banque et le papier-monnaie.*

[2] Tout le monde connaît la lamentable histoire des *assignats* qui furent émis par la Convention et le Directoire jusqu'au chiffre extravagant de 40 milliards, c'est-à-dire vingt fois plus probablement que la quantité de numéraire existant à cette époque. Alors même que cette émission se serait faite en bonnes pièces d'or et d'argent, elle n'en aurait pas moins entraîné une dépréciation considérable de la monnaie métallique, puisque celle-ci se serait trouvée vingt fois supérieure aux besoins. On peut penser dès lors qu'elle dût être la dépréciation d'une simple monnaie de papier! L'assignat de 100 fr. finit par tomber à une valeur de quelques sous et une paire de bottes se vendit 4,000 fr.

des valeurs, et le premier effet de cette dépréciation, le premier signe qui la révèle, alors qu'elle n'apparaît point encore
aux yeux du public, c'est que la monnaie métallique fait prime.
La monnaie métallique n'est point englobée, en effet, dans cette
dépréciation commençante de l'instrument monétaire : pourquoi le serait-elle, puisque l'or et l'argent ont conservé partout
leur ancienne valeur? Les banquiers et les changeurs commencent à la rechercher pour l'envoyer à l'étranger sous forme
de lingots et ils paient une petite prime pour se la procurer.
Voici alors pour les financiers le moment d'avoir l'œil au guet.

2° Le second, c'est la *hausse du change*. Les créances payables sur l'étranger, c'est-à-dire les lettres de change, donnent
lieu dans toutes les places commerciales du monde à un grand
mouvement d'affaires. Elles ont un cours coté, comme toute
autre marchandise, qui est justement ce qu'on appelle le
cours du change (Voy. ci-dessus, *Du Change*). Or, ces créances
sur l'étranger sont toujours payables en or ou en argent, le
plus souvent en or, puisque c'est la monnaie internationale.
Si donc la France, par exemple, est au régime du papier-
monnaie et que ce papier commence à être déprécié, on verra
les créances sur l'étranger, le papier sur Londres ou sur Bruxelles, augmenter de prix comme l'or lui-même, puisqu'en
effet il vaut de l'or, et quand la pièce d'or fera prime de 2 p. 0/0
et se vendra 20 fr. 40, la lettre de change de 100 francs sur
Bruxelles fera prime également et se vendra 102 francs.

3° Le troisième, c'est la *fuite de la monnaie métallique*.
Si faible que soit la dépréciation de la monnaie de papier, si
cette dépréciation n'est pas immédiatement conjurée par le
retrait du papier en excès et si on la laisse se prolonger et
s'aggraver, on verra bientôt disparaître toute la monnaie métallique. Ce phénomène est tout à fait caractéristique : il se
manifeste dans tous les pays où l'on a abusé du régime du
papier-monnaie, en Russie, dans toute l'Amérique du Sud
(pays de mines cependant!), etc. Nous l'avons expliqué en

détail à propos de la loi de Gresham : nous n'y revenons pas
(Voy. pp. 213, 214).

4° Enfin, le quatrième, c'est la *hausse des prix*. Il apparaît
plus tard et indique que le mal est déjà grave et que la limite
permise a été de beaucoup dépassée. Aussi longtemps, en
effet, que la dépréciation du papier-monnaie est faible, par
exemple de 2 ou 3 p. 0/0, les prix ne s'en ressentent guère (sauf
le prix des métaux précieux). Le marchand de chapeaux ou de
chaussures ne majorera pas le prix de ses marchandises d'une
si petite différence, et le ferait-il, que le public ne s'en rendrait pas compte. Mais du jour où la dépréciation de la monnaie de papier atteint 10, 12 ou 15 p. 0/0, alors tous les marchands et producteurs haussent leurs prix proportionnellement[1]. Le mal qui jusqu'alors était pour ainsi dire à l'état
latent, fait éruption au dehors et se révèle au grand jour.

Il est à remarquer que les anciens prix demeurent tels quels
pour ceux qui peuvent payer en monnaie métallique, si toutefois il en reste encore : celle-ci en effet n'a rien perdu de sa
valeur, bien au contraire. On assiste donc à un curieux spectacle, celui du *dédoublement des prix*; chaque marchandise se
trouve avoir désormais deux prix, l'un payable en monnaie
métallique, l'autre payable en monnaie de papier, et la différence entre les deux mesure précisément la dépréciation de
celle-ci.

Sitôt donc qu'un gouvernement constate les signes précurseurs, à savoir la prime de l'or ou la hausse du change[2], son

---

[1] Les commerçants et les producteurs ne sont pas fâchés de cette hausse;
ils la trouvent même fort agréable (bien qu'en réalité elle soit assez illusoire : si, en effet, ils vendent tout plus cher, ils paient tout plus cher
aussi), et ils s'y habituent si bien qu'on les voit même s'attacher au régime du papier-monnaie et s'opposer à son abolition qui aurait pour résultat de rétablir les anciens prix. Quand les États-Unis étaient au régime
du papier-monnaie, il y avait tout un parti, désigné sous le nom assez
significatif d'*inflationists*, qui a fait tous les efforts possibles pour le
maintenir et qui aujourd'hui encore demande qu'on y revienne.

[2] Quand, après la guerre de 1870, la France était sous le régime de la

premier devoir est de s'interdire absolument toute émission
nouvelle de papier-monnaie : il a atteint en effet la limite à
laquelle il faut s'arrêter. S'il a eu le malheur de la franchir
et s'il voit se manifester en conséquence le redoutable symptôme du dédoublement des prix, il doit s'efforcer de revenir
en arrière et détruire tout le papier-monnaie au fur et à mesure qu'il rentre dans ses caisses, jusqu'à ce qu'il l'ait ramené
à de justes proportions. Mais ce remède héroïque, qui a pour
conséquence la suppression partielle des revenus de l'État,
n'est pas à la portée de tous les gouvernements. Il faut, pour
qu'ils puissent l'employer, qu'ils soient en mesure de se passer d'une partie de leurs revenus, c'est-à-dire qu'ils trouvent
des excédents dans leur budgets ou qu'ils fassent des emprunts.

# IV.

### COMMENT ON RÉUSSIT A SUPPRIMER MÊME LA MONNAIE DE PAPIER.

Si la monnaie de papier a l'avantage d'économiser la monnaie métallique, ce n'est, comme on peut le voir, qu'au prix
de graves inconvénients et même de grands dangers. Si donc
on pouvait trouver quelque moyen d'économiser la monnaie
métallique sans recourir à ce dangereux expédient, ce serait,
certes, un grand bienfait.

Or, ce moyen existe : il est à la fois beaucoup plus radical
et beaucoup plus inoffensif. Il consiste tout simplement, non
point du tout à remplacer un instrument des échanges coûteux par un autre qui ne coûte rien, mais *à supprimer tout
instrument d'échange.*

monnaie de papier et que tout son or passait en Allemagne pour payer
l'indemnité de guerre, l'or fit prime un moment de 2 1/2 p. 100 (0 fr. 50
pour une pièce d'or de 20 fr.). C'était peu, mais ce fut assez pour donner
l'éveil au gouvernement, et le danger fut conjuré.

Voici comment il faut comprendre ce mécanisme :

En premier lieu, on remplace la *vente au comptant*, c'est-à-dire l'échange de marchandises contre du numéraire, par la *vente à terme*, c'est-à-dire par l'échange d'une marchandise contre une créance (car la vente à terme n'est pas autre chose). Je vous livre ma marchandise et je reçois en échange une promesse de payer représentée par un billet ou une lettre de change[1].

En second lieu, une fois ces créances créées, on s'occupe de les éteindre par quelque mode autre que le paiement proprement dit en espèces métalliques. Et la science du droit nous offre en effet divers procédés pour atteindre ce but, par exemple la *compensation*, en vertu de laquelle deux créances s'éteignent lorsque deux personnes se trouvent réciproquement créancières et débitrices l'une de l'autre, ou la *confusion*, lorsqu'une même personne se trouve à la fois créancière et débitrice, ou la *novation*, lorsqu'une créance se trouve éteinte par la création d'une créance nouvelle.

La complication extrême des rapports sociaux et le fait que chacun de nous, ou du moins chaque producteur, se trouve tour à tour acheteur et vendeur, rend beaucoup plus facile qu'on ne pourrait l'imaginer à première vue l'emploi de ces divers modes d'extinction de créances.

C'est tout d'abord dans le commerce international, dans l'échange de pays à pays, que l'on a appris à recourir au crédit et à se passer de monnaie. La difficulté et les dangers de transporter à de grandes distances de grosses quantités de numéraire, ont inspiré aux Lombards, croit-on, l'idée de la lettre de change. Voyons comment on s'y prend dans la pratique pour atteindre ce résultat. Supposons que les commerçants français aient vendu pour 10 millions fr. de vins à l'An-

---

[1] Pour l'intelligence de ce chapitre, il est utile de se reporter au chapitre ci-dessous *Du crédit*.

gleterre : ils ont vendu à terme, c'est-à-dire qu'au lieu de
toucher les espèces, ils ont tiré pour 10 millions fr. de
lettres de change sur leurs débiteurs anglais. Supposons
que les compagnies de houille anglaises aient de leur côté
vendu 10 millions fr. de houille aux manufacturiers français et aient tiré valeur égale de lettres de change payables
sur la France. Quand les manufacturiers français voudront
régler leurs achats, enverront-ils 10 millions en espèces?
Non : ils se feront céder tout simplement par les vendeurs
de vin les 10 millions d'effets payables en Angleterre (il
ne leur sera pas difficile de se les procurer, car, comme
nous le verrons, il y a des gens appelés banquiers qui ont
précisément pour industrie de faire le commerce des lettres
de change, c'est-à-dire de chercher le papier payable sur
l'étranger pour le céder à ceux qui en ont besoin), et ils en-
verront alors à leurs créanciers les compagnies houillères, au
lieu des 10 millions d'espèces, la valeur correspondante en
créances, en leur disant : « Faites-vous payer par vos compa-
triotes ». Ainsi feront ceux-ci, et on aura évité l'absurdité de
faire traverser la Manche en sens inverse par deux courants
de numéraire.

Il est vrai que notre exemple suppose deux pays réciproquement créanciers et débiteurs l'un de l'autre pour une somme
précisément égale, hypothèse peu vraisemblable. Mais si elle
ne se réalise pas directement, on arrivera tout de même au
même résultat par un détour. Admettons que la France ait
acheté 10 millions de thé à la Chine et ne lui ait rien vendu[1].
La compensation semble dès lors impossible, et ne faudra-
t-il pas, en ce cas, que la France envoie ces 10 millions en
espèces à la Chine? Cè n'est peut-être pas nécessaire. Si nous,
Français, n'avons rien vendu à la Chine, il y a bien d'autres

---

[1] Par le fait, la France achète pour 150 millions de marchandises à la
Chine et ne lui en vend que pour 2 millions.

pays de par le monde qui lui ont vendu et qui sont, en conséquence, ses créanciers. Nous n'avons qu'à nous adresser à
eux et à *nous faire céder leurs créances* : devenus par là créanciers nous-mêmes de la Chine, rien ne nous sera plus facile
que de faire avec elle la compensation. Par exemple, il est
possible que l'Angleterre ait vendu à la Chine 10 millions
d'opium; en ce cas la France n'aura qu'à se faire céder cette
créance (en style technique, elle n'a qu'à acheter à Londres
du papier payable sur Shanghaï ou Hong-Kong). — Mais,
dira-t-on, de toutes façons il restera à la France 10 millions à
payer : que ce soit à l'Angleterre ou à la Chine, il n'importe
guère? Cela importe beaucoup, au contraire, car il suffit que
la France se trouve elle-même créancière pour 10 millions de
l'Angleterre (par exemple, à raison de vins qu'elle lui aura
vendus), pour que les échanges entre les trois pays se trouvent ainsi réglés sans bourse délier.

Sans ces ingénieuses combinaisons, le commerce international serait vraiment impossible, car s'il fallait que la France
soldât en numéraire chaque année quatre ou cinq milliards
d'importations, où prendrait-elle cette énorme quantité de
monnaie? Elle n'en possède guère davantage. En fait, le numéraire qui voyage de pays à pays ne représente jamais
qu'une petite fraction, 8 à 10 p. 0/0 tout au plus, de la valeur
des marchandises échangées (Voy. ci-après, *Échange international*).

Dans les rapports de particulier à particulier, on est beaucoup moins avancé.

Pour régler les échanges entre particuliers sans monnaie,
on peut d'abord employer le même système que de pays à
pays, c'est-à-dire vendre à terme, créer des lettres de change
et les faire passer de mains en mains jusqu'à ce qu'elles se
trouvent éteintes par compensation ou par confusion. Par
exemple, je suis avocat, et un de mes clients qui est marchand de vins, me doit une somme d'argent. Au lieu de me la

payer, il me souscrit un billet. Quand je voudrai payer mon libraire, je pourrai lui donner en paiement ce billet. S'il arrive par hasard que le libraire se fournisse chez le marchand de vins, il n'aura à son tour, pour le payer, qu'à lui remettre ce billet[1].

On peut imaginer encore un procédé infiniment plus simple en théorie et plus aisé à comprendre. Supposons que tous les Français sans exception aient un compte ouvert dans une même maison de banque, qui sera chargée d'encaisser, pour chacun de ses clients, toutes leurs recettes, qu'elle porte à leur crédit, et de régler pour eux toutes leurs dépenses, qu'elle porte à leur débit[2]. Dans une semblable organisation, on pourrait supprimer la monnaie jusqu'au dernier centime. Toutes les fois que je ferais un achat, au lieu de payer mon fournisseur, je me bornerais à dire à la Banque de porter la

---

[1] Soit dans une même ville trois personnes que nous appellerons A. B. C. Supposons que A est créancier de B, lequel est créancier pour la même somme de C, lequel à son tour est créancier de A, situation que nous représenterons par le diagramme suivant :

N'est-il pas évident qu'au lieu de faire faire un circuit complet à la somme d'argent due respectivement par ces trois débiteurs à leurs trois créanciers, il est plus simple de tout régler sans débourser un sou ?

Mais n'est-il pas bien invraisemblable, dira-t-on peut-être, que C soit justement créancier de A et se trouve là comme à point nommé pour fermer le cercle ? — Sans doute, mais si C n'est pas créancier de A, il sera peut-être créancier de D, de E, de F, de G, de H, etc., etc., jusqu'à ce que finalement on arrive à quelqu'un qui se trouvera à son tour créancier de A et alors le problème sera résolu. Plus il y aura de personnes qui entreront en jeu et plus évidemment il y aura chance de fermer le cercle.

[2] Cette hypothèse est, du reste, à peu de chose près, réalisée en Angleterre, car tous les Anglais appartenant à la classe riche ont un banquier chargé précisément de faire pour leur compte cette double opération. Il est vrai qu'ils n'ont pas tous le même banquier, mais comme les maisons de banque de province sont toutes en compte courant avec les

somme due à mon débit et au crédit du marchand : celui-ci à son tour ferait de même, toutes les fois qu'il aurait acheté des fournitures quelconques. Si, au lieu de solder des dépenses, j'avais à faire un placement, on procéderait de la même façon : la Banque porterait à mon débit la somme représentant la valeur du titre acheté et une valeur égale au crédit de la Compagnie qui l'a émis ou du précédent titulaire qui me l'a vendu. A la fin de l'année, la Banque enverrait à chacun son compte. Il se solderait par une balance, soit en faveur de la Banque, soit en faveur du client. On reporterait ce solde pour l'année suivante, soit au débit du client dans le premier cas, soit à son crédit dans le second cas, et ainsi de suite. Il est clair que dans ce système on pourrait théoriquement régler la totalité des transactions par de simples règlements d'écritures, par des *virements de parties*, comme l'on dit.

grandes banques de Londres, et comme celles-ci, à leur tour, ont toutes un compte ouvert à la Banque d'Angleterre, la situation, quoique un peu plus compliquée, revient en somme au même.

Voici comment les choses se passent en pratique. Chaque fois qu'un Anglais a un paiement à faire, à un fournisseur par exemple, il lui remet un *chèque*, c'est-à-dire une créance sur son banquier. Le fournisseur ne se donne pas la peine d'aller toucher le chèque, mais il le remet à son propre banquier. Il arrive donc que tous les banquiers, en Angleterre, se trouvent réciproquement créanciers et débiteurs les uns des autres pour des sommes énormes. Leurs correspondants à Londres n'ont qu'à s'entendre et à balancer leurs comptes. C'est justement ce qu'ils font en se réunissant tous les jours dans le *Clearing-House* (chambre de liquidation), où se règle ainsi par de simples compensations un chiffre de transactions qui s'est élevé, pour ces dernières années, à 500 millions en moyenne par jour, soit plus de 150 milliards par an. Le *Clearing* de New-York liquide des sommes de créances encore plus colossales, environ 240 milliards de francs (c'est que les opérations de Bourse s'y trouvent comprises) ! Pour régler les différences sur ces énormes opérations, on n'a besoin de recourir à la monnaie métallique que dans des proportions infimes. (Voy. *Lombard Street* par Bagehot, traduit en français.) La Banque de France fait environ pour 30 milliards de compensation par an. Le chèque est beaucoup moins répandu encore en France qu'en Angleterre.

# V.

## COMMENT LES PERFECTIONNEMENTS DE L'ÉCHANGE TENDENT
### A NOUS RAMENER AU TROC.

L'évolution que nous venons de retracer nous présente un spectacle des plus curieux. Il est évident en effet qu'elle tend, en supprimant complètement l'instrument des échanges, à nous ramener à l'échange direct de marchandises contre marchandises, c'est-à-dire en somme au troc. Il y a en effet dans ces procédés savants et compliqués qui constituent le dernier mot du progrès économique, une curieuse ressemblance avec les procédés primitifs des sociétés encore barbares. Ce n'est pas la première fois que l'on signale dans le développement historique des peuples cette marche singulière de l'esprit humain qui, parvenu au terme de sa carrière, semble revenir tout près de son point de départ, ayant décrit ainsi un de ces grands cercles qui avaient si fort frappé l'imagination de Vico [1].

C'est bien au troc que l'on arrive dans le commerce international, puisque en somme chaque pays paie plus ou moins

---

[1] C'est un phénomène analogue à celui qui nous avait déjà frappé à propos des marchands (voy. ci-dessus, p. 192). Nous avons vu l'évolution sociale constituer d'abord une classe de marchands ayant pour fonction de faciliter les relations entre producteurs et consommateurs, puis nous avons vu cette même évolution tendre aujourd'hui à éliminer peu à peu cette classe de marchands, et revenir par des procédés plus simples et moins coûteux à la mise en relations directes du producteur et du consommateur. Et l'on pourrait en trouver dans les autres sciences sociales bien d'autres exemples non moins curieux : le formalisme des législations primitives tendant à revivre dans les législations avancées, le gouvernement direct par le peuple des cités antiques reparaissant dans le *referendum* des constitutions modernes, etc.

ses importations avec ses exportations, c'est-à-dire échange ses produits contre les produits étrangers[1].

C'est bien à une sorte de troc que l'on arriverait dans l'hypothèse que nous avons supposée, celle où tous les habitants d'un pays seraient clients d'une même banque : si personne n'avait plus besoin de monnaie, c'est qu'en somme chacun paierait les produits ou les services dont il a besoin avec ses propres produits ou ses propres services.

C'est bien une sorte de troc qui est réalisé dans cette merveilleuse institution du *Clearing-House,* car ces liasses monstrueuses de chèques, lettres de change, effets de commerce qui sont échangés et compensés chaque jour, ne sont que les signes représentatifs de monceaux de caisses, de ballots, de barriques qui ont été échangés en nature, et pour qui sait voir derrière les coulisses, le *Clearing-House* apparaît comme un grandiose bazar analogue à ceux de Kachgar ou de Tombouctou, avec cette seule différence qu'au lieu d'échanger les marchandises en nature, on échange les titres qui les représentent.

Cependant si les métaux précieux perdent leur rôle d'instrument d'échange, ils conservent leur rôle de mesure des valeurs, car il est clair que tous ces papiers, billets de banque, etc., reposent en fin de compte sur la valeur de la monnaie métallique. Seulement cette base devient chaque jour de plus en plus étroite relativement à l'énorme édifice que le crédit bâtit sur elle. C'est, comme on l'a fait remarquer, une pyramide grandissante qui repose sur la pointe et dont l'équilibre ne laisse pas que d'inspirer certaines craintes.

---

[1] Voy. le chapitre suivant, p. 253.

# CHAPITRE VI.

## L'ÉCHANGE INTERNATIONAL.

### I.

#### POURQUOI L'ÉCHANGE INTERNATIONAL TEND TOUJOURS A PRENDRE LA FORME DU TROC?

Entre l'échange individuel et l'échange international, il faut noter cette différence capitale que celui-ci se présente presqu'uniquement sous la forme du troc, marchandises contre marchandises : le numéraire n'intervient que pour une très faible proportion. Si l'on prend dans les statistiques des douanes les entrées et les sorties de numéraire et qu'on les compare au chiffre total des exportations et des importations, on voit que les espèces monnayées ne figurent presque jamais pour plus de 8 à 10 p. 0/0 [1]. C'est là un fait très digne d'être noté, car, comme nous le verrons à propos du système protectionniste, on est enclin au contraire à penser qu'un pays,

---

[1] Voici les chiffres des trois dernières années, exportations et importations réunies, en millions de francs :

|  | Marchandises. | Monnaies. |
|---|---|---|
| 1890.................... | 8,190............ | 615 |
| 1891.................... | 8,338............ | 920 |
| 1892.................... | 7,975............ | 726 |

Et encore pour les chiffres relatifs à la monnaie, faudrait-il déduire un quart ou un tiers qui, sous la forme de lingots, est destiné à des emplois industriels et constitue par conséquent une véritable marchandise.

tout comme un particulier, doit payer en monnaie tout ce qu'il achète et doit recevoir en monnaie aussi le montant de tout ce qu'il vend. Il n'en est rien : l'échange entre pays se fait comme l'échange entre sauvages (toute réserve faite d'ailleurs sur les perfectionnements des procédés employés), marchandise contre marchandise, *do ut des*.

Les raisons de ce fait, en apparence singulier, sont les suivantes :

D'abord les échanges internationaux, s'ils devaient être réglés en espèces, exigeraient une quantité de numéraire hors de proportion avec celle dont un pays peut disposer. L'Angleterre n'a pas en circulation plus de 3 ou 4 milliards de monnaie, dont elle a d'ailleurs absolument besoin pour sa circulation intérieure : comment donc y trouverait-elle de quoi faire face à un mouvement d'échange international qui atteint chaque année 15 milliards environ? La France elle-même, qui est le pays le mieux approvisionné de numéraire du monde entier (nous savons qu'on l'évalue à 8 milliards environ), serait fort en peine de régler en monnaie ses achats à l'étranger qui dépassent ordinairement 4 milliards par an.

De plus, en admettant même qu'un pays pût réussir, par un concours de circonstances bien invraisemblable, à toujours donner de l'argent ou à toujours en recevoir, en tout cas cette situation anormale ne saurait se prolonger. La force même des choses ne tarderait pas à la renverser pour la remplacer par une autre précisément inverse.

Supposons, en effet, que ce soit la France qui exige et reçoive toujours de l'argent en échange de ses marchandises exportées. La France dans cette hypothèse aurait 3 milliards par an environ à recevoir de l'étranger. Donc, en deux ou trois ans, la quantité de monnaie en circulation se trouverait doublée : en dix ans, elle serait quadruplée. Donc aussi les prix de toutes choses doubleraient ou quadrupleraient aussi (Voy. ci-dessus, p. 90). Au contraire dans les pays étrangers qui se seraient dépouillés de leur numéraire à notre profit, les prix ne cesseraient de baisser. Or dans de telles conditions, on peut tenir pour certain que le courant d'exportation s'arrêterait bientôt, car on ne voit guère les marchandises aller des endroits où elles sont chères aux endroits où elles sont bon marché, pas plus qu'on ne voit les fleuves remonter vers leurs sources. Il s'établirait au contraire un contre-courant d'une force irrésistible qui apporterait les marchandises étrangères en France. En effet, tandis que la hausse des prix chez nous forcerait les étrangers à cesser leurs achats, cette même hausse des prix coïncidant avec la hausse des prix à l'étranger, déterminerait un grand nombre de Français à faire leurs achats au-dehors.

Toutes les fois donc qu'un pays envoie des marchandises à l'étranger, il doit s'attendre à recevoir en retour de l'étranger des marchandises pour une valeur équivalente, et si par des mesures prohibitives il rend impossible ce paiement en nature, il doit s'attendre à voir tarir tôt ou tard le courant de ses exportations. On peut donc formuler cette loi générale du commerce international que *toute exportation, quand elle prend la forme d'un courant régulier, tend à provoquer une importation correspondante.*

Mais la loi se vérifie également en sens inverse : *toute importation aussi, pourvu qu'elle soit répétée et régulière, tend à provoquer une exportation correspondante.* Un pays acheteur ne peut en effet payer toujours en argent (à moins qu'il ne le produise dans ses mines, auquel cas d'ailleurs le métal précieux devient un article d'exportation tout comme un autre) : le jour où il n'en aura plus, il faudra bien, si l'importation continue encore, qu'il la paie avec des marchandises; mais du reste, longtemps avant d'en être arrivé là, la baisse des prix au-dedans aurait arrêté les achats faits par ses nationaux au-dehors et aurait déterminé au contraire les étrangers à venir faire leurs achats chez lui. C'est le même raisonnement que tout à l'heure, en renversant les rôles[1]. Le courant de numéraire ne peut donc jamais persister dans le même sens, pas plus qu'un courant de marée : tôt ou tard il se renverse, et après avoir emporté le numéraire, le rapporte.

## II.

### CE QU'IL FAUT ENTENDRE PAR BALANCE DU COMMERCE.

Puisque tout commerce international tend à prendre la forme du troc, il semble qu'on soit autorisé à en conclure que dans le commerce d'un pays quelconque les exportations et les importations doivent se balancer à peu près également. Tel n'est point le cas cependant : si nous consultons les statistiques des exportations et des importations, qui sont relevées avec une exactitude suffisante dans presque tous les pays, nous voyons que cette égalité n'existe presque jamais : *la balance du commerce* (c'est le terme consacré) penche tantôt du côté des importations, tantôt du côté des exportations : le premier cas toutefois est le plus fréquent.

Prenons par exemple la France. Voici les chiffres du com-

---

[1] Il ne sera même pas besoin d'en arriver à une variation dans les prix pour renverser le courant; une simple variation dans le cours du change, phénomène qui passe tout à fait inaperçu du public, suffira d'ordinaire pour le déterminer. Voy. ci-après, *Du change.*

Toutes les fois qu'à la suite d'un traité de commerce ou par toute autre cause, un pays a vu ses importations augmenter dans une proportion considérable, il n'a jamais manqué de voir ses exportations augmenter dans la même proportion. C'est ainsi que lorsqu'en 1860, la France a ouvert ses portes aux produits étrangers, les importations se sont élevées de 2,521 millions (moyenne des 5 années 1856-1860) à 3,231 millions (moyenne des 5 années 1861-1865), mais les exportations se sont élevées également, d'une période à l'autre, de 2,813 millions à 3,419 millions. A un accroissement des importations de 23 p. 0/0, a correspondu un accroissement des exportations de 28 p. 0/0.

merce de la France (commerce spécial)[1] dans ces cinq dernières années :

| | | | | | |
|---|---|---|---|---|---|
| 1888.. | Importations.. | 4,107 millions. | Exportations.. | 3,247 millions. | |
| 1889.. | — | .. 4,317 — | — | .. 3,704 | — |
| 1890.. | — | .. 4,437 — | — | .. 3,753 | — |
| 1891.. | — | .. 4,768 — | — | .. 3,570 | — |
| 1892.. | — | .. 4,412 — | — | .. 3,563 | — |
| | | 22,041 | | 17,837 | — |

Il résulte donc de ces chiffres que dans une période de
cinq ans seulement, la France a acheté à l'étranger pour 4
milliards environ de marchandises de plus qu'elle ne lui en a
vendu, ce qui représente un excédent annuel des importations
sur les exportations de plus de 800 millions.

Faut-il voir là un démenti à la loi que nous avons posée
tout à l'heure? La France a-t-elle dû payer près d'un milliard
en monnaie par an? Ce n'est pas probable, car il est facile de
constater par l'observation la plus superficielle que la quantité
de monnaie en circulation ne paraît pas avoir sensiblement
diminué. Mieux que cela! elle a augmenté! en effet, les mêmes douanes qui enregistrent les exportations et les importations de marchandises, enregistrent aussi les entrées et les
sorties de métaux précieux[2]. Or, voici les chiffres relatifs à la
même période.

----

[1] On entend par *commerce général* le mouvement de toutes les marchandises qui entrent en France ou en sortent, et par *commerce spécial*
seulement le mouvement des marchandises qui ont été produites à l'intérieur ou qui sont destinées à la consommation intérieure : il ne comprend
donc ni les marchandises en transit, ni les admissions temporaires. Le
commerce spécial est nécessairement inférieur au commerce général : cette
différence est pour la France de 1/3 environ, soit 2 milliards. La proportion est plus considérable dans d'autres pays à raison de leur situation
géographique, en Suisse, par exemple.

[2] Sans doute ces relevés de la douane ne sont pas très exacts, l'argent
que les voyageurs portent sur eux, par exemple, n'y figurant pas. Mais

| | | | | | |
|---|---|---|---|---|---|
| 1888....... | Entrées...... | 266 millions. | Sorties..... | 301 | millions. |
| 1889....... | — ...... | 418 — | — ..... | 232 | — |
| 1890....... | — ...... | 256 — | — ..... | 359 | — |
| 1891....... | — ...... | 539 — | — ..... | 381 | — |
| 1892....... | — ...... | 510 — | — ..... | 216 | — |
| | | 2,019 — | | 1,489 | — |

Le stock numéraire de la France s'est donc accru durant cette même période de plus de 500 millions, soit de 106 millions par an.

Si nous prenions l'Angleterre, les chiffres seraient bien plus surprenants encore. L'excédent annuel des importations sur les exportations y atteint en moyenne 4 milliards, c'est-à-dire qu'une seule année devrait suffire pour enlever jusqu'au dernier penny tout le numéraire de l'Angleterre, car il ne dépasse pas cette somme! Il n'en est rien pourtant et nous voyons au contraire, là comme en France, les entrées de numéraire dépasser ordinairement les sorties.

Quel est donc le mot de l'énigme? — Celui-ci tout simplement : pour savoir si le commerce extérieur d'un pays est en équilibre, ce n'est point uniquement la balance de ses exportations et de ses importations qu'il faut considérer, comme nous le supposions dans le chapitre précédent, mais bien *la balance de ses créances et de ses dettes.* Or, la balance des comptes n'est pas la même que la balance du commerce : à vrai dire, les exportations constituent bien une créance sur l'étranger et même la principale, mais il peut en exister d'autres; les importations constituent bien une dette vis-à-vis de l'étranger, mais elle peut n'être pas la seule.

Et quelles sont donc ces créances ou ces dettes internationales, distinctes des exportations et des importations, et que

les omissions devant être à peu près les mêmes pour les entrées et les sorties, le rapport entre les deux termes n'en doit pas être sensiblement modifié.

M. Giffen a appelées des exportations ou importations *invisi bles?*

Elles sont nombreuses, mais on peut en signaler trois prin- cipales :

1° Les *frais de transport* des marchandises exportées, c'est- à-dire le fret et l'assurance. — Si le pays qui exporte fait lui- même le transport de ses marchandises, ce qui n'est pas tou- jours le cas, il a là une créance sur l'étranger qui assuré- ment ne figurera pas dans les exportations, puisqu'elle ne prend naissance qu'après que la marchandise est sortie du port et en route pour sa destination. Un pays comme l'Angle- terre a de ce chef une créance énorme sur l'étranger : on l'é- value à plus de 1,200 millions; non seulement en effet elle transporte la totalité de ses propres marchandises, mais encore elle transporte la plus grande partie des marchandises des autres pays et naturellement elle ne le fait pas gratis[1]. La France au contraire a de ce chef une dette. Elle ne transporte guère en effet sur ses propres navires que la moitié de ses exportations et le tiers de ses importations.

---

[1] Cette majoration dont les frais de transport surchargent la valeur des marchandises, explique le fait suivant qui, au premier abord, paraît inex- plicable. Si l'on fait le total des exportations et des importations de tous les pays du monde, on constate une supériorité considérable des importa- tions sur les exportations : c'est ainsi que dans ces dernières années la valeur totale des importations du monde est évaluée à 43 ou 45 milliards, tandis que la valeur totale des exportations ne dépasserait pas 36 ou 39 milliards. Or, si au lieu de comparer les valeurs des marchandises entrées et sorties, on comparait leurs quantités, il est bien évident que les deux sommes seraient égales, car il est clair qu'*il ne peut pas y avoir de par le monde plus de marchandises entrées que sorties*, à moins de sup- poser qu'elles se multiplient en route! Comme tout au contraire il en est quelques-unes qui restent en route par le fait des naufrages, il est clair que les marchandises arrivées doivent être un peu inférieures en quantité aux marchandises expédiées. Mais comme au lieu de considérer les quan- tités, on considère les valeurs, et comme ces valeurs grossissent en route précisément à cause des frais de route, il n'est pas étonnant que les mar- chandises importées, c'est-à-dire rendues à destination, représentent une valeur plus considérable que les marchandises exportées, c'est-à-dire pri- ses au point de départ.

2° Les *intérêts des capitaux placés à l'étranger*. — Les pays riches placent à l'étranger une grande partie de leurs épargnes, et de ce chef ont à toucher au dehors tous les ans des sommes très considérables en coupons de rentes, d'actions ou d'obligations, ou même sous forme de fermages ou de profits d'entreprises industrielles ou commerciales. On évalue à 2 milliards le tribut que l'Angleterre prélève de ce chef sur l'étranger ou sur ses propres colonies. Non seulement c'est sur la place de Londres que les Indes et les colonies Australasiennes ont négocié la presque totalité de leurs emprunts, mais encore que d'entreprises que les Anglais dirigent ou commandent dans le monde entier! Ils se sont rendus acquéreurs aux États-Unis de terrains dont la superficie est évaluée à 8 millions d'hectares, la superficie de l'Irlande! La France aussi a des créances considérables sur l'étranger, en Europe surtout : elles sont évaluées à 20 milliards et elles ne doivent pas représenter moins de 1 milliard d'intérêt par an. Au contraire l'Espagne, la Turquie, l'Égypte, les Indes, les républiques de l'Amérique du Sud, figurent à ce chapitre comme débitrices. Toutefois il est à remarquer que lorsque ces pays émettent un emprunt et aussi longtemps que cet emprunt n'est pas entièrement souscrit, ce sont eux qui deviennent momentanément créanciers des pays qui ont à leur envoyer des fonds.

3° Les *dépenses faites par les étrangers* résidant dans le pays. — Comme l'argent qu'ils dépensent n'est pas le produit de leur travail, mais qu'ils le tirent de leurs terres ou des capitaux placés dans leur pays d'origine, il y a là pour tout pays fréquenté par les riches étrangers, un courant de créances continu. La France, l'Italie, la Suisse, l'Algérie se trouvent de ce chef créancières de l'Angleterre, de la Russie, des États-Unis pour des sommes très considérables. Supposez une population flottante de 50,000 étrangers [1] dé-

---

[1] Voy. plus loin *Des dépenses des étrangers*. On compte en France

pensant seulement 20 francs par tête et par jour, ce qui n'est certes pas excessif : il faudra, pour subvenir à leurs dépenses, qu'ils fassent venir de chez eux une somme annuelle de 365 millions. C'est comme un prix de pension qu'ils auraient à payer.

Telles sont les créances principales [1]. Elles suffisent pour rétablir l'équilibre et expliquer l'énigme de tout à l'heure. Pour la France, par exemple, si l'on porte à son crédit, d'une part, un peu plus de 3 milliards d'exportations, 1 milliard d'intérêts de capitaux placés et 3 ou 400 millions de dépenses faites chez elle par les étrangers, — et si l'on porte à son débit, d'autre part, un peu plus de 4 milliards d'importations, plus quelques centaines de millions pour le transport de celles de ces marchandises qui voyagent sous pavillon étranger, on voit que l'équilibre cherché est à peu près re-

d'après les statistiques officielles, plus de 1,100,000 étrangers et le chiffre réel est encore beaucoup plus considérable; mais naturellement l'immense majorité d'entr'eux vient pour y gagner de l'argent et non pour y manger ses revenus; or nous ne parlons que de ces derniers.

[1] On pourrait cependant citer encore quelques autres catégories de créances et de dettes, par exemple :

1º Les *commissions des banquiers* quand ils étendent leurs opérations à l'étranger. Des places comme celles de Londres, et même de Paris, reçoivent des ordres et font des opérations pour le monde entier, et comme elles ne le font pas gratis, elles sont créancières de ce chef de sommes considérables.

2º La *vente des navires*. Les navires achetés ne figurent pas sur les registres des douanes, pas plus à l'entrée qu'à la sortie. Or l'Angleterre qui construit des navires pour le monde entier, est créancière de ce chef d'une somme assez considérable, et la France en a aussi une qui, bien que très inférieure, n'est pas négligeable.

Mais il ne faut pas en général y faire figurer, comme le font nombre de traités d'économie politique (et comme nous avions eu le tort de le faire nous-même dans la première édition de ce livre), les *profits* des exportateurs. Ces profits sont déjà compris dans la valeur des exportations, puisque cette valeur est fixée par une commission dite *Commission des Valeurs en douane* d'après les cours des marchandises; ce cours correspond au prix de vente et comprend par conséquent les profits des fabricants.

15*

trouvé et qu'il peut même rester un solde au crédit de la France. On peut refaire le même compte pour l'Angleterre.

Le commerce extérieur d'un pays est donc en équilibre non pas précisément quand il y a égalité entre ses exportations et ses importations, ce qui n'arrive jamais, mais quand il a y égalité entre ses créances et ses dettes.

Mais si cet équilibre est rompu, il tend à se rétablir par la même loi que nous avons vue dans le chapitre précédent. De même que nous avons dit que toute nouvelle exportation de marchandises déterminait un contre-courant d'importation, de même il faut dire que *toute nouvelle créance sur un pays étranger tend à déterminer une importation de ce pays.* Et de même que toute importation régulière détermine une exportation correspondante, de même aussi *toute dette vis-à-vis d'un pays étranger tend à déterminer une exportation vers ce pays.*

Et les raisons de ces phénomènes sont absolument les mêmes, à savoir : les variations dans les prix ou simplement dans le cours du change, qui tendent à renverser la proportion des exportations et des importations (Voy. pp. 255 et 323).

## III.

### EN QUOI CONSISTENT LES AVANTAGES DE L'ÉCHANGE INTERNATIONAL.

Si l'échange international doit être considéré comme un troc, *do ut des,* il semble logique d'en conclure que les avantages qu'il procure doivent être appréciés au même point de vue que ceux du troc entre individus. Or, pour le coéchangiste, l'objet à acquérir est *le but* de l'opération et l'objet cédé n'est qu'un simple *moyen* d'acquisition. Et l'avantage consiste en ceci : se procurer une chose ayant pour lui une grande valeur en cédant une chose n'ayant pour lui qu'une petite valeur : acquérir une valeur de 100 moyennant une valeur de zéro, serait évidemment l'idéal de l'échange.

C'est précisément à ce point de vue que se place l'école classique, c'est du côté de l'importation qu'elle regarde pour apprécier les avantages de l'échange; l'exportation ne serait pour un pays que le moyen d'acquérir les marchandises qu'il importe, le prix en nature dont il les paye. Et la supériorité de valeur des marchandises importées sur les marchandises exportées, mesurerait précisément l'avantage que l'échange international lui procure. Acquérir par exemple une somme de marchandises importées valant 4 milliards par le moyen de marchandises exportées valant seulement 3 milliards, cela représenterait 1 milliard de bénéfices pour le pays.

L'école protectionniste, comme nous le verrons tout à l'heure, et même l'opinion publique, se place pour apprécier les avantages du commerce international à un point de vue tout opposé. C'est au contraire du côté des exportations qu'elle regarde; c'est en cela pour elle que consiste le véritable profit du commerce international. Les importations ne lui apparaissent que comme une fâcheuse nécessité à laquelle il faut bien qu'un pays se résigne dans le cas où il ne peut produire lui-même ce qui lui est indispensable, mais qu'il doit s'efforcer de réduire le plus possible. L'exportation représente un enrichissement, une recette : l'importation, au contraire, représente un déficit, une dépense. Donc l'avantage du commerce international se mesurerait par la supériorité des exportations sur les importations, des recettes sur les dépenses. Si la France exportait pour 4 milliards de marchandises et n'en importait que pour 3 milliards, on en conclurait qu'il y a 1 milliard de bénéfices pour le pays.

Ces deux points de vue sont également faux. Ils reposent l'un et l'autre sur l'assimilation par trop simpliste entre la

situation d'un pays et celle d'un individu. Non : un grand
pays ne peut pas être assimilé, comme on le fait dans le premier système, à un Robinson, à un sauvage qui cherche
dans l'échange (do ut des) uniquement un moyen de se procurer ce qui lui manque. Il n'exporte pas à seule fin d'importer, mais parce que l'exportation lui offre par elle-même
des avantages qui lui sont propres; elle est pour lui un but
et non pas un simple moyen. Il est vrai qu'en vertu de la
règle posée dans le chapitre précédent, l'exportation déterminera indirectement une importation correspondante, mais
c'est là un résultat qui tient à des causes économiques indépendantes de la volonté des exportateurs.

En sens inverse, le second système qui assimile un grand
pays à un marchand n'achetant que pour revendre et trouvant son bénéfice dans la supériorité du prix de vente sur le
prix d'achat — point de vue qui a valu au système protectionniste l'épithète de *mercantile* — n'est pas plus exact.
Quelle idée singulière de prétendre mesurer les bienfaits de
l'échange et du commerce, soit entre pays, soit entre particuliers, par les profits des commerçants ! On ne remarque
pas que les profits que ceux-ci en retirent constituent, au
contraire, une charge pour les producteurs et les consommateurs, charge légitime, puisqu'elle correspond à un service
rendu, mais qui n'en est pas moins à *déduire* des avantages
de l'échange. Apprécier les avantages du commerce d'après
les profits perçus par les commerçants, c'est, dit très bien
l'économiste anglais Cairnes, comme si l'on voulait mesurer
les bienfaits de l'instruction par ce que gagnent les professeurs.

En réalité les avantages du commerce international ne sont
pas susceptibles d'être calculés par des opérations d'arithmétique : ils ne sont pas mesurables en argent. Ils sont complexes et il faut les chercher à la fois, et suivant les cas, soit
du côté des importations, soit du côté des exportations.

Voici d'abord ceux des importations :

1° *Accroissement de bien-être*, dans le cas où il s'agit de richesses que le pays ne saurait produire à raison de son sol ou de son climat, par exemple les denrées coloniales pour les pays d'Europe, le vin pour l'Angleterre, le sel pour la Norwège, l'argent, l'or, le cuivre pour la France, la houille pour la Suisse, etc. [1].

2° *Économie de travail* dans le cas où il s'agit de richesses qui tout en pouvant être produites par le pays importateur, ne pourraient l'être qu'avec plus de frais que dans le pays d'origine, parce que celui-ci se trouve dans des conditions de supériorité naturelle ou acquise. La France, par exemple, pourrait bien faire elle-même ses machines à tisser ou agricoles, mais elle a plus d'avantage à faire venir les premières d'Angleterre et les secondes des États-Unis, ces pays étant non seulement mieux approvisionnés par la nature de fer et de houille, mais ayant un outillage plus développé [2].

Cet avantage de l'échange international suppose d'ordinaire une infériorité productive chez le pays qui importe; ce n'est point pourtant une condition nécessaire. Un pays peut avoir avantage à se procurer par l'importation certaines richesses, *alors même qu'il serait en mesure de les produire dans des*

---

[1] Beaucoup de pays d'Europe ont un territoire trop limité pour nourrir leur population. Déjà l'Angleterre, pour nourrir sur son île étroite sa population chaque jour grandissante, est obligée de demander à l'importation *plus de la moitié* de ce qu'elle consomme en céréales, viande, boissons, etc., près de 2 milliards fr. La France elle-même ne produit plus assez de blé ni même de vin pour sa consommation. Il est fort heureux que l'étranger vienne combler le déficit. C'est là, du reste, un fait général et qui ne fera que s'accentuer avec le temps : au fur et à mesure que la population des pays d'Europe s'accroîtra, il faudra bien qu'ils fassent venir de l'étranger une quantité de plus en plus considérable d'aliments.

[2] Cet avantage là est le seul que l'on reconnaisse à l'échange international dans la théorie classique. Bastiat le formulait en ces termes : obtenir une satisfaction égale avec moins d'efforts, et Stuart Mill dans une formule un peu différente, mais la même au fond : obtenir un emploi plus

*conditions plus favorables que le pays qui les lui rend.* Supposons que les Antilles puissnet produire du blé dans des conditions plus favorables que la France, par exemple avec 3 journées de travail par quintal au lieu de 6 : ne semble-t-il pas qu'il serait plus avantageux pour elles, en ce cas, de produire directement leur blé plutôt que de le faire venir de France? — Et cependant il est très possible que les Antilles trouvent leur compte à cette opération. Il suffit de supposer qu'elles trouvent le moyen de payer le blé de France avec une denrée qu'elles pourront produire dans des conditions encore plus favorables que le blé, par exemple, avec du sucre qui ne leur coûtera que 1 journée de travail. Il est clair que cette opération leur sera très avantageuse, puisqu'elle leur procurera la même quantité de blé avec un travail trois fois moindre.

Un pays pourrait donc être supérieur de tous points à ses voisins et avoir néanmoins intérêt à importer leurs produits. Même en ce cas, il trouverait avantage à se consacrer à la production des articles dans lesquels sa supériorité est la plus marquée et à les offrir à ses voisins moins privilégiés pour se procurer en échange les produits dans lesquels sa supériorité, quoique réelle encore, est pourtant moins marquée. En ce cas, il est vrai, l'exportation ne sera plus qu'un moyen, *do ut des.*

utile des forces productives du monde. Et en effet tel est bien l'avantage de l'échange entre individus tel que nous l'avons expliqué (Voy. p. 186), c'est comme un élargissement de la division du travail. Mais ce point de vue est insuffisant et même inexact pour l'échange international, car comme nous le verrons, chaque peuple, loin de tendre à une division du travail de plus en plus marquée, tend à réaliser son autonomie économique.

Les économistes classiques, pour mesurer les avantages du commerce international, c'est-à-dire l'économie de travail réalisé par chacun des coéchangistes, — se livrent à des raisonnements très subtils sur le coût de production comparé des produits échangés. Ce problème des « valeurs internationales » est longuement traité par Stuart Mill (*Principes*, tome II, liv. III, ch. 18), par Cairnes (*Some leading Principles*, liv. III, ch. 3) et par Cournot (*Principes mathématiques de la théorie des richesses*, ch. 12).

Quant à l'exportation, ses avantages sont les suivants :

1º Tirer parti de certaines richesses naturelles ou forces productives qui seraient inutiles ou du moins surabondantes si elles ne trouvaient un débouché au dehors. Sans l'exportation, le Pérou ne saurait que faire de son guano ou de ses nitrates, l'Australie de ses laines, la Californie de son or, l'Espagne de ses vins.

2º Développer son industrie nationale, car nous savons que la division du travail et les progrès de la grande production sont en raison de l'étendue des débouchés (Voy. ci-dessus, p. 175). L'Angleterre, si elle n'avait exporté dans le monde entier, n'aurait pu pousser aussi loin qu'elle l'a fait les perfectionnements de son outillage industriel.

3º Étendre sa suprématie commerciale, économique, politique et même intellectuelle. Car vendre aux pays étrangers, c'est se faire d'eux, au sens moral comme au sens commercial de ce mot, des *clients*. C'est prendre d'ailleurs vis-à-vis d'eux la situation de créancier qui est toujours plus avantageuse que celle de débiteur. Ce dernier avantage est celui que les nations d'Europe et d'Amérique se disputent avec le plus d'avidité. C'est pourtant justement celui qui, au point de vue économique, a le moins de valeur, car c'est le seul parmi tous ceux que nous venons d'énumérer qui ne puisse pas être *réciproque*. Il implique nécessairement que l'un des pays coéchangistes gagnera aux dépens de l'autre et par conséquent suppose un état de lutte, un état instable, tandis que les autres peuvent parfaitement être communs à tous les peuples et fortifient leur union. On voit avec quelles restrictions il faut accepter la maxime de Montesquieu : « l'effet naturel du commerce est de porter à la paix » ! (*Esprit des lois*, liv. XX, ch. 11).

# IV.

COMMENT IL SE FAIT CEPENDANT QUE LE COMMERCE INTERNATIONAL
PORTE NÉCESSAIREMENT PRÉJUDICE A CERTAINS INTÉRÊTS.

Il ne faudrait pas conclure de ce que nous venons de dire
que le commerce international ne peut avoir que des avantages pour tout le monde. Ce serait mal comprendre ses effets.
Il résulte de l'explication même que nous avons donnée des
effets du commerce international, que l'importation a pour
but et pour résultat l'économie d'une certaine quantité de travail. Or, étant données nos sociétés fondées sur la division du
travail, on ne saurait économiser une certaine quantité de
travail *sans rendre inutile une certaine catégorie de travailleurs*. Le commerce avec la Chine est un avantage pour les
consommateurs et pour la France en général, puisqu'il lui
permet de se procurer des soies avec moins de dépenses et
moins de travail : mais les agriculteurs et travailleurs des Cévennes qui vivaient de cette industrie, se trouvent en quelque
sorte expropriés.

Il est bien vrai, comme nous l'avons expliqué dans le chapitre précédent, que toute importation nouvelle tend à déterminer
une contre-exportation correspondante et que les soies de Chine
seront payées, par exemple, avec des articles de Paris qu'il
faudra produire à cet effet. Mais il ne faut pas oublier que les
soies importées de Chine représentent évidemment une valeur
moindre que les soies françaises qu'elles ont remplacées dans
la consommation : elles n'auraient pu, sans cela, se substituer
à elles sur le marché. Elles représentent par exemple une valeur de 100 millions seulement, tandis que la production séri-
cicole française représentait une valeur de 120 millions. Donc

pour faire face à cette importation par une contre-exportation équivalente, il suffira que l'industrie parisienne envoie à la Chine pour 100 millions d'articles de Paris. Le résultat final sera donc bien une diminution de 20 millions pour la production indigène, représentant une diminution de travail correspondante.

N'y aurait-il du reste d'autre effet produit qu'un déplacement de travail, — celui-ci saute aux yeux, — il n'en constituerait pas moins un préjudice grave pour certaines classes de la population. Il est clair que les fabricants de soie des Cévennes ne pouvant pas convertir leurs filatures en fabriques d'articles de Paris, devront perdre les capitaux engagés dans leurs usines sous la forme de capitaux fixes; et comme les fileuses qu'ils emploient ne peuvent pas non plus aller faire de la bimbeloterie pour les Chinois, il n'est pas sûr qu'elles trouvent un autre métier. C'est donc la ruine pour les premiers, le chômage et la misère pour les seconds.

On peut faire valoir seulement certaines circonstances atténuantes. On peut dire, de même que pour les machines, que le commerce international, par ses conséquences indirectes, pourra augmenter la quantité de travail qu'il avait commencé par diminuer, et cela de deux façons différentes :

1° parce que l'abaissement des prix résultant du libre-échange lui-même, entraînera *un accroissement de consommation* et par conséquent un accroissement de production. Par exemple la baisse des soies fera que nous en consommerons davantage[1]. En admettant même que cette demande accrue ne porte que sur les soies de Chine et non sur les soies françaises, il faudra néanmoins, pour payer cette importation grossissante, une exportation grossissante aussi d'articles de Paris, représentant non plus seulement, comme tout à l'heure,

---

[1] Et pourtant l'expérience a démontré qu'une baisse dans le prix des soies peut entraîner, au contraire, une diminution de la consommation, parce qu'alors les femmes élégantes la dédaignent et n'en portent plus!

100 millions, mais peut-être 120 millions comme auparavant;

2° parce que l'abaissement des prix, en diminuant les dépenses des consommateurs sur un article déterminé, peut leur permettre *de reporter l'économie ainsi réalisée sur d'autres dépenses* ou de la placer. Par conséquent, tout ce qui est enlevé au travail d'un côté peut aller par une autre voie, sous forme d'épargnes ou de dépenses nouvelles, alimenter d'autres industries et il est possible qu'en définitive le travail national n'y perde rien.

Ce n'est pas seulement l'importation, mais l'exportation qui peut avoir certains effets fâcheux. Par exemple, les pays qui exportent régulièrement leur blé et leur fourrage, comme la Russie, finissent par appauvrir leurs terres de tous les éléments fertilisants que ces récoltes enlèvent au sol; c'est comme s'ils exportaient petit à petit la terre elle-même. Le Pérou, qui a déjà exporté tout son guano et qui est en train d'exporter tous ces nitrates, dévore les ressources de l'avenir.

## La question du libre-échange et de la protection.

## 1.

### HISTORIQUE DU PROTECTIONNISME.

Le commerce international durant l'antiquité et le moyen-âge, n'avait pas le caractère général qu'il a revêtu de nos jours. Il était aux mains de quelques petits peuples qui, à raison de leur situation maritime — Tyr et Carthage dans l'antiquité, les républiques d'Italie ou les villes de la Hanse au moyen-âge, la Hollande au commencement de l'histoire moderne — avaient pris le monopole du commerce et des transports. Les autres peuples jouaient un rôle purement passif. Ils accueillaient les commerçants étrangers comme les peuplades nègres de l'Afrique reçoivent aujourd'hui les marchands musulmans ou Européens, avec un certain plaisir puisqu'ils trouvaient là des marchandises qu'ils n'auraient pu se procurer autrement. Ils cherchaient même à les attirer, ils leur concédaient au besoin des privilèges : toutefois ils leur faisaient payer, en échange de la protection qu'ils leur accordaient, certains droits qui étaient comme une sorte de participation sur leurs bénéfices : ainsi font les petits rois africains sur les caravanes qui traversent leurs territoires. Les droits de douane, si on peut leur donner déjà ce nom, n'avaient donc au début qu'un caractère fiscal et nullement protecteur. Qu'auraient-ils protégé en effet ?

Quand les grands États modernes commencèrent à se constituer, au xvi⁰ et au xvii⁰ siècles, la question changea de face, et cela par trois raisons :

1° parce que ces grands États émirent la prétention de produire ce qui leur était nécessaire et de se suffire à eux-mêmes;

2° parce que la grande importance attachée aux métaux précieux, à l'or et à l'argent, à la suite de la découverte de l'Amérique, développa l'idée qu'il fallait acheter le moins possible à l'étranger pour ne pas faire sortir de numéraire du royaume;

3° parce que l'ouverture des grandes routes maritimes du monde donna au commérce international un développement inconnu jusqu'alors. La concurrence internationale — dont il ne pouvait être question quand le commerce ne transportait guère que des objets de luxe, pourpre de Tyr, brocarts de Venise, lames de Tolède, etc. — commença à se faire sentir du jour où il fut assez bien outillé pour transporter des articles de consommation courante, par exemple les draps de Flandre.

Alors pour la première fois, les hommes d'État conçurent l'idée de faire servir les droits de douane à écarter la concurrence étrangère et à développer l'industrie nationale; ces droits perdirent leur caractère fiscal pour devenir protecteurs[1]. Le ministre de Louis XIV, Colbert, paraît avoir été le premier qui ait constitué un *système* protectionniste. Il le formulait ainsi lui-même en trois points : 1° repousser par des droits protecteurs l'importation des produits fabriqués; 2° favoriser au con-

---

[1] Cependant les droits de douane peuvent avoir encore de nos jours un caractère purement fiscal. Ainsi l'Angleterre qui est tout à fait libre-échangiste, frappe cependant certains produits (thé, café, sucre, tabac et vins) de droits énormes puisqu'ils ne représentent pas moins de 500 millions francs, mais ils ont un caractère purement fiscal. On dira que ce n'est là qu'une question de mots. Mais non. Quand les droits ont un caractère fiscal, il est de l'intérêt du gouvernement de *les abaisser suffisamment pour développer l'importation des produits taxés.* L'expérience indique en effet que pour cette taxe comme pour les autres, les taxes postales, par exemple, le rendement de l'impôt augmente en général en raison de sa modicité. Mais si les droits ont un caractère protecteur, on s'efforce *de les élever le plus possible pour restreindre l'importation des produits taxés.*

traire par une réduction des droits l'importation des matières
premières et de tout ce qui sert aux fabriques; 3° favoriser
surtout par une réduction des droits, ou même au besoin par
des primes, l'exportation des produits du pays.

Ce système qu'on désigne quelquefois sous le nom de
*Colbertisme* a régné sans conteste jusqu'à l'apparition des
économistes. On sait que ceux-ci (Voy. p. 6) prirent pour
devise : laissez-faire, laissez-passer, et qu'ils ne combat-
tirent pas moins énergiquement pour la liberté des échanges contre le système protectionniste que pour la liberté du
travail contre le régime corporatif. Mais la Révolution française qui fit triompher leur doctrine en ce qui concerne la
liberté du travail ne la réalisa nullement en ce qui concerne la
liberté du commerce. Vingt ans de guerre européenne n'é-
taient guère propres à préparer l'avènement du libre-échange.

Mais en Angleterre les idées d'Adam Smith avaient mûri.
En 1838 Richard Cobden commença à Manchester la mémora-
ble campagne qui devait renverser le système protecteur. Il
choisit très habilement le terrain en portant l'attaque uniquement contre les droits protecteurs sur les blés[1]. C'était en
effet un spectacle particulièrement odieux que de voir les Lords
d'Angleterre, propriétaires par droit de conquête de presque
toute la terre du royaume, repousser le blé étranger pour
vendre plus cher le leur, et profiter de l'accroissement de la
population pour toucher des rentes de plus en plus élevées. La
Chambre des Lords se trouvait donc en mauvaise posture pour
résister au mouvement d'indignation déchaîné par la Ligue
et en 1846, à la suite de la conversion éclatante du ministre
sir Robert Peel, elle fut obligée de céder. Les droits sur les
blés une fois abolis, tout le reste de l'édifice protectionniste (y
compris le fameux acte de *Navigation* de Cromwell auquel

---

[1] Voy. dans les OEuvres de Bastiat le volume *Cobden et la Ligue,* avec
les admirables discours qui y sont reproduits, et le volume intitulé *Cobden*
de la Petite Bibliothèque économique (Guillaumin).

on attribuait la grandeur maritime de l'Angleterre) croula.

En France une ligue fondée par Bastiat à l'exemple de la ligue anglaise, en 1846, échoua, les conditions sociales étant bien différentes. Mais l'Empereur Napoléon III, dont la politique fut fondée sur l'alliance avec l'Angleterre et dont les instincts étaient assez démocratiques, profita du pouvoir qu'il s'était réservé par la Constitution pour signer avec le gouvernement anglais, et sans consulter la Chambre, un traité de commerce[1]. Ce traité fameux de 1860, que la France subit d'assez mauvaise grâce, eut un retentissement prodigieux en Europe et fut immédiatement suivi de la conclusion de traités analogues entre toutes les puissances européennes, en sorte que le régime du libre-échange semblait désormais consacré.

Cependant son règne ne devait pas être de longue durée. Déjà en 1866, à la suite de leur guerre civile et pour en réparer les désastres, les États-Unis avaient édicté un tarif très protectionniste et depuis lors ont marché de plus en plus dans cette voie. En 1872, à la suite de la guerre franco-allemande, la France, sous le gouvernement de M. Thiers, essaya de suivre l'exemple des États-Unis en rejetant sur les produits étrangers le poids des impôts nouveaux qu'elle était obligée de créer, mais cette tentative échoua par suite des traités alors encore en vigueur. Ce fut l'Allemagne, par l'initiative du prince de Bismarck, en 1879, qui inaugura le retour en Europe à une politique résolûment protectionniste et son exemple, de même que celui de la France en 1860, entraîna les autres pays d'Europe, mais, cette fois, dans la voie opposée. Il n'y a plus en Europe à cette heure que l'Angleterre et deux petits pays, la Belgique et la Hollande, qui soient restés fidèles au *free-trade :* partout ailleurs les barrières de douane ont été relevées et les guerres de tarifs ont remplacé les traités de commerce.

---

[1] Cobden pour l'Angleterre et Michel Chevalier pour la France en furent les rédacteurs.

En France tous les traités de commerce conclus depuis 1860 et qui avaient été renouvelés deux fois [1], ont été dénoncés en février 1892 — la période libre-échangiste a donc duré environ trente ans — et n'ont plus été renouvelés. En vertu du nouveau tarif général des douanes voté au commencement de 1892, le gouvernement ne peut plus offrir aux pays étrangers que le choix entre deux tarifs fixés par la loi elle-même, le tarif *minimum* pour ceux qui feront des concessions, le tarif *maximum* pour ceux qui n'en voudront point faire. En fait la plupart des pays étrangers bénéficient de notre tarif minimum [2].

[1] Les traités de commerce sont en général conclus pour une période de dix ans.

[2] Sauf cependant nos plus proches voisins, Espagne, Italie et Suisse, qui ont trouvé ce tarif minimum excessif et n'ont pas voulu traiter sur ce pied (à la date o· nous écrivons).

On a beaucoup discuté dans ces derniers temps sur les avantages et les inconvénients des traités de commerce. Les traités de commerce offrent l'avantage :

1° D'assurer la *fixité* des tarifs pendant une période de temps connue, ce qui est très favorable aux opérations commerciales. Mais, par contre, ils lient les pays contractants et leur ôtent la possibilité de modifier leurs tarifs suivant les circonstances.

2° De permettre la *différentiation* des droits suivant les pays avec lesquels on traite, tandis que le tarif général des douanes est nécessairement uniforme et ne peut faire acception des situations particulières des divers pays. Mais cet avantage se trouve en fait presque annulé par la clause dite *de la nation la plus favorisée* qu'il est d'usage d'insérer dans tous les traités et en vertu de laquelle toute concession faite par un pays à un autre se trouve de plein droit étendue à tous ceux avec lesquels il a déjà des traités. Par exemple, en vertu de l'article 11 du traité de Francfort de 1871 (traité qui étant l'annexe du traité de paix est perpétuel et non pas seulement conclu pour une période de dix ans, comme les traités de commerce ordinaires), toute réduction de droits faite par la France à un des grands pays d'Europe se trouve de plein droit étendue à l'Allemagne et *vice versa*.

Des traités ont été conclus récemment entre l'Allemagne, l'Autriche, l'Italie, la Suisse et la Belgique, constituant ainsi une sorte d'Union douanière de l'Europe Centrale. Les Etats-Unis ont essayé, sans succès d'ailleurs jusqu'à présent, de constituer une Union douanière embrassant toutes les Républiques d'Amérique (Voy. dans la *Revue d'Economie politique*, de 1890 et 1891, les articles de MM. Peez et du comte de Leusse).

On ne constate pas dans la doctrine une réaction protectionniste aussi marquée que dans la politique commerciale et encore à ce jour la grande majorité des économistes est restée
fidèle aux doctrines classiques. Cependant, l'allemand List
dans son *Système National d'Économie politique* (1842) et l'a-
méricain Carey dans ses *Principes d'Économie Politique*,
avaient déjà fait brèche à la doctrine de Manchester à l'époque même où celle-ci était à l'apogée. La réaction violente
qui s'est manifestée de nos jours contre l'école classique, bien
qu'elle n'ait pas porté spécialement sur la question du protectionnisme[1], a cependant contribué à ébranler la foi dans « les
principes absolus » et on incline aujourd'hui à admettre que
le régime commercial de chaque pays doit être approprié à sa
situation particulière[2].

## II.

### DE LA THÈSE PROTECTIONNISTE.

Il n'est pas de question en économie politique — et il n'en
est guère dans aucun domaine — qui ait soulevé plus d'agi-
tations, fait écrire plus de volumes et peut-être même fait
tirer plus de coups de canons, que celle du commerce international. On vient de le voir dans le chapitre précédent.

Et pourquoi cela? Le commerce de pays à pays n'est-il pas
de tous points semblable au commerce de particulier à particulier? N'est-il pas, tout comme celui-ci, une forme ordinaire
et normale de l'échange, et, dès lors, à quoi bon une théorie

---

[1] L'école catholique a pris une attitude résolûment protectionniste, mais
les écoles socialistes et historiques se sont désintéressées de la question.
[2] Voy. le *Cours d'Économie politique* de M. Cauwès (4 vol., 1re édit.
1878, 3e édit. 1893) et *Libre-échange et Protection*, par M. Poinsard.

spéciale pour le commerce international? Si l'échange en lui-
même est un bien, d'où vient qu'il pourrait présenter quelques dangers par suite de cette circonstance toute intrinsèque
que les deux co-échangistes se trouvent séparés par le poteau
d'une frontière?

Tel est en effet le point de vue de l'économie politique classique. Elle n'admet pas et ne comprend pas que le commerce
international soit scumis à d'autres règles qu'un commerce
quelconque. Pour elle, cette célèbre question n'en est pas une :
elle doit être rayée de nos préoccupations. L'échange est une
forme de la division du travail dont nous avons expliqué les
merveilleux effets, et son utilité est absolument indépendante
de la question de savoir si ceux qui échangent appartiennent
à un même pays ou à des pays différents.

La raison de cette opposition entre la doctrine et la pratique n'est pas difficile à découvrir. On ne conteste guère que
le libre-échange ne soit le système qu'on dût préférer au
point de vue théorique, ni même qu'il ne soit le plus conforme au bien général de l'humanité. Les protectionnistes ne
se donnent même nullement comme ennemis du commerce
international, et ils le prouvent en effet surabondamment par
les efforts mêmes qu'ils font pour se le disputer, et par les
sacrifices qu'ils consentent pour relier les divers pays du
monde par des réseaux de voies ferrées ou par de grandes
routes maritimes. Mais les peuples et ceux qui les gouvernent
n'ont pas l'habitude de spéculer sur les intérêts généraux de
l'espèce humaine, ils ne se préoccupent que des intérêts
particuliers du pays où ils vivent et on ne saurait leur en faire
un crime. Or ils jugent, à tort ou à raison — c'est là toute
la question — que le commerce international laissé à lui-
même risque de ruiner l'industrie d'un pays, de restreindre
ou même d'étouffer ses forces productives et de porter même
indirectement atteinte à l'existence nationale. Ils considèrent
le commerce international comme un état de guerre, une des

formes de la lutte pour la vie entre nations. Or, de même que
tout l'art de la guerre consiste à envahir et à occuper le territoire ennemi, sans laisser envahir ni occuper notre propre
territoire, de même toute la tactique du commerce international doit consister, d'après eux, à inonder le territoire
étranger par nos exportations, sans laisser pénétrer chez
nous les importations étrangères. Il s'agit de constituer une
industrie nationale assez vigoureuse pour être en mesure de
repousser les produits des industries étrangères et même de
lutter victorieusement contre ces industries étrangères sur
leur propre terrain. Tel est le problème que le protectionnisme
se pose depuis quelques siècles, et dont il poursuit la solution
par toute une tactique très compliquée.

Voici ce résumé de leur argumentation qui peut se ramener
à trois chefs principaux :

1º Si le commerce international a pris de nos jours le caractère d'une lutte pour la vie, il doit produire les fâcheux
effets qui sont inhérents à la concurrence même entre individus, à savoir l'écrasement des faibles. Ainsi les États-Unis, à
raison de l'étendue de leurs exploitations agricoles, de la fertilité de certaines régions, de l'inutilité des engrais, du bas
prix des terres, de la modicité des impôts, peuvent produire le
blé dans des conditions beaucoup plus économiques que dans
nos contrées d'Europe. Alors si l'importation du blé américain
ne permet plus aux cultivateurs français de produire du blé,
que feront-ils ? Qu'ils fassent du vin, dira-t-on. Mais l'Espagne et l'Italie, à raison de leur climat, peuvent produire des
vins beaucoup plus alcooliques que les nôtres et, grâce au bas
prix de leur main-d'œuvre, bien meilleur marché. Et même
infériorité pour la soie vis-à-vis de la Chine, pour la laine
vis-à-vis de l'Australie, pour la viande vis-à-vis de la République Argentine... Alors quoi ? Faudra-t-il donc que nos
cultivateurs, qui représentent la moitié de la population française, abandonnent la terre pour refluer dans les villes ? En

ce cas, quels dangers pour le pays n'entraînera pas un semblable déplacement, non seulement au point de vue économique, mais au point de vue de la santé publique, de la morale, de la stabilité politique, de notre force militaire, de l'avenir du pays ! Et qui nous assure d'ailleurs que ces populations chassées des campagnes trouveront dans les villes un travail plus rémunérateur? N'est-il pas possible que l'industrie manufacturière succombe à son tour sous l'importation étrangère? Si un pays a le malheur de se trouver inférieur à certains pays étrangers dans toutes les branches de la production, il sera successivement délogé de toutes ses positions, et il ne lui restera plus qu'une ressource : ce sera de transporter sa population et les capitaux qui peuvent lui rester encore dans les pays même qui lui font cette concurrence victorieuse [1], afin d'y bénéficier tout au moins des conditions qui leur assurent cette supériorité. Si la France ne peut plus soutenir la concurrence de l'Amérique, qu'elle passe en Amérique ! Telle serait la conséquence logique d'un système qui ne voit dans le commerce international que le mode d'organisation le mieux fait pour tirer le meilleur parti possible de la terre et des hommes qui la peuplent, sans s'inquiéter de ce fait que ces hommes sont divisés par nations et que chacune de ces nations a le droit et la volonté de vivre.

On comprend, quand il ne s'agit que des individus, qu'un darwinien convaincu puisse à la rigueur les sacrifier en vue des intérêts généraux de l'espèce, mais on ne peut demander à un pays de se laisser immoler au nom des intérêts généraux de l'humanité. Ce serait d'autant plus absurde qu'il ne s'agit ici en somme que de supériorité économique et commerciale :

[1] C'est justement le résultat que produisent à l'intérieur la concurrence et le commerce entre les différentes parties d'un même pays. Il se peut que la liberté et la facilité des communications entre le Cantal et Paris, entraîne la dépopulation et la mort industrielle de cette province : mais ici c'est une portion de la France qui gagne ce que l'autre perd; il n'y a pas lieu d'intervenir.

or un peuple a un autre rôle à jouer en ce monde que celui de simple producteur économique, et si quelque Grèce nouvelle devait un jour être éliminée du monde parce que son sol aride ne lui aurait pas permis de produire à aussi bon marché que ses rivales, ce serait un pauvre résultat.

Il faut remarquer d'ailleurs que, même au point de vue purement économique, la supériorité commerciale d'un pays peut être due à l'infériorité de la condition de sa classe ouvrière et au bas prix de la main-d'œuvre. En ce cas le pays qui accepterait la lutte sur ce terrain serait forcé de diminuer les salaires et la victoire appartiendrait en définitive non au plus digne, mais à celui qui aurait le mieux exploité sa population ouvrière. Les États-Unis ne pourraient pas conserver à leurs ouvriers les hauts salaires qu'ils touchent s'ils laissaient envahir leur marché par les produits à vil prix des ouvriers allemands, belges, italiens.

2° En admettant même qu'aucun pays ne succombât dans cette lutte et que chacun réussît à trouver une branche de production où il conserverait sa supériorité et où il ferait refluer toutes ses forces productives, serait-ce là un résultat désirable? — L'école libre-échangiste l'affirme parce qu'elle ne voit là qu'une vaste application de la loi de la division du travail; elle se plaît à considérer le monde comme un immense atelier où chaque peuple ne fera qu'une seule chose, celle qu'il est prédéterminé à faire le mieux, et où par conséquent se trouvera réalisée la meilleure utilisation possible des forces productives de notre planète et de l'humanité. La France ne fera que des vins fins, des chapeaux et des objets d'art, l'Angleterre des machines et des cotonnades, la Chine du thé, l'Australie de la laine, la Grèce des raisins secs, la Russie du blé, etc.

Mais ici encore l'intérêt national est absolument sacrifié à un prétendu intérêt général qui n'est qu'une abstraction. Un semblable idéal, en admettant qu'il pût être réalisé, entraî-

nerait la dégradation de tous les pays et, par voie de conséquence, du genre humain lui-même qui n'a pas d'existence
en dehors des nations qui le constituent. Si, en effet, il a
été reconnu que, même pour les individus, la spécialisation
dans un même travail est funeste à leur développement physique, intellectuel et moral, que dire pour un peuple! Un pays
où tous les hommes feraient le même métier, serait une
masse amorphe, quelque chose de monstrueux sans idées et
sans vie. La biologie nous enseigne que le développement
d'un être organisé et son rang sur l'échelle de la vie sont en
raison de la variété et de la multiplicité de ses fonctions et de la
différentiation des organes qui y pourvoient. Il en est exactement d'un peuple : s'il veut s'élever à une vie intense et riche, il doit s'efforcer au contraire de multiplier chez lui toutes
les formes d'activité sociale, toutes les énergies, et veiller par
conséquent à ce que la concurrence étrangère ne vienne pas
les détruire l'une après l'autre.

3° L'importation des produits étrangers quand elle n'a pas
comme contre-partie une exportation correspondante, risque de
ruiner le pays, d'abord en lui enlevant son numéraire et subsidiairement en le réduisant à la condition de débiteur. Le pays
importateur paie avec son argent tant qu'il en a, et quand il
n'en a plus, il l'emprunte, le plus souvent au pays même qui
lui vend, mais sa situation ne fait qu'empirer parce que désormais au solde débiteur résultant déjà des importations
vient s'ajouter le solde débiteur résultant des intérêts à payer.
Il se trouve ainsi acculé progressivement à la banqueroute. Tel
a été le cas, par exemple, pour le Portugal, la Turquie, etc. [1].

---

[1] C'est dans le même sens que le vieux Caton disait : *Patrem familias
vendacem, non emacem esse oportet* (*De Agricultura*). La loi de
Moïse dit (Deutéronome, XV, 6) : « Mets soigneusement en pratique le commandement que je te prescris aujourd'hui... Tu prêteras à beaucoup de
nations et tu n'emprunteras point : ainsi tu domineras sur beaucoup de
nations et elles ne domineront point sur toi ». Il est vrai qu'il s'agit là du
prêt et non de la vente; mais le pays vendeur finit par devenir le pays
créditeur.

Il est vrai que l'économie politique enseigne que toute importation provoque tôt ou tard une exportation correspondante. Mais cette loi, en l'admettant même comme démontrée, ne suffit pas pour rassurer les protectionnistes. En effet si l'on se reporte à la démonstration que nous en avons donnée (p. 255), on verra que cette exportation de retour pourra ne se produire qu'après le drainage du numéraire et par le moyen d'une baisse générale des prix. Or, c'est là justement une situation très fâcheuse pour un pays. Elle s'aggrave singulièrement si le pays a recours à l'emprunt pour payer. Enfin ce n'est pas tout que de poser en principe que le pays paiera en marchandises : si en échange d'objets de luxe, il doit exporter le nécessaire, par exemple les richesses qui peuvent être employées comme capitaux ou celles qui peuvent servir à l'alimentation de sa population, il n'y a pas réciprocité de situation quand bien même il y aurait égalité de valeurs.

4° Enfin le protectionnisme fait valoir cet argument fiscal que les droits de douane sont le meilleur des impôts puisque c'est l'étranger qui les paie. Un pays ne doit donc pas hésiter à y recourir puisqu'il trouve l'avantage non seulement de protéger son industrie, mais de se procurer des ressources qui ne coûtent rien à la population [1].

---

[1] Jamais cet argument n'a été exprimé d'une façon plus naïve, on pourrait dire plus cynique, que par les Américains. On pourra en juger par cet extrait d'un discours de M. Lawrence, contrôleur du Trésor aux États-Unis : « Par notre tarif douanier, nous informons le manufacturier étranger qu'il peut écouler ses produits chez nous, mais qu'il lui faut payer ce privilège..... Il est ainsi forcé de réduire ses prix et ses profits et de contribuer à la formation de ce revenu qui nous permet d'acquitter notre dette publique et de servir des pensions à nos soldats mutilés ou blessés pendant la guerre civile. Ceci est de la justice distributive, puisque de la sorte nous forçons l'Angleterre et la France de prendre leur part des dépenses d'une rébellion qu'elles avaient méchamment encouragée. » Cité par l'*Économiste français*, 1882, I⁰ᵉ volume, p. 441.

## III.

### CE QU'IL Y A DE FONDÉ DANS LA THÈSE PROTECTIONNISTE.

Puisque nous avons admis que la concurrence entre individus peut produire de funestes effets et que l'État a le droit d'intervenir pour protéger les faibles, il serait illogique de notre part de raisonner autrement quand il s'agit de la concurrence entre nations. Nous admettons donc qu'il peut y avoir lieu de protéger telle ou telle industrie, ou même l'ensemble des industries d'un pays dans certains cas particuliers et nous reconnaissons à l'État le droit et le devoir d'intervenir par les moyens qu'il juge les mieux adaptés à cette fin. La fin de non-recevoir qu'oppose l'école libérale à toute intervention de l'État nous touche peu, non seulement parce que ce principe n'a point une valeur scientifique absolue, mais surtout parce que la question se pose ici plutôt sur le terrain politique que sur le terrain économique. Il s'agit, en effet, non pas de déterminer théoriquement le meilleur mode possible d'organisation commerciale entre les hommes, mais le meilleur mode de sauvegarder la puissance industrielle et commerciale d'un pays donné.

Certes parmi les dangers signalés par les protectionnistes, il en est de fort exagérés.

Il est peu à craindre qu'un pays soit dépouillé de son numéraire par le jeu du commerce international ou réduit à la condition de débiteur insolvable. Dans les exemples qu'on peut citer (Portugal, Turquie, Républiques Sud-Américaines) la cause doit en être cherchée dans une mauvaise administration financière et nullement dans les importations étrangères[1].

---

[1] M. Poinsard dans son livre déjà cité range au contraire cette catégorie de pays parmi ceux auxquels le libre-échange est indispensable!
Jamais on n'a vu un pays dépouillé de son numéraire par le jeu du com-

Il est encore moins à craindre qu'un pays se trouve dépeuplé par le commerce international. Ce tableau effrayant d'un peuple délogé successivement par la concurrence étrangère de toutes les branches de la production, obligé de laisser sa terre en friche et d'aller chercher un asile sur le territoire même de ses vainqueurs, est imaginaire. Jamais un pays, si déshérité qu'il soit, ne sera inférieur aux autres dans toutes les branches de la production. Et si par aventure ce cas se présentait, si un peuple en était réduit à cette extrémité d'être obligé de peiner plus que partout ailleurs pour vivre plus mal, ce n'est certes pas la prohibition des produits étrangers qui le rendrait plus riche! En ce cas les travailleurs et les capitaux sauraient bien trouver le chemin de contrées plus heureuses et pour les en empêcher, il faudrait élever non seulement une barrière de douanes mais des murs de prison.

On oublie d'ailleurs, en raisonnant de la sorte, la loi générale du commerce international qui tend toujours au troc. Toute importation appelle une contre-partie : comment supposer qu'un pays achète tout de l'étranger sans lui rien donner en retour? — à moins d'admettre que l'étranger ne lui fasse généreusement cadeau de tout ce qu'il lui envoie, auquel cas la situation du pays importateur serait plus enviable que pitoyable et on ne voit pas comment il se ruinerait! En réalité, si l'on suppose un pays trop pauvre pour pouvoir rien fournir à l'étranger, on peut être rassuré : l'étranger ne lui fournira rien non plus.

Rien de plus inexact non plus que de prétendre que, par la concurrence internationale, les pays dont la population ouvrière sera la plus mal payée forceront les autres à se régler sur eux. Cela peut être vrai dans certains cas particuliers, mais il suffit d'ouvrir les yeux pour voir au contraire que les pays dont la concurrence est la plus redoutable sur le marché du

merce international, tandis qu'on en a vu un grand nombre dépouillés de leur numéraire par la loi de Gresham.

monde sont précisément ceux, comme l'Angleterre ou les États-Unis, à hauts salaires et à courtes journées et où la condition sociale, le *standard of life*, des classes ouvrières, est la plus élevée.

Mais ce qui est vrai dans la thèse protectionniste, c'est qu'un pays, sans avoir la prétention ridicule de vouloir tout produire, doit s'efforcer d'avoir une production variée et cultiver toutes les branches nouvelles de production qui ne paraissent pas incompatibles avec son climat ou ses ressources naturelles.

Or les industries naissantes ont à lutter contre de grands désavantages. Il ne leur est pas facile de tenir tête à des industries déjà anciennes, en possession de vastes marchés, et qui, grâce à l'étendue de leur production, peuvent pousser au dernier degré les perfectionnements de la division du travail et de la production sur grande échelle. La lutte est d'autant plus difficile que dans ces pays neufs les salaires sont plus élevés et les ouvriers moins expérimentés. On sait bien qu'il n'est pas facile de faire pousser de jeunes arbres dans le voisinage des vieux, parce que ceux-ci ayant déjà accaparé toute la lumière du ciel et toute la sève du sol, ne leur laissent guère la place d'étendre leurs racines ni leurs branches. Nous comprenons très bien, par exemple, que les colonies australiennes, qui approvisionnent de laine le monde entier, s'appliquent à la transformer elles-mêmes en drap, au lieu de l'envoyer en Angleterre pour se la faire réexpédier manufacturée. De même, si notre colonie d'Algérie transformait sur place son alfa en papier, au lieu de l'expédier brut en Angleterre, ou si notre colonie du Sénégal pouvait transformer ses arachides en huile, ce serait un grand gain non seulement pour elles, mais pour le monde entier, car il n'y a as de travail plus stérile que celui qui consiste à transporter 'un bout du monde à l'autre un poids mort et des matériaux nutiles : c'est un vrai travail de Sisyphe, puisque tout transport inutile constitue une déperdition inutile de travail. Quand même donc il leur faudrait s'imposer un sacrifice pendant quelque temps pour mettre leurs manufactures en état de s'installer, de prendre racine et de soutenir la lutte contre les manufactures étrangères, nous estimons que ce pourrait être là une dépense bien placée et qu'elles retrouveraient un jour avec usure [1].

Quant à l'objection que le système protecteur constitue une charge pour le pays qui est forcé d'y recourir et qu'il lui im-pose des sacrifices considérables, nous l'admettons pleinement, et en cela nous sommes d'accord avec les libre-échangistes, mais nous ajoutons seulement qu'un pays n'hésite pas à s'imposer des sacrifices égaux ou plus lourds encore quand il s'agit de sauvegarder sa suprématie politique, militaire, maritime ou coloniale : pourquoi n'y consentirait-il pas aussi pour sauvegarder sa suprématie industrielle ou commerciale, qui est d'une importance au moins égale au point de vue de son existence nationale et de ses destinées? Je ne sais quel économiste américain faisait le compte qu'une certaine fila-ture avait coûté plus cher au pays qu'un croiseur cuirassé — qu'importe, si cette filature a fait autant et plus que le croi-seur pour servir au dehors les intérêts du pays?

Il faut remarquer d'ailleurs que le déplorable état de guerre imminente ou du moins de paix armée qui caractérise l'Eu-rope à la fin de ce siècle, crée une situation anormale et qui

---

[1] Il faut avouer que l'exemple des États-Unis, qui, à l'abri du rempart protectionniste qu'ils avaient élevé, ont si brillamment fait leur évolution économique et sont devenus un des premiers pays manufacturiers du monde, semble bien confirmer cette théorie. L'industrie américaine aurait-elle grandi si vite, si elle avait eu à lutter dès ses débuts contre les ma-nufactures anglaises, et n'aurait-elle pas été écrasée dans l'œuf par sa puissante rivale? Il y a là tout au moins un point d'interrogation.

C'est un fait bien digne de remarque aussi que les jeunes colonies an-glaises, telles que celles de l'Australasie et du Canada, qui ont sucé le lait de la pure doctrine libre-échangiste, n'ont pas hésité à élever contre la mère-patrie elle-même un rempart protectionniste.

peut justifier temporairement le système protectionniste. Il
faut bien en effet qu'un pays qui se croit à la veille d'une
déclaration de guerre sauvegarde les industries indispensables
à sa sécurité. Or ces industries indispensables à sa sécurité,
ce n'est pas seulement telle ou telle fabrique d'armes ou de
biscuits, c'est la houille sans laquelle les trains ne pourraient
marcher ni par conséquent la mobilisation s'effectuer, c'est le
fer, ce sont les chevaux, c'est le blé, la viande, le drap, le
cuir, tout ce qui est nécessaire pour entretenir et faire vivre
des millions d'hommes. Étant donné la forme actuelle de la
guerre qui arme la population tout entière et met en jeu
toutes les ressources économiques de la nation, il n'est pour
ainsi dire plus une seule industrie dont on puisse dire qu'elle
soit inutile à la défense nationale.

## IV.

### QUELS SONT LES INCONVÉNIENTS DES DROITS PROTECTEURS.

Tout en admettant le bien fondé de la thèse protectionniste
dans un certain nombre de cas, il faut avouer que le système
employé à cette fin, à savoir les droits de douane, est singulièrement imparfait et fâcheux :

1° Au point de vue fiscal d'abord, si ces droits sont d'une
perception assez commode[1], ils sont extraordinairement *vexatoires et coûteux;* ils ont créé toute une industrie qui s'appelle

---

[1] Et encore la perception n'est pas si commode! Si le droit est proportionnel à la valeur de la marchandise (c'est ce qu'on appelle droit *ad
valorem*), il donne lieu à des déclarations de valeur mensongères que le
droit de *préemption* de l'administration des douanes ne peut réprimer
que dans une faible mesure. Si le droit est fixé et déterminé par la loi pour
chaque catégorie de marchandises (c'est ce qu'on appelle droits *spécifiques* et ce sont ceux usités en France) ils exigent des classifications très
compliquées et aboutissent néanmoins à des inégalités criantes.

la contrebande : ils sont très propres à provoquer des conflits internationaux.

2° Au point de vue protectionniste, ils atteignent mal le but proposé, en ce sens qu'ils établissent une protection *inégale*, insuffisante pour les faibles, inutile pour les forts. Voici un droit de 5 francs par quintal de blé qui doit élever le prix du blé de 20 à 25 francs. Le propriétaire cultivant dans des terrains médiocres ou ne disposant que de ressources insuffisantes, qui ne produit que 10 quintaux par hectare, n'y trouvera qu'un supplément de revenu de 50 francs, ce qui ne sera peut-être pas suffisant pour couvrir ses frais, le propriétaire déjà favorisé par la nature ou employant des procédés perfectionnés qui récolte 30 quintaux par hectare et qui, à raison même de sa situation privilégiée, pouvait très bien se passer de toute protection, y trouvera au contraire un supplément de revenu de 150 francs par hectare.

3° Ils portent au commerce extérieur une fâcheuse entrave, parce qu'en réduisant les importations de marchandises, *ils tendent à réduire dans la même proportion les exportations;* et il constitue ainsi la plus absurde contradiction avec les efforts que font les peuples pour faciliter les communications, pour percer les montagnes, couper les isthmes, sillonner les mers de lignes de paquebots subventionnés et de câbles télégraphiques, ouvrir des expositions internationales, établir des conventions monétaires, etc.[1].

4° Ils portent le plus grave préjudice à la production industrielle *en élevant le coût de production*, soit directement par le renchérissement des matières premières, soit indirecte-

---

[1] « Un droit de 20 p. 0/0 équivaut à une mauvaise route, un droit de 30 p. 0/0 à un fleuve large et profond sans les moyens nécessaires de le traverser; un droit de 70 p. 0/0 c'est un vaste marais qui s'étend des deux côtés du fleuve; un droit de 100 p. 0/0, c'est une bande de voleurs qui dépouillent le marchand de presque tout ce qu'il a et l'obligent encore à se sentir heureux d'échapper avec la vie sauve » (David Wells — *A primer of tarif reform*). 1885.

ment par le renchérissement de la main-d'œuvre. De là des conflits permanents et insolubles entre les diverses branches de la production : quand on a voulu mettre des droits à l'entrée des soies pour protéger les producteurs de cocons du Sud-Est de la France, on a soulevé les protestations violentes des filateurs de soie de Lyon : si l'on met des droits à l'entrée des fils de laine, de soie, ou de coton, on ruine les industries du tissage, etc. — Les procédés compliqués des *admissions temporaires* ne sont que des palliatifs tout à fait inefficaces[1].

5° Ils portent à la production nationale un préjudice plus grand encore *en lui enlevant le stimulant de la concurrence extérieure*. Dans un discours politique, M. de Bismarck parlait de ces brochets qu'on place dans les étangs peuplés de carpes pour tenir celles-ci en haleine et les empêcher de prendre le goût de la vase. Cette comparaison serait tout à fait de mise ici. Si l'on veut — et tel est précisément le but des protectionnistes — qu'un pays garde son rang de grande puissance industrielle et commerciale, il faut l'obliger à renouveler constamment son outillage et ses procédés, à éliminer sans cesse les organes usés ou vieillis, comme le serpent qui se rajeunit en changeant de peau ; et comme une semblable opération est toujours fort désagréable, il est douteux que les producteurs s'y prêtent de bonne grâce s'ils n'y sont contraints par une pression extérieure.

---

[1] On appelle *admissions temporaires*, l'entrée en franchise accordée à une matière première (fer, blé, etc.) à la condition que cette matière sera réexportée sous la forme de produit manufacturé (machines, farine, etc.), dans un délai donné. Le producteur qui importe ces matières premières doit donner caution de les réexporter dans un délai déterminé ; d'où le nom sous lequel ce système est aussi connu, celui d'*acquits à caution* — On emploie aussi un autre mécanisme connu sous le nom de *draw-back* : il diffère du précédent en ce que les droits doivent être payés à l'entrée, mais sont restitués à la sortie. L'un et l'autre de ces deux systèmes sont, par suite de raisons diverses dans le détail desquelles nous ne pouvons entrer ici, des causes de difficultés sans nombre et même de préjudice pour le Trésor.

6° Enfin et surtout, ils entretiennent dans le pays une illusion funeste *en lui faisant considérer comme un gain ce qui, en réalité, est une charge.* Le système protectionniste prétend, nous l'avons vu, que les droits à l'entrée, étant supportés par l'étranger, n'imposent aucune charge au pays et constituent au contraire un supplément de revenus pour l'État. Il assure que les droits à l'entrée sont payés par les producteurs étrangers et que le prix de la marchandise importée n'en sera pas augmenté.

En supposant pour un instant que cette réponse fût fondée, il faudrait en conclure ceci : s'il est vrai que les prix ne soient pas modifiés, l'industrie nationale alors n'obtiendra pas ce qu'elle demande, elle ne se trouvera nullement protégée, et aux critiques que nous venons d'adresser au système des droits protecteurs, il faudrait en ajouter une dernière et plus décisive encore : celle *de ne servir à rien !*

Mais, d'ailleurs, bien que cette réponse puisse être fondée dans certains cas particuliers[1], elle ne saurait être acceptée

---

[1] Voici quel est le cas, qui a été signalé en particulier par Stuart Mill. Toute élévation de prix entraîne une réduction dans la consommation. Le producteur étranger aura donc à se demander s'il n'est pas de son intérêt de consentir un sacrifice, en abaissant le prix de ses articles d'une somme égale au montant du droit, afin de conserver sa clientèle en lui maintenant ses anciens prix. Le droit qui frappe ses produits le met dans cette fâcheuse alternative, ou *de restreindre le chiffre de ses ventes ou de faire un sacrifice sur le prix.* Il n'est pas impossible que, tout compte fait, son intérêt l'engage à choisir le second parti, c'est-à-dire à prendre à sa charge tout ou partie du droit. C'est ainsi qu'actuellement les producteurs de vins espagnols, plutôt que de perdre le marché français, se résignent à supporter (c'est-à-dire à rabattre sur leur prix de vente) les droits considérables dont ces vins sont frappés depuis 1892 : leur prix ne s'est pas élevé en France. C'est ainsi que beaucoup de fabricants français, pour ne pas perdre leur clientèle suisse, ont pris à leur charge tout ou partie des droits établis par le nouveau tarif.

Toutefois pour qu'ils se résignent à cette extrémité, il faut deux conditions préalables : 1° que leur prix de revient le leur permette ; 2° qu'ils ne trouvent pas le moyen d'écouler leurs produits sur un autre marché. — Ce serait donc une chimère de se baser sur cette éventualité ; en tous cas, comme nous le disons dans le texte, en admettant qu'elle se réalise,

d'une façon générale. En vertu d'une loi bien connue en matière d'impôts sous le nom de loi de répercussion, tout impôt payé par un producteur ou un commerçant est d'ordinaire reporté par lui sur sa facture et vient frapper le consommateur. A plus forte raison en sera-t-il de même du producteur étranger. — Comment d'ailleurs peut-on supposer raisonnablement qu'un pays ait la faculté de rejeter tout ou partie de ses impôts sur l'étranger? En admettant qu'il eût ce singulier pouvoir, il est clair que chaque pays s'empresserait d'en profiter à son tour pour faire payer ses impôts par ses voisins, et que dès lors aucun n'en serait plus avancé.

Bien plus, les droits à l'entrée ont pour effet ordinaire de s'ajouter non seulement au prix des marchandises importées, mais au prix de toutes les marchandises similaires consommées à l'intérieur, en sorte que le public se trouve payer de sa poche, sous la forme de supplément de prix, dix fois ce que perçoit l'État. Supposons qu'il entre en France 10 millions de quintaux de blé étranger valant 20 fr. au débarquement. Par suite de la concurrence de ce blé étranger, les 80 millions de quintaux de blé qui représentent à peu près la production de la France ne se vendent aussi que 20 fr., et c'est justement ce dont on se plaint. Mettons alors un droit de 5 fr. à l'entrée du blé étranger. L'État touchera par la main de l'administration des douanes (en supposant que ce droit n'ait pas pour effet de réduire les quantités importées)

le but visé par l'établissement du droit protecteur se trouve manqué. C'est un dilemne auquel il est impossible d'échapper.

Du reste l'observation des faits démontre, en général du moins, que les droits protecteurs déterminent une hausse de prix correspondante. Les Anglais ou les Belges, grâce à la liberté des importations, paient leur pain à raison de 15 ou 20 centimes le kilo, tandis que les Français le paient 35 ou 40 centimes. C'est là une économie de 20 centimes par kilo, qui multipliée par 38 millions de Français, à raison de 1/2 kilo par tête, et par les 365 jours de l'année, représenterait une économie annuelle de 1,387 millions, un peu supérieure par conséquent au service de notre dette publique !

10 × 5 = 50 millions de francs. Mais regardons maintenant au public : non seulement il paiera 5 fr. de plus pour chaque quintal de blé étranger, soit 50 millions — ce qui représente déjà précisément l'équivalent de ce que l'État a perçu — mais de plus, les producteurs français s'empressant naturellement de vendre leur blé au même prix que les producteurs étrangers, il paiera 5 fr. de plus pour chaque quintal de blé produit en France, soit donc 80 × 5 = 400 millions de francs. C'est-à-dire en somme que ces droits protecteurs auront rapporté 50 millions à l'État et 400 millions aux producteurs nationaux, mais ils auront coûté 450 millions aux consommateurs.

# V.

## POURQUOI LE SYSTÈME DES PRIMES DEVRAIT ÊTRE PRÉFÉRÉ.

La conclusion à laquelle nous arrivons est donc celle-ci : si l'on peut admettre l'idée essentielle du protectionnisme, à savoir que l'État a le droit de protéger dans certains cas déterminés les industries qu'il juge utiles au pays,— par contre, il paraît difficile de justifier le moyen employé à cet effet, quoiqu'il soit consacré par une pratique de plusieurs siècles, à savoir les droits sur l'importation.

N'y aurait-il donc pas un moyen de faire fonctionner la protection sans droits protecteurs ? Si : ce moyen est connu depuis longtemps, il est même appliqué en partie. C'est le système plus simple et plus sincère des *primes*, soit sous forme de garanties d'intérêts, soit sous forme de subventions directes.

Ce procédé ne présente en effet aucun des inconvénients que nous avons signalés comme inhérents au système des droits à l'importation :

1° Il peut être gradué à volonté, de façon à protéger ceux

qui ont réellement besoin de protection et non point les autres. — Ce sera l'arbitraire, dira-t-on? Le système des droits
protecteurs est aussi l'arbitraire, mais c'est un arbitraire
aveugle, tandis que celui-ci du moins peut être un arbitraire
intelligent.

2º Il n'apporte aucune entrave au commerce extérieur et
permet le plein développement des importations et des exportations, puisqu'il ne relève pas le prix des produits.

3º Il ne gène en rien la production, puisqu'il ne renchérit
pas les matières premières et ne relève pas le coût de production : il l'abaisse au contraire. — Il est vrai qu'en conférant
aux industries nationales une certaine sécurité, il peut favoriser la routine. C'est un mal inhérent à tout système de protection quel qu'il soit; mais du moins les primes peuvent être
établies sous certaines conditions propres à stimuler les progrès de l'industrie protégée[1].

4º Enfin et surtout ce système ne prétend pas être autre
chose que ce qu'il est, à savoir un sacrifice imposé au pays
par une raison d'utilité publique. Il ne donne lieu à aucune
équivoque; le public sait qu'il paie cette protection et il sait
exactement le prix dont il la paie. Aussi peut-on tenir pour
certain qu'un État n'aura recours à de semblables mesures
qu'autant que l'utilité en sera clairement reconnue et qu'en
tout cas elles ne seront pas étendues en dehors des cas prévus
ni prolongées au delà du terme fixé. Et c'est là justement ce
qui fait la supériorité économique et morale de ce système.

Mais c'est justement aussi ce qui fait que les protection-

---

[1] C'est ainsi que les primes accordées par la loi de 1881 à la marine
marchande sont plus ou moins importantes suivant que le navire est à
voile ou à vapeur, en bois ou en fer, et suivant la vitesse. C'est ainsi encore que les primes accordées par la loi de 1891 aux filateurs de soie sont
en raison du degré de perfectionnement de leur outillage.

On pourrait craindre, il est vrai, que le système des primes ne poussât
à la surproduction, mais le système des droits protecteurs peut avoir le
même inconvénient.

nistes le goûtent fort peu et n'en demandent que rarement
l'application : on y verrait trop clair. Cependant le système
de primes est pratiqué en France sous la forme de primes à
la marine marchande, tant pour la construction que pour la
navigation, et il a été préféré avec raison aux surtaxes de pavillon. Il est appliqué aussi à la production des cocons, de la
soie grège, du lin et du chanvre[1]. Et dans les pays neufs,
il arrive assez fréquemment que l'État garantit un certain
intérêt aux capitaux qui consentent à s'engager dans quelque
nouvelle entreprise industrielle[2].

# VI.

## DE QUELQUES DIMINUTIFS DU SYSTÈME PROTECTEUR.

Il s'est formé depuis quelques années un parti qui, sans
demander la protection d'une façon générale, demande du
moins la *réciprocité* en fait de tarifs de douanes. C'est ce qu'on
appelle en Angleterre le *fair trade*, en l'opposant au *free trade*.

Si le système est employé à titre de représailles pour forcer
un pays protectionniste à abaisser ses droits — si, par exemple, l'Europe répondait aux tarifs prohibitifs des États-Unis
en taxant lourdement les produits américains — en ce cas,
il peut très bien se justifier. C'est alors, à vrai dire, une
question politique plutôt qu'économique.

Mais si l'on veut y voir une théorie scientifique, alors elle

---

[1] Voy. dans la *Revue d'Économie politique* (octobre 1891), notre article sur la *Protection sans droits protecteurs*. M. Henri George dans
son livre *Protection et Libre-Échange* (1887), a soutenu aussi cette
thèse. Voy. en sens contraire, Cauwès, *op. cit.*, t. II, p. 572; Poinsard,
*op. cit.*, p. 441.

[2] Le Mexique et divers États de l'Amérique du Sud accordent des primes ou des garanties d'intérêt aux industries nouvelles.

n'a plus de raison d'être. Si l'on pense que le système protecteur est un bien, il faut l'adopter : si l'on estime qu'il est un
mal, il faut le rejeter : mais que les pays voisins l'adoptent
ou non, c'est leur affaire, ce n'est pas la nôtre. Sans doute,
si l'Europe frappe de droits les produits américains, elle infligera un préjudice aux États-Unis, mais elle s'en infligera un
aussi à elle-même, et le mal que nous pouvons faire à notre
voisin ne saurait être considéré comme une compensation pour
celui que nous nous faisons à nous-mêmes.

Un autre système mixte est celui des *droits compensateurs*.
Il prétend que lorsqu'un pays supporte une plus lourde
charge d'impôts que les pays étrangers, il doit, pour rétablir
l'égalité dans la concurrence, grever les produits étrangers
de droits qui représentent l'équivalent des charges supportées
par les nationaux.

Ce raisonnement repose tout entier sur l'idée que les droits
de douane sont supportés par les producteurs étrangers. Si,
comme nous avons essayé de le démontrer, cette idée est le
plus souvent une illusion, et si ces droits retombent en réalité,
sous la forme d'une élévation des prix, sur les nationaux, alors
on pourra apprécier toute l'originalité de cette soi-disant
compensation qui, sous prétexte d'égaliser la lutte, met
double poids sur les épaules de celui qui est déjà le plus
chargé !

Maintenant si l'on veut dire simplement que les produits
étrangers doivent être grevés de droits équivalents à ceux que
paient les mêmes produits à l'intérieur, personne ne contre-
dira à ce principe d'égalité fiscale[1].

---

[1] Un des gros griefs des propriétaires et négociants en vins du Midi de
la France, c'est que les vins d'Espagne, avant les tarifs de 1892, en-
traient additionnés de 4 ou 5 litres d'alcool par hectolitre, en payant seulement 2 fr. de droits d'entrée, tandis que chaque litre d'alcool doit payer
en France 1 fr. 60 de droits. C'est là, en effet, un privilège injuste au
profit des producteurs étrangers, et, comme on l'a dit, une sorte de protection à rebours.

# CHAPITRE VII.

## LE CRÉDIT.

## I.

### DES OPÉRATIONS DE CRÉDIT.

Si ingénieux que soit l'échange, c'est une opération qui
ne saurait répondre à tous les besoins, car pour se procurer
une chose par l'échange, il faut pouvoir donner en contre-
partie *une valeur égale* : or, tout le monde n'est pas en situation de fournir cette valeur. Si toute personne qui a besoin
d'un logement devait acheter une maison, il est aisé de comprendre que ce serait fort gênant.

On a donc été conduit à imaginer une combinaison voisine
de l'échange, mais différente pourtant, le *prêt*, grâce à laquelle je puis me procurer provisoirement une chose et l'utiliser pendant un certain temps, à la condition de donner simplement à celui qui me la cède une indemnité proportionnelle
au temps pendant lequel j'en ai joui. Cette indemnité porte,
suivant les cas, les noms de *fermage*, *loyer*, *intérêt*. Ce n'est
pas le lieu de discuter ici la légitimité ou l'illégitimité de cette
indemnité. Nous retrouverons cette question dans la répartition des richesses.

Toutefois le mot de *crédit* a, dans le langage ordinaire, un
sens plus restreint. Il ne s'applique pas au prêt d'une chose
quelconque, par exemple d'une terre ou d'une maison, mais
seulement *au prêt d'une somme d'argent*. Cela s'explique

d'abord par ce fait que l'argent étant dans nos sociétés la forme sous laquelle se présente tout capital, tout prêt de capitaux prend ordinairement la forme de prêt d'argent, mais de plus il faut reconnaître que le prêt d'argent présente un caractère tout particulier qui le sépare radicalement du prêt d'une terre ou d'une maison.

Ce caractère, c'est que la chose prêtée ne pourra être utilisée par l'emprunteur qu'à la condition d'être consommée, anéantie par lui. Celui qui emprunte un capital sous la forme d'un sac d'écus doit évidemment, quel que soit l'usage qu'il veuille en faire, vider ce sac jusqu'au dernier écu : de même que celui qui emprunte le sac de blé, soit qu'il veuille le semer, soit qu'il veuille le manger, devra le détruire, soit pour le mettre en terre, soit pour le broyer sous la meule[1].

Or ce caractère introduit dans le contrat que nous analysons des modifications graves, aussi bien pour la personne qui emprunte que pour celle qui prête :

1° Quant au prêteur d'abord, il est exposé à des risques beaucoup plus considérables. Car, tandis que le prêteur d'une maison ou d'une terre sait qu'elle lui sera restituée à l'expiration du bail, tandis qu'il ne la perd pas de vue pour ainsi dire entre les mains de l'emprunteur, le prêteur d'une chose fongible, au contraire, sait qu'il s'en dépouille irrévocablement; il sait qu'elle va être détruite et que telle est sa destination[2]. Il est vrai qu'il compte sur une richesse équivalente qui viendra la remplacer, mais enfin cette richesse-là n'existe

---

[1] Ce caractère en effet, n'est pas spécial uniquement à l'argent, il appartient à toutes les choses que dans la langue du droit on désigne sous le nom de choses *fongibles*, c'est-à-dire qui se consomment par le premier usage.

[2] Les jurisconsultes romains avaient très bien fait observer que la chose donnée en *mutuum* doit être *aliénée*, à la différence de la chose donnée en *commodat* qui est simplement *prêtée*. Et au jour de l'échéance, l'emprunteur n'était pas tenu de rendre la chose, car elle n'existait plus, mais de transférer la propriété d'une chose équivalente.

pas encore ; elle devra être produite à cet effet et tout ce qui
est futur est par là même incertain. Les législateurs se sont
bien ingéniés à garantir le prêteur contre tout danger — et
les précautions qu'ils ont imaginées à cet effet constituent une
des branches les plus considérables de la législation civile,
cautionnement, solidarité, hypothèques, etc., — néanmoins
il faut toujours de la part du prêteur une certaine confiance,
un acte de foi, et voilà justement pourquoi on a réservé à cette
forme particulière du prêt le nom de « crédit » qui suppose, en
effet, par son origine étymologique, un acte de foi (*creditum,
credere*, croire).

2° Quant à l'emprunteur, il n'est pas simplement tenu,
comme le fermier ou le locataire, de conserver la chose à lui
prêtée et de l'entretenir en bon état pour la restituer au terme
fixé : il faut qu'après l'avoir utilisée, c'est-à-dire détruite, il
travaille à en reconstituer une équivalente pour s'acquitter
au jour de l'échéance. *Il faut donc qu'il ait grand soin
d'employer cette richesse d'une façon productive.* S'il a le
malheur de la consommer improductivement, pour des dépenses personnelles par exemple, ou même simplement s'il
ne réussit pas, par une raison quelconque, à reproduire une
richesse au moins équivalente à celle qui lui a été prêtée,
c'est la ruine. Et de fait l'histoire de tous les pays et de tous
les temps est un véritable martyrologe des emprunteurs qui
se sont trouvés ruinés par le crédit. Le crédit est donc un
mode de production infiniment plus dangereux que ceux que
nous avons vus jusqu'à présent et qui ne peut rendre des services que dans des sociétés très avancées.

On dit quelquefois que le crédit ne diffère de l'échange
qu'en ce qu'il a pour objet non point des marchandises quelconques mais seulement des capitaux. On a raison, car nous
savons qu'il faut considérer comme capital toute richesse qui
est employée à la reproduction d'une richesse nouvelle. Or
comme l'opération que nous venons d'analyser exige en effet

l'emploi productif des valeurs prêtées, il est vrai de dire que les richesses qui sont l'objet du prêt sont ou doivent être considérées comme des capitaux. Tant pis pour l'emprunteur, s'il fait la sottise de les considérer comme des objets de consommation. Il méconnaît l'idée du contrat, et c'est pour cela que ce contrat lui devient un piège.

On dit aussi que le crédit diffère de l'échange en ce qu'il consiste non point dans l'échange de deux richesses existantes, mais dans l'échange d'une richesse *présente* contre une richesse *future*. On a raison encore, puisque nous venons de voir que le prêteur livre sa chose pour recevoir en échange, au jour de l'échéance, une chose qui n'existe point encore et qui devra être créée dans l'intervalle. Et c'est même là, comme nous le verrons, ce qui explique l'intérêt et l'escompte. Ce caractère apparaît surtout dans une autre opération de crédit qui tient une grande place dans les opérations commerciales et qui est connue sous le nom de *vente à terme*. A première vue, on pourrait croire que la vente à terme, étant une vente, doit rentrer dans le chapitre de l'échange. Il n'en est rien, car l'acheteur, en échange de la marchandise qui lui est livrée, ne donne rien, sans doute parce qu'il n'a pas les fonds pour payer : il se reconnaît simplement débiteur de la valeur reçue, tout comme s'il l'avait empruntée[1], et il compte évidemment pouvoir reproduire cette valeur avant le jour de l'échéance, et se trouver par là en mesure de la rembourser.

Telles sont les opérations fondamentales du crédit.

---

[1] Cependant, dira-t-on, l'emprunteur paie un intérêt, tandis que l'acheteur à terme n'en paie pas ? — C'est une erreur. Le prix de la vente à terme est toujours plus élevé que le prix de la vente au comptant et la différence qui s'appelle l'*escompte* représente justement l'intérêt du capital prêté, ou plutôt laissé, à l'acheteur.

# II.

### DES TITRES DE CRÉDIT.

Ces opérations réclamaient encore un perfectionnement. S'il est très avantageux pour l'emprunteur dans le prêt, ou pour l'acheteur dans la vente à terme, d'avoir un capital à sa disposition pendant un certain temps, par contre il est très désavantageux pour le prêteur d'être réduit à s'en passer pendant le même laps de temps. Un fabricant a besoin tous les jours de faire des achats et de payer des salaires. Il ne peut marcher qu'à la condition de renouveler au jour le jour le capital qui lui est nécessaire par la vente de ses marchandises : mais s'il vend ces marchandises à terme, c'est-à-dire sans être payé, il semble qu'il doit lui devenir impossible de continuer ses opérations.

Comment faire? On ne peut pourtant pas faire que le même capital soit *en même temps* à la disposition de deux personnes différentes, celle qui l'a prêté et celle qui l'a emprunté?

Si, en vérité, on y parvient : et c'est précisément le crédit qui réalise ce problème en apparence insoluble. En échange du capital par lui cédé, le prêteur ou le vendeur à terme reçoit un titre, c'est-à-dire un morceau de papier sous diverses formes, billet à ordre, lettre de change, etc., et ce titre représente une valeur qui, comme toutes les valeurs, peut être vendue. Si donc le prêteur veut rentrer dans ses capitaux, rien de plus simple : il lui suffit de vendre, ou, comme on dit, de *négocier* son titre.

Les deux principales formes de titres de crédit sont les suivantes :

1º Le *billet à ordre*, ainsi conçu : « A quatre-vingt-dix jours de date, je paierai à Paul, ou à son ordre, la somme de

1,000 francs, valeur reçue en marchandises. — Ce 1er mai
1893. — Signé : Pierre ».

2º La *lettre de change*, ainsi conçue : « A quatre-vingt-dix
jours de date, payez à Jacques, ou à son ordre, la somme de
1,000 francs, valeur reçue en marchandises. — Ce 1er mai
1893. — Signé : Paul ».

Le billet à ordre est donc simplement une promesse de
payer faite par le débiteur à son créancier. La lettre de change
est un peu plus compliquée : c'est un ordre de payer adressé
par le créancier à son débiteur, ordre de payer non point à
lui-même créancier, mais à un tiers; c'est grâce à cette forme
que la lettre de change est spécialement employée pour régler
les opérations d'un lieu à un autre et d'un pays à un autre.

Chaque opération de crédit donne donc naissance à un titre
de crédit. Comme dans toute société industrieuse ces opérations de crédit sont extrêmement nombreuses, par ce fait que
toute marchandise est souvent vendue trois ou quatre fois
(chaque vente étant faite à terme et donnant naissance par
conséquent à un nouveau titre de crédit), les titres de crédit
qui circulent dans des pays représentent une masse de valeurs énorme, 6 à 7 milliards pour la France[1], supérieure
certainement à la valeur de n'importe quelle catégorie de
marchandises, puisque celle-ci représente toutes les autres.

## III.

### SI LE CRÉDIT PEUT CRÉER DES CAPITAUX.

Le crédit a pris une telle importance dans nos sociétés
modernes, que l'on a été tenté de lui attribuer des vertus mi-

---

[1] Mais comme ces lettres de change se renouvellent en moyenne tous
les trois mois, cela fait 26 milliards par an. C'est le chiffre en effet constaté pour ces dernières années.

raculeuses. En parlant à chaque instant de grandes fortunes fondées sur le crédit, en constatant que les plus vastes entreprises de l'industrie moderne ont pour base le crédit, on se persuade invinciblement que le crédit est un agent de la production qui peut, tout aussi bien que la terre ou le travail, créer la richesse.

Il y a là une pure fantasmagorie. Le crédit n'est pas un *agent* de la production : il est, ce qui est fort différent, un *mode* spécial de production, tout comme l'échange, tout comme la division du travail. Il consiste, comme nous l'avons vu, à transférer une richesse, un capital d'une main dans une autre, mais transférer n'est pas créer. Le crédit ne crée pas plus les capitaux que l'échange ne crée les marchandises.

Ce qui favorise l'illusion, c'est l'existence des titres de crédit. Nous avons vu que tout capital prêté était représenté entre les mains du prêteur par un titre négociable et de même valeur. Dès lors il semble bien que le prêt ait cette vertu miraculeuse de faire deux capitaux d'un seul. L'ancien capital de 10,000 francs qui a été transféré entre vos mains et le nouveau capital qui se trouve représenté entre les miennes par un effet de 10,000 francs, cela ne fait-il pas deux ? — Au point de vue subjectif, ce papier est en effet un capital : il l'est pour moi, mais il ne l'est pas pour le pays. Il est clair, en effet, qu'il ne pourra être négocié qu'autant qu'une autre personne voudra bien me céder en échange le capital qu'elle possède sous forme de monnaie ou de marchandises. Ce titre n'est donc point un capital par lui-même, mais il me donne simplement *la possibilité de me procurer un autre capital en remplacement de celui dont je me suis dessaisi.* Il est évident d'ailleurs que quel que soit l'emploi que je veuille faire de cette valeur que j'ai en portefeuille, que je veuille la consacrer à mes dépenses ou à la production, je ne pourrai le faire qu'en convertissant cette valeur en objets de consommation ou en instruments de production déjà existants sur le marché. C'est avec ces richesses en nature que je produirai ou que je vivrai, non avec ces chiffons de papier[1].

Mais si le crédit ne peut être qualifié de productif, en ce sens qu'il ne crée pas les capitaux, il rend cependant d'éminents services à la production[2] de la façon suivante :

1° *En utilisant le mieux possible les capitaux existants.* — En effet, si les capitaux ne pouvaient pas passer d'une personne à une autre et si chacun en était réduit à faire valoir par lui-même ceux qu'il possède, une masse énorme de capitaux resterait sans emploi. Il y a, en effet, dans toute société civilisée, nombre de gens qui ne peuvent tirer parti eux-mêmes de leurs capitaux, à savoir :

Ceux qui en ont *trop* : car dès qu'une fortune dépasse un

---

[1] M. Macleod s'est fait une notoriété spéciale comme avocat de cette thèse que les titres de crédit constituent des richesses réelles, de véritables capitaux. Il est logique d'ailleurs dans ses conclusions, car il définit la richesse « tout ce qui a une valeur échangeable »; or, comme les titres de crédit ont incontestablement une valeur échangeable, ils doivent figurer parmi les richesses. Mais c'est la définition qui est inadmissible : si tout titre de crédit, c'est-à-dire si toute créance, constituait véritablement une richesse, il suffirait que chaque Français prêtât sa fortune à son voisin pour doubler du coup la fortune de la France et pour l'élever de 200 milliards à 400 milliards.

M. Macleod insiste en disant que ces titres représentent du moins des *richesses futures*. Sans doute, mais c'est précisément parce qu'elles sont futures qu'elles ne peuvent servir à rien et qu'on ne doit pas les compter. On les comptera le jour où elles auront pris naissance. Jusque-là, entre les richesses présentes et les richesses futures, il y aura toujours cette différence notable que les premières existent, tandis que les secondes n'existent pas. On produit et on vit avec des richesses existantes : on ne saurait vivre ni produire avec des richesses en espérance. Autant vaudrait, en faisant le recensement de la population de la France, ajouter, à titre de membres futurs de la société, tous ceux qui naîtront d'ici à vingt ans!

[2] A la production, dirons-nous, car le crédit à la consommation ne produit d'ordinaire que des effets funestes (voy. p. 298). On peut toutefois dire qu'il peut rendre le service : 1° de nous aider à passer les moments difficiles en attendant un retour de fortune; 2° de simplifier les comptes pour éviter des paiements réitérés (loyers, abonnements, etc.).

certain chiffre, il n'est pas facile à son possesseur de la faire
valoir par ses seules forces, sans compter que d'ordinaire, en
pareil cas, il n'est guère disposé à prendre la peine qu'il faut
pour cela ;

Ceux qui n'en ont *pas assez* : car les ouvriers, paysans, domestiques, qui réalisent de petites économies, ne sauraient
donner eux-mêmes un emploi productif à ces capitaux minus-
cules ; et pourtant, une fois réunis, ils peuvent former des
milliards ;

Ceux qui, à raison de leur *âge*, de leur *sexe*, ou de leur
*profession*, ne peuvent faire valoir par eux-mêmes leurs capitaux dans des entreprises industrielles : les mineurs, les femmes, les personnes qui se sont consacrées à une profession
libérale, avocats, médecins, militaires, prêtres, fonctionnaires et employés de tout ordre.

Et d'autre part, il ne manque pas de gens de par le monde,
faiseurs d'entreprise, inventeurs, agriculteurs, ouvriers même,
qui sauraient tirer bon parti des capitaux, s'ils en avaient :
malheureusement, ils n'en ont pas.

Mais si, grâce au crédit, les capitaux peuvent passer des
mains de ceux qui ne peuvent ou ne veulent rien en faire, aux
mains de ceux qui sont en mesure de les employer productivement, ce sera un grand profit pour chacun d'eux, et pour
le pays tout entier. Or c'est par milliards que se chiffrent, dans
un pays comme la France, les capitaux soustraits de cette
façon soit à une thésaurisation stérile, soit à une consommation improductive, et fécondés ainsi par le crédit. On a dit
avec raison que le crédit faisait passer à l'état *actif* les capitaux, et par conséquent les forces productives, qui étaient à
l'état *latent*.

2° *En provoquant la formation de nouveaux capitaux*. —
Si on n'avait plus la perspective de trouver dans le prêt un
emploi de ses économies, bien des gens, notamment tous
ceux que nous venons d'énumérer, ne seraient plus aussi em-

pressés de les amasser, n'ayant plus la perspective de leur trouver un emploi [1].

3° *En permettant d'économiser une certaine quantité de monnaie métallique.* — Nous avons déjà longuement étudié cette fonction du crédit (Voy. p. 246). Nous n'y revenons pas.

# IV.

## DES BANQUES.

Nous avons vu que l'échange des marchandises était à peu près impossible sans le secours de certains intermédiaires qui sont les marchands. Le commerce des capitaux aussi serait impossible sans le secours de certains intermédiaires qui s'appellent les *banquiers*.

Les banquiers sont des commerçants tout comme les autres. Les commerçants opèrent sur des marchandises : les banquiers opèrent sur des capitaux, représentés par des titres de crédit ou du numéraire. Les premiers achètent pour revendre et trouvent leur bénéfice à acheter le meilleur marché possible pour vendre le plus cher possible. Les seconds empruntent pour prêter et trouvent leur bénéfice à emprunter le meilleur marché possible pour prêter le plus cher possible. Voilà donc les deux opérations fondamentales de tout commerce de banque, emprunter et prêter, et comme ces emprunts se font d'ordinaire sous la forme de *dépôts*, et ces prêts sous la forme d'*escompte*, on les appelle ordinairement « banques de dépôts et d'escompte ».

---

[1] Voy. toutefois plus loin : *Des conditions nécessaires à l'épargne.* En somme, le crédit joue vis-à-vis des capitaux le même rôle que l'échange vis-à-vis des richesses. Nous avons déjà vu que l'échange, en les transférant d'un possesseur à l'autre, ne les crée pas assurément, mais qu'il les utilise et en provoque la production (Voy. ci-dessus, p. 186).

Il est cependant une troisième opération très distincte des
deux autres, quoiqu'au fond elle constitue aussi un mode
d'emprunt, c'est l'*émission de billets*. Mais cette opération
n'est pas essentielle aux banques : elle est même, le plus
souvent, une fonction exceptionnelle et privilégiée qui n'appartient qu'à certaines banques désignées sous le nom de
« banques d'émission [1] ».

Examinons successivement ces diverses opérations.

## V.

### DES DÉPÔTS.

L'opération préalable du banquier consiste à se procurer
des capitaux. Sans doute il peut se servir de ses capitaux propres ou de ceux plus considérables qui peuvent être fournis
par l'association et qui, dans nos grandes sociétés de crédit,
peuvent s'élever à des centaines de millions. Mais si le banquier ne faisait ses opérations qu'avec son capital individuel
ou le capital de l'association, il ne ferait que peu de bénéfices
et même ne rendrait que peu de services à la société : nous
en verrons tout à l'heure la raison. Il faut donc qu'il fasse ses
opérations avec l'argent du public et que pour cela il le lui

---

[1] L'histoire des banques se rattache étroitement à l'histoire du commerce
depuis le moyen âge, et chaque grande banque créée marque une étape
nouvelle du développement commercial. Les premières furent celles des
Républiques italiennes : Venise (1156 ?), Gênes (1407). La prééminence
commerciale passe à la Hollande, et nous voyons alors la grande et célèbre Banque d'Amsterdam (1609), suivie bientôt par celles de Hambourg et
de Rotterdam. Enfin la création de la Banque d'Angleterre en 1694 nous
apprend que cette nation va hériter de la suprématie commerciale dans le
monde. La Banque de France n'est venue que beaucoup plus tard, au
commencement de ce siècle seulement. Toutefois en 1716, Law avait fondé
une banque fameuse, dont tout le monde connaît la triste fin.

emprunte [1]. Mais comment le lui emprunte-t-il? Ce n'est pas
à la façon d'un Etat ou d'une ville ou même d'une société industrielle qui emprunte à long terme (sous forme de rentes,
d'obligations, d'actions) les capitaux que leurs possesseurs
cherchent à placer. Non : ce mode d'emprunt exige un taux
d'intérêt trop élevé pour que le banquier pût y trouver son
profit. Ce que le banquier demande au public, c'est ce capital circulant, flottant, qui se trouve sous forme de numéraire
dans la poche de chacun de nous ou dans le tiroir de notre se-
crétaire. Il y a dans tout pays, sous cette forme, un capital
considérable qui n'est encore fixé nulle part, qui ne fait rien,
qui ne produit rien et qui attend le moment de s'employer. Le
banquier dit au public : « Confiez-le moi en attendant que vous
en ayez trouvé l'emploi : je vous le garderai et vous le resti-
tuerai quand vous en aurez besoin, à première réquisition.
En attendant je vous en donnerai un petit intérêt, par exemple, 1 1/2 ou 2 p. 0/0 [2]. Ce sera toujours plus qu'il ne vous
produit, puisque chez vous il ne rapporte rien, et, en tout
cas, vous vous éviterez l'ennui et le souci de le garder. Je
vous rendrai même le service, si vous le voulez, d'être votre
caissier, de toucher vos revenus, d'encaisser vos coupons et

---

[1] Certaines grandes banques même n'emploient point du tout leurs
capitaux propres dans leurs opérations : elles les placent, soit en immeubles, soit en titres de rente, comme une réserve ou une garantie vis-à-
vis de leurs clients. C'est le cas, par exemple, de la Banque de France.

[2] Il pourrait même ne donner aucun intérêt : certaines banques, telles
que la Banque de France et d'Angleterre, n'en donnent point en effet, car
elles estiment qu'elles rendent un service suffisant aux déposants; et ce
qui prouve bien qu'elles ont raison, c'est que, nonobstant, elles reçoivent
des sommes énormes en dépôt. Bien mieux : autrefois les banques de dépôts, ces anciennes banques, par exemple, dont nous avons cité les noms,
se faisaient payer un intérêt par les déposants comme droit de garde, en
rémunération des services rendus.

Mais la plupart des banques aujourd'hui ont l'habitude de faire bénéficier d'un petit intérêt les déposants, afin d'attirer par cette prime la plus
grande quantité possible de dépôts. Naturellement l'intérêt est plus élevé
si le déposant s'engage à ne pas réclamer son argent pendant un certain
temps, six mois, un an, cinq ans.

do payer vos fournisseurs sur les indications que vous me donnerez, ce qui vous sera fort commode ».

Là où ce langage est écouté et compris du public, les banquiers peuvent se procurer ainsi, à très bon compte, un capital considérable, en drainant, pour ainsi dire, de la circulation le numéraire qui s'y trouve disséminé [1]. Nous avons dit
maintes fois déjà qu'en Angleterre, par exemple, il est d'u-
sage chez tous les gens riches de ne point garder d'argent chez
eux et de tout déposer chez leurs banquiers. S'ils ont un paiement à faire à un fournisseur, à un créancier, ils envoient
tout simplement ce créancier se faire payer chez leur banquier,
en lui remettant un ordre de paiement rédigé sur une feuille
détachée d'un carnet à souches qui s'appelle un *chèque*. Et cet
usage tend à se généraliser par tout pays.


## VI.

### DE L'ESCOMPTE.

Ce capital une fois emprunté à bon compte par la Banque,
il s'agit pour elle de le faire valoir en le prêtant au public.

Mais comment le prêter? Le banquier ne peut le prêter à
long terme, sous forme de prêt hypothécaire par exemple, ou
en commanditant des entreprises industrielles. Il ne doit pas
oublier, en effet, que ce capital n'est qu'en dépôt chez lui,
c'est-à-dire qu'il peut être tenu de le rembourser à première
réquisition : par conséquent il ne doit s'en dessaisir que par
des opérations à court terme, qui ne lui enlèvent la disposi-

---

[1] *Le Journal de la Société de statistique de Londres* (septembre
1884) évaluait à 63 milliards le montant des dépôts recueillis ainsi par les
Banques dans le monde entier (dont 24 milliards pour l'Angleterre et ses
colonies réunies) !

tion de ce capital que pour peu de temps et qui, en quelque
sorte, le laissent à sa portée et sous son regard.

Peut-on trouver quelque opération de prêt qui remplisse
ces conditions?

Il en est une qui les remplit admirablement. Quand un
commerçant a vendu ses marchandises à terme, suivant l'u-
sage du commerce, s'il vient à avoir besoin d'argent avant
l'arrivée du terme, il s'adresse au banquier. Celui-ci lui
avance la somme qui lui est due pour la vente de ses marchandises, déduction faite d'une petite somme qui constitue
son profit, et se fait céder en échange la créance du commerçant sur son acheteur, sa lettre de change. Le banquier
soigne la lettre de change dans son portefeuille et au jour
fixé pour l'échéance, il l'envoie toucher chez le débiteur; il
rentre ainsi dans le capital qu'il avait avancé.

C'est là ce qu'on appelle *l'escompte*. C'est une forme de
prêt, disons-nous : en effet, il est clair que le banquier qui,
en échange d'une lettre de change de 1,000 francs payable
dans trois mois, avance au commerçant 985 francs, pour faire
toucher à l'échéance les 1,000 francs chez le débiteur, se
trouve en réalité avoir prêté son argent pour une période de
trois mois, à 6 p. 0/0 et même un peu plus. Et c'est toujours
un prêt à court terme, car non seulement les lettres de change
négociées par le banquier sont payables dans un délai qui,
en général, ne dépasse pas trois mois, mais encore ce délai
est un maximun qui, en moyenne, n'est jamais atteint. Les
négociants ne sont pas toujours dans le cas de négocier leurs
lettres de change dès le lendemain du jour où ils ont vendu;
il est possible qu'ils les gardent un certain temps en portefeuille, il est possible même qu'ils ne soient appelés à les
négocier que la veille de l'échéance. A la Banque de France,
le délai moyen pendant lequel les lettres de change restent en
portefeuille est de 42 jours. Ce n'est donc que pour bien peu
de temps que le banquier se dessaisit de l'argent qu'il a eu

dépôt, puisque, dans la courte période de six semaines en moyenne, chaque écu rentre dans la caisse.

Il serait donc difficile de trouver une opération de prêt qui se conciliât mieux avec les exigences du dépôt. Il suffirait que les demandes en remboursement des dépôts fussent échelonnées sur une période de six semaines environ, pour que le banquier fût toujours en mesure de faire face aux demandes, grâce à ses rentrées : or il est peu probable que les demandes de remboursement de dépôt soient si fréquentes, en temps normal tout au moins.

Néanmoins il ne faut pas se dissimuler que le banquier a certains risques à courir. Si tous les déposants se donnaient le mot pour venir réclamer leur argent le même jour, la banque serait assurément dans l'impossibilité de les satisfaire, puisque leur argent est en train de courir le monde. Il est vrai qu'il ne tardera pas à rentrer, mais enfin entre les capitaux empruntés par la banque sous forme de dépôt et ceux prêtés par elle sous forme d'escompte, il y a toujours cette différence que les premiers peuvent lui être réclamés *sans délai*, tandis qu'elle ne peut réclamer les seconds qu'*au bout d'un certain temps*, et cette différence peut suffire, à un moment donné, pour amener la faillite.

Mais ce danger si problématique est-il une raison suffisante pour empêcher les banques de faire valoir les capitaux déposés chez elles et pour les obliger à les garder intacts comme un véritable dépôt, à l'instar des vieilles banques de Venise ou d'Amsterdam? Certainement non. Tout le monde se trouverait fort mal de cette rigueur :

1° Les déposants eux-mêmes tout d'abord, car il est clair que si la banque devait garder leur argent dans ses caves sans l'employer, bien loin de pouvoir les bonifier d'un intérêt, c'est elle qui aurait à leur faire payer un intérêt pour ses frais de garde. Mieux vaut donc encore pour les déposants courir le risque d'attendre quelques jours leur remboursement que d'être obligés de garder chez eux leur argent improductif ou de payer pour qu'on le leur garde.

2° Le pays lui-même, car la fonction sociale des banques consiste à réunir les capitaux épars et improductifs sous forme de numéraire pour en faire un capital actif et productif, mais cette fonction deviendrait impossible évidemment du jour où elles ne pourraient plus employer leurs dépôts.

Aussi les banques n'hésitent-elles pas à faire emploi des sommes à elles confiées. Seulement elles ont le soin, pour faire face aux demandes qui pourraient se produire, de conserver toujours une certaine *encaisse*.

Aucune proportion ne peut être établie *a priori*, entre le montant de l'encaisse et celui des dépôts. Une banque doit avoir une encaisse d'autant plus considérable que son crédit est moindre, que les gros dépôts sont plus nombreux, et elle doit surtout renforcer son encaisse au moment des crises commerciales, à l'approche des émissions de rentes ou d'obligations, dans toutes les circonstances en un mot où elle peut prévoir que les déposants auront besoin de leur argent.

L'escompte n'est pas du reste la seule façon dont les banques puissent faire emploi de leurs capitaux. Elles les prêtent encore :

1° sous forme *d'avances sur titres*, c'est-à-dire en prenant en gage des valeurs mobilières et en ayant soin que la somme prêtée soit assez inférieure à la valeur du titre. Ces avances sur titres constituent une des opérations très importantes de la Banque de France;

2° sous forme de crédits qu'elle ouvre à ses clients. Quand elle est avec eux en *compte-courant*, elle peut leur permettre de retirer de leur caisse plus qu'ils n'y ont déposé, ce qui équivaut évidemment à leur consentir un prêt. Toutefois, comme cette façon de prêter « à découvert », comme l'on dit, est fort dangereuse et n'offre aucune garantie, certaines banques s'y refusent. Les règlements de la Banque de France la lui interdisent absolument.

# VII.

## DE L'ÉMISSION DES BILLETS DE BANQUE.

L'intérêt d'un banquier, comme de tout commerçant, c'est d'étendre autant que possible ses opérations. En les doublant, il doublera ses bénéfices. Comment faire donc pour les étendre?

Si le banquier pouvait créer de toutes pièces des capitaux, sous forme de numéraire, au lieu d'attendre patiemment que le public voulût bien lui en apporter, il est clair que ce serait infiniment plus avantageux pour lui.

Or des banquiers[1] eurent l'idée ingénieuse de créer, en effet, de toutes pièces le capital dont ils avaient besoin en émettant de simples promesses de payer, des *billets de banque*, et l'expérience a prouvé que le procédé était bon. Il a admirablement réussi.

En échange des effets de commerce qui leur sont présentés à l'escompte, les banques au lieu de vous donner de l'argent vous remettent donc leurs billets. Mais on peut s'étonner que le public accepte cette combinaison. Voici un commerçant qui vient faire escompter une lettre de change de 1,000 francs, et il reçoit tout simplement en échange un autre titre de crédit, à savoir un billet de banque de 1,000 francs. « A quoi cela me sert-il? peut-il dire. C'est de l'argent qu'il me faut, non des créances : créance pour créance, autant aurait valu garder celle que j'ai dans les mains? » — Mais remarquez que, quoique le billet de banque ne soit en réalité qu'un titre de créance,

---

[1] C'est à Palmstruch, fondateur de la Banque de Stockholm en 1656, que l'on attribue cette ingénieuse invention.

Les banquiers d'Italie et d'Amsterdam émettaient bien des billets, mais ces billets représentaient simplement le numéraire qu'ils avaient en caisse : c'étaient des récépissés de dépôt.

tout comme la lettre de change, il représente cependant un titre de créance infiniment plus commode. Il est très supérieur en effet aux titres de crédit et notamment à la lettre de change, par les caractères suivants :

1° *Il est transmissible au porteur*, comme une pièce de monnaie, et n'est pas soumis aux formalités et aux responsabilités de l'endossement [1].

2° *Il est payable à vue*, c'est-à-dire quand on veut, tandis que l'effet de commerce n'est payable qu'à un terme déterminé.

3° *Il reste toujours exigible*, tandis que les titres de créance sont prescriptibles par un certain laps de temps.

4° *Il a une valeur ronde*, en harmonie avec le système monétaire, 50 ou 100 ou 1,000 francs, tandis que les autres titres de crédit, représentant une opération commerciale, ont en général une valeur fractionnaire.

5° *Il est émis et signé par une banque connue* dont le nom est en général familier à tout le monde, même au public étranger aux affaires, telle que la Banque de France, par exemple, tandis que les noms des souscripteurs d'une lettre de change ne sont guère connus que par les personnes qui sont avec eux en relations d'affaires.

6° Enfin *il ne produit pas intérêt*, pas plus qu'une pièce de monnaie et, bien loin d'être une infériorité, c'est une supériorité au point de vue de son rôle de monnaie, car sa valeur reste par là toujours la même et n'est pas sujette à varier suivant que l'on est plus ou moins rapproché du jour de l'échéance.

---

[1] On sait que le transfert des créances, et même la question de savoir si ce transfert était possible, est une des questions les plus délicates du droit romain. Dans notre droit civil, le transfert des créances est soumis à des formalités assez compliquées. Et même en droit commercial, bien que ces formalités aient été simplifiées autant que possible, il faut cependant, pour transférer un effet de commerce à Paul, que le prêteur écrive au dos *Payez à l'ordre de Paul*, signe et date, et par là devienne lui-même responsable en cas de non paiement. C'est ce qu'on appelle l'*endossement*.

Toutes ces considérations font que le billet de banque est en réalité accepté par le public comme de l'argent comptant, et qu'il constitue tout simplement une monnaie de papier.

Il va sans dire que les banques doivent trouver de grands avantages à l'émission des billets : — d'une part, elles se procurent par là les ressources nécessaires pour étendre indéfiniment leurs opérations, dans les limites cependant que la prudence leur commande et que nous examinerons tout à l'heure ; — d'autre part, ce capital qu'elles se procurent ainsi sous forme de billets est bien plus avantageux que celui qu'elles se procurent sous forme de dépôts, celui-ci leur coûtant, comme nous l'avons vu, un intérêt de 1 ou 2 p. 0/0, tandis que celui-là est sans intérêts : il ne leur coûte que les frais de fabrication qui sont de peu d'importance.

Mais on ne peut se dissimuler que si cette opération est susceptible de procurer de beaux bénéfices aux banques, elle est faite aussi pour leur créer de graves dangers. En effet, le montant des billets en circulation qui peuvent à tout instant être présentés au remboursement, représente une dette immédiatement exigible, tout comme celle résultant des dépôts, et, par suite, la banque se trouve exposée désormais à un double péril : elle a à répondre à la fois du *remboursement de ses dépôts* et du *remboursement de ses billets.*

Si la nécessité d'une encaisse s'imposait déjà quand la banque n'avait à faire face qu'au remboursement de ses dépôts, à plus forte raison se fait-elle sentir quand elle ajoute à la dette déjà résultant de ses dépôts à vue, celle résultant de ses billets en circulation. On comprend donc que dans plusieurs pays, la loi elle-même l'exige [1].

Malheureusement, comme l'argent qui dort dans les caves

---

[1] Contrairement à ce qu'on croit communément, la loi ne fixe à la Banque de France aucune proportion déterminée pour son encaisse : celle-ci pourrait être nulle, quoique d'ordinaire elle soit plutôt excessive. — Dans quelques pays, la loi fixe la proportion, tout à fait arbitraire, d'un tiers.

ne rapporte rien, l'intérêt des banques les pousse à réduire
leur encaisse au minimum et il leur est difficile de résister à
la tentation. Si la Banque de France, par exemple, était une
banque privée, il est bien certain que les actionnaires pro-
testeraient énergiquement contre l'immobilisation de ses deux
milliards de numéraire et demanderaient qu'on les employât
à l'escompte ou à toute autre opération lucrative.

# VIII.

### DES DIFFÉRENCES ENTRE LE BILLET DE BANQUE
### ET LE PAPIER-MONNAIE.

Ils se ressemblent si bien que le public ne comprend guère
cette distinction. L'un comme l'autre tiennent lieu de monnaie. Même le billet de banque, en France et en Angleterre,
a cours légal, tout comme la monnaie d'or. Mais le billet de
banque est supérieur par trois caractères, on peut même dire
par trois garanties, que ne présente pas le papier-monnaie :

1° D'abord et surtout le billet de banque est toujours remboursable, toujours *convertible en espèces* au gré des porteurs,
— tandis que le papier-monnaie ne l'est pas. Celui-ci a bien
l'apparence d'une promesse de payer une certaine somme, et
en fait on peut bien espérer qu'un jour l'État revenu à meilleure fortune remboursera son papier : mais cette perspective
plus ou moins lointaine ne peut guère toucher ceux qui reçoivent ces billets et qui n'ont pas l'intention de les garder (Voy.
p. 232);

2° Ensuite le billet de banque est émis *au cours d'opérations commerciales* et seulement dans la mesure où ces opérations l'exigent — par exemple pour une valeur égale (moins
l'escompte) à celle des lettres de change qui sont présentées

à l'escompte, — tandis que le papier-monnaie est émis par le gouvernement pour subvenir à ses dépenses et cette émission n'a d'autres limites ni d'autres règles que les nécessités financières du moment;

3° Enfin, comme le nom l'indique assez, il est émis *par une banque*, c'est-à-dire par une société ayant pour principal objet des opérations commerciales, alors même qu'elle ait plus ou moins les caractères d'une institution publique, — tandis que le papier-monnaie est émis par l'État;

Ainsi donc le billet de banque est très distinct du papier-monnaie. Cependant il peut arriver qu'il s'en rapproche singulièrement, en perdant tout ou partie des caractères que nous venons de signaler :

1° Il se peut d'abord que le billet de banque ait *cours forcé*, c'est-à-dire ne soit plus remboursable, du moins pour une période plus ou moins longue. C'est ce qui est arrivé, à des époques de crise, pour les billets de presque toutes les grandes banques [1].

En ce cas il reste encore entre le billet de banque et le papier-monnaie les deux autres différences que nous avons indiquées et principalement la deuxième : la quantité émise n'est pas indéfinie ni fixée d'une façon arbitraire; elle se trouve réglementée par les besoins même du commerce. C'est une sérieuse garantie.

2° Il se peut que non seulement le billet de banque reçoive cours forcé, mais encore qu'au lieu d'être émis au cours

---

[1] Il ne faut pas confondre, comme on le fait sans cesse, le *cours légal* avec le *cours forcé*. Un billet a cours légal *quand les créanciers ou les vendeurs ne peuvent pas le refuser dans les paiements*. Un billet a cours forcé *quand les porteurs n'ont pas le droit de demander à la Banque le remboursement en monnaie*. Le cours forcé suppose toujours le cours légal, mais la réciproque n'est pas vraie : les billets de Banque ont cours légal en France et en Angleterre, mais ils n'ont pas cours forcé; chacun est tenu de les prendre, mais chacun, s'il veut, a la faculté de se les faire rembourser par la Banque.

d'opérations commerciales, il soit émis à seule fin de faire des avances à l'État et de lui permettre de payer ses dépenses. Voici, en ce cas, comment les choses se passent. L'État a besoin d'argent, il dit à la Banque : « Fabriquez-moi quel- » ques centaines de millions de billets que vous allez me » prêter et je vous couvrirai en imposant le cours forcé[1] ». En ce cas la deuxième garantie disparaît à son tour. L'émission des billets n'a plus d'autre limite que les besoins de l'État, et alors le billet de banque ressemble singulièrement, il faut l'avouer, au papier-monnaie.

Pourtant, même alors, la troisième garantie demeure, et, à elle seule, elle suffit encore pour que le billet de banque soit beaucoup moins sujet à se déprécier que le papier-mon- naie. L'expérience l'a si bien prouvé, que les États ont en général renoncé à l'émission directe du papier-monnaie pour recourir à l'intermédiaire des banques. Le public, en effet, pense que la banque résistera autant que possible à une émis- sion de billets exagérée qu'on voudrait lui imposer, car il y va pour elle de la ruine, et il croit, non sans raison, hélas ! que la sollicitude d'une compagnie financière qui a à veiller sur ses propres intérêts est plus vigilante et plus tenace que celle d'un gouvernement ou d'un ministre des finances qui n'a à s'occuper que de l'intérêt public.

## IX.

### LE COURS DU CHANGE.

Les portefeuilles de toutes les grandes maisons de Banque, — de celles du moins dont les opérations s'étendent à l'é-

---

[1] C'est justement ce qui a eu lieu pendant la guerre franco-allemande en 1870. Le gouvernement emprunta à la Banque à diverses reprises une somme totale de 1,170 millions, mais il commença par décréter le cours forcé.

tranger, — sont bourrés de liasses de lettres de change
payables sur tous les points du monde. Elles représentent des
valeurs de plusieurs milliards et sont l'objet d'un commerce
fort actif. On le désigne sous le nom de *papier sur Londres,*
*sur New-York,* etc., suivant la place sur laquelle ces papiers
doivent être payés.

Les banquiers qui les possèdent et qui en font le commerce
ne sont évidemment que des intermédiaires. Il faut donc se
demander chez qui ils achètent cette marchandise, ce papier,
et à qui ils la revendent.

Chez qui l'achètent-ils d'abord? — Chez ceux-là qui les
produisent, chez tous ceux qui pour une raison quelconque
sont créanciers de l'étranger, par exemple chez *les négociants*
*français qui ont vendu des marchandises à l'étranger* et qui
ont, à la suite de cette vente, tiré une lettre de change sur
leur acheteur de Londres ou de New-York. S'il arrive que ce
négociant ait besoin d'argent avant que l'échéance de la lettre
soit arrivée ou tout simplement s'il trouve incommode d'envoyer toucher sa créance à l'étranger, il remettra son papier
au banquier qui le lui achètera, je veux dire qui le lui
escomptera.

A qui le vendent-ils maintenant? — A tous ceux qui en ont
besoin et ceux-là aussi sont fort nombreux. Ce papier est fort
recherché par toutes les personnes qui ont des paiements à
faire à l'étranger, par exemple par *les négociants français qui*
*ont acheté des marchandises à l'étranger.* Si ceux-ci n'ont pu
obtenir de leur vendeur qu'il fit traite sur eux, ils se trouveront, en effet, dans la nécessité d'envoyer le montant du prix
en argent au domicile de leur créancier; or, s'ils peuvent se
procurer du papier payable sur la place où se trouve leur
créancier, ils auront par là un moyen de se libérer plus commode et moins coûteux (Voy. p. 247).

Il semble que ce papier devrait se vendre, se négocier,
pour un prix toujours égal à la somme d'argent qu'il donne

droit de toucher. Une lettre de change de 1,000 francs ne devrait-elle pas valoir exactement 1,000 francs, ni plus ni moins? Il n'en est rien cependant. Il va sans dire d'abord que le plus ou moins de confiance que l'on accorde à la signature du débiteur et que le terme plus ou moins éloigné du paiement doivent faire varier la valeur du papier. Mais même en faisant abstraction de ces causes de variations évidentes par elles-mêmes, même en supposant que le papier soit de tout repos et payable à vue, malgré cela, sa valeur variera tous les jours, suivant les oscillations de l'offre et de la demande, comme d'ailleurs la valeur de n'importe quelle marchandise, et ces variations sont ce qu'on appelle *le cours du change*, cours coté dans les journaux, comme le cours de la Bourse.

Il est aisé de comprendre comment il faut entendre le jeu de l'offre et la demande appliquées aux effets de commerce. Supposons que les *créances* de la France sur l'étranger, soit à raison de ses exportations, soit pour toute autre cause, s'élèvent à 1 milliard. Supposons que les *dettes* de la France vis-à-vis de l'étranger, soit à raison de ses importations, soit pour toute autre cause, s'élèvent à 2 milliards. Il est certain qu'il n'y aura pas assez de papier pour tous ceux qui en auront besoin, puisqu'on ne pourra en offrir que jusqu'à concurrence de 1 milliard et qu'on en aurait besoin jusqu'à concurrence de 2 milliards. Tous ceux qui ont besoin de ce papier pour s'acquitter iront donc aux enchères et le papier sur l'étranger sera en hausse, c'est-à-dire qu'une traite de 1,000 fr. payable sur Bruxelles ou sur Rome, au lieu de se vendre 1,000 fr., se vendra 1,002 ou 1,005 fr. Elle sera, comme l'on dit, *au-dessus du pair* : elle fera *prime* [1].

---

[1] C'est toute une science que de mesurer et de coter ces variations du change. On prend en général pour unité la lettre de change de 100 unités monétaires (francs, dollars, roubles, marks, florins, etc.), et on cherche si elle est cotée à un prix inférieur ou supérieur à sa valeur nominale. Soit une lettre de change de 100 marks sur Hambourg : comme le mark

A l'inverse, si l'on suppose que les créances de la France sur l'étranger s'élèvent à 2 milliards, tandis que les dettes de la France vis-à-vis de l'étranger ne s'élèvent qu'à 1 milliard, il est certain que le papier sera surabondant, puisqu'il y en aura pour 2 milliards de disponible et que le règlement des échanges n'en pourra absorber que 1 milliard. Un grand nombre de traites ne pourront donc être négociées et ne pourront être utilisées qu'en les envoyant à l'étranger pour les faire toucher. Aussi les banquiers s'efforceront-ils de s'en débarrasser en les cédant même au-dessous de leur valeur. La traite de 1,000 fr. sur Bruxelles sera ainsi cédée à 998 fr. ou peut-être même à 995 fr. : elle tombera *au-dessous du pair*.

Toutes les fois que dans un pays quelconque, en France par exemple, le papier sur l'étranger est coté au-dessus du pair, on dit que le change est *défavorable* à ce pays, à la France dans l'espèce. — Que veut-on dire par cette expression? Que le cours du papier est défavorable aux acheteurs? Sans doute, mais en sens inverse il faudrait dire alors que ce cours est favorable aux vendeurs. On veut dire que le cours du change, dans ces conditions, indique que *les créances que la France peut avoir sur l'étranger ne sont pas suffisantes pour faire équilibre à ses dettes vis-à-vis de l'étranger* et que par conséquent elle aura, pour régler la différence, à envoyer une certaine quantité de numéraire à l'étranger. La hausse du cours du change, autrement dit la cherté du papier sur l'étranger, présage donc, comme un symptôme infaillible, *une sortie de numéraire* et c'est pour cela qu'on emploie cette expression de « change défavorable ». — A l'inverse, toutes

vaut 1 fr. 22, la valeur nominale de cette lettre est de 122 fr. — Toutefois dans le change sur Londres, on prend pour unité la lettre de change de 1 livre dont la valeur réelle est de 25 fr. 22. Le change sur Londres est donc *au pair* toutes les fois que le papier sur Londres est coté exactement 25 fr. 22.

les fois qu'en France le papier sur l'étranger est coté au-dessous du pair, on dit que le change est *favorable* à la France ; et le raisonnement est le même : la baisse du prix du papier sur l'étranger indique que, tout compte fait, la balance des comptes se soldera au crédit de la France et fait présager des arrivages de numéraire du dehors.

Sans doute il ne faut pas attacher à ces mots de favorable et de défavorable une importance exagérée. Nous savons que pour un pays, le fait d'avoir à envoyer du numéraire à l'étranger ou d'en recevoir ne constitue ni un très grand péril ni un très grand avantage et qu'en tout cas il ne peut être que temporaire (Voy. p. 260). Mais au point de vue particulier des banquiers, cette situation a une très grande importance, car s'il y a du numéraire à envoyer à l'étranger, c'est dans leur caisse qu'on viendra le chercher : tous les signes qui la révèlent ont donc pour eux un intérêt capital; aussi ont-ils toujours les yeux fixés sur le cours du change, comme le marin qui redoute un orage sur l'aiguille du baromètre (Voy. plus loin, *De l'élévation du taux de l'escompte*).

Toutefois il est à remarquer que les variations de prix du papier sont renfermées dans les limites beaucoup plus resserrées que celles des marchandises ordinaires. Ce prix n'est jamais coté (du moins en temps normal et sauf les exceptions que nous indiquerons tout à l'heure) ni très au-dessus ni très au-dessous du pair. Et ce fait s'explique par deux raisons :

1° Pourquoi le commerçant débiteur de l'étranger recherche-t-il la lettre de change? — Uniquement pour s'épargner les frais d'envoi du numéraire. Mais dès lors il est bien évident que si la prime qu'il devrait payer pour se procurer la traite était supérieure aux frais d'envoi de ce numéraire, il n'aurait aucune raison pour l'acheter. De leur côté, le négociant créancier de l'étranger ou le banquier qui lui sert d'intermédiaire, ne cherchent à négocier ces lettres de change que pour s'éviter l'ennui de les envoyer toucher à l'étranger et de faire reve-

nir l'argent; mais, évidemment, plutôt que de céder ces
traites à vil prix, le négociant ou le banquier préféreraient
prendre ce dernier parti. En somme donc, le trafic du papier
*n'ayant d'autre but que de servir à économiser les frais de
transport du numéraire*, il est facile de comprendre que ce
trafic n'aurait plus sa raison d'être du jour où il deviendrait
plus onéreux pour les parties que l'envoi direct du numéraire,
c'est-à-dire du jour où les variations de prix, soit au-dessus,
soit au-dessous du pair, dépasseraient les frais d'envoi. Or
ces frais, même en y comprenant l'assurance, sont très minimes : très minimes aussi par conséquent devront être les variations du change.

2° Il existe une autre cause, plus lointaine et plus subtile en même temps, qui limite ces variations. Supposons que
le prix de la lettre de change sur l'étranger s'élève au-dessus
du pair, c'est-à-dire que le négociant qui a tiré sur son acheteur étranger une lettre de change de 1,000 fr., puisse la vendre 1,010 fr. : il est clair que ces 10 fr. sont autant d'ajouté
à son bénéfice sur la vente; au lieu de gagner 10 p. 100 par
exemple, comme il l'espérait, il se trouve gagner 11 p. 100;
ce supplément de bénéfices pour tous ceux qui ont vendu à
l'étranger, déterminera un grand nombre de négociants à
suivre leur exemple; en d'autres termes, *la hausse du change
agit comme une prime à l'exportation* [1].

Mais, en raison même de l'accroissement des exportations,
le nombre de lettres de change auxquelles chacune d'elles

---

[1] Après la guerre de 1870, les exportations de la France augmentèrent
beaucoup pendant quelques années. Pourquoi? Parce que les énormes
paiements que nous avions à faire à l'Allemagne ayant fait monter le papier sur l'étranger fort au-dessus du pair, le bénéfice que retiraient les
exportateurs du papier qu'ils tiraient sur leur débiteur étranger était tel
qu'ils pouvaient se contenter d'un très petit profit sur le prix de leurs
marchandises et même les vendre à perte. On en était arrivé à vendre à
l'étranger moins pour gagner sur le prix de la marchandise que pour gagner sur le prix de la traite.

donne naissance se multipliera, et la valeur de ces lettres, suivant la loi générale de l'offre et de la demande, s'abaissera progressivement jusqu'à ce qu'elle soit redescendue au pair.

. A l'inverse, si le papier descend au-dessous du pair, il est facile de démontrer par le même raisonnement que cette dépréciation entraînera une perte pour les négociants qui ont vendu à l'étranger et tendra par conséquent à réduire les exportations, puis à réduire par contre-coup l'offre de papier sur l'étranger jusqu'à ce que sa valeur ait été relevée au pair.

En somme, il n'y a rien de plus ici que le mécanisme ordinaire de l'offre et de la demande qui, toutes les fois que la valeur d'une marchandise s'écarte de sa position d'équilibre, tend à l'y ramener par un accroissement ou un resserrement de la production. Seulement il se trouve que cette loi banale produit ici un effet très curieux et dont les conséquences sont très importantes au point de vue du commerce international. *Toutes les fois que la balance du commerce est défavorable à un pays*, c'est-à-dire que ses importations dépassent ses exportations, *la hausse du cours du change*, qui en résulte, *tend à renverser la situation et à rendre la balance du commerce favorable* en accroissant les exportations et en réduisant les importations. Le change agit donc continuellement sur le commerce à la façon de ces régulateurs des machines à vapeur qui tendent à ramener toujours les vitesses de la machine à une position d'équilibre, et il suffit d'une variation de 3 ou 4 centimes pour ramener ainsi à la position d'équilibre des balances de plusieurs milliards! (Voy. ci-dessus, p. 256).

Nous avons dit que par exception le cours des changes pouvait varier dans des proportions assez considérables et même illimitées. Voici quels sont ces cas :

1° D'abord, s'il s'agit d'une place fort éloignée ou avec laquelle les moyens de communication ne sont pas faciles, les frais d'envoi du numéraire étant beaucoup plus considérables, les variations de prix des lettres de change pourront aussi être beaucoup plus accentuées. Il est clair qu'un négociant qui aurait à faire des paiements à Khartoum ou même à Samarkand pourra s'estimer très heureux de trouver du papier sur ces places, alors même qu'il devrait le payer 10 ou 12 p. 0/0 au-dessus de sa valeur nominale, et réciproquement le créancier pourra avoir intérêt à le négocier même à 10 ou 12 p. 0/0 au-dessous du pair.

2° Mais c'est surtout quand il s'agit d'un pays dont la monnaie est dépréciée que les variations du change peuvent être excessives et pour ainsi dire sans limites. Voici une lettre de change sur Pétersbourg de 100 roubles; la valeur vraie, le pair serait de 400 francs, le rouble valant 4 francs. Cependant si nous consultons le cours du change, nous verrons le papier sur Pétersbourg coté 255 francs (avril 1893), soit une énorme dépréciation de 36 0/0. Comment pourrait-il en être autrement? Telle est précisément la dépréciation que subit la monnaie courante, le rouble papier en Russie, et naturellement un titre payable en cette monnaie doit subir une dépréciation égale.

Il suffit donc de lire le cours des changes, quand bien même on n'aurait d'ailleurs aucune connaissance de l'état économique et financier des différents pays, pour se rendre un compte exact de leur situation, pour deviner s'ils achètent plus qu'ils ne vendent ou s'ils vendent plus qu'ils n'achètent, s'ils ont une monnaie dépréciée et quel est au juste le montant de cette dépréciation.

3° Enfin toutes les fois que pour une cause ou pour une autre, un débiteur éprouve de la peine à se procurer du numéraire, soit parce que le crédit est resserré, soit parce que les banques font des difficultés pour escompter, il se peut que le cours du change s'élève fort au-dessus du pair. Par exemple, lors du paiement de l'indemnité des milliards à l'Allemagne, la France, comme on peut le penser, avait une certaine peine à se procurer cette énorme rançon, et le gouvernement français pour s'acquitter recherchait partout le papier sur l'Allemagne ou même sur Londres, afin de payer par voie d'arbitrage[1]; aussi le cours du change sur l'Allemagne ou même sur Londres se maintint longtemps fort au-dessus du pair.

## X.

### L'ÉLÉVATION DU TAUX DE L'ESCOMPTE.

Il est un cas dans lequel les banques courent le risque d'avoir à rembourser une grande quantité de leurs billets : c'est toutes les fois qu'il y a lieu de faire des paiements considérables à l'étranger. Comme ces paiements ne pourront point être faits en billets, mais seulement en numéraire, il faudra bien qu'on s'adresse à la Banque pour convertir les billets en espèces.

Si, à la suite d'une mauvaise récolte, il faut acheter une vingtaine de millions de quintaux de blé à l'étranger, voilà

---

[1] L'*arbitrage* n'est qu'une opération de change, mais plus compliquée. La voici en deux mots. Ce n'est pas seulement à Paris qu'on trouve du papier sur Londres, il en existe sur toutes les places commerciales du monde. Si par conséquent il est trop cher à Paris, on peut chercher une autre place où, par suite de circonstances différentes, il sera à meilleur marché : or, cette opération qui consiste *à acheter le papier là où il est bon marché pour le revendre là où il est cher*, est précisément ce qu'on appelle l'arbitrage.

L'arbitrage produit cet effet intéressant d'étendre à tout pays les facilités du paiement par compensation. La cherté du papier indique en effet une place où les dettes dépassent les créances et qui, en conséquence, ne pourrait se libérer toute seule par voie de compensation. Mais à l'aide du papier que les arbitragistes vont lui chercher à l'étranger (et qu'ils vont prendre précisément dans les places qui se trouvent dans une situation inverse, c'est-à-dire là où les créances dépassent les dettes, car c'est là seulement qu'on trouve du papier à bon marché), ils pourront rétablir l'équilibre et régler la totalité des dettes par compensation.

une somme de 400 millions de francs environ qu'il faudra envoyer en Amérique ou en Russie, et la Banque doit compter que l'on viendra puiser dans sa caisse la plus grande partie, sinon la totalité de cette somme. Les caves de la Banque, comme nous l'avons vu, sont le réservoir dans lequel vient s'accumuler la plus grande partie du capital flottant du pays sous la forme de numéraire et le seul dans lequel on ait la ressource de puiser en cas d'urgence. C'est une situation qui peut devenir périlleuse pour la Banque, si son encaisse, et surtout celle d'or, n'est pas énorme. Heureusement elle est avertie à l'avance de cette situation par une indication plus sûre que celle que le baromètre peut donner au marin ou le manomètre au mécanicien, par le cours du change. Si, en effet, le change devient défavorable, c'est-à-dire si le papier sur l'étranger se négocie au-dessus du pair, elle doit en conclure que les débiteurs qui ont des paiements à faire à l'étranger sont très nombreux, beaucoup plus nombreux que ceux qui ont des paiements à recevoir, et que par conséquent, comme tout ne pourra pas se régler par voie de compensation, il y aura à envoyer du numéraire pour solder la différence (Voy. ci-dessus, p. 320).

Le danger ainsi constaté, la Banque va prendre ses précautions.

Pour parer à cette éventualité de remboursements trop considérables, il faut qu'elle prenne les mesures nécessaires *soit pour augmenter son encaisse, soit pour diminuer la quantité de ses billets* qui se trouvent en circulation.

Il n'est pas précisément au pouvoir de la Banque d'augmenter son encaisse, mais il dépend d'elle de ne plus émettre du tout de billets, c'est-à-dire de ne plus faire de prêts au public, ni sous forme d'avances, ni sous forme d'escompte (car nous savons que c'est par ces deux opérations que la Banque introduit ses billets dans la circulation). Il est clair que ce moyen atteindrait parfaitement le but.

D'une part, en effet, l'émission des billets étant arrêtée, la quantité existant déjà en circulation ne s'accroîtrait plus.

D'autre part, l'échéance successive des effets de commerce qui sont dans le portefeuille de la Banque ferait rentrer chaque jour une quantité considérable, — soit de billets, ce qui diminuerait d'autant la circulation, — soit de numéraire, ce qui augmenterait d'autant l'encaisse.

La quantité de billets en circulation peut être comparée à un courant d'eau qui, entrant par un robinet et sortant par un autre, se renouvelle constamment. Le flot de billets entre dans la circulation par le robinet de l'émission, c'est-à-dire de l'escompte, et sort de la circulation pour rentrer à la Banque par le robinet des encaissements. Si la Banque ferme le robinet de l'émission, en laissant ouvert le robinet des rentrées, il est clair que la circulation ne tardera pas à tarir complètement[1].

Toutefois cet arrêt complet des avances et de l'escompte que nous venons de supposer serait une mesure trop radicale.

[1] Supposons, par exemple, que la Banque ait dans son portefeuille pour 1 milliard d'effets de commerce, qu'elle ait dans son encaisse pour 1 milliard de numéraire, et enfin qu'elle ait en circulation pour 2 milliards de billets.

Dans cette situation, il est clair que si, par suite de quelque événement imprévu, tous les porteurs de billets venaient lui demander de les changer contre du numéraire, elle serait dans l'impossibilité de le faire. Mais le jour où elle a lieu de craindre un semblable danger, elle n'a qu'à arrêter dorénavant tout escompte. Voici en effet ce qui va se passer. Les lettres de change qu'elle a en portefeuille arrivant successivement à échéance, c'est une somme de 1 milliard qui va lui rentrer jour par jour d'ici à 90 jours au plus tard. A ce moment-là que sera devenue sa situation? Si on lui a payé ce milliard en numéraire, elle se trouve alors avoir en caisse 2 milliards de numéraire, juste le montant de ses billets : elle n'a donc plus rien à craindre. Si on lui a payé ce milliard en billets, alors elle se trouve n'avoir plus en circulation que 1 milliard de billets, juste le montant de son encaisse : elle n'a rien à craindre non plus. Si on lui a payé ce milliard moitié numéraire, moitié billets, alors elle se trouve avec une encaisse portée à 1,500 millions, une circulation de billets réduite à 1,500 millions : rien à craindre non plus. Et de même avec toute autre combinaison que l'on voudra imaginer.

D'une part il provoquerait dans le pays une crise terrible en supprimant tout crédit ; d'autre part il porterait préjudice à la Banque elle-même en supprimant ses opérations et, du même coup, ses bénéfices. Mais la Banque peut obtenir le même résultat d'une façon plus douce en restreignant simplement le montant de ses avances et de ses escomptes : il lui suffit pour cela soit d'*en élever le taux*, soit de se montrer plus exigeante pour l'acceptation du papier présenté à l'escompte, en refusant celui dont l'échéance est trop éloignée ou dont la signature ne lui paraît pas assez solide.

Sans doute, cette mesure elle-même est peu agréable au public commerçant. Elle l'est d'autant moins, qu'intervenant justement au moment où l'on a besoin de numéraire, elle rend plus difficile de s'en procurer. On l'a même accusée d'avoir souvent provoqué une crise et nous le croyons sans peine. C'est un remède héroïque, mais malgré cela c'est bien celui qui convient à la situation et une banque prudente ne doit pas hésiter à y recourir pour défendre son encaisse (on appelle cela « serrer l'écrou ») ; son efficacité a été pleinement démontrée par l'expérience.

Non seulement elle a d'heureux résultats pour la banque, en ce sens qu'elle pare le coup qui la menace, mais elle produit d'heureux effets pour le pays lui-même en modifiant d'une façon favorable sa situation économique.

Considérons un pays qui se trouve en demeure d'avoir à faire de gros paiements à l'étranger. L'élévation du taux de l'escompte, faite à propos, va intervertir sa situation en le rendant créancier de l'étranger pour des sommes considérables et par conséquent va provoquer un afflux du numéraire étranger ou tout au moins empêcher la sortie du numéraire français. Voici, en effet, ce qui va se passer :

Le premier résultat de l'élévation du taux de l'escompte, c'est une *dépréciation de tout le papier de commerce*. La même lettre de change de 1,000 francs qui se négociait à 970

francs quand l'escompte était à 3 p. 0/0, ne se négociera plus
qu'à 930 francs quand l'escompte sera à 7 p. 0/0; c'est une dépréciation de plus de 4 p. 0/0. Dès lors les banquiers de tout
pays, ceux notamment qui font l'arbitrage[1], ne manqueront
pas de venir acheter ce papier en France, puisqu'il y est à
bas prix, et ils se trouveront constitués débiteurs de la
France de tout le montant des sommes qu'ils consacrent à ces
achats.

Le second résultat, c'est *la dépréciation de toutes les valeurs de Bourse*. — Chaque financier sait que la Bourse est
très impressionnée par le taux de l'escompte et qu'une élévation de l'escompte entraîne presque toujours une baisse des
cours. C'est qu'en effet les valeurs de Bourse (en particulier
celles qu'on appelle internationales parce qu'elles sont cotées
sur les principales Bourses de l'Europe) remplacent très bien
le papier de commerce[2], et par conséquent en partagent le
sort. Les commerçants qui ne peuvent faire argent avec leur
papier de commerce ou qui ne le peuvent qu'avec de grosses
pertes, essaient de se procurer des fonds en vendant leurs
titres. Mais de même que la baisse du papier attirait les demandes des banquiers étrangers, de même la baisse des
valeurs de Bourse va provoquer de nombreux achats des capitalistes étrangers, et de ce chef la France va encore se trouver constituée créancière de l'étranger pour tout le montant
des sommes considérables consacrées à ces achats.

Enfin si l'élévation de l'escompte est forte et suffisamment
prolongée, elle amènera un troisième résultat, *la baisse dans
le prix des marchandises*. — Les commerçants, en effet, qui

---

[1] Voyez ci-dessus, p. 325, note 1.

[2] Si vous avez un paiement à faire à Londres, le plus simple est sans
doute de chercher du papier de commerce payable à Londres, mais vous
pouvez vous servir également de coupons de la rente italienne, des obligations des chemins de fer lombards, de la Banque ottomane, etc., qui
sont également payables à Londres.

ont besoin d'argent, commencent d'abord par s'en procurer en négociant leur papier de commerce. Si cette ressource leur fait défaut ou devient trop onéreuse, ils se rabattent sur les valeurs de Bourse qu'ils ont en portefeuille (quand ils en ont) et enfin, s'ils sont à bout de ressources, il faudra bien, pour se procurer de l'argent, qu'ils vendent, qu'ils « réalisent » les marchandises qu'ils ont en magasin. De là une baisse générale des prix. Mais cette baisse ici aussi va produire les mêmes effets et sur une plus grande échelle, c'est-à-dire qu'elle va provoquer les achats de l'étranger, augmenter par conséquent les exportations de la France et par suite la rendre créancière de l'étranger.

En somme on peut résumer tous ces effets en disant que *l'élévation du taux de l'escompte crée une rareté artificielle de monnaie* [1] *et par là provoque une baisse générale de toutes les valeurs,* ce qui est sans doute un mal, — mais elle provoque aussi, par voie de conséquence, des demandes considérables de l'étranger et par suite des envois d'argent, ce qui est un bien, et précisément le remède qui convient à la situation.

# XI.

## DE QUELQUES FORMES PARTICULIÈRES DU CRÉDIT.

Il en est trois notamment qui ont fait l'objet d'innombrables études et qui ont donné naissance à des institutions variées : c'est le *crédit foncier,* le *crédit agricole* et le *crédit populaire.*

---

[1] Artificielle, disons-nous, mais qui correspond pourtant à une réalité ou du moins à une éventualité qui tend à se réaliser, à savoir la fuite du numéraire à l'étranger. On guérit le mal par un mal semblable : c'est le précepte de certaines écoles en médecine : *similia similibus.*

## § 1er. — Crédit Foncier.

L'agriculture pour être productive exige aujourd'hui des capitaux de plus en plus considérables (Voy. ci-dessus, p. 171) : ces capitaux, les propriétaires ne les ont pas toujours, et faute de les avoir, ils ne tirent pas de leurs terres le parti qu'ils pourraient en tirer. Il serait donc fort à désirer, non seulement dans leur intérêt, mais surtout dans l'intérêt social, qu'ils pûssent trouver les capitaux nécessaires pour mettre leurs terres en valeur : c'est le crédit foncier, s'il est bien organisé, qui doit les leur fournir.

La forme la plus simple et la plus ancienne du crédit foncier, c'est le prêt sur hypothèque. Il présente un avantage considérable au point de vue du prêteur, qui l'a fait rechercher de tout temps par les capitalistes : c'est la sécurité presque absolue, la terre étant un gage qui ne peut périr ni être volé [1]. Mais le prêt hypothécaire présente à côté de cet avantage de grands inconvénients pour chacune des deux parties : — pour l'emprunteur, parce qu'il fait peser sur lui une charge des plus onéreuses, le taux d'intérêt étant rarement inférieur à 5 p. 0/0, tandis que les améliorations agricoles ne donnent en général qu'un revenu inférieur à ce taux; — pour le prêteur lui-même, parce que le prêt hypothécaire, tout en lui donnant pleine sécurité pour son argent, ne lui permet pas facilement d'y rentrer; il ne trouve pas aisément à céder sa créance, et même, quand le terme est venu, il lui faut recourir trop souvent à cette mesure extrême, aussi désagréable pour le créancier que lamentable pour le débiteur, de l'expropriation forcée.

---

[1] Le montant des prêts hypothécaires pour la France entière est évalué à 13 ou 14 milliards, soit 15 ou 16 p. 0/0 de la valeur totale de la propriété foncière. Il est certains pays dans lesquels la dette hypothécaire égale presque la valeur de la propriété foncière.

Pour remédier à cet inconvénient, on a proposé de rendre les créances hypothécaires négociables par voie d'endossement, comme des créances commerciales, et ce système, qui est désigné quelquefois, quoique assez improprement, sous le nom de *mobilisation de la propriété foncière*, a été très savamment organisé dans certains pays [1]. Mais il faut remarquer que ce remède ne concerne que le créancier et n'améliore guère la situation du débiteur, c'est-à-dire du propriétaire. De plus, en ce qui concerne le créancier hypothécaire lui-même, il est fort douteux qu'aucun système, si ingénieux qu'il soit, puisse lui permettre de négocier son titre comme un effet de commerce ; cela est contraire à la nature des choses : le titre hypothécaire participera toujours dans une certaine mesure à la stabilité de la terre sur laquelle il repose.

Un autre système plus ingénieux consiste dans l'institution de banques d'une nature spéciale qui sont désignées ordinairement sous le nom de *sociétés du Crédit Foncier*. Ces banques jouent le rôle d'intermédiaires entre les capitalistes et les propriétaires : elles empruntent l'argent aux premiers pour le prêter aux seconds, et bien qu'elles ne rendent pas ce service gratis, cela va sans dire, cependant elles procurent certains avantages importants aux deux parties : — aux capitalistes, elles offrent des titres aussi solides que des titres hypothécaires puisqu'ils ont la même garantie, mais beaucoup plus aisément négociables, parce qu'ils ont pour gage non point telle ou telle terre déterminée, mais tout l'ensemble du fonds social : c'est d'ordinaire une puissante compagnie qui émet les titres, et ils circulent aussi aisément que des titres de rente ou des ac-

---

[1] En Allemagne le propriétaire peut créer lui-même sur sa terre des créances hypothécaires qu'il négocie ensuite au fur et à mesure de ses besoins, comme un banquier qui tirerait des chèques sur sa propre caisse. En Australie, sous le régime de l'*Act Torrens*, le titre hypothécaire peut être transféré aussi très aisément. — Voy. pour plus de détails, les nombreux ouvrages publiés dans ces derniers temps sur les *procédés de mobilisation de la propriété foncière* (Challamel, Worms, etc.).

tions ou obligations de chemins de fer; — aux propriétaires, elles offrent le triple avantage : 1° d'un prêt à longue échéance, 75 ans par exemple; 2° d'un remboursement s'opérant petit à petit et d'une façon presque insensible par voie d'*annuités*; 3° et enfin, en général, d'un taux d'intérêt relativement modéré [1].

Nous n'apprécions pas beaucoup, du reste, l'utilité du crédit foncier, quelques formes ingénieuses qu'on lui donne. Sans prétendre formuler ici un principe absolu, nous pensons qu'il n'y a pas grand intérêt à faciliter au petit propriétaire ni même au grand les moyens d'emprunter : s'il y trouve une fois une occasion de fortune, il y trouvera dix fois une occasion de ruine. Nous serions plutôt disposés, suivant une tendance inverse, à réclamer l'adoption de certaines mesures, telles que l'*homestead* des États-Unis, qui, en mettant le propriétaire dans l'impossibilité d'emprunter, lui assure à lui et à sa famille la conservation de son champ [2].

---

[1] En France, il n'existe qu'une seule société de ce genre, puissante Compagnie qui est investie d'un monopole depuis 1852, sous le nom de *Crédit Foncier de France*. Ce grand établissement prête pour une période de 75 ans. L'intérêt n'est pas de beaucoup inférieur à 5 p. 0/0, mais ce taux comprend une annuité calculée de façon à éteindre le capital dans une période de 75 ans, de sorte qu'à l'arrivée du terme le propriétaire se trouve libéré de toute dette, tout en ayant payé un intérêt moindre que celui qu'il aurait dû payer à un créancier ordinaire. Malgré ces ingénieuses combinaisons, les services que le Crédit Foncier a pu rendre à l'agriculture ne sont pas considérables : la somme des capitaux par lui prêtée s'élève bien au chiffre imposant de près de 3 milliards, mais la plus grande partie est employée à des constructions dans les villes et c'est à peine si le quart va à la propriété rurale. On ferait donc mieux de l'appeler le Crédit Urbain !

[2] En vertu de la loi du *Homestead* tout propriétaire américain, cultivant lui-même sa terre, peut faire déclarer insaisissable sa maison, avec une certaine étendue de terre à l'entour, jusqu'à concurrence d'une certaine valeur dont l'importance est variable suivant les législations des États, mais ne dépasse pas 2,000 dollars (10,000 fr.). Quelquefois même cette exemption n'est pas facultative, mais de droit, et il nous semble même qu'elle ne peut guère être efficace que dans ce cas. Il va sans dire que le propriétaire doit renoncer à trouver crédit, du moins dans les limites

### § 2. — Crédit Agricole.

Le crédit agricole ressemble beaucoup, à première vue, au crédit foncier, parce qu'il a aussi pour objet de fournir des fonds aux propriétaires. Il en diffère toutefois d'une façon assez nette et par son but économique, et par son caractère juridique, et par la forme des institutions qui le représentent. Il peut, à notre avis, rendre beaucoup plus de services.

D'abord le crédit agricole a pour but de procurer au propriétaire non pas précisément les capitaux qui lui seraient nécessaires pour des *dépenses de premier établissement*, mais le fonds de roulement qui lui est nécessaire pour les *dépenses courantes d'exploitation*. Il faut remarquer qu'il est dans la nature de l'industrie agricole de ne donner des recettes qu'au bout d'un an et quelquefois d'un temps beaucoup plus long encore, tandis que les dépenses qu'elle exige sont continues : il faut donc que le cultivateur fasse continuellement des avances : or ces avances, justement , c'est le crédit agricole qui a pour but de les fournir.

De plus le crédit agricole ne repose pas sur la terre elle-même, mais sur le fonds d'exploitation ; il prend pour gage seulement le matériel, le bétail et les récoltes une fois rentrées : c'est, comme disent les jurisconsultes, un prêt *mobilier* et non immobilier.

En Allemagne (et même en Chine, paraît-il, de temps immémorial), le crédit agricole est organisé sous la forme de sociétés de crédit mutuel entre propriétaires, se prêtant entr'eux et se servant du crédit que leur confère l'association pour se faire aussi prêter par des tiers dans des conditions plus avan-

---

de son *homestead*. On a proposé récemment d'introduire cette loi en Angleterre et en France : son but est facile à saisir, c'est d'abord la conservation du foyer de famille et subsidiairement le maintien de la petite propriété.

tageuses. Les plus célèbres de ces associations, qu'on appelle *Caisses rurales*, sont celles connues sous le nom de leur inventeur *Banques Raiffeisen*, de date assez récente d'ailleurs [1]. En Italie, il en existe un certain nombre qui utilisent fort ingénieusement les fonds déposés dans les caisses d'épargne : quelques-unes ont été fondées sur le modèle de celles de Raiffeisen par l'initiative de M. Wollemborg. En France le crédit agricole sous forme de sociétés mutuelles était presque inconnu jusqu'à ces derniers temps : peut-être faut-il chercher l'explication de ce fait dans la condition relativement aisée des paysans français et dans l'absence de cette usure qui ravage les populations agricoles d'un grand nombre de pays [2].

### § 3. — Crédit populaire.

On connaît le proverbe « on ne prête qu'aux riches » et il est en effet facile à vérifier tous les jours. Cependant les pauvres aussi peuvent avoir besoin de crédit, encore plus que les riches. Comment faire pour le leur procurer ?

C'est par l'association qu'on peut résoudre très aisément le problème. Un ouvrier ou un artisan isolé, si honnête et si laborieux qu'on le suppose, ne peut offrir une garantie suffisante à un prêteur, la maladie, le chômage ou la mort pouvant à tout instant déjouer la meilleure volonté. Mais si ces ouvriers

---

[1] Ces sociétés présentent les caractères suivants : 1º les associés n'apportent *aucune mise* dans la société : elle se constitue donc sans capital; 2º ils ne touchent *aucun bénéfice ;* 3º ils sont tous *solidairement responsables sur tous leurs biens*. Elles sont au nombre de 1,700 environ, mais ce sont de petites sociétés ayant un caractère philanthropique et même un peu socialiste chrétien.

[2] En France un projet de loi, qui n'est pas encore voté à l'heure où nous écrivons ces lignes, vise à organiser le crédit agricole en conférant aux *syndicats agricoles* (Voy. p. 172) la faculté d'emprunter et de prêter, c'est-à-dire de se transformer en sociétés de crédit, et en créant en outre une Banque centrale commanditée par l'État et chargée d'aider ces syndicats en escomptant leur papier.

ou artisans sont au nombre de dix, de cent, de mille, alors
réunis en faisceau et réunis au besoin par le lien d'une responsabilité solidaire, ils présenteront une grande surface et
pourront facilement trouver du crédit sans passer par les mains
d'usuriers. Leurs cotisations personnelles d'ailleurs, si modi-
ques qu'elles soient, finiront par constituer par leur nombre
et par l'effet du temps ur fonds social imposant qu'ils pourront
aussi se prêter entre eux.

C'est en Allemagne surtout, sous l'inspiration d'un homme
dont le nom est resté attaché à cette institution, Schulze De-
litzsch, que ces *banques populaires*, qu'on appelle aussi *sociétés coopératives de crédit*, ont pris un développement extraordinaire [1].

En France, au contraire, cette institution, malgré quelques
initiatives intelligentes, n'a pu réussir. Cette fois nous nous
en consolerons plus aisément que pour les caisses rurales.
Nous ne contestons pas que les banques populaires ne puissent rendre quelques services à une certaine classe de la so-

---

[1] D'après le dernier rapport (1892) on comptait en Allemagne environ
4,400 sociétés coopératives de crédit.
Sur ce nombre, 1,076 seulement ont envoyé leur rapport au Congrès (il
est vrai que ce sont les plus importantes et il faudrait se garder de quadrupler les chiffres ci-après) et voici les principaux résultats. Elles comptaient 514,000 membres. Elles avaient un capital propre de 180 millions
de fr. et un capital emprunté de 550 millions, ce qui faisait en tout un
capital de 730 millions à leur disposition. Et par suite du roulement de
ces capitaux, elles étaient arrivées à faire à leurs membres en 1891 pour
1,951 millions de fr. de prêts! Et sur cette somme énorme, elles n'avaient
subi que 1,516,000 fr. de pertes, moins de 1 pour 1000. Les bénéfices
réalisés ont été de 11 millions de fr. dont la plus grande partie, conformément au principe coopératif, a été partagée entre les membres.
En Angleterre et aux États-Unis, les *building societies* (sociétés de
construction) jouent le rôle de banques populaires, bien qu'on pût croire
d'après leur nom qu'elles sont uniquement des sociétés coopératives de
construction.
En Écosse, ce sont les banques ordinaires qui jouent le rôle de banques populaires : elles y réussissent le mieux du monde, grâce au nombre
énorme de leurs succursales et à leurs rapports intimes avec la population
et à la haute éducation économique de celle-ci.

ciété, celle des petits artisans ou des petits boutiquiers, tous ceux qui travaillent pour leur propre compte. Mais il n'y a pas lieu de fonder sur elles de grandes espérances en ce qui concerne les travailleurs salariés, c'est-à-dire la masse de la classe ouvrière, et à ce point de vue le nom de crédit populaire est assez mal trouvé.[1] Quand les ouvriers recourent au crédit, d'ordinaire, c'est pour manger et non pour produire; que feraient-ils d'un capital puisqu'ils ne sont pas appelés à travailler pour leur propre compte? Cependant les chefs de ces sociétés en Allemagne espèrent qu'elles réussiront à donner à la petite industrie les moyens de lutter efficacement contre la grande, en lui procurant les capitaux et l'outillage qui lui manquent. Ce serait un résultat considérable.

---

[1] L'exemple même des sociétés de crédit d'Allemagne le démontre suffisamment. Les ouvriers proprement dits de grande industrie ne figurent sur le nombre total des sociétaires que dans la proportion de 6 p. 0/0, les artisans, petits fabricants, commerçants et boutiquiers dans la proportion de plus de 40 p. 0/0, les petits cultivateurs de 30 p. 0/0; le reste sont des employés, domestiques, petits rentiers. Pour tous renseignements sur ce sujet, voy. *People's Banks* par Henry Wolff.

## La question du monopole ou de la liberté des Banques.

Le législateur doit-il intervenir dans l'organisation des banques, spécialement au point de vue de l'émission des billets, et s'il le fait, dans quelles limites et de quelle façon doit-il le faire? telle est la question. — Cette question se présente sous deux aspects différents ou plutôt se subdivise en deux questions qui sont généralement confondues et que pour la clarté du sujet il importe de séparer nettement :

1° Le législateur doit-il réserver le privilège de l'émission à une seule banque ou doit-il abandonner ce droit à qui voudra en user? — C'est la question du *monopole* ou de la *concurrence*.

2° Le législateur doit-il permettre aux banques (qu'il n'y en ait qu'une seule ou plusieurs, il n'importe) d'émettre des billets à volonté ou doit-il soumettre ce droit à certaines restrictions? — C'est la question dite du *currency principle* ou *banking principle*.

## I.

### DU MONOPOLE OU DE LA CONCURRENCE DANS L'ÉMISSION DES BILLETS.

L'un et l'autre système, et même tous les systèmes intermédiaires, ont été essayés dans les différents pays.

En France, c'est le *monopole* qui est la règle. Chacun connaît le grand établissement qui porte le nom de Banque de France et sait qu'il a seul le droit d'émettre des billets[1].

---

[1] La *Banque de France* est une création de Napoléon Ier, alors premier Consul. Elle a été créée en effet en 1800. Mais c'est de 1803 seulement que date son privilège d'émettre les billets. Encore ne jouissait-elle de ce pri-

Aux États-Unis au contraire, c'est le système de la *concurrence* qui règne. Toute banque, pourvu qu'elle remplisse certaines conditions dont nous parlerons plus loin, peut émettre des billets. En fait il y en a plus de 2,000 qui exercent ce droit.

En Angleterre, c'est un système mixte et assez compliqué. La Banque d'Angleterre n'a pas de privilège exclusif pour l'émission de ses billets (sauf dans Londres pourtant). Il y a près d'une centaine de banques en province qui émettent éga-

---

vilège que dans Paris et dans les villes où elle aurait fondé des succursales, et, par suite, d'autres banques reçurent le même privilège dans les principales villes de province. Mais à partir de 1848, à la suite de la fusion de ces banques départementales avec la Banque de France, celle-ci jouit désormais d'un privilège exclusif qui, renouvelé plusieurs fois déjà par périodes de 30 ans, doit expirer en 1897, et qu'un projet de loi, depuis deux ans en discussion, va renouveler probablement jusqu'en 1920.

La Banque de France n'est point comme on le croit quelquefois un établissement de l'État. C'est une société par actions, comme toute autre société : seulement au lieu d'être gouvernée uniquement par ses actionnaires, elle a un gouverneur et un sous-gouverneur nommés par l'État.

En échange de son privilège d'émission, ses statuts lui imposent certaines obligations spéciales :

1º Elle ne peut escompter que des lettres de change revêtues de *trois signatures* et tirées à 90 jours de date au plus ;

2º Elle ne doit pas servir d'*intérêt* pour ses dépôts ;

3º Elle peut faire des avances sur certaines valeurs mobilières ou sur lingots, mais elle ne peut jamais être *à découvert* dans ses comptes-courants avec ses clients, sauf avec l'État, auquel, au contraire, elle est obligée de faire très souvent des avances considérables.

Ces obligations ne paraissent pas fort nécessaires et on pourrait probablement les supprimer sans grands inconvénients. Mais d'autre part il y a une obligation qu'on pourrait fort bien lui imposer : ce serait de *partager ses bénéfices* avec l'État au delà d'une certaine limite à fixer. Cette clause du partage des bénéfices existe déjà en France pour les Compagnies de chemins de fer : elle existe pour les Banques de Belgique et d'Allemagne. Il est juste, en somme, que tout privilège se paie et on ne saurait le faire payer d'une façon plus heureuse qu'en faisant participer l'État, c'est-à-dire la Société tout entière, aux bénéfices que ce privilège peut conférer. Cependant le projet de loi sur le renouvellement du privilège a écarté cette participation aux bénéfices de crainte de donner à la Banque l'apparence d'une Banque d'État (puisqu'elle lui serait associée dans le partage des bénéfices) — et l'a remplacée par une annuité fixe de 2 1/2 millions à payer par la Banque à l'État, plus l'obligation de lui prêter sans intérêt jusqu'à concurrence d'une certaine somme.

lement des billets. Toutefois ce n'est pas non plus le régime
de la libre concurrence, car le nombre des banques qui peuvent émettre des billets est *limitativement déterminé*. Celles-là
seulement jouissent de ce droit qui l'exerçaient déjà en 1844
(date d'une loi fameuse sur l'organisation des banques qui a
réglé cette situation et qui était due à l'initiative du ministre
Robert Peel). Or comme ces banques privées ne sont pas immortelles, comme elles sont destinées sans doute à disparaître un jour ou l'autre, ce jour-là la Banque d'Angleterre se
trouvera en fait, comme en droit, investie du monopole.
Déjà le nombre de ces banques d'émission provinciales a
fort diminué depuis 1844 (de 207 il est tombé à 79)[1].

De tous ces systèmes lequel préférer? Le principal argument que l'on fait valoir en faveur de la concurrence, c'est l'argument classique, à savoir que le monopole produit la cherté,
tandis que la concurrence donnerait le bon marché. Si la Banque de France n'avait pas un privilège, le taux de l'escompte
serait plus bas, dit-on, et les avantages que le commerce et
l'industrie pourraient retirer du crédit, seraient par suite
bien plus considérables.

A cela on peut répondre d'abord qu'il n'est nullement démontré que la concurrence soit nécessairement le bon marché
ni le monopole la cherté. C'est là un principe économique qui
reçoit de nombreuses exceptions, même dans la production des
marchandises quelconques (Voy. p. 74), et qui, dans le cas
particulier qui nous occupe, est particulièrement douteux.
L'expérience ne semble pas démontrer que l'escompte soit à
plus bas prix, là où les banques sont plus multipliées : le
taux de l'escompte de la Banque de France ne dépasse que
rarement 3 ou 3 1/2 p. 0/0.

Il faut répondre de plus que l'argument est, à vrai dire, en

[1] Nous ne pouvons passer ici en revue l'organisation des banques dans
tous les pays. Voy. Cauwès, tome II, p. 312, 333, etc.

dehors de la question. En effet la question du monopole et de la concurrence ne se pose pas à propos des opérations de banque en général, ni surtout de l'escompte. Personne ne conteste le droit pour toute banque de faire l'escompte : non seulement la concurrence est de droit, mais elle existe de fait par tout pays, même en France. Ce ne sont pas seulement des banques privées, mais des sociétés puissantes avec d'immenses capitaux qui font librement concurrence à la Banque de France, tant pour l'escompte que pour toute autre opération

C'est donc seulement à propos de l'émission des billets que la question doit se poser : or, ici c'est beaucoup moins le commerce qui se trouve intéressé que le public, et le seul système qui doit être préféré c'est celui qui offrira le plus de garanties au public, c'est-à-dire qui assurera le plus de stabilité à la valeur du billet de banque. Le billet de banque pour le public n'est en somme qu'une monnaie. Or, quand il s'agit de l'émission de monnaie, personne ne réclame la libre concurrence. C'est l'État seul qui se réserve le droit de la frapper. Quand il s'agit du billet de banque, si l'État n'exerce pas ce droit lui-même, il est parfaitement dans son droit en le déléguant à un établissement unique qui possède sa confiance.

Or, à cet égard, le billet de la Banque de France a fait ses preuves. Depuis 90 ans, même dans les épreuves les plus critiques, il n'est tombé que rarement au-dessous du pair et s'est tout de suite relevé. On ne voit donc aucune raison sérieuse, pour la France du moins, de livrer l'émission des billets de banque à la libre-concurrence.

De plus, la multiplicité des banques, en admettant même qu'elle n'entraîne pas toujours la dépréciation des billets, crée du moins une diversité de monnaies fort incommode, à moins qu'elles n'aient recours à une espèce de syndicat, comme en Suisse, ou que l'État ne leur impose un type uniforme de billets, comme aux États-Unis. Il y a lieu d'espérer, au contraire, qu'avec un petit nombre de grandes banques nationales, on pourrait peut-être arriver à un billet de banque international ayant cours dans tous les pays, ce qui serait la réalisation d'un idéal depuis longtemps poursuivi, celui d'une monnaie universelle.

## II.

### DE LA LIBERTÉ OU DE LA RÉGLEMENTATION DANS L'ÉMISSION DES BILLETS.

Quelle que soit l'opinion que l'on ait adoptée sur la question du monopole ou de la concurrence, reste maintenant l'autre question : l'émission des billets de la part de ces banques (une ou multiple) doit-elle être laissée libre ou doit-elle être réglementée ?

Mais d'abord est-il bien au pouvoir du législateur d'assurer le remboursement des billets de banque et y a-t-il quelque système de réglementation qui puisse le garantir ?

On en a indiqué trois, qui tous ont été mis à l'essai dans divers pays.

1° Le premier consiste à imposer *une certaine proportion entre le montant de l'encaisse et celui des billets en circulation*[1].

Tel est le régime qui a été imposé à la Banque d'Angleterre par l'*Act* fameux de 1844. Aux termes de cette loi, la Banque ne peut émettre de billets que jusqu'à concurrence du montant cumulé de son encaisse et de son capital. Comme ce capital est de 400 millions fr. environ (16,200,000 liv.), cela revient à dire que la somme des billets émis ne peut jamais dépasser de plus de 400 millions le montant de l'encaisse[2].

---

[1] C'est justement là ce qu'on appelle le *Currency principle*, principe de la circulation réglementée, par opposition au *Banking principle* ou principe de la liberté des banques, que nous verrons tout à l'heure.

[2] En vue de mieux assurer l'observation de ce réglement, la Banque

Cette limitation ne pourrait être considérée comme donnant des garanties bien sérieuses, s'il s'agissait de toute autre banque que la Banque d'Angleterre; en effet, le capital d'une banque n'est pas toujours réalisable immédiatement, et ici notamment on peut dire qu'il est purement fictif. Il est représenté en effet (du moins jusqu'à concurrence de 275 millions) par une simple créance sur l'État, en sorte que les 400 millions de billets qui peuvent être émis au delà de l'encaisse ne sont qu'une sorte de papier-monnaie.

De plus, cette limitation se trouve avoir dans la pratique, et justement en temps de crise, de si grands inconvénients, qu'à trois reprises différentes déjà il a fallu suspendre la loi et permettre à la Banque de franchir la limite fatale. Il est facile, en effet, de comprendre que s'il arrive à la Banque d'avoir 500 millions d'encaisse et 900 millions de billets en circulation, elle sera obligée de refuser tout escompte. Avec quoi, en effet, pourrait-elle escompter le papier qu'on lui présenterait? — avec des billets? mais la limite de 400 millions est déjà atteinte : — avec le numéraire qu'elle a en caisse? mais si elle réduit son encaisse à 499 millions, la circulation des billets étant toujours de 900 millions, la loi sera également violée. Et pourtant la Banque d'Angleterre ne peut refuser l'escompte sans entraîner la faillite de la moitié du commerce anglais. Aussi le législateur se hâte-t-il d'intervenir dans ce cas pour lever la barrière qu'il a posée lui-même.

Un système analogue a été appliqué dans certains pays (Allemagne). D'autres (Belgique) ont préféré établir un rapport fixe, en général le rapport d'un tiers, entre le montant

d'Angleterre est divisée en deux départements distincts; — l'un chargé des opérations de banque, dépôts et escompte, mais qui ne peut émettre aucun billet ; — l'autre chargé de l'émission des billets mais qui ne peut faire aucune opération de banque. Celui-ci délivre ses billets au département voisin au fur et à mesure de ses besoins, mais quand il lui en a délivré jusqu'à concurrence de 16 millions liv., il ne lui en délivre plus désormais que contre espèces ou lingots.

de l'encaisse et la valeur des billets émis. Les inconvénients sont les mêmes et plus grands peut-être [1].

2° Le second procédé consiste à fixer simplement un *maximum à l'émission*.

Sans doute ce système est plus élastique que le précédent (c'est celui auquel on a recours en France depuis 1870. Voy. p. 348, note 2); il a donc moins d'inconvénients, mais il faut reconnaître aussi qu'il ne présente que bien peu de garanties, car qu'importe que la Banque ne puisse émettre qu'une quantité limitée de billets, si elle peut réduire son encaisse à zéro. Où sera la garantie du public?

3° Le troisième consiste à obliger les banques *à garantir les billets qu'elles émettent par des valeurs sûres*, en général par des titres de rente sur l'État représentant une valeur au moins égale à celle des billets.

C'est le système pratiqué aux États-Unis. Chaque banque, en représentation des billets qu'elle veut émettre (et qui du reste lui sont délivrés par l'État, car elle ne peut les fabriquer elle-même), doit déposer en garantie des titres de rente sur l'État pour une valeur supérieure de 1/10 à celle des billets.

Ce système a du bon pour assurer le crédit d'une banque en temps normal; mais en temps de crise, c'est-à-dire justement alors que le remède serait le plus nécessaire, il ne vaut rien. En effet, en pareille occurrence, les cours de toutes les valeurs, y compris les titres de rente, sont nécessairement dépréciés; et si, pour satisfaire aux demandes de remboursement des billets, les banques étaient obligées de réaliser la masse énorme de rentes qui leur sert de gage, elles ne pour-

---

[1] Il est facile de démontrer qu'avec le rapport fixe d'un tiers, ce n'est pas seulement l'escompte, c'est le remboursement même des billets qui peut, à un moment donné, être rendu impossible. Soit 100 millions d'encaisse, 300 millions de billets : la Banque est juste dans les limites fixées, mais évidemment elle ne peut plus rembourser un seul billet sans faire tomber l'encaisse au-dessous du tiers du montant des billets (car 99 n'est pas le tiers de 299) On fait donc naître le danger qu'on voulait conjurer.

raient en venir à bout : une semblable opération ne ferait que
ruiner le crédit de l'État, sans relever celui des banques.

On voit que, somme toute, aucun des systèmes imaginés
ne peut garantir le remboursement des billets. Le seul moyen
efficace serait d'exiger que les banques conservassent toujours une encaisse égale, non seulement au montant de leurs
billets en circulation, mais encore au montant de leurs dépôts. En ce cas, en effet, la garantie serait absolue, mais en
ce cas aussi les banques ne serviraient plus à rien [1] Elles n'u-
tiliseraient plus les capitaux flottants du pays, puisqu'elles se
borneraient à les entasser inutilement dans leurs caves. Elles
ne serviraient plus à économiser le numéraire, puisque le
billet ne serait plus qu'un titre représentatif. En un mot, elles
ne seraient plus des institutions de crédit. Si l'on veut user
du crédit, il faut bien se résigner à ses inconvénients. C'est
poursuivre la quadrature du cercle que de vouloir réunir à la
fois les avantages de crédit et ceux du comptant : l'un exclut
l'autre.

Faut-il donc, puisque toute réglementation paraît inefficace,
si même elle n'est pas gênante ou dangereuse, adopter le
principe du laisser-faire et permettre aux banques de faire
l'émission à leur guise et sans contrôle?

Bon nombre d'auteurs soutiennent en effet la liberté des banques, et les raisons qu'ils en donnent ne sont pas sans force.

L'argument essentiel, c'est qu'il n'y aurait jamais lieu de
redouter une émission exagérée de billets. Le danger est chimérique, dit-on : le simple jeu des lois économiques res-
treindra cette émission dans de justes limites, alors même
que les banques voudraient les dépasser. Voici pourquoi :

1° D'abord les billets de banque ne sont émis qu'au cours
d'opérations de banque, c'est-à-dire par des escomptes ou des

---

[1] Sinon à éviter les pertes accidentelles ou le frai du numéraire, ce qui
serait une mince utilité.

avances sur titres. Il ne suffit donc pas, pour qu'un billet de banque pénètre dans la circulation, que la banque veuille l'y faire entrer : encore faut-il qu'il y ait quelqu'un disposé à l'emprunter. Ce sont donc les besoins du public et nullement les désirs de la banque qui règlent l'émission. *La quantité de billets qu'elle émettra dépendra seulement du nombre des effets qu'on présentera à l'escompte*, et la quantité de ces effets eux-mêmes dépendra du mouvement des affaires.

2° Ensuite les billets de banque n'entrent dans la circulation que pour peu de temps : quelques semaines après être sortis, ils reviennent à la banque. Voici en effet un billet de 1,000 francs qui sort en échange d'une lettre de change : mais dans quarante ou cinquante jours, ou quatre-vingt-dix au plus tard, quand la banque fera toucher cette lettre de change, le billet de 1,000 francs lui reviendra. Ce ne sera pas le même probablement, mais qu'importe? *Autant il en sort, autant il en rentre.*

3° Enfin, en admettant même que la banque en puisse émettre une quantité exagérée, il lui sera impossible de les maintenir dans la circulation, car si le billet est émis en quantité surabondante, il sera nécessairement déprécié; et *sitôt qu'il sera déprécié*, si peu que ce soit, *les porteurs de billets s'empresseront de les rapporter à la banque* pour en demander le remboursement. Elle aura donc beau s'efforcer d'en inonder le public, elle ne pourra y réussir, car elle en sera inondée à son tour :

> Le flux les apporta; le reflux les remporte.

Ces considérations renferment certainement une part de vérité et même l'expérience les a confirmés plus d'une fois. Les banques n'ont jamais réussi à faire pénétrer dans la circulation plus de billets que n'en comportaient les besoins.

Néanmoins on ne saurait se dissimuler que la liberté absolue d'émission ne puisse avoir de graves dangers, sinon en temps normal, du moins en temps de crise; or les crises sont un accident de plus en plus fréquent dans la vie économique de nos sociétés modernes.

Sans doute il est vrai, en théorie, que la quantité de billets qui sera émise dépend de la demande du public et non de la volonté des banques. Remarquez cependant que si une banque a pour unique but d'attirer les clients et faire concurrence à ses rivales, elle pourra toujours, en abaissant suffisamment le taux de l'escompte, accroître presque indéfiniment le chiffre de ses opérations et par conséquent aussi de ses émissions.

Il est vrai encore que les billets émis en quantité exagérée par cette banque imprudente reviendront au remboursement sitôt qu'ils seront dépréciés : mais remarquez que la dépréciation ne se fait pas sentir instantanément : ce ne sera qu'au bout de quelques jours, de quelques semaines peut-être; et si pendant ce temps la banque a émis une quantité de billets exagérée, le jour où ils lui reviendront, il sera trop tard : elle ne sera plus en mesure de les rembourser et sera submergée sous ce reflux dont nous parlions tantôt. Il est vrai que la banque sera la première punie de son imprudence par la faillite. Mais nous voilà bien avancés! Nous nous préoccupons ici de prévenir la crise et non d'en punir les auteurs.

Et nous trouvons ici justement un argument en faveur du monopole. Il y a lieu de penser, en effet, qu'une banque occupant une position éminente dans un pays, forte de son histoire et de ses traditions, apportera dans l'émission de ses billets toute la prudence désirable et que c'est même là la seule garantie vraiment efficace. L'expérience confirme, du reste, cette manière de voir pour toutes les grandes banques et tout particulièrement pour la Banque de France, à laquelle on n'a guère pu reprocher, depuis quatre-vingt-dix ans qu'elle existe, qu'une prudence plutôt exagérée, qui enlevait à ses fonctions une partie de leur utilité[1]. Or la Banque de France n'a jamais été soumise, en ce qui concerne l'émission, à aucune réglementation. Depuis peu de temps seulement on a établi un maximum d'émission de 4 milliards, maximum d'ailleurs purement théorique, car il n'a jamais été atteint[2].

A l'inverse, aux États-Unis où règne le système de la libre-concurrence, nous voyons le législateur multiplier les réglementations du droit d'émission. Non seulement il faut, comme nous l'avons vu tout à l'heure, que les banques donnent, comme gage des billets qu'elles émettent, une valeur supérieure en fonds d'État, mais il faut encore qu'elles justifient d'un certain capital, — qu'elles conservent en numéraire dans leur caisse au moins 15 0/0 des dépôts qui leur sont confiés, — qu'elles laissent toujours une certaine somme en numéraire dans les caisses publiques, etc., etc.

Il semble donc en résumé que l'on n'ait que le choix entre ces deux systèmes : — ou bien *le monopole avec une grande liberté quant à l'émission des billets ;* — ou bien *la libre-concurrence avec une réglementation sévère quant à l'émission des billets.* Il faut donc de toute façon sacrifier quelque chose de la liberté, et elle nous paraît avoir encore moins à souffrir du premier système que du second.

---

[1] On a vu à certaines époques le montant de l'encaisse dépasser la valeur des billets émis! En général l'émission des billets dépasse de 1/4 ou 1/5 à peine le montant de l'encaisse.

[2] Ce maximum est de date récente : il n'existait pas dans les statuts de la Banque et il a été introduit par surprise, peut-on dire, dans la loi des finances de 1883 : il n'existait auparavant que pour le cas de cours forcé. Fixé à 3 1/2 milliards en 1883, il a été élevé à 4 milliards en 1893.

Cette limite d'un maximum est d'ailleurs une mesure de précaution prise beaucoup moins contre la Banque que contre l'État. Elle n'a pas été dictée par la crainte de voir la Banque se livrer à des émissions exagérées, mais par la crainte de voir l'État lui demander des avances exagérées.

# TROISIÈME PARTIE.

## L'ÉQUILIBRE ENTRE LA PRODUCTION ET LA CONSOMMATION.

---

# CHAPITRE I.

## L'INSUFFISANCE DANS LA PRODUCTION.

### I.

#### DE L'ACCROISSEMENT DE LA POPULATION.
#### LES LOIS DE MALTHUS.

La production suffira-t-elle toujours aux besoins? C'est là un problème qui ne laisse pas que d'être inquiétant.

Il faut songer en effet que, d'une part, le nombre des hommes multiplie constamment en vertu des lois physiologiques de la population, et que, d'autre part, les besoins de chaque homme multiplient plus rapidement encore peut-être, en vertu des lois psychologiques que nous avons déjà analysées (Voy. ci-dessus, p. 43). L'industrie humaine se trouve donc en demeure de satisfaire à cette double progression, c'est-à-dire de fournir une part de richesses de plus en plus considérable pour chaque copartageant, en même temps que le nombre de ces copartageants augmente sans cesse. Sera-t-elle toujours en mesure d'y suffire?

On sait que Malthus, dans une formule restée célèbre, avait

affirmé que la *population tendait à s'accroître suivant une progression géométrique, tandis que les moyens de subsistance ne pouvaient s'accroître que suivant une progression arithmétique* [1]. Bien loin donc de laisser espérer que la production marcherait d'un pas égal avec la consommation, il déclarait que la production devait toujours rester en arrière et de beaucoup. Il en concluait que l'équilibre ne pouvait être rétabli que par une sorte de mise en coupe réglée de l'espèce humaine, s'exerçant par les guerres, les épidémies, les famines, la misère, la prostitution et autres fléaux abominables, mais qui lui apparaissaient, à ce nouveau point de vue, comme de véritables lois providentielles. Toutefois il espérait que dans l'avenir les hommes auraient la sagesse de *prévenir* l'action de ces fléaux et de les rendre inutiles, en limitant eux-mêmes par leur propre volonté l'accroissement de la population. Malthus leur conseillait à cet effet la *contrainte morale*, c'est-à-dire de ne se marier que lorsqu'ils auraient des ressources suffisantes pour entretenir des enfants, ou tout au moins de n'accroître leur famille que dans la limite de leurs ressources [2].

[1] Il exprimait cette double loi dans cette double formule qui n'avait d'ailleurs, dans sa pensée, d'autre but que de servir à illustrer son raisonnement et qu'on a eu le tort de prendre à la lettre :

Progression de la population : 1. 2. 4. 8. 16. 32. 64. 128. 256...
Progression de la production : 1. 2. 3. 4. 5. 6. 7. 8. 9...

Malthus évaluait à 25 ans la période de temps qui devait s'écouler en moyenne entre deux termes consécutifs de sa progression. Il en concluait donc que : « au bout de deux siècles la population serait aux moyens de subsistance comme 256 est à 9, au bout de trois siècles comme 4,096 est à 13, et après deux mille ans, la différence serait immense et comme incalculable ».

[2] Cette doctrine de la contrainte *morale* (*moral restraint*) a conduit en fait à des pratiques fort immorales, qui ont fort discrédité cette doctrine et son auteur ; cependant il serait injuste d'en rendre Malthus responsable, car, telle qu'il l'a exposée, elle méritait parfaitement l'épithète de morale et était même tout à fait austère; on peut seulement lui reprocher de n'avoir pas prévu que sa doctrine serait trop difficile à observer pour le commun des hommes et pourrait les conduire à des pratiques ignobles.

— Ainsi donc pour maintenir l'équilibre entre les subsistances et le nombre des bouches à nourrir, il comptait beaucoup moins sur l'accroissement possible de la production que sur la limitation volontaire de la population.

Près d'un siècle s'est écoulé depuis la publication de cette célèbre doctrine et l'expérience n'a pas jusqu'à présent justifié les prévisions pessimistes de Malthus.

Le taux d'accroissement de la population dans les pays civilisés peut être évalué à 1 p. 100 environ[1], ce qui correspond à une période de doublement de 72 ans, beaucoup plus lente par conséquent que celle prévue par Malthus. Dans certains pays, il est vrai, la progression est infiniment plus rapide : la population des États-Unis, depuis un siècle, a doublé tout juste par périodes de 25 ans et celle des colonies Australiennes par périodes de moins de 10 ans[2] ! Mais cet énorme accroissement de la population est dû à l'immigration, bien plus qu'à l'excédent des naissances sur les décès, et par conséquent est en dehors de la question.

Il est vrai que même à ce taux, modeste en apparence, de 1 p. 100, la progression de la population serait véritablement effrayante et de nature à justifier les pires prévisions de Malthus. En admettant en effet que la population de la terre, évaluée à ce jour à 1,500 millions d'habitants, augmentât de 1 p. 100 par an, elle atteindrait 3 milliards au milieu du siècle prochain et 48 milliards vers l'an 2250, c'est-à-dire dans 360 ans seulement. Il suffirait de pousser le calcul un peu plus loin pour s'assurer que dans 800 ans environ, la terre entière

[1] L'accroissement annuel s'élève à 9, à 10 et même à 13 p. 1,000 pour l'Allemagne, l'Angleterre et la Russie, mais il reste très au-dessous pour d'autres pays ; et pour la France notamment, qui est de beaucoup au dernier rang, trop fidèle en cela aux doctrines de Malthus, il n'est que 2 1/2 p. 1,000 (soit 1/4 p. 0/0).

[2] Population des États-Unis : en 1790, 4 millions : en 1890, 64 millions.
Nouvelles Galles du Sud et Victoria : en 1821 (à cette époque elles ne formaient qu'une seule colonie), 29,800 : en 1890, 2,177,000.

devrait être peuplée comme l'enceinte de Paris, et que dans 1,200 ans, ce qui, au bout du compte, représente une courte période pour l'histoire du monde, il devrait y avoir un homme par mètre carré, ce qui ne leur laisserait pas la place de se loger ni même de se mouvoir.

Assurément, il est certain qu'un tel résultat ne se produira pas. La statistique démographique nous montre que le taux d'accroissement de la population tend à diminuer dans tous les pays d'Europe et même d'Amérique et cela, semble-t-il, en raison de l'accroissement de leurs richesses. Le goût croissant du bien-être chez l'homme, le désir de ne pas réduire la part des richesses qui lui appartient ou qui appartiendra éventuellement à ses enfants, le pousse à en limiter le nombre par des mesures de prudence qui n'ont rien de commun avec la contrainte morale de Malthus. Cette solution est peu satisfaisante pour le moraliste.

Il en est une autre qui nous est suggérée par la biologie et qui, si elle se trouve confirmée, constituera une nouvelle contribution de cette science sœur. Comme la *fécondité des espèces* semble varier en général en raison inverse du *développement des individus*, les espèces inférieures multipliant dans des proportions infiniment plus considérables que les animaux supérieurs et notamment que l'homme — et dans l'espèce humaine elle-même les classes inférieures ayant en général plus d'enfants que les classes d'élite — comme cette loi semble tenir à un certain antagonisme physiologique entre l'activité génératrice et l'activité cérébrale, il est permis d'espérer que la fécondité de l'espèce humaine est destinée à se ralentir progressivement au fur et à mesure que le développement intellectuel et moral des individus ira grandissant [1].

---

[1] Voy. *Evolution of Sex*, par Patrick Geddes (traduit en français), ch. xx et Van der Smissen, *La population*.

## II.

### DE LA LIMITATION DE LA PRODUCTION.
### LA LOI DU RENDEMENT NON PROPORTIONNEL.

Nous venons de voir ce que l'on peut craindre de l'accroissement de la consommation : voyons ce que l'on peut espérer
quant à l'accroissement de la production.

On peut diviser à cet égard les industries productives en
trois classes.

1º Pour les industries extractives, non seulement on ne peut
espérer *accroître indéfiniment* la production, mais même on
ne peut espérer la *maintenir indéfiniment*. On prend du charbon dans la mine tant qu'il y en a, mais un temps vient où il
n'y en a plus et déjà l'Angleterre calcule avec effroi le nombre
de tonnes qui lui restent à brûler.

Il faut en dire autant de certaines industries, qui du reste
sont classées d'ordinaire dans le groupe des industries extractives, la chasse, la pêche, l'exploitation des forêts. La première, qui tenait une si grande place dans les sociétés primitives, a disparu de la liste des industries productives, au moins
dans les pays civilisés, par cette fort bonne raison qu'elle a
cessé de donner un produit rémunérateur, malgré les règlements sévères de l'administration. Même dans les déserts de
l'Afrique, même dans les solitudes des pôles, les dépouilles
des éléphants, des autruches, des castors, des loutres, des
baleines, commencent à faire défaut aux explorateurs qui vont
les y chercher. L'épuisement des mers qui baignent nos rivages est un sujet de lamentations sans fin pour nos populations
maritimes qui déjà sont obligées d'aller poursuivre le poisson
dans la haute mer et d'armer des bateaux plus forts. Enfin la
disparition des forêts, et par suite du bois d'œuvre, serait

déjà un fait accompli en Europe, si le législateur ne s'était décidé à intervenir.

Toutefois ces industries |ont ceci de particulier qu'il est en notre pouvoir de conjurer dans une certaine mesure le sort qui les menace, en transformant leurs procédés. Au lieu de chasser l'autruche, on peut l'élever : au lieu de faire de la pêche, on peut faire de la pisciculture : au lieu de défricher, on peut reboiser; ce qui revient, en somme, à faire passer ces industries de la catégorie des industries simplement extractives dans celle des industries agricoles, dont nous allons parler tout à l'heure.

2° Quant aux industries *manufacturières, commerciales* et *de transport*, à la différence des précédentes, il n'y a pas de limites naturelles à leur puissance productive, surtout depuis qu'elles ont à leur service la vapeur et les engins mécaniques. Et plus elles produisent, plus par l'effet même de la grande production, la production devient aisée (Voy. ci-dessus, p. 165). Aussi ne redoutent-elles guère de ne pouvoir suffire à la consommation, mais au contraire elles craignent que la consommation ne suffise pas à absorber leurs produits! En fait c'est là, comme on le sait, un de leurs principaux sujets de préoccupation, à tel point qu'on voit même assez fréquemment de nos jours les grands industriels obligés de s'entendre pour convenir qu'ils restreindront leur production dans certaines limites afin de ne pas encombrer le marché (ces conventions portent le nom de *Cartels*)[1].

Toutefois elles sont soumises indirectement à une double limitation : — d'abord en tant qu'elles dépendent des indus-

---

[1] Les manufactures anglaises produisent assez de mètres de cotonnades pour faire 120 fois le tour du globe terrestre (5 milliards yards). Rien ne les empêcherait d'en fabriquer assez pour revêtir notre globe tout entier de cotonnades, si toutefois elles trouvaient assez de coton.

On fait quelquefois cette objection que l'industrie commerciale ou manufacturière se trouve, elle aussi, limitée par la limitation des débouchés :

tries extractives dont nous venons de parler, puisque celles-ci
leur fournissent la matière première, — ensuite par la quantité de capitaux disponibles, puisque nous savons que c'est là
la condition indispensable de toute production.

3° Les industries *agricoles* se trouvent dans une situation
intermédiaire.

On pourrait croire, au premier abord, que leur puissance
productive est indéfinie, car elles opèrent non sur les matériaux
bruts, mais sur les êtres vivants (espèces végétales ou animales) et utilisent par conséquent ces forces mystérieuses de
la germination et de la reproduction qui, d'après les lois
même posées par Malthus, sont théoriquement illimitées. La
multiplication des espèces végétales et animales est infiniment
supérieure à celle de l'espèce humaine.

Mais en y regardant de plus près, on voit d'abord que la
limite que nous avons indiquée déjà pour l'industrie manufacturière et qui tient à la dépendance des matériaux préexistants, se fait ici sentir bien plus rigoureusement. Toute terre
ne contient qu'une certaine quantité d'éléments assimilables
par les plantes (calcaires, nitrates, phosphates, etc.) que
chaque récolte lui enlève petit à petit. Il est vrai que l'art de
l'agriculteur vise non pas seulement à restituer à la terre les
éléments qui lui sont enlevés, mais encore à l'enrichir en lui
apportant des éléments nouveaux. Mais il faut remarquer
que les sources auxquelles puise l'agriculteur pour enrichir
son sol sont elles-mêmes limitées, puisque les engrais naturels ne font que restituer à la terre une partie de ce que les
bestiaux ont consommé, et les engrais chimiques sont des

---

(un manufacturier ne peut pas toujours trouver de nouveaux clients : une
compagnie de chemins de fer qui développe trop son réseau s'expose à voir
diminuer ses profits...) On commet là une étrange confusion ! nous nous
préoccupons de savoir si l'industrie sera en mesure de suffire toujours à
l'accroissement de la demande et on nous oppose des cas où elle sera arrêtée faute de débouchés ou de trafic !

minerais (phosphates, nitrates, guano, etc.) dont les gisements sont rares et rapidement épuisables.

De plus, le fait que l'agriculteur, à la différence du manufacturier qui emploie les forces physico-chimiques, emploie les forces mystérieuses de la vie, limite aussi sa puissance productive, loin de l'amplifier. L'agriculteur est réduit
à un rôle pour ainsi dire passif : il regarde la nature accomplir son œuvre, suivant des lois qu'il ne connaît guère et
qu'en tout cas il ne peut changer. Il lui faut attendre patiemment de longs mois avant que le grain qui dort dans le sillon
se soit transformé en épi et de longues années avant que le
gland soit devenu chêne. Tout être vivant, en effet, animal ou
plante, a besoin d'une certaine place pour se nourrir, d'un
certain temps pour se développer. Au contraire, l'industriel
dans ses manufactures fait subir à la matière des transformations qui sont en général fort simples et dont il connaît
les lois. Il a pour auxiliaires des forces domestiques qui travaillent sous ses ordres avec une précision d'automates. Il
n'est pas enfermé dans le cycle inexorable des saisons : été
et hiver, jour et nuit, il peut chauffer ses fourneaux et faire
marcher ses métiers.

La conclusion pratique, c'est que l'agriculteur peut, à la
rigueur, accroître le rendement du sol : seulement, passé un
certain stage de l'industrie agricole, il ne peut le faire *qu'au
prix d'un travail qui va croissant*, en sorte qu'il arrive un
moment où l'effort à exercer pour forcer le rendement serait
hors de proportion avec le résultat[1].

Soit un hectare de terre qui produit 15 hectolitres de blé,

---

[1] On peut se poser toutefois la question suivante. Puisque la limitation
que rencontre l'industrie agricole tient à ce fait qu'elle opère sur des êtres
vivants, pourquoi n'essaierait-elle pas de surmonter cet obstacle, en se
passant hardiment du concours que lui apportent les forces mystérieuses
de la vie et en s'efforçant de fabriquer de toutes pièces les substances
alimentaires, tout comme un industriel fabrique les produits chimiques ? —
Nous savons en effet que tous les tissus des êtres vivants, animaux ou

ce qui est à peu près la moyenne de la France. Supposons que ces 15 hect. de blé représentent 100 journées de travail ou, si l'on préfère s'exprimer de la sorte, représentent 300 francs de frais ; la proposition revient à dire que pour faire produire à cette terre deux fois plus de blé, soit 30 hect., il faudra dépenser *plus de 200* journées de travail ou *plus de 600* francs de frais. Pour doubler le produit, il faudra peut-être tripler, peut-être quadrupler, peut-être même décupler le travail et les frais. C'est là ce qu'on appelle *la loi du rendement non proportionnel* (non proportionnel au travail).

Elle est certainement confirmée par la pratique de tous les jours. Interrogez un agriculteur intelligent et demandez-lui si sa terre ne pourrait pas produire plus que ce qu'elle donne ; il vous répondra : « Assurément. La récolte de blé serait plus considérable si je voulais mettre plus d'engrais, donner des labours plus profonds, purger le sol des moindres racines de chiendent, défoncer à bras d'hommes, au besoin repiquer chaque grain de semence à la main, ensuite protéger la moisson contre les insectes, contre les oiseaux, contre les

---

végétaux, sont formés presque exclusivement d'oxygène, d'hydrogène, d'azote, de carbone, et, pour une très petite part, de quelques sels minéraux, tous éléments qui peuvent être considérés comme existant en quantité surabondante dans l'écorce terrestre et dans l'atmosphère. Le problème ne paraît donc pas insoluble théoriquement. Certes si un chimiste doit le résoudre un jour, il aura réalisé beaucoup plus que le Grand OEuvre rêvé par les alchimistes ; au fond de son creuset il aura trouvé mieux que la solution d'un problème de chimie ou même du problème de la vie : il aura trouvé la solution de la question sociale, ou du moins il aura changé de fond en comble toutes les lois de l'économie politique. Si jamais les hommes devaient produire leurs subsistances par des procédés purement industriels, l'agriculture serait désormais inutile, et l'homme ne demandant plus à la terre que ce qu'il lui faut de place pour y poser son pied ou y bâtir son toit, il n'y aurait pas un hectare de terre qui ne pût nourrir une population aussi dense que celle qui s'entasse dans les quartiers les plus populeux de nos grandes villes. Mais ce jour viendra-t-il jamais ? Les chimistes l'espèrent, malgré le vieil adage : *omne vivum ex vivo*, et de fait s'ils n'ont pas encore fait de l'albumine, ils ont déjà réussi à faire de la margarine de toutes pièces.

herbes parasites. — Et pourquoi ne le faites-vous pas?
Parce que je n'y retrouverais pas mes frais : ce supplémen
de récolte me coûterait plus qu'il ne vaut ». — Il y a donc
dans la production d'une terre quelconque un point d'équilibre qui marque la limite qu'on ne dépassera pas, non point
du tout qu'on ne pût la dépasser si on le voulait bien, mais
on ne le veut pas parce qu'on n'a aucun intérêt à le faire.

S'il pouvait en être autrement, c'est-à-dire si on pouvait
augmenter indéfiniment la production d'une superficie de terrain donné, à la seule condition d'augmenter proportionnellement le travail et les frais, les propriétaires, certes, ne
manqueraient pas de le faire; au lieu d'étendre leur exploitation sur un domaine plus ou moins vaste, ils la concentre-
raient sur le plus petit espace de terrain possible : ce serait
beaucoup plus commode. Mais en ce cas aussi la face du monde
serait toute autre qu'elle n'est. Le simple fait que les choses
ne se passent point ainsi et que l'on étend sans cesse la culture à des terrains moins fertiles ou moins bien situés, démontre suffisamment que l'on ne peut pas en pratique demander
à un même terrain au delà d'un certain rendement.

## III.

### DES EFFETS DE LA LIMITATION DE LA PRODUCTION
### SUR LES PRIX.

Si les lois de la production telles que nous venons de les
exposer sont exactes, elles doivent avoir une double conséquence pratique, qui rend leur vérification aisée. Elles doivent
entraîner, en effet :

D'une part, une *hausse constante dans les prix des produits
naturels et particulièrement des produits agricoles.*

D'autre part et à l'inverse, *une baisse constante dans le
prix des produits manufacturés et dans le coût des transports.*

Or, ce double phénomène se manifeste en effet dans toutes les sociétés qui se développent, et d'une façon assez éclatante pour frapper les observateurs même les moins exercés. Il n'est pas de ménagère qui ne gémisse sur le renchérissement constant de tout ce qui se vend pour la table, viande, volaille, poisson, gibier, beurre, œufs, légumes, fruits, etc., c'est-à-dire justement des produits agricoles.

La hausse serait encore bien autre qu'elle n'est, si la facilité croissante des transports ne l'avait enrayée. A mesure que la loi du rendement non proportionnel tend à relever le prix des produits agricoles, l'abaissement des frais de transport tend à les dégrever. C'est ce qui nous explique pourquoi le plus important de tous les produits agricoles, le blé, ne paraît pas avoir sensiblement augmenté de valeur depuis un demi-siècle et plus. C'est que, comme nous l'avons vu, la loi du rendement non proportionnel est, pour ainsi dire, suspendue toutes les fois qu'un pays peut demander à l'étranger le supplément de subsistances dont il a besoin. Il suffit que le transport de ces subsistances ne soit pas trop difficile. Tel est le cas du blé : quoique assez encombrant, il se prête facilement au transport. Si le transport de la viande, soit sur pied, soit conservée, devenait aussi facile, la loi du rendement non proportionnel serait également suspendue en ce qui touche ce produit et le prix de la viande deviendrait stationnaire. Il se peut que nous voyions se produire incessamment ce temps d'arrêt : il semble déjà avoir commencé.

La baisse du prix des produits manufacturés n'est pas moins évidente et il est vraiment inutile de citer des chiffres à l'appui. Il suffit de penser aux vêtements confectionnés, linge, papier, montres, glaces, livres, mercerie et en général à toutes les marchandises courantes [1].

---

[1] Il faut apporter à ces observations statistiques sur les variations de prix une correction fort importante. C'est celle qui résulte de la dépréciation de la monnaie. Il est clair que comme cette dépréciation de la mon-

La loi que nous venons d'étudier a des effets fâcheux sur la condition des classes pauvres de la société. Elle fait renchérir pour eux les objets les plus utiles, précisément ceux dont ils ne peuvent se passer et qui tiennent la plus grande place dans leur consommation, et elle ne fait baisser que des valeurs dont l'importance est moindre et qui ne représentent qu'une petite part de leur budget[1]. C'est donc plutôt du côté de la production des denrées alimentaires que l'industrie moderne, pour être vraiment bienfaisante, devrait diriger tous ses efforts de découverte et d'invention. Malheureusement c'est justement le domaine où elle a réalisé le moins de progrès.

---

naie se traduit par une hausse générale de prix, elle doit *exagérer* la hausse de valeur des produits agricoles, et, à l'inverse, *dissimuler* une partie de la baisse réelle des produits manufacturés — de même que lorsque nous sommes emportés par un train en marche, sa vitesse propre nous dissimule une partie de la vitesse des trains que nous voyons marcher dans le même sens que nous, ou à l'inverse exagère la vitesse de ceux que nous voyons marcher en sens inverse.

Si donc nous constatons que le prix de tel produit agricole qui se vendait 1 franc en 1848, se vend 2 francs aujourd'hui, nous nous garderons de dire que sa valeur a doublé, mais sachant que 2 francs d'aujourd'hui ne valent pas plus que 1 fr. 50 il y a trente ans, nous dirons que la valeur de cet objet n'a, en réalité, augmenté que de 50 p. 0/0. A l'inverse, si un objet manufacturé qui se vendait 4 francs en 1848, se vend 2 francs aujourd'hui; nous ne dirons pas seulement que sa valeur a baissé de moitié, mais sachant que 1 franc ne vaut pas plus de 0 fr. 75 d'autrefois, nous dirons que la valeur de cet objet a réellement baissé de 62 1/2 p. 0/0.

[1] La nourriture absorbe près des 3/4 du revenu d'une famille pauvre, et peut-être 1/4 ou moins encore pour une famille riche. C'est ce que le statisticien allemand Dr Engel a formulé par cette loi : « La proportion des dépenses de nourriture croît, suivant une progression géométrique, en raison inverse du bien-être. »

# CHAPITRE II.

## L'EXCÈS DANS LA PRODUCTION.

## I.

### COMMENT SE MAINTIENT L'ÉQUILIBRE ENTRE LA PRODUCTION ET LA CONSOMMATION.

Ne pas produire assez est un mal : produire trop est un autre mal, moindre que le premier, si l'on veut, mais réel pourtant. Tout excès de production en effet entraîne nécessairement non seulement un gaspillage de richesses, mais surtout une déperdition de forces, et peut même entraîner certains désordres qui s'appellent des crises. L'état de santé pour le corps social, comme pour tous les corps vivants du reste, consiste dans un juste équilibre entre la production et la consommation.

Cet équilibre existe et se maintient tant bien que mal dans toute société prospère, mais en vertu de quelle loi ?

Si chaque homme produisait pour lui-même ce qu'il doit consommer, comme Robinson dans son île, ce phénomène n'aurait rien d'étonnant. Chacun de nous est capable de prévoir dans une certaine mesure ses besoins et, bien que ces prévisions puissent assurément le tromper, de régler sa production en conséquence.

Le fait n'aurait rien de bien surprenant non plus, même sous le régime de la division du travail, si chaque consommateur indiquait à l'avance au producteur ce dont il a besoin.

elle loi qui rétablit sans cesse l'équilibre momentanément

troublé entre la production et la consommation est celle même
que nous avons déjà vu régler la distribution des travailleurs
entre les différentes branches de la production (Voy. ci-dessus,
p. 141) : c'est la loi de l'offre et de la demande, c'est la loi
des valeurs telle que nous l'avons exprimée dans cette formule : « les choses ont plus ou moins de valeur suivant qu'elles
sont en quantité plus ou moins insuffisante pour nos besoins ».
(Voy. ci-dessus, p. 71.)

Toutes les fois, en effet, qu'une marchandise quelconque
se trouvera avoir été produite en quantité supérieure aux besoins, sa valeur doit baisser. La baisse de valeur a pour effet de
réduire le revenu des producteurs et en particulier *les profits
de l'entrepreneur*, le principal agent de la production et celui
par conséquent qui en ressent directement tous les contre-
coups. Naturellement l'entrepreneur se retire d'une voie dans
laquelle il éprouve des mécomptes ou des pertes, et la production de la marchandise se ralentit jusqu'à ce que la
quantité produite soit retombée au niveau de la quantité
consommée.

Toutes les fois au contraire qu'une marchandise quelconque
est produite en quantité inférieure aux besoins, sa valeur
hausse. Les mêmes conséquences que nous venons d'exposer
se produisent, mais en sens inverse, c'est-à-dire que les producteurs, et en particulier l'entrepreneur, réalisent de plus
gros profits. Attirés par l'appât de ces profits supérieurs au
taux normal, d'autres producteurs, capitalistes ou travailleurs,
s'engagent dans cette voie. La production de la marchandise
en question augmente donc, jusqu'à ce que la quantité produite se soit élevée au niveau de la quantité demandée.

## II.

### DES CRISES.

Cet équilibre entre la production et la consommation est sujet à se déranger et même très fréquemment. Toutes les fois qu'une rupture d'équilibre se produit, on dit qu'il y a *crise*.

Les crises sont donc véritablement les maladies de l'organisme économique; elles présentent des caractères aussi variés que les innombrables maladies qui affligent les hommes. Les unes ont un caractère périodique, les autres sont absolument irrégulières. Les unes sont courtes et violentes comme des accès de fièvre ; les autres sont lentes « comme des anémies », dit M. de Laveleye. Les unes sont localisées à un pays déterminé ; les autres sont épidémiques et font le tour du monde.

Quelques économistes se sont efforcés de construire une théorie générale des crises, en décrivant les lois qui les régissent [1]. Cette tentative est peut-être un peu prématurée. On

[1] C'est ce qu'a essayé de faire Stanley Jevons, qui en décrit minutieusement les caractères et conclut en disant qu'elles se reproduisent périodiquement par cycle de dix ans. Depuis le commencement du siècle, il compte, en effet, les neuf suivantes : 1815, 1827, 1836, 1839, 1847, 1857, 1866, 1873, 1878. Mais comme les crises sont grandes ou petites, générales ou locales, il est facile d'en compter peu ou beaucoup et de choisir les dates à son gré. Si l'on ne compte que celles spéciales en Angleterre, on en trouve au moins une quinzaine ; si l'on ne compte que celles qui se sont étendues au monde entier, on n'en trouve guère que trois : 1825, 1847, 1857, et la dernière qui date de 1878 et qui a duré près de dix ans. Cette périodicité décennale se rattacherait d'ailleurs, d'après Jevons, à une périodicité analogue dans les mauvaises récoltes, qui aurait elle-même pour cause une périodicité décennale dans les taches du soleil. En sorte que la question des crises, de leurs causes et de leur développement, deviendrait un problème d'astronomie. On voit que rien ne manque à ce brillant tableau.

Voy. aussi de Laveleye, *Le marché monétaire et ses crises*; et Juglard, *Des crises commerciales et de leur retour périodique*.

peut cependant retrouver en elles certains caractères communs et les rattacher à une même cause générale, celle que nous venons d'indiquer, à savoir une rupture d'équilibre qui vient à se produire trop brusquement, soit dans la production d'un grand nombre de marchandises, soit dans la production de certaines richesses d'une importance particulière au point de vue économique, telles que le blé, les capitaux, la monnaie métallique ou les titres de crédit. Dans chacun de ces cas, que nous allons passer en revue, la rupture d'équilibre peut se manifester soit sous forme d'un *encombrement*, soit sous forme d'un *déficit*. Il semblerait que la seconde forme dût être de beaucoup la plus redoutable et cependant, comme nous allons le voir, c'est au contraire la première qui est la plus redoutée (sauf quand il s'agit de la monnaie) et la seule même qu'on désigne d'ordinaire sous le nom de crise.

1° *Encombrement ou déficit de marchandises.*

L'encombrement des marchandises (*general glut*, comme disent les Anglais) constitue une des formes les plus fréquentes des crises économiques et même on peut y voir une sorte de mal chronique, d'infirmité constitutionnelle de l'industrie moderne. Le développement de la grande production, des inventions mécaniques et des moyens de transport, a permis à l'industrie de jeter sur le marché des masses énormes de produits, telles que la consommation ne suffit pas toujours à les absorber au fur et à mesure. Ce n'est pas assurément que les besoins ne soient grands et même indéfiniment extensibles, mais il ne suffit pas pour écouler un article de trouver des gens qui en aient envie, encore faut-il trouver des gens qui aient les *moyens de l'acquérir.* Or l'accroissement du revenu de la masse de la population n'a pas marché en général d'un pas aussi rapide que l'accroissement de la production manufacturière[1]. De plus, la plupart des pays aujourd'hui s'efforcent

---

[1] Pour l'école collectiviste, c'est uniquement dans ce fait qu'il faudrait chercher l'explication de ces crises qui, d'après elle, doivent aller en re-

de fermer leurs marchés aux produits étrangers, tout en s'efforçant de faire pénétrer leurs propres produits sur le territoire étranger et ces produits, repoussés ainsi de part et d'autre, s'accumulent comme dans des réservoirs sans issue.

Pour parvenir à écouler leurs produits et à les faire absorber peu à peu par la consommation, les producteurs sont donc obligés d'abaisser leurs prix et de réduire leurs frais de production : cette dépréciation générale a pour conséquences inévitables la baisse des profits et les faillites pour les fabricants, la baisse des salaires et les chômages pour les ouvriers.

Sous la forme inverse du déficit, la crise peut être aussi redoutable dans certains cas. Il suffit de se rappeler les désastres causés par la disette du coton, *cotton famine*, à la suite de la guerre de sécession des États-Unis. Le déficit dans la récolte des céréales peut amener des famines terribles dans les pays pauvres tels que l'Inde ou l'Algérie : et même dans les pays riches, tels que ceux d'Europe, pour peu que le déficit soit important, il provoque toujours une certaine crise.

Il peut même arriver, quoique ceci paraisse très paradoxal, que cette crise par insuffisance de production produise indirectement les mêmes effets que la crise par excès de production, à savoir un engorgement général sur le marché et une dépréciation des marchandises! Il suffit de remarquer que l'insuffisance dans la récolte du blé, par exemple, entraîne une hausse dans le prix du blé; que par suite tous les consomma-

---

doublant jusqu'à ce qu'elles entraînent la ruine complète de l'organisation industrielle moderne. La classe ouvrière, dit-elle, étant frustrée par les capitalistes de la moitié environ du produit de son travail, n'a pas le moyen, avec le salaire qu'on lui donne, *de racheter le produit de son travail.* De là l'encombrement. Mais qu'on lui donne la part qui lui est due et sa puissance de consommation se trouvant précisément égale à sa puissance de production, il n'y aura plus de crises. »— L'explication paraît insuffisante, car en accordant même le fait de la spoliation, il n'y aurait là qu'un simple transfert de la puissance de consommation d'une classe à une autre, et on ne voit pas pourquoi les voleurs ne pourraient pas consommer tout autant que les volés.

teurs de blé dont les ressources sont limitées, c'est-à-dire l'immense majorité des hommes, sont obligés de restreindre leurs dépenses sur tous les autres articles de leurs budgets; que dès lors une masse d'objets n'étant plus demandée ne pourra plus s'écouler ou ne le pourra qu'avec perte. C'est ainsi que les disettes dans l'Inde se traduisent presque inévitablement par une crise pour les manufactures anglaises.

2° *Engorgement ou disette de capitaux.*

Les capitaux aussi sont une sorte de marchandises pour lesquelles une production exagérée peut présenter certains dangers. Sans doute on ne saurait avoir trop de capitaux, de même qu'on ne saurait avoir trop de marchandises; mais de même qu'à un moment donné on peut avoir trop de marchandises pour pouvoir les consommer, de même aussi, à un moment donné, on peut avoir trop de capitaux pour pouvoir les employer utilement. Dans un pays déjà vieux, où l'épargne toujours active fait la boule de neige, et qui, à raison même de ce fait qu'il a été déjà exploité depuis de longs siècles, ne peut plus ouvrir aux épargnes nouvelles un champ indéfini, les capitaux finissent par s'accumuler en grandes masses. Naturellement, par suite de l'abondance des capitaux, l'intérêt baisse[1]; on s'ingénie alors pour trouver des placements plus productifs : on fonde, soit à l'étranger, soit dans le pays même, des entreprises nouvelles, singulières, souvent folles, et le tout finit par ce qu'on appelle aujourd'hui, dans la langue des gens de Bourse, un *Krach;* quelques-uns sont restés triste-

[1] Il y a toutefois cette différence entre les marchandises et les capitaux que tandis que l'*encombrement des marchandises déprécie les marchandises et ruine les producteurs,* au contraire l'*encombrement des capitaux fait hausser la valeur des capitaux et enrichit les capitalistes.* Il est facile de s'expliquer ce résultat singulier au premier abord. La baisse du taux de l'intérêt change le taux de capitalisation pour l'avenir et les *capitaux déjà placés* en profitent nécessairement. Supposons que le taux de l'intérêt soit aujourd'hui à 5 p. 0/0; un titre de rente qui rapporte 50 fr. vaut donc 1,000 fr. Supposons que demain, par suite

ment célèbres dans notre histoire financière, notamment celui de Vienne en 1873 et celui de Paris en 1882.

Il se peut aussi, en sens inverse, que les capitaux viennent à faire défaut, par exemple justement à la suite d'un krach comme ceux dont nous venons de parler, ou à la suite d'une guerre qui en aurait englouti des quantités considérables. En ce cas, il y aura encore crise, celle-ci caractérisée par des symptômes opposés, par la hausse du taux de l'intérêt et de l'escompte, par la difficulté de se procurer de l'argent, etc.

Il est possible enfin que la proportion normale qui doit exister entre les capitaux fixes et les capitaux circulants ait été troublée, et que les capitaux circulants se trouvent en quantité insuffisante relativement aux capitaux fixes. C'est ce qui est arrivé dans certains pays qui ont eu l'imprudence de consacrer toute leur épargne à construire des chemins de fer et à qui il n'est plus resté le sou pour alimenter leur industrie et pour fournir un trafic à ces mêmes chemins de fer qu'ils avaient créés. (Comp. p. 145.)

3° *Surabondance ou disette de numéraire.*

La surabondance peut-elle ici, comme dans les autres cas, déterminer une crise? Assurément jamais le public ne consentira à voir une crise dans le fait d'avoir *trop d'argent.* Cependant il est incontestable qu'ici aussi il y a une certaine proportion entre la quantité de monnaie qui doit circuler dans un pays et les besoins de ce pays, et que si cette quantité venait à être brusquement accrue, il en résulterait une crise incontestable qui se manifesterait par une hausse générale des prix et

---

de l'encombrement des capitaux, le taux de l'intérêt dans les entreprises nouvelles tombe à 3 p. 0/0. Alors le titre qui rapportait et qui rapporte toujours 50 fr. vaudra plus de 1,600 fr., ainsi qu'il est facile de s'en assurer par une simple règle de trois. Il en résulte donc ce curieux contraste que tandis que les marchands se lamentent de l'encombrement des marchandises, les capitalistes se réjouissent de l'encombrement des capitaux; il est vrai qu'en pareille occurrence quelque *Krach* imprévu ne tarde pas, en général, à les ramener à d'autres sentiments.

aurait des conséquences très fâcheuses pour tous les consommateurs et particulièrement pour les créanciers et rentiers.

On peut dire, il est vrai, qu'il est très aisé pour un pays d'écouler son trop plein de monnaie, si semblable malheur lui arrive, et que même la force des choses se charge de l'en débarrasser.

Tout le monde, en tout cas, sera d'accord pour reconnaître que la surabondance de monnaie peut constituer une crise et des plus dangereuses, quand cette monnaie se présente sous la forme de papier-monnaie ou même de billets de banque. Nous n'avons pas à revenir ici sur cette crise-là : nous en avons indiqué les causes et les moyens de la prévenir. (Voy. p. 242.)

Quant à la diminution dans la quantité de monnaie, tout le monde y voit un danger et même on s'en effraye fort. Sans doute cet effroi tient en partie à certains préjugés sur le rôle de l'argent ; cependant nous avons constaté à diverses reprises (Voy. ci-dessus, p. 98) que ces craintes ne sont pas sans fondement[1]. Quand la balance du commerce a été longtemps défavorable à un pays et que ses réserves en numéraire ne sont pas très considérables, il arrive un moment où la monnaie n'est plus en quantité suffisante. En ce cas les encaisses des banques diminuent, le change devient défavorable, il faut élever le taux de l'escompte, et beaucoup de négociants, ne pouvant plus faire honneur à leurs engagements, font faillite. C'est ce qu'on appelle les *crises monétaires*. Ce sont les plus dangereuses en ce sens qu'elles paraissent avoir au plus haut degré le caractère épidémique, mais ce sont aussi celles qui ont été le mieux étudiées, dont on peut le mieux prévoir la venue et que, par suite, on peut le mieux conjurer. (Voy. ci-dessus, p. 328.)

---

[1] M. de Laveleye voit même dans ce fait la seule cause essentielle de toutes les crises. Voy. l'ouvrage déjà cité, p. 105, 117, 128.

## III.

A la question que nous venons de poser, les producteurs répondront certainement par l'affirmative. La crainte d'un excès de production, d'un encombrement général (*general glut*) est un cauchemar qui hante les cervelles de tous les gens d'affaires. Il est facile de comprendre ce sentiment. Tout producteur constatant à première vue que ses produits se vendent d'autant mieux qu'ils sont plus rares sur le marché, en conclut naturellement que la rareté est un bien et l'abondance un mal.

Les économistes se sont appliqués à démontrer depuis long-temps que la multiplication des produits était un bien — non seulement pour les consommateurs, cela va sans dire — mais pour les producteurs eux-mêmes. Bien entendu, ils ne prétendent pas leur prouver qu'il ne puisse y avoir excès de production dans telle ou telle industrie donnée, ni qu'un semblable excès ne doive être considéré comme un mal. Ce serait se mettre en contradiction flagrante avec les faits que nous avons étudiés dans le chapitre précédent. Mais les économistes estiment que, étant donné l'engorgement dans une branche quelconque de la production, le remède le plus efficace qu'on puisse apporter à ce mal, c'est précisément de pousser à un accroissement proportionnel dans les autres branches de la production. La crise résultant de l'abondance ne peut se guérir que par l'abondance elle-même, conformément à la devise d'une école célèbre en médecine : *similia similibus*. Ainsi tous les producteurs se trouvent intéressés à ce que la production soit aussi abondante et aussi variée que possible. Cette

théorie est connue sous le nom de *loi des débouchés*. C'est
J.-B. Say qui l'a formulée le premier et il s'en montrait très
fier, disant « qu'elle changerait la politique du monde ». On
peut l'exprimer de la façon suivante : *les produits trouvent
d'autant plus facilement des débouchés qu'ils sont plus abondants et plus variés.*

Cette assertion, bien qu'en apparence assez paradoxale, doit
être tenue pour bien fondée. Pour la comprendre, il faut faire
abstraction de la monnaie et supposer que les produits s'échangent directement contre des produits, comme sous le régime
du troc [1]. Supposons, par exemple, un marchand qui arrive
sur un de ces grands marchés de l'Afrique centrale, à Gha-
damès ou à Tombouctou : n'a-t-il pas intérêt à trouver le
marché aussi bien approvisionné que possible de produits
nombreux et variés? Sans doute, il n'a pas intérêt à y rencontrer en quantité considérable *la même marchandise* que
celle qu'il peut offrir, par exemple des fusils, mais il a intérêt
à en trouver le plus possible de toutes les autres, ivoire,
gomme, poudre d'or, arachides, etc. Chaque marchandise
nouvelle qui apparaît sur le marché constitue un placement,
ou, comme on dit dans cette théorie, un *débouché* pour sa
propre marchandise; plus il y en a, mieux cela vaut. Et même
si notre marchand a cette malechance d'avoir apporté trop de
fusils, eh bien ! ce qui peut lui arriver de plus heureux c'est
que d'autres aussi aient apporté sur ce même marché *trop*
d'autres marchandises : alors les fusils mêmes ne se trouveront plus en excès relativement aux autres produits; car,
comme le dit très bien J.-B. Say : « ce qui peut le mieux favoriser le débit d'une marchandise, c'est la production d'une
autre ».

---

[1] Cette abstraction est d'ailleurs parfaitement légitime, puisque comme
nous l'avons vu déjà (Voy. p. 198) nul n'échange des produits contre de
l'argent que pour échanger ensuite, tôt ou tard, ce même argent contre
d'autres produits et qu'ainsi l'instrument des échanges peut parfaitement
par la pensée être éliminé de l'opération.

Les choses ne se passent pas autrement sous le régime de la vente et de l'achat. Chacun de nous a d'autant plus de chance de trouver le placement de ses produits ou de ses services que les autres ont plus de ressources, et ils auront d'autant plus de ressources qu'ils auront produit davantage. Ce qu'on peut donc souhaiter de plus heureux à un producteur qui a trop produit d'un article quelconque, c'est que les autres producteurs aient trop produit aussi de leur côté ; la surabondance des uns corrigera la surabondance des autres. L'Angleterre a-t-elle produit trop de cotonnades? si elle a la bonne fortune que l'Inde ait produit trop de blé, elle y écoulera bien plus facilement ses cotonnades. Ainsi encore, voilà l'industrie qui grâce au prodigieux accroissement de sa puissance mécanique, jette sur le marché une quantité énorme de marchandises. Il en résulte un *general glut*. Pourquoi ? Parce que la production agricole n'a pas marché du même pas : ses produits ne se sont accrus que dans une faible mesure : leur valeur, respectivement à la valeur des produits manufacturés, s'est élevée : les consommateurs, obligés de dépenser beaucoup pour se procurer les objets d'alimentation, n'ont plus assez de ressources pour acheter beaucoup de produits manufacturés. Mais supposez que la production agricole vienne à marcher du même pas que la production mécanique et l'équilibre va se rétablir. Le consommateur dépensant moins pour se nourrir, absorbera sans peine l'excès des produits manufacturés.

Cependant même dans l'hypothèse où tous les produits sans exception viendraient à augmenter de quantité, il se peut que les prix baissent et qu'il y ait encore un *general glut*. Comment l'expliquer? C'est qu'il reste, dans cette hypothèse, un produit, un seul, le numéraire, qui n'a pas augmenté en quantité. Le rapport des valeurs entre le numéraire et les marchandises en général a donc changé : le numéraire étant relativement rare, les prix ont baissé. Mais *si vous pouvez multiplier le numéraire dans la même proportion que les autres marchandises*, le mal sera guéri, car alors le rapport des valeurs qui s'appelle prix ne changera pas, et la crise ne se produira pas. Même cette hypothèse donc confirme la loi.

En somme donc, la théorie des débouchés tend simplement à prouver que l'excès de production n'est jamais à redouter *toutes les fois que l'accroissement de production s'opère simultanément et proportionnellement dans toutes les branches de la production*. Et dans ces termes c'est là une vérité incontestable : l'espèce humaine ne risque pas, de longtemps du moins, de devenir trop riche.

Néanmoins cette théorie est difficilement acceptée par l'opinion publique : la raison en est que l'accroissement de la production ne se manifeste presque jamais dans les conditions voulues par la théorie des débouchés. C'est une coïncidence bien rare que de voir un accroissement simultané et égal dans toutes les branches de la production : nous avons constaté justement dans le chapitre précédent que la production agricole et la production manufacturière présentaient à cet égard le contraste le plus frappant. C'est d'ordinaire par à-coups, par poussées intermittentes et localisées que l'accroissement de la production se manifeste ; c'est pour cela qu'elle engendre ces ruptures d'équilibres, ces crises que nous avons analysées, et c'est pour cela aussi que les hommes d'affaires ont bien quelque sujet de les redouter.

# CHAPITRE III.

## LE PROGRÈS DANS LA PRODUCTION.

### I.

#### DES ILLUSIONS QUE L'ON SE FAIT SUR LE PROGRÈS ÉCONOMIQUE.

Le progrès est le thème sur lequel on exécute de nos jours les plus brillantes variations : dans l'ordre économique sur·tout on exalte sans cesse ses prodiges, et il semble qu'on attende tout de lui. Cependant, à regarder les choses de plus près, que voit-on? Des facilités vraiment merveilleuses dans les moyens de transport et de communication, la possibilité de se procurer aisément pour notre alimentation ou pour notre luxe les produits des deux mondes, l'abaissement du prix de certains produits manufacturés, un grand développement de ce qu'on peut appeler le confortable de l'existence, — voilà en somme à quoi se réduisent les effets du progrès dans l'ordre économique : c'est quelque chose assurément, mais il n'y a rien là pourtant qui ressemble à un changement essentiel dans la condition des hommes ni même qui le fasse pressentir. Il ne semble donc pas que l'homme ait sujet d'exulter des progrès accomplis, et l'on aurait sujet plutôt de témoigner quelque surprise en constatant que tout le développement scientifique, mécanique et industriel de notre siècle a donné des résultats relativement si médiocres.

Il n'est pas difficile de s'expliquer cette contradiction apparente : il suffit de remarquer que le progrès n'agit guère que dans les branches de la production les moins importantes, celles qui sont le moins essentielles à l'existence de l'homme et à son bien-être réel.

Prenons pour exemple les machines, puisque c'est sous cette forme surtout que se manifeste le progrès dans la production.

D'après la statistique du ministère des travaux publics, il existe en France à cette heure, environ 5 millions de chevaux-vapeur. On peut théoriquement évaluer la force développée par ces machines à celle de 100 millions d'hommes[1]. Or, comme il n'y a pas en France 10 millions de travailleurs adultes, on peut dire que la puissance productive du pays s'est multipliée dans la proportion de 1 à 10, ou, si l'on préfère cette image plus pittoresque, que chaque travailleur français a désormais dix esclaves à son service, ce qui devrait lui procurer une situation quasi-équivalente à celle des patriciens de Rome, c'est-à-dire lui permettre de cumuler les agréments de la richesse et ceux de l'oisiveté.

Malheureusement il y a là beaucoup de fantasmagorie et il suffit d'analyser cette même statistique, pour s'en rendre compte. La presque totalité de cette force énorme est affectée uniquement au transport par terre ou par mer, plus de 4 millions de chevaux-vapeur (dont les 7/8 sous la forme de locomotives). Or les quatre millions de chevaux-vapeur employés aux transports ont produit à certains égards une révolution considérable : en supprimant les obstacles que la distance mettait aux déplacements des individus, à l'échange des produits, à la communication des idées, ils ont porté au plus haut point la solidarité du genre humain — et à ce point de vue, ils ont rendu un service moral dont on ne saurait exagérer

---

[1] Un cheval-vapeur est considéré comme faisant le travail de 3 chevaux ordinaires, et la force d'un cheval ordinaire est considérée comme 7 fois plus grande que celle d'un homme : ce serait donc $3 \times 7 = 21$.

l'importance[1] — mais on ne saurait dire précisément qu'ils multiplient les produits.

Les seuls produits dont la multiplication pût apporter une amélioration notable dans la condition des classes ouvrières, ce serait les produits agricoles, car la première condition du bien-être matériel, c'est de se nourrir et, s'il se peut, de se bien nourrir. Or quels ont été les effets du machinisme sur cette industrie? Il n'y a pas même 100,000 chevaux-vapeur employés dans l'agriculture, et encore, presque tous, sinon tous, n'ont-ils nullement pour résultat une augmentation de produits. Les faucheuses, batteuses, moissonneuses économisent la main-d'œuvre, mais elles ne font pas pousser un grain de blé de plus sur la terre. On n'a pas encore trouvé le moyen de fabriquer à la mécanique ou même par des procédés chimiques, quelque perfectionné d'ailleurs que soit l'art des falsifications, les produits alimentaires. En somme donc, les progrès réalisés dans l'agriculture ne sont pas brillants. Cette nourricière du genre humain, comme on l'appelle, ne marche qu'à pas bien lents, *pede claudo*, et depuis quelques milliers d'années qu'elle s'est mise en route, elle n'a pas fait beaucoup de chemin.

Il y a aussi une industrie qui est d'une importance capitale au point de vue du bien-être, c'est la construction des maisons. Or les machines ne s'appliquent guère à ce genre de production, si ce n'est pour des constructions exceptionnelles[2].

---

[1] Il faudrait dire aussi que leur emploi est loin d'être inoffensif. Il ne se passe pas de jour que bon nombre d'ouvriers n'aient la poitrine enfoncée à coups de tampon, ou ne soient brûlés vifs par un coup de feu de grisou, ou ne soient écartelés par l'explosion d'une chaudière, ou ne soient réduits à l'état de bouillie par un engrenage. La construction de chaque kilomètre de voie ferrée, pour ne prendre que cet exemple, coûte en moyenne une vie d'homme et l'exploitation de chaque 100 kil. cinq à six accidents annuellement. Comme il existe de par le monde environ 500,000 kil. de voies ferrées, il a donc fallu sacrifier 500,000 hommes pour les construire et il faut en sacrifier une trentaine de mille tous les ans pour les exploiter. Que sont en comparaison les guerres les plus meurtrières!

[2] Par exemple pour ces maisons en fer et en tôle susceptibles de *se*

On bâtit de nos jours comme du temps de Noé, en superposant des pierres ou des briques avec du ciment. Il en résulte que le nombre des maisons confortables, une des conditions essentielles pourtant du bonheur, de la santé, de la vie de famille, de la moralité même, ne s'accroît pas dans la mesure des besoins : le loyer est toujours une grosse charge pour les riches, une ruine pour les pauvres; leur prix renchérit plus encore que celui des substances alimentaires.

L'observation des faits ne nous permet donc guère d'adopter l'opinion optimiste de presque tous les socialistes, en particulier des anarchistes : pleins d'une confiance superbe dans le progrès des sciences et des arts mécaniques, dans la toute-puissance du génie humain, ils se flattent que la multiplication des richesses deviendra si aisée qu'il suffira de demander à chacun 3 ou 4 heures d'un travail quotidien et sans fatigue pour faire vivre dans l'abondance le genre humain.

Une autre doctrine déclare que la production actuelle des richesses serait déjà suffisante pour satisfaire aux besoins légitimes de tous les hommes, si elle était mieux répartie, et que le but auquel il faut tendre c'est moins la multiplication des richesses que la modération des besoins. Stuart Mill, qui s'est fait l'éloquent apôtre de cette doctrine, pense que nous nous rapprochons d'un « état stationnaire », dans lequel « on verra, en fin de tout, le fleuve de l'industrie humaine aboutir à une mer stagnante », dans lequel surtout on ne verra plus « tout un sexe occupé à chasser des dollars et l'autre sexe occupé à élever des chasseurs de dollars[1] ».

démonter et de se transporter à volonté, telles qu'elles ont figuré pour la première fois à l'Exposition universelle de 1889 à Paris. Si ce mode de construction venait à se généraliser, ce serait une grande révolution.

[1] Principes d'Économie politique, tome II, p. 294 de la traduction française. « C'est seulement dans les pays arriérés, ajoute-t-il, que l'accroissement de la production a encore quelque importance ; dans ceux qui sont plus avancés, on a bien plus besoin d'une distribution meilleure des richesses».

M. Tarde aussi pense que l'élément « désir » est appelé à diminuer au fur et à mesure que le genre humain avancera en maturité.

Il est à remarquer que ces deux théories, quoique se plaçant à des points de vue opposés, nous ouvrent cependant la même perspective sur l'avenir : celle d'un état social dans lequel, soit par suite de l'abondance des richesses, soit par suite de la modération des désirs, les hommes travailleront moins et dans lequel, comme faisaient les Grecs sur l'Agora ou sous le Portique, ils pourront consacrer à la vie politique, aux délassements artistiques, aux exercices gymnastiques ou aux nobles spéculations de la pensée, les heures dérobées au travail matériel — avec cette différence que ce qui était alors le privilège d'un petit nombre deviendra le lot de tous.

Mais d'une part, nous ne pouvons guère compter sur la limitation des besoins, puisque nous avons vu que les besoins de l'homme sont de leur nature indéfiniment extensibles et vont se multipliant en raison même du développement des individus (Voy. p. 43). Et, d'autre part, nous ne pouvons pas non plus nous contenter de l'état actuel de la production, nous désintéresser des progrès économiques et cesser de pousser à la roue, puisque nous savons qu'en dépit de tous ces progrès, la quantité de richesses qui existe dans le monde est encore dérisoirement insuffisante, et cela même dans les sociétés les plus fières de leur savoir et les plus vaines de leur luxe. L'espèce humaine dans le monde est comme Robinson dans son île, aux premières années de sa solitude. Le jour n'est pas encore venu pour elle de se reposer. Lorsqu'elle aura assuré une quantité de subsistances suffisantes à l'immense multitude qui en est encore dépourvue, alors seulement elle pourra se donner le beau luxe du loisir. Il ne faut pas oublier qu'il y a en ce monde à l'heure présente quelque chose comme un milliard d'êtres humains plus ou moins dépourvus du nécessaire. Encore s'il ne s'agissait que de pourvoir aux besoins de la génération présente ! mais le nombre des hommes s'accroît sans cesse, et le but à atteindre uit ainsi devant nous. Qu'il est donc éloigné le jour où nous

pourrons nous approprier le conseil d'Horace *Carpe diem*,
ou, réalisant la prophétie d'Antipater, « vivre enfin oisifs,
en jouissant des biens que les dieux nous accordent[1] ! »

Il importe donc — sans trop compter sur une multiplication
merveilleuse des richesses ni sur une réduction graduelle des
besoins — de maintenir tendus les ressorts du travail et de
l'activité individuelle et de se défier de tout système social qui
tendrait à les relâcher.

## II.

### DES EFFETS FACHEUX QU'ENTRAINE TOUT PROGRÈS DANS LA PRODUCTION.

Non seulement il faut reconnaître que le progrès économique ne donne que des résultats fort au-dessous de ce que l'on
croit, mais encore il faut reconnaître que ces résultats sont
nécessairement funestes à certaines catégories de personnes.

Mais pour le comprendre, il importe d'abord de bien saisir
en quoi consiste ce qu'on appelle le progrès dans la production : — il consiste tout simplement à *diminuer la quantité de
travail nécessaire pour un résultat donné.*

L'invention des machines qui décuplent et centuplent les
forces de l'homme est l'exemple le plus frappant qu'on puisse
citer[2]. Mais tout perfectionnement dans l'organisation du travail — par exemple la division du travail qui permet de mieux
utiliser le temps et les aptitudes de chacun, la grande production qui économise l'emplacement et les capitaux, l'échange et

---

[1] *Anthologie,* IX, 418.

[2] Certains navires o·· des machines de 10,000 chevaux de force, ce
qui représente une force égale à celle de 200,000 rameurs au moins. Si
l'on suppose que chaque navire occupe 100 mécaniciens ou chauffeurs, la
force de chacun d'eux peut être considérée comme multipliée par 2,000.
Un numéro de journal comme ceux du *Times* représente environ 240 pa-

en particulier l'échange international qui met à profit les res
sources naturelles des différents pays, la substitution de la
monnaie de papier ou des moyens de crédit à la monnaie mé
tallique, les mécanismes tels que les sociétés coopératives qu
tendent à mettre en relations directes producteurs et consom
mateurs par la suppression des intermédiaires, les chemin
de fer, le télégraphe, le téléphone —tout cela en fin de compt
n'a d'autre but que d'économiser une certaine quantité de
temps, de peine ou de frais, autrement dit de travail, ainsi du
reste que nous l'avons démontré à propos de chacun de ces
modes de production. (Voy. p. 165, 240, 265, etc.)

Or réduire la quantité de travail nécessaire pour un résul
tat donné, se procurer la même satisfaction avec moins de
peine, c'est un grand bien assurément : c'est une force nouvelle rendue disponible et pouvant être utilisée pour une
production nouvelle : mais étant donnée l'organisation économique de nos sociétés, fondée sur la division des métiers, il se
trouve que ce bien général se traduit par un mal pour certains individus : en rendant inutile une certaine quantité de
travail, ce progrès *rend inutile du même coup une certaine
quantité de travailleurs* et les oblige à chercher péniblement
quelque autre moyen de gagner leur vie.

Il est facile d'en comprendre la raison : chacun de nous en
ce monde vit du revenu que lui procure son travail dans une
occupation déterminée. Cette ouvrière fait de la dentelle : ce
paysan cultive la garance; or voici que par suite de certains
progrès industriels — pour la première, l'invention d'une machine à faire de la dentelle, pour le second, la découverte dans
les résidus de la houille, du rouge d'aniline — il se trouve

ges d'impression in-8°. En admettant qu'il tire à 100,000 exemplaires, c'est
dans une nuit 24 millions de pages imprimées, soit l'équivalent de 40 à
50,000 volumes. Pour les copier dans le même espace de temps, c'est-à-
dire en 6 heures, il faudrait bien une armée de 500,000 copistes. En supposant 100 ouvriers employés à l'imprimerie, chaque ouvrier typographe
développe donc une puissance de travail égale à celle de 5,000 copistes.

justement que le genre de travail qui les occupait est rendu
inutile : la source de leur revenu se trouve du même coup
tarie. Sans doute il leur restera toujours la ressource d'employer ailleurs leur travail, en cherchant une autre occupation, mais ces déplacements ne sont jamais faciles, et pour les
personnes qui n'ont pas d'avances, c'est-à-dire pour les ouvriers, ce chômage entraînera nécessairement la souffrance et
la misère. C'est ainsi encore que les facilités de transport qui
nous permettent de nous procurer à bas prix le blé de la Californie et la soie de Chine, ruinent le propriétaire français qui
produit du blé ou des cocons (Voy. ci-dessus, p. 268). C'est
ainsi encore que le développement des sociétés coopératives de consommation ruine un grand nombre de petits boutiquiers [1].

Cet état de choses est évidemment anormal, puisqu'il établit un conflit entre l'intérêt général et l'intérêt des individus;
il fait du bien de l'un le mal de l'autre : il crée une fausse
solidarité qui va au rebours de la vraie solidarité en vertu de
laquelle tous devraient bénéficier du bien ou souffrir du mal
qui advient à chacun. Mais peut-être faut-il en conclure simplement que le progrès lui-même — du moins le progrès rapide et accéléré — n'est pas, ne doit pas être, contrairement
au préjugé régnant, l'état normal des sociétés humaines.

Probablement la grande transformation mécanique et économique dont notre siècle a été le témoin, touche à son

---

[1] Les socialistes proposent comme remède un communisme complet ou
mitigé en vertu duquel — tous les progrès économiques devant bénéficier
à la Société et tous les hommes travaillant pour le compte de la Société —
celle-ci, au fur et à mesure qu'une invention rendrait inutile tel ou tel travail, assignerait elle-même aux travailleurs devenus inutiles une tâche
nouvelle ou, si elle se jugeait suffisamment pourvue, répartirait entre tous
les citoyens les heures de loisir devenues disponibles.

Il est certain que dans ce système personne n'aurait à souffrir du progrès, mais comme personne non plus ne serait appelé à en bénéficier directement, il est à craindre que pour corriger les effets fâcheux du progrès
on ne courût le risque de supprimer le progrès lui-même.

terme. L'histoire nous montre dans l'évolution économique
de l'humanité des périodes de transformation brusque suivies
de longues périodes d'un état plus ou moins stationnaire : il
est donc vraisemblable que la grande révolution économique
de notre temps sera suivie d'un long temps de repos ou du
moins de progrès très lent, semblable à la période de plus
de mille ans qui l'a précédée. L'invention de la machine à
vapeur a donné déjà ou aura donné d'ici à peu de temps la
plupart des conséquences qu'elle devait produire. On en in-
ventera une autre, dit-on? Qu'en sait-on? et quand bien
même cette prévison se réaliserait, il est bien évident que la
substitution de cette machine innommée à la machine à vapeur
ne produirait pas une révolution comparable à celle qui a
substitué la machine à vapeur elle-même au métier à bras.
Le réseau des télégraphes électriques et des chemins de fer
est fait ou sera terminé d'ici à un demi-siècle dans le monde
entier : voilà encore une transformation définitive et qui ne
sera plus à faire. Admettons que l'on dirige les ballons :
peut-on imaginer que le transport par ballon des voyageurs
ou des marchandises, aura les mêmes conséquences économiques que le remplacement du roulage par les chemins de fer?
Enfin l'espèce humaine, d'ici à peu de générations, va être
casée dans ce qui reste de place à la surface de notre planète;
il n'y aura plus de terres vacantes, et la révolution économique amenée par la concurrence des pays neufs sur nos vieux
marchés, cessera aussi. — Tout nous porte donc à croire que
nos petits-fils ne seront pas tourmentés par les mêmes secous-
ses que nous et qu'ils pourront vivre, comme le faisaient nos
pères, d'une vie plus calme [1].

[1] C'est en ce sens, un peu différent de celui de Stuart Mill, qu'on pourrait prévoir « un état stationnaire », non point dans le sens d'un affaiblissement des désirs, mais d'un ralentissement du progrès.

## III.

### LA QUESTION DES MACHINES.

L'antinomie que nous venons de signaler éclate surtout
dans la question des machines et explique l'irritation violente
que ces admirables inventions ont provoquée souvent dans la
classe ouvrière. Les économistes désireux de prouver qu'il ne
saurait exister dans notre organisation économique de contradiction entre l'intérêt social et les intérêts individuels, se
sont évertués à démontrer que les machines ne font aucun
tort réel à la classe ouvrière.

Voici les trois arguments qu'ils font valoir.

1° *Abaissement des prix.* — Toute invention mécanique, dit-
on, a pour résultat un abaissement dans le coût de production
du produit et par conséquent dans sa valeur. L'ouvrier bénéficie donc en tant que consommateur de la baisse des prix
dont il souffre en tant que producteur.

L'abaissement des prix, comme conséquence de tout perfectionnement dans la production et en particulier des inventions
mécaniques, est indiscutable : mais ce fait entraîne-t-il vraiment une compensation pour l'ouvrier dont le travail est déprécié?

Il n'y en aura aucune tout d'abord, si le produit en question ne rentre pas dans sa consommation, ce qui est fort
possible. La fabrication de certaines dentelles à la mécanique
a bien pu en abaisser le prix, mais comme la pauvre femme
qui les faisait n'avait pas l'habitude de s'en parer, cela ne la
dédommage en aucune façon.

En admettant même que le produit en question rentre dans
la consommation du travailleur, il n'y entrera sans doute que
pour une part infime et la compensation sera dérisoire. L'ou-

vrière qui tricotait des bas et qui, par suite de l'invention d'une machine à tricoter, perd son salaire, ne s'en consolera pas aisément par la perspective d'acheter désormais ses bas à bon compte chez le marchand.

Pour que la compensation dont on parle fût réelle, il faudrait que le *progrès mécanique se produisît à la fois dans toutes les branches de la production*, de telle façon que la baisse des prix qui en est la conséquence fût générale et simultanée. En ce cas, en effet, on pourrait dire qu'il importe peu à l'ouvrier de toucher un salaire réduit de moitié, si toutes ses dépenses se trouvent aussi réduites de moitié. Le salaire nominal aurait seul varié, le salaire réel serait resté le même. Mais nous avons constaté tout à l'heure que les découvertes mécaniques n'ont pas lieu dans toutes les branches de la production, mais seulement dans un petit nombre d'entre elles et qu'elles n'affectent pour ainsi dire en aucune façon les dépenses qui occupent la plus grande place dans l'existence et dans le budget de l'ouvrier, à savoir la nourriture et le logement. Suivant la condition de l'ouvrier, ces dépenses peuvent représenter de 60 à 75 p. 0/0 de son revenu (Voy. p. 360 note 1), c'est-à-dire que pour les 3/4 de sa consommation il ne bénéficie d'aucune sorte de compensation.

2° *Accroissement de production.* — Toute invention mécanique, continue-t-on, par cela seul qu'elle entraîne une baisse de prix, doit entraîner une augmentation de débit correspondante et par conséquent elle finit toujours par rappeler les travailleurs qu'elle avait momentanément expulsés. Au lieu de leur enlever de l'ouvrage, elle leur en crée. Et les exemples à l'appui abondent : multiplication des livres depuis l'invention de l'imprimerie, des cotonnades depuis l'invention des métiers à tisser, etc.

C'est donc un nouveau genre de compensation que l'on invoque ici, mais il n'est guère plus satisfaisant que le premier et cela pour beaucoup de raisons.

D'abord, bien que l'accroissement du débit soit la conséquence ordinaire d'un abaissement des prix, ce n'est pas vrai
dans tous les cas : — 1° Toutes les fois qu'un produit ne répond
qu'à un besoin limité, sa multiplication est par là même
également limitée. L'exemple des cercueils est classique,
mais il en est de même de bien d'autres produits, blé, sel,
certains produits chimiques, etc. : une baisse dans le prix de
ces produits n'en augmenterait que faiblement la consommation ; — 2° Toutes les fois qu'une industrie est solidaire d'autres
industries, elle ne peut multiplier ses produits que dans la
mesure où celles-ci augmentent les leurs. C'est un cas très
fréquent. La production des bouteilles et des tonneaux est
limitée par celle du vin, et le prix des bouteilles et des tonneaux aura beau baisser, on n'en vendra pas davantage, si
on n'a pas plus de vin à y mettre. De même la production des
ressorts de montre est limitée par celle des montres, la production des boulons par celle des rails ou des chaudières, et
la production des rails ou des chaudières est limitée à son
tour par d'autres causes indépendantes des prix, telles que
le développement des transports, le nombre des mines, etc.;
— 3° Maintes fois enfin l'invention mécanique n'a pas pour résultat un accroissement des produits, mais simplement une
diminution de main-d'œuvre. La plupart des machines agricoles, batteuses, faucheuses, moissonneuses, etc., n'ajoutent
pas un grain à la récolte. Les grues à vapeur sur les quais
pour le débarquement des marchandises n'augmentent pas,
bien évidemment, la quantité de ces marchandises, etc.

De plus, en admettant même une augmentation de consommation proportionnelle ou plus que proportionnelle à l'abaissement des prix, encore faudra-t-il un temps plus ou moins
long et peut-être même plusieurs générations avant que cette
évolution s'accomplisse. Il faut du temps pour que les prix
anciens s'abaissent, d'autant plus que la résistance intéressée
des fabricants et les habitudes acquises en ralentissent la

chute : la concurrence finit bien par l'emporter, mais des industries rivales ne s'établissent pas en un jour. Il faut plus de temps encore avant que l'abaissement des prix ait fait pénétrer le produit dans ces nouvelles couches de la société qui ne changent pas en un jour leurs goûts et leurs besoins. Et pendant ce temps, que fera l'ouvrier qui est obligé de vivre au jour le jour? — pour ses petits-enfants peut-être il y aura compensation, mais non pas pour lui.

3° *Accroissement du fonds des salaires.* — Tout emploi de machines qui économise la main-d'œuvre, dit-on enfin, entraîne nécessairement un gain pour quelqu'un, gain réalisé *soit par le producteur sous forme d'accroissement de profit,* s'il continue à vendre ses produits à l'ancien prix, *soit par le consommateur sous forme de diminution de dépenses,* si, ce qui est le plus vraisemblable, le prix du produit s'abaisse au niveau du nouveau coût de production. L'argent qui se trouve en moins dans la poche des ouvriers congédiés n'est donc pas perdu : il se retrouve soit dans la poche du fabricant, soit dans celle des consommateurs. Or, que fera le fabricant de ses nouveaux profits ou le consommateur de ses nouvelles épargnes? Ils les placeront ou les dépenseront : ils n'ont pas d'autre alternative. Donc, dans un cas comme dans l'autre, il faudra bien que cet argent aille encourager quelque industrie et développer la production, soit en achetant de nouveaux produits, soit en fournissant à la production de nouveaux capitaux[1]. Le travail retrouvera donc, dans cet accroissement de production, ce qu'il avait perdu.

En fin de compte donc, continue-t-on, le capital momentanément distrait du fonds des salaires par l'invention mécanique finira tôt ou tard par y retourner. Toute invention mécanique a pour résultat de rendre disponible, de « dégager », comme on dirait en terme de chimie, non seulement une certaine

---

[1] Voy. ci-dessous, *Qu'est-ce que le placement?*

qu??tité de travail, mais aussi une certaine quantité de capi-
ι  , et comme ces deux éléments ont une grande affinité l'un
pour l'autre, et que même ils ne peuvent se passer l'un de
l'autre, ils finiront bien par se retrouver et se combiner.

Le raisonnement est parfait au point de vue théorique.
Seulement il faut demander où et quand se fera cette combinaison? Sera-ce dans dix ans, sera-ce à l'autre extrémité du
monde. Peut-être les économies réalisées par le consommateur s'emploieront-elles à construire un canal à Panama ou
un chemin de fer en Chine. Le capital une fois dégagé n'est
pas en peine de trouver où se placer; il a des ailes et peut
s'envoler n'importe où. Mais le travailleur n'est pas aussi mobile : il n'est pas propre à n'importe quel emploi et ne peut
aisément aller le chercher au bout du monde. Il finira par le
faire cependant, sinon lui, du moins ses successeurs, parce
qu'il faudra qu'il en soit ainsi; mais l'évolution sera longue
et douloureuse. Nous n'avons pas entendu dire autre chose.

# LIVRE III.

## LA CONSOMMATION.

---

La théorie de la consommation a pour objet d'étudier les divers emplois que nous pouvons faire de la richesse, et de nous indiquer surtout quelles sont les raisons , tant au point de vue économique qu'au point de vue moral, qui doivent nous déterminer à préférer les uns ou les autres.

A la question que nous venons de poser, il peut sembler malaisé de répondre, car les emplois que nous pouvons faire de la richesse paraissent à première vue infiniment variés. Mais il suffit d'y regarder d'un peu plus près pour s'assurer que ces emplois peuvent se classer sous un très petit nombre de chefs.

Considérons Robinson, par exemple, en présence des quelques grains de blé qu'il avait recueillis aux alentours de sa grotte. Il avait évidemment le choix entre les trois partis suivants :

Il pouvait les *manger*, c'est-à-dire les employer immédiatement à la satisfaction de ses besoins.

Il pouvait les *semer*, c'est-à-dire les employer à produire une richesse nouvelle.

Il pouvait les *garder*, c'est-à-dire les mettre de côté comme réserve pour l'avenir.

Chaque homme vivant en société peut donc employer la richesse de l'une ou l'autre de ces trois façons : il n'y en a point d'autre possible[1]. Seulement, à raison de l'intervention inévitable du numéraire dans les rapports sociaux, chacune de ces trois opérations prend une physionomie spéciale et reçoit un nom particulier.

Le fait d'employer la richesse à la satisfaction de ses besoins, s'appelle la *dépense* : c'est par la dépense en effet que se traduit pratiquement tout acte de consommation[2].

Le fait d'employer la richesse à la production d'une richesse nouvelle, s'appelle le *placement* : placer son argent, c'est l'employer dans des opérations productives.

Enfin le fait de s'abstenir de faire un emploi immédiat de la richesse en la mettant de côté, s'appelle l'*épargne*, ou plutôt (car ce mot, ainsi que nous le verrons, est employé aussi pour désigner le placement et prête ainsi à équivoque) la *thésaurisation*.

---

[1] Il peut la *donner* à un autre, dira-t-on encore? Sans doute, mais celui à qui il l'aura donnée se trouvera simplement substitué à son lieu et place et ne pourra, à son tour, faire emploi de la richesse que suivant l'un des trois modes que nous avons indiqués. Le transfert de la richesse par donation ou autrement, n'a rien à faire avec la consommation : c'est à propos de la répartition que nous nous en occuperons.

Il peut la *détruire*, par exemple, en les jetant à la mer? — En général l'intérêt personnel du propriétaire est une garantie suffisante qu'il n'usera pas de cette dernière faculté. Cependant le législateur, se plaçant au point de vue de l'utilité sociale, doit être armé pour l'empêcher. Il le fait dans une certaine mesure : le fait de mettre le feu à sa maison ou à ses récoltes est puni par nos lois et le prodigue qui dilapide ses capitaux reçoit un conseil judiciaire. On peut même penser que le législateur se montre trop timide à cet égard, arrêté par un respect superstitieux pour le droit sacré de propriété. En tous cas nous n'avons à nous occuper ici que de l'emploi des richesses, non de leur destruction.

[2] Il peut y avoir certains cas dans lesquels la consommation ne se traduit pas par une dépense, par exemple pour le paysan qui consomme lui-même les produits de sa terre ; mais pourtant s'il tenait une comptabilité en règle, il ne manquerait pas de faire figurer dans ses dépenses, au moins d'une façon fictive, les produits qu'il consomme en nature.

# CHAPITRE I.

## LA DÉPENSE.

### I.

QUELLE EST L'IDÉE QUE NOUS DEVONS NOUS FAIRE DE LA DÉPENSE?

On désigne sous le nom de dépense, dans le langage courant, tout déboursé d'argent. Cependant on ne qualifiera pas de dépense l'achat de valeurs mobilières, de terres ou de maisons : on dira que ce sont des « placements ». On ne rangera pas non plus dans la catégorie des dépenses les achats de matières premières que fera un industriel, les achats de semences ou d'engrais de l'agriculteur, les achats de marchandises du commerçant, ni même les salaires qu'ils distribuent à leurs ouvriers : on dira que ce sont des « avances ».

Le mot de dépense ne s'applique donc dans son sens exact qu'à une certaine catégorie d'achats, aux achats d'objets ou de services *destinés exclusivement à notre consommation personnelle*. Aliments, vêtements., loyer, ameublements, domestiques, voyages, tout ce qui est destiné à la satisfaction immédiate de nos besoins, voilà la dépense.

De tous les modes d'emploi de la richesse, c'est celui assurément qui est regardé avec le plus de faveur par l'opinion publique. Il n'est pas difficile de constater avec quelle sévérité le sentiment public a jugé de tout temps les gens qui épargnent, et quels trésors d'indulgence il a toujours eu en réserve pour ceux qui dépensent. L'Église a mis l'avarice au nombre des sept péchés capitaux, mais elle n'y a pas mis la

prodigalité. Pas de moraliste ou d'auteur dramatique qui
n'ait impitoyablement raillé l'avare, mais beaucoup ont donné
le beau rôle au prodigue. A la campagne et au village,
l'homme qui épargne est peu aimé de ses voisins et serait
volontiers traité en ennemi public : l'homme qui dépense jouit
de toutes les faveurs de la popularité.

Pourquoi ce jugement? Le premier venu vous en donnera
la raison. Il vous dira que l'homme qui épargne peut faire
bien ses propres affaires, mais qu'il fait mal celles des autres.
En mettant ses revenus de côté, en gardant sa fortune pour
lui seul, soit sous forme de numéraire comme l'avare du
bon vieux temps, soit même sous forme de bonnes valeurs
en portefeuille comme l'homme économe d'aujourd'hui, il
agit en égoïste, il n'en fait pas profiter les autres : *il ne fait
rien gagner à personne.*

Au contraire, l'homme qui dépense fait, comme on dit, « aller le commerce ». L'argent qu'il dépense ou même qu'il gaspille, tombe comme une manne entre les mains des marchands, travailleurs et producteurs de toute catégorie. « Si
les riches ne dépensent pas beaucoup, les pauvres meurent
de faim ». Qui dit cela? Montesquieu en personne. Même s'il
arrive au prodigue de se ruiner, on pense que c'est tant pis
pour lui, mais tant mieux pour les autres qui en profiteront
nécessairement et qu'en fin de compte rien n'est perdu.

Cependant puisque nous avons constaté que toute dépense
aboutit nécessairement à la consommation, il faut bien en
conclure que toute dépense implique *la destruction d'une
certaine quantité de richesse.* Ce qui trouble les idées, c'est
qu'ici comme partout, on ne considère que l'argent. Or il est
clair que l'argent dépensé n'est pas détruit : il est simplement
transféré d'une personne à une autre : c'est « ce qu'on voit »,
pour parler comme Bastiat; mais « ce qu'on ne voit pas »,
c'est la richesse que le dépensier s'est procurée au moyen
de son numéraire : celle-là a été bien réellement détruite.

Voici un bal qui a coûté 10,000 francs. Sans doute les dix
mille francs se retrouveront : ils ne sont pas perdus. Ils ne sont
plus entre les mains de celui qui a donné le bal, mais ils sont
du moins chez ses fournisseurs. Mais ce qui ne se retrouvera
pas et ce qui est bien réellement détruit, ce sont les richesses
livrées par ces mêmes fournisseurs. Celles-là n'existent plus
nulle part, pas plus chez l'un que chez l'autre. Les gâteaux
sont mangés, les bougies consumées, les fleurs fanées, les
toilettes défraîchies, etc. : c'est somme toute, 10,000 francs
de richesses à rayer de l'actif social.

Il y a cependant à propos de la dépense certaines circonstances atténuantes qu'il importe de faire valoir.

D'abord toute dépense ne suppose pas nécessairement une
*destruction*[1]. Les objets que nous achetons ne sont pas toujours anéantis par le fait que nous nous en servons ; les vêtements durent quelques mois, les meubles quelques années, les
maisons quelques générations, et c'est le privilège des œuvres d'art, bronzes, marbres ou tableaux, d'êtres immortelles
et de pouvoir par là procurer aux hommes d'immortelles jouissances. En ce cas ce n'est pas seulement le numéraire qui
demeure, mais aussi la marchandise acquise en échange.
Aussi le public dit-il quelquefois, quand on achète un meuble
solide, de l'argen'erie, des tableaux, que c'est là « bien placer son argent ». L'expression est incorrecte d'ailleurs, car
si une semblable dépense n'est pas destructive, on ne peut
dire du moins qu'elle soit productive et à ce point de vue elle
différera toujours d'un placement proprement dit. Mais enfin

---

[1] Quand nous disons que la dépense en général implique une destruction de richesse, inutile de dire qu'il ne s'agit point ici d'un anéan-
tissement de la matière. L'homme ne peut pas plus anéantir la matière que
la créer, mais il s'agit d'une destruction d'utilité. La chose, ou ce qu'il en
reste, n'est plus bon à rien : — à moins que l'industrie humaine ne réussisse à tirer parti de cette utilité morte, en faisant sortir de ses cendres
quelque utilité nouvelle ; c'est ainsi qu'avec les détritus de nos aliments,
elle fait de l'engrais, avec les débris de nos vêtements, du papier.

quand un collectionneur à l'Hôtel des Ventes paie dix mille francs une vieille faïence ébréchée, il est clair que cette dépense, tout en constituant peut-être un acte de folie de la part de celui qui s'y livre, ne représente aucune destruction réelle de richesse.

De plus, il faut remarquer que même dans les cas où les objets achetés sont voués par leur nature à la destruction, en général *la valeur de la richesse détruite est loin d'être égale au montant de la dépense faite.* Quand, par exemple, une dame du grand monde paie une robe ordinaire 1,500 fr. uniquement parce qu'elle sort de l'atelier d'une faiseuse en renom, la quantité de richesse qu'elle consomme en réalité est loin de représenter une valeur égale : elle se mesure simplement par la valeur de l'étoffe employée et aussi par la quantité de travail fournie par les ouvrières, c'est-à-dire qu'elle représente peut-être le quart à peine de la somme déboursée. Sans doute les 1,500 fr. déboursés par la dame sont perdus en totalité quant à elle, mais ils ne sont pas perdus pour la société : ils sont simplement transférés entre les mains du fournisseur. De même pour la plus grande partie des dépenses d'hôtels, de voitures, de guides de voyage.

Il résulte de ceci que, comme l'a fait observer très finement Stuart Mill, le prodigue ne gaspille pas en réalité autant de richesses qu'on serait porté à le croire, et ce n'est pas une raison, alors même qu'il ne lui reste plus le sou, pour croire qu'il ait tout dévoré. Une bonne partie de sa fortune subsiste entre les mains de tous ceux qui l'ont exploité, de ses fournisseurs, de ses intendants, de ses domestiques, de ses maîtresses, peut-être de ses amis qui l'ont gagné ou volé au jeu. C'est autant de sauvé du naufrage.

## II.

### COMMENT IL SE FAIT QUE LA DÉPENSE RÈGLE LA PRODUCTION, MAIS NE L'ALIMENTE PAS.

Il suffit de jeter les yeux sur le monde économique pour voir quelle étroite relation existe entre la production et la consommation et comment la première règle exactement sa marche sur la seconde. Toutes les fois que la consommation augmente, la production redouble d'activité : toutes les fois que la consommation s'arrête ou se ralentit, les affaires ne vont plus. De là à conclure que la consommation est la cause véritable de la production et que plus on consommera, plus on produira, il n'y a qu'un pas : l'opinion publique n'hésite pas à le franchir et à déclarer que, pour beaucoup produire, il faut beaucoup consommer, c'est-à-dire beaucoup dépenser.

Il y a dans ce raisonnement une confusion de mots.

Il est bien clair que la production des choses est déterminée par la demande qu'on en fait.

Mais il est bien clair aussi qu'il ne suffit pas de demander une chose pour qu'elle soit : sans doute le désir est le moteur de toute activité productrice, mais encore faut-il que les moyens de production existent. Pour que la richesse puisse naître, il faut, nous le savons, une certaine quantité de travail, de matière première, de terre, de capital; or ce sont là toutes choses que nos dépenses ni nos consommations ne sauraient avoir pour effet de *multiplier*.

Si l'on disait que plus on cueillera de fruits et plus le verger en produira, que plus on pêchera de poisson et plus la mer en nourrira, que plus on brûlera de bois et plus les forêts seront hautes et touffues, l'absurdité d'un pareil raisonnement sauterait aux yeux. Pourquoi? parce que nous sentons bien que la puissance productrice de ces agents naturels ne dépend pas de notre consommation. Cependant nous ne trouvons pas absurde de dire que plus on consommera de rubans et plus on en produira. Pourquoi donc? Parce que si nous désirons ce produit là plus qu'un autre, l'industrie ne tardera pas à trouver les moyens de nous satisfaire *en détournant de ce côté le travail et le capital qui étaient engagés dans d'autres production*, et on verra ainsi la production des rubans grandir en même temps que leur consommation [1]. Mais jamais ces rubans n'auraient été produits, quelque envie que nous en eussions et quelle que fût la quantité que nous fussions disposés à en consommer, s'il n'y avait eu préalablement pour les faire les éléments nécessaires à toute production, à savoir, une certaine quantité de travailleurs et de capitaux. Or, quant au nombre des travailleurs, il ne dépend pas de nous de l'accroître : quant au capital, il dépend de nous, il est vrai de l'accroître, mais de quelle façon? Est-ce en dépensant? — Assurément non, mais tout au contraire en épargnant. C'est donc l'épargne et nullement la dépense qui alimente la production [2].

## III.

### QUELLE EST LA PART QU'IL CONVIENT DE FAIRE A LA DÉPENSE.

Si du fait que nous venons de signaler, à savoir que toute dépense aboutit en général à une destruction de richesses, on

---

[1] Par là, la dépense, ou pour parler d'une façon plus claire, l'homme riche qui a des revenus à dépenser, exerce sur les forces productives, travail et capital, une action considérable. Il les commande. Comme le centurion de l'Évangile, il dit à l'un : « Va » et il va, et à l'autre « Viens » et il vient — mais il ne peut augmenter l'effectif d'une seule unité. Avoir 100,000 francs de rente à dépenser, c'est avoir le commandement de 100 hommes environ qu'on fait marcher dans le sens qu'on veut.

[2] Il faut se représenter le stock de richesse existant dans un pays à un moment donné, non point sans doute comme une masse d'eau ren-

devait en conclure que chacun doit s'efforcer de consommer le moins possible, ce serait une grande absurdité[1].

Toute richesse, en effet, est destinée à être consommée : elle n'a même été faite que pour cela. La consommation, comme le nom le dit assez du reste, est « l'accomplissement » de tout le procès économique : elle est le but final auquel tendent la production, la circulation et la répartition. L'épargne elle-même n'a d'autre raison d'être que d'assurer une plus ample satisfaction à la consommation future. Quand Robinson au lieu de dévorer la poignée de grains sauvée du naufrage, se décide à la mettre en terre, c'est afin de pouvoir en manger dix fois plus l'année suivante. Si les hommes devaient toujours épargner pour ne jamais consommer, ils feraient le plus stupide des métiers.

Mais d'autre part, il ne faut pas perdre de vue un fait sur lequel nous avons insisté déjà à maintes reprises, c'est que la quantité de richesse existant dans le monde est encore très insuffisante et que l'espèce humaine sur son globe n'est guère plus riche que Robinson dans son île. Dans ces conditions, il est du devoir de chaque individu, de ménager ces ressources précieuses en réduisant dans une certaine mesure la part affectée à sa consommation personnelle, et en réservant quelque chose à la production de richesses nouvelles.

Il y a donc lieu de faire dans le revenu de chacun de nous et par conséquent aussi dans le revenu collectif d'un pays, deux parts : l'une pour la dépense, l'autre pour l'épargne.

---

fermée dans une citerne, mais comme une eau courante qui se renouvelle sans cesse alimentée par ces deux sources, la terre et le travail. Or, peut-on s'imaginer que plus on puisera d'eau à la rivière, plus il en viendra ?

[1] Une des maximes de Confucius est celle-ci : « Que les producteurs soient nombreux et les consommateurs rares : que les uns soient actifs à produire, les autres lents à consommer. Alors les richesses seront toujours en quantité suffisante ». — Mais si les consommateurs sont rares, les producteurs ne seront pas nombreux, et si les premiers sont lents, les seconds ne seront certes pas actifs !

Ce partage s'opère de lui-même dans tous les pays civilisés. Mais comme les causes qui poussent à la dépense et celles qui poussent à l'épargne sont fort inégales en puissance, le partage s'opère dans des proportions très inégales aussi : il est rare, en effet, même dans les pays les plus avancés, que la part consacrée à l'épargne atteigne le 1/10 du revenu national [1].

Il serait très important de pouvoir déterminer d'une façon scientifique quelle est la part qu'il convient de faire à la dépense. Le problème n'est pas susceptible d'une solution rigoureuse ni même générale. Cependant on peut poser en cette matière certains principes sur lesquels tous les économistes sont d'accord :

1° Toute dépense qui a pour résultat un développement physique ou intellectuel de l'homme doit être approuvé sans hésiter, non seulement comme bonne en elle-même, mais comme préférable même à l'épargne. Quel meilleur emploi l'homme pourrait-il faire de la richesse que de fortifier sa santé ou de développer son intelligence? A ce point de vue, une nourriture saine, de bons vêtements, un logement salubre, un mobilier confortable, des livres instructifs, sont des dépenses non seulement permises, mais recommandées. On peut dire que c'est là le meilleur des placements, non pas sans doute qu'en se nourrissant ou en se logeant le mieux possible, l'homme se propose autre chose en général que de se procurer une satisfaction personnelle, mais indirectement cette consommation n'en a pas moins pour résultat d'accroître sa capacité de travail, sa puissance productive, et aboutit par conséquent au même résultat que l'épargne.

[1] C'est à cette proportion que peuvent être évaluées les épargnes annuelles de l'Angleterre et de la France : 2 à 3 milliards, sur un revenu total de 25 à 30 milliards. D'après M. Neymark (*Une nouvelle évaluation des valeurs mobilières en France*, 1893) les placements en valeurs mobilières françaises ou étrangères faites depuis 1871 s'élèvent à 28 milliards. En y ajoutant 16 milliards de constructions nouvelles, cela fait déjà exactement 2 milliards par an et il faudrait y ajouter le chiffre considérable mais inconnu des placements en améliorations foncières.

Tel doit être surtout le caractère des dépenses publiques. Il ne faut jamais perdre de vue qu'elles constituent, tout comme les dépenses privées, des destructions de richesses; mais si ces richesses ont été consommées en vue de développer l'instruction des citoyens, comme des écoles ou bibliothèques, ou de fortifier leur santé, comme des jardins publics, hôpitaux, établissements de bains ou de gymnastique, ou de former leur goût, comme des musées, concerts, théâtres même, il n'y a pas lieu de critiquer de semblables dépenses. Encore faut-il avoir soin de n'y apporter d'autre luxe que celui qui est nécessaire au but qu'on se propose d'atteindre.

2° A l'inverse, toute dépense qui tend au résultat inverse, c'est-à-dire qui est de nature à compromettre le développement physique, intellectuel ou moral de l'homme, doit être condamnée sans hésiter, non plus seulement par le moraliste, mais par l'économiste, car elle affaiblit tôt ou tard la puissance productive. L'exemple le plus frappant qu'on puisse citer dans cet ordre d'idées, est la consommation de l'alcool dans nos pays d'Europe ou celle de l'opium en Orient[1].

3° Enfin, il faut condamner de même toute dépense qui, sans rapporter aucune satisfaction, est recherchée pour elle-même et qui, au lieu d'être un moyen, devient son propre but. Dans cette catégorie, il faut ranger tous actes, tels que celui rapporté par J.-B. Say d'un individu cassant les verres au dessert, « afin que tout le monde vive » : — la société n'en

---

[1] Les Français consomment tous les ans environ 150 millions de litres d'eau-de-vie qui, débités sous la forme d'une dizaine de milliards de petits verres à deux sous, représentent une dépense annuelle d'un milliard de francs environ. Et encore cette énorme dépense est-elle relativement peu de chose à côté des pertes impossibles à évaluer qu'elle entraîne sous forme d'incapacité de travail, maladies, démence, crimes et suicides. Et la Russie, l'Allemagne, la Belgique, la Hollande et la Suisse en consomment beaucoup plus encore. L'*alcoolisme* est une des questions à l'ordre du jour et des plus graves. On peut essayer comme remèdes : — 1° l'initiative individuelle et la propagande s'exerçant par *les sociétés de tempérance* (de la Croix Bleue et autres) qui ont fait diminuer d'une façon

vivait ni plus ni moins, mais elle était obligée de perdre une heure pour réparer la sottise de cet écervelé en fabriquant un autre verre. La fameuse perle que Cléopâtre fit dissoudre dans son vin ne dut pas le rendre meilleur, et le plat qu'Ésope fit faire avec des langues d'oiseaux ayant tous appris à parler ou à chanter, n'était assurément pas plus succulent que si ces oiseaux n'eussent pas été doués de ces arts d'agrément. Il n'est pas besoin du reste d'aller chercher des exemples si loin : tout individu qui prend un verre de bière ou d'absinthe sans avoir soif ou fume un cigare sans y prendre plaisir et uniquement pour « faire comme les autres », commet en petit une destruction de richesses de la même façon que la reine d'Égypte ou le comédien Ésope; et encore ai-je tort de dire « en petit », car si l'on pouvait faire le compte de tout l'argent jeté inutilement dans leur verre par des consommateurs imbéciles, on arriverait à une valeur bien supérieure à celle de la perle que la reine Cléopâtre jeta dans sa coupe.

## IV.

### DU LUXE.

En supposant même que les principes que nous venons d'indiquer soient admis sans discussion, le problème que nous

visible en Angleterre, aux États-Unis et dans les États Scandinaves, la consommation de l'alcool : en Norwège surtout, grâce à des sociétés privées qui, avec l'aide de l'État, se sont substituées aux débitants (système de Gottenbourg), ont supprimé les débits aux environs des fabriques et ne vendent plus par petits verres mais seulement par litres, les résultats obtenus ont été admirables : la consommation de l'alcool est descendu depuis cinquante ans de 8 litres par tête à 1,70 lit., tandis qu'en France elle s'élevait de 1,46 lit. à près de 4 litres; — 2° l'intervention de l'État *limitant le nombre des débits* ou prenant lui-même, comme en Suisse, *le monopole de la production* de l'alcool pour en réduire le débit ou, en tout cas, empêcher la consommation d'eau-de-vie frelatée.

nous sommes posé est loin encore d'être résolu. Que dire en effet de ces dépenses si variées qui, sans contribuer directement à notre développement physique ou intellectuel, contribuent cependant à rendre la vie plus agréable en y apportant plus de confort et des jouissances plus raffinées ?

C'est ici que se pose la fameuse question du *luxe*, éternel sujet de discussions aussi bien entre les économistes qu'entre les moralistes.

Le mot de luxe exprime l'idée d'une *double disproportion :* — disproportion d'une part entre la situation de fortune d'une personne et la dépense faite ; — disproportion d'autre part entre la dépense faite et la satisfaction obtenue. Consacrer une somme d'argent ou, pour parler plus scientifiquement, *une somme de travail relativement considérable à la satisfaction d'un besoin relativement superflu*, voilà le luxe.

Ici, comme dans presque toutes les grandes questions de l'économie politique, deux écoles sont en présence.

L'une range les dépenses de luxe dans la catégorie de celles qu'il faudrait, sinon interdire par les lois positives[1], du moins condamner au nom de la science économique. Elle fait observer que la quantité de richesses existantes est insuffisante même pour satisfaire aux besoins les plus élémentaires de la grande majorité de nos semblables et que par conséquent il faut s'efforcer d'accroître dans la mesure du possible ce fonds disponible au lieu d'y puiser à discrétion pour satisfaire à des besoins surérogatoires ; — que les forces productives dont nous disposons sont en somme limitées et que si les riches en détournent une partie pour la production des articles de luxe, il en restera d'autant moins à l'œuvre pour la production des denrées qui servent à la consommation de la masse.

L'autre répond que le luxe est un stimulant indispensable

[1] On sait qu'à maintes reprises, dans l'antiquité, comme au moyen âge, des *lois somptuaires* ont prohibé les dépenses de luxe. — Voy. Roscher, *Économie politique*, traduct. Wolowski, tome II.

au progrès ; qu'à vrai dire tout progrès économique se manifeste d'abord sous la forme d'un besoin de luxe, que c'est là
une phase nécessaire de son développement. Tout besoin, en
effet, qui apparaît pour la première fois dans le monde, doit
être nécessairement considéré comme superflu, puisque d'une
part personne ne l'a encore ressenti, et que, d'autre part, il
exige vraisemblablement un travail considérable pour sa satisfaction, à raison même de l'inexpérience de l'industrie et
des tâtonnements inévitables des débuts. S'il est un objet qui
paraisse aujourd'hui indispensable, c'est assurément le linge
de corps ; « être réduit à sa dernière chemise » est une expression proverbiale pour exprimer le dernier degré du dénûment.
Cependant l'histoire nous apprend, ce que d'ailleurs nous
pouvions bien deviner, qu'à certaines époques une chemise a
été considérée comme un objet de grand luxe et constituait
un présent royal. Mille autres objets ont eu la même histoire.
Si donc on s'était prévalu des principes posés dans la thèse
précédente pour réprimer tout besoin de luxe, on aurait
étouffé en germe tous les besoins qui constituent l'homme
civilisé, et nous en serions aujourd'hni encore à la condition
de nos ancêtres de l'âge de pierre[1].

Ces deux thèses ne nous paraissent pas nécessairement
contradictoires. On peut très bien condamner toute dépense
de luxe qui entraîne une déperdition exagérée des forces productives, et accepter ou même favoriser tout besoin nouveau
qui correspond à une invention nouvelle ou qui tend à développer les facultés sensitives de l'homme. Faire installer un
téléphone chez soi constitue assurément une dépense de luxe :
néammoins, comme d'une part c'est là une invention qui paraît très propre à rendre l'existence plus facile en économi-

---

[1] Voy. pour la première thèse, M. de Laveleye, *Le Luxe*, et pour la
seconde, M. Leroy-Beaulieu, *Précis d'Économie politique*. Comme documents, on peut consulter les quatre volumes de M. Baudrillart sur l'*Histoire du Luxe*.

sant le temps et les courses, et comme d'autre part le seul
moyen d'arriver à mettre cet instrument à la portée de tous,
c'est d'en répandre d'abord l'usage dans les classes riches, il
faut déclarer que ceux qui sont en situation de faire cette
dépense font bien de la faire. Ceux qui les premiers ont porté
des chemises ou se sont servi de fourchettes[1] ont pu être taxés
de prodigalité par leurs contemporains, mais ils leur ont
donné un bon exemple et ont entraîné l'industrie dans une
bonne voie. Mais par contre, quand une dame fait coudre à
sa robe de bal quelques mètres de dentelles qui représentent plusieurs années du travail d'une ouvrière, ou quand un
lord d'Angleterre, pour se donner le plaisir de faire tirer à ses
invités quelques coqs de bruyère, convertit en terrain de
chasse des terres qui auraient pu produire la nourriture de
plusieurs centaines d'êtres humains, on a le droit de déclarer
qu'il y a là un abus coupable de la richesse : le progrès est
ici hors de cause[2].

Que dire de l'art? Doit-il être considéré comme un luxe!
C'est bien l'opinion générale, et les économistes éprouvent
quelque embarras à le justifier. Cependant si nous nous en
référons à la définition que nous avons donnée du luxe, nous
verrons qu'elle n'implique aucune condamnation de l'art,
même en se plaçant uniquement au point de vue économique.
Voici un tableau de maître. Il ne s'agit pas en effet de déclarer que le fait de le payer 600,000 fr. (c'est le prix auquel
a été vendu l'*Angelus* de Millet) est un acte de folie : c'est

---

[1] Cependant, quant aux fourchettes, il n'est pas démontré que ce luxe
là soit préférable aux simples baguettes des Japonais et des Chinois qui
répondent aussi bien et mieux aux besoins de propreté et d'élégance et
coûtent beaucoup moins.

[2] M. Leroy-Beaulieu dit, il est vrai, que c'est peut-être à seule fin « de
permettre à sa femme de porter ces dentelles que le mari a gagné des millions » (*Précis d'Économie polit.*, p. 337). C'est possible, mais s'il n'a
gagné ses millions que pour les consacrer à un tel usage, à quoi sert-il à
l'humanité qu'il les ait gagnés ?

une autre question; peu nous importe ces 600,000 fr. ils
se retrouveront toujours : mais il faut regarder au tableau lui-
même. A-t-il exigé une somme de travail ou de capital hors
de proportion avec la satisfaction qu'il peut procurer? Voilà
la vraie question. Or il est évident qu'il n'a absorbé au contraire qu'une somme de richesses et de travail relativement
minime. Qu'a-t-il fallu, en effet, pour le faire? Un mètre de
toile, quelques tubes de couleur, et quelques semaines ou
quelques mois de travail d'un seul homme (de deux ou trois
personnes, si l'on veut, pour ne pas oublier les modèles), et
voilà une œuvre, qui, par sa durée indéfinie, est de nature à
procurer les plus exquises jouissances à toutes les générations
qui se succéderont pendant mille ans et plus. C'est le privilège de l'art (non pas de l'art de décadence) de produire de
grands résultats avec des moyens très simples [1].

# V.

## DES DÉPENSES DES ÉTRANGERS.

Si la dépense d'un Français en France constitue une destruction de richesses pour le pays, il n'en est pas de même
de la dépense faite par un étranger. Sans doute, celui-ci détruit aussi par sa consommation une certaine quantité de richesses en nature, mais il apporte en échange l'équivalent en
numéraire, et le pays n'y perd rien [2].

---

[1] On pourrait dire cependant que l'art est un luxe en un sens différent,
parce que tout grand art suppose toujours dans un pays une grande déperdition de forces productives, parce que pour un artiste de génie il faut
toujours compter peut-être cent artistes « ratés », dont le travail par conséquent est inutilement gaspillé. Mais il en est de même de toutes les
carrières qui flattent la vanité humaine, la politique, par exemple.

[2] En supposant, bien entendu, que l'étranger tire ce numéraire de son
pays natal, car s'il le tire de capitaux placés en France, ou de terres
françaises, il est clair que sa dépense ne se distinguera en rien, par ses
effets, de celle d'un indigène.

Est-ce assez de constater que le pays ne perd rien, et ne faut-il pas dire qu'il gagne?

Assurément telle est bien l'opinion courante. On n'hésite pas à considérer comme une source de richesses pour un pays les dépenses que viennent y faire les résidents étrangers. La Suisse, l'Italie, Nice, considèrent l'étranger comme la poule aux œufs d'or. Les économistes, au contraire, traitent cette opinion de préjugé et déclarent que ces dépenses sont stériles et ne peuvent accroître en rien la richesse du pays? Lesquels faut-il croire?

La raison que font valoir les économistes, c'est qu'en échange du numéraire qu'ils apportent, les étrangers *consomment une quantité de richesses précisément égale* et que dès lors le pays, considéré dans son ensemble, ne perd ni ne gagne, quoique telle région ou telle industrie déterminée puisse incontestablement y trouver un avantage. Il va sans dire, en effet, que la présence des étrangers dans une localité aura pour effet d'y faire affluer la population et les capitaux, que les industries des maîtres d'hôtel, des voituriers, des photographes, des changeurs etc., y trouveront leur compte, mais on affirme que ces travailleurs et ces capitaux se trouvant détournés d'autres localités, il doit arriver que d'autres industries perdent tout juste autant que celles-ci gagnent.

Mais est-il bien exact de dire qu'en échange du numéraire qu'il apporte, l'étranger consomme toujours une quantité de richesses équivalente? Ce n'est pas vrai dans tous les cas.

Tel n'est point le cas d'abord, toutes les fois que l'étranger est exploité, c'est-à-dire quand en échange des objets qu'il consomme, il est obligé de payer une somme d'argent très supérieure à leur valeur réelle; en ce cas, il est clair qu'il paie une sorte de tribut au pays, c'est une véritable capitation qui lui est imposée. Or, toutes réserves faites d'ailleurs sur la moralité d'un semblable procédé, il faut bien constater que cette exaction est consacrée par l'usage, et qu'il n'est guère de villes fréquentées par les étrangers où tous les marchands n'aient deux prix, l'un pour les étrangers et l'autre pour les gens du pays.

Tel n'est point le cas non plus, toutes les fois qu'il s'agit d'une richesse qui n'est pas de sa nature consommable ni destructible. Quand l'étranger, en louant une villa pour la saison ou en prenant un guide pour la journée, achète le droit de jouir d'un beau ciel, de respirer un air salubre, de contempler la mer bleue ou les montagnes blanches, il n'enlève rien à la richesse du pays : il lui paie une véritable rente, identique à la rente qui profite à tout propriétaire ayant le monopole d'un avantage naturel quelconque. Et pourquoi, en effet, des glaciers comme ceux de la Suisse, des rivages comme ceux du golfe de Nice, des cascades comme celles de la Norwège, des musées ou des ruines comme celles d'Italie ne seraient-elles pas pour ces pays des sources de richesses tout aussi bien que des mines de charbon ou des forêts[1]?

Cependant, on insiste en faisant remarquer que le seul effet

---

[1] Ce sont là pourtant des biens improductifs, dira-t-on? Sans doute, ils ne produisent rien pour l'humanité en général, si ce n'est une jouissance, mais ils produisent très bien un revenu pour le pays qui a trouvé le moyen d'en tirer parti en en louant l'usage ou simplement la vue aux étrangers. Si j'ai dans mon domaine une curiosité naturelle quelconque, que je mette des barrières tout autour et que je fasse payer un franc à chaque passant qui aura la curiosité de venir la regarder, on ne pourra pas dire que la production du pays se soit accrue en rien, mais mon revenu à moi se sera fort bien accru aux dépens de la bourse des voyageurs. Seulement si j'ai été obligé de construire une clôture ou de payer un gardien, dans ce cas, il est clair qu'il y a là des frais à défalquer. De même aussi les dépenses faites pour la construction des villas, les légions de guides, voituriers, ciceroni à l'affût des touristes, représentent évidemment une somme de capitaux et de travaux à défalquer, mais il peut rester tout de même un produit net (Voy. p. 260).

On compte en Suisse 58,000 lits d'hôtels ou de pensions de famille qui sont occupés pendant trois mois environ en totalité et pour partie le reste de l'année. Cela représente (déduction faite des lits occupés par les Suisses eux-mêmes) environ 5 millions de journées d'étrangers qui doivent procurer à la Suisse une rente d'une cinquantaine de millions, déduction faite des frais.

do co prétendu gain se réduit à augmenter la quantité de numéraire circulant dans le pays et que cet accroissement de numéraire ne confère aucun avantage réel. Les pièces de monnaie étant plus abondantes perdront de leur pouvoir d'acquisition, les prix hausseront : voilà tout?

Nous avons eu l'occasion de nous expliquer à diverses reprises sur cette théorie[1] qu'il serait indifférent à un pays d'avoir peu ou beaucoup de monnaie. Dans le cas qui nous occupe, nous nous bornerons à faire remarquer que si des Anglais ont consenti à donner 100 millions à la France, uniquement pour avoir le plaisir de résider à Paris ou à Nice, il est clair que la France pourra échanger, si elle veut, ces 100 millions contre pareille valeur de marchandises anglaises[2], et que celles-ci par conséquent constitueront pour elle un accroissement de richesses qui ne lui aura rien coûté[3].

## VI.

### DES SOCIÉTÉS COOPÉRATIVES DE CONSOMMATION.

Si l'on cherche un moyen de réduire les dépenses sans s'astreindre à l'épargne, c'est-à-dire sans réduire la quantité ni la qualité des choses consommées, il y en a encore un de possible : c'est l'association.

[1] Voy. ci-dessus, p. 98.
[2] C'est même ce qui arrivera très probablement, car l'équilibre entre les exportations et les importations tendant toujours à se rétablir, les dépenses des étrangers ne tarderont pas à être réglées, si la situation se prolonge, non point avec des remises en espèces, mais avec des marchandises étrangères importées en France. (Voy. ci-dessus, p. 262).
[3] Cet afflux de numéraire doit être considéré comme un fait particulièrement avantageux, quand un pays se trouve dépourvu de numéraire, soit à la suite d'une circulation de papier-monnaie exagérée, soit à la suite d'une balance du commerce défavorable. L'affluence continuelle des étrangers est certainement une des causes qui ont aidé l'Italie à se débarrasser en partie de son papier-monnaie et à reprendre ses paiements en espèces.

Si plusieurs personnes s'associent pour n'avoir qu'une maison, qu'un feu, qu'une table, elles trouveront certainement par là le moyen de se procurer la même somme de satisfactions avec beaucoup moins de dépenses. L'entretien des religieux au couvent, des soldats à la caserne, des collégiens à la pension, en fournit chaque jour la preuve.

A quoi cela tient-il? Aux mêmes causes qui font que la production en grand est plus économique que la production isolée, causes que nous connaissons déjà (Voy. ci-dessus, p. 165) et qu'il est facile de transposer, en les modifiant un peu, du domaine de la production dans celui de la consommation.

Les communistes ne manquent pas de conclure de ce fait que le genre de vie usité jusqu'à ce jour dans les sociétés humaines, la vie en famille par groupes isolés, entraîne une dépense excessive, un véritable gaspillage de richesses au point de vue du logement, du service, de la cuisine, etc., et que ce serait un grand progrès et un grand bienfait pour l'humanité que de la remplacer par la vie en commun. Nul n'a développé cette idée avec plus de verve que Fourier en décrivant son phalanstère [1].

Malheureusement si la vie en commun a l'avantage incontestable de réaliser de grandes économies, par contre elle a ce fâcheux effet de supprimer la vie de famille en détruisant le foyer domestique, ce *home* qui constitue un des premiers besoins de l'homme et un des principaux charmes de la vie. La nature humaine a toujours répugné à la vie de gamelle ou même de table d'hôte [2]. C'est donc perdre de vue le but même

---

[1] Voy. Fourier, *Œuvres choisies* (par Ch. Gide, édition Guillaumin) et son disciple Considérant dans ses *Destinées sociales*.

[2] « Un père de famille dira en lisant cet aperçu : « Mon plaisir est de » dîner avec ma femme et mes enfants et, quoi qu'il arrive, je conserve- » rai cette habitude qui me plaît ». C'est fort mal jugé. Elle lui plaît aujourd'hui faute de mieux, mais quand il aura vu deux jours les coutumes d'Harmonie, il renverra au bercail sa femme et ses enfants qui, de leur

de la richesse qui est autre, en définitive, que de nous procurer des jouissances que de sacrifier au désir de réaliser quelques économies, toutes les conditions du bonheur intime et un des éléments les plus moralisateurs de l'existence humaine. Ce serait bien le cas de répéter avec le poète :

Et propter vitam vivendi perdere causas.

Mais sans s'astreindre à la vie en commun, c'est-à-dire à l'obligation de coucher sous le même toit et de s'asseoir à la même table, on peut réaliser, au moins en partie, les avantages de la consommation en commun : — soit par l'institution de *fourneaux économiques* qui préparent les aliments par grande quantité, en laissant aux consommateurs la liberté d'emporter les plats chez eux s'ils le préfèrent[1] ; — soit surtout par l'institution d'*associations de consommation*. Un nombre plus ou moins grand de personnes s'associent pour acheter en commun, et par conséquent en gros, tout ou partie des objets nécessaires à leur consommation ce qui leur permet de les obtenir à meilleur marché.

Quelques-unes de ces sociétés se donnent uniquement pour but de *réduire la dépense :* en ce cas elles revendent les denrées à leurs membres au meilleur marché possible, c'est-à-dire au prix de revient. C'est là une forme inférieure et critiquable de cette institution. Elle empêche en général l'association de développer le chiffre de ses affaires et elle a l'inconvénient d'exaspérer le commerce de détail.

côté, ne demanderont pas mieux que de s'affranchir du morne dîner de famille ». *Œuvres choisies,* p. 143.

Il ne faut pas oublier, quand on lit ce passage, que Fourier était un vieux garçon.

[1] Ces fourneaux économiques existent dans un grand nombre de villes et rendent de grands services à la classe pauvre. La portion de soupe, de viande ou de légume, tout apprêtée, revient d'ordinaire à 10 ou 15 centimes. Ceux de Grenoble sont particulièrement bien organisés. On est parvenu, à Londres, à réduire encore ces prix, en employant de gigantesques fourneaux qui coûtent 20 ou 30,000 fr. pièce.

Mais la plupart sont constituées sur ce qu'on appelle le type Rochdale[1], qui est caractérisé par les trois traits suivants : 1° vente *au comptant* et jamais à crédit; 2° vente *au prix du détail* et non au prix de revient, de façon à réaliser un bénéfice; 3° distribution de ce bénéfice aux sociétaires *au prorata de leurs achats* et non au prorata de leurs actions[2].

[1] C'est à l'histoire à jamais célèbre des *Pionniers de Rochdale* (en 1844) que se rattache l'origine de ces institutions. Elles ont pris depuis lors par tout pays, mais surtout en Angleterre, un remarquable développement. Ces sociétés comptent en Angleterre plus d'un million de membres (c'est-à-dire un million de familles, 1/7 de la population totale). Le chiffre de leurs affaires s'élève à un milliard de fr., les économies qu'elles font réaliser annuellement à la classe ouvrière dépassent 100 millions et elles ont 125 millions de fr. en fonds placés. En France, depuis quelques années, un certain nombre de ces sociétés se sont organisées en Fédération, sur le modèle des sociétés anglaises; elles tiennent des congrès annuels et ont fondé un Magasin de gros destiné, à l'instar du fameux *Wholesale* de Manchester, à faire les approvisionnements sur une grande échelle pour le compte des sociétés de consommation syndiquées. Mais c'est encore peu de chose (Voy. dans la *Revue d'Économie politique*, janvier 1893, notre étude sur le *Mouvement coopératif en France dans ces dix dernières années* et aussi l'*Almanach de la coopération française* pour 1893).

[2] En ce cas, ces sociétés se donnent un but beaucoup plus élevé; — soit de *faciliter l'épargne et la création de retraites* au profit des ouvriers, sans leur imposer aucune privation (Voy. ci-après de l'*Épargne*, p. 418);— soit de *supprimer peu à peu les intermédiaires* entre le producteur et le consommateur et de libérer ainsi le public d'une charge écrasante (Voy. ci-dessus, p. 163); — soit d'*émanciper progressivement la classe ouvrière* en lui donnant le moyen de lutter victorieusement contre l'industrie capitaliste; c'est le programme des sociétés coopératives de consommation en Belgique, réalisé en partie par le fameux *Vooruit* de Gand ; — soit de *créer des sociétés coopératives de production* et par là d'abolir progressivement le salariat. Et la Fédération des sociétés coopératives de France s'est assignée dans son programme ce dernier but, mais il est encore à l'état d'idéal très lointain. (Voir notre discours d'ouverture du congrès coopératif de 1889. — Compte-rendu).

# CHAPITRE II.

## L'ÉPARGNE.

### I.

#### QUELLE EST L'IDÉE QUE NOUS DEVONS NOUS FAIRE DE L'ÉPARGNE?

Le mot d'épargne, dans le langage courant, a un sens parfaitement défini : il exprime tout simplement le fait de s'abstenir de consommer, le fait de « mettre de côté » une richesse
quelconque[1].

Les économistes sont venus compliquer cette notion fort
claire en faisant entrer dans le mot d'épargne l'idée de placement, et en réservant le mot de *thésaurisation* pour le cas
d'une simple accumulation de richesses. Rien n'autorise une
semblable distinction, ni les faits, ni la logique : — ni les
faits, car il n'arrive pas nécessairement que toute épargne
soit placée : souvent au contraire elle finit par être mangée;
— ni la logique, car il n'est pas correct de désigner par une
même expression deux opérations qui sont non seulement distinctes, mais tout à fait opposées : *l'épargne* en effet consiste

---

[1] L'épargne ne peut guère s'appliquer qu'à une seule catégorie de richesses, les métaux précieux, particulièrement sous forme d'espèces monnayées. Pour mettre des richesses « de côté », encore faut-il en effet que
leur nature s'y prête, c'est-à-dire qu'elles puissent se conserver. Or, il
n'en est qu'un très petit nombre qui soient dans ce cas : la plupart se dé-
tériorent rapidement et plus vite souvent quand on ne s'en sert pas que
quand on en fait usage. Les meubles et étoffes se fanent; le linge se coupe
et jaunit dans l'armoire; le fer se rouille; les denrées alimentaires se gâ-
ent ou sont dévorées par les insectes; le vin lui-même, après avoir gagné,
finit par perdre.

*à ne pas consommer la richesse,* tandis que le *placement,*
comme nous le verrons, consiste *à la faire consommer par
d'autres :* l'une exclut l'idée de consommation; l'autre l'implique nécessairement. De là l'ambiguïté du mot épargne et
cette équivoque n'a pas peu contribué à obscurcir le sujet
(Voy. ci-dessus, p. 150).

Nous prendrons donc dans ce chapitre le mot d'épargne
comme exprimant simplement le fait de ne pas consommer la
richesse et de la mettre en réserve : comme synonyme de thésaurisation, si l'on veut.

Nous avons vu déjà que l'opinion publique qui est si favorable à la dépense, est au contraire fort hostile à ce mode
d'emploi de la richesse (Voy. ci-dessus, p. 392). L'homme
qui lui fait une trop large part est traité d'avare, pour ne pas
reproduire ici d'autres qualificatifs beaucoup plus expressifs,
et on ne doute pas que l'argent qu'il met de côté ne représente du pain dérobé aux travailleurs.

Cependant, même en prenant l'épargne dans le sens de
thésaurisation, même en la réduisant au simple fait de restreindre sa consommation et de conserver une certaine quantité de richesse, on ne voit pas en quoi de semblables actes
pourraient être considérés comme contraires à l'intérêt social : tout au contraire. Chaque pièce de monnaie doit être
considérée comme un bon qui donne droit à son possesseur
de prélever sur l'ensemble des richesses existantes une certaine part (Voy. p. 96). Or, l'homme qui épargne, c'est-à-
dire qui serre cette pièce dans un tiroir, déclare simplement
qu'il renonce pour le moment à exercer son droit et à prélever sa part. Eh bien! libre à lui : il ne fait tort à personne.
La part qu'il aurait pu consommer sera consommée par d'autres, en attendant que lui-même ou ses héritiers ou ses emprunteurs, si une fois il s'est décidé à placer son argent,
viennent utiliser ces bons.

Lui reprochera-t-on de soustraire à la circulation une cer-

taine quantité de numéraire? Il est vrai : mais ce numéraire
n'est pas perdu; il ne se détériore même pas; il sortira bien
un jour ou l'autre de sa cachette.

Il est vrai que si cette mise en réserve de la richesse est
faite sans but, sans autre but du moins que le plaisir de
contempler de temps en temps « sa cassette » et l'or qu'elle
renferme, ce qui est précisément le trait caractéristique de
tous les Harpagons, en ce cas un tel acte est bien digne de
tous les sarcasmes dont on a criblé de tout temps les avares.
Mais si stupide que soit cet acte de la part de celui qui s'y
livre, il est du moins parfaitement inoffensif au point de vue
social, beaucoup plus que l'acte du prodigue [1].

D'ailleurs il va sans dire que dans la plupart des cas cette

---

[1] Il ne serait susceptible de causer un préjudice réel à la société que
dans le cas où s'exerçant seulement sur des objets non susceptibles d'être
conservés, il aurait pour conséquence une véritable destruction de richesse;
comme par exemple cet avare de la fable de Florian, qui conservait des
pommes jusqu'à ce qu'elles fussent pourries et,

> Lorsque quelqu'une se gâtait,
> En soupirant il la mangeait.

Mais quand la thésaurisation se fait sous forme de numéraire, ce qui
est, à vrai dire, sa seule forme, il n'y a pas cet inconvénient à redouter.

M. Cauwès dit cependant : « le thésauriseur stérilise les capitaux en les
immobilisant » (*op. cit.*, t. I, p. 674, note). Les capitaux? Non, mais
seulement des pièces d'or ou d'argent qu'il retire momentanément de la
circulation. Alors qu'importe? Le seul effet que pût causer cette disparition d'une certaine quantité de numéraire, en admettant qu'elle se prati-
quât sur une grande échelle, serait une baisse provisoire dans les prix,
c'est-à-dire, somme toute, un avantage pour les consommateurs et pour
les pauvres gens.

Il faut cependant reconnaître que le préjugé populaire qui met de beaucoup le prodigue au-dessus de l'avare, s'il n'est pas fondé au point de
vue économique, est assez fondé au point de vue moral. L'avarice, en
effet, ou même l'excès dans l'épargne, dénote un grand attachement à
l'argent, tandis que la prodigalité dénote au contraire une certaine insou-
ciance, un certain mépris à l'égard de ce vil métal : le prodigue est « un
bourreau d'argent », comme le dit un dicton aussi expressif que pittoresque. Et comme la soif de l'or, *auri sacra fames*, est la source d'une
foule de maux, le préjugé populaire peut par là se justifier dans une certaine mesure.

épargne a un but quelconque : — soit de faire un placement,
c'est-à-dire de servir à la production d'une richesse nouvelle;
— soit tout au moins de constituer une réserve pour faire
face à certaines nécessités ou à certains imprévus.

Or dans ces conditions là, qui sont les conditions normales,
l'épargne constitue un acte non seulement très intelligent de
la part de son auteur, mais encore très avantageux à la société, et tel, à vrai dire, qu'elle ne saurait s'en passer sans se
vouer à une ruine assurée.

Nous savons, en effet (Voy. p. 134), qu'il est impossible de
créer de nouvelles richesses sans le concours d'une certaine
quantité de richesses préexistantes, autrement dit sans capitaux. Or ces capitaux, où la société les prendra-t-elle? Précisément dans cette portion de richesses qui n'ont pas été consommées par ceux qui auraient pu les consommer; elle dit à
ceux-là : « Vous n'en voulez pas? prêtez-les moi pour que je
les emploie à une production de richesses nouvelles ». C'est
ce qu'ils font; — et si par malheur il arrivait que dans une
société, chacun ayant consommé tout ce qu'il avait le droit
de consommer, il ne restât aucune richesse disponible pour
une production nouvelle, la production serait forcée de s'arrêter.

## II.

### DES CONDITIONS NÉCESSAIRES A L'ÉPARGNE.

Les conditions nécessaires à l'épargne sont au nombre de
trois : la *possibilité* de réduire sa consommation, la *volonté* de
le faire et la *faculté de prévoir* l'avenir.

1º Pour épargner, c'est-à-dire pour mettre en réserve une
certaine quantité de richesses, il faut d'abord que la quantité
de richesses dont on dispose soit suffisante pour satisfaire au
moins aux nécessités de l'existence. Or, malheureusement,

cette première condition fait défaut pour le plus grand nombre des hommes. Sans doute l'élasticité des besoins de
l'homme est telle qu'ils peuvent être considérés comme indéfiniment compressibles et un homme qui n'aurait pour tout
revenu qu'une livre de pain par jour pourrait peut-être s'habituer à ne manger qu'un jour sur deux et par conséquent en
épargner la moitié. Mais toutes les fois que l'épargne est prélevée sur le nécessaire ou même sur les besoins légitimes de
l'homme, elle est plutôt funeste qu'utile. Rappelons ici ce
que nous avons dit plus haut (Voy. p. 396) que l'homme ne
saurait faire un meilleur emploi de la richesse que de la consacrer à développer ses facultés physiques, intellectuelles et
morales, — et cela même au point de vue purement économique.

On peut donc dire, bien que ces deux mots paraissent hur-
ler ensemble, que l'épargne est un luxe qui n'est guère accessible qu'aux sociétés riches, et, dans ces sociétés même, à ceux-
là seulement qui sont dans une position aisée, c'est-à-dire au
petit nombre [1].

2° Ce n'est pas tout que de pouvoir épargner, encore faut-il
le vouloir, et cette seconde condition n'est pas moins difficile
à remplir que la première.

Toute épargne, par cela seul qu'elle implique une ré-

---

[1] On répète cependant continuellement que rien ne serait plus facile
aux ouvriers que d'épargner, puisqu'ils trouvent bien le moyen de dépenser des millions rien qu'en verres d'eau-de-vie et tabac. Sans doute les
ouvriers feraient mieux de porter à la caisse d'épargne les sommes qu'ils
consacrent à ces consommations inutiles ou funestes, mais ils feraient encore mieux de les consacrer à se donner à eux et à leurs familles des logements plus salubres, des vêtements plus hygiéniques, une nourriture
plus saine, des soins médicaux plus fréquents, une instruction plus complète, etc. Les consommations en tabac et en eau-de-vie ne sont pas prises sur leur superflu, comme on se l'imagine mais, le plus souvent, sur
leur nécessaire. Ils en sont d'autant plus coupables, dira-t-on? C'est possible, mais en tous cas ce qu'il faudrait leur prêcher, c'est *moins d'épargner que de mieux distribuer leur dépense.*

duction dans la consommation, implique aussi une certaine
souffrance ou tout au moins une privation, un sacrifice : or,
aucun homme n'est disposé à s'infliger bénévolement une
privation.

Tout homme qui songe à épargner se trouve donc retenu par
la pensée du sacrifice plus ou moins considérable qu'il devra
s'infliger, mais il se trouve sollicité d'autre part par l'avantage
plus ou moins considérable qu'il attend de l'épargne. Il met en
balance deux besoins, un besoin présent auquel il doit refuser
satisfaction, par exemple la faim qui le presse, et un besoin
futur auquel il voudrait assurer satisfaction, par exemple le
désir d'avoir du pain pour ses vieux jours : sa volonté oscille
entre ces deux forces antagonistes et suivant que l'une des deux
sera la plus puissante, il se déterminera dans un sens ou dans
l'autre [1].

Il est évident cependant que le sacrifice qu'exige l'épargne
est extrêmement variable suivant la situation de fortune de
chacun et qu'il est en quelque sorte susceptible de passer par
tous les degrés intermédiaires entre zéro et l'infini.

Pour l'homme qui n'a guère que le nécessaire, l'épargne
constitue une opération très douloureuse : elle suppose en
quelque sorte l'amputation de quelque besoin essentiel.

Pour l'homme au contraire qui dispose d'une quantité de
richesses surabondante, l'épargne n'est plus un sacrifice méri-
toire : que dis-je ? elle peut même devenir une nécessité, car
au bout du compte les facultés de consommation de tout
homme sont limitées, fussent celles d'un Gargantua. Nos besoins et même nos désirs ont un terme et la nature l'a marqué
elle-même en y mettant la satiété (Voy. ci-dessus, p. 42).

3° Enfin la volonté d'épargner elle-même ne s'exercerait
pas, si une faculté particulière de l'homme ne la dirigeait.

---

[1] Nous avons déjà signalé ce même conflit entre les mêmes causes, à
propos du travail (Voy. ci-dessus, p. 116).

Cette faculté d'établir une balance entre un besoin présent et un besoin futur et de les voir, pour ainsi dire, présents l'un et l'autre par les yeux de l'esprit, s'appelle de son vrai nom la *prévoyance*. Remarquez que le besoin présent est une réalité : nous le sentons corporellement; le besoin à venir est une pure abstraction : nous ne le sentons que par l'imagination. Il faut donc des habitudes d'esprit, des dispositions morales qui nous aient familiarisés avec l'abstraction, et elles ne peuvent être le fait que d'un état de civilation déjà avancé [1].

Nos occupations, surtout dans nos sociétés modernes, notre éducation, nous forcent à nous préoccuper sans cesse de l'avenir. Savants cherchant à pénétrer les secrets des temps futurs, politiques soucieux du lendemain, hommes d'affaires lancés dans les spéculations, simples commerçants préoccupés des échéances de la fin du mois et de l'inventaire de la fin d'année, tous, à notre insu, mais à un degré plus ou moins élevé, nous sommes familiarisés avec cet inconnu et nous le faisons entrer en ligne de compte. Mais c'est là un effort intellectuel inaccessible au sauvage qui n'a conscience que du besoin qui le presse et qui, suivant l'expression célèbre de Montesquieu, coupe l'arbre au pied pour avoir le fruit, — difficile même à ceux de nos semblables dont la condition sociale se rapproche de celle des populations primitives. De là vient que l'imprévoyance est le trait caractéristique des races sauvages aussi bien que des classes inférieures ou dépravées de nos sociétés.

On remarquera peut-être que nous n'avons point rangé au nombre des conditions nécessaires à l'épargne un *intérêt* à toucher. C'est qu'en effet si l'intérêt doit figurer parmi les conditions indispensables au placement, comme nous le verrons ci-après, c'est une erreur ou du moins une grande

---

[1] Voyez Bagehot, *Economic Studies*. — *The growth of capital*.

exagération que d'y voir, comme la plupart des économistes, une condition *sine qua non* de l'épargne. Si l'intérêt venait à être supprimé demain, en vertu de quelque décret collectiviste, assurément on ne trouverait plus personne qui fût disposé à prêter son argent, mais on trouverait encore des gens qui épargneraient, car l'épargne, nous ne saurions trop le répéter, n'a pas pour unique but le placement. Probablement même, — précisément par suite de ce fait que le capital épargné ne pourrait plus se renouveler et grossir par l'intérêt, mais devrait être mangé au fur et à mesure des besoins, — serait-on poussé à faire des accumulations plus considérables qu'aujourd'hui, ce qui d'ailleurs serait un mal plutôt qu'un bien.

## III.

### DES INSTITUTIONS DESTINÉES A FACILITER L'ÉPARGNE.

Il existe dans tout pays civilisé des institutions variées et ingénieuses, dues tant à l'initiative du législateur qu'à celle des particuliers, et destinées à faciliter l'épargne. Les deux plus caractéristiques sont les *caisses d'épargne* et les *associations de consommation*.

1° Les Caisses d'épargne sont des établissements destinés à faciliter l'épargne en se chargeant de la garde des sommes épargnées. Elles rendent au déposant le service de mettre son épargne en sûreté contre les voleurs et peut-être plus encore contre lui-même.

En effet, le meilleur moyen de sauvegarder l'épargne naissante, est de la soustraire aux mains de son possesseur, afin de l'empêcher de céder trop aisément à la tentation de la dépenser. La tire-lire, si connue des enfants sous la forme d'un vase de terre dans lequel on introduit par une petite fente des pièces de monnaie, est une application ingénieuse de cette idée. Pour rentrer en possession de la pièce, il faut en effet casser le vase, et quoique ce ne soit pas bien difficile, on pense que ce fragile obstacle sera suffisant pour donner le temps de la réflexion et pour permettre à l'enfant de s'armer contre la tentation.

La caisse d'épargne n'est qu'une tire-lire perfectionnée. Les petites sommes déposées dans cet établissement restent sans doute à la disposition du déposant ; toutefois, elles ne sont plus dans sa main ni dans sa poche, et pour les recouvrer, il faut toujours certaines formalités et en tout cas un peu plus de temps que pour casser la tire-lire.

Pour encourager l'épargne, ces caisses assurent aussi au déposant un petit intérêt. Toutefois cet intérêt ne doit être considéré que comme une sorte de prime, de stimulant à l'épargne, et il ne doit pas être trop élevé. Le rôle de la caisse d'épargne en effet n'est pas de servir d'institution de placement[1]. Elle est faite pour permettre aux gens de constituer quelques avances ou même de se former un petit capital : mais une fois ce capital constitué, si les déposants veulent le placer, c'est-à-dire le faire valoir, ils n'ont qu'à le reprendre ; le rôle de la caisse d'épargne est fini, — et ce sont d'autres institutions (celles que nous avons étudiées sous le nom d'institutions de crédit, banques, Crédit foncier, etc.) qui s'en chargeront[2].

[1] Aussi, en France, le maximum de chaque dépôt qui était de 2,000 fr. vient-il d'être abaissé à 1,500 fr. Le taux d'intérêt qui était de 4 p. 0/0 (ce qui mettait l'État en perte, puisque ces mêmes fonds qu'il plaçait en rentes sur l'État ne rapportaient guère que 3 p. 0/0) sera réglé désormais d'après le taux de capitalisation des rentes sur l'État et variera avec lui.

[2] En France, les Caisses d'épargne ont été instituées soit par les particuliers, soit par les municipalités ; les seules Caisses d'épargne créées par l'État (et depuis 1875 seulement) sont celles des bureaux de poste. Mais toutes sont obligées de verser les fonds qu'elles reçoivent à la Caisse des dépôts et consignations, autrement dit, *entre les mains de l'État*. Cette exigence de la loi, bien qu'ayant pour but de conférer toute sécurité aux déposants, a été vivement critiquée et avec raison.

D'une part, en mettant entre les mains de l'État une somme qui se rap-

2° Les institutions connues sous le nom de sociétés coopératives de consommation et dont nous avons déjà parlé comme moyen de réduire la dépense (Voy. p. 407), ont pour but aussi de faciliter l'épargne en supprimant cette privation que nous avons signalée comme condition inhérente à toute épargne. Elles arrivent à résoudre ce problème qui paraît à première vue, insoluble et à créer, comme on l'a fort bien dit, « l'épargne automatique », à l'aide d'un mécanisme aussi simple qu'ingénieux. Ces denrées *achetées au prix du gros sont revendues par la société elle-même à chacun de ses mem-*

proche aujourd'hui de 4 milliards et qui s'accroît de 2 ou 300 millions par an, elle grossit démesurément une dette d'autant plus dangereuse qu'elle doit être toujours remboursable à première demande, et crée au gouvernement, en même temps qu'une lourde responsabilité, de dangereuses tentations. Il est vrai que pour atténuer ce danger, la clause dite de *sauvegarde* permet à l'État, en cas de crise, de ne rembourser les dépôts que par petits paiements de 50 fr. échelonnés par quinzaine.

D'autre part, ces fonds ainsi engloutis dans le gouffre du Trésor, ne servent absolument à rien, tandis qu'on pourrait aisément en tirer un meilleur parti. C'est ainsi qu'en Italie, où ces caisses sont remarquablement organisées, la plus grande partie de leurs fonds est affectée à des prêts fonciers ou agricoles. Comme l'intérêt payé par elles aux déposants est très bas, elles peuvent ne demander qu'un petit intérêt aux agriculteurs et c'est là un avantage inappréciable pour l'agriculture (Voy. ci-dessus, p. 330). Et quant aux déposants, leur sécurité ne laisse guère à désirer. Une active campagne, surtout due à l'initiative de M. Rostand, a été menée en France pour obtenir les mêmes libertés pour les caisses d'épargne. Elle n'a réussi qu'incomplètement. La nouvelle loi sur les Caisses d'épargne (1893) vient d'entrer d'une façon très timide dans cette voie en permettant à la Caisse des dépôts et consignations de placer les fonds déposés non seulement en rentes sur l'État, mais en diverses valeurs telles que obligations foncières, communales, etc. La loi a accordé un peu plus de liberté encore en ce qui concerne le placement des fonds appartenant en propre aux Caisses d'épargne (car ces institutions peuvent avoir et ont en général des biens propres formés soit par dons, soit par leurs bénéfices) : elles pourront en placer un tiers en construction de logements ouvriers ou en prêts ayant cette destination.

C'est une grande exagération de dire, comme on le fait sans cesse, que les caisses d'épargne représentent l'épargne ouvrière : en réalité les ouvriers proprement dits, urbains ou ruraux, n'y figurent que dans la proportion d'*un quart.*

*bres au prix du détail et le bénéfice ainsi réalisé sur* h *diffé-*
*rence est réparti à la fin de l'année entre tous les associés pro-*
*portionnellement au montant de leurs achats.*

Si donc un ouvrier achète pour 500 francs de marchandises
dans une épicerie coopérative, et que celle-ci réalise un bénéfice de 12 p. 0/0, il se trouvera au bout de l'an avoir
réalisé une épargne de 60 fr., qui ne lui aura rien coûté,
j'entends par là qui ne l'aura pas obligé à réduire en rien sa
consommation. Il aura consommé autant qu'autrefois; il aura
eu des denrées de meilleure qualité : il ne les aura pas payées
plus cher ou même moins cher que chez le marchand du coin,
et malgré tout cela il se trouvera avoir épargné et même
d'autant plus épargné qu'il aura plus acheté, en sorte qu'on a
pu dire, sous une forme spirituellement paradoxale, qu'on
avait trouvé le moyen de réaliser l'épargne par la dépense[1].

[1] C'est là le système dit Rochdale. Pour les résultats considérables
obtenus en Angleterre, Voy. p. 408.

# CHAPITRE III.

## LE PLACEMENT.

## I.

### QUELLE EST L'IDÉE QUE NOUS DEVONS NOUS FAIRE DU PLACEMENT.

Placer la richesse, c'est lui donner un emploi productif : quand il s'agit de blé, c'est le semer au lieu de le manger ; de charbon, le brûler dans le fourneau d'une machine au lieu de le brûler sur la grille de sa cheminée ; d'un cheval, le mettre à la charrue au lieu de l'atteler à son carrosse, et quand il s'agit d'argent, c'est le faire valoir au lieu de le dépenser.

Il résulte des exemples mêmes que nous venons de donner, comme de tous ceux d'ailleurs que l'on pourrait citer, que le placement est tout aussi bien que la dépense *une façon de consommer la richesse* : la seule différence, mais elle est grande, c'est que la dépense est une consommation qui sert simplement à nous procurer une satisfaction quelconque, tandis que le placement est une consommation qui sert à reproduire une richesse nouvelle.

Quand il s'agit d'argent (et ce n'est guère que sous cette forme qu'il y a lieu d'examiner les divers modes d'emploi de la richesse) le placement peut affecter deux formes différentes. Celui qui veut donner à son argent un emploi productif a le choix entre les deux partis suivants :

1° Ou *prêter* cet argent, soit qu'on le prête directement à un particulier, soit qu'on achète des créances sur l'État ou sur les chemins de fer, sous la forme de titres de rentes, d'actions ou d'obligations, etc. C'est ce mode d'emploi que l'on entend désigner d'ordinaire toutes les fois que l'on parle de placement.

2° Ou consacrer cet argent à fonder directement et pour son propre compte une entreprise commerciale, industrielle ou agricole, à bâtir une maison pour la louer. C'est là aussi une açon de placer son argent, de *le faire valoir*.

Dans un cas comme dans l'autre, l'argent ainsi placé reçoit le nom de capital : il le mérite en effet, puisqu'il produit ou doit produire (sauf accident ou mécompte) un revenu à son propriétaire, sous forme d'intérêt, de dividende, d'arrérage, de profit ou de bénéfice. Il est vrai que l'argent placé est souvent consommé d'une façon improductive par l'emprunteur : par exemple, les 30 milliards qui ont été prêtés depuis le commencement du siècle au gouvernement français n'ont servi, au moins pour les trois quarts, qu'à tirer des coups de canons et à tuer beaucoup d'hommes, ce qui ne saurait être considéré comme une opération productive en soi[1]. Mais les 10 milliards qui ont été placés en chemins de fer, le milliard qui a été consacré à percer l'isthme de Suez et, heureusement, bien d'autres encore, ont constitué des emplois très productifs non seulement pour les capitalistes qui les ont ainsi placés, mais pour tout le monde. Le placement est donc assurément l'emploi le plus utile au point de vue social qui puisse être fait de la richesse.

Cependant telle n'est pas l'opinion commune : d'ordinaire

[1] Puisque ces 30 milliards n'ont jamais rien produit pour le pays, comment s'expliquer qu'ils produisent cependant tous les ans environ 1 milliard de rentes à leurs propriétaires, c'est-à-dire aux rentiers sur l'État ? — De la façon la plus simple. L'État prélève tous les ans sur les revenus des contribuables, c'est-à-dire sur le produit du travail de tous les Français, le milliard nécessaire pour payer l'intérêt de ces ruineuses opérations. Il ne peut honnêtement faire autrement, puisque à titre d'emprunteur il se trouve lié par un contrat ; et d'ailleurs, ce n'est pas la faute des rentiers si leur argent n'a pas servi à accroître la richesse du pays : il a servi du moins à payer sa gloire ou sa rançon.

on estime que l'homme qui dépense son argent fait mieux
« aller le commerce » et fait plus travailler les ouvriers que
celui qui se contente de le placer, du moins quand il s'agit
de ce placement qui consiste à acheter des titres pour les
mettre en portefeuille. Il semble que ce ne soit là qu'une
forme de thésaurisation. Ceux qui raisonnent de la sorte ne
se font aucune idée de ce que c'est que le placement.

Supposons qu'un homme consacre son argent à acheter
des obligations de chemins de fer au guichet de la Compagnie
de Paris-Lyon-Méditerranée, par exemple[1]. Il remet à la
Compagnie la valeur de ces titres en argent. Que fera la Compagnie de cet argent? Le serrera-t-elle dans son coffre-fort?
Assurément non, car si elle avait eu cette intention, elle se
serait bien gardée de l'emprunter : elle va s'en servir pour
acheter du charbon, des rails, des traverses, pour payer ses
employés, ou les ouvriers qui fabriquent ses machines, ou
les terrassiers pour construire ou réparer ses voies. Il en est
de même de tout autre cas de placement que l'on voudra
imaginer[2]. Donc, de toutes façons, l'argent placé sera dépensé, sinon par son propriétaire, du moins par ceux à qui
il l'a prêté; il fera aussi aller le commerce; il servira aussi
à acheter des marchandises ou à payer des ouvriers : seulement, au lieu d'être dépensé d'une façon improductive, il le
sera d'une façon productive.

---

[1] Je dis « au guichet des Compagnies », parce que si le titre est acheté
à la Bourse, en ce cas il n'y a qu'un simple *transfert :* notre capitaliste
se trouve simplement substitué à celui qui naguère était propriétaire de ce
titre; il n'y a pas là un emploi productif au point de vue social. Toutefois
il faut remarquer que le capitaliste qui a vendu son titre sera bien forcé
de chercher un emploi productif à l'argent qu'il a reçu en échange, et il
est même probable que s'il a vendu son titre, c'est précisément parce qu'il
avait en vue un emploi quelconque.

[2] Il est dépensé aussi quand il est prêté à l'État, bien qu'il ne le soit
pas souvent en ce cas d'une façon productive; mais assurément si le gouvernement l'emprunte, c'est qu'il en a besoin pour payer ses fournisseurs,
pour fabriquer des fusils, etc.

La seule différence, c'est que peut-être il sera dépensé plus loin et en dehors du pays. C'est pour cela qu'on ne le voit pas si clairement.

Si, par exemple, avec ses épargnes, le capitaliste a acheté des obligations de Panama, son épargne aura servi à payer des nègres ou des coolies chinois, tandis que s'il eût dépensé cette somme, elle aurait pu profiter directement aux ouvriers de son pays, et c'est pour cela que ceux-ci sont dans une certaine mesure fondés à se plaindre. Toutefois il suffit de faire les deux observations suivantes :

La première, c'est que celui qui dépense lui-même, ne fait pas toujours non plus ses achats dans le voisinage, il s'en faut de beaucoup;

La seconde, c'est que si les épargnes des Français contribuent à faire travailler les ouvriers étrangers, réciproquement les épargnes des étrangers peuvent venir se placer en France pour faire travailler des ouvriers français et qu'ainsi il peut s'établir jusqu'à un certain point une compensation.

Pour ne laisser rien d'obscur dans cet important sujet, il faut maintenant faire abstraction de l'argent, car il est bien évident que l'argent ne figure dans ces opérations que comme un signe et que par lui-même il ne peut rien produire.

L'homme qui vient souscrire une obligation de chemin de fer de 400 fr. qui lui rapportera un intérêt de 15 fr., pourrait tenir, s'il savait l'économie politique, le langage suivant : « Voici 400 fr. de bons qui me donnent le droit de prélever pour ma consommation une valeur égale sur la masse des richesses existantes. Je préfère, en ce qui me concerne, ne pas user de mon droit : je vous remets donc ces bons, par le moyen desquels vous pourrez exercer le droit dont je n'ai pas usé et prélever telle richesse en charbon, fer ou n'importe quoi dont vous aurez besoin pour votre production, ou par le moyen desquels vos ouvriers, si vous leur remettez ces bons sous forme de salaires, pourront se procurer les denrées né-

cessaires à leur existence. Seulement, comme je n'ai pas l'intention de faire cadeau ni à vous ni aux travailleurs de cette
part de richesses à laquelle j'avais droit, je stipule que vous
me donnerez une certaine part, disons 15 fr. par an, sur les
richesses nouvelles que vous aurez reproduites par votre travail ou par celui de vos ouvriers ».

En résumé donc, tandis que dépenser son argent, c'est consommer pour son propre compte une certaine quantité de richesses, on voit que placer son argent c'est *transférer à d'autres son droit et son pouvoir de consommer*. Ce transfert n'est
pas gratuit sans doute [1], mais néanmoins on voit combien est
absurde le préjugé qui croit que le placement consiste à garder pour soi et la dépense à distribuer aux autres, et combien
est profond au contraire le mot de Stuart Mill : « On est utile
aux travailleurs, non par la richesse qu'on consomme soi-
même, mais seulement par la richesse qu'on *ne consomme
pas soi-même* [2] ».

---

[1] Le socialisme affirme même que ce transfert se fait dans des conditions léonines et constitue une exploitation des travailleurs. C'est ce que
nous aurons à voir à propos du profit. Mais là n'est pas la question pour
le moment.

[2] Il faut prévoir cependant une objection. Si chacun, pourrait-on dire,
se fait une loi de placer tout son argent, alors personne ne consommera
plus rien. Et en ce cas la production devra s'arrêter et il n'y aura plus
d'entreprise ni de travail pour personne ?

Il faut répondre à cette objection d'abord qu'elle implique contradiction
dans ses termes, car tout placement suppose nécessairement une production : si donc la production devait cesser, il est clair que tout placement
deviendrait impossible et les capitalistes en ce cas seraient bien forcés,
bon gré mal gré, de se remettre à consommer.

De plus, en raisonnant de la sorte, on oublie que le placement ne peut
être le fait que d'une minorité, de ceux-là seulement qui ont du superflu.
Dès lors quand bien même, par une hypothèse d'ailleurs bien chimérique,
tous les riches se mettraient à vivre de pain sec et d'eau claire, le mal
ne serait pas grand. Sans doute la production des articles destinés à la
consommation des classes riches cesserait faute de demande, mais la production des denrées nécessaires à la consommation des masses continuerait;
et comme cette production servirait désormais d'unique débouché pour tous
les placements des riches, elle recevrait de ce chef un puissant stimulant :

## II.

### DES CONDITIONS NÉCESSAIRES AU PLACEMENT.

Ces conditions sont au nombre de deux : la confiance qu'on rentrera dans son argent, autrement dit, une *certaine sécurité*, et la perspective d'un *certain profit à réaliser*.

1° Une certaine sécurité d'abord.

Pour placer son épargne, c'est-à-dire pour lui donner un emploi productif, il faut s'en défaire; il faut la livrer à la consommation reproductive; il faut consentir à la laisser détruire. Nul ne s'y résignera, s'il ne possède la ferme confiance que cette richesse dont il se défait provisoirement ne sera pas perdue, mais qu'elle lui reviendra accrue. C'est la sécurité seule qui peut nous donner une semblable assurance : — *sécurité politique* d'abord, nous garantissant contre les confiscations d'un gouvernement oppresseur, contre les révolutions du dedans ou contre les invasions du dehors; — *sécurité légale* ensuite, garantissant nos droits sur le capital placé, à l'aide de toutes les institutions juridiques qui ont pour but d'assurer l'exécution des contrats, cautionnement, hypothèques, privilèges, mesures d'exécution; — *sécurité morale* enfin, qui consiste dans les progrès de la moralité publique et la fidélité de chacun à tenir ses engagements et sans laquelle, somme toute, toutes les autres seraient bien insuffisantes.

Là où cette sécurité n'existera pas, ceux qui ont épargné ne consentiront pas à se dessaisir de leurs capitaux et préfé-

ces denrées deviendraient beaucoup plus abondantes sur le marché, par conséquent aussi beaucoup moins chères. Ce serait un grand bien en définitive, quoique ce fût une terrible crise pour toutes les industries (et elles sont nombreuses) qui ont pour fonction de pourvoir aux satisfactions des classes riches.

reront les garder par une thésaurisation stérile, mais du moins sans danger. De là vient que les époques troublées comme celle du moyen âge, ou les pays sans gouvernement régulier, comme ceux de l'Orient, nous présentent tant de cas de thésaurisation et si peu de placement. Le commerce de marchandises de luxe, qui ayant une grande valeur sous un petit volume peuvent se transporter et se dissimuler aisément, est alors le seul emploi ouvert aux capitaux. La terre elle-même ne présente pas les conditions de sécurité voulue, car, si elle ne peut être enlevée, elle peut être confisquée, pillée, écrasée d'impôts.

2° Un certain profit à réaliser, soit sous forme de profit proprement dit quand on fait valoir soi-même son argent, soit sous forme d'intérêt quand on le prête.

Si, en effet, le capital placé devait revenir entre les mains de son possesseur tel qu'il en est sorti, ce ne serait pas la peine de s'en défaire et il eût été plus simple de le garder. La suppression de l'intérêt ou du profit n'entraînerait pas nécessairement, comme on le répète bien à tort, la suppression de toute épargne, mais elle entraînerait sans nul doute la suppression de tout placement.

Toutefois il ne faudrait pas conclure de là que la baisse du taux de l'intérêt doit avoir nécessairement pour effet de restreindre les placements : au contraire elle peut les stimuler. La personne qui épargne le fait d'ordinaire en vue de s'assurer un certain revenu suffisant pour lui permettre de vivre : mettons par exemple 10,000 francs. Si le taux de l'intérêt est de 5 p. 0/0, il lui faudra placer, pour atteindre son but, un capital de 200,000 francs, mais si le taux d'intérêt s'abaisse à 2 p. 0/0, il lui faudra, pour arriver au même résultat, placer un capital de 500,000 francs; or il n'est pas douteux que dans ce cas la baisse du taux de l'intérêt n'agisse comme un aiguillon qui la déterminera à travailler plus longtemps et à épargner davantage. Il y a pourtant une limite, bien qu'il soit malaisé de la déterminer, et s'il arrivait, par exemple que le taux de l'intérêt descendît à 1 p. 1,000, et qu'ainsi pour s'assurer 10,000 francs de rentes, il fallût placer un capital de 10 millions, il est très vraisemblable qu'en ce cas on ne placerait plus son argent : l'immense majorité des gens estimerait que ce n'est guère la peine de s'en dessaisir en vue d'un si maigre résultat. On continuerait tout de même à épargner en vue de satisfaire aux besoins à venir, mais au lieu de donner à cette épargne un emploi productif, on se contenterait de la mettre en lieu sûr pour la consommer au jour le jour quand l'occasion s'en présenterait [1].

[1] Il n'y a pas lieu d'ouvrir ici un chapitre distinct pour étudier, comme nous l'avons fait à propos de l'épargne, les institutions propres à faciliter le placement. Notre époque offre à ceux qui veulent faire des placements mille ressources inconnues à nos pères : les placements sont innombrables et beaucoup sont de tout repos. En 1815, on ne comptait que 5 valeurs cotées à la Bourse de Paris : en 1869 on en comptait déjà 402 : en 1893, on en compte plus de 1000, sans compter des centaines d'autres cotées dans les départements ou dans les Bourses de l'étranger (Voy. Neymark, *Une nouvelle évaluation des valeurs mobilières en France*). Toutes les entreprises industrielles ou financières, surtout sous la forme de sociétés par actions, les opérations agricoles ou foncières, surtout par l'intermédiaire du Crédit foncier, les emprunts continuels de l'État, surtout sous la forme d'émissions publiques, offrent de nos jours des facilités sans nombre aux personnes qui désirent placer leur argent. Beaucoup de ces placements offrent au capitaliste une sécurité suffisante, étant donnée surtout pour lui la faculté d'opter entre la forme *obligation* (qui donne un revenu fixe sous forme d'*intérêt*) et la forme *action* (qui donne un revenu aléatoire sous le nom de *dividende*) : toutes lui offrent en perspective un intérêt plus ou moins élevé, le plus souvent aussi de véritables *primes*, sous la forme de remboursements supérieurs à la somme prêtée, et même des *lots* d'une valeur de 100,000 et jusqu'à 500,000 fr., dans les cas autorisés par la loi, ce qui, entre parenthèses, constitue un appât d'une moralité fort douteuse.

# LIVRE IV.
# LA RÉPARTITION.

---

## PREMIÈRE PARTIE.
### LES DIVERS PRINCIPES DE RÉPARTITION.

---

## CHAPITRE I.
### LE PROBLÈME SOCIAL.

### I.

#### Y A-T-IL UNE QUESTION SOCIALE?

La répartition des richesses embrasse toutes les questions qu'il est convenu d'appeler la *question sociale* et qui n'est autre, en somme, que l'éternelle question des riches et des pauvres.

Mais tout d'abord y a-t-il une question sociale? — L'école libérale le nie formellement. Et le fait que cette question est posée depuis quelque mille ans, ne prouve pas, suivant elle, qu'on ait raison de la poser. Il y a beau temps aussi que les hommes se posent la question du mouvement perpétuel !

Il n'y a pas de question sociale, dit-elle, en ce sens qu'il n'y a pas à se poser le problème de savoir de quelle façon il con-

vient de répartir les biens entre les hommes[1]. C'est une recherche absolument irrationnelle que de vouloir faire le bonheur des hommes par une formule *a priori* quelconque, cette
formule fût-elle d'ailleurs l'expression de la justice idéale. On
ne répartit pas les richesses : *elles se répartissent d'elles-mêmes*
en vertu de lois naturelles que les hommes n'ont point inven-
tées, qu'ils ne peuvent point changer, et que d'ailleurs ils
n'ont point intérêt à changer, car elles réalisent à tout prendre
à peu près le maximum de justice qu'il est permis d'attendre
d'un ordre social quelconque. Il se trouve en effet, par le jeu
automatique de ces lois naturelles, que chacun dans nos sociétés modernes *se trouve rémunéré en proportion des services
rendus.*

Voici comment. Chacun de nous offre au public ce qu'il possède : le propriétaire les récoltes de sa terre, l'industriel les
produits de son travail, — et celui qui ne possède rien offre
ses bras ou son intelligence. La valeur de cette marchandise
ou de cette force de travail s'établit sur le marché par les lois
ordinaires de la valeur, et qui se ramènent en somme, comme
nous l'avons déjà vu , à ce principe : les choses ont plus ou
moins de valeur suivant qu'elles répondent à un désir plus ou
moins intense des hommes, suivant qu'elles sont de nature à
satisfaire des besoins plus ou moins impérieux, suivant qu'elles
sont *plus ou moins utiles*, en prenant ce mot dans le sens
scientifique. Dire que la rémunération de chacun sera déterminée par la valeur des objets qu'il peut fournir ou du genre
de travail qu'il peut offrir, c'est donc dire en d'autres termes
que la part de chacun dans la répartition des richesses sera
proportionnelle à la part d'utilité sociale qu'il a fournie, « aux
services qu'il a rendus ». C'est la formule chère à l'école de
Bastiat.

---

[1] C'est un fait bien remarquable que les grands économistes classiques,
Turgot, Adam Smith , J.-B. Say, Ricardo 'ont ni discuté ni même posé le
problème d'une meilleure répartition des ...hesses.

Cette formule est ingénieuse et elle paraît tout à fait dé.
monstrative à ceux qui ne demandent pas mieux que d'être
convaincus que l'ordre de choses actuel est excellent. Cependant pour en comprendre l'insuffisance, il suffit de se reporter à la théorie que nous avons donnée de la valeur. Si la valeur
des choses était déterminée par le travail, alors le raisonnement serait juste. Il le serait encore si la valeur des choses
était déterminée par l'utilité sociale dans le sens ordinaire
qu'on attache à ce mot, c'est-à-dire par le concours effectif
qu'elles apportent à l'œuvre sociale, — mais il n'en est rien.
La valeur des choses est déterminée par ce que nous avons
appelé « l'utilité finale », ou pour prendre la formule courante
par « la loi de l'offre et de la demande », loi naturelle en effet,
mais par là même aussi étrangère à toute idée de justice ou de
moralité que toute autre loi naturelle, par exemple, que la loi
de la gravitation.

Un exemple éclaircira mieux ceci. Voici un mineur qui est
payé 3 fr. 50 par jour pour extraire le charbon, et voici une *diva*
qui est payée 3,500 fr. par soirée pour chanter sur un théâtre[1].
Si l'on demande pourquoi le premier, qui produit le pain de
l'industrie, est payé mille fois moins que la seconde qui ne
procure qu'une jouissance fugitive à quelques dilettanti, l'é-
cole de Bastiat nous répondra hardiment : « Parce que celle-ci
rend à la société un service mille fois plus grand que celui
là... et la preuve, c'est que la société consent à le payer mille
fois davantage. Elle peut avoir tort, mais nous ne pouvons
apprécier la valeur des services rendus que par la valeur vénale que la société leur attribue[2] ».

[1] « M. Ducci, directeur du Théâtre-Lyrique de Rio-Janeiro, nous écrit
qu'il a engagé M^me Anna Judic non pas au chiffre de 1,500 fr., comme
nous l'avions annoncé, mais bien de 3,500 fr. par soirée » (Journal *le
Temps* du 20 avril 1893).

[2] Et on ne manquera pas à ce propos de rappeler le mot de je ne sais
quelle cantatrice répondant à l'impératrice Catherine qui se plaignait
qu'elle osât demander un traitement plus considérable que celui de ses
maréchaux : « Hé bien ! faites chanter vos maréchaux »!

Qui ne voit qu'il n'y a ici qu'une sorte de jeu de mots portant sur le mot service ? Si la cantatrice est infiniment plus payée que le mineur, cela n'implique nullement qu'elle ait apporté à la société un concours plus utile, ni même que le genre de satisfaction qu'elle peut procurer réponde à des besoins plus intenses des hommes en général : cela prouve seulement qu'il répond au désir d'un petit nombre d'hommes riches[1]. Cela prouve aussi qu'il est plus facile de trouver des ouvriers mineurs que des cantatrices ayant le gosier conformé d'une certaine façon.

L'exemple que nous venons de prendre n'est qu'une bagatelle, mais à tout instant dans la vie, on en trouvera de semblables. De deux agriculteurs qui auront pris exactement la même peine et qui apporteront sur le marché des sacs de blé exactement de même qualité — et par conséquent parfaitement équivalents au point de vue de l'utilité sociale, — il suffit que l'un d'eux ait la bonne chance de voir la grêle ou la gelée dévaster les récoltes de ses voisins pour qu'il touche une rémunération fort supérieure. Quand un lord anglais propriétaire de vastes terrains situés dans Londres permet à des entrepreneurs d'y bâtir des maisons moyennant un prix de location qu'il élève d'ailleurs à chaque renouvellement de bail, en raison de la hausse des terrains et des loyers, il est facile de voir que sa rémunération, qui s'élève peut-être à quelques millions de livres sterling, est déterminée très naturellement par la loi de l'offre et de la demande, mais il n'est pas aussi facile de voir en quoi cette rémunération est proportionnelle « au service rendu » — ou en admettant qu'on qualifie de service le fait d'avoir permis aux gens de loger sur son terrain, on ne voit pas très clairement en vertu de quel principe de justice ou d'utilité sociale le noble lord a pu être investi de

[1] Il peut suffire qu'un tableau signé d'un nom célèbre excite les désirs d'un *seul* homme opulent pour qu'il soit payé comme on l'a vu récemment pour un tableau de Meissonnier, 850,000 fr.

l'agréable privilège de pouvoir rendre à ses semblables des services si chèrement payés?

Qu'on dise donc que le mode actuel de répartition des richesses est *naturel*, nous le voulons bien, — quoique cependant on pût indiquer dans la plupart des pays des causes historiques et en un sens artificielles, telles que la conquête ou certaines lois oppressives, qui ont modifié singulièrement cette répartition : mais il est vrai que la conquête et l'oppression ne sont malheureusement que trop conformes à la nature humaine; — mais qu'on ne prétende pas qu'il est fondé sur un principe de justice, car encore une fois il est fondé sur la loi de l'offre et de la demande qui par elle-même n'est ni morale ni immorale et aussi absolument indifférente à nos préoccupations de justice que le soleil « qui se lève pour les bons comme pour les méchants ».

Et voilà pourquoi il y a une question sociale. C'est que les hommes ne se résignent pas à accepter un ordre social qui est indépendant de toute idée de justice, et obstinément ils s'efforceront de rendre le fait plus conforme au droit.

## II.

### DE L'INÉGALITÉ DES RICHESSES.

Le fait le plus apparent et le plus choquant pour le vulgaire dans la répartition des richesses, c'est leur inégalité.

On peut même dire que cette inégalité devient chaque jour plus insupportable aux hommes, au fur et à mesure que toutes les autres inégalités qui les distinguaient tombent l'une après l'autre. Nos lois ont réalisé l'égalité civile : le suffrage universel a conféré l'égalité politique : la diffusion croissante de l'instruction tend même à faire régner une sorte d'égalité intellectuelle : — mais l'inégalité des richesses demeure, et tandis qu'elle était autrefois comme dissimulée derrière des inégalités plus profondes encore, la voici qui apparaît au premier plan dans nos sociétés démocratiques et concentre sur elle toutes les colères.

Et pourtant, s'il n'y avait d'autre vice dans la répartition actuelle des richesses qu'une certaine inégalité, le mal ne serait pas bien grand. A vrai dire même, ce ne serait point un mal.

S'il est un fait qui ait à un haut degré le caractère d'un fait naturel, c'est assurément celui de l'inégalité. La science ne nous autorise pas à croire qu'on réussisse jamais à le faire disparaître et, en tout cas, elle ne nous conseille pas de le tenter. Elle nous déclare, au contraire, par l'organe de ses représentants les plus autorisés ou tout au moins les plus accrédités, que l'inégalité est indispensable au développement de l'espèce humaine comme de toutes les espèces animales, qu'elle est la condition *sine qua non* du progrès. En se renfermant même sur le terrain purement économique, on peut dire que l'inégalité des richesses est un excellent stimulant de la production, qu'elle tient tous les hommes en haleine, du bas en haut de l'échelle sociale, par la perspective d'une sorte d'avancement gradué, qu'elle seule peut donner à l'initiative individuelle toute sa portée en concentrant de puissants capitaux entre les mains des plus habiles, qu'elle seule enfin peut créer dans les travaux des hommes une variété féconde, grâce à la gamme infinie de besoins et de désirs qu'elle établit entr'eux[1].

Tout cela est vrai, mais ne résout pas la question, car il y a inégalité et inégalité. Il y a une inégalité bienfaisante en

---

[1] Voy. ci-dessus, *Des besoins de l'homme*, p. 45. — *Du désir de la richesse,* p. 48; et aussi *Du luxe,* p 402. -- C'est dans les classes riches seulement qu'un besoin nouveau peut être sollicité à naître et c'est de là qu'il se répand peu à peu par l'imitation jusqu'aux dernières couches sociales.

effet qui stimule la marche des sociétés humaines et prépare l'avènement d'une vie plus haute pour tous. Il y a une inégalité funeste qui paralyse le développement du corps social en faisant vivre à ses dépens des classes parasites. Reste à savoir à laquelle de ces deux catégories il convient de rattacher les inégalités qui caractérisent nos sociétés modernes.

Pour produire les effets salutaires qu'on en attend, les iné-galités de fortune doivent avoir trois caractères : elles doivent être dans un certain rapport avec *les œuvres de chacun*, elles ne doivent pas être *excessives*, elles ne doivent pas être *perpétuelles*.

En effet, quand l'inégalité des parts est sans aucune rela-tion avec le concours effectif apporté à l'œuvre sociale, quand au lieu de découler de causes naturelles, elle tient à des causes artificielles, telles que les conquêtes passées ou une législation longtemps oppressive, elle entretient dans la société une irritation et un malaise que le temps rend plus aigu au lieu de le guérir.

Quand l'inégalité prend un caractère permanent et en quel-que sorte fatal, quand elle crée des *classes*, quand les fils des riches sont destinés à être toujours riches et les fils des pau-vres toujours pauvres, alors elle produit de fâcheux résul-tats, même au point de vue de l'activité productrice. Elle dé-courage ceux qui sont au bas de l'échelle, en leur enlevant toute chance de la gravir : elle endort ceux qui sont en haut dans la sécurité d'une situation définitive [1]. Elle arrête le tra-vail aussi bien entre les mains de ceux qui sont trop pauvres — parce qu'ils n'ont plus la possibilité de produire — que de ceux qui sont trop riches — parce qu'ils n'en ont plus la volonté. Elle engendre ces deux maux qui affligent depuis si longtemps nos sociétés et qui s'appellent, l'un *l'oisiveté*,

---

[1] Si la Fortune a un bandeau, ce qui veut dire qu'elle est aveugle dans la distribution de ses largesses, — elle a aussi une roue, ce qui veut dire que la chance sera tantôt pour l'un, tantôt pour l'autre.

l'autre le *paupérisme*, et qui, l'un comme l'autre, aboutissent à la consommation improductive : et perpétuant ainsi en haut et en bas de l'échelle sociale ces deux classes de parasites, l'extrême inégalité va précisément au rebours de cette sélection naturelle dont on nous vante les bienfaits.

Enfin quand l'inégalité des fortunes devient excessive [1] et comme démesurée, elle entraîne après elle toute une série d'inégalités cruelles qui révoltent la conscience et troublent l'État : là où le pauvre est très pauvre, il est nécessairement voué à l'ignorance, au vice, au crime, à la maladie, à la mort avant terme. Elle rompt le lien de la solidarité sociale en creusant entre Lazare et le riche un abîme sur lequel on ne peut jeter aucun pont [2].

Or il faut bien avouer que dans nos sociétés modernes presque tous les traits fâcheux que nous venons d'indiquer se retrouvent encore — quoique déjà atténués si on les compare aux sociétés antiques.

Ces inégalités d'abord sont excessives et dépassent de beaucoup celles qui résultent de la nature. Les différences qui peuvent exister entre la taille d'un géant et celle d'un nain, entre la force musculaire de l'homme le plus robuste et celle du plus débile, — probablement même entre la capacité intellectuelle d'un homme de génie et celle d'un esprit borné, si on pouvait les mesurer à quelque dynamomètre, — ne seraient que peu de chose à côté de la prodigieuse différence qui peut exister entre un pauvre et un riche. La majorité des

---

[1] Il est à remarquer que ce sont les plus petites inégalités qui agissent le plus fortement comme stimulants sur l'esprit des hommes : les inégalités très grandes font naître l'envie, mais ne stimulent pas, parce qu'elles ne laissent aucun espoir de les surmonter. Le petit paysan travaillera dur pour arriver à rendre son petit domaine égal à celui de son voisin : mais la vue du château seigneurial ne lui fera pas allonger sa journée d'une minute de travail, car il sait bien qu'il ne sera jamais châtelain.

[2] « Entre vous et nous s'ouvre un grand abîme, afin que ceux qui veulent passer d'ici vers vous ne le puissent point et qu'on ne traverse pas non plus de vous vers nous ». Parabole de Lazare. — Luc, XVII, 2.

familles qui vivent dans un pays comme la France (un de ceux pourtant où l'aisance est la plus répandue) doit se contenter d'un revenu inférieur à 1,000 francs : or, il y a des fortunes en ce monde qui se chiffrent par centaines de millions. L'américain William Vanderbilt, mort en 1884, a laissé une fortune évaluée à un peu plus d'un milliard, ce qui représente donc pour un seul homme un revenu égal à celui qui pourrait faire vivre 40 ou 50,000 familles. Personne n'aurait osé prétendre cependant, pas même Vanderbilt lui-même, que son intelligence ou ses capacités fussent 50,000 fois plus grandes que celles de la moyenne de ses contemporains.

Cette inégalité entraîne après elle toutes les autres inégalités dont nous avons parlé. Ne parlons ni du vice ni de l'ignorance : ne considérons que ce bien par excellence auquel il semble que tous les hommes devraient avoir des droits égaux, je veux parler de la vie. Eh bien ! elle est très inégalement dispensée aux riches et aux pauvres, et la statistique démontre que la vie moyenne est deux fois plus longue dans les classes riches que dans les classes pauvres, en sorte que par une cruelle ironie du sort, d'autant plus petite est la part de richesses qui revient à un homme et d'autant plus grand est le tribut qu'il doit payer à la maladie et à la mort[1].

De plus elles ont dans beaucoup de pays un caractère per-

---

[1] En Angleterre il résulte de nombreux calculs statistiques que la durée de la vie moyenne dans les classes riches est de 55 à 56 ans, tandis qu'elle s'abaisse à 28 ans et au-dessous pour la classe ouvrière. — D'après les statistiques de la ville de Paris, la mortalité annuelle qui s'abaisse jusqu'à 10 p. 1000 dans les quartiers riches des Champs-Élysées et de l'Arc-de-Triomphe de l'Étoile, s'élève à 43 p. 1000 dans le quartier de Montparnasse ! A ce compte, un homme pauvre a donc quatre fois plus de chances de mourir qu'un homme riche.

M. Leroy-Beaulieu, dans son livre sur la *Répartition des richesses* (ch. du *Sisyphisme et du Paupérisme*), semble établir une sorte de compensation entre les maux résultant de l'indigence et ceux résultant de la maladie ou des douleurs morales : « Qu'est-ce que le nombre des indi-

manent, car si ces milliardaires américains peuvent se dire dans une certaine mesure « les fils de leurs œuvres », il n'en est pas de même, par exemple, des lords anglais qui, au nombre de quelques centaines, détiennent et se transmettent de père en fils, depuis la conquête normande, la moitié environ du sol de l'Angleterre. Et c'est la loi elle-même qui par certaines institutions, telles que les substitutions, empêche ces lords de se ruiner, quelles que soient les folies qu'ils fassent pour cela, et les maintient, au besoin même malgré eux, à ce haut rang d'où ils ne doivent pas descendre et où les autres ne peuvent pas monter.

Enfin ce qui choque le plus dans ces inégalités, c'est qu'on n'en aperçoit point les raisons : elles ne paraissent guère correspondre aux œuvres ni aux services rendus. Elles ne paraissent nullement proportionnelles à la peine prise, puisqu'il semble au contraire, suivant la remarque amère de Stuart Mill, que l'échelle de la rémunération va en descendant, au fur et à mesure que le travail devient plus pénible, jusqu'à ce degré où le travail le plus dur suffit à peine aux nécessités de l'existence. Encore moins paraissent-elles proportionnelles aux mérites ou aux vertus des hommes! L'antithèse entre l'honnête homme pauvre et le méchant heureux et riche est un lieu commun aussi vieux que le monde, mais toujours de saison.

---

gents en comparaison de celui des êtres humains qui sont atteints d'infirmités, de maladies incurables ou organiques comme la scrofule et la phthisie? Qu'est-ce surtout en comparaison du nombre plus grand encore d'hommes qui sont tourmentés de cuisantes douleurs morales? Certes l'indigence est un mal, mais pour un esprit réfléchi c'est encore un des plus bénins, un des moins étendu qui frappent les sociétés civilisées ». L'éminent économiste oublie que la pauvreté est par elle-même une cause de « très cuisantes douleurs morales », une cause très active aussi de « scrofule et de phthisie », et que par conséquent ce n'est pas dans les deux plateaux *opposés* de la balance que la Fortune a placé les maux qui affligent les hommes, mais qu'elle semble au contraire les avoir réunis dans *le même* plateau.

## III.

### POURQUOI LE PROBLÈME DE LA RÉPARTITION EST SI DIFFICILE A RÉSOUDRE.

Si les richesses en ce monde étaient en quantité surabondante, il est clair que la question de la répartition ne se poserait pas : on n'aurait qu'à laisser chacun puiser à la source intarissable. Y a-t-il une question de répartition pour l'eau des sources? — Oui, mais seulement dans les oasis du Sahara. — Là en effet où les richesses sont en quantité insuffisante, la question de la répartition se pose et prend un caractère d'autant plus aigu que la masse à partager est plus petite. Les naufragés du radeau de la Méduse se disputaient à coups de couteaux une croûte de pain.

Nous ne sommes pas tout à fait sur le radeau de la Méduse, mais cependant nous sommes plus rapprochés de la seconde de nos deux hypothèses que de la première. Contrairement au préjugé courant, la masse des richesses produites est petite, insuffisante même, et cela même dans les pays soi-disant les plus riches. C'est là ce qui rend le problème de la répartition à la fois si aigu et si difficile à résoudre. Car il est bien clair que le plus habile répartiteur du monde ne réussira pas à faire de grosses parts là où la masse à partager sera petite. Il est facile de donner une preuve irréfutable de ce que nous avançons. La somme totale des richesses qui peuvent exister dans un pays comme la France est évaluée à 200 milliards[1]. Divi-

---

[1] Voici en effet le décompte en chiffres ronds :

| | |
|---|---|
| Terre........................................... | 90 milliards. |
| Maisons ...................................... | 50 — |
| Valeurs mobilières........................ | 80 — |
| Meubles, vêtements, objets de consommation... | 12 — |
| Monnaie ...................................... | 8 — |
| Total......... | 240 milliards. |

Mais il faut déduire au moins 40 milliards de rentes sur l'État et de créances

sons ce chiffre par le chiffre qui exprime la population de la France, soit 38 millions : le quotient est 5,260 francs. En supposant donc que la richesse fût répartie sur le pied d'égalité entre tous les Français, chaque famille, en supposant quatre personnes par famille, recevrait pour son lot 21,000 francs environ, dont la moitié environ en terres, un quart en maison d'habitation, un quart en valeurs mobilières et environ 800 fr. d'argent comptant. — Ce serait toujours bien mieux que la situation actuelle, dira-t-on? Sans doute : qui songe à le nier ? mais il faut du moins reconnaître que ce serait une bien modeste situation pour chacun et plus rapprochée assurément de la pauvreté que de la richesse. Le même calcul appliqué à l'Angleterre ou aux États-Unis, donnerait des résultats sensiblement analogues, et pour tout autre pays, très notablement inférieurs[1].

On peut arriver à la même conclusion par une autre voie, en considérant combien les riches sont en petit nombre, même dans les pays soi-disant riches. Ils ne représentent jamais qu'une proportion tout à fait infime de la population. On évalue de 20 à 30,000 le nombre des millionnaires qui peuvent exister en France, et cette estimation paraît confirmée par diverses observations faites dans les pays où l'établissement d'un impôt sur le revenu permet de dresser des statistiques beaucoup plus exactes[2].

hypothécaires, puisqu'elles ne représentent qu'une créance de Français sur des Français. Quelques statisticiens réduisent même cette évaluation à 180 et même 160 milliards.

[1] La fortune totale de l'Italie est évaluée à 54 milliards seulement, ce qui donnerait un quotient de 1,760 francs par tête ou 7,000 francs par famille environ, dont plus de la moitié en terres (Pantaleoni, *Giornale degli Economisti*, août 1890).

[2] En 18.., on comptait à Paris 753,981 logements. Sur ce nombre on ne comptait que 6,672 loyers de plus de 6,000 francs : il est vrai que l'évaluation officielle est inférieure d'un tiers environ à la valeur réelle. Néanmoins comme une famille riche à Paris ne met pas moins de 6 à 8,000 francs à son loyer, on voit combien, même dans cette ville où les riches du monde entier se donnent rendez-vous, ils sont encore en petit nombre.

C'est ainsi qu'en Prusse, en 1890, sur une population de 28,704,639 personnes, on ne comptait que 232,477 personnes (1 sur 124) ayant un revenu de plus de 3,000 m. (3,750 fr.) On n'en comptait que 812 (1 sur 35,000) ayant un revenu de plus de 60,000 m. (75,000 fr.).

On voit par là combien est grande l'erreur du vulgaire et même de la plupart des socialistes qui s'imaginent que pour résoudre la question sociale il suffit de rogner la part des riches pour augmenter d'autant celle des pauvres. Ce procédé puéril et grossier, en admettant même qu'il fût réalisable, n'augmenterait que dans une proportion dérisoire le revenu de l'immense majorité, de même que si l'on pouvait répartir uniformément sur toute la superficie du territoire français la masse de ses montagnes, le Mont-Blanc compris, on n'exhausserait que de quelques pieds la surface du sol.

On ne réfléchit point que s'il y a tant d'hommes en ce monde qui ont une si petite part de richesses, ce n'est pas seulement parce qu'elles sont mal réparties : c'est surtout parce qu'il n'y en a point assez. Ce qui fait la gravité du problème, ce n'est point tant l'inégale répartition des biens — on en viendrait encore assez aisément à bout — que *leur insuffisance*.

De la constatation de ce fait, il résulte ceci : c'est que quel que soit le mode de répartition que l'on vienne à proposer, il doit être rejeté sans hésitation — répondît-il d'ailleurs à l'idéal de la justice distributive — s'il peut avoir pour résultat de diminuer la production; dans ce cas, il aggraverait le mal qu'il se propose de guérir. La solution du problème de la répartition est donc soumise à cette condition *sine qua non : ne pas décourager l'activité productrice*. Et comme nous le verrons, c'est justement sur cet écueil que viennent échouer tous les systèmes socialistes[1].

---

[1] Aussi se refusent-ils énergiquement à admettre ce fait de l'insuffisance des richesses existantes. Ils ne cessent de répéter au contraire que les richesses actuelles sont déjà plus que suffisantes et que le progrès de la

La solution du problème doit satisfaire encore à une autre condition qui est dans une certaine mesure liée à la précédente, c'est *de ne pas détruire la liberté individuelle.* Or, en admettant que l'on découvre une formule de justice distributive idéale, ne faudra-t-il pas une autorité chargée de l'appliquer en faisant à chacun sa part, comme la mère de famille coupe à chaque enfant sa part de gâteau? Et la réglementation dans la répartition n'entraînera-t-elle pas forcément la réglementation dans la production et dans le travail? L'autorité quelconque chargée de la répartition pourra-t-elle au jour de la moisson compter à chacun ses gerbes, si elle laisse à chacun la liberté de semer et de labourer à son gré? Cela est peu probable. Il faudrait donc, pour éviter cet écueil, découvrir un mode de répartition qui agit de lui-même, d'une façon automatique, et sans exiger l'intervention constante d'une autorité distributive.

Cette seconde condition ne paraît pas beaucoup plus aisée à remplir que la première : — mais il est temps de voir maintenant quelles sont les solutions proposées par les diverses écoles socialistes.

science et une meilleure organisation du travail les rendraient aisément surabondantes. Voy. cette thèse optimiste développée notamment par l'anarchiste Kropotkine dans la *Conquête du pain.*

# CHAPITRE II.

## LES SOLUTIONS SOCIALISTES.

## 1.

### LE COMMUNISME.

Supposons donc, comme ne manquaient pas de le faire les réformateurs sociaux d'autrefois, que nous sommes transportés dans un monde nouveau, dans quelque pays d'Utopie, et là, faisant table rase de tout ce qui pourrait nous embarrasser, traditions, mœurs ou lois, cherchons quel est le principe de justice distributive qui devrait nous servir de règle dans la répartition des richesses.

Mais à quoi bon partager, peut-on dire tout d'abord? Tout partage sera une cause d'inégalités nouvelles : pourquoi dès lors ne pas laisser tout en commun entre les membres de la société comme entre les membres d'une même famille? — Tel est en effet le plus simple et le plus antique aussi de tous les systèmes qui aient été proposés, le *communisme* [1].

---

[1] Les auteurs qui ont fait des théories plus ou moins communistes son très nombreux, à commencer par Platon dans sa *République*, ou même Fénelon dans *Télémaque;* — mais les seuls qui puissent être considérés comme chefs d'école sont : Gracchus Babœuf, Robert Owen et Cabet.

Babœuf, qui se fit appeler Gracchus, (parce qu'il croyait que le tribun de Rome qui fit voter les lois agraires était un socialiste partageux), fut le chef de la conspiration « des Égaux » sous le Directoire, et fut condamné à mort et exécuté en 1797. Il avait exposé tout un plan d'organisation sociale dans un programme qui commençait par ces mots : « La nature a donné à chaque homme un droit égal à la jouissance de tous les

Ce n'est pas là, quoi qu'on en dise, une organisation absolument chimérique, puisqu'elle a certainement existé, sinon à l'origine de toutes les sociétés humaines, comme on l'a soutenu d'une façon un peu trop absolue, du moins à l'origine d'un grand nombre d'entr'elles[1].

Aujourd'hui encore, sans parler des congrégations catholiques, nous trouvons aux États-Unis des exemples assez nombreux et très caractérisés d'associations tout à fait communistes dont quelques-unes comptent déjà près d'un siècle

biens ». Toutefois, ce mouvement eut un caractère plutôt révolutionnaire que socialiste.

Owen, né en Écosse en 1771, et mort en 1857, fut au contraire un grand philanthrope, et, dans son usine de New-Lanark, il prépara dès le commencement de ce siècle toutes les grandes institutions philanthropiques de notre temps : limitation des heures de travail, interdiction du travail pour les enfants, sociétés ouvrières coopératives, caisses d'épargne, magasins d'approvisionnements et jusqu'à des écoles laïques. Mais il ne s'en tint pas là, rêva l'organisation de sociétés communistes et essaya de les fonder aux États-Unis, sous le nom de New-Harmony, en 1826. La tentative échoua, après quelques années de succès.

Cabet, auteur d'un de ces nombreux romans imités de l'*Utopie* de Thomas Morus, l'*Icarie,* alla fonder en 1848 la société des Icariens, qui subsiste encore aujourd'hui dans l'État d'Iowa. Son existence a été fort agitée par des querelles intestines. Elle s'est fractionnée en deux, depuis quelques années, et ne compte qu'un très petit nombre de membres (75 membres dans la *Jeune Icarie*). Elle est dans une situation assez peu brillante au point de vue financier.

Quant à Fourier, c'est bien à tort qu'on le range parmi les véritables communistes, bien qu'on ne manque jamais de le faire. En réalité, Fourier n'était communiste qu'en ce qui concerne la consommation et la production, nullement en ce qui concerne la répartition des biens. La vie commune dans le phalanstère n'était pour lui qu'un moyen d'organiser la production et la consommation dans des conditions plus économiques, mais n'avait nullement pour but d'établir l'égalité entre les hommes : elle devait laisser subsister au contraire, Fourier le dit expressément, non seulement les inégalités qui résultent du travail et du talent, mais encore celles qui résultent de l'inégalité *des apports en capitaux* (Voy. *Œuvres choisies,* édit. Guillaumin).

[1] Voy. *Les communautés de village en Orient et en Occident* de Henri Sumner Maine. — *Le caractère collectif des premières propriétés immobilières,* par M. Viollet. — *La propriété et ses formes primitives,* par M. de Laveleye.

d'existence. Si elles n'ont pas donné de résultats très considérables, elles ont cependant démontré par leur existence
même que la communauté de biens est une organisation sociale réalisable sous certaines conditions [1].

Quoique l'expérience n'ait pu être faite que sur une petite
échelle, elle démontre notamment que le système communiste
n'est pas absolument incompatible avec le travail et la production. Les membres de ces sociétés sont en général des hommes assez laborieux. Sans doute on ne trouve pas là un stimulant égal à celui de la propriété individuelle, puisque
chacun travaille et produit pour le compte de tous, au lieu de
travailler et de produire uniquement pour soi : mais on oublie, quand on fait cette objection au système communiste,
que dans nos sociétés modernes ce stimulant fait précisément
défaut pour la très grande majorité des hommes, à savoir
pour tous ceux qui en qualité de salariés ont à travailler uniquement pour le compte d'autrui. Or, il y a lieu de penser
qu'un associé qui travaille pour le compte d'une société dont
il fait lui-même partie, mettra plus de cœur à l'ouvrage que
le salarié qui travaille pour le compte d'un patron. L'argument se retourne donc contre ceux qui s'en servent.

Mais la véritable cause du discrédit dans lequel sont tombés
les systèmes communistes, c'est que les conditions indispensables à leur succès paraissent absolument incompatibles avec
les tendances de nos sociétés modernes. Pour s'en convaincre,
il suffit de considérer quelles sont ces conditions, telles que

[1] Voy. Nordhoff, *Communistic societies,* et Richard Ely, *The labor
movement in America.* — Ces associations communistes sont au nombre de 70 à 80, avec un personnel de 6 à 7,000 membres, et l'ensemble de
leurs biens représente un total qui n'est certainement pas insignifiant,
quelque chose comme 120 ou 130 millions de francs. Cela représente environ 20,000 francs par tête, proportion supérieure de beaucoup à la quote-
part de richesse qu'un semblable calcul donnerait pour nos sociétés civilisées les plus riches. (Voy. ci-dessus, p. 439.) Il y en a une de fondation
plus récente à Topolobambo, au Mexique.

nous pouvons les observer dans les quelques sociétés communistes qui ont prospéré :

1° Il faut de très petites sociétés ne dépassant pas quelques
centaines ou un millier de membres. Les communistes l'ont
bien compris du reste, car Fourier fixait le chiffre maximum
de 1,500 personnes pour son phalanstère, Owen l'établissait
entre 500 et 2,000[1], et pour les anarchistes la base de l'organisation communiste est *la commune* autonome avec suppression de l'État. La raison en est fort simple : c'est qu'à
mesure que le nombre des associés grandit, l'intérêt que chaque associé porte au succès de l'association diminue. Quand
elle est très petite, chacun peut compter bénéficier dans une
mesure appréciable de ses efforts personnels, mais dans une
société communiste qui comprendrait tous les Français, chacun ne serait intéressé que pour $1/38,000,000$ : il est bien
clair que ce serait là une fraction trop infinitésimale pour stimuler le zèle de personne.

Mais l'évolution politique de nos sociétés modernes ne
semble guère nous mener vers l'autonomie des communes et
la suppression de l'État, mais bien au contraire vers la cen-
tralisation, l'extension des pouvoirs de l'État et l'exaspération
du principe des nationalités. De plus, en ce cas, il y aurait des
communes riches et des communes pauvres et l'inégalité des
personnes serait remplacée par l'inégalité des groupes.

2° Il faut des sociétés soumises à une discipline des plus
sévères. On comprend aisément, en effet, que l'égalité que
suppose de telles associations serait incompatible avec tout
empiètement des individus pour consommer plus que leur
part, avec toute velléité d'émancipation pour se soustraire à

---

[1] Et celles que nous voyons aux États-Unis sont très peu nombreuses.
La plus considérable, celle des Shakers, est subdivisée en plusieurs communautés dont la plus considérable, celle de Mount-Lebanon, comptait
un peu moins de 400 personnes en 1876 (Nordhoff, *Communistic societies*).

leur tâche. Les établissements où règne la vie commune, couvents, casernes ou lycées, sont aussi ceux où l'obéissance est de rigueur. L'histoire de la république d'Icarie est riche en enseignements à ce point de vue : on voit les néophytes s'efforçant sans cesse de se soustraire à une règle qu'ils trouvaient insupportable et Cabet luttant vainement pour obtenir, dans l'intérêt de la communauté, des pouvoirs dictatoriaux[1].

Il est même à remarquer que dans presque tous les cas le sentiment religieux poussé jusqu'au fanatisme a été seul assez puissant pour maintenir dans ces communautés la discipline indispensable à leur existence. Toutes les sociétés communistes des États-Unis, hormis celle des Icariens, sont des sectes religieuses, et les républiques des Jésuites du Paraguay constituaient une véritable théocratie.

Or aujourd'hui les esprits ne sont guère enclins à accepter le joug d'une autorité quelconque et, moins que tout autre, un joug religieux; avec de telles dispositions, tout système de communisme paraît voué à un insuccès certain. Et cependant, par une inconséquence tout à fait piquante, la seule école socialiste qui enseigne encore aujourd'hui le communisme pur, est celle qui se donne comme la négation de toute autorité et qui prend pour devise « Ni Dieu, ni Maître », celle des anarchistes!

## II.

### LE COLLECTIVISME.

Le *collectivisme* est un communisme mitigé. Il propose de laisser indivis seulement les instruments de production, c'est-

---

[1] *Règlements de la colonie Icarienne*, 1856. — Art. 4. Agir par dévouement à la communauté. — Art. 16. S'engager à exécuter le travail qui sera attribué par l'administration. — Art. 26. N'avoir ni prédilection ni répugnance pour certains aliments. -- Art. 27. Être résigné aux gênes et aux inconvénients de la vie commune. — Art. 37. Se soumettre à la discipline, etc., etc.

à-dire la terre et les capitaux, et quant aux produits, de les répartir suivant certaines règles que nous étudierons dans le chapitre suivant.

Le collectivisme est le système auquel se sont ralliés presque tous les socialistes d'aujourd'hui[1]. Le collectivisme ne cherche pas à élaborer un plan de réorganisation d'une société nouvelle, en se fondant sur tel ou tel principe de justice *a priori*. Il a la prétention de représenter l'ordre des choses *auquel tendent les sociétés modernes* poussées, bon gré mal gré, par les lois d'une évolution fatale. Dans toutes ces sociétés, disent ses docteurs, par suite du développement de la grande industrie, du grand commerce et de la grande propriété, la production individuelle est en train de disparaître pour faire place à la production collective. Autrefois, la propriété était individuelle, mais la production l'était aussi : il y avait harmonie entre le mode de production et le mode de répartition. Mais aujourd'hui par suite du développement de la grande industrie, du grand commerce, de la grande propriété, la production individuelle disparaît chaque jour pour faire place à la production collective. Cependant la répartition continue à être fondée sur la propriété individuelle. Il y a donc une antinomie qui va grandissant au sein des sociétés modernes et qui entraînera la ruine du régime capitaliste actuel. La logique de l'évolution veut en effet qu'à un mode

---

[1] Le collectivisme ne peut pas être rattaché précisément à un nom d'homme, comme les autres écoles socialistes. C'est Colins, en Belgique, qui paraît avoir employé le premier ce mot (1850); c'est Pecqueur (1838) et Vidal (1846), en France, qui ont posé les premiers cette distinction entre les instruments de production et les objets de consommation qui constitue le trait caractéristique du système. Mais c'est Ferdinand Lassalle et surtout Karl Marx (dans son livre fameux *le Capital*, publié en 1867), tous deux allemands et juifs, qui lui ont donné sa forme critique en fournissant à ce système toutes les armes dont il se sert pour battre en brèche l'organisation actuelle de nos sociétés. C'est César de Paepe, en Belgique, (mort en 1891) qui a tracé le plan de l'organisation collectiviste. (Voy. le *Socialisme intégral* de Malon.)

de production collective corresponde désormais une forme de propriété collective. Comme ce sont les instruments de production, terres, mines, chemins de fer, usines, banques, etc., qui sont exploités collectivement sous le régime du salariat, ce sont eux qui doivent d'abord devenir propriété collective. Ils espèrent que cette mise en commun des richesses *actives*, si je puis ainsi dire, c'est-à-dire de celles qui servent à la production, suffira pour faire disparaître la plupart des vices de l'organisation sociale actuelle.

Elle ferait disparaître d'abord, disent-ils, ces extrêmes inégalités qui nous ont frappé, car ces inégalités n'ont d'autre cause que l'accumulation des capitaux ou des terres entre les mains de certaines classes, capitaux qui font la boule de neige par l'hérédité, par le prêt à intérêt, par le faire valoir, qui ne sont que des moyens *d'exploiter le bien d'autrui*. Or du jour où aucun particulier ne pourrait posséder de capitaux, ce monopole disparaîtrait forcément avec toutes ses conséquences.

Elle ferait disparaître l'oisiveté, car du jour où personne ne pourrait posséder en propre de terre ni de capitaux, il est clair qu'il n'y aurait plus de place pour une classe de rentiers vivant de leurs placements ou de leurs fermages.

Elle ferait disparaître le paupérisme, car si la société devenait propriétaire de toute la terre et de tous les capitaux, ce serait à charge d'assurer du travail à tous ceux qui seraient en état de travailler, et quant à ceux qui en seraient incapables, de leur assurer au moins l'existence.

D'autre part, le collectivisme, en conservant la propriété individuelle des produits du travail, des objets de consommation, avec le droit de libre disposition, nous promet d'éviter les dangers du communisme et de sauvegarder pleinement la liberté individuelle.

Sans entrer ici dans une étude critique de ce système, qui exigerait de longs développements [1], nous nous bornerons à

---

[1] Voyez les critiques formulées dans le livre de M. Leroy-Beaulieu sur

faire remarquer que la distinction entre les instruments de production et les objets de consommation, sur laquelle le collectivisme a édifié tout son système, constitue une base très fragile.

Cette distinction, d'abord, est sans valeur au point de vue moral. L'instrument de production, qu'on l'appelle ou non capital, peut être le produit du travail tout aussi bien qu'un objet de consommation et peut constituer par conséquent une propriété tout aussi légitime. Le bon sens se révolte à l'idée qu'un carrosse pourra constituer l'objet d'un droit de propriété légitime parce que c'est un objet de consommation, tandis que la barque et les filets d'un pêcheur ne le pourront pas parce que ce sont des instruments de production. Il est vrai que les collectivistes répondent peut-être, et de fait ils ont déjà donné cette réponse, qu'ils n'entendent pas confisquer les capitaux qui servent simplement d'instruments au travail individuel, mais seulement *ceux qui permettent à leurs possesseurs de faire travailler d'autres hommes pour leur propre compte*, usines, mines, grandes fermes, etc.[1]. Mais alors cette distinction revient tout simplement à dire qu'on confisquera les gros capitaux et non pas les petits, et elle perd sa prétendue rigueur scientifique : ce n'est plus qu'un vulgaire système égalitaire.

Au point de vue pratique, cette distinction ne paraît pas plus acceptable. Nous avons vu en effet (Voy. ci-dessus, p. 140), qu'un grand nombre de richesses, à raison de leurs pro-

---

*Le Collectivisme.* — Voy. aussi les nombreux passages où nous parlons des solutions collectivistes à mesure que nous les rencontrons. Cherchez à la table alphabétique, au mot *Collectivisme.*

[1] Dans ces dernières années surtout, les programmes du parti collectiviste proclament qu'ils respecteront la propriété du petit paysan, du petit artisan, du petit boutiquier. Mais c'est là évidemment une tactique qui n'a d'autre but que de rassurer la masse des petits propriétaires, car il est à remarquer (et les collectivistes sont les premiers à le déclarer) que ces formes de petite propriété sont précisément les plus arriérées et, au point de vue du progrès, celles qu'il faudrait supprimer les premières.

priétés diverses, peuvent figurer aussi bien parmi les capitaux
que parmi les objets de consommation et même que la qualité de capital dépend beaucoup moins de la nature de la richesse que de l'emploi que l'on en fait. N'importe quel objet
de consommation peut devenir capital par cela seul qu'on lui
donne un emploi productif. Donc le système collectiviste, en
prohibant la propriété privée des capitaux, aboutit simplement
en fait *à interdire aux particuliers tout emploi productif de
la richesse* et à leur permettre seulement les emplois improductifs, à leur permettre, par exemple, de se servir de leur blé
pour le manger, mais non pour le semer, ce qui peut être considéré comme un résultat assez paradoxal et en tout cas peu
rassurant pour l'avenir de la production.

Il faut de plus remarquer que pour faire respecter une semblable prohibition, c'est-à-dire pour empêcher tout individu
de faire valoir librement la part de richesses qui lui est attri-
buée et sur laquelle le collectiviste lui-même lui reconnaît
un droit de légitime propriété, il faut recourir à des mesures
*singulièrement vexatoires pour la liberté*; il faut l'empêcher de
la vendre, de la prêter, de la faire valoir (Voy. plus loin, *Des
attributs du droit de propriété*). Dès lors le droit de propriété,
ainsi mutilé de ses attributs les plus essentiels, ne sera plus
qu'un mot, qu'une ombre, et nous retomberons dans le communisme pur et simple. Si, au contraire, le collectivisme se
montre jaloux de respecter la liberté des individus, s'il entend
laisser intact leur droit de propriété au moins sur cette part
de richesses qu'il leur reconnaît, le droit d'en disposer à titre
gratuit ou à titre onéreux, entre-vifs ou après la mort, en ce
cas, si réduite que soit la part de la propriété individuelle,
elle suffira pour reconstituer en peu d'années un ordre social
qui ne différera guère de l'ordre actuel. — Il semble donc
que le système collectiviste se flatte vainement, comme il l'espère, de tenir le juste milieu entre le communisme et le régime individualiste et qu'il ne puisse échapper à la nécessité

de verser dans le premier de ces deux régimes ou de retourner au second.

## III.

### LES DIFFÉRENTES FORMULES DE PARTAGE.

Les écoles socialistes qui ne veulent pas du communisme
sont obligées de chercher une règle de partage. Le collectivisme lui-même ne peut se dispenser d'en chercher une, sinon pour les capitaux qui restent indivis, du moins *pour les
revenus.*

Or le problème n'est pas aisé, même en le transportant sur
le terrain purement spéculatif, c'est-à-dire en faisant abstraction de tout droit acquis. Il ne sert à rien en effet de dire que le
partage doit se faire conformément à la justice. Car qu'est-ce
que la justice? C'est accorder à chacun ce qui lui est dû, *suum
cuique tribuere.* Or, c'est en ceci justement que gît la difficulté de déterminer ce qui doit revenir à chacun. Où est le
critérium qui nous permettra de le reconnaître?

Les systèmes socialistes se sont attachés, suivant les écoles,
à l'une des quatre formules suivantes :

        A chacun part égale,
        A chacun selon ses besoins,
        A chacun selon sa capacité,
        A chacun selon son travail.

Examinons-les successivement.

### § 1. — A chacun part égale.

Nous ne mentionnons cette première formule que pour
mémoire, car les socialistes eux-mêmes l'ont depuis longtemps
abandonnée : il n'y a plus de *partageux* dans le sens littéral

de ce mot. Les socialistes égalitaires ne sont plus aujourd'hui partageux, ils sont communistes, ce qui n'est pas du tout la même chose : c'est même l'inverse, puisque le communisme n'est point un système de partage, mais au contraire la négation de tout partage [1].

## § 2. — A chacun selon ses besoins [2].

Si l'on entend par cette formule que le meilleur système de répartition serait celui qui assurerait à chaque homme tout ce qui serait nécessaire à ses besoins ou à ses désirs, assurément personne ne contestera l'évidence puérile d'une telle proposition.

Mais pour assurer à tout homme une quantité de richesses suffisantes pour combler ses vœux, il faudrait que les richesses fussent en quantité illimitée ou du moins surabondante, et en pareil cas il serait superflu de s'occuper de leur répar-

---

[1] Il est vraisemblable, cependant, que le partage égal, à raison de sa simplicité, a dû être mis en pratique dans un très grand nombre de sociétés primitives qui ne comptaient qu'un petit nombre d'hommes et une seule catégorie de richesses, la terre. En effet, les antiques législateurs dont l'histoire ou la légende nous ont transmis les noms, Minos, Lycurgue, Romulus, paraissent avoir procédé à un partage égal de la terre, sinon par tête, du moins par famille. Et, comme au bout de quelques générations l'égalité primitive se trouvait nécessairement rompue, on la rétablissait par de nouveaux partages, à intervalles réglés. Cet antique usage a subsisté dans bien des régions de l'Allemagne et de l'Angleterre pendant le moyen âge, et on le retrouve même à cette heure, sous des formes atténuées, en Russie et en Asie.

L'organisation des communes Russes fameuses sous le nom de *mir* — avec les partages périodiques de la terre tous les trois ans ou par périodes plus longues, chaque famille ayant pendant cette période la jouissance individuelle de son lot — peut être considérée comme une application du système du partage égal.

[2] C'était la formule de Louis Blanc en 1848 : « A Dieu ne plaise que nous considérions l'égalité des salaires comme réalisant d'une façon complète le principe de la justice! La vraie formule est celle-ci : Que chacun produise selon son aptitude et ses forces, *que chacun consomme selon ses besoins* ». *Organisation du travail*, ch. V.

tilion : la question n'existerait plus. Suivant l'expression pittoresque des anarchistes, on prendrait « au tas. » Malheureusement nous n'en sommes pas là. Une ville peut bien distribuer l'eau à chacun de ses habitants selon leurs besoins, si elle en a assez pour cela, mais elle serait bien en peine de leur fournir à discrétion le pain, le vin, la viande, les vêtements, logements, meubles, équipages, etc.

Il faut donc de toute nécessité modifier la formule et se contenter de dire que la richesse sera répartie *proportionnellement aux besoins de chacun.* Le rationnement s'impose.

Mais dès lors un semblable principe prête le flanc aux plus graves objections.

Il suppose d'abord une évaluation des besoins des hommes : or, toute commune mesure, pour faire une semblable évaluation, nous fait absolument défaut. De combien les besoins d'un artiste sont-ils supérieurs à ceux d'un manœuvre?

Il suppose de plus un jugement motivé sur l'utilité et la moralité de ces besoins, car assurément on ne saurait prendre comme base de répartition des besoins ou des désirs quelconques, mais seulement ceux-là qu'on jugera légitimes, sans quoi on conférerait une prime à toutes les convoitises; — or quelle sera l'autorité qui estampillera ainsi les besoins des hommes, acceptera ceux-ci pour rejeter ceux-là?

Quand on cherche à donner à cette formule une application pratique, on arrive tout simplement à ceci : que les hommes vivront dans la société, comme au sein d'une grande famille où chacun en effet consomme suivant son âge, son sexe son état de santé ou de maladie — et, bien entendu, dans la mesure des ressources de cette famille. Réduite à ces termes, notre formule prend un sens intelligible, mais aussi elle ne se distingue plus du communisme[1].

---

[1] Les socialistes qui adoptent encore aujourd'hui cette formule ne sont en effet que les communistes anarchistes.

## § 3. — A chacun selon sa capacité.

C'est la devise fameuse de l'école de Saint-Simon : « A chacun suivant sa capacité, à chaque capacité suivant ses œuvres[1] ». Mais qui sera chargé de déterminer la capacité et
le mérite de chacun et la rémunération à laquelle il aurait
droit? — Ce sera le gouvernement, qui nommera chaque individu dans chaque genre de travail, absolument comme il
nomme aujourd'hui les fonctionnaires et leur assigne un rang
et un traitement proportionnel à leur mérite présumé[2]. Mais
ce gouvernement devra donc être un pape infaillible, comme
l'était, en effet, « le prêtre » dans le système de Saint-Simon,
pour qu'on puisse songer à lui attribuer un aussi prodigieux
pouvoir? — Les Saint-Simoniens insistent surtout sur ce fait
que dans notre société les richesses sont réparties uniquement
par le privilège de la naissance et sans aucun égard aux capacités de ceux qui seront investis de ces richesses. — Il est
vrai, mais le sentiment public est certainement moins choqué
de voir la fortune distribuée comme aujourd'hui par le hasard
de la naissance qu'il ne le serait de la voir dispensée par la
faveur et l'arbitraire du gouvernement. Et si on remplaçait le

---

[1] Saint-Simon, mort en 1825, n'a laissé qu'un système politico-religieux
assez incohérent. Mais il laissa une grande école qui exerça une véritable
fascination sur les esprits les plus distingués de ce temps, et deux de ses
disciples, Bazard et Enfantin, développèrent singulièrement sa doctrine
et lui donnèrent plus de précision, en particulier au point de vue économique.

[2] « Chacun étant rétribué suivant sa fonction, ce qu'on nomme aujour-
d'hui le revenu ne sera plus qu'un appointement ou une retraite » (Doctrine de Saint-Simon, 7e Séance). — « Le maire, c'est-à-dire le chef industriel, est sans cesse occupé de se procurer les lumières qui peuvent lui
faire apprécier si tel citoyen est plus capable que tout autre de cultiver
une ferme ou de diriger un atelier. Il distribue à chacun les fonctions selon sa capacité... ajoutons que c'est lui aussi qui règle les émoluments, le
revenu de la fonction » (Économie politique, XIIe article, Organisation industrielle).

choix du gouvernement par le suffrage des électeurs, on peut
compter que ce ne serait pas précisément le régime des capacités qui serait réalisé. Et si on se rabattait sur un système
de concours et d'examens s'étendant à tous les genres de travaux et d'occupations depuis les plus infimes jusqu'aux plus
relevés, on créerait le pire des mandarinats. Disons même
que si un tel système est sans valeur au point de vue prati-
tique, il ne vaut pas davantage au point de vue de la justice.
La supériorité intellectuelle ou physique ne doit pas être un
titre à la richesse. Elle constitue par elle-même un privilège
suffisant et n'a pas besoin d'être aggravée par un nouveau
privilège, à savoir le droit de revendiquer une plus forte part
des biens matériels[1].

### § 4. — A chacun selon son travail.

Cette formule est celle à laquelle aujourd'hui tout le monde,
en théorie du moins, se rallie : mais elle peut être entendue
en deux sens très différents qu'il importe de distinguer avec
soin — ce qu'on ne fait pas toujours.

§ 1. Elle peut signifier tout d'abord : *à chacun le produit de
son travail*, c'est-à-dire que chacun doit avoir pour sa part la
chose même qu'il a produite[2]. Cette formule paraît à première
vue très conforme à la justice, car qu'y a-t-il de plus juste
que de reconnaître à chaque homme un droit sur cette part de
richesses qu'il a créée et qui sans lui par conséquent n'existerait pas? Elle paraît aussi d'une application fort simple, car
qu'y a-t-il de plus simple que de laisser à chacun pour sa part
la chose même qu'il a produite? Cela dispense de tout calcul,

[1] « A consulter l'opinion publique, il semblerait que le plus intelligent
et le plus habile est une sorte de créancier naturel des esprits ordinaires.
Mais ce sont là de graves erreurs contre la loi morale ». Renouvier, *Morale*, t. II.

[2] « L'ouvrier a droit à l'intégralité du produit de son travail », c'est
une formule qui revient à chaque instant dans les revendications ouvrières.

de toute intervention de l'autorité : le législateur n'a plus à faire les parts — chacun se fait lui-même la sienne en la créant : — son rôle se borne à empêcher de prendre la part du voisin. Enfin elle paraît répondre mieux que toute autre à cette condition capitale que nous ne devons jamais perdre de vue, à savoir de stimuler la production. Que peut-on imaginer de mieux pour stimuler au plus haut point l'activité individuelle que de dire à chaque homme : « Fais ce que tu pourras ou ce que tu voudras, et garde pour toi ce que tu auras produit : ce sera là ton lot. Tant mieux pour toi si ta part est belle, tant pis si elle est exiguë » ?

Malheureusement cette formule, malgré sa simplicité apparente, est absolument inapplicable.

Elle pourrait l'être à la rigueur dans une société très primitive où la division du travail n'existerait pas, sous un régime de petite propriété et de petite industrie où chacun, vivant du travail de ses mains, ne produirait guère que ce qu'il doit consommer et ne consommerait guère que ce qu'il a produit. Aussi bien, sous un semblable régime la question sociale ne se poserait-elle pas. Mais dans nos grandes sociétés modernes, la division du travail d'une part, la grande production d'autre part, ne permettent plus de reconnaître et de déterminer le produit du travail de chacun. Qu'on essaie dans une entreprise, comme celle d'une compagnie de chemin de fer, ou même dans un modeste atelier, de dire quel est le produit du travail de chaque employé ! Que le commerçant, que l'agent de transports, que le professeur nous montre sous une forme sensible le produit de leur travail ! Du jour où la production cesse d'être individuelle pour devenir collective, la formule a chacun le produit de son travail n'a plus de sens.

Stanley Jevons compare l'opération de la production, dans laquelle viennent se combiner tous les éléments de la production, à la cuisine des trois sorcières de Macbeth qui jettent et agitent dans leur chaudron les substances les plus hétérogènes pour composer leur infernale mixture. Par quelle analyse subtile arriverons-nous à reconnaître dans cette combinaison la part qui doit revenir à chacun?

Du reste, alors même que cette formule serait applicable, elle laisserait fort à désirer au point de vue moral. Elle conduirait en effet à l'individualisme le plus étroit, à la négation complète de cette solidarité qui est le ciment de toute société humaine : — par exemple à la suppression de toute assistance pour les indigents, puisque ceux-ci n'ayant rien produit ne devraient rien avoir. A chacun le produit de son travail, ce n'est en somme, sous une apparence plus scientifique, que l'adage bien connu *chacun pour soi.* Si l'on veut avoir une idée de ce que produirait la réalisation en grand de cette formule, il suffit d'aller voir tel village de petits paysans de France où chacun, courbé sur son lopin de terre qu'il fouille obstinément, ne vit que pour son travail et ne s'inquiète pas le moins du monde de ses voisins ni même de ses proches.

§ 2. Renonçons donc à prendre dans son sens absolu la formule « à chacun le produit de son travail », et essayons de la modifier en ce sens : à chacun *l'équivalent du produit de son travail.* — Seulement cette petite modification, qui n'a l'air de rien, enlève à la formule toute la simplicité qui en faisait le prix. Il s'agit en effet de déterminer cet équivalent et rien n'est plus difficile.

On peut concevoir deux façons d'apprécier cette équivalence, soit *par la peine prise,* soit *par les résultats obtenus.*

S'il existait un moyen pratique de mesurer la peine prise, ce serait, à notre avis, la meilleure des formules de la justice distributive. Il paraît équitable en effet de proportionner la rémunération de chacun à la peine qu'il a prise, au sacrifice qu'il a consenti, à la bonne volonté dont il a fait preuve[1], —

---

[1] C'est Kant qui a dit : « De toutes les choses qu'il est possible de concevoir dans ce monde, il n'y a qu'une seule chose qu'on puisse tenir pour bonne sans restriction, c'est une bonne volonté ».

et cela indépendamment des circonstances intrinsèques, telles que la supériorité ou l'infériorité de ses facultés physiques et intellectuelles, les chances favorables ou défavorables qui ont pu rendre son travail plus ou moins efficace. Le travail d'un balayeur de rues nous paraît, au point de vue de la justice absolue, mériter une rémunération égale au travail d'un James Watt ou d'un Pasteur, si d'ailleurs il a été fait en conscience, c'est-à-dire si cet homme a fait tout ce qu'il pouvait faire : telle est bien l'idée que nous nous faisons même de la Justice divine, quand nous affirmons qu'elle mesurera aux hommes les récompenses et les châtiments suivant ce qu'ils auront voulu faire, plutôt que ce qu'ils auront fait, qu'elle tiendra compte des intentions et non des résultats.

L'école collectiviste se flatte d'avoir trouvé cette mesure de la peine prise dans *le temps consacré au travail*. Chacun dans ce système devrait avoir une rémunération proportionnelle au nombre d'heures qu'il a consacrées au travail de la production[1].

Mais quelle chimère de prétendre évaluer la peine prise dans un travail quelconque par le temps qu'on y met ! C'est plutôt la paresse qu'on mesurerait de la sorte ! C'est l'*intensité* du travail qu'il faudrait pouvoir mesurer et non sa durée. Chacun sait qu'un ouvrier agricole qui travaille à prix fait, dans le même laps de temps, dépense trois fois plus de forces et prend trois fois plus de peine que celui qui travaille à la journée. Encore ne considérons-nous dans cet exemple que des travaux de même nature, mais qui songera à mesurer par le temps le travail du laboureur qui défriche une pièce de

---

[1] C'est là le système de Karl Marx, autrefois le chef de l'Internationale et resté le maître et l'oracle de l'école collectiviste. Karl Marx, mort en 1883, a publié en 1867 un livre célèbre à juste titre : *le Capital*. « La « quantité de travail a pour mesure sa durée dans le temps. Le travail « qui forme la substance et la valeur des marchandises est du travail « égal et indistinct, *une dépense de la même force* ». Édit. française, p. 15.

terre et celui d'un peintre qui couvre sa toile? Pourquoi aussi ne pas les mesurer à la toise[1]? Nos peines, pas plus que nos plaisirs, ne se laissent mesurer au cadran de l'horloge.

Karl Marx répond à cette objection en disant qu'il ne s'agit pas de mesurer le temps consacré par tel ou tel individu à un travail déterminé, mais du temps socialement nécessaire pour la production de telle ou telle marchandise. Et ce temps sera calculé d'après les données de la statistique. Ainsi, connaissant le nombre d'hectolitres de blé produits annuellement en France, le nombre d'ouvriers occupés à les produire et enfin le nombre d'heures employées par ces mêmes ouvriers, il ne sera pas difficile de déterminer par une simple division le nombre d'heures nécessaire en moyenne pour produire un hectolitre de blé.

Mais si l'on veut rester fidèle à l'idéal de justice que notre formule se proposait de réaliser, c'est du travail individuel qu'il faut tenir compte et non pas du travail social : la justice est individuelle ou elle n'est pas : elle n'a que faire des moyennes. Soit évalué à 10 jours la durée du travail social nécessaire en moyenne pour produire *un* hectolitre de blé, il est évident, d'après le calcul de Karl Marx, que l'homme habile ou heureux qui aura su en produire *deux* dans le même intervalle de temps touchera double part, tandis que l'homme maladroit ou malheureux qui n'aura su en produire que *la moitié* d'un, ne recevra qu'une demi-part. Ce n'est donc plus le principe *à chacun selon sa peine* : c'est le principe *à chacun selon ses résultats*, ce qui est tout différent.

Reste donc une seule façon d'appliquer notre formule : à

---

[1] Proudhon avait dit, longtemps avant de connaître la théorie de Karl Marx : « Le temps, abstraction faite des différences industrielles, est une mesure arbitraire, un vrai lit de Procuste, sur lequel le travail mutilé ou distendu se révolte, où la liberté et l'égalité expirent ». Et bien avant lui encore, Molière avait dit plus simplement par la bouche du Misanthrope :

Voyons, Monsieur, le temps ne fait rien à l'affaire.

chacun l'équivalent du produit de son travail, — c'est de mesurer ce travail par ses résultats, par l'utilité sociale des produits obtenus ou des services rendus. C'est ce qu'on exprime
quelquefois par la formule un peu trop vague : *à chacun
selon ses œuvres.*

Cette dernière formule, c'est justement, disent les économistes de l'école classique, celle qui est réalisée dans le
monde où nous vivons. Chacun de nous en ce monde vit en
vendant ses produits ou ses services, et sa rémunération, par
conséquent, n'est-elle pas directement proportionnelle à la
valeur de ses produits ou de ses services?

Oui, mais cette valeur, nous l'avons déjà fait remarquer,
est déterminée par les hasards de la loi de l'offre et de la demande, mais non par le service rendu, — par l'utilité finale,
mais non par l'utilité sociale. Nous ne saurions donc admettre
que la loi des valeurs satisfasse pleinement à la formule : à
chacun l'équivalent du produit de son travail[1].

Arrivés au terme de cette analyse critique et faute de trouver une formule de partage d'une réalisation possible, nous
sommes bien obligés, faute de mieux, d'accepter la loi des valeurs telle qu'elle existe, comme une loi naturelle que nous ne
saurions changer — et comme les lois naturelles aussi, agissant indépendamment de toute idée de justice *a priori.* La seule
chose donc qui nous reste à faire, c'est de chercher à corriger
les effets injustes que cette loi des valeurs peut introduire
dans la répartition des richesses, — comme nous nous efforçons
avec plus ou moins de succès de conjurer les effets des lois
naturelles dans les conséquences fâcheuses qu'elles peuvent
avoir pour nous[2]. Nous aurons à en chercher les moyens au

---

[1] Cependant M. Cauwès (*op. cit.*, t. I, p. 308), estime, comme Bastiat
lui-même, que la justice est parfaitement satisfaite, la valeur, d'après lui,
étant proportionnelle au travail épargné et par conséquent au service rendu.
Voir p. 68, note, la critique que nous avons déjà faite de cette théorie.

[2] Voy. *Notions préliminaires*, p. 27.

fur et à mesure de nos explications; nous les trouverons soit dans l'initiative s'exerçant par la voie de l'association, soit dans l'intervention de l'État s'exerçant par la loi.

## IV.

C'est l'action de la concurrence seule qui, comme la pression d'un ressort, ramène sans cesse la valeur des choses au niveau du coût de production (Voy. p. 77). C'est dans ce cas seulement qu'il existe une relation entre le travail et la valeur. Il suffit donc que la concurrence ne fonctionne pas ou fonctionne mal, pour que la loi de la valeur reprenne tout son empire, et pour que les richesses soient de nouveau réparties d'une façon fort inégale.

Or, cette situation dans laquelle la concurrence ne s'exerce pas ou s'exerce mal, porte le nom de *monopole* (Voy. p. 154). Le monopole existe toutes les fois qu'une personne, pour une cause quelconque, est en situation de produire une chose (ou de rendre un service) que d'autres ne peuvent produire aussi bien qu'elle. Dès lors, la valeur de ce produit n'étant plus soumise à l'action égalisatrice de la concurrence se fixe uniquement d'après son utilité et sa rareté : le producteur vend sa chose au prix que les consommateurs consentent à donner, et il peut jouir ainsi d'un revenu peut-être fort élevé et sans relation nécessaire avec son travail.

Cette situation privilégiée peut tenir à l'une des causes suivantes :

1° Des capacités exceptionnelles en fait de talent ou d'habileté. Par exemple, les monopoles d'un peintre célèbre, d'une cantatrice en vogue, d'un chirurgien habile, d'une modiste en renom.

2° La possession d'un agent naturel doué de propriétés particulières, par exemple, la possession de certains terrains spéciaux pour la production du vin, de mines, de chutes d'eau [1].

3° Une disposition législative qui n'ouvre l'accès de certaines industries qu'à un nombre déterminé de personnes remplissant certaines conditions. Par exemple, les monopoles des agents de change, des notaires [2], des compagnies de chemins de fer, de gaz, d'omnibus, de la Banque de France, etc., et de toutes industries munies d'un brevet.

Ces monopoles tendent-ils à disparaître?

En ce qui concerne la première et la seconde catégorie, on ne voit aucune raison pour le prévoir. Au contraire, la facilité des communications et la solidarité qui tend à établir entre des centaines de millions d'hommes une certaine communauté d'appréciations et de sentiments, élargit pour ainsi dire indéfiniment le monopole d'un artiste célèbre ou même simplement d'une diva à la mode, d'une marque de vins de Champagne ou d'un modèle d'une modiste de Paris et lui donne pour tributaires le monde entier.

En ce qui concerne la troisième catégorie, au contraire, il y a lieu de penser que par le développement de l'esprit démocratique qui hait les privilèges conférés à une personne ou à une classe, ils seront abolis; mais il faut remarquer qu'ils tendront à être remplacés par toute une catégorie de nouveaux monopoles issus de la concurrence elle-même (grands magasins, par exemple), ou créés au profit des États ou des villes (chemins de fer, gaz, eaux, éclairages, tramways, etc.).

---

[1] Le gouvernement du Pérou pendant 40 ans a tiré plus de 100 millions de revenu de ses gisements de guano. Chaque tonne coûtait 4 à 5 fr. de frais d'extraction et était vendue environ 30 fois cette valeur.

[2] La valeur des offices ministériels (notaires, avoués, huissiers, commissaires-priseurs) a été évaluée par une statistique du Ministère de la justice de 1891 à 873 millions, rapportant environ 200 millions. En ajoutant la valeur des charges d'agents de change et de quelques autres petits monopoles légaux, on dépasserait un milliard. De tous les monopoles, ce sont les plus onéreux et les plus inutiles pour le public.

# CHAPITRE III.

## LE DROIT DE PROPRIÉTÉ.

### I.

#### DE L'ORIGINE DU DROIT DE PROPRIÉTÉ?

Le droit de propriété individuelle est le droit qu'une personne peut exercer *sur une chose à l'exclusion de toute autre personne.*

Les économistes de l'école de Bastiat donnent pour fondement à ce droit, le travail : l'homme serait propriétaire des choses qu'il aurait créées par son activité et qui ne seraient en quelque sorte que l'extension légitime de sa personnalité. Mais celui qui voudrait se servir de ce critérium dans la pratique s'exposerait à d'étranges déceptions. Faisons l'inventaire de votre patrimoine : cette maison est-elle le produit de votre travail? — Non : elle me vient de ma famille. — Cette forêt, ces prairies sont-elles le produit de votre travail? — Non : elles ne sont le produit du travail de personne. — Ces marchandises qui remplissent vos magasins ou ces récoltes qui remplissent vos greniers, sont-elles le produit de votre travail? — Non : elles sont le produit du travail de mes ouvriers ou de mes fermiers. — Mais alors...?

Les jurisconsultes sont plus prudents et plus exacts. Il est à remarquer que ni le Code civil français, issu pourtant de la Révolution, ni bien moins encore les textes du droit Romain, dans les définitions qu'ils donnent du droit de propriété, n'y ont fait entrer le travail! Ils acceptent la propriété comme un fait et la définissent par ses attributs, sans se préoccuper de la justifier. Il est à remarquer même qu'ils ne font pas figurer le travail au nombre des nombreux modes d'acquisition de la propriété qu'ils énumèrent.

C'est l'*occupation* qui figure d'ordinaire dans les diverses législations comme le fait originaire d'où découle le droit de propriété. Et c'est bien là la vérité, car, comme on l'a dit très bien : « Historiquement et logiquement l'appropriation précède toute production... Les races primitives regardent la possession comme le meilleur titre de propriété. La priorité d'occupation est le seul titre qui puisse être préféré au droit du plus fort [1] ». Toutefois comme l'occupation ne figure qu'à l'origine de la propriété et qu'il n'est pas en général possible, dans la vérification des titres de propriété, de remonter aux origines, en pratique, c'est la *prescription* qui la remplace : mais la prescription n'est elle-même qu'un fait de possession, tout comme l'occupation, et dépourvu comme celle-ci de toute valeur morale. — Acceptons donc aussi la propriété individuelle comme un fait historique et étudions-la maintenant dans ses attributs et dans les choses sur lesquelles elle porte.

## II.

### QUELS SONT LES ATTRIBUTS DU DROIT DE PROPRIÉTÉ?

Le droit de propriété est défini par les jurisconsultes romains *jus utendi, fruendi et abutendi*, et par le Code civil français : « le droit de jouir et de disposer des choses de la façon la plus absolue ». Mais, dans cette définition, comme le savent tous les étudiants en droit, c'est le droit absolu de disposer, le *jus abutendi*, qui est le seul attribut caractéristique

[1] Graham-Sumner, *Des devoirs respectifs des classes de la société.*

du droit de propriété. Réduit au *jus utendi* ou *fruendi*, ce ne serait plus le droit de propriété, ce ne serait qu'un droit d'usufruit ou d'usage.

Mais ce droit « de disposer absolument de sa chose » se présente sous des aspects très divers et que nous avons maintenant à les passer en revue [1].

§ 1. Le propriétaire peut disposer de sa chose à titre onéreux par *vente, location* ou *prêt*, ou en la mettant entre les mains d'ouvriers salariés pour *la faire valoir.*

Ce mode d'emploi a des conséquences graves au point de vue de la répartition des richesses. Il va nécessairement créer dans la société des « classes » : d'une part débiteurs, locataires, travailleurs à gage qui auront tous plus ou moins à travailler pour le compte d'autrui, et d'autre part propriétaires rentiers, ou propriétaires patrons qui recueilleront plus ou moins les fruits du travail d'autrui. C'est quand nous nous occuperons des diverses catégories de co-partageants que nous aurons à apprécier ces conséquences diverses.

Pour le moment, nous nous bornerons à constater que ce sont là des attributs inséparables du droit de propriété. En ce qui touche d'abord la faculté de vendre ou d'échanger, il suffit de remarquer que sans elle le droit de propriété ne servirait à rien. En effet, étant donnée l'organisation de nos sociétés fondées sur la division du travail, chacun de nous ne produisant que pour l'échange, supprimer l'échange, ce serait supprimer du même coup toute division du travail et ramener la société à l'état sauvage. Aussi personne n'a-t-il songé à contester au propriétaire d'une chose le droit de l'échanger.

Mais le droit de vendre, c'est-à-dire de céder sa chose à

---

[1] Nous n'avons à nous occuper ici que des modes de disposition de la propriété qui influent sur la répartition des richesses parce qu'ils impliquent un *transfert* de propriété. Quant à ceux qui ne supposent qu'un emploi personnel de la richesse (consommation reproductive ou improductive — thésaurisation), nous nous en sommes occupés dans la partie relative à la *Consommation.*

prix d'argent, une fois accordé, le droit de la céder à n'importe quelles conditions, par exemple de la céder à temps et
moyennant une annuité payable pendant la durée de ce temps
(location, bail à ferme, prêt à intérêt) — ou bien encore de
la céder à des ouvriers à la charge de fournir une certaine
somme de travail (faire valoir), — en découle forcément.

§ 2. Le propriétaire peut disposer de sa chose à titre gratuit
par *don* ou par *legs*.

Ce mode d'emploi a des conséquences aussi graves au point
de vue de la répartition, car en permettant à ceux qui ont
acquis la richesse par leur travail de la transférer à d'autres
personnes qui n'ont point travaillé pour l'obtenir, il peut faire
naître dans la société, à côté de chaque travailleur, un oisif:
il peut créer des classes improductives qui verront la richesse
s'accumuler entre leurs mains sans avoir rien fait pour la
mériter, *fruges consumere nati*.

Cela est vrai, mais d'autre part on ne peut songer à dé-
pouiller le propriétaire d'une chose du droit de la donner de
son vivant ou après lui. S'il peut la détruire, comment ne pourrait-il la donner? s'il peut la consommer pour sa propre satisfaction — peut-être d'une façon absurde, — pourquoi ne
pourrait-il la faire consommer à d'autres[1]? Le plus noble et
le plus enviable avantage du droit de propriété, n'est-ce pas
de pouvoir en communiquer aux autres les bienfaits? Ils sont
nombreux en ce monde, il faut le dire à l'honneur de la nature humaine, les hommes qui travaillent et qui épargnent
bien moins pour eux-mêmes que pour d'autres. Si vous les
forcez à ne songer qu'à eux-mêmes, ils travailleront moins et
dépenseront davantage. Que de richesses en ce cas jetées à la
consommation improductive par un train de vie plus large!
Que d'années soustraites au travail productif par une retraite

---

[1] L'histoire des sociétés primitives nous apprend que le don, le présent,
est un des modes les plus anciens de disposer de la richesse et qui probablement même a précédé l'échange et la vente.

prématurée ! En enlevant aux hommes le droit de disposer du
fruit de leurs travaux, on brise un des plus puissants ressorts de la production. Des biens dont nous ne pourrions plus
disposer, qui seraient intransmissibles, perdraient par là
même une partie de leur utilité : ils seraient moins désirés
et on ferait moins d'efforts pour les produire[1]. Il n'y a pas
lieu de souhaiter que les riches disposent moins souvent de
leurs biens à titre gratuit : il faudrait souhaiter au contraire
qu'ils le fissent davantage, qu'ils prissent tous pour règle de
faire dans leur testament une place aux œuvres philanthropiques ou intellectuelles, et de grossir par là, comme le font
déjà les riches Américains, le patrimoine commun à tous[2].

§ 3. Le droit de propriété, portant sur une chose, dure naturellement autant que cette chose elle-même, plus ou moins
longtemps suivant que celle-ci a une plus ou moins longue
durée. Or, il y a une catégorie de richesses — une seule il est
vrai, mais qui par son importance représente plus de la moitié des richesses existantes, — qui dure éternellement : c'est
la terre. Il y a une autre catégorie de richesses non moins
considérable et qui ont aussi une perpétuité qu'on pourrait

---

[1] On a essayé de distinguer entre la donation et le legs, entre le droit
de donner *de son vivant* et le droit de donner *après sa mort*, et de n'admettre que le premier seulement : le droit de propriété individuelle, et
par conséquent le droit de disposer, dit-on, disparaît avec l'homme lui-
même. Mais c'est là mal comprendre le droit de propriété. Comme le dit
la forte langue du droit, ce droit est *réel* et non personnel : si même on
le fait reposer sur le travail, il faut reconnaître qu'il doit durer aussi longtemps que dure le résultat du travail, c'est-à-dire aussi longtemps que
dure la richesse acquise. Si d'ailleurs on se refusait à admettre le droit
de léguer sous prétexte qu'il ne produit effet qu'après la mort du propriétaire, il faudrait écarter de même l'aliénation dont les conséquences survivent évidemment au disposant et tout mode de disposition ayant un caractère définitif, tous ceux que le droit civil interdit à l'usufruitier.

En fait, du reste, la distinction serait presque impossible à appliquer,
diverses combinaisons bien connues des jurisconsultes, par exemple la
donation avec réserve d'usufruit, permettant toujours de l'éluder.

[2] Voy. Carnegie, l'*Évangile de la Richesse*.

appeler artificielle, en ce sens que celles-ci tirent leur perpétuité non pas précisément de leur nature, mais de certaines
conventions : ce sont les capitaux représentés par des titres,
rentes sur l'État, etc. Or, si le droit doit durer autant que
l'objet sur lequel il porte, il en résulte ceci : c'est que le droit
de propriété sur ces diverses catégories de biens sera *perpétuel* comme ces biens eux-mêmes.

C'est là un attribut très important du droit de propriété et
qui produit aussi, au point de vue de la répartition des richesses, de très graves conséquences, notamment celle-ci : le
droit de propriété survivant nécessairement à la personne de
son titulaire originaire, il faut bien qu'il passe sur la tête de
quelque autre personne, d'un successeur : l'*hérédité* apparaît
dès lors comme une conséquence forcée du caractère de perpétuité du droit de propriété.

L'hérédité qui assure aux fils des riches, jusqu'à la cen-
tième génération peut-être, le privilège d'être riches à leur
tour sans avoir rien fait pour le mériter, est considérée par la
plupart des socialistes comme un des vices les plus graves
de l'ordre social, comme la cause principale de toutes les injustices qui règnent dans la répartition des richesses[1].

Nous verrons plus loin que ce fâcheux effet de l'hérédité ;
à savoir la création possible d'une classe d'oisifs, est contre-
balancé par certains avantages sociaux. Pour le moment,
nous nous bornerons à faire remarquer qu'il y aurait peut-

---

[1] Nous avons déjà vu que l'école de Saint-Simon surtout avait pris pour
programme la suppression de l'hérédité. Fourier et son école, contrairement à l'opinion qu'on en a généralement, l'admettait pleinement.
L'école collectiviste contemporaine admet l'hérédité dans une certaine
mesure comme une conséquence du droit de propriété individuelle. Cette
concession pourrait étonner à première vue, si l'on ne se rappelait que le
collectivisme exclut du domaine de la propriété privée la terre et les capitaux, c'est-à-dire à peu près les seules richesses qui soient perpétuelles,
les seules pour lesquelles par conséquent l'hérédité ait de graves conséquences. Restreinte, comme elle l'est dans le système collectiviste, aux
objets de consommation, l'hérédité n'a plus qu'une mince importance.

être quelque puérilité à vouloir s'opposer à l'hérédité des richesses, alors qu'on ne peut songer à empêcher la transmission par l'hérédité de tant d'autres privilèges plus importants encore que celui de la fortune, tels que la santé, le talent, les vertus, la considération sociale, le nom même qui à lui seul, dans bien des cas, vaut une fortune. S'il est un fait qui mérite le nom de loi naturelle par excellence, c'est bien assurément le fait de l'hérédité.

Pour régler cette question compliquée de l'hérédité, c'est-à-dire la question de savoir à qui doivent être attribués les biens qui survivent à leur propriétaire, le système qui, en théorie du moins, paraîtrait le plus rationnel serait le suivant :

1° Toutes les fois qu'un propriétaire a lui-même fait l'attribution de ses biens par testament, — en ce cas, respecter sa volonté telle quelle. Non seulement en effet, comme nous l'avons dit, la liberté de donner et de léguer est un attribut naturel du droit de propriété; mais de plus — au point de vue de l'utilité sociale — il y a lieu de présumer que nul n'est mieux à même que le propriétaire de désigner ceux qui pourront faire le meilleur usage de ses biens.

2° Toutes les fois que le propriétaire n'a attribué ses biens à personne, — en ce cas, les attribuer à l'État, en qualité de biens vacants. La Société, en effet, représentée par l'État, paraît l'héritière naturelle de tous les individus qui n'ont point disposé formellement de leurs biens. C'est en effet grâce à la collaboration de tous, grâce à ce fonds social d'idées, d'inventions, de moyens d'action et de transport, dont nous bénéficions tous, que chacun de nous a pu faire quelque chose et devenir propriétaire. Il est donc juste qu'à notre mort, et à défaut de toute autre personne à laquelle nous aurions délégué notre droit, nos biens retournent grossir ce patrimoine social d'où ils sont, dans une certaine mesure, sortis.

En d'autres termes et pour employer les termes juridiques,

d'une part la *liberté de tester*, d'autre part la *suppression de la succession ab intestat*, — tels paraissent être les principes généraux qui devraient inspirer le législateur en matière d'hérédité [1].

Les diverses écoles professent sur ce point des opinions très opposées.

L'école socialiste applaudit à notre seconde conclusion, la suppression de la succession *ab intestat*, mais elle ne veut pas entendre parler de la première, la liberté de tester : celle-ci lui est odieuse, parce qu'elle constitue l'attribut le plus souverain du droit de propriété, — et suspecte, parce

[1] En tant que principes théoriques seulement, car l'un et l'autre de ces deux principes comportent dans la pratique des atténuations importantes:

En ce qui touche le premier, la liberté de tester, on ne saurait oublier que tout propriétaire vis-à-vis de ses enfants, de ses pères et mères, et de sa femme, — c'est-à-dire de ceux à qui il a donné la vie, de ceux de qui il l'a reçue, de celle avec laquelle il l'a partagée, — a des obligations, au moins alimentaires, que toute législation lui impose pendant sa vie et que sa mort, bien loin de supprimer, ne fait qu'aggraver. Il est donc juste *que la liberté de tester soit limitée par une certaine part assurée à ces catégories de personnes.* Mais le Code civil leur fait, sous le nom de *réserve*, une part tout à fait exorbitante. Comme le dit très bien Montesquieu, « la loi naturelle ordonne aux pères de nourrir leurs enfants, elle ne les oblige pas d'en faire leurs héritiers ».

En ce qui touche le second principe, suppression de la succession *ab intestat*, il serait barbare de l'appliquer au pied de la lettre quand on a lieu de croire que le silence du défunt est dû à une simple négligence ou imprévoyance de sa part. Or quand il s'agit de membres de la famille très proches, tels que les enfants, le père ou la mère, l'époux ou l'épouse, et même les frères et sœurs, la succession *ab intestat* doit être admise en ce cas *comme interprétation raisonnable de la volonté du testateur.* S'il avait voulu les déshériter, il l'aurait dit sans doute. Mais quand il s'agit d'un cousin au 12e degré ou même d'un neveu, il est absurde de faire le même raisonnement et d'interpréter le silence du défunt comme leur constituant un droit. A peine est-il utile de faire remarquer que le droit de succession *ab intestat* ne peut en aucune façon stimuler l'activité productrice, et qu'il peut bien plutôt encourager la paresse par les « espérances » (c'est le mot consacré) qu'il fait naître. L'héritage d'un oncle d'Amérique est un mode d'acquérir qui ne diffère guère de la loterie, et qui exerce une action non moins démoralisante sur celui qui en bénéficie que sur ceux qui l'envient.

qu'elle pense que le testateur, dans l'attribution de ses biens, s'inspirerait beaucoup moins de l'utilité sociale que de ses préférences personnelles et ressusciterait les injustices de l'ancien régime.

L'école catholique trouve excellente la liberté de tester, car elle y voit le rétablissement de l'autorité paternelle et peut-être, quoiqu'elle ne l'avoue pas expressément, le rétablissement du droit d'aînesse et la reconstitution d'une aristocratie foncière. Mais elle est tout à fait opposée à la suppression de la succession *ab intestat*, parce qu'elle veut maintenir les biens dans la famille, comme ont cherché à le faire du reste tous les législateurs qui ont obéi à des idées conservatrices[1].

L'école économique libérale ne veut ni de l'un ni de l'autre de ces deux principes. Elle ne veut pas de la liberté de tester, parce qu'elle redoute, elle aussi, un retour à l'ancien régime et à ce passé qu'elle a contribué à détruire[2]. Elle veut encore moins de la suppression de la succession *ab intestat*, parce que la perspective de voir l'État devenir héritier universel lui fait horreur et qu'elle estime qu'au point de vue de l'utilité sociale et du bon emploi des biens, mieux vaut encore voir les héritages tomber entre les mains de n'importe qui plutôt que dans le gouffre des budgets de l'État[3].

---

[1] Les rédacteurs du Code civil ont obéi à des tendances assez contradictoires dans leur régime successoral. C'est pour obéir aux idées égalitaires de la Révolution qu'ils ont adopté la règle du partage égal. Mais c'est pour rester fidèle aux idées de co-propriété familiale de l'ancien régime, qu'ils ont étendu l'hérédité *ab intestat* jusqu'aux cousins du 12º degré et en ont exclu la femme.

[2] Nous considérerions aussi un tel résultat comme très fâcheux, mais nous ne pensons pas qu'il dût se produire, — à en juger par l'exemple des États-Unis où la liberté de tester importée d'Angleterre n'a produit nullement les mêmes effets que dans la mère-patrie; — et à en juger même par l'exemple de ce qui se passe en France où les pères de famille n'usent même pas de la liberté étroite que leur laisse la loi dans les limites de la quotité disponible.

[3] Il faut avouer que si les successions attribuées à l'État devaient tomber dans l'énorme budget des recettes publiques, elles auraient beaucoup

Cependant on peut constater depuis quelque temps une certaine orientation vers le double but que nous avons indiqué. Un certain nombre d'économistes et de jurisconsultes commencent à réclamer à la fois : — 1º une certaine extension de la liberté de tester, en élevant la quotité disponible au moins à la moitié de la succession[1]; — 2º une certaine limitation du droit de succession *ab intestat*, en le réduisant par exemple au 4º degré (cousins-germains). On sait que dans le Code Napoléon il s'étend jusqu'au 12º degré.

## III.

### SUR QUELLES CHOSES DOIT PORTER LE DROIT DE PROPRIÉTÉ?

Dans nos sociétés modernes la propriété individuelle s'étend à toute chose susceptible d'être saisie ou occupée par l'homme. Il n'y a guère que celles qui à raison de leur nature même ne se prêtent pas à cette appropriation — l'air, la mer, les grands cours d'eau — qui soient restées en dehors de son empire. Mais le fait n'est pas nécessairement conforme au droit; il n'est pas dit que tout objet, par cela seul qu'il est appro-

---

de chance pour être inutilement gaspillées. Mais on pourrait les affecter à un fonds pécial, par exemple, caisses de retraite pour la vieillesse.

Il ne faudrait pas non plus se faire illusion sur l'importance des ressources que l'État serait appelé à recueillir par cette voie. La suppression de l'hérédité *ab intestat*, par le fait, ne changerait pas grand'chose à l'ordre de choses actuel. Chacun mettrait désormais autant d'empressement à faire son testament que les citoyens de la vieille Rome et ne manquerait pas de disposer de ses biens en faveur de n'importe qui, plutôt que de les laisser tomber entre les mains de l'État. Le nombre des successions en déshérence pourrait bien augmenter quelque peu, mais trop peu pour amener une modification sensible dans la répartition générale des richesses.

[1] Voy. dans *la Réforme Sociale*, organe de l'École de le Play, tous les documents sur cette question.

priable, puisse être légitimement approprié. Et il semble bien
qu'il y ait en cette matière certaines distinctions à faire.

On en a proposé deux. Examinons-les successivement.

### § 1. — De la distinction entre les capitaux et les objets de consommation.

L'école collectiviste admet le droit de propriété individuelle
sur tout objet destiné à la consommation; elle l'exclut pour
tout objet destiné à la production; c'est-à-dire, comme le
disent les programmes du parti, « pour le sol, sous-sol, constructions, machines et capitaux de toute nature ».

Nous avons déjà parlé de cette distinction et nous l'avons
critiquée (Voy. p. 449). On cherche vainement sur quel fondement rationnel on pourrait l'édifier. Si on part de ce principe, qui est bien celui de l'école collectiviste, que la propriété
individuelle doit avoir pour fondement le travail, on ne peut
nier que les capitaux, sous quelque forme qu'ils se présentent, ne soient des produits du travail [1] qui ne diffèrent en
rien des autres richesses, sinon par l'emploi qu'on leur donne
(Voy. p. 139).

Aussi la raison que font valoir les collectivistes à l'appui de

---

[1] Karl Marx lui-même, dans son livre sur le *Capital*, ne nie pas, il ne
peut pas nier que le capital ne soit *à l'origine* le produit du travail, et
il ne conteste pas la légitimité de la propriété du travailleur sur l'instrument de son travail. Seulement la théorie de ce livre fameux consiste à
prouver que le capital tel qu'il existe aujourd'hui n'a plus de rapports
avec l'accumulation primitive née du travail et de l'épargne, que l'accumulation capitaliste moderne s'est formée par l'expropriation des producteurs primitifs, par l'exploitation des travailleurs pratiquée sous la forme
du commerce, de l'usure et surtout du salariat, et que « le capital est arrivé ainsi en ce monde suant le sang et la boue par tous les pores ». En
d'autres termes, la théorie de Karl Marx et celle du collectivisme est que
le capital est bien le produit du travail de l'homme, mais uniquement *le
produit du travail des travailleurs et non point le produit du travail des capitalistes* et que par conséquent ceux-ci ont dû nécessairement
le voler à ceux-là.

Nous aurons à examiner la légitimité de cette thèse quand nous nous

leur distinction est-elle moins un argument de principe qu'un
argument de fait. Ils disent que comme il est impossible de
se passer de capitaux dans la production, ceux qui les possèdent se trouveront dans une situation nécessairement prépondérante qui leur permettra d'imposer leurs conditions à
ceux de leurs semblables qui en seront dépourvus et, par
exemple, de les faire travailler à leur profit sous la forme d'esclaves, de serfs ou de salariés. — A cela il faut répondre que
la possession de toute richesse — que ce soit sous la forme
de capitaux ou d'objets de consommation, il n'importe guère,
— donnera toujours à celui qui aura su la gagner une situation privilégiée et lui permettra de dicter dans une certaine
mesure des conditions aux autres hommes : le seul moyen de
prévenir un tel résultat serait de supprimer toute grande fortune et d'imposer une commune médiocrité, c'est-à-dire de
revenir au communisme ; et en effet c'est toujours dans ce
fossé que finit par verser le collectivisme[1].

Voici cependant dans quelle mesure on peut donner satisfaction à la réclamation du collectivisme. Les instruments de
travail qui sont aujourd'hui à l'œuvre dans la grande industrie, sous le nom de capitaux et sous la forme d'usines, machines, mines, sont trop considérables pour pouvoir être mis

occuperons du débat entre le capital et le travail, à propos du profit. Mais
pour le moment nous n'avons pas à en tenir compte : en admettant en
effet que tous les capitalistes fussent des voleurs, l'argument ne nous toucherait pas, puisque nous n'examinons pas ici la question de savoir si les
capitaux sont la propriété légitime des capitalistes qui les possèdent, mais
seulement si les capitaux peuvent être l'objet d'un droit de propriété légitime quelconque, ce qui est tout différent.

[1] De plus, il faut remarquer que du jour où la propriété individuelle
des capitaux aura été abolie, l'épargne individuelle n'aura plus guère sa
raison d'être. Or, aujourd'hui c'est justement l'épargne individuelle qui par
ses mille sources alimente et renouvelle sans cesse le flot du capital d'un
pays. Du jour où ces sources seront taries, comment assurera-t-on l'entretien, le renouvellement et l'augmentation graduelle du capital du pays ?
C'est l'État, nous dit-on, qui sur le revenu social, désormais confondu
avec le sien, prélèvera tous les ans une réserve. — Bien imprudent qui
fera reposer l'avenir économique d'un pays sur les épargnes de l'État !

en œuvre par un seul individu, comme l'outil de l'artisan d'autrefois ; et de fait ils exigent la coopération de plusieurs centaines et quelquefois même de plusieurs milliers d'hommes. Or, *puisque la production tend à devenir collective, il serait rationnel que l'appropriation devînt collective dans la même mesure* : il serait à désirer que l'usine, la machine, la mine, au lieu d'être la propriété des patrons ou des actionnaires, devînt la propriété collective de tous les travailleurs qui coopèrent à l'entreprise. C'est le but auquel tendent les sociétés coopératives et qui est non seulement légitime, mais désirable. Mais si jamais ce régime coopératif doit se réaliser un jour, il n'impliquera nullement la suppression de la propriété des capitaux : il fera simplement passer cette propriété des mains des capitalistes aux mains des travailleurs.

## § 2. — De la distinction entre la terre et les produits.

On a proposé une autre distinction qui paraît beaucoup plus rationnelle : — d'une part, tous *les produits*, toutes les choses mobilières, si l'on préfère cette expression juridique[1], qui, par le seul fait qu'elles sont des produits, sont nécessairement le résultat d'un travail quelconque, petit ou grand ; — de l'autre, *le fonds productif* lui-même, terre et mines, qui, par le seul fait qu'il préexiste à toute production, ne peut être que l'œuvre de la nature et non du travail de l'homme. Si nous voulons rester fidèle au principe qui fait reposer la propriété individuelle sur le travail, il semble que nous devons déclarer légitime le droit de propriété sur la première catégorie de richesses, parce qu'elles sont *artificielles*, et le déclarer illégitime sur la seconde catégorie de richesses, parce qu'elles sont *naturelles*.

---

[1] Le mot de choses « mobilières » a cependant l'inconvénient d'exclure les maisons et constructions qui sont incontestablement des produits du travail et doivent rentrer par conséquent dans cette première catégorie.

Cette distinction frappe fortement l'esprit par sa simplicité et sa logique : elle est très ancienne, car nous verrons dans le chapitre suivant qu'elle remonte aux origines même de la propriété : elle est très moderne aussi, car elle a rallié de nos jours non seulement des socialistes, mais un certain nombre d'économistes et de philosophes contemporains[1].

L'école optimiste attaque vivement cette distinction qui est de nature à ébranler singulièrement l'institution de la propriété foncière. Elle déclare que la terre est un produit du travail du cultivateur tout aussi bien que le vase d'argile façonné par la main du potier. Sans doute, l'homme n'a pas créé la terre, mais il n'a pas non plus créé l'argile : le travail ne crée jamais rien; il se borne à modifier les matériaux que la nature lui fournit; or cette action modificatrice du travail n'est pas moindre assurément quand elle s'exerce sur le sol lui-même que sur les matériaux tirés de son sein. Et elle nous cite en exemple des terres telles que celles que les paysans du Valais ou des Pyrénées ont rapportées de toutes pièces sur les pentes de leurs montagnes, en les portant dans des hottes sur leur dos. Un auteur ancien nous raconte qu'un paysan accusé de sorcellerie à raison des récoltes abondantes qu'il obtenait sur sa terre, alors que les champs voisins n'étaient que des landes, fut cité à comparaître devant le préteur de Rome et là, pour toute défense, montrant ses deux bras, il s'écria : *veneficia mea hæc sunt! « voilà tous mes sortilèges »*. La propriété foncière, pour se justifier des attaques qu'on dirige contre elle, n'a qu'à répéter aujourd'hui la même fière réponse.

---

[1] Cette distinction fait la base du système socialiste de Colins, mort aujourd'hui, mais qui a laissé une école en Belgique. Mais Henri George aux États-Unis, Wallace en Angleterre, en ont aussi fait la base de leurs systèmes. MM. de Laveleye, Walras, Secrétan et même Herbert Spencer, dans ses premiers ouvrages, s'y sont aussi rattachés avec quelques réserves. Aucun de ceux-là cependant n'est socialiste : les deux derniers même appartiennent à l'école individualiste ou libérale.

Malgré la part de vérité que contient incontestablement cette argumentation, elle ne nous paraît point suffisante pour renverser la distinction entre la terre elle-même et les richesses sorties de son sein. Sans doute, l'homme et la terre ont été unis de tous temps par le lien du travail quotidien et même du travail le plus dur, celui pour lequel on a inventé l'expression de travailler à la sueur de son front (*labor*, labourer). Mais si la terre est l'*instrument* du travail, elle n'en est pas le *produit*. Elle préexiste à tout travail de l'homme et seule elle lui permet d'être productif. Elle n'est pas non plus, comme la matière première[1], comme l'argile entre les mains du potier, une matière inerte : elle vit ; elle produit ; elle travaille aussi ; elle met au service de l'homme tout le trésor des forces naturelles, le soleil, la pluie, la rosée, et surtout l'emplacement qui, comme nous l'avons vu, est la condition indispensable de toute production ; comment donc n'aurait-elle pas une utilité et une valeur indépendante du travail humain ? Sans doute, l'homme perfectionne et modifie tous les jours par son travail ce merveilleux instrument de production que la nature lui a fourni, pour le mieux adapter à ses fins, et en ce cas il lui confère évidemment une utilité et une valeur nouvelles. Mais il est toujours facile de reconnaître sous les couches accumulées du travail humain la valeur primitive du sol.

Elle apparaît d'abord comme à l'œil nu dans *la forêt* ou la *prairie naturelle* qui n'ont jamais été défrichées ni cultivées et qui peuvent pourtant se vendre et se louer à un haut prix ; dans ces plages de sable des départements du Gard et de l'Hérault qui n'ont jamais été labourées que par le vent du large et qui ont fait néanmoins la fortune de leurs heureux possesseurs, du

---

[1] M. Cauwès (*op. cit.*, tom. III, p. 360) combat cette distinction par cette raison que les matériaux ne sont pas non plus des produits du travail. Mais ils n'ont pas une valeur préexistante au travail de transformation et qui lui survive : la terre, elle, en a une.

jour où l'on a découvert par hasard qu'on pourrait y planter des vignes indemnes du phylloxéra[1]; dans les *terrains à bâtir* des grandes villes où jamais la charrue n'a passé et qui ont pourtant une valeur bien supérieure à celle de n'importe quelle terre cultivée[2].

Même pour les terres cultivées, cette valeur naturelle du sol apparaît encore d'une façon bien sensible, dans l'*inégale fertilité* des terrains qui fait que de deux terres qui ont été l'objet des mêmes travaux et des mêmes dépenses, l'une peut valoir une fortune, tandis que l'autre ne vaudra qu'une obole.

Enfin elle apparaît encore, comme nous le verrons plus loin, dans la *plus-value* qui s'attache à la terre indépendamment de tout travail humain et qui assure à son propriétaire un revenu sans cesse grandissant.

[1] La Compagnie des Salins du Midi qui ne se servait de ces plages que pour produire le sel, y a planté un vignoble qui lui produit 80,000 hectolitres de vin représentant un revenu brut de 12 à 1,500,000 francs. Sans doute elle a fait des frais énormes, mais le terrain de sable *nu* qui ne valait rien il y a dix ans, vaut aujourd'hui de 1,000 à 2,000 fr. l'hectare.

[2] L'école de Bastiat, pour démontrer que la valeur de la terre procède uniquement du travail, s'appuie sur ce fait que là où la terre est vierge, par exemple en Amérique, elle est sans valeur. Le fait est exact, mais l'argument qu'on en tire ne prouve rien : si les terres situées sur les bords de l'Amazone sont sans valeur, ce n'est point du tout parce qu'elles sont vierges, mais simplement parce qu'elles sont situées dans un désert, et que là où il n'y a point d'hommes pour utiliser les choses, la notion même de la richesse s'évanouit. Il est clair que la terre n'avait point de valeur avant le jour où le premier homme a apparu à sa surface et qu'elle n'en aura pas davantage le jour où le dernier représentant de notre race aura disparu (Voy. ci-dessus, p. 49, 51). Leur virginité n'a rien à faire ici. Et la preuve, c'est que si on pouvait, par un coup de baguette magique, les transporter sur les bords de la Seine telles quelles et sans déflorer leur virginité, elles vaudraient probablement autant que les plus vieilles terres du pays, en dépit du travail de cent générations dont celles-ci portent la marque. Ou si l'on trouve l'hypothèse trop fantastique, qu'on suppose une terre quelconque en France abandonnée pendant cent ans jusqu'à ce que toute trace du travail de l'homme se soit effacée et que la nature lui ait refait une virginité, et qu'on nous dise si, en cet état, cette terre aura perdu toute valeur, si elle ne trouvera ni fermier ni acquéreur! Il y a tout à parier, au contraire, que même laissée dans cet état, elle vaudra beaucoup plus dans cent ans d'ici qu'aujourd'hui.

La distinction nous paraît donc justifiée en principe. Maintenant est-ce à dire que la propriété foncière doit être condamnée sans autre forme de procès? Avant de prononcer un jugement si sommaire, voyons d'abord de quelle façon elle s'est constituée au milieu des hommes.

# IV.

### L'ÉVOLUTION HISTORIQUE DE LA PROPRIÉTÉ FONCIÈRE.

Dans nos sociétés modernes, du moins dans nos pays vieux d'Europe, la propriété privée s'étend sur la presque totalité du sol. Non seulement cette appropriation est consacrée aujourd'hui par toutes les législations, mais encore elle est considérée par l'opinion courante comme la propriété type; quand on parle de « la propriété », sans autre qualificatif, chacun sait que c'est de la propriété foncière qu'il s'agit.

Cependant on peut considérer comme démontré, grâce à de nombreuses recherches faites surtout dans ces derniers temps, que la propriété foncière est de date relativement récente, qu'elle était inconnue dans les premières phases de la civilisation et qu'elle a eu même beaucoup de peine à se constituer. On n'a connu pendant longtemps d'autre propriété privée que celle qui portait sur les objets mobiliers ou sur les maisons parce que c'étaient justement les seuls qui pussent être considérés comme le produit du travail individuel[1].

---

[1] « Les documents des peuples civilisés nous apprennent que chez ces peuples dans le lointain passé, comme de nos jours chez les peuples non civilisés, la propriété privée commence par les objets mobiliers... D'après Meyer, l'hébreu n'a pas de mots pour exprimer la propriété foncière. D'après Mommsen, l'idée de propriété chez les Romains n'était pas primitivement associée aux possessions immobilières mais seulement aux possessions en esclaves et en bétail, *familia pecuniaque*. Voyez aussi l'étymologie de *mancipatio* qui suppose évidemment un objet mobilier ». Herbert Spencer, *Sociologie*, tom. III.

On peut distinguer dans l'évolution de la propriété foncière comme six étapes successives que nous allons brièvement indiquer[1].

1° Il est facile de comprendre d'abord que la propriété foncière ne peut se constituer dans une société qui vit de la chasse ou même chez les peuples pasteurs qui vivent à l'état nomade. Elle ne peut naître qu'avec l'agriculture. Et même dans les premières phases de la vie agricole, elle ne se constitue pas encore, — d'abord parce que la terre durant cette période étant en quantité surabondante, personne n'éprouve le besoin de délimiter sa part, — ensuite parce que les procédés agricoles étant encore à l'état embryonnaire, le cultivateur abandonne son champ, sitôt qu'il est épuisé, pour en prendre un autre. La terre est cultivée sinon en commun, du moins indistinctement : elle appartient à la société tout entière ou plutôt *à la tribu*. Les fruits seuls appartiennent au producteur.

2° Cependant la population devient peu à peu plus sédentaire et se fixe davantage sur le sol : elle devient plus dense aussi et éprouve le besoin de recourir à une culture plus productrice. Alors à la première phase en succède une seconde, celle de la possession temporaire avec *partages périodiques*[2]. La terre, quoique considérée toujours comme appartenant à la société, est partagée également entre tous les chefs de famille, non pas encore d'une façon définitive, mais seulement pour un certain temps : d'abord pour une année seulement puisque tel est le cycle ordinaire des opérations agricoles,

---

[1] Il s'agit ici d'un ordre de succession logique plutôt que chronologique. Nous ne prétendons nullement que par tout pays la propriété ait revêtu chacune de ces formes successivement.

[2] « *Arva per annos mutant :* ils changent de terre tous les ans », dit un texte fameux de Tacite en parlant des anciens Germains. Il est vrai qu'on a contesté récemment le sens de ce texte en en donnant une traduction nouvelle et assez paradoxale : « ils changent leurs cultures tous les ans ». Ce régime de la propriété collective de la tribu se retrouve aujourd'hui dans la terre dite *arch* des tribus indigènes en Algérie.

puis petit à petit — au fur et à mesure que les procédés agricoles se perfectionnent et que les cultivateurs ont besoin de
disposer d'un plus long espace de temps pour leurs travaux,
— pour des périodes de temps de plus en plus prolongées.
Ce régime du partage périodique se trouve aujourd'hui encore
dans un grand pays d'Europe, en Russie, sous la forme bien
connue du *mir*. C'est la communauté des habitants de chaque
village, le mir, qui possède la terre et la répartit entre ses
membres par partages ordinairement triennaux, mais dont la
périodicité varie d'une commune à l'autre [1].

3° Un jour vient où ces partages périodiques tombent en dé-
suétude — ceux qui ont bien cultivé ne se prêtant pas volontiers à une opération qui les dépouille périodiquement du
produit de leur travail au profit de leur communauté — et on
arrive à la constitution de la *propriété familiale*, chaque famille
restant alors définitivement propriétaire de son lot. Toutefois
ce n'est point encore la propriété individuelle, le droit de disposer n'existant pas : le chef de la famille ne peut ni vendre
la terre, ni la donner, ni en disposer après sa mort, précisément parce qu'elle est considérée comme un patrimoine collectif et non comme une propriété individuelle. Ce régime se
retrouve encore aujourd'hui dans les communautés de famille
de l'Europe orientale, notamment dans les *Zadrugas* de la
Bulgarie et de la Croatie qui comptent jusqu'à 50 et 60 personnes, mais elles tendent à disparaître assez rapidement par

---

[1] Le territoire de la commune est partagé en trois catégories : — le
terrain bâti avec les jardins qui constituent la propriété héréditaire et
n'est pas soumis au partage; — la terre arable et la prairie qui sont par-
tagés périodiquement en parcelles aussi égales que possible suivant le
nombre des habitants. C'est l'assemblée des chefs de famille, le mir, qui
règle souverainement la répartition des lots et l'ordre des cultures. (Voy.
pour les détails, *la Russie*, par Anatole Leroy-Beaulieu, *la Propriété*,
par Laveleye.) — Quelques auteurs assurent que les communes russes
tendent à abandonner ce régime pour adopter celui de la propriété individuelle, mais le fait ne paraît pas démontré.

suite de l'esprit d'indépendance des jeunes membres de la famille[1].

4° L'évolution de la propriété foncière passe par une phase qui, bien que accidentelle de sa nature n'a malheureusement jamais manqué dans l'histoire des sociétés humaines, je veux parler de la conquête. Il n'est pas un seul territoire probablement qui n'ait été, à une époque quelconque, enlevé par la force à la population qui l'occupait pour être attribué à la race conquérante[2]. Toutefois les vainqueurs, précisément parce qu'ils étaient les vainqueurs et les maîtres, ne se sont point souciés de cultiver la terre et s'attribuant simplement la propriété légale, le « domaine éminent », comme on disait autrefois, ils ont laissé à la population soumise la possession du sol sous forme de *tenure*. Cette tenure a ressemblé plus ou moins à une véritable propriété, mais elle a été cependant toujours limitée par les conditions mêmes de la concession qui avait été faite au cultivateur, par les servitudes qui pesaient sur lui, par les redevances qu'il était tenu de payer au propriétaire supérieur, par l'impossibilité d'aliéner sans l'autorisation de celui-ci. Ce système qui, pendant plusieurs siècles, a servi de fondement à la constitution sociale et politique de l'Europe sous le nom de régime féodal, se retrouve aujourd'hui encore en maints pays, et même en Angleterre où toute propriété a conservé, théoriquement du moins, la forme d'une tenure et est encore entravée par une multitude de liens dont elle s'efforce à grand'peine de se dégager[3].

[1] Voy. *Les communautés de famille et de village*, par de Laveleye, *Revue d'Économie politique*, août 1888.

[2] Comme preuve de l'influence que la conquête a exercée sur l'évolution de la propriété foncière, Herbert Spencer fait cette curieuse remarque que les contrées dans lesquelles les formes anciennes de la propriété collective ont pu le mieux se maintenir, sont précisément les contrées montagneuses et pauvres qui, par leur situation même, ont échappé à la conquête.

[3] « C'est ainsi que s'établit, dans notre droit anglais, la maxime fonda-

5° Le développement de l'individualisme et de l'égalité civile, la suppression du système féodal, notamment dans tous les pays qui ont subi l'influence de la Révolution française de 1789, ont amené une cinquième phase, celle-là même qui s'est réalisée de notre temps, la constitution définitive de la *propriété foncière libre* avec tous les attributs que comporte le droit de propriété. Cependant même cette propriété foncière, telle qu'elle est constituée par exemple dans la Code Napoléon, n'est pas encore de tous points identique à la propriété mobilière : elle en diffère par de nombreux caractères qui sont familiers aux juriconsultes, mais qui sont surtout marqués par des difficultés plus ou moins grandes imposées au droit d'aliénation et d'acquisition[1].

6° Il ne restait donc plus, pour assimiler complètement la propriété foncière à la propriété mobilière et marquer ainsi le dernier terme de cette évolution, qu'un seul pas à faire : c'était la *mobilisation* de la propriété foncière, c'est-à-dire la possibilité pour tout individu non seulement de posséder la terre, mais encore d'en disposer avec la même facilité que d'un objet mobilier quelconque. Ce dernier pas a été franchi dans un pays nouveau, en Australie, par le système célèbre connu sous le nom de système Torrens[2], qui permet au propriétaire d'un immeuble de mettre en quelque sorte sa terre en portefeuille, sous la forme d'une feuille de papier, et de la transférer d'une personne à une autre avec la même facilité qu'un billet de banque ou tout au moins qu'une lettre de

---

mentale en fait de possession du sol, à savoir que le Roi est le seul maître et le propriétaire originaire de toutes les terres du royaume. » *Commentaires* de Blackstone.

[1] Il suffit de rappeler l'inaliénabilité des immeubles des femmes mariées sous le régime dotal, les formalités exigées pour le transfert des immeubles, les droits énormes qui frappent ces mutations, etc.

[2] Le système Torrens, ainsi désigné par le nom de l'homme qui l'a fait adopter dans les Nouvelles Galles du Sud, il y a 40 ans environ, consiste essentiellement : — 1° dans un *registre*, semblable à nos registres de l'état

change. On fait campagne depuis quelque temps déjà pour introduire ce système dans nos vieux pays d'Europe et il est probable que la logique des faits et le cours naturel de l'évolution que nous venons d'esquisser finiront en effet par le faire triompher partout.

## V.

### DE LA LÉGITIMITÉ DE LA PROPRIÉTÉ FONCIÈRE.

Nous venons de voir la propriété foncière se dégageant peu à peu de la communauté primitive pour se constituer sous la forme de propriété individuelle et libre, de plus en plus semblable à la propriété des objets mobiliers, et suivant pas à pas dans ses transformations successives les progrès de l'agriculture et les développements de la civilisation. Les causes économiques qui ont forcé en quelque sorte la propriété foncière à se constituer ainsi peuvent maintenant être facilement déterminées.

C'est, d'une part, le développement de la population qui a mis les hommes dans la nécessité de pratiquer une culture

civil, dans lequel chaque immeuble a une page qui lui est spécialement affectée, avec son plan, son signalement, et sur laquelle est relatée en quelque sorte l'histoire de l'immeuble depuis le jour où il est entré dans le domaine de la propriété privée; — 2º dans un *titre*, reproduction exacte, quelquefois même photographique de la feuille du registre, qui, remis entre les mains du propriétaire, représente absolument l'immeuble lui-même, et peut à sa place être cédé, donné en gage, etc. — Le but de ce système, comme le déclarait l'auteur lui-même, est de débarrasser la propriété foncière de toutes les entraves qui en empêchaient le libre accès, « semblables à ces herses, pont-levis et fossés qui défendaient l'accès des châteaux de nos ancêtres ». Ce système, adopté successivement dans toutes les colonies australasiennes et dans quelques autres colonies anglaises et en Tunisie, est à l'étude dans d'autres pays. Diverses tentatives législatives ont été faites, sans succès d'ailleurs, pour l'introduire en Angleterre. — Voy., pour plus de détails, notre *Étude sur l'Act Torrens* (Bulletin de la Société de Législation comparée, 1886.)

plus intensive pour obtenir de la terre une quantité de subsistance de plus en plus considérable[1].

C'est, d'autre part, la nécessité, pour stimuler le travail,
d'assurer au cultivateur un droit non seulement sur les produits de sa terre, mais sur la terre elle-même comme instrument de son travail, droit d'abord temporaire, mais de plus
en plus prolongé à mesure que les progrès de la culture ont
exigé des travaux de plus longue haleine, et qui a fini par
devenir perpétuel[2].

[1] On a reconnu au Canada que les populations indigènes qui vivent de
la chasse ont besoin de l'énorme superficie de 15 milles carrés (3,800 hectares) par tête pour pouvoir vivre. Au-dessous de cette limite, la famine
les décime. Or, l'agriculture, telle qu'elle est pratiquée dans l'Europe occidentale, peut nourrir de 1 à 2 habitants par hectare, c'est-à-dire 4 à 5,000
fois plus.

[2] Le droit aux fruits emporte le droit au fonds pendant un certain temps
du moins. Il faut bien laisser à celui qui a fait les semailles le temps de
faire la moisson. Il faut bien six ou sept ans avant que celui qui a planté
la vigne fasse les vendanges, et il faut un demi-siècle avant que celui qui
a semé le gland puisse couper le chêne. Remarquez d'ailleurs que, même
dans les cultures annuelles, pour peu qu'elles soient perfectionnées, il y a
des travaux (engrais, amendements, drainages, irrigations) qui ne pourront être récupérés que par les récoltes successives de dix, vingt, peut-
être de cinquante années. Il est pourtant indispensable de laisser à celui
qui les a faites la possibilité de se rembourser : sinon on peut tenir pour
certain qu'il ne les fera pas.

On peut se demander cependant s'il était bien nécessaire de conférer à
la propriété foncière un caractère perpétuel. Ce n'était pas indispensable
à la bonne exploitation du sol, car, assurément, l'homme, être de peu de
durée, n'a pas besoin d'avoir l'éternité devant lui pour entreprendre les
plus grands travaux, et la preuve, c'est que les entreprises des chemins de
fer et des canaux de Suez et de Panama ne reposent que sur des concessions de 99 ans.

Il est vrai que la logique devait conduire à cette conséquence, car le
droit de propriété dure autant que l'objet; or l'objet, ici, a une durée perpétuelle. La terre est même la seule richesse qui ait ce privilège; le temps,
qui détruit toutes choses, *tempus edax rerum*, ne touche à elle que
pour lui rendre à chaque printemps une jeunesse nouvelle. Mais l'argument n'est que spécieux : car ce qui dure éternellement, c'est le fonds et
ses forces naturelles : les transformations résultant du travail, même in-
corporées à la terre, ne durent qu'un temps. Nous verrons d'ailleurs dans
le chapitre suivant que cette perpétuité entraîne quelques inconvénients
fâcheux.

Ces causes qui ont agi dans le passé pour créer la propriété foncière individuelle, ont-elles perdu leur force pour la défendre aujourd'hui contre les attaques de ses adversaires? — Nous ne le croyons pas [1].

Étant donné d'une part l'accroissement plus ou moins rapide mais continu de la population, étant donnée d'autre part l'insuffisance, que nous avons tant de fois constatée, de la production des richesses, il importe aujourd'hui comme aux jours anciens de choisir le mode d'exploitation du sol qui permet de nourrir le plus grand nombre d'hommes sur une superficie donnée. La propriété foncière individuelle nous apparaît ainsi comme fondée moins sur le droit naturel que sur la loi civile, non sur un principe de justice abstrait, mais sur l'utilité publique. La Société a, en effet, un domaine éminent sur la terre, mais elle ne saurait mieux faire dans l'intérêt social que de déléguer son droit à ceux qui pourront tirer de cette terre le meilleur parti. Or, jusqu'à ce jour, ce sont les individus qui y ont le mieux réussi et, jusqu'à preuve contraire, il y a lieu de penser que ce sont les plus aptes à remplir cette fonction sociale [2].

Il faut remarquer d'ailleurs qu'au fur et à mesure que

---

[1] Cette différence entre la propriété foncière et la propriété immobilière se trouve parfaitement caractérisée dans le nouveau Code de Serbie :

« Le droit de propriété sur les produits et les meubles acquis par les forces humaines est fondé sur la nature même et établi par les lois naturelles.

« Le droit de propriété sur les immeubles et sur les fonds cultivés ou non cultivés est assuré par la constitution du pays et par les lois civiles. »

[2] C'est l' conclusion, à laquelle après avoir quelque peu varié, aboutit Herbert Spencer dans son dernier ouvrage, *La Justice* (1891). « Je maintiens ma conclusion que l'agrégat collectif est bien le propriétaire suprême du sol, conclusion qui est du reste en harmonie avec notre doctrine juridique (anglaise) : toutefois, un examen plus approfondi m'a conduit à la conclusion qu'il faut également maintenir le droit individuel de la propriété de la terre, mais en l'assujettissant à la suzeraineté de l'État » (Appendice B).

l'art agricole fait des progrès, la terre tend à devenir de plus en plus un produit du travail, puisque dans la culture maraîchère, par exemple, le terreau est un composé artificiel fait de toutes pièces par le jardinier. Et ainsi le fait tend à devenir de plus en plus conforme au droit.

Les collectivistes nous assurent, il est vrai, que l'exploitation collective du sol donnerait des résultats bien supérieurs à ceux que peut donner la propriété individuelle, parce qu'elle seule pourrait permettre d'employer les procédés de la grande production et d'en réaliser les avantages : mais ils ne l'ont pas encore démontré. Nous avons vu déjà que l'on ne devait nullement attendre de la grande production dans l'agriculture les mêmes avantages que dans l'industrie manufacturière (Voy. p. 169)[1] : elle permet, il est vrai, de réduire les frais généraux, mais aussi elle produit une moins grande quantité de subsistances : or ce que nous devons chercher au point de vue de l'intérêt social, c'est le maximum du produit brut.

Toutefois, ce mode d'exploitation du sol qui s'appelle la propriété individuelle, malgré ses grands avantages, peut engendrer certains abus, et cela en vertu des causes que nous allons étudier dans le chapitre suivant.

# VI.

### DE LA TENDANCE DE LA PROPRIÉTÉ FONCIÈRE A PRENDRE LES CARACTÈRES D'UN MONOPOLE.

La propriété foncière, quand on la considère à ses origines et à l'état naissant, telle par exemple qu'on peut la voir en-

---

[1] Il est même à remarquer que tandis que dans la production agricole la propriété collective semble disparaître de plus en plus, — au contraire, dans la production industrielle, elle tend à se développer (chemins de fer de l'État, propriétés communales sous forme de tramways, gaz, eaux, etc.).

core dans les pampas de la République Argentine ou dans l'Australie, n'a que des avantages et point d'inconvénients. C'est pour cela qu'elle se constitue si aisément. Comme, d'une part, elle ne porte que sur les terres qui ont été défrichées et ne s'étend que dans la mesure même où s'étend la culture, elle apparaît comme consacrée par le travail. Comme, d'autre part, elle n'occupe encore qu'une petite partie du sol et que la terre est en quantité surabondante, elle ne constitue en aucune façon un monopole et reste soumise comme toute autre entreprise à la loi de la concurrence.

Mais au fur et à mesure que la société se développe, que la population devient plus dense, le caractère de la propriété foncière commence à changer : elle prend peu à peu les allures d'un monopole qui va grandissant indéfiniment au grand profit des propriétaires, mais au grand détriment de la société.

Cette évolution a été exposée pour la première fois par Ricardo dans une théorie savante qui a fait sa gloire et qui a défrayé pendant plus d'un demi-siècle toutes les discussions des économistes.

A l'origine, dit Ricardo, les hommes n'ayant besoin de mettre en culture qu'une petite quantité de terres, *choisissent les meilleures.* Cependant, malgré la fertilité de ces terres, ils ne retirent pas de leur exploitation un revenu supérieur à celui qu'ils pourraient retirer d'un emploi quelconque de leur travail et de leurs capitaux. En effet, comme il y a des terres de reste, ils sont soumis à la loi de la concurrence qui abaisse la valeur de leurs produits au niveau du prix de revient.

Mais un jour vient où l'accroissement de la population exigeant un accroissement de production, et les terrains de première catégorie se trouvant en totalité appropriés, *il faut mettre en culture des terres moins fertiles,* c'est-à-dire des terres sur lesquelles le coût de production sera plus élevé. En supposant que les terrains de première catégorie donnent 30 hectolitres de blé à l'hectare avec une dépense de 300 fr., ce

qui fait revenir l'hectolitre à 10 fr., les terrains de deuxième
catégorie n'en produiront avec la même dépense que 20 hectolitres, ce qui fera revenir le coût de production de chaque
hectolitre à 15 fr. Il est évident que les propriétaires de ces
terrains ne pourront le céder au-dessous de ce prix, car au-dessous, ils seraient en perte et n'en produiraient plus ; or, nous
avons supposé justement qu'on ne pouvait se passer d'eux. Il
n'est pas moins évident que les propriétaires des terres oc-
cupées en premier lieu ne s'amuseront pas à vendre leur
blé à un prix inférieur à celui de leurs voisins[1] ; ils le vendront donc aussi à 15 fr., mais comme il ne leur revient qu'à
10 fr., comme autrefois, ils réaliseront dorénavant un bénéfice
de 5 fr. par hectolitre ou de 150 fr. par hectare, — et c'est
justement ce bénéfice qui porte dans la théorie de Ricardo, et
dans le vocabulaire de l'économie politique où il a pris droit
de cité, le nom de *rente*. On entend par là un revenu spécial à
la propriété foncière et dû à des causes naturelles ou sociales
indépendantes du travail ou des dépenses du propriétaire[2].

Plus tard l'accroissement de la population qui ne s'arrête
pas, exigeant encore un supplément de subsistances, contraint
les hommes à mettre en culture[3] des terrains de qualité encore

---

[1] Il est indispensable pour comprendre clairement cette théorie de relire
le chap. *De la loi de la rente*, p. 78.

[2] Pour déterminer là rente dans le revenu d'une terre, il faut donc déduire du revenu brut non seulement tous les frais d'exploitation et de
main-d'œuvre, mais encore tout ce qui représente l'intérêt ou le profit, au
taux normal, des capitaux engagés dans l'exploitation. *La rente ne se confond pas avec le fermage,* car d'une part le prix de fermage comprend
ordinairement l'intérêt des capitaux que le propriétaire fournit au fermier
sous forme de constructions, machines, etc., et d'autre part le fermage est
calculé d'ordinaire de façon à laisser au fermier une partie de la rente, à
moins que le fermier ne traite dans des conditions trop désavantageuses.

[3] Mais pourquoi supposer toujours que les hommes seront obligés pour
accroître la production d'étendre la culture à de nouvelles terres ? Ne peuvent-ils pas accroître la production, suivant les besoins, sur les bonnes
terres ? — Ils le peuvent, en effet, mais, en vertu de la loi du rendement
non proportionnel, tout accroissement de rendement au delà d'une certaine

plus inférieure qui ne produiront par exemple que 15 hectolitres de blé par hectare, le prix de revient de l'hectolitre s'élèvera à 20 fr. et, par les mêmes raisons développées tout à
l'heure, élèvera dans la même proportion le prix de tous les
hectolitres sur le marché. Dès ce moment les propriétaires
des terrains occupés en premier lieu verront leur rente s'élever à 10 fr., et les propriétaires des terrains de deuxième
catégorie verront à leur tour naître à leur profit une rente
de 5 fr.

Cet « ordre des cultures », comme l'appelle Ricardo, peut
se poursuivre indéfiniment, ayant toujours pour effet d'élever
le prix des subsistances au détriment des consommateurs,
et d'accroître la rente au profit des propriétaires qui voient
leurs revenus grossir sans y prendre peine et trouvent la
source de leur fortune dans l'appauvrissement général.

Cette théorie est aujourd'hui un peu discréditée : elle est
jugée trop pessimiste non seulement par les économistes de
l'école optimiste, mais même par les socialistes. La confiance
dans le progrès est telle aujourd'hui qu'on n'est guère disposé à croire que la production agricole soit destinée à aller
de bien en mal et de mal en pis[1]. Nous-même, bien que nous
ayions admis la loi du rendement non proportionnel qui peut
donner raison un jour aux sinistres prévisions de Ricardo,

limite exigera un accroissement de dépenses plus que proportionnel et par
conséquent entraînera une élévation dans les frais de production. Si à ces
terres qui donnaient 30 hectolitres à l'hectare pour 300 fr., on demande 60
hectolitres, on pourra peut-être les obtenir, mais il faudra dépenser pour
cela 8 ou 900 fr. et le prix de revient de chaque hectolitre s'élèvera ainsi
à 25 ou 30 fr. : le résultat final sera donc le même. Il faut relire ici le
chapitre sur *la loi du rendement non proportionnel* (p. 355-358) à
laquelle la loi de Ricardo est intimement liée.

[1] Dans une théorie qui est précisément le contre-pied de celle de Ricardo et qui a eu aussi son jour de célébrité, un auteur américain Carey
s'est efforcé de démontrer que l'ordre des cultures était précisément inverse. Les terres les plus fertiles, dit-il, étant celles qui, à raison même
de leur fécondité, sont les plus difficiles à défricher (végétation exubé-
rante, forêts gigantesques, marais, miasmes et fièvres), ne peuvent être

nous avons admis pourtant que ce jour pouvait être presque indéfiniment reculé par la culture maraichère (Voy. p. 171).

Mais sans admettre complètement la loi de Ricardo ni l'ordre historique des cultures, on peut néanmoins considérer comme incontestable que la valeur de la terre est destinée à augmenter sans cesse et cela en vertu de causes tout à fait indépendantes du fait du propriétaire. Si l'on réfléchit en effet que la terre présente trois caractères qu'*aucune autre richesse* ne présente au même degré :

1° de répondre aux besoins essentiels et permanents de l'espèce humaine;

2° d'être en quantité limitée;

3° de durer éternellement;

il sera facile de comprendre que sa valeur doit tendre à hausser sans cesse dans la mesure même du développement social. L'accroissement de la population est la principale cause qui agit sur elle[1], puisque naturellement plus il y a d'hommes et plus il faut demander à la terre d'aliments pour les nourrir et de place pour les loger : mais l'augmentation générale de la richesse, l'établissement de routes et de chemins de fer, la formation des grandes villes, même le développement de l'ordre et de la sécurité, ont pour inévitable effet d'accroître cette plus-value de la terre que les économistes anglais désignent

mises en culture qu'au fur et à mesure que l'agriculture est armée de moyens d'action plus puissants. — Cette théorie est vraie pour une société à ses débuts : elle l'était encore pour les États-Unis quand Carey l'exposait : elle ne l'est déjà plus pour les États-Unis d'aujourd'hui, et il y a des siècles qu'elle a cessé de l'être pour nos pays d'Europe : il faudrait avoir perdu le sens pour soutenir qu'en France ou en Angleterre les terres qui restent encore en friche sont justement les plus fécondes.

[1] On a même soutenu, dans une formule un peu trop absolue, que la valeur de toute terre était en raison directe du nombre d'hommes qu'elle porte. On a calculé que chaque émigrant, par le seul fait de son arrivée, augmentait de 400 dollars environ (2,000 fr.) la valeur du territoire des États-Unis. Comme depuis le commencement du siècle, il est débarqué plus de 13 millions d'émigrants, c'est donc, rien que de ce fait, une plus-value de 26 milliards fr. dont ils auraient doté le sol américain !

par le terme très expressif d'*unearned increment* (plus-value
non gagnée)[1]. Il n'y a qu'une cause qui tende à enrayer ou
même à faire rétrograder ce mouvement ascensionnel, c'est
la concurrence de terres nouvelles s'exerçant à la suite de
grandes entreprises de colonisations et de grands perfectionnements dans les moyens de transport, et comme c'est celle
qui se manifeste précisément en ce moment sur une vaste
échelle, elle rend beaucoup de gens incrédules à la loi de la
plus-value.

Les économistes de l'école optimiste, les mêmes qui pensent que la terre est un produit du travail, ne sauraient accepter sans protester une doctrine qui tend à représenter le
propriétaire foncier comme une sorte de parasite accaparant
le bénéfice de tout progrès social. Ils ne songent pas à contester le fait de la plus-value, qui est d'ailleurs incontestable,
mais ils l'expliquent par les améliorations et les dépenses
faites par les propriétaires et affirment même que si l'on faisait le compte de toutes les dépenses accumulées par les propriétaires successifs, on arriverait à cette conclusion qu'il n'y
a pas de terre *qui vaille ce qu'elle a coûté*[2].

---

[1] Naturellement c'est dans les pays neufs, par exemple aux États-Unis,
que la plus-value du sol se manifeste de la façon la plus frappante, parce
que c'est là aussi que les diverses causes que nous avons signalées dans
le texte agissent avec le plus d'intensité. C'est elle qui a créé les fortunes
fabuleuses des Astor et des Palmer (à Chicago) et c'est elle qui a donné
tant de crédit aux théories d'Henri George sur la nationalisation du sol.

Dans les pays vieux où ces causes agissent avec moins d'énergie et où
l'accroissement de la population est très ralenti, comme en France par
exemple, la plus-value du sol est naturellement moins sensible. Cependant
il résulte des enquêtes agricoles faites en 1851 et 1882 que d'une de ces
dates à l'autre, en trente ans seulement par conséquent, la valeur du sol
s'est élevée de 61 milliards à 91 milliards : c'est une plus-value de 1 milliard par an, soit près de 2 p. 0/0.

En Angleterre, la rente des terres était évaluée à 500 millions en 1800.
En 1880, on l'évaluait à 1,500 millions. Elle avait donc triplé. En effet,
dans le même laps de temps, la population de l'Angleterre (l'Ecosse et
l'Irlande non comprises) a triplé également (8,890,000 en 1801, 24,850,000
en 1879).

[2] Cet argument se retrouve sous une forme beaucoup plus simple, mais

L'argument est saisissant, mais ce qui prouve qu'il n'est pas exact, c'est que la statistique démontre que les terrains qui n'avaient été l'objet d'aucun travail d'amélioration, par exemple les prairies naturelles, ou mieux encore les terrains à bâtir [1], bénéficient de la même plus-value que les autres.

Il est certain que si l'on additionnait toutes les dépenses faites sur une terre française depuis le jour où le premier Celte est venu la défricher du temps des druides, on pourrait arriver à un total infiniment supérieur à la valeur actuelle de la terre; mais pour que le calcul fût juste, il faudrait additionner d'autre part toutes les recettes à partir de la même date! et il est hors de doute que le compte ainsi rectifié montrerait que la terre a fort bien donné une rente grossissant régulièrement avec le temps [2].

encore moins exacte, dans la bouche de ceux qui disent : « La propriété de la terre est légitime parce que toute terre a été achetée à prix d'argent et par conséquent avec le produit du travail ou de l'épargne ». C'est ne rien comprendre à la question. Le fait que la terre est achetée et payée à prix d'argent ne prouve pas plus la légitimité de la propriété foncière que le fait de la vente et de l'achat des études de notaire ou des charges d'agents de change ne prouve la légitimité de la propriété de ces offices. C'est au contraire parce que la propriété de la terre — comme la propriété d'une charge d'agent de change — constitue une sorte de monopole qu'elle peut se vendre à un bon prix.

En d'autres termes, ce n'est pas parce qu'une terre s'est vendue 100,000 fr. qu'elle rapporte 3,000 fr. de rente, — mais c'est au contraire parce qu'elle rapportait naturellement 3,000 fr. de rente qu'elle a pu se vendre 100,000 fr.

Tout ce qu'on peut conclure de cet argument, c'est que le propriétaire de la terre (ou le titulaire de la charge) a droit au remboursement du prix s'il est exproprié, — mais c'est là une tout autre question.

[1] M. Levasseur (*De la valeur et du revenu de la terre en France*) cite le fait suivant. En 1234, un cordonnier anglais achetait à Paris, au faubourg Montmartre, un terrain de 2 hectares 70 ares pour une rente de 215 fr. représentant un capital de 2,450 fr. Aujourd'hui ces terrains sont cotés au prix de 1,000 fr. le mètre au moins, ce qui représente donc une valeur totale de 27 millions (non compris les maisons, bien entendu).

[2] D'après les statistiques agricoles de 1852 et 1882, la valeur des prés et herbages de dernière classe s'est élevée, d'une date à l'autre, de 1,380 fr. l'hectare à 2,511, soit 80 p. 0/0 de hausse; or la valeur des terres labourables de première classe s'est élevée dans la même période de 2,282 fr. l'hectare à 3,442 fr., ce qui ne représente qu'une hausse de 50 p. 0/0.

# VII.

### DE LA NATIONALISATION DU SOL.

Si on considère comme démontrée la loi de la rente foncière ou celle de l'*unearned increment*, c'est-à-dire si l'on croit qu'une grande part sinon la totalité de la valeur de la terre est due à des causes sociales, collectives et parfaitement in· dépendantes du travail individuel, on est entraîné à en con- clure qu'il serait juste de restituer cette part à qui elle est due, c'est-à-dire à la Société. En effet, pour atteindre ce but, on a proposé diverses mesures qui sont en général désignées sous le nom de systèmes de *nationalisation du sol*.

1° Le premier consisterait à supprimer le caractère de per- pétuité de la propriété foncière et à en faire quelque chose de semblable à ce que les jurisconsultes appellent une emphy- téose ou plus simplement une concession temporaire. L'État propriétaire nominal du sol, le concéderait aux individus pour l'exploiter pour des périodes de longue durée, 50, 70 ou même 99 ans, comme il fait pour les concessions de chemins de fer. Le terme arrivé, l'État rentrerait en possession de la terre (comme il rentrera vers 1948 en possession des chemins de fer) et il la concéderait alors pour une nouvelle période, mais naturellement en faisant payer aux nouveaux conces- sionnaires soit par une somme une fois versée, soit par une rente annuelle, l'équivalent de la plus-value dont ils bénéfi- cieraient. De cette façon l'État représentant la collectivité, bé- néficierait de toute la plus-value, qui finirait par lui constituer un revenu énorme et lui permettrait d'abolir tous les impôts.

Un semblable système ne serait pas inconciliable avec une bonne exploitation du sol, comme l'affirme M. P. Leroy-Beau- lieu [1], puisque les plus grands travaux modernes (chemins de

---

[1] Voy. son livre *Collectivisme*, p. 181.

fer, canal de Suez, etc.) ont été faits sous cette forme : surtout si on avait la précaution de renouveler les concessions un certain temps avant l'arrivée du terme. Il faut même reconnaître qu'un tel état de choses serait plus favorable à une bonne culture que la situation présente de beaucoup de pays, tels que l'Irlande ou même l'Angleterre, dans lesquels la presque totalité de la terre est cultivée par des fermiers *at will*, c'est-à-dire qu'on peut congédier à volonté.

Mais la mise à exécution d'un semblable projet rencontrerait un obstacle insurmontable dans l'opération préalable du rachat, si on voulait la faire, comme on le doit, avec équité [1]. Elle serait en effet absolument ruineuse, puisque la valeur de la terre en France est évaluée à près de 100 milliards et que l'État par conséquent aurait à emprunter pareille somme pour indemniser les propriétaires [2]. On ne pourrait songer sérieusement à appliquer un semblable système que dans l'hypothèse où il n'y aurait pas de rachat à faire, et cette hypothèse se trouve réalisée seulement dans les pays neufs et

[1] Voy. p. 492, note 2, *in fine*.

[2] Nous avons suggéré toutefois un système de rachat qui serait beaucoup moins onéreux (*De quelques doctrines nouvelles sur la propriété foncière* — Journ. des Économistes, mai 1883). L'État pourrait acheter les terres *payables comptant et livrables dans 99 ans*, et il est certain que dans ces conditions, il pourrait les obtenir à un prix infime, car le propriétaire mettant en balance d'une part une dépossession à un terme si éloigné que ni lui ni ses petits-enfants n'en souffriront, et d'autre part une somme à toucher immédiatement, n'hésiterait guère à accepter le prix si faible qu'il fût. On peut du reste le calculer mathématiquement par les tables d'annuités : 1,000 fr. à toucher dans 100 ans, en 1993, valent aujourd'hui, en 1893, 71 fr. 98. — Donc 100 milliards, en admettant que telle soit la valeur de la propriété foncière en France, livrables dans 100 ans, valent environ 800 millions comptant.

M. Paul Leroy-Beaulieu, qui veut bien déclarer ce plan de rachat le plus ingénieux de ceux qui ont été proposés (*Collectivisme*, 1re édit., p. 176), le rejette néanmoins pour diverses raisons. Nous n'insisterions pas nous-même beaucoup pour son adoption, par cette seule raison que s'il est vrai que cent milliards à toucher dans cent ans ne valent pas grand chose, il est vrai aussi qu'une réforme sociale à réaliser dans cent ans vaut encore moins !

encore inhabités, tels que l'Australie, les États-Unis, divers États de l'Amérique du Sud, la Sibérie. Là, l'État, qui à cette heure concède aux colons des titres de propriété perpétuelle, soit gratuitement, soit à vil prix, pourrait très bien changer de système, et retenant la propriété du sol, ne concéder qu'une possession temporaire, mais suffisamment prolongée pour assurer le défrichement et la culture[1].

2° Le second système proposé par Mill père et fils, et auquel Henri George vient de refaire une célébrité sous le nom de « système de l'impôt unique » (single-tax system), consisterait simplement à frapper la propriété foncière d'un impôt croissant, dont la progression serait calculée de façon à absorber la plus-value (qu'on appelle rente ou *unearned increment*) au fur et à mesure qu'elle se produirait.

La grande objection pratique à ce système, c'est que, dans la plus-value du sol, il y a toujours deux éléments : l'un tient bien aux causes sociales et intrinsèques que nous avons énumérées, mais l'autre provient d'ordinaire du travail du propriétaire et de ses avances. En établissant un semblable impôt, il faudrait se garder de toucher à cette seconde part, non seulement sous peine de violer l'équité, puisqu'elle représente le produit du travail, mais encore sous peine de décourager toute initiative et tout progrès dans les entreprises agricoles qui ne sont déjà, comme nous le savons, que trop

---

[1] C'est ce que fait le gouvernement Hollandais dans ses vastes possessions coloniales. Propriétaire du sol, il ne vend pas ses terres, mais les concède pour des périodes de 75 ans.

Même dans les pays vieux, ce système pourrait recevoir une application en ce qui touche les concessions de mines. L'État pourrait prendre pour règle, dans toutes les nouvelles concessions de mines, de fixer à la concession une durée limitée, par exemple 50 ans ou même 99 ans, et de faire désormais ces concessions, ou de les renouveler une fois expirées, par voies d'adjudication aux enchères. Il n'y a pas de propriété pour laquelle la plus-value soit plus forte que pour la propriété minière. La valeur de concessions de mines de charbon du Pas-de-Calais s'est élevée de 27 millions à l'origine (1853 à 1863), à 296 millions aujourd'hui. Elle a donc plus que décuplé en trente ans.

routinières. Or, une telle séparation est impossible en pratique. Le propriétaire lui-même ne réussirait pas à l'établir
exactement : à plus forte raison un représentant de l'État[1].

# VIII.

### DE L'ORGANISATION DE LA PROPRIÉTÉ FONCIÈRE.

L'organisation de la propriété foncière et les lois qui la régissent dépendront évidemment de l'idée que l'on se fera de
cette institution.

Si le législateur admet, comme nous le pensons, que cette
propriété a pour fondement l'utilité sociale et pour raison
d'être la nécessité de retirer du sol le maximum de subsistances, il devra évidemment s'appliquer à faire arriver la
terre, et à la faire rester, entre les mains de ceux qui sont en
mesure d'en tirer le meilleur parti, c'est-à-dire entre les mains
de ceux qui la cultivent. Il n'est pas nécessaire que toutes
les terres d'un pays soient uniquement entre les mains de
ceux qui poussent la charrue ou manient la pioche : la formule souvent employée « la terre aux paysans », est certainement excessive[2], mais, il faut au moins se proposer comme
idéal un état social dans lequel la fonction de propriétaire ne
sera dévolue qu'à ceux qui voudront réellement l'exercer.

Certaines législations, dans un intérêt politique, se sont

---

[1] Remarquez d'ailleurs que si la société confisque à son profit toutes
les bonnes chances, sous prétexte qu'elles ne sont pas le fait du propriétaire, il serait juste qu'elle prît à sa charge toutes les mauvaises chances,
car la raison est la même (Voir notre article déjà indiqué : *Quelques
doctrines nouvelles*, etc.).

[2] S'il n'y avait eu d'autres viticulteurs dans le midi de la France que
les paysans, il est probable qu'ils n'auraient pas réussi à vaincre le phyl-
loxera. Ils ont suivi — et avec combien de résistance! — l'initiative des
grands propriétaires.

appliquées à obtenir un résultat précisément opposé, c'est-
à-dire à concentrer et à retenir la propriété entre les mains
de classes dirigeantes qui gouvernent mais ne cultivent pas.
Tel est le régime de la propriété en Angleterre. Le droit d'aînesse, les substitutions, les formalités et les frais inhérents
à toute aliénation, ont concentré la propriété de tout le territoire des Iles Britanniques entre les mains des quelques centaines de familles qui composent la Chambre des Lords : ce
régime a élevé au-dessus d'une foule de misérables une aristocratie opulente et a donné le spectacle de fortunes colossales
acquises sans travail et croissant comme d'elles-mêmes entre
des mains oisives.

Sans nier qu'un semblable régime ne puisse avoir servi
utilement à la grandeur politique de l'empire britannique, il
faut cependant le considérer non seulement comme inique,
mais comme de nature à ruiner irrémédiablement dans l'esprit public l'institution même de la propriété foncière. Aussi
n'est-elle nulle part plus vivement attaquée qu'en Angleterre
même[1].

Il n'en est pas de même dans les pays démocratiques et
particulièrement en France. Là, les lois ne tendent pas à en-
traver, mais, au contraire, à favoriser de tout leur pouvoir la
*divisibilité* du sol par la loi du partage égal entre tous les

---

[1] On peut en donner comme preuve le prodigieux succès qu'ont eu dans
ces dernières années en Angleterre les œuvres d'Henri George et ses doctrines sur la nationalisation du sol, et les mesures prises par les ministères même les plus conservateurs pour modifier le régime de la propriété
en Irlande. — On compte dans les Iles Britanniques environ 1,200,000 propriétaires, mais l'immense majorité, les trois quarts au moins, ne sont propriétaires que d'une superficie insignifiante (moins d'un acre, c'est-à-dire
au-dessous de 40 ares — un petit cottage avec un jardin). Mais si l'on
veut se faire une idée plus exacte de la répartition de la propriété dans
les Iles Britanniques, il faut se dire que la moitié de l'Angleterre et du
pays de Galles est possédée par 4,500 personnes, la moitié de l'Irlande
par 744 personnes, et la moitié de l'Ecosse par 70 personnes seulement !

cohéritiers[1], et sa *transmissibilité* par la prohibition des substitutions et par des limitations imposées à la constitution des biens de main-morte[2]. Aussi ce régime a-t-il eu, en partie du moins, le résultat que nous indiquions, c'est-à-dire de faire arriver la terre entre les mains de ceux qui doivent la cultiver, et c'est lui qui a fait naître cette forte race de paysans français que les économistes anglais nous envient et dont l'existence suffit pour déjouer, de longtemps du moins, toute tentative de nationalisation du sol dans notre pays.

Il a aussi l'avantage de rendre à peu près inoffensives les tendances au monopole de la propriété foncière et la loi de la plus-value, en assurant la libre circulation des terres. Qu'importe en effet que par la loi le droit de propriété soit perpétuel, si par le fait il ne s'éternise jamais dans les mêmes mains[3]?

[1] On sait que l'article 826 du Code civil français impose non seulement le partage égal en valeur, mais le partage *en nature,* en sorte que tout domaine, grand ou petit, est impitoyablement dépecé à la mort du propriétaire (bien que l'article 832, par une singulière contradiction, recommande de ne pas morceler, si possible, les exploitations). Cette disposition est vivement attaquée par l'école catholique et par celle de Le Play, et avec raison. On comprend que la loi s'efforce d'empêcher la constitution de grands domaines, non seulement par des raisons politiques, mais aussi par des raisons économiques, *latifundia perdidere Italiam,* mais quand elle dépèce brutalement à chaque génération les exploitations agricoles, celle du paysan aussi bien que celle du grand propriétaire, et en détruit ainsi un grand nombre en brisant leur unité, elle compromet gravement les intérêts de l'agriculture sans pouvoir même alléguer l'intérêt démocratique.

[2] La loi française se montre cependant inconséquente avec elle-même en imposant dans certains cas l'inaliénabilité, par exemple pour les immeubles des femmes mariées sous le régime dotal, et surtout en grevant les mutations d'immeubles de droits fiscaux énormes qui s'élèvent à près de 10 p. 100 de la valeur et à une proportion bien plus onéreuse encore pour les petites propriétés.

[3] M. Loria voit le nœud de toute la question sociale, comme Henri George du reste, dans le fait « qu'il n'y a plus de terre libre ». Mais au lieu de chercher le remède dans la nationalisation du sol, il le cherche dans la reconstitution « de la terre libre », c'est-à-dire dans les réformes nécessaires pour permettre à tout homme d'occuper l'étendue de terre qu'il pourra cultiver lui-même. Alors les salaires ne pourront jamais être inférieurs au produit réel du travail. Quant aux moyens pratiques pour en

Ce serait cependant se faire illusion que de croire que la liberté des transactions à elle seule arrivera sûrement au but que nous cherchons, c'est-à-dire à conférer la propriété de la terre à ceux qui peuvent le mieux en tirer parti. L'école libérale l'affirme en se fondant sur ce principe que sous le régime de l'échange libre, les choses vont d'elles-mêmes entre les mains de ceux qui peuvent le mieux les utiliser, puisque ce sont ceux là qui sont disposés à les payer le plus cher. Mais la terre ne peut pas être assimilée à une marchandise ou même à un instrument de production quelconque dont l'achat et la vente sont déterminés uniquement par des mobiles économiques. En réalité, les hommes cherchent dans la possession du sol soit la puissance politique, soit la considération sociale, soit les charmes de la vie des champs, et ces mobiles peuvent les pousser à étendre leurs possessions sans raison ou surtout à les empêcher de vendre leurs terres, alors même qu'ils ne peuvent plus les exploiter utilement.

Et les faits nous montrent que, dans plus d'un cas, le régime de la liberté des transactions appliqué à la terre a eu pour conséquence la ruine de la petite propriété au profit de la grande, la dépossession du sol des mains de ceux qui le cultivaient au profit des spéculateurs et la création d'un prolétariat rural[1].

Nous pouvons donc conclure que, dans les cas où la liberté n'a pas suffi pour assurer une répartition de la propriété foncière conforme au véritable but de cette institution, il faut

---

arriver là, M. Loria semble recommander la petite propriété corrigée et complétée par la coopération, comme nous l'avons fait nous-mêmes (Voy. ci-dessus, p. 171, 172). Voy. pour le système de M. Loria son principal ouvrage *Analisi della Proprietà Capitalista*, 2 vol.

[1] C'est ce qui se passe dans certaines provinces de l'Inde par suite de l'introduction trop brusque de la propriété individuelle du sol avec le droit d'aliénation, et c'est ce qui arrivera infailliblement en Algérie pour la population indigène, si on y introduit sans précaution le régime de l'*Act Torrens*.

reconnaître au législateur le droit d'intervenir pour la modifier par voie d'autorité. Il est assez difficile d'indiquer, d'une façon précise, les modes possibles d'intervention du législateur; ils doivent être déterminés par les circonstances. Le législateur, par exemple, peut être conduit suivant les cas :

Soit à fixer un maximum à l'étendue de terre possédée par un seul homme, pour éviter les *latifundia*. En Écosse, on voit un seul propriétaire posséder 1,326,000 acres (plus de 5,000 kilomètres carrés);

Soit, au contraire, à fixer un minimum pour éviter un morcellement excessif et préjudiciable à la bonne culture;

A prononcer l'expropriation pour cause d'utilité publique de tout propriétaire qui laissera ses terres en friche. En Chine, toute terre non cultivée fait de droit retour à l'État, et en Angleterre divers projets de loi en ce sens ont été déposés par le parti radical[1];

A imposer l'échange des parcelles même aux propriétaires récalcitrants, là où elles sont par trop enchevêtrées. Des mesures semblables ont été prises dans des divers États de l'Allemagne;

---

[1] La législation musulmane, plus rationnelle en cela que les législations dérivées du droit romain, n'admet la propriété individuelle que sur les terres qui ont été l'objet d'un travail effectif et qu'elle appelle les terres *vivantes*, par opposition à la terre en friche qu'elle appelle la terre *morte* et qui doit rester propriété collective. « Quand quelqu'un aura vivifié la terre morte, dit le prophète, elle ne sera à aucun autre, et il aura des droits exclusifs sur elle ». Et voici les travaux qui feront ainsi passer la terre sous le régime de l'appropriation. « Faire sourdre l'eau pour l'alimentation ou l'arrosage, détourner les eaux des terrains submergés, bâtir ur une terre morte, y faire une plantation, la défoncer par un labour, en étruire les broussailles qui la rendent impropre à la culture, niveler le ol et en enlever les pierres ». — C'est par application de ces principes u'en Algérie et à Java, par exemple, la propriété collective occupe encore ne très grande place. Mais en France, sur 22 millions d'hectares de terre l'état de nature (bois, pâturages, friches) — les 2/5 de la superficie de e la France — il n'en reste plus que 6 millions appartenant à l'Etat ou ux communes; tout le reste a été envahi par la propriété privée, sans utre titre évidemment que l'occupation.

A mettre hors commerce une certaine étendue de terre pour soustraire le patrimoine de la famille aux créanciers; c'est l'institution qui, sous le nom d'*Homestead* (Voy. p. 333, note), existe aux États-Unis;

A imposer certaines conditions aux fermages, conditions de prix, de durée, d'indemnités pour plus-value, etc. On sait que le gouvernement anglais a été forcé d'exercer cette intervention de la façon la plus rigoureuse, on peut même dire la plus socialiste, en ce qui concerne les propriétés des landlords d'Irlande.

Le régime de notre Code civil ne peut pas être cité lui-même comme un régime de liberté en fait de propriété foncière, puisque, comme nous l'avons vu, il impose le partage de la terre à chaque mutation par décès.

# DEUXIÈME PARTIE.

## LES DIVERSES CATÉGORIES DE COPARTAGEANTS.

Quand nous regardons autour de nous de quelle façon vivent les gens et de quelle source ils tirent leur revenu, il semble tout d'abord que leurs conditions soient si diverses et si mêlées qu'on ne puisse s'y reconnaître. Cependant il est assez facile de distinguer bientôt certaines grandes catégories reconnaissables à des caractères assez tranchés. On peut en compter jusqu'à cinq.

Les uns, paysans, propriétaires, artisans, boutiquiers, possèdent un instrument de travail, terre ou capital, qu'ils *font valoir eux-mêmes par leur travail personnel*[1]. — Il n'y a pas malheureusement de nom spécial dans la langue économique pour les distinguer. Comme leur caractère est de travailler isolément, nous les appellerons les *producteurs autonomes*. Il n'y a pas de terme particulier non plus pour désigner le revenu spécial qu'ils touchent.

D'autres possèdent des terres ou des capitaux en quantité trop considérable pour les faire valoir par leur travail personnel. Ils sont donc obligés, à cet effet, d'*employer le travail d'autres hommes*. — On les désigne, dans la langue économique, sous le nom d'*entrepreneur* ou, dans le langage cou-

[1] On peut faire rentrer aussi dans cette classe les professions dites *libérales*, avocats, médecins, artistes, etc., qui vivent de leur travail personnel, en vendant directement leurs services au public et qui possèdent d'ordinaire le capital nécessaire à l'exercice de leur profession. Leur revenu est désigné en général sous le nom d'*honoraires*.

rant, sous celui de *patron*, et la part qui leur revient est appelée *profit.*

D'autres, simples prolétaires, c'est-à-dire n'ayant que leurs bras, sont obligés, pour se procurer un revenu, de *se mettre à la solde des capitalistes ou des propriétaires* et de recevoir de leurs mains les instruments indispensables à la production. — On les désigne d'ordinaire sous le nom de *salariés* ou sous le nom plus indéterminé d'*ouvriers*. La part qu'ils touchent est désignée sous le nom de *salaire*[1].

D'autres ne font rien et *vivent des revenus périodiques* que leur procure un capital quelconque, terre, maison ou capital, sous le nom de *fermage, loyer, intérêt ou dividende.* — On les appelle les *rentiers.*

En dehors de ces grandes classes, il en est une autre moins apparente, mais qui, dans l'ombre où elle se cache ne saurait pourtant passer inaperçue. Ce sont tous ceux qui ne vivent ni de leur travail, car ils ne font rien, ni de leurs rentes, car ils n'en possèdent point, mais *de la charité publique ou privée.* — On les désigne sous le nom d'*indigents* et leur revenu s'appelle l'*aumône*[2].

---

[1] On pourrait faire rentrer dans cette catégorie (et c'est ce qu'on fait le plus souvent) tous les *fonctionnaires* qui touchent un *traitement* de l'État ou des communes et qui sont en France au nombre de près d'un million, (374,000 pour l'État seul, non compris l'armée). Toutefois comme ils sont au service, non d'une personne, mais de la Société, leur situation est en droit comme en fait, très distincte de celle des ouvriers, et il vaudrait mieux en faire une classe spéciale.

Mais il faut faire entrer incontestablement dans cette classe tous les *serviteurs* attachés à la personne, les domestiques, comme l'on dit. Leur revenu porte le nom de *gages.*

[2] On s'étonnera peut-être de ne pas voir figurer ici la classe des « propriétaires », mais il n'y a aucune raison pour en faire une classe distincte. Le paysan propriétaire figure dans la classe des producteurs autonomes, le propriétaire qui fait valoir dans celle des patrons, et le propriétaire qui donne son bien à ferme dans celle des rentiers. Il est contraire à toute classification scientifique de faire figurer sous la même rubrique, comme on le fait d'ordinaire, des conditions sociales aussi différentes.

La première et la troisième classes constituent la très grande majorité par tout pays : les trois autres ne sont jamais que la minorité[1].

[1] On dit souvent qu'il n'y a plus de *classes* aujourd'hui : il vaudrait mieux se contenter de dire plus modestement qu'il n'y a plus de *castes*, et celui-ci serait vrai pour deux raisons :

1º parce qu'il n'y a plus d'obstacle légal qui empêche un individu de passer d'une classe à une autre, s'il le peut; et, en fait, il ne manque pas de gens qui s'élèvent de la condition de salarié à celle de producteur autonome, de patron ou même de rentier, comme il n'en manque pas aussi qui tombent dans celle des indigents;

2º parce que la même personne peut très bien appartenir simultanément à plusieurs classes, et c'est même là une situation très ordinaire. Beaucoup de petits producteurs, presque tous les patrons et même un certain nombre de salariés, possèdent des titres de rente gros ou petits, des obligations de villes ou de chemins de fer, et se rattachent ainsi *pro parte* à la catégorie des rentiers. Nombre de salariés aussi étant inscrits aux Bureaux de bienfaisance se trouvent appartenir à la classe des indigents. C'est même ce mélange qui rend impossible de dresser une statistique des différentes classes de copartageants.

Néanmoins les diverses catégories que nous venons d'énumérer présentent des caractères spécifiques assez tranchés pour qu'on puisse très bien employer le mot de classe, dans le sens scientifique de ce mot.

Voici même, d'après une statistique de M. Coste, comment se répartiraient à peu près le revenu de la France entre ces diverses classes de copartageants (la 1re colonne indique l'effectif approximatif de chaque classe).

| | | | |
|---|---|---|---|
| Producteurs autonomes............ | 4,8 millions | 4 milliards. | |
| Patrons (agricoles ou industriels)... | 2,7 — | 8 — | |
| Salariés....................... | 8 — | 8 — | |
| Rentiers et professions libérales.... | 1 — | 3 — | |
| Indigents..................... | 1,5 — | 0,5 — | |
| | 18 | 23,5 | |

# CHAPITRE I.

## LE PRODUCTEUR AUTONOME.

### I.

#### POURQUOI CETTE CONDITION EST LA PLUS FAVORABLE A UNE BONNE RÉPARTITION?

Le producteur autonome, tel que nous l'avons défini, est celui qui ne travaille pas pour le compte d'un autre et ne fait travailler personne pour son compte : il se suffit à lui-même et touche l'intégralité du produit de son travail sans que personne puisse songer à le lui contester.

Le type de cette classe de producteurs, c'est le *paysan* qui cultive une terre avec le seul secours de ses bras (ou de ceux de sa famille) et avec ses propres capitaux, et qui moissonne ce qu'il a semé. Mais l'*artisan* qui travaille pour le compte du public sans employer d'autres bras que les siens ou ceux de quelques apprentis, (cordonnier, tailleur, serrurier, maréchal-ferrant, etc.), même le *boutiquier* qui fait valoir lui-même son petit fonds de commerce, rentrent aussi dans cette catégorie.

Un semblable régime, s'il était généralisé, serait très favorable à une bonne répartition des richesses. A raison de sa simplicité extrême, il préviendrait la plupart des conflits qui surgissent aujourd'hui entre les diverses classes de copartageants, notamment entre le travail et le capital. Il ne ferait pas régner l'égalité absolue — et ce serait fort heureux, — car il laisserait subsister non seulement les causes d'inégalité qui tiennent aux différences naturelles des hommes, mais aussi celles qui tiennent à la puissance inégale des terres et des instruments de production employés, et même celles qui tiennent aux chances bonnes ou mauvaises intimement liées

à tous les faits de l'homme. Cependant il ne permettrait guère
à ces inégalités de dépasser certaines limites, si l'on veut rester
dans les conditions de notre hypothèse, c'est-à-dire si l'on suppose des producteurs qui n'emploient que leur propre travail.
En effet la quantité de terre ou de capital qu'un homme
peut mettre en œuvre avec le seul secours de ses bras est nécessairement assez bornée — quelques hectares, quand il s'agit
de la terre, quelques milliers de francs, quand il s'agit d'un
capital. Une société dans ces conditions ne connaîtrait donc
guère d'autres inégalités que celles qui tiennent à la nature
elle-même ou aux vicissitudes des événements.

Aussi la plupart des socialistes, dans les attaques qu'ils
dirigent contre l'ordre social actuel, épargnent d'ordinaire cette
classe sociale : ils se contentent de déclarer qu'elle est irrévocablement condamnée et annoncent que ceux qui la représentent encore dans nos sociétés ne tarderont pas à être éliminés
par la fatalité de l'évolution économique. Et pourquoi donc?
Parce que si ce régime est favorable à une bonne répartition
des richesses, elle est incompatible, disent-ils, avec les exigences de la grande production. La production isolée suppose
la petite industrie et la petite culture : or, l'avenir appartient
à la grande industrie et à la grande culture sous le régime de
la production collective. Perpétuer le régime de la production
isolée, ce serait « décréter la médiocrité en tout[1] ».

Nous nous permettrons d'en appeler de ce jugement un peu
sommaire. La médiocrité dans les conditions *aurea medio-
critas*, ne doit pas nous effrayer, et les anciens, aussi bons
juges que nous en cette matière, y avaient vu une des conditions

[1] Karl Marx lui-même, dans son livre sur le Capital, reconnaît les avantages d'un régime dans lequel le travailleur met en œuvre son propre capital, « comme le virtuose son instrument ». Mais, dit-il : « ce régime exclut
la concentration, la coopération sur une grande échelle, le machinisme, la
domination savante de l'homme sur la nature, le concert et l'unité dans
les fins, les moyens et les efforts de l'activité collective. Il n'est compa-
tible qu'avec un état de la production et de la société étroitement borné ».
Les économistes, du reste, font chorus sur ce point avec les socialistes.
Voyez l'*Évolution économique au XIXᵉ siècle* de M. de Molinari.

du bonheur. Au point de vue de la production, aucun autre
régime ne saurait mieux pousser au maximum l'activité productrice, puisque chacun travaille pour soi. Le grief le plus
fondé, c'est qu'il constitue un milieu trop favorable au développement du principe individualiste égoïstique. Mais la pratique de l'association peut à la fois corriger cet individualisme
étroit et permettre à la petite industrie et à la petite culture
d'adopter les procédés de la grande production.

La France a le privilège d'être, entre tous les pays, un de
ceux où la classe des producteurs autonomes est la plus nombreuse, non seulement les paysans qui constituent un des types
les plus caractéristiques de notre race, mais aussi les artisans
et boutiquiers[1]. C'est là ce qui donne à l'organisation spéciale de
notre pays une assiette solide et lui permet, mieux qu'à tout
autre, de résister aux crises terribles de son histoire. Il en résulte, il est vrai, pour nous un tempérament un peu routinier,
une certaine lourdeur dans nos initiatives économiques et dans
notre expansion au dehors. Mais, tout compte fait, il est à
craindre que nous n'ayons sujet de regretter un tel état de
choses, si jamais il vient à se modifier.

---

[1] Il est assez difficile d'évaluer le nombre de paysans propriétaires en
France ; mais, en tout cas, il ne faut pas s'imaginer, comme on le dit quelquefois, que la plus grande partie du territoire est entre leurs mains.
D'abord, il n'y a guère qu'un quart du sol cultivable (12,750,000 hectares
sur 49 millions) qui appartienne à la petite propriété (exploitations inférieures à 6 hectares). Et encore, sur les 5 ou 6 millions de propriétaires
qui se partagent cette superficie, près de la moitié ne possèdent que des
lambeaux de propriété (moins de 1 hectare) qui ne suffisent pas pour les
faire vivre et les laissent dans la nécessité de se louer comme journaliers.
Le nombre des paysans proprement dits, c'est-à-dire propriétaires d'une
terre suffisante pour les faire vivre, ne doit pas dépasser 3 millions, ce
qui représenterait, il est vrai, avec les membres de la famille, 10 ou 12
millions d'habitants, effectif encore assez considérable et probablement
même supérieur à celui de n'importe quel autre pays.
    La petite industrie (artisans) paraît compter un peu plus de 1 million
de représentants, et le petit commerce un peu moins de 1 million de
boutiquiers, cabaretiers, etc. Nous savons qu'il n'y a guère lieu de se
féliciter de ce dernier résultat (Voy. p. 191).

# CHAPITRE II.

## LE PATRON.

## I.

### DU RÔLE DU PATRON ET DE LA LÉGITIMITÉ DU PROFIT.

Autant la situation du producteur isolé était simple, autant la situation de cette nouvelle catégorie de copartageants est compliquée.

On désigne sous le nom de *patron*, ou mieux sous le nom d'*entrepreneur* qui est le terme consacré dans la langue de l'économie politique, tout homme qui disposant d'un instrument de production (terre ou capital) trop considérable pour pouvoir le mettre en œuvre par son travail personnel, *le fait valoir par le travail d'ouvriers salariés*. Il suffit qu'un homme soit propriétaire d'une étendue de terre de plus de 4 ou 5 hectares pour qu'il ne puisse la cultiver seul et qu'il soit obligé d'employer des journaliers. Il suffit aussi qu'il soit propriétaire d'un capital de 8 ou 10,000 fr., pour ne pouvoir guère en tirer parti dans une entreprise industrielle ou commerciale quelconque sans être obligé d'employer le travail d'autrui[1].

---

[1] Le plus souvent, le patron ou entrepreneur est propriétaire de la terre u des capitaux qu'il fait ainsi valoir; aussi les économistes anglais n'ont-ls point de terme spécial pour le désigner autre que le nom de « capitaiste ». Cependant il peut arriver que le patron ne soit pas propriétaire es capitaux ou de la terre qu'il fait valoir et, en tout cas, ses titres en ant que patron et directeur de l'entreprise doivent être distingués scientifiquement de ses titres en tant que propriétaire. Donc les économistes

Jusqu'ici nous n'apercevons rien dans cette situation que de très normal. L'homme qui a trop de biens les emploie à faire travailler ceux qui n'en ont point assez, cela est parfaitement légitime — et même, pour peu qu'on ait l'esprit porté à voir les choses du bon côté, on peut facilement voir une harmonie providentielle dans ce fait que le capitaliste ne saurait se passer du travailleur pour faire valoir son capital, pas plus que le travailleur ne saurait se passer du capitaliste pour utiliser ses bras.

Mais attendons la fin. Le propriétaire ou le capitaliste qui a fait travailler des ouvriers sur sa terre ou avec son capital, considère le produit de l'entreprise quel qu'il soit, denrées agricoles ou articles manufacturés, *comme lui appartenant*, *et c'est le prix de vente de ces produits*, *déduction faite des frais de production*, *qui constitue son revenu*, *son profit*. Or c'est ici que la question devient délicate, car on peut se demander en vertu de quel droit le patron prend ainsi pour lui une valeur qui est le produit du travail de ses ouvriers?

Le patron répond, par l'organe des économistes, que la chose produite est parfaitement son œuvre, puisque sans son initiative elle ne serait point : s'il ne l'a pas faite, du moins il l'a *fait faire*. C'est lui d'abord qui en a eu l'*idée*, ce qui, à vrai dire, constitue l'acte primordial et essentiel de toute production (Voy. p. 107) : c'est lui aussi qui a fourni les moyens de l'exécuter. Qui donc aurait sur cette chose plus de droit que lui? — Les ouvriers? mais ils ont simplement exécuté les ordres qu'ils ont reçus : ils n'ont été que des instruments dans la main de l'entrepreneur. Et la preuve, c'est que de deux entreprises employant un personnel d'ouvriers équivalents, on voit tous les jours l'une réussir là où l'autre

français en distinguant ce nouveau personnage par un terme spécial, celui d'entrepreneur (qui commence du reste à être généralement employé par les économistes de tous les pays), ont rendu un véritable service à la science.

échoue misérablement. Il en est de l'industrie comme de la guerre. Qui gagne la bataille? C'est le général. Sans doute, de bons soldats y contribuent, tout comme de bonnes armes, mais ce sont les conditions du succès, non la cause efficiente : et la preuve, c'est que les mêmes troupes avec le même matériel, mais mal commandées, seront battues. Dans l'entreprise aussi, c'est le commandement qui fait tout. L'entrepreneur est « le capitaine de l'industrie » : c'est lui qui décide de la victoire ou de la défaite. S'il réussit, il recueille seul les fruits de la victoire : s'il échoue, il supporte seul les conséquences de la défaite, il est puni par la ruine.

Les socialistes haussent les épaules devant ce tableau. Ce patron, disent-ils, n'est qu'un parasite ou, si l'on préfère, un spéculateur dont l'unique rôle consiste à acheter pour revendre. Qu'achète-t-il? la force de travail de l'ouvrier, sous forme de main-d'œuvre. Que revend-il? cette même force de travail sous la forme concrète de marchandises. Il l'achète à vil prix sur le marché du travail où les prolétaires sont obligés de se vendre pour vivre et où toujours l'offre surabonde : il la revend à un bon prix, parce qu'il fait rendre à cette force de travail tout ce qu'elle peut donner, en prolongeant autant que possible la durée de la journée de travail, en stimulant l'ouvrier par l'appât trompeur du travail à prix fait, en épuisant les femmes et les petits enfants à l'aide de machines qui permettent d'utiliser leurs faibles bras. Payer la force de travail le moins possible, lui faire rendre le plus possible, voilà tout le secret du profit du patron; voilà, comme dit Karl Marx, le « mystère d'iniquité ».

De ces deux portraits, le premier est singulièrement flatté, le second est une sinistre caricature, mais l'un comme l'autre ne manquent pas d'une certaine ressemblance.

Il est certain qu'étant donnée l'organisation économique de nos sociétés, le rôle du patron s'impose. Il faut considérer que les éléments de la production sont le plus souvent séparés : d'une part la foule, n'ayant que ses bras et point de capital ni de terre : d'autre part le petit nombre, ayant des capitaux et des terres, mais ne se souciant nullement de se livrer à un travail manuel. Or, pour produire n'importe quelle richesse, mais surtout pour produire en grand, il faut absolument réunir ces divers facteurs de la production dans une même opération productive (Voy. p. 158). Qui donc réunira dans sa main ces éléments dispersés en les faisant converger vers un but commun ? Qui sera chargé de prévoir les besoins, de faire concorder la production avec la consommation, de décider de la voie dans laquelle le travail et les capitaux d'un pays doivent s'engager ? Il est difficile que ce soit le prolétaire ; ce sera donc le capitaliste [1], et il est clair que c'est celui qui a monté l'entreprise qui s'en réservera le profit, s'il y en a un.

Mais bien que la fonction sociale de l'entrepreneur soit en quelque sorte imposée par les nécessités de la situation économique, elle n'en est pas moins fâcheuse en ce qu'elle rend le problème de la répartition presque inextricable, en ce qu'elle entretient le conflit à l'état aigu entre le capital et le travail, en ce qu'elle partage la société en deux classes ennemies. On ne saurait empêcher en effet les ouvriers de se considérer comme ayant des droits sur toutes ces richesses qui sont sorties de leurs mains : on ne saurait surtout les empêcher de voir avec amertume des générations de patrons ou

---

[1] Pour justifier le profit, on met d'ordinaire l'accent sur les capacités exceptionnelles qui seraient nécessaires pour être patron. Et cette façon de présenter les choses est vraie dans une certaine mesure ; toutefois, il faut bien reconnaître que, par le fait, la qualité de patron est liée non point à des capacités plus ou moins exceptionnelles, mais simplement à la possession d'un capital. On est patron, d'ordinaire, parce qu'on est riche, comme on était officier dans l'ancien régime parce qu'on était noble. Il y a sans doute des patrons qui se sont faits eux-mêmes, comme il y avait autrefois dans l'armée des « officiers de fortune », mais c'est l'exception.

d'actionnaires se succéder et s'enrichir dans telle usine ou telle mine dans laquelle de père en fils aussi ils ont travaillé et pourtant sont restés pauvres. Il est vrai que, comme on le disait tout à l'heure, ils n'ont été que des instruments ! Mais voilà justement le malheur de notre organisation sociale que l'homme puisse être un instrument pour l'homme [1].

Y aurait-il quelque moyen de sortir de cette impasse? On n'en voit que deux :

Ou bien revenir au régime que nous avons décrit dans le chapitre précédent, celui de la production isolée. Mais ce serait chimère que de vouloir l'essayer; tout ce qu'on peut faire est de s'efforcer de maintenir de ce régime le peu qui reste;

Ou bien organiser la production sur la base de l'association, — non point de l'association telle qu'elle est pratiquée de nos jours sous la forme de sociétés par actions, de capitalistes employant des armées de salariés, sociétés qui ont tous les inconvénients du patronat sans avoir tous ses avantages [2], — mais

---

[1] Le premier précepte de la morale, tel qu'il a été formulé par Kant, ce qu'il appelait le *principe pratique suprème,* est celui-ci : *Se souvenir en toute occasion que nous devons considérer la personne de notre prochain comme une fin et non comme un moyen.*

[2] Elles présentent ce très grave inconvénient d'accentuer le divorce qui existe entre le capital et le travail, en créant dans la même entreprise deux classes distinctes : — d'une part, les ouvriers qui travaillent à une entreprise dont ils ne recueillent pas les profits ; — d'autre part, les actionnaires qui recueillent les profits d'une entreprise à laquelle ils ne travaillent pas et que souvent même ils ne connaissent pas. Le fait que la propriété et la direction de l'entreprise sont entre les mains d'une Compagnie, c'est-à-dire d'une personne fictive et invisible, rend cette propriété et cette autorité beaucoup moins respectables aux yeux des ouvriers. Enfin, même au point de vue de la production, ces entreprises collectives présentent un peu les inconvénients que présentent les grandes administrations publiques et que présenterait le système collectiviste lui-même s'il était appliqué, — à savoir l'absence d'initiative individuelle, les procédés de la bureaucratie, le gaspillage du travail et du capital dont l'entreprise de Panama a donné un inoubliable exemple.

Cependant, il faut reconnaître aussi qu'à raison de leurs grandes ressources et de leur situation très en vue qui les rend plus directement

sous la forme d'associations coopératives de travailleurs, travaillant pour leur propre compte et mettant en œuvre des instruments de production dont ils seraient eux-mêmes propriétaires, ce qui leur permettrait de recueillir l'intégralité du
produit de leur travail. Alors on verrait rétabli ce qui devrait
être l'ordre normal des choses, c'est-à-dire *le capital servant
d'instrument au travail*, et non plus comme aujourd'hui *le
travail servant d'instrument au capital*. Mais nous verrons,
quand nous nous occuperons de la coopération, combien il est
difficile de faire réussir de semblables associations et que le
plus difficile c'est justement de se passer de patron [1].

justiciables de l'opinion publique, elles sont obligées de faire de plus grands
sacrifices pour leurs ouvriers que des patrons ordinaires, par exemple,
sous forme d'institutions de prévoyance, caisses de retraite, etc.

[1] L'école collectiviste propose une autre solution qui nous est maintenant bien connue : c'est l'abolition de la propriété privée des capitaux
et des instruments de production et leur attribution à la société. La Société serait désormais le seul patron, le seul entrepreneur, et comme elle
ne chercherait point à faire de profits ou, ce qui revient au même, qu'elle
verserait les profits sous forme de revenus publics dans la caisse commune, le peuple serait désormais libéré de l'énorme tribut que prélève
annuellement la classe des propriétaires et capitalistes sous forme de profits, bénéfices, intérêts, dividendes, fermages, que les collectivistes éva-
luent hardiment à la moitié du produit annuel du pays.
Bien que cette évaluation soit fort exagérée, il y aurait là, certes, une
économie qui vaudrait bien la peine d'être faite, *si l'on pouvait démontrer
que ces entrepreneurs et capitalistes ne servent à rien* et jouent uniquement le rôle de parasites. Mais si, au contraire, ce qui semble bien
résulter des explications que nous venons de donner, ces entrepreneurs
jouent un rôle fort important et tel qu'il est très difficile de les remplacer,
— si la main-mise de l'État sur toute exploitation agricole, industrielle ou
commerciale, et la suppression de toute entreprise individuelle, devaient
avoir pour résultat de réduire de moitié peut-être la production des richesses
en ce cas, on se trouverait avoir fait un très mauvais calcul, et ce serait
une économie qui reviendrait trop cher.

# II.

### DES LOIS QUI RÈGLENT LE PROFIT.

La fonction sociale du patron une fois admise, de bonne ou de mauvaise grâce, la légitimité du profit va de soi. Il s'agit seulement de déterminer les lois qui le régissent.

La production de toute richesse exige, nous le savons, la consommation d'une certaine quantité d'autres richesses sous la forme de matières premières, instruments et salaires (ceux-ci représentant les subsistances consommées par les ouvriers). Si l'opération a été bien faite, la valeur de la richesse produite doit être supérieure à la valeur des richesses détruites : si elle a été mal faite au contraire, la valeur de la richesse produite sera inférieure à la valeur des richesses détruites : il y a donc là une opération très délicate qui exige une appréciation très juste des besoins de la consommation, qui suppose des prévisions souvent à longue échéance et dans lesquelles il est fort aisé de se tromper. C'est l'entrepreneur qui est chargé de cette opération : s'il la conduit bien, il a pour récompense l'excédent des valeurs produites sur les valeurs consommées ; si au contraire il se trompe dans ses prévisions, il aura à supporter la différence entre la valeur produite et les valeurs détruites : il sera en perte.

Les valeurs détruites dans l'opération de la production constituent ce qu'on appelle les *frais de production ;* l'excédent de la valeur produite sur les valeurs consommées constitue ce qu'on appelle le *produit net* ou le *profit.*

Il n'y a aucune loi nécessaire qui limite le profit. Si l'entrepreneur est assez habile pour produire une valeur considérable en ne dépensant que peu, son profit pourra être très considérable : et ce sera tant mieux aussi pour la Société, puisque cette différence de valeurs démontre justement que l'on n'a sacrifié que des choses relativement inutiles pour produire une chose relativement très utile ou du moins répondant à un désir très intense[1].

Mais nous savons (Voy. p. 77) que sous l'action de la concurrence la valeur des choses tend toujours à se rapprocher du coût de production. Nous avons expliqué déjà maintes fois ce mécanisme (Voy. pp. 150 et 362). Si donc la liberté de l'industrie est complète, si le producteur n'est pas protégé soit par un monopole légal, soit par un brevet d'invention, soit par des droits protecteurs, il n'arrivera pas souvent, ou en tout cas pas longtemps, qu'un entrepreneur touche des profits très élevés.

Quel est donc le minimum auquel la concurrence pourra réduire le profit? Évidemment on ne peut supposer qu'elle ait pour effet de réduire le profit à zéro en abaissant le prix des choses juste au niveau des frais de production, car en ce cas l'entrepreneur ne gagnant rien cesserait de produire. Il faut toujours entre les frais de production et le prix de vente une certaine marge qui représente le profit minimum. Reste à déterminer ce minimum.

[1] Il ne faut pas en conclure cependant que le point de vue de l'entrepreneur et le point de vue de la Société sont identiques. Pour la Société, le coût de production se mesure par la quantité de matières premières détruite et par la quantité de travail employée. Pour l'entrepreneur, le coût de production se mesure par les sommes qu'il est obligé de compter aux ouvriers sous forme de salaires ou aux capitalistes sous forme d'intérêt: or, comme il s'agit ici non pas d'une destruction, mais simplement d'un transfert de richesses, comme ce qui constitue une dépense pour l'entrepreneur constitue un revenu pour d'autres classes de la société, il importe assez peu, au point de vue général, que ces frais là soient élevés ou réduits. Voici une terre qui donne en récoltes un produit brut de 50,000 fr. Le propriétaire dit : « Il me faut déduire 40,000 fr. de frais de main-d'œuvre en sorte que mon revenu n'est que de 10,000 fr.; ce n'est pas grand'chose ». C'est possible, mais la Société doit compter aussi dans ses revenus les 40,000 fr. distribués aux ouvriers. C'est pour cette raison que l'on dit quelquefois qu'au point de vue social *le produit net ne se distingue pas du produit brut*, affirmation pourtant un peu trop absolue.

Il se compose de trois éléments :

1° L'*intérêt et l'amortissement* du capital engagé, calculé d'après le taux normal de l'intérêt sur le marché des capitaux. Dans toute société où il existe un marché des capitaux, c'est-à-dire là où il y a des gens qui peuvent retirer un intérêt de leurs capitaux en restant tranquillement chez eux à ne rien faire, il est bien évident que personne ne s'amusera à engager des capitaux dans l'industrie ou le commerce, s'il n'a la ferme croyance qu'il en retirerait un intérêt au moins égal à celui qu'il retirerait des mêmes capitaux placés en portefeuille[1].

2° La *prime d'assurance* contre les risques que l'entrepreneur supporte tout entiers. Il ne s'agit pas ici de réaliser un gain, mais d'éviter une perte.

Si dans telle branche de l'industrie, sur dix entreprises on en compte une en moyenne qui fait faillite, il faut bien une prime suffisante pour compenser les mauvaises chances : car si les chances de gain ne compensaient pas au moins les chances de perte, personne n'aurait l'imprudence de s'engager dans cette voie.

Ce n'est pas tout. Admettons que l'entreprise soit parmi celles qui réussissent. Elle aura du bonheur si, sur dix années elle n'en a qu'une seule de mauvaise. Supposons que cette mauvaise année emporte à l'entrepreneur la moitié de son ca-

---

[1] Cependant, si on regardait de près les nombreuses entreprises qui fonctionnent dans une société quelconque, on en trouverait certainement plus d'une qui ne produit pas assez pour rémunérer au taux courant les capitaux qui y ont été engagés. D'où vient que, dans de semblables conditions, elle continue cependant à fonctionner ? — Cette contradiction apparente s'explique aisément, en considérant la nature des capitaux engagés. S'ils sont sous la forme de capitaux fixes, il est impossible de leur donner, quand bien même on le voudrait, une destination différente de celle pour laquelle ils ont été formés. On n'a donc que le choix de les abandonner complètement ou de se contenter du revenu, si minime qu'il soit, qu'on peut en tirer. Évidemment on préférera le second parti, puisqu'il vaut mieux encore ne perdre qu'en partie que tout perdre. Le cas se présente assez fréquemment pour une ligne de chemin de fer ou de tramway.

pital : il faut bien que les neuf autres années lui assurent un
excédent suffisant pour le rembourser de cette perte.

On voit donc que les risques sont considérables et que, par
suite, la prime d'assurance doit être assez élevée.

3° *Le salaire du travail* de l'entrepreneui [1], travai! complexe qui comprend à la fois l'initiative, la direction, le contrôle. Le salaire d'un travail semblable ne peut être évidemment fixé en chiffre, il dépend des mœurs, des habitudes, du
degré de l'aisance générale. Mais, pour fixer les idées, on
peut dire qu'il doit être égal au traitement que l'entrepreneur
serait obligé d'attribuer à un ingénieur ou un gérant capable
de diriger l'usine en son lieu et place. Certains industriels ont
même l'habitude, sur leurs livres de compte, de se cré-
diter d'une semblable somme à titre de traitement. Si en effet
l'entreprise ne devait pas rémunérer convenablement son travail, l'industriel choisirait évidemment un autre genre d'occupation dans lequel il pourrait mieux utiliser ses capacités
et ses aptitudes.

Tels sont les éléments auxquels se réduirait le profit dans
l'hypothèse, d'ailleurs purement théorique, d'un régime de
concurrence absolument libre. Il va sans dire que dans la
réalité le taux des profits oscillera, le plus souvent au-dessus [2],
mais quelquefois aussi au-dessous, de cette limite.

D'une façon générale cependant on est très porté à s'exagérer le taux des profits. Le fait que dans une entreprise
quelconque le profit est accumulé entre les mains d'un seul,
tandis que le salaire est éparpillé entre les mains de centaines

---

[1] Ce dernier élément ne figure pas dans les profits touchés par les ac
tionnaires des sociétés par actions sous le nom de *dividendes*, puisque
justement ces actionnaires ne font rien et paient un directeur pour faire
marcher l'entreprise. Le dividende ne devrait donc comprendre, théoriquement, que l'intérêt et la prime d'assurance.

[2] Quand le profit s'élève au-dessus, l'excédent étant dû à des causes
extérieures et accidentelles, constitue une véritable *rente* (Voy. *Quarterly
Journal Economics,* avril 1890, les articles de MM. Hobson et Clark).

cu de milliers de copartageants, fait illusion sur leur importance respective. Si par suite de la suppression du patron,
on pouvait distribuer ce profit entre les mains de tous les ouvriers de l'usine, cela ne grossirait souvent que dans une
assez faible proportion la part de chacun d'eux.

## III.

### SI LE TAUX DES PROFITS EST EN RAISON INVERSE
### DU TAUX DES SALAIRES.

Ricardo a dit que le taux des profits varie toujours en raison inverse du taux des salaires. Cette affirmation a fortement
choqué les économistes de l'école optimiste, parce qu'elle
suppose un antagonisme permanent et nécessaire entre les
intérêts des patrons et ceux des ouvriers. Elle est cependant
d'une évidence qui s'impose, à la seule condition d'ajouter,
comme on doit le faire dans l'énoncé de toute proposition
scientifique, « toutes choses égales d'ailleurs ». Il va sans
dire en effet, que si le produit de l'entreprise devient plus
considérable, le taux des salaires et celui des profits pourront augmenter simultanément sans qu'il y ait aucune contra·
diction avec la formule de Ricardo. Voilà une pièce de drap
qui se vend 2 fr. : supposons qu'il y ait 1 fr. pour le patron

¹ Un seul exemple. En 1881 les mines de charbon dans tout le département du Nord ont distribué une somme totale de 20,529,406 fr. en salaires et de 2,761,914 fr. en profits (dividendes). Les profits ont donc représenté 13 p. 0/0 des salaires, ce qui revient à dire que si l'on avait,
comme le demandent les socialistes, supprimé tous les actionnaires pour
répartir leurs dividendes aux ouvriers, chacun d'eux aurait vu son salaire
quotidien s'élever de 4 fr. en moyenne à 4 fr. 54 seulement. M. Denis, le
savant professeur de Bruxelles, dont les tendances socialistes sont bien
connues, évalue le gain annuel du capital par tête d'ouvrier à un chiffre
à peu près égal, 158 fr. dans la province de Liège, 150 fr. dans le Hai-
naut (soit environ 0 fr. 50 par journée de travail).

et 1 fr. pour l'ouvrier. Si l'on arrive à produire dans l'usine,
avec le même personnel et le même capital, mais par des
procédés plus perfectionnés ou un travail plus intelligent,
4 pièces de drap valant 8 fr., il est clair que la part du patron
et celle de l'ouvrier, le profit et le salaire, pourraient quadrupler aussi, c'est-à-dire s'élever simultanément à 4 fr. Il
est vrai qu'il est assez absurde de supposer qu'une manufacture
quelconque puisse quadrupler sa production, tout en maintenant ses anciens prix. Mais en admettant même que le prix
de chaque pièce de drap tombe de moitié et s'abaisse à 1 fr.,
la valeur totale des quatre pièces représentera toujours une
valeur double d'autrefois, soit 4 fr., ce qui permettra encore
au profit et au salaire de doubler simultanément.

C'est ce qui explique que dans les pays neufs, comme les
État-Unis et l'Australie, on voit à la fois des salaires très
élevés de 10, 15 et 20 fr. par jour, et des profits qui vont
jusqu'à 15, 20, et 100 p. 0/0 quelquefois des capitaux engagés. C'est que dans de semblables sociétés qui réunissent les
procédés de la civilisation la plus raffinée aux ressources d'un
territoire encore vierge, la puissance productive est incompa-
rable, et le produit brut de chaque opération productive étant
très supérieur à ce qu'il est d'ordinaire chez nous, la part de
chacun des copartageants peut être aussi plus considérable[1].

---

[1] Et ce qui est très remarquable, c'est que ces hauts profits et ces
hauts salaires n'empêchent nullement l'industrie de ces pays de *produire
à meilleur marché* que d'autres pays où pourtant les salaires et les profits sont plus bas, même que l'Inde, par exemple, où la main-d'œuvre est
pour rien. Ce résultat paradoxal s'explique aisément, parce que l'élévation des salaires est plus que compensée par la supériorité productive des
travailleurs. Le travail d'un ouvrier anglais qu'on paie 10 fr. par jour peut
revenir à bien meilleur compte que le travail d'un coolie indou que l'on
paie 50 centimes par jour; il suffit, pour qu'il en soit ainsi, que le premier fasse 30 ou 40 mètres de cotonnade par jour, alors que le second
n'en fait qu'un seul.

L'argument souvent reproduit par les protectionnistes que le libre-
échange, par la concurrence qu'il établit entre tous les pays, doit avoir
pour résultat d'avilir les salaires en conférant la supériorité au pays qui

# CHAPITRE III.

## LE SALARIÉ.

### I.

#### DU CONTRAT DE SALAIRE.

Le salarié[1] et le patron sont deux personnages dont le sort est bien différent et que pourtant la destinée a fatalement liés l'un à l'autre : ils ne s'aiment pas, mais ils ne peuvent se séparer. Impossible à celui qui n'a que ses bras de produire n'importe quoi, si on ne met entre ses mains un instrument de production, et cet instrument de production, c'est le propriétaire ou le capitaliste seul, dans l'organisation économi-

pourra payer le moins ses ouvriers, est donc aussi peu fondé en raison que contraire aux faits. La concurrence internationale assure la supériorité non point au pays qui a les salaires les plus bas, mais à celui qui a la plus grande puissance productive (Voy. ci-dessus, p. 281 *in fine*).

[1] L'école classique prend le mot de « salarié » dans un sens très large. Quelques-uns même, comme Mirabeau qui disait que le propriétaire lui-même n'est qu'un salarié, font rentrer pêle-mêle toutes les classes de la société dans cette catégorie. La plupart y font rentrer du moins tous ceux qui échangent leurs services contre de l'argent : avocats, médecins, fonctionnaires et même les artisans qui travaillent sur commande. Il ne faut pas se laisser prendre à cet abus du mot de salarié, qui n'a d'autre but que de présenter le salaire comme le mode de rémunération le plus général et le plus légitime. Le mot de salarié, dans le sens scientifique de ce mot, ne doit être appliqué qu'aux hommes qui travaillent pour le compte *d'un autre homme.* Ceux qui travaillent pour le compte *du public* ne sont pas des salariés et, du reste, le langage courant est assez précis à cet égard, car justement il n'emploie le mot de salaire que quand il s'agit de cette catégorie de personne : pour les autres ce sont des traitements, des honoraires, des gains, tout ce qu'on voudra, mais non pas des salaires.

que actuelle, qui peuvent le lui fournir. — Impossible aussi au capitaliste ou au propriétaire, pour peu que l'instrument de production qu'il possède soit considérable, d'en tirer parti sans employer les bras d'autres hommes.

Il semble que puisque la force des choses associe ainsi le travail et le capital, le plus simple serait de faire un contrat d'association proprement dit. Le travailleur dirait : « J'ai apporté mes bras ; vous avez apporté votre capital : partageons ». Et c'est bien de ce côté qu'il faut chercher la solution du problème. Mais les solutions les plus simples sont souvent celles qui se font attendre le plus longtemps ; et celle-ci, sans être irréalisable, comme le prétendent quelques économistes, n'est pas à la veille de passer dans les faits.

L'association, en effet, suppose entre les associés une certaine égalité de situation et une certaine communauté de but. Or, entre le pauvre et le riche, entre le prolétaire et le capitaliste, ces conditions font défaut. L'un cherche à faire fortune ; l'autre cherche à gagner sa vie : l'un escompte des résultats plus ou moins éloignés ; l'autre attend son pain de chaque jour : l'un prend pour règle que qui ne risque rien ne gagne rien ; l'autre ne peut rien risquer n'ayant rien à perdre [1].

Voilà pourquoi le système de l'association entre le capitaliste et le travailleur n'a pu prévaloir et a été remplacé par le système du salariat. Le salariat est *un contrat à forfait par lequel l'ouvrier se désintéresse de tout droit sur le produit de son travail moyennant une somme fixe* payable par semaine ou par mois.

Ce contrat offre le double avantage : — en ce qui concerne l'entrepreneur, de lui laisser avec la propriété définitive du produit, la direction et la responsabilité de l'entreprise ; —

---

[1] Nous verrons en parlant de la participation aux bénéfices, dans quelle mesure on peut tourner ces difficultés.

en ce qui concerne l'ouvrier, de lui assurer un revenu certain, immédiat et indépendant des risques de l'entreprise.

Un semblable contrat n'a rien d'injuste en soi, et la preuve c'est que d'autres copartageants y ont également recours. C'est ainsi que le capitaliste, s'il traite avec l'entrepreneur, préfère le plus souvent la forme du contrat à forfait qui s'appelle le « prêt à intérêt » à la forme du contrat d'association qui s'appelle la commandite. C'est ainsi encore que le propriétaire qui traite avec cet entrepreneur qui s'appelle le fermier, préfère aussi en général cette forme du contrat à forfait qui s'appelle « le fermage » à la forme du contrat d'association qui s'appelle le métayage. Les uns et les autres renoncent volontiers à tout droit sur le produit en échange d'une annuité fixe.

Seulement, un semblable contrat pour être équitable exige que les parties contractantes soient sur pied d'égalité. Telle est la situation dans les exemples que nous venons de citer : le prêteur et le propriétaire foncier sont vis-à-vis de l'emprunteur et du fermier non seulement sur pied d'égalité, mais dans des conditions de supériorité qui assurent qu'ils ne se laisseront pas frustrer de leur droit éventuel au produit sans une compensation équitable. Le plus souvent même la balance penche de leur côté, et l'histoire des emprunteurs de tous les pays vis-à-vis de leurs créanciers ou des fermiers irlandais vis-à-vis des landlords, est là pour en témoigner. Au contraire, quand il s'agit du contrat de salaire, la balance penche en sens inverse; c'est le patron qui peut tenir la dragée haute au prolétaire, et il est à craindre que celui-ci, pressé par le besoin, ne fasse comme Ésaü mourant de faim, qui vendit son droit d'aînesse pour un plat de lentilles.

De plus, en se plaçant non plus sur le terrain de la justice, mais sur celui de l'utilité sociale, le contrat de salaire présente un vice vraiment rédhibitoire : c'est que du moment que le travailleur est désintéressé dans le produit de son travail, il n'a plus aucun intérêt à beaucoup produire, mais il a au contraire tout intérêt à fournir la moindre somme de travail possible en échange du prix que le patron lui donne. Il n'y a que le sentiment du devoir ou celui de la crainte — non plus la crainte du fouet, comme l'esclave, mais la crainte d'être renvoyé et de perdre son gagne-pain, — qui puissent le déterminer à agir autrement ; or, de ces deux mobiles, le premier n'agira jamais que sur des consciences d'élite, et va malheureusement s'affaiblissant au fur et à mesure que l'antagonisme entre le patron et l'ouvrier va s'accentuant : le second, il faut le dire à l'honneur de la nature humaine, n'a jamais réussi à obtenir de l'homme quelque chose de bon.

Enfin cet état entretient entre le patron et l'ouvrier un conflit d'intérêts inévitable, et la grève, conséquence fatale du salariat, n'est pas faite pour nous le faire mieux aimer.

Ainsi donc que le contrat de salaire puisse avoir dans certains cas particuliers des avantages, nul ne le conteste, mais que cette forme de contrat doive rester la loi générale de nos sociétés de telle sorte *que la masse des travailleurs se trouve privée,* volontairement ou non, *de tout droit sur le produit de son travail et de tout intérêt dans la production,* voilà qui serait contre nature. On ne saurait donc considérer un semblable état de choses comme définitif[1].

---

[1] Nous devons faire remarquer au lecteur que cette conclusion n'est nullement admise par l'école classique, qui considère au contraire le salariat comme une forme de contrat non seulement légitime et bienfaisante, mais encore définitive (Voy. notamment M. P. Leroy-Beaulieu dans l'*Économiste Français,* 1886, II, pp. 429 et 507). L'infériorité du salariat apparaît surtout dans la production agricole : le gaspillage de travail y est beaucoup plus grand encore que dans la production industrielle, et cela : 1° parce que la surveillance y est beaucoup plus difficile que dans une usine et d'autant plus difficile que la propriété est plus grande; 2° parce que les résultats du travail d'un ouvrier agricole ne peuvent être en général appréciés qu'au bout d'un très long temps et encore toujours d'une façon fort incertaine; 3° parce que la ressource du travail à prix fait, si précieuse pour le patron industriel, ne peut pas être généralisée dans l'agriculture, la bonne exécution du travail ayant beaucoup plus d'importance que la rapidité.

## II.

### DES LOIS QUI RÉGISSENT LE TAUX DES SALAIRES.

Existe-t-il vraiment des lois naturelles qui régissent le taux des salaires? On peut être tenté de croire que c'est là une recherche vaine, puisque le taux du salaire varie d'un métier à un autre, d'un lieu à un autre, et que dans chaque cas particulier il est déterminé à la suite d'un libre débat entre le patron et l'ouvrier.

Ce serait mal raisonner, car le prix des choses aussi varie suivant la nature de la marchandise, suivant le lieu, suivant le temps; on peut dire aussi qu'il résulte d'un libre débat entre le vendeur et l'acheteur, et pourtant cela n'empêche pas de rechercher les lois qui régissent les prix. Il n'y a pas là de contradiction. Les prix et les salaires sont réglés certainement par les conventions des hommes, mais ces conventions elles-mêmes sont déterminées par des causes générales qu'il s'agit de découvrir. Croire à l'existence de lois naturelles en économie politique, c'est croire justement que les hommes dans leurs conventions sont déterminés par certains mobiles psychologiques ou par certaines circonstances extérieures qui ont un caractère général et qui peuvent être dégagées de la masse confuse des cas particuliers [1].

Rechercher les lois qui régissent le taux des salaires, c'est donc rechercher quelles sont les causes générales qui font que

---

[1] Et du reste il n'est pas exact de dire pour les salaires, pas plus que pour les prix, qu'ils sont fixés par des conventions particulières; chacun sait, au contraire, que de même qu'il existe un *cours* général pour les marchandises, que le marchandage des parties ne peut influencer que d'une façon insignifiante, de même aussi il existe un taux général des salaires pour tout genre de travail et qui s'impose aussi bien aux patrons qu'aux ouvriers.

les salaires sont plus élevés de nos jours qu'il y a un demi-siècle, plus élevés dans le Nouveau-Monde qu'en Europe, c'est chercher à prévoir aussi si la tendance générale des salaires est à la hausse ou à la baisse [1].

Puisque dans notre organisation économique actuelle, le travail n'est qu'une marchandise comme une autre qui sous le nom de main-d'œuvre se vend et s'achète sur le marché (on dit plutôt *se loue*, mais cette dénomination qui a une grande importance au point juridique, n'en a aucune au point de vue économique), il nous paraît évident que le prix de la main-d'œuvre doit être déterminé absolument par les

---

[1] On pourrait poser le problème à un point de vue purement abstrait c'est-à-dire chercher quel *devrait* être le taux des salaires dans un état idéal; en d'autres termes, étant donnés le capital et le travail qui coopèrent à une entreprise quelconque, déterminer la part qui doit revenir à chacun d'eux. Voici Robinson qui fournit un canot et des filets à Vendredi. Vendredi rapporte à la fin de la journée 10 paniers de poissons. Combien doit-il en revenir à Robinson (le capital)? Combien à Vendredi (le travail)? Dans ces termes, nous considérons le problème comme insoluble. Bon nombre d'économistes se sont cependant exercés sur ce thème. Un économiste allemand, M. de Thünen, dans un livre très remarquable d'ailleurs sur le *Salaire naturel*, s'est efforcé de démontrer à l'aide des mathématiques que le salaire naturel était la moyenne géométrique entre deux facteurs : le premier qui est la valeur consommée pour l'entretien des travailleurs, le second qui est la valeur produite par son travail — soit en désignant le premier par $a$ et le second par $p : S = \sqrt{ap}$.

M. Pantaleoni, dans ses *Principii d'Economia pura*, a repris le problème (p. 340). Moins ambitieux que M. de Thünen, il se borne à essayer de déterminer deux limites fixes entre lesquelles sera renfermé le salaire. Il y arrive en cherchant quelle peut être, pour chacune des parties *supposée isolée*, l'avantage qu'elle aurait pu tirer de son apport. Supposons que Vendredi, *à lui seul*, eût pu se procurer 3 paniers de poissons : ce chiffre de 3 marquera la limite inférieure de ses prétentions. Supposons que Robinson à lui seul pût tirer 3 de son capital : assurément il ne donnera en aucun cas à Vendredi plus de 7, car dans ce cas la collaboration de Vendredi ne lui serait d'aucun avantage. Le salaire se fixera donc quelque part entre 3 et 7. — Oui : mais si l'on admet, ce qui paraît tout à fait correct, que Robinson et Vendredi n'auraient *rien* pu obtenir l'un sans l'autre, que l'utilité du capital isolé est *zéro*, et *zéro* aussi celle du travail isolé, il est clair que la solution du problème reste absolument indéterminée.

mêmes lois que celles qui régissent le prix de n'importe quelle
marchandise, lois que nous avons étudiées à propos de la valeur et qui se résument dans la formule vulgaire de l'offre et
de la demande. Nous rappellerons que cette formule signifie
que la valeur des choses est déterminée par deux éléments :
l'utilité et la quantité. Il en doit être de même de la main-
d'œuvre : son prix doit donc dépendre à la fois de son utilité
et de sa quantité : — de son utilité, c'est-à-dire de la puissance productive du travail manuel dans un pays à un moment
donné et du besoin qu'on a de son concours ; — de sa quantité, c'est-à-dire du nombre de travailleurs qui n'ont que leurs
bras pour vivre et qui les offrent sur le marché[1].

Mais les économistes se sont évertués — comme pour la
valeur du reste, mais avec beaucoup moins de succès à notre
avis — à formuler « la loi des salaires » en la rattachant à une
cause unique. Nous rencontrons ici trois grandes théories,
également célèbres, et auxquelles toutes les autres peuvent
plus ou moins se ramener.

Nous allons les examiner successivement. Et nous allons
d'abord mettre en présence, comme nous l'avons fait pour le
profit, les deux théories opposées de l'école socialiste et de
l'école optimiste.

### § 1. — Théorie de la loi d'airain.

Pour l'école socialiste, étant donnée l'organisation économique actuelle, le salaire ne peut jamais s'élever au-dessus
du minimum que nous venons d'indiquer ; ce salaire minimum est en même temps le salaire maximum et voici comment elle le démontre.

---

[1] Telle est l'expression de ce qui *est,* mais non pas de ce qui *devrait
être.* Nous verrons du reste plus loin qu'il y a une réaction contre cette
loi naturelle et que les travailleurs parviennent dans une certaine mesure
à s'y soustraire.

La main-d'œuvre, dit-elle, la puissance de travail (*arbeits-kraft*) n'est, dans l'organisation actuelle de nos sociétés, qu'une marchandise qui se vend et s'achète sur le marché, de la même façon et suivant les mêmes lois que toute autre marchandise. Ce sont les ouvriers qui sont vendeurs, ce sont les patrons qui sont acheteurs. Or c'est une loi commune à toutes les marchandises que leur valeur, partout du moins où la concurrence peut librement s'exercer, se règle sur leur coût de production. C'est là ce que les économistes appellent le *prix naturel* ou la *valeur normale*. Il doit donc en être de même de cette marchandise qu'on appelle la main-d'œuvre. Pour elle aussi le prix, c'est-à-dire le salaire, est déterminé par le coût de production[1].

Reste à savoir ce qu'il faut entendre par ces mots de coût de production appliqués à la personne du travailleur.

Prenons pour exemple une machine. Les frais de production sont représentés : 1° par la valeur de la houille qu'elle consomme; 2° par la prime qu'il faut mettre de côté annuellement pour l'amortir, c'est-à-dire pour la remplacer par une autre, quand elle sera hors de service.

De même le coût de production du travail est représenté : 1° par la valeur des subsistances que doit consommer l'ouvrier pour se maintenir en santé, c'est-à-dire en état de produire; 2° par la prime d'amortissement nécessaire pour remplacer ce travailleur quand il sera hors de service, c'est-à-dire pour élever un enfant jusqu'à l'âge adulte.

En résumé donc le salaire doit se régler sur la valeur strictement nécessaire pour permettre à un travailleur de vivre lui

---

[1] « Comme le prix de toutes les autres marchandises, le prix du travail » est déterminé par les rapports de l'offre et de la demande. Mais qu'est- » ce qui détermine le prix du marché de chaque marchandise ou la moyenne » du rapport de l'offre et de la demande d'un article quelconque? Les » frais nécessaires à sa production » (Lassalle, *Bastiat Schulze-Delitzsch.* ch. IV).

et sa famille ou, d'une façon plus générale, pour permettre à la population ouvrière de s'entretenir et de se perpétuer.

Telle est la théorie généralement connue sous le nom de *Loi d'airain*. Ce nom sonore, trouvé par Lassalle, a fait fortune, et depuis lors il retentit dans tous les manifestes du parti ouvrier comme le refrain d'une Marseillaise socialiste[1].

Et si l'on croit que cette théorie est fondée, le nom est en effet bien trouvé, car elle fait peser sur la classe ouvrière le joug le plus dur qui se puisse imaginer et la réduit à une situation vraiment désespérée.

Sur quoi, en effet, l'ouvrier pourrait-il compter pour améliorer sa situation?

Peut-il espérer qu'en travaillant plus et mieux, il gagnera davantage? — Nullement : son salaire étant indépendant de la productivité de son travail, sa puissance de travail ne profiterait qu'au patron qui l'a achetée et qui seul en retire les fruits. Qu'il se garde donc de tomber dans les pièges qu'on lui tend à cet effet, de s'appliquer à rendre son travail plus productif, d'accepter par exemple le travail à la tâche ou même la participation aux bénéfices! En se prêtant à ces artifices, qui ne sont que des appâts inventés pour lui extorquer le maximum de production, il ferait simplement le jeu du patron sans profit pour lui-même.

Peut-il se flatter du moins qu'en restreignant ses dépenses, en vivant sobrement, il améliorera sa position? — Qu'il se garde de le faire! il l'empirerait au contraire. Comme le taux

---

[1] Du reste, si c'est l'école collectiviste qui a baptisé cette théorie et qui lui a donné un grand retentissement, c'est l'école classique qui l'a formulée la première. C'est Turgot qui le premier a déclaré « qu'en tout genre de travail le salaire de l'ouvrier devait s'abaisser à un niveau déterminé uniquement par les nécessités de l'existence ». Et J.-B. Say et Ricardo se sont exprimés dans des termes à peu près identiques : on le leur a assez reproché depuis!

des salaires se met toujours au niveau des moyens d'existence, le jour où le travailleur aura appris à les réduire, le salaire se réduira dans la même proportion. Si l'ouvrier de nos jours avait la naïveté de s'exercer à vivre de pommes de terre, comme l'Irlandais, ou d'une poignée de riz, comme le coolie chinois, il ne toucherait bientôt plus que la somme nécessaire pour acheter quelques sacs de pommes de terre ou quelques boisseaux de riz. Sa frugalité et son épargne se tourneraient donc contre lui et il serait dupe des vertus qu'on lui prêche.

Peut-il du moins attendre quelque chose des progrès de la production et de l'augmentation des richesses? — C'est la pire chose qui puisse lui arriver. Si en effet, grâce au perfectionnement des machines, grâce aux découvertes scientifiques, on arrivait à abaisser la valeur de toutes les subsistances, le salaire qui se règle sur elles s'abaisserait dans la même mesure. Supposons que le progrès soit tel qu'une heure de travail suffise pour produire la subsistance quotidienne d'un homme, l'ouvrier continuera tout de même à travailler douze heures : seulement, dans une heure, il aura reproduit la valeur de son salaire et les onze heures restant seront au bénéfice du patron.

Cette théorie, qui est très impressive, ne fait en réalité que jouer sur les mots.

Si on la prend à la lettre, en entendant par là que l'ouvrier ne peut jamais voir son salaire s'élever au-dessus de ce qui lui est indispensable pour *vivre*, — elle est manifestement démentie par les faits. Les besoins purement matériels, ceux de la vie animale, sont en somme peu de chose pour l'homme : le paysan irlandais et même le paysan français, loin des villes, vit de rien. Si donc ce minimum indispensable pour entretenir l'existence physique constituait le taux normal des salaires, il est certain que les salaires seraient fort inférieurs à ce qu'ils sont actuellement par tout pays.

D'ailleurs dans cette théorie, on ne voit pas comment expliquer :

Pourquoi le taux des salaires n'est pas le même dans tous les métiers? car pourquoi un ouvrier graveur ou mécanicien aurait-il besoin de consommer un plus grand nombre de grammes d'azote ou de carbone qu'un simple manœuvre?

Pourquoi les salaires des ouvriers des campagnes sont moindres en hiver, alors qu'ils sont obligés de dépenser davantage pour se chauffer et se vêtir, et plus élevés en été, justement dans la saison qui par les facilités de vivre qu'elle offre aux pauvres gens mérite d'être appelée, comme dit le poète, « la saison du pauvre » ?

Pourquoi les salaires sont plus élevés en France qu'en Allemagne ou aux États-Unis qu'en Angleterre? car il n'y a pas de raison physiologique pour qu'un Français soit obligé de manger plus qu'un Allemand, ou un Américain plus qu'un Anglais, ceux-ci surtout étant de même race?

Pourquoi les salaires sont plus élevés aujourd'hui qu'il y a un siècle, ce qui est pourtant un fait indéniable. Avons-nous meilleur appétit que nos pères?

Ecartons donc cette interprétation littérale. Aussi bien nous déclare-t-on qu'il ne s'agit point uniquement de ce minimum qui est nécessaire pour entretenir la vie physique et qui ne change guère plus que la constitution physique de l'homme, mais de ce minimum qui est nécessaire pour satisfaire aux besoins complexes de l'homme vivant dans un milieu civilisé, minimum variable d'ailleurs suivant le degré de civilisation de ce milieu. — Dans ce sens large, la théorie devient beaucoup plus acceptable, mais elle devient aussi, il faut le reconnaître, beaucoup plus rassurante. Si, en effet, on veut dire simplement que le salaire de l'ouvrier se règle sur les habitudes et le genre de vie de la classe ouvrière, sur l'ensemble des besoins physiques ou sociaux, naturels ou artificiels, qui caractérisent le milieu dans lequel il est appelé à vivre et que

les Anglais appellent *standard of life*, si on accorde que ce
minimum au lieu d'être « d'airain » est en réalité élastique,
mobile, variable suivant la race, le climat, l'époque, qu'il
tend à s'élever sans cesse et nécessairement au fur et à mesure que se multiplient les besoins, les désirs, les exigences
des hommes civilisés[1], — en ce cas nous n'y contredisons
pas et nous souhaitons de tout cœur que cette théorie soit
fondée, car il ne faudrait plus l'appeler la loi d'airain, mais,
comme on l'a dit avec esprit, la loi d'or des salaires! — seulement elle devient alors presque trop optimiste et promet
plus que nous n'osons l'espérer.

Nous ferons remarquer, au surplus, qu'ayant déjà repoussé
la théorie qui fait dépendre la valeur des choses de leur coût
de production (Voy. p. 77), il serait contradictoire de notre
part d'admettre cette même théorie en ce qui touche la main-
d'œuvre.

### § 2. — Théorie de la productivité du travail.

L'école optimiste soutient au contraire que le salaire se
règle sur la productivité du travail de l'ouvrier[2]. Elle ne pré-

---

[1] Si nous demandons, par exemple, aux disciples de Lassalle pourquoi
les salaires des journaliers de nos campagnes qui, autrefois, ne leur per-
mettaient que de manger du pain noir et de porter des sabots, se sont
assez élevés de nos jours pour leur permettre de manger du pain blanc
et de porter des souliers? ils nous répondront : « C'est précisément parce
qu'ils ont pris de nouveaux besoins et de nouvelles habitudes que leurs
salaires se sont accrus ». Très bien, mais en ce cas, du jour où ils pren-
dront l'habitude de manger de la viande avec leur pain et de porter des
gilets de flanelle sous leur veste, vous devez tenir pour certain que leur
salaire s'élèvera assez pour leur permettre de satisfaire à ces nouveaux
besoins. Or que peut-on désirer de mieux? Ce n'est plus le salaire de
l'ouvrier qui réglera son ordinaire : c'est, au contraire, son ordinaire qui
réglera son salaire. Radieuse perspective! C'est sous ce jour optimiste
que la loi d'airain a été présentée par exemple par l'américain Gunton
dans *Wealth and progress*.

[2] Cette théorie est de date récente. Elle a été enseignée d'abord par

tend pas sans doute que le salaire sera égal à la valeur intégrale produite par le travail de l'ouvrier : — ce serait impossible, puisqu'en ce cas le patron ne gagnant rien et étant
même en perte, ne ferait plus travailler [1] ; — mais elle prétend que l'ouvrier touche sous forme de salaire tout ce qui
reste sur le produit intégral, déduction faite des parts affé-
rentes aux autres collaborateurs — déduction faite, par
exemple, de l'intérêt du capital puisqu'il ne le fournit pas,
et de la prime d'assurances contre les risques, puisqu'il ne
les supporte pas.

Et voici comment elle démontre sa thèse :

La valeur du travail, dit-elle, ne peut être assimilée à la valeur d'une marchandise soumise uniquement à la loi de l'offre
et de la demande sous l'action de la concurrence. Le travailleur est un instrument de production? d'accord, mais justement la valeur d'un instrument de production dépend de la
productivité de cet instrument. Quand un entrepreneur loue
une terre, le taux du fermage qu'il paie n'est-il pas calculé

---

l'américain Fr. Walker, dans son livre *The Wages Question*. Elle a été
adoptée par l'économiste anglais Stanley Jevons. Trois de nos collègues,
MM. Beauregard, Chevallier et Villey, dans trois ouvrages qu'ils ont publiés simultanément sur les salaires, et qui ont été couronnés tous les trois
par l'Institut, s'y rallient également avec quelques variantes.

[1] Cependant l'ouvrier ne cesse de réclamer l'*intégralité du produit
de son travail*. C'est la formule consacrée par tous les programmes du
parti. Cette revendication ne serait fondée que dans le cas où le travailleur aurait fourni à lui seul la totalité des éléments de la production, non
seulement la main-d'œuvre, mais la matière première et les instruments,
comme le producteur autonome : or, tel n'est point le cas dans le contrat
de salaire. Un ouvrier dans une réunion publique s'écriait, dans une formule pittoresque : « Il faut que celui qui a fait sa soupe la mange ». A
la bonne heure, mais est-ce bien l'ouvrier qui a fait la soupe? C'est le
patron, au contraire, qui a fourni le pot au feu (c'est-à-dire l'instrument),
le bœuf (c'est-à-dire la matière première), et surtout qui a fourni de quoi
faire bouillir la marmite (c'est-à-dire l'argent). La prétention de l'ouvrier
d'avoir toute la soupe pour lui, ou d'avoir l'intégralité du produit de son
travail, est donc dénuée de sens, du moins sous le régime économique
actuel.

d'après la productivité de cette terre : pourquoi, quand il loue le travail, le taux du salaire ne serait-il pas en raison de la productivité de ce travail?

Si cette théorie était fondée, elle serait aussi encourageante que la précédente était désespérante. Si en effet le taux des salaires dépend de la productivité du salaire de l'ouvrier, le sort de celui-ci est entre ses mains. Plus il produira, plus il gagnera : tout ce qui est de nature à accroître et à perfection- ner son activité productrice, développement physique, vertus morales, instruction professionnelle, inventions et machines, doit accroître infailliblement son salaire.

Il faut remarquer même que, dans cette théorie, le con- trat de salaire serait plus avantageux pour le salarié que le contrat d'association ou la participation aux bénéfices! car c'est l'ouvrier qui profiterait *seul* de tout l'accroissement dans la productivité du travail. Les autres collaborateurs ne tou- cheraient qu'une part fixe et plutôt décroissante [1].

Malheureusement il suffit d'énumérer ces conséquences pour démontrer à quel point une semblable théorie est con- traire aux faits. Que la productivité du travail exerce une influence sur le taux des salaires en ce sens qu'en accroissant la richesse générale du pays, elle accroît la masse à partager et par là finit nécessairement par accroître aussi la part de tous les copartageants, y compris celle des ouvriers, — qu'elle exerce aussi une influence sur le taux des salaires en ce sens que du moment que le travail est plus productif, il doit être plus demandé, c'est ce que nous avons reconnu déjà; mais cette théorie laisse dans l'ombre un des éléments les plus essentiels, l'abondance ou la rareté de la main-d'œu- vre, dont l'effet est le plus souvent prépondérant. Il n'est pas probable que la productivité du travail aux États-Unis soit

---

[1] C'est ce que dit en propres termes Stanley Jevons : « Le salaire du travailleur finit toujours par *coïncider avec le produit de son travail,* déduction faite de la rente, des impôts et de l'intérêt ».

moindre aujourd'hui qu'il y a vingt ans; mais le taux du salaire y a sensiblement baissé, parce que le nombre des prolétaires a considérablement augmenté tant par suite de l'immigration des travailleurs étrangers que par suite de l'appropriation des terres disponibles et de là viennent justement les mesures législatives réclamées et obtenues non seulement contre l'immigration chinoise, mais contre l'immigration européenne.

### § 3. — Théorie « du wage-fund ».

Cette théorie a été longtemps considérée comme la théorie classique, du moins parmi les économistes anglais; c'est dans ces derniers temps seulement qu'elle a été vivement attaquée. Comme la première, elle part de ce principe que le prix de la main-d'œuvre, c'est-à-dire le salaire, est déterminé par la loi de l'offre et de la demande, mais elle définit de la façon suivante l'offre et la demande.

L'offre, ce sont les ouvriers, les prolétaires qui cherchent de l'ouvrage pour gagner leur vie et qui offrent leurs bras. La demande, ce sont les capitalistes qui cherchent un placement; nous savons en effet qu'il n'existe pas d'autre moyen de donner un emploi productif à un capital que de le consacrer à faire travailler des ouvriers. C'est le rapport entre ces deux éléments qui déterminera le taux des salaires.

Cobden a exprimé cette loi dans une formule pittoresque et mille fois répétée depuis, en disant que « toutes les fois que deux ouvriers courent après un patron, les salaires baissent; que toutes les fois que deux patrons courent après un ouvrier, les salaires haussent ». Et en ces termes, la théorie peut être considérée en effet comme irréfutable; elle ne diffère pas sensiblement, du reste, de celle que nous avons exposée.

Mais on a compromis cette théorie en voulant lui donner une précision qu'elle ne comporte pas et en réduisant la loi des salaires à une simple opération d'arithmétique.

Prenez, dit-on, le capital circulant d'un pays (ce que les Anglais appellent le fonds des salaires, *wage-fund*, parce que dans leur pensée il est justement destiné à entretenir les travailleurs au cours de leur travail). Prenez ensuite le nombre de travailleurs. Divisez le premier chiffre par le second, et le quotient vous donnera tout de suite le montant du salaire. Soit 10 milliards le capital circulant, 10 millions le nombre des travailleurs dans un pays comme la France, et vous aurez tout juste 1,000 fr. pour le salaire annuel moyen[1].

Il est clair que, d'après cette théorie, le salaire ne peut varier qu'autant que l'un des deux facteurs variera. Une hausse de salaire n'est donc possible que dans les deux cas suivants :

1° Si le *wage-fund*, c'est-à-dire la masse à partager, le dividende, vient à augmenter : — et il ne peut augmenter que par l'épargne.

2° Si la population ouvrière, c'est-à-dire le diviseur, diminue : — et il ne peut diminuer qu'autant que les ouvriers mettent en application les principes de Malthus, soit en s'abstenant de se marier, soit en n'ayant que peu d'enfants[2].

Sous cette forme cette théorie n'est pas beaucoup plus encourageante pour la classe ouvrière que la loi d'airain, et elle aboutit à peu près à la même conclusion. Elle estime en effet que le diviseur (c'est-à-dire le chiffre de la population ouvrière) doit s'accroître beaucoup plus rapidement que le dividende (c'est-à-dire le capital disponible), d'où il résulte nécessairement que le quotient (c'est-à-dire le salaire) doit tendre à diminuer, jusqu'à ce qu'il se soit abaissé à ce minimum au-

---

[1] Ce sont les termes mêmes de l'économiste Stuart Mill qui a le plus fortement développé cette doctrine. « Les salaires dépendent du rapport qui existe entre le chiffre de la population laborieuse et le capital.... et sous l'empire de la concurrence ils ne peuvent être affectés par aucune autre cause ».

[2] C'est aussi la conclusion de Stuart Mill, qui conclut ainsi : « Il n'y a pas d'autre sauvegarde pour les salariés que la restriction des progrès de la population ».

dessous duquel il ne peut plus descendre. La raison qu'elle en
donne, c'est que la production des enfants est beaucoup plus
aisée que celle des capitaux. Celle-ci, en effet, suppose l'abstinence, et celle-là précisément le contraire. La population se
multiplie d'elle-même, mais non pas le capital[1].

## III.

### DE LA HAUSSE DES SALAIRES.

La hausse graduelle des salaires, surtout depuis un demi-
siècle, est un fait indiscutable. Des millions d'observations
statistiques recueillies par tout pays permettent de conclure
que les salaires agricoles ont doublé environ dans ce laps de

---

[1] Cette théorie du fonds des salaires se rattache à une certaine conception du capital qui ne nous paraît pas fondée (Voy. p. 143, note). On pense
qu'il doit exister dans toute société une sorte de magasin d'approvisionnements dans lequel on puise au fur et à mesure de quoi entretenir les
travailleurs, et on en conclut que les salaires ne peuvent être payés qu'a-
vec le produit du travail *passé*, et non point avec le produit du travail
*futur*. Mais en réalité le travail produit chaque jour de quoi entretenir
le travail.

Il est bon d'observer d'ailleurs que la prétendue précision de cette théorie n'est qu'un leurre. Dans cette opération arithmétique qu'on nous propose de faire, les trois données du problème sont trois inconnues; c'est
une division dans laquelle le dividende, aussi bien que le diviseur, sont
représentés par $x$; comment donc pourrions-nous trouver le quotient? Le
dividende, en effet, ce n'est nullement la quantité de capitaux existant
dans le pays qui, à la rigueur, pourrait être évaluée, mais seulement cette
part du capital que les patrons veulent dépenser en main-d'œuvre, — et le
diviseur ce n'est pas le chiffre de la population, mais seulement le nombre
des travailleurs qui ont à louer leurs bras (déduction faite par conséquent
de tous les producteurs autonomes qui peuvent être très nombreux). En
somme donc, la théorie, quand on la serre de près, se réduit à dire que
le taux des salaires peut s'obtenir en divisant le total des sommes distribuées en salaires par le nombre des salariés... ce qui n'avait pas besoin
d'être démontré.

temps et que les salaires industriels ont augmenté des deux tiers environ [1].

Mais que faut-il conclure de cette hausse? — L'école optimiste en conclut que l'amélioration dans la condition des classes ouvrières est certaine, considérable, indéfinie, qu'elle s'opère spontanément et que par conséquent, dans l'intérêt des ouvriers eux-mêmes, il n'y a qu'à laisser faire.

L'école socialiste, persuadée que dans l'organisation économique actuelle les riches deviennent toujours plus riches et les pauvres toujours plus pauvres, ne saurait accepter cette façon de présenter les choses. Sans nier le fait matériel de la hausse des salaires, qui est indéniable, elle prétend que ce fait ne prouve rien au point de vue de l'amélioration du sort des classes ouvrières et voici les raisons qu'elle en donne :

1° La hausse des salaires est *nominale*, non réelle : c'est une pure illusion d'optique causée par la dépréciation de valeur de l'argent. Si l'argent depuis un demi-siècle a perdu la moitié de sa valeur, qu'importe au travailleur de recevoir

---

[1] Il faudrait accumuler les chiffres pour donner quelque valeur à cette démonstration, car quelques chiffres pris à part, pouvant toujours être choisis arbitrairement, ne prouveraient rien. Nous ne pouvons donner ici de semblables tableaux. On pourra les trouver, avec une abondance de documents, dans le livre de notre collègue M. Beauregard sur *la Main-d'œuvre et son prix*. Nous nous bornerons à reproduire, comme donnant une impression générale, le tableau suivant dressé par M. de Foville et qui donne le revenu d'une famille de travailleurs agricoles, depuis un siècle :

| | |
|---|---|
| 1788............ | 200 fr. |
| 1813............ | 400 |
| 1840............ | 500 |
| 1852............ | 550 |
| 1862............ | 720 |
| 1872............ | 800 |

Il faut noter toutefois que la hausse a été beaucoup plus considérable à la campagne que dans les villes, et dans la province que dans la capitale, ce qui s'explique par l'émigration de la campagne vers les villes, et de la province vers la capitale.

comme salaire une pièce de 2 fr. au lieu d'une pièce de 1 fr. ?
Il n'en sera pas plus avancé.

Cette assertion est vraie en partie. Il est certain que l'argent a perdu une partie de sa valeur, surtout depuis les découvertes des mines d'Australie et de Californie vers 1850, que cette baisse de valeur de l'étalon monétaire a déterminé une hausse générale des prix et que par conséquent 2,000 fr. de revenu aujourd'hui ne représentent certainement pas deux fois plus d'aisance et de bien-être que 1,000 fr. en 1850 (Voy. p. 216 et 359, note). Reste à savoir si la dépréciation de valeur de la monnaie ou, ce qui revient au même, si la hausse générale des prix, a été égale à la hausse générale des salaires.

Or il est certain que les prix n'ont pas doublé et que même en moyenne ils n'ont pas augmenté des deux tiers. Pour le prouver, il suffit de décomposer le budget des dépenses de l'ouvrier et de rechercher, à propos de chacun des principaux articles qui constituent ce budget, quelle est l'augmentation de prix qu'ils ont subie. Ce travail a été fait plusieurs fois déjà avec soin et démontre qu'il reste une marge de hausse réelle. Les produits alimentaires (viande, légumes, vin, beurre, etc.) ont augmenté de prix dans des proportions très considérables, plus que doublé; le prix des loyers plus encore peut-être — et ce sont là de très gros articles dans le budget de l'ouvrier — mais d'autre part, le pain, qui constitue le plus gros article de ce budget, n'a pas sensiblement haussé de prix; les articles manufacturés, tels que les vêtements, ont diminué dans des proportions considérables, et divers autres articles, tels que transports, correspondance, instruction, ont diminué plus encore. La hausse des salaires n'est donc pas seulement nominale, mais, pour une bonne part au moins, réelle.

2° En admettant même, disent les socialistes, que la hausse des salaires soit en partie réelle, elle n'est pas en tout cas *proportionnelle au développement de la richesse générale* et à l'accroissement du revenu des autres classes de la société. Supposons que la masse à partager entre les propriétaires et les prolétaires fût, il y a cinquante ans, de 10 milliards, à raison de 5 milliards pour chaque classe : supposons qu'aujourd'hui la masse à partager s'élevant à 20 milliards, les prolétaires touchent 7 milliards et les propriétaires 13 milliards : en ce cas la hausse des salaires, quoique réelle, ne représenterait pas une véritable élévation de condition; la part des salariés se serait accrue de 40 p. 0/0; celle des propriétaires de 160 p. 0/0, quatre fois plus. Les salariés auraient plus de bien-être, mais ils *ne se sentiraient* pas plus riches, car il ne faut pas oublier que la richesse est chose toute relative, et telle est la nature de l'homme que l'aisance même lui apparaît comme un état de misère si elle fait contraste avec l'opulence de ceux qui l'entourent (Voy. p. 47).

Cet argument contre l'ordre social actuel est peut-être le plus fort de tous ceux que renferme l'arsenal socialiste. En effet, au point de vue de la justice sociale, les travailleurs ont droit non pas seulement à une amélioration quelconque dans leur condition, mais à un accroissement de revenu proportionnellement égal au moins à celui des autres classes de la société. Or, il semble bien que l'accroissement du revenu de la classe ouvrière n'a pas suivi une progression égale à celle de la richesse générale. Si nous prenons par exemple, les chiffres officiels des valeurs transmises par succession ou donation, nous voyons que ce chiffre qui était de 2,059 millions en 1835 et de 3,133 millions en 1855, s'est élevé en 1891 à 6,800 millions[1] : l'annuité successorale étant évidemment

---

[1] Pour démontrer que la part des travailleurs dans l'accroissement général des richesses est au moins égale et même supérieure à celle des autres copartageants, l'école optimiste s'applique à démontrer que le taux de l'intérêt, le taux des profits et même le taux des fermages vont sans cesse en décroissant. Le livre de M. Leroy-Beaulieu sur la *Répartition des richesses* a principalement pour objet de la démontrer. — Quant à la baisse des fermages, nous ne saurions l'admettre après les explications

proportionnelle à la masse des fortunes privées, on peut affirmer que l'ensemble des fortunes privées a plus que triplé depuis cinquante ans et plus que doublé depuis trente ans. Or
cet accroissement est assurément de beaucoup supérieur à
celui des salaires, puisque, d'après les évaluations les plus
optimistes, les salaires industriels ont tout au plus doublé,
depuis un demi-siècle, et même, d'après les statistiques les
plus dignes de foi, paraissent n'avoir augmenté que des 2/3.

## IV.

### DES MESURES PROPRES A FAIRE HAUSSER
### LES SALAIRES.

Les intransigeants de l'école libérale ne croient pas qu'il
existe aucun moyen artificiel propre à faire hausser les salaires.
Pour eux le taux des salaires est déterminé par des lois naturelles, et échappe par conséquent à l'influence de toute
cause artificielle : là où il ne peut pas hausser, rien ne l'y
forcera. Croire qu'une coalition des ouvriers, ou qu'un texte
de loi, ou même que telle ou telle forme d'association, pourra
faire monter les salaires serait aussi puéril que de croire que
pour faire venir le beau temps il suffit de pousser avec le
doigt l'aiguille du baromètre.

S'il a pu arriver que quelque grève ait déterminé une
hausse des salaires, c'est que cette hausse des salaires devait

que nous avons données (Voy. p. 491), sinon comme un fait accidentel et
temporaire — Quant à la baisse de l'intérêt, en la tenant même pour démontrée (Voy. toutefois ci-après, p. 481), il n'en résulterait pas nécessairement que la part du capital dût diminuer au profit de celle du travail. En effet si les capitaux sont plus nombreux — et ce n'est guère
que dans ce cas que l'intérêt baisse — la part qu'ils prélèvent pourra être
plus considérable quoique le taux de l'intérêt soit moindre : il faut plus
d'argent pour rémunérer 2 millions à 3 p. 0/0 que 1 million à 5 p. 0/0.

arriver et se serait produite en tout cas. La grève en ce cas
a agi à la façon de ce léger coup de pouce qu'on donne sur le
cadran pour permettre à l'aiguille toujours un peu paresseuse
de suivre l'ascension du mercure et de prendre plus vite sa
position d'équilibre.

Le taux des salaires haussera donc de lui-même, disent-ils,
par l'accroissement général de la richesse. Et comme tel est le
cas dans toutes les sociétés normales, la tendance des salaires
est en effet à la hausse : il n'y a donc qu'à faciliter cette évolution en assurant un jeu de plus en plus libre aux ressorts
qui ont agi jusqu'à présent, à la concurrence, à la liberté
des conventions[1].

Rien n'a plus fait pour discréditer l'école libérale que cette
tranquille philosophie, et elle n'est justifiée, d'ailleurs, ni par
l'observation des faits ni par le raisonnement scientifique.

Nous admettons parfaitement que le taux des salaires est
déterminé par des lois naturelles — disons pour abréger par
la loi de l'offre et de la demande, — mais cela ne prouve pas
que la volonté de l'homme soit impuissante à le modifier (Voy.
d'ailleurs ci-dessus, p. 26). Il serait absurde, sans doute,
pour reprendre la comparaison de tout à l'heure, de prétendre
changer la marche du baromètre en poussant l'aiguille avec
le doigt, mais il est très légitime et très scientifique de prétendre changer sa marche en modifiant le milieu atmosphérique,
en l'élevant par exemple sur une montagne ou en le mettant
sous la cloche d'une machine pneumatique. On peut donc

---

[1] Par exemple, en créant des *Bourses de Travail* comme l'a proposé
M. de Molinari, où l'offre et la demande de la main-d'œuvre pourrait se
rencontrer de toutes parts, et qui assurerait au travail une mobilité presque égale à celle qui caractérise les capitaux (Voy. ci-dessus, p. 163).

On a créé récemment en France un certain nombre de Bourses de Travail : mais ces institutions bien qu'elles aient pour but apparent de chercher un emploi aux ouvriers et de se substituer aux *bureaux de placement*,
justement odieux aux ouvriers, sont en réalité des centres de propagande
révolutionnaires pour les ouvriers syndiqués.

très raisonnablement aussi prétendre modifier la condition des salariés en modifiant le milieu économique, en agissant sur les causes qui tantôt dépriment, tantôt font monter le taux des salaires.

Si d'ailleurs le prix de la main-d'œuvre est régi, comme celui de toute autre marchandise, par la loi de l'offre et de la demande, cela ne veut pas dire que cet état de choses soit normal : cet état est anormal au contraire, et, pourrait-on dire, contre nature. Il n'est pas naturel que le travail humain, qui est l'agent de toute production, ne soit lui-même qu'une marchandise cotée sur le marché, et soumise aux mêmes variations de cours que celles des cotons ou des charbons. Il y a une réaction contre cet état de choses, — réaction dans laquelle les ouvriers sont soutenus par l'opinion publique et par la loi, — et par laquelle ils demandent à être traités non comme des choses, mais comme des hommes, à recevoir non pas le prix que le cours du marché fixe pour un ballot, mais la part que la justice attribue à un collaborateur, à un associé dans l'œuvre sociale. Ils demandent aux autres co-partageants de se serrer un peu pour leur faire place. Et cette idée que le salariat doit constituer une association — alors même que la forme du salariat demeure, — ne-peut manquer d'exercer une influence profonde sur la nature du contrat de salaire, et par conséquent aussi sur le taux des salaires[1]. Par le fait, il est hors de doute que la lutte engagée dans tout pays par les ouvriers et la haute opinion qu'ils ont prise d'eux-mêmes, n'aient eu pour résultat une forte hausse des salaires.

Sans doute cette hausse des salaires ne peut être que limi-

---

[1] Les statistiques des grèves, encore imparfaites, semblent pourtant démontrer que les grèves sont beaucoup plus nombreuses dans les périodes de prospérité industrielle, et surtout que la proportion de celles qui réussissent devient alors beaucoup plus considérable (Voy. la statistique dressée par M. Schwiedland, *Revue d'Économie politique*, 1890, p. 539). Pourquoi? parce que les patrons sont forcés alors de partager les bénéfices avec leurs ouvriers.

tée, et même elle sera renfermée dans des limites assez étroi-
tes, si l'on suppose que la production des richesses reste la
même[1]. Dans ce cas, en effet, la masse à partager restant la
même, la hausse des salaires ne pourra s'effectuer que par
la réduction des profits (Voy. ci-dessus, p. 519), et si l'on
songe combien les profits sont déjà réduits par la concurrence,
et qu'il faut toujours laisser au patron assez pour le dédom-
mager de ses risques, pour rémunérer son travail et payer
l'intérêt de ses capitaux (Voy. p. 517), — on se convaincra
que la marge est plus étroite qu'on ne pense[2].

Examinons maintenant quels sont ces moyens d'élever les
salaires. On peut les ramener à quatre[3] :

[1] Mais on peut légitimement espérer, sans commettre une pétition de
principe, qu'une hausse générale des salaires, en permettant à l'ouvrier
de se développer physiquement et intellectuellement, augmenterait la
productivité du travail et, par conséquent, la masse totale à partager.

[2] Les salaires ne peuvent-ils hausser sans entraîner aucune réduction
des profits, si le prix des produits s'élève proportionnellement? C'est bien
là ce que s'efforcent de faire les fabricants. Ils rejettent sur le public la
hausse des salaires qu'ils ont été forcés de subir. Mais en ce cas cette
hausse des prix retombe sur le consommateur, et en partie du moins,
sur les salariés eux-mêmes, qui représentent la grande masse des consommateurs.

[3] Nous ne prétendons pas que cette énumération soit absolument limi-
tative. On peut indiquer encore comme moyens proposés ou essayés avec
plus ou moins de succès pour élever le taux des salaires :

1o — la fixation d'un *minimum* de salaires par l'Etat. Souvent réclamé
par le programme du parti ouvrier, il n'a jamais été inscrit dans la loi.
Son application paraît singulièrement difficile, car il ne servirait pas à
grand'chose de garantir aux ouvriers un minimum des salaires, si on ne
peut leur garantir qu'ils trouveront des patrons pour les employer à ce prix.

2o — l'institution d'échelles mobiles (*sliding scales*) utilisées dans certaines industries d'Angleterre et par lesquelles le salaire varie suivant le
prix de vente des produits de ces industries. C'est une forme qui peut se
rattacher à la participation aux bénéfices.

3o — la limitation du nombre des apprentis par les associations ouvrières qui tend, en raréfiant la main-d'œuvre, à en élever le prix — mesure fort employée par les anciennes corporations et par les Trades-Unions
actuelles et dont la légitimité et l'efficacité ont donné lieu à de vives controverses. — On pourrait rattacher au même moyen la prohibition du travail
à la tâche ou à *prix fait,* très employée aussi par les syndicats ouvriers.

1° — la guerre des ouvriers contre les patrons par les coalitions et *les grèves*.

2° — l'entente des ouvriers avec les patrons par les conseils de *conciliation* et d'*arbitrage*.

3° — l'association des ouvriers avec les patrons par *la participation aux bénéfices*.

4° — la substitution des ouvriers aux patrons par *l'association coopérative de production*.

### § 1. — Des grèves.

Dans les conditions ordinaires, quand l'ouvrier traite *seul* avec le patron, il est placé dans une situation d'infériorité forcée, et voici pour quelles raisons :

1° parce que le capitaliste peut attendre, tandis que le travailleur ne le peut pas. Celui-ci est dans la situation d'un marchand qui a absolument besoin de vendre sa marchandise pour vivre : la marchandise ici, c'est la main-d'œuvre ;

2° parce que l'entrepreneur peut en général se passer de l'ouvrier quand celui-ci est isolé, tandis que l'ouvrier ne peut pas aussi facilement se passer du patron. On trouve toujours un autre ouvrier ; au besoin on le fait venir de l'étranger ; au besoin même, on le remplace par une machine. On ne trouve pas aussi aisément un autre patron ; on ne le fait pas venir du dehors par chemin de fer ou par bateau ; on n'a pas trouvé le secret de le remplacer par une machine ;

3° parce que l'entrepreneur est mieux au courant de la situation du marché. Il voit de plus haut et de plus loin.

La liberté des conventions n'existe donc que de nom. Mais du jour où l'ouvrier a pu constituer avec ses camarades du même corps de métier une association, l'égalité de situation se trouve rétablie :

1° en donnant à l'ouvrier le moyen de refuser son travail, et en le soutenant pendant ce temps à l'aide du capital de la société et des cotisations des associés ;

2° en solidarisant tous les ouvriers d'une industrie, en sorte que le patron n'ait plus à traiter avec un seul, mais avec tous;

3° en leur procurant un bureau de renseignements et des directeurs compétents et expérimentés, pouvant se rendre compte de la situation aussi bien que les patrons eux-mêmes, et qui par là les empêchent de faire de fausses manœuvres.

La légitimité du droit de faire grève n'est plus aujourd'hui contesté par personne[1] — puisque même en admettant l'assimilation du travail à une marchandise, chacun doit être libre de refuser de vendre sa marchandise si on ne lui donne pas le prix qu'il demande, — mais c'est son efficacité qui est encore aujourd'hui fort discutée.

La grève étant un moyen de guerre a tous les inconvénients de la guerre : elle entraîne un énorme gaspillage de forces productives[2], elle cause de grandes souffrances, et laisse toujours dans le cœur du vaincu (ouvrier ou patron) des ressentiments qui préparent de nouveaux conflits. Mais on ne peut nier que ce moyen violent n'ait contribué à relever le taux de salaires en forçant les patrons à faire à leurs ouvriers une part plus large. Il ne faut pas juger de l'efficacité des grèves par le nombre des grèves ayant réussi ou ayant échoué que donnent les statistiques. Une seule grève qui réussit peut faire augmenter les salaires dans une foule d'industries. Et d'ailleurs c'est moins la grève elle-même qui agit pour relever le taux des salaires que la crainte toujours présente de la grève. Plus les associations seront nombreuses et fortement consti-

---

[1] Ce droit cependant est contesté, non sans motifs, pour les ouvriers qui appartiennent à un service d'État (employés, fonctionnaires) ou même à un service d'un intérêt public urgent (gaz, eaux, chemins de fer, etc.).

[2] Le Bureau de statistique du Travail des États-Unis a évalué à 98 millions de dollars (500 millions de francs), les pertes causées par les grèves et les *lockouts* pendant les six années 1881-1886. (On désigne sous le nom de *lockout* la grève des patrons, quand ceux-ci s'entendent pour fermer simultanément leurs ateliers et forcer par là les ouvriers à capituler.)

tuées, moins il y aura de grèves, — de même que l'organisation dans chaque État d'Europe de puissantes armées a justement pour effet de prévenir la guerre. L'histoire industrielle de l'Angleterre depuis un demi-siècle le démontre.

Seulement ce droit de s'étendre et de s'associer, les ouvriers ne l'ont conquis que récemment. Ils ont conquis d'abord le droit de *coalition*, c'est-à-dire de se concerter pour exiger certaines conditions, notamment pour refuser de travailler et faire grève. Ce droit leur a été reconnu en Angleterre en 1824 et en France par la loi de 1864. Ce n'était point assez, car pour être efficaces, leurs réclamations devaient s'appuyer non sur une coalition accidentelle et passagère, mais sur des associations permanentes. Ce droit d'association ne leur a été légalement conféré qu'en 1870 en Angleterre et en 1884 en France[1].

[1] Les associations ouvrières en Angleterre sont bien antérieures à 1870, mais c'est à cette date seulement qu'elles ont été investies de la personnalité civile. Les *Trades-Unions*, riches aujourd'hui à millions, comptant des milliers d'adhérents (l'association des ouvriers mécaniciens comptait 60,000 membres), dirigées par des hommes prudents et distingués, dont quelques-uns sont entrés à la Chambre des communes, représentées par de grands congrès annuels, constituent une véritable puissance sociale. Jusqu'à présent, elles n'ont pas mis cette puissance au service des idées socialistes, mais n'ont poursuivi que le but plus pratique d'une augmentation dans les salaires ou d'une diminution dans la durée de la journée de travail mais sans rien vouloir demander à l'État. Elles ont usé assez modérément de l'armée redoutable de la grève, préférant consacrer la plus grande partie de leurs ressources à des caisses de chômage, de retraite, ou pour les maladies. Elles prenaient un esprit de plus en plus conservateur, et en fermant leurs rangs, elles tendaient à faire de leurs membres une sorte d'aristocratie ouvrière. — Mais la masse ouvrière composée des ouvriers employés aux travaux vulgaires et qui n'exigent point d'apprentissage (ce qu'on appelle *unskilled labor*) a formé depuis peu (depuis la fameuse grève des portefaix des docks de Londres en 1890) des Trades-Unions animées d'un esprit beaucoup plus socialiste, beaucoup plus disposées à réclamer l'intervention de l'État, puissantes par leur nombre, sinon par leurs ressources, et qui, de Congrès en Congrès, tendent à conquérir la majorité et à entraîner la Trade-Unionisme dans un sens plus révolutionnaire (Voy. dans la *Revue d'Économie Politique*, juillet-août 1890, l'article de M. Brentano sur les classes ouvrières en Angleterre).

Aux États-Unis, il y aussi les *Trades-Unions*, mais à côté d'elles, il y

## § 2. — Arbitrage et conciliation.

De même que les conflits politiques qui ont d'abord provoqué des guerres incessantes tendent aujourd'hui à être résolus au moins en partie par l'arbitrage, de même dans les conflits entre le capital et le travail, à la solution brutale par la grève, c'est-à-dire au droit du plus fort, en tend à substituer l'arbitrage.

Mais l'arbitrage, pour donner de bons résultats, suppose au préalable de fortes organisations ouvrières assez éclairées et surtout assez disciplinées pour accepter les décisions de conseils d'arbitrage alors même qu'elles leur seraient contraires. Il y a peu de pays où elles en soient arrivées là. Cependant, dans certaines grandes industries de l'Angleterre, des *Conseils d'arbitrage et de conciliation*, élus par les patrons et les ouvriers, fonctionnent avec succès [1].

Les *conseils d'usine* ou *conseils ouvriers*, usités surtout en

a la fameuse organisation des *Knights of Labor* (Chevaliers du Travail) qui ouvre ses rangs précisément à tous les ouvriers *unskilled*.

En France, les associations ouvrières n'ont obtenu l'existence légale que par la loi de 1874 sur les syndicats professionnels qui a été une sorte de contre-révolution. On sait en effet que la Révolution de 1889, par crainte de voir revivre les anciennes corporations, avait défendu aux ouvriers de s'associer. Les craintes des hommes de la Révolution en ce qui touche le réveil de l'esprit corporatif et les risques qu'il pourrait faire courir à la liberté individuelle, n'étaient pas tout à fait vaines, car ces associations professionnelles à peine reconstituées — et quoiqu'elles ne représentent encore qu'une faible minorité de la population ouvrière — manifestent la prétention d'imposer leurs décisions aux ouvriers non syndiqués. De là des conflits incessants qui ont provoqué diverses décisions judiciaires curieuses et divers projets de loi, la jurisprudence et les législateurs s'efforçant de concilier les droits des syndiqués avec la liberté des non syndiqués. Il y a même un mouvement considérable en Suisse pour rendre les décisions des syndicats légalement obligatoires pour tous les ouvriers de la même industrie.

[1] Voy. dans la *Revue d'Économie politique* de 1890 (pp. 461, 553), les articles de M. Lotz sur ce sujet.

Il va sans dire que les conseils de conciliation ont pour rôle de prévenir les conflits; ceux d'arbitrage, de les apaiser quand ils ont éclaté.

Allemagne et en Autriche, sont des conseils organisés dans certaines usines pour recevoir les plaintes des ouvriers, discuter les règlements d'atelier et participer au gouvernement intérieur de l'usine, sans que leurs décisions cependant puissent lier le patron. Un projet de loi en Autriche tend à rendre l'institution de ces comités obligatoire et à en faire la base d'une organisation arbitrale[1].

Il serait très désirable que l'arbitrage en effet fût constitué dans l'industrie à l'état d'institution légale. Il ne faut pas en conclure que le recours à l'arbitrage dût être rendu obligatoire et les décisions de l'arbitre recevoir une sanction pénale. S'il faut traîner les parties devant les arbitres *manu militari*, cette institution perd tout son caractère pacifiant et on ne voit pas bien d'ailleurs quelle sanction légale peut comporter une décision qui intéresse peut-être plusieurs milliers de personnes[2].

### § 3. — De la participation aux bénéfices.

La participation aux bénéfices, comme le nom le dit assez, tend à donner aux ouvriers une part dans les bénéfices en créant une association entre le patron et les ouvriers.

Nous avons déjà vu que l'association était la forme théori-

---

[1] Voy. dans la *Revue d'Économie Politique*, 1891, l'article de M. Schwiedland sur l'*Organisation de la Grande Industrie en Autriche*.

[2] En France une loi récente vient de constituer l'arbitrage — facultatif d'ailleurs — sous une forme assez timide. C'est le juge de paix qui est chargé de le constituer (mais sans en faire partie lui-même) sur la demande de l'une des parties. Si l'autre refuse, son refus est affiché : c'est là la sanction.

Il ne faut pas confondre les conseils d'arbitrage et de conciliation avec les tribunaux industriels, tels que nos *Conseils de Prud'hommes* en France. Ceux-ci sont de véritables tribunaux : ils statuent non sur des questions économiques, telles qu'une demande de hausse des salaires — mais sur des questions juridiques, telles qu'une réclamation pour un salaire qui n'aurait pas été payé, — non sur des cas généraux, mais sur des cas individuels. Leur réforme est aussi à l'étude.

quement la plus parfaite de l'entreprise productive (Voy. p. 522), mais nous avons vu en même temps quelles en étaient les difficultés pratiques. La participation aux bénéfices a pour but de surmonter ces difficultés.

Cette institution est bien d'origine française. Elle a été mise en pratique pour la première fois, en 1842, par un peintre en bâtiments, Leclaire, avec un succès qui n'a pas été égalé depuis, mais qui s'explique par certaines conditions spéciales à cette industrie. Elle est pratiquée aujourd'hui dans 305 maisons[1], et presque toutes ces expériences ont tourné non seulement à l'avantage des ouvriers, mais à l'avantage des patrons eux-mêmes.

Au reste, dans la plupart de ces maisons, la participation aux bénéfices n'a pas tout à fait la forme d'une association. Elle en diffère en ce que les ouvriers peuvent toujours être congédiés par le patron; — en ce qu'ils ne participent en aucune façon à la direction; — en ce qu'ils ne supportent pas les pertes; — et enfin en ce qu'ils sont toujours payés sous la forme d'un salaire proprement dit, la part dans les bénéfices n'apparaissant guère que sous la forme d'un supplément, « d'un condiment », comme l'appelle M. Leroy-Beaulieu par une raillerie qui a fait fortune, et même quelquefois d'une simple gratification que le patron détermine à son gré[2].

Mais il est vraisemblable qu'au fur et à mesure que cette institution se développera, elle prendra de plus en plus le

---

[1] Dont 115 en France, 89 en Angleterre, 35 aux États-Unis, 22 en Allemagne, 17 en Suisse, 6 en Belgique, 6 en Hollande; les 15 restant sont répartis entre tous les autres pays d'Europe.

[2] D'ailleurs, les formes de la participation aux bénéfices peuvent varier beaucoup. Les parts accordées aux ouvriers peuvent être calculées, soit d'après les bénéfices réalisés, soit d'après les quantités produites, soit même d'après les économies obtenues sur la matière première (par exemple les Compagnies de chemins de fer allouent à leurs mécaniciens des *primes*, calculées d'après les économies qu'ils auront réussi à faire sur le charbon).

caractère d'une véritable association. Telle quelle, elle a rendu déjà des services signalés [1] :

1° En intéressant l'ouvrier au succès de l'entreprise et en l'engageant, par conséquent, à développer toute l'activité dont il est capable;

2° En liant les intérêts de l'ouvrier à ceux du patron et en prévenant par là les conflits et les grèves;

3° En retenant l'ouvrier d'année en année dans la même usine et en assurant ainsi la permanence des engagements;

4° En facilitant l'épargne par la décomposition du revenu de l'ouvrier en deux parts, le salaire hebdomadaire qui est employé aux dépenses courantes, et le dividende distribué à la fin de l'année qui constitue un excédent tout prêt pour le placement [2].

---

[1] L'école classique, sans attaquer formellement la participation aux bénéfices, affecte cependant à son égard une certaine ironie. Les deux principales critiques qu'elle lui adresse sont les suivantes :

1° Les ouvriers n'ont pas droit aux bénéfices, parce que les bénéfices, dans toute entreprise, sont l'œuvre du patron et non des ouvriers ; les bénéfices, en effet, résultent non de la fabrication proprement dite, mais de la vente des produits, à laquelle les ouvriers restent totalement étrangers. — Nous nous bornerons à faire remarquer que l'on trouve tout naturel de faire participer les capitalistes, quand ils sont actionnaires, aux bénéfices de l'entreprise, bien que ces bénéfices soient assurément encore moins leur œuvre que celle des ouvriers.

2° Il serait injuste que les ouvriers vinssent partager les bénéfices, puisqu'il leur est impossible, à raison de leur situation, de supporter les pertes. — A cela nous répondrons que d'abord on peut trouver tel arrangement, par exemple la constitution d'une caisse d'assurances contre les risques, entretenue en partie par un prélèvement sur les salaires, qui permette de tourner cette difficulté. Mais surtout il faut remarquer que dans l'organisation actuelle du salariat, la situation est bien autrement injuste encore, car l'ouvrier qui ne participe jamais aux bénéfices supporte parfaitement les pertes, soit sous forme de réduction de salaire dès que l'entreprise marche mal, soit sous forme de privation totale de salaire, c'est-à-dire de chômage, quand elle ferme ses ateliers.

[2] Le plus souvent même, pour mieux assurer cette épargne, le patron ne distribue pas la totalité de ce dividende à la fin de l'année, mais en porte une partie au compte de l'ouvrier, dans une caisse spéciale, caisse de retraite, par exemple.

### § 4. — Des sociétés coopératives de production.

L'association de production est beaucoup plus radicale que
la participation aux bénéfices : celle-ci maintient le patron en
lui associant les ouvriers : celle-là le supprime en lui substi-
tuant les ouvriers. Ce sont des ouvriers qui, au lieu de travailler pour le compte d'un patron, s'associent pour produire
pour leur propre compte et à leurs risques et périls et, comme
ils possèdent leurs instruments de production, ils gardent
pour eux, naturellement, l'intégralité du produit de leur travail. C'est la même situation que celle du producteur autonome que nous avons déjà considérée : seulement au lieu
d'un travailleur unique, on voit ici un groupe de travailleurs formant une unité, transformation rendue nécessaire
par les exigences de la grande production.

La France est considérée comme la terre classique de ce
genre d'institutions. Il est vrai qu'elle paraît en avoir pris
l'initiative, car la première association de production française fut fondée en 1833 par Buchez. Il est vrai qu'à la suite
de la Révolution de 1848, il y a eu un grand mouvement dans
ce sens et il se fonda alors en France, à Paris surtout, plus
de 200 sociétés ouvrières de production; mais il n'en est
qu'un très petit nombre qui ait survécu. Depuis lors d'autres
se sont fondées qui n'ont pas été beaucoup plus heureuses.
On en compte cependant environ 60 dont quelques-unes très
prospères : l'Allemagne et l'Angleterre en sont à peu près au
même point.·

Les obstacles que rencontrent les associations coopératives
de production sont très nombreux et n'expliquent que trop
leurs insuccès :

1° Le premier et le plus considérable est *le défaut d'éducation économique* de la classe ouvrière qui ne lui permet
encore : — ni de trouver dans ses rangs des hommes assez

capables pour diriger une entreprise industrielle; — ni, en admettant même qu'elle les trouve, de les choisir comme gérants, leur supériorité même devenant trop souvent une cause d'exclusion; — ni, en supposant encore qu'on leur confie la direction, de leur assurer une part dans les produits de l'entreprise proportionnelle aux services qu'ils rendent, la supériorité du travail intellectuel sur le travail manuel n'étant pas encore suffisamment comprise. — On peut espérer que la pratique de l'association elle-même sous ses différentes formes, non-seulement celle-ci, mais aussi celle de sociétés de consommation, syndicats, etc., pourra faire petit à petit cette éducation économique.

2° Le second c'est *le défaut de capital*. Nous savons que si l'on peut éliminer le capitaliste de l'entreprise productive, on ne peut pas en tout cas éliminer le capital, et la grande production exige aujourd'hui des capitaux de plus en plus considérables (Voy. p. 163). Comment de simples ouvriers pourront-ils se les procurer? — Sou à sou par leur épargne de chaque jour? Cela peut se faire et s'est fait en effet dans quelques entreprises de petite industrie et encore au prix de sacrifices héroïques, mais on ne peut y compter d'une façon générale. — En se les faisant prêter par l'État? L'expérience a été faite en 1848, mais les 3 millions distribués de la sorte n'ont pas porté bonheur aux sociétés qui les avaient reçus. L'argent donné, surtout quand il est donné par l'État, se gaspille le mieux du monde[1].

Cependant nous ne considérons pas cette difficulté comme insurmontable. Des associations ouvrières solidement organisées, une fois qu'elles auraient fait leurs preuves, trouve-

---

[1] C'est à ce moyen, comme on peut le penser, que les partis ouvriers préfèrent recourir. Lassalle demandait que l'État consacrât quelques centaines de millions à commanditer des sociétés coopératives de production, de façon à les organiser puissamment pour soutenir victorieusement la concurrence contre les entreprises patronales.

raient facilement à emprunter tous les capitaux qui leur seraient nécessaires, témoins ces sociétés coopératives de crédit
d'Allemagne qui ont recueilli des centaines de millions (Voy.
p. 336, note).

3º Enfin le dernier écueil, c'est qu'elles *tendent à reconstituer les formes mêmes qu'elles se proposaient d'éliminer*, à
savoir l'organisation patronale avec le salariat, tant il est
malaisé de modifier un régime social! Du jour en effet où ces
associations ont réussi, la plupart se ferment et, refusant
tout nouvel associé, engagent des ouvriers salariés, en sorte
qu'elles deviennent tout simplement des sociétés de petits patrons [1]. C'est le principal grief que les socialistes font valoir
contre cette institution et il faut avouer qu'il est assez fondé.
D'autre part, demander aux ouvriers de la première heure, à
ceux qui ont réussi à force de privations et de persévérance
à fonder une entreprise prospère, d'admettre sur pied d'égalité les ouvriers de la onzième heure, c'est vraiment leur supposer un rare désintéressement.

Il y a lieu d'espérer que ces écueils pourront être évités, au
moins en partie, par une sorte de stage préparatoire, et cette
préparation peut se faire de deux manières :

1º Par la participation aux bénéfices, lorsque le patron veut
bien consentir en quelque sorte à s'éliminer lui-même, en organisant la participation de telle façon que les ouvriers puissent devenir de son vivant ses associés, et après sa mort ses
successeurs. C'est ce qu'ont fait, pour ne citer que les exemples
les plus fameux, M. Godin pour le Familistère de Guise, Mᵐᵉ
Boucicaut pour les magasins du Bon Marché, M. Gordon Ben-
nett pour le grand journal américain le *New-York Herald*.

[1] Quelques-unes des sociétés coopératives de production de Paris comptent 10 salariés pour un associé (celle des lunetiers, par exemple, 131
associés et 1,480 salariés — et les actions ont monté de 300 à 50,000 fr.!)
elles ne sont évidemment coopératives que de nom. Pour éviter cet abus,
la loi nouvelle sur les sociétés coopératives les oblige à faire participer
leurs ouvriers aux bénéfices.

2° Par les associations coopératives de consommation qui , lorsqu'elles sont suffisamment développées et fédérées entre elles, peuvent constituer des sociétés coopératives de production auxquelles elles fournissent à la fois — des *capitaux* qu'elles leur prêtent, une *direction* dans la personne d'hommes déjà expérimentés, et une *clientèle* assurée, en leur achetant leurs produits, — c'est-à-dire précisément tous les éléments qui leur manquaient pour réussir. C'est ce que tendent à faire les sociétés coopératives de consommation en Angleterre. Elles ont déjà fondé un certain nombre d'industries coopératives prospères.

L'association coopérative, comme la participation aux bénéfices, est jugée d'une façon peu favorable tant par les économistes de l'école libérale qui pensent que l'ordre social est bon et qu'il n'est pas utile de le changer, que par les socialistes intransigeants qui pensent que la révolution est inévitable et qu'il n'est pas utile d'en faire l'économie[1]. Mais elle reste le suprême espoir de tous ceux au contraire qui pensent qu'il y a une question sociale à résoudre et une révolution sociale à éviter.

[1] D'une façon générale , le socialisme ne se montre pas favorable à la coopération, ou ne l'admet, tout au plus, que comme mesure transitoire. En effet, l'association coopérative de production, si elle vise à supprimer le salariat, maintient à la base de son organisation la propriété individuelle des capitaux , puisqu'elle vise justement à rendre les propriétaires copropriétaires de leurs instruments de production. Or le collectivisme, nous le savons, se propose au contraire de « socialiser » les instruments de production, c'est-à-dire de les soustraire à toute approbation individuelle, *même à celle des travailleurs eux-mêmes*. Et le principal grief que nous avons contre ce programme, c'est qu'au lieu de tendre à supprimer le salariat, il tend inconsciemment à l'universaliser. En effet, le jour où la Société sera seule propriétaire de tous les instruments de production, il est clair qu'elle seule sera patron et que tous les Français ne seront que ses salariés.

# V.

## DES MESURES PROPRES A GARANTIR LES SALARIÉS
## CONTRE LES RISQUES.

Il y a cinq risques qui sont suspendus sur la tête du salarié :
— trois qui lui sont communs avec le reste des hommes, la
*maladie*, la *vieillesse* et la *mort*, — deux qui sont propres à sa
condition, l'*accident* et le *chômage*. — Tous ont cet effet commun de le mettre dans l'impossibilité permanente ou temporaire de travailler et par conséquent de gagner sa vie et celle
de sa famille. Tous risquent de précipiter le prolétaire, ou
ceux qu'il laisse après lui, dans l'armée du paupérisme, quelquefois même dans celle du crime. Il y a donc un intérêt social de premier ordre, en laissant même de côté la question de
justice, à les conjurer.

Ici se pose la question de savoir si l'initiative individuelle,
s'exerçant par la voie de l'épargne et de l'association, est suffisante pour les prévenir ou s'il ne faut pas recourir à l'intervention de l'État. Et il semble bien que l'épargne, l'épargne
du pauvre, ne peut suffire contre tant d'ennemis.

En ce qui touche le risque de maladie, il y est pourvu cependant très suffisament par l'institution des *sociétés de secours mutuels*[1]. Avec une très faible cotisation qui ne dépasse
pas en général 1 fr. par mois, elles suffisent à payer les frais
de médecins, de pharmaciens et une certaine indemnité par
journée de maladie. Il existe par tout pays, notamment en
France, un très grand nombre de sociétés de secours mutuels.

---

[1] Il existe en France 9,000 sociétés de secours mutuels comprenant
1,200,000 membres avec un capital de 164 millions. C'est relativement peu
sur l'ensemble de la population ouvrière. En Angleterre, l'effectif de ces
sociétés (*friendly societies*) est 4 fois et leur capital 10 fois plus considérable.

La législation les favorise par divers privilèges que nous ne pouvons étudier ici.

Pour le risque d'accidents, la prime d'assurance n'est pas non plus très élevée, mais en admettant que l'ouvrier eût les ressources nécessaires pour y pourvoir, il n'aurait pas la volonté de le faire. Et il faut songer en effet que l'assurance contre les accidents exige une dose de prévoyance fort rare même dans les classes cultivées.

Pour la vieillesse, l'assurance contre ce risque, c'est-à-dire la constitution d'un capital suffisant pour produire une rente viagère à partir de 60 ou 75 ans, exige des sacrifices absolument insurmontables pour un budget d'ouvrier[1].

On doit en dire autant de ces deux autres risques qui s'appellent la mort et le chômage.

Il est vrai que l'on peut soutenir en droit que certains de ces risques, notamment celui des accidents et celui de la vieillesse, doivent retomber à la charge du patron, car il semble juste qu'il supporte cette responsabilité comme celle des instruments détériorés ou usés à son service. Et en effet, un certain nombre de patrons, surtout les grandes sociétés par actions, ont organisé de leur plein gré des caisses d'assurance contre les accidents et des caisses de retraite pour la vieillesse dont ils supportent les frais en totalité ou du moins en grande partie, ne faisant supporter à leurs ouvriers qu'une faible part sous forme de retenue sur leurs salaires.

Mais cette initiative des patrons est un acte de générosité qui ne trouve pas beaucoup d'imitateurs, soit faute de bonne volonté soit aussi faute de ressources, de semblables institutions ne pouvant fonctionner qu'avec un personnel et des capitaux considérables[2].

---

[1] D'après les calculs faits pour le projet de loi sur les caisses de retraite en France, il faudra une prime de 96 fr. par an pour constituer une rente viagère de 600 fr. — à partir de 55 ans et en admettant le taux de 4 p. 0/0.

[2] D'après notre législation, le patron n'est rigoureusement responsable

On est donc amené forcément à se demander si l'État n'a pas le devoir d'intervenir pour garantir la classe ouvrière contre ces risques, si même ce ne serait pas un acte de bonne administration de sa part, car le moindre de ces risques a pour effet de précipiter l'ouvrier dans la misère ; or l'armée des misérables constitue à la fois pour la société un péril et une cause de dépenses considérables[1]. Et en effet de nombreuses lois ont été déjà votées ou sont à l'étude dans tous les pays pour protéger les ouvriers et constituent toute une branche de l'économie politique qu'on désigne sous le nom de législation ouvrière.

C'est en s'inspirant de ces considérations que le gouvernement allemand — par trois lois successives, celle de 1883 sur la maladie, celle de 1886 sur les accidents, celle de 1889 sur la vieillesse — a constitué tout un vaste système d'assurances qui fait entrer bon gré mal gré tous les patrons et ou-

des accidents qu'autant que l'ouvrier prouve qu'il y a faute du patron. Et cette obligation de la preuve rend le droit de l'ouvrier presque illusoire. Il est généralement admis aujourd'hui que la situation doit être renversée, c'est-à-dire que le patron doit être tenu pour responsable des accidents, à moins qu'il ne prouve qu'il y a faute de l'ouvrier. Une statistique sur les causes des accidents faite, en Allemagne, a établi que sur 100 accidents, 20 sont dus à la faute de l'ouvrier, 12 à celle du patron et 68 à des cas fortuits. La législation allemande, dont nous allons parler dans le texte, va même jusqu'à mettre en tous cas le risque à la charge du patron. On le considère comme responsable de la détérioration de son personnel absolument au même titre que de la détérioration de son matériel, l'un et l'autre rentrant dans les frais généraux de l'industrie. C'est ce qu'on appelle la théorie du *risque professionnel*.

Ceci a pour but aussi d'éviter les procès par lesquels chaque partie rejette la faute sur l'autre. Et c'est dans le même esprit et pour éviter toute discussion sur le montant de l'indemnité, que la loi allemande la fixe une fois pour toutes aux 2/3 du salaire.

Il est certain que si la législation française était à cet égard aussi sévère, tous les patrons ne tarderaient pas à organiser des associations d'assurances mutuelles pour se prémunir contre la charge d'une telle responsabilité, et ce serait la meilleure solution. Une loi est à l'étude depuis plusieurs années.

[1] Il faut bien que l'État se charge tout au moins des orphelins, en admettant même qu'il puisse se dispenser de rien faire pour les indigents.

vriers de l'industrie ou de l'agriculture dans de vastes corporations industrielles et régionales. Pour la prime d'assurance
contre les accidents, les frais sont entièrement à la charge des
patrons ; — pour la prime d'assurance contre les maladies,
1/3 seulement est à la charge des patrons, les 2/3 à la charge
des ouvriers ; — pour la prime d'assurance contre la vieillesse
et l'invalidité, la moitié est à la charge du patron, la moitié
à la charge de l'ouvrier : toutefois, comme les charges seront
ici beaucoup plus considérables, l'État vient au secours des
uns et des autres en s'engageant à verser un capital de 50 m.
(62 fr. 50) pour chaque retraité. — Il est trop tôt encore
pour juger de la valeur et des résultats utiles de ce gigantes-
que mécanisme, qui est extraordinairement compliqué, très
coûteux déjà et qui le deviendra bien davantage d'année en
année, mais qui restera en tous cas comme un monument législatif imposant et la plus audacieuse expérience de socialisme d'État qu'on ait encore osé tenter [1].

Enfin pour le chômage, ce risque que l'évolution économique moderne ramène aujourd'hui avec une sorte de périodicité fatale, il ne paraît guère possible de le conjurer par l'association et l'assurance, parce qu'à la différence des risques que

---

[1] En France, l'État a constitué depuis assez longtemps une Caisse nationale de retraite et d'assurances qui fait aux ouvriers des conditions un
peu plus avantageuses que les compagnies d'assurances financières, mais
on en use peu.

Divers projets de lois ont été déposés en ces derniers temps pour constituer une caisse de retraites pour la vieillesse à l'instar du système allemand, en répartissant les charges à la fois sur l'ouvrier, sur le patron et
sur l'État, mais en les laissant facultatives. Or, étant donnée l'imprévoyance naturelle des hommes et plus particulièrement des classes ouvrières, nous ne pensons pas qu'aucun système d'assurances (vieillesse,
accidents ou maladie) puisse donner des résultats considérables si la loi
ne lui impose un caractère *obligatoire*. Mais tout en imposant l'obligation
de s'assurer, l'État peut laisser patrons et ouvriers libres de choisir le mode
d'assurance qui leur plaît le mieux, de même qu'en rendant l'instruction
obligatoire, il ne force pas à venir s'instruire dans ses écoles : obligation
quant au principe, liberté quant aux moyens.

nous venons d'énumérer, il n'atteint pas seulement les individus, mais frappe par grandes masses tous les ouvriers d'une même usine, ou tout un corps de métier, ou quelquefois même toute l'industrie d'un pays. L'ouvrier peut vivre pendant quelque temps en dévorant ses quelques épargnes, s'il en a, ou en engageant au *Mont-de-Piété*[1] les quelques objets mobiliers qu'il peut posséder, mais ce sont de faibles ressources.

L'État peut-il faire quelque chose pour garantir l'ouvrier contre ce risque? Pendant quelque temps on l'a cru et on lui a demandé de venir au secours des ouvriers sans travail en garantissant le *Droit au travail*. Ce droit, qui a fait grand bruit pendant la Révolution de 1848, est aujourd'hui assez démodé. Et il est certain en effet qu'il n'est pas au pouvoir de l'État d'assurer à chacun un travail spécial, le genre de travail qu'il sait faire, ni surtout un travail productif, à moins de se faire entrepreneur général d'industries, c'est-à-dire d'entrer en plein dans la voie collectiviste. On est à peu près d'accord aujourd'hui pour reconnaître que le droit au travail ne saurait rien être de plus qu'un mode d'assistance publique. Nous le retrouverons sous cette rubrique.

La constitution de caisses de chômage par les Trades-Unions a donné d'excellents résultats, mais à vrai dire on ne peut attendre de remède efficace que d'une organisation économique propre à empêcher les crises et à maintenir un équilibre stable entre la production et la consommation.

---

[1] Les Monts-de-Piété, comme on le sait, sont des institutions qui prêtent sur gages. Bien que ce soient des institutions philanthropiques qui ne cherchent pas à faire de bénéfice, elles sont obligées, par la nature même de leurs opérations, qui sont très onéreuses, de prêter à un taux très élevé.

# VI.

## DES MESURES PROPRES A RELEVER LA CONDITION DES SALARIÉS.

Nous entendons par là les mesures qui sans avoir pour but d'augmenter les revenus de l'ouvrier ni de lui assurer la sécurité du lendemain, tendent à relever sa condition en lui permettant, soit de *mieux vivre*, soit de *moins travailler*.

Parmi les mesures propres à lui permettre de mieux vivre, nous citerons les *sociétés coopératives de consommation* et les *logements à bon marché*. Mais nous n'en parlerons pas ici, nous référant pour les premières à ce que nous avons dit dans la consommation (Voy. p. 408) et pour les seconds à ce que nous dirons à propos du loyer (Voy. p. 573-574).

Nous n'avons donc à parler ici que des mesures propres à diminuer le travail.

La réduction de la journée de travail est une des réformes auxquelles on attache le plus d'importance de nos jours et à laquelle chaque Premier Mai, par une grande manifestation internationale, vient donner une actualité nouvelle. Les socialistes y voient le moyen d'émanciper l'ouvrier, de le libérer, au moins en partie, de l'exploitation patronale et de le préparer à la lutte sociale et politique. Les ouvriers y voient le moyen de travailler moins, sans réduction de leur salaire et même au contraire avec chance de hausse, grâce à la raréfaction de la main-d'œuvre causée par la réduction du nombre d'heures de travail. Enfin les économistes de l'école nouvelle espèrent par là relever le niveau intellectuel, moral et même physique de la classe ouvrière, en lui assurant les loisirs nécessaires pour se récréer, pour penser et pour vivre d'une vie plus conforme aux destinées d'un homme et d'un citoyen.

Là où les ouvriers ont réussi à se constituer en puissantes associations, ils ont pu obtenir d'eux-mêmes la réduction de la journée de travail. Elle est descendue à 8 heures en Australie[1] et à 9 heures en moyenne en Angleterre[2] et aux États-Unis, tandis qu'elle est encore de 10 heures en général en France et dans les pays de l'Europe Occidentale. Même là le progrès est grand encore, car il y a un demi-siècle les journées de 14, 15 et 16 heures n'étaient pas rares.

Mais là où les ouvriers ne sont pas aussi bien organisés, c'est à l'État qu'ils s'adressent pour obtenir des lois limitant obligatoirement la durée de la journée de travail.

L'école libérale n'admet la limitation du travail qu'en ce qui concerne les enfants, parce qu'ils sont mineurs et incapables de défendre eux-mêmes leurs droits. Tout le monde est d'accord sur ce point et toutes les législations de l'Europe, sauf quelques rares et honteuses exceptions, ont interdit le travail des enfants dans les usines jusqu'à un certain âge. La limite d'âge seule varie. En France, elle était de 12 ans, mais une loi récente de 1892 l'a relevée à 13 ans[3].

En ce qui concerne les hommes et même les femmes, l'école libérale n'admet pas l'intervention du législateur en cette matière. Elle estime que les uns et les autres sont les meilleurs juges de l'emploi qu'ils doivent faire de leur temps, que c'est leur rendre un très mauvais service que de les empêcher

---

[1] On sait que ce chiffre de 8 heures est celui qui figure dans les programmes du parti ouvrier et qui sert de formule à la manifestation du 1er mai (Voy. p. 118). Si en Australie la classe ouvrière a pu l'obtenir plus tôt qu'en Angleterre ou aux États-Unis, c'est que par suite de la grande distance, elle y est plus à l'abri de la concurrence de la main-d'œuvre Européenne.

[2] D'ordinaire même les fabriques ferment à 2 heures le samedi, ce qui réduit le nombre d'heures de travail à 51 ou 52 heures par semaine.

[3] De plus, jusqu'à 16 ans, la journée ne peut dépasser 10 heures. En Angleterre la limite d'âge est de 10 ans, mais jusqu'à 14 ans la journée ne peut dépasser 5 heures, ni 10 h. 1/2 jusqu'à 18 ans. La limite la plus basse est en Italie, 9 ans, et la plus haute en Suisse, 14 ans.

de travailler à leur gré, puisque ce travail constitue leur gagne-pain ; — et que c'est rendre aussi un très mauvais service à la Société, puisque la réduction du travail aura pour effet de réduire la production des richesses.

Mais toutes les autres écoles, non seulement l'école socialiste proprement dite, mais les socialistes de la chaire et l'école catholique, affirment au contraire que le législateur a le droit et le devoir d'intervenir, même pour les hommes : — que dans le contrat de salaire il y a liberté de droit, non liberté de fait ; — que si l'ouvrier travaille douze heures par jour, ce n'est point parce qu'il le veut, mais parce qu'il ne peut faire autrement ; — que du reste la limitation des heures de travail n'aurait point pour effet d'entraîner une réduction dans la production des richesses, ni même, à la condition d'être générale, d'entraîner une réduction des salaires[1] ; — et enfin que dût-elle même avoir cet effet, mieux vaudrait pour l'ouvrier un salaire moindre et un travail moins abrutissant.

---

[1] Si paradoxale que puisse paraître cette assertion, elle est cependant la conséquence logique de chacune des trois grandes théories sur le salaire.

L'école socialiste qui pense que le taux des salaires est toujours déterminé par le coût d'entretien de l'ouvrier et de sa famille, n'a pas de peine à démontrer que la durée plus ou moins longue du travail ne peut avoir aucune influence sur le taux des salaires.

Ceux qui croient que le taux des salaires est régi uniquement par la loi de l'offre et de la demande, ne peuvent pas penser non plus que la limitation des heures de travail aura pour effet de réduire le taux des salaires, puisque au contraire elle ne peut avoir pour effet que de raréfier la main-d'œuvre : si la durée de la journée est réduite de 1/10, il est clair qu'il faudra occuper 11 ouvriers au lieu de 10.

Enfin, ceux-là même qui croient que le taux des salaires dépend uniquement de la productivité du travail, peuvent penser que la réduction des heures de travail n'aura pas pour résultat une réduction du salaire, parce que l'expérience prouve qu'un travailleur travaille mieux quand il n'est pas surmené, et que ce que le travail gagne en intensité rachète amplement ce qu'il perd en durée. Exemple : les États-Unis et l'Angleterre, qui sont les pays où la durée de la journée de travail est la plus courte et où pourtant le travail est le plus productif. (Voy. le remarquable article de M. Luio Brentano dans la *Revue d'Économie politique* d'avril 1893 : *Les rapports entre le salaire, la durée du travail et sa productivité.*)

Il faut reconnaître cependant que de notre temps la solidarité économique ou, si l'on préfère, la concurrence que se font les peuples entr'eux, est si intense qu'il serait difficile à un pays de limiter chez lui la journée de travail sans se mettre dans une situation d'infériorité dangereuse. Aussi voudrait-on arriver à une entente générale entre tous les pays civilisés et le problème devient par là *international*, ce qui n'en facilite pas la solution[1].

En ce qui touche la femme surtout, les arguments sont très puissants. Le travail de la femme à l'atelier, c'est la destruction du foyer de famille et l'abandon des enfants[2] pour celles qui sont mères de famille, la prostitution souvent pour celles qui sont jeunes filles.

Quelques pays ont commencé à entrer dans cette voie de la limitation légale. Pour les hommes, la Suisse et l'Autriche ont fixé récemment la journée de travail à 11 heures. En France, il y a bien une loi de 1848 qui fixe une limite de 12 heures, mais qui jusqu'à présent était restée lettre morte. Quant aux femmes, sans leur interdire le travail et même sans limiter la durée de ce travail, les lois interviennent le plus souvent pour leur interdire le travail : 1° pendant la nuit; 2° dans les mines; 3° pendant la période qui suit ou précède l'accouchement. En France, la loi nouvelle de 1892 limite la journée de travail à 10 heures pour les jeunes filles (c'est-à-dire jusqu'à 18 ans), leur interdit le travail de nuit jusqu'à 21 ans et le travail dans les mines à tout âge.

---

[1] On sait qu'en avril 1890 une conférence internationale, à laquelle ont pris part tous les pays d'Europe, a été convoquée à Berlin. Elle a formulé un ensemble de résolutions, mais qui resteront jusqu'à nouvel ordre à l'état de vœux.

[2] L'abandon des enfants, quand il s'agit d'enfants en bas âge, entraîne nécessairement l'allaitement artificiel et par voie de conséquence une effroyable mortalité de la population infantile (plus de 60 p. 0/0 dans la première année !) Il y a donc ici une question de salut public. — Il y a une institution qui est destinée à remédier à cet horrible plaie, ce sont les *Crèches*, établissements privés qui reçoivent les enfants en l'absence de leurs mères et les soignent suivant toutes les règles de l'hygiène.

# CHAPITRE IV.

## LE RENTIER.

## I.

### DU DROIT A L'OISIVETÉ.

Il y a dans toute société une certaine catégorie de personnes qui ne font rien et qui touchent pourtant des revenus et d'ordinaire même les plus gros revenus. Il semble que l'existence de cette classe d'oisifs soit en contradiction flagrante avec le principe : à chacun le produit de son travail. Puisqu'ils ne travaillent pas, quel droit ont-ils à vivre et surtout à bien vivre? N'est-on pas en droit de demander à ces mortels privilégiés quel dieu leur a fait ces loisirs : *Deus vobis hæc olia fecit?*

L'explication est bien simple. Ces personnes sont propriétaires d'une terre, d'une maison ou d'un capital quelconque : or, au lieu de faire valoir leur terre ou leur capital pour leur propre compte ou au lieu d'habiter leur maison, elles préfèrent, pour une raison ou pour une autre, peut-être justement pour se donner l'agrément de ne rien faire, les louer ou les prêter à d'autres personnes moyennant une certaine somme payable annuellement qui s'appelle intérêt, fermage ou loyer. Ils vivent là-dessus : ils « vivent de leurs rentes », comme on dit.

Faut-il le leur interdire? De quel droit? Si l'on rejette le principe de la propriété individuelle, il va sans dire que le droit de prêter et la possibilité de vivre de ses rentes s'évanouit. Mais si on l'admet, on ne voit pas comment on pourrait refuser au producteur le droit de disposer de sa chose comme il l'entend, et notamment le droit de la prêter ou de la louer, moyennant indemnité.

L'école collectiviste, cependant, lui refuse ce droit, nous le savons. Elle reconnaît bien au producteur le droit de faire ce qu'il voudra de la part de richesse qu'il a légitimement gagnée, même de la consommer en vivant dans l'oisiveté, si elle est suffisante pour cela, même de la donner à qui bon lui semble, — mais elle lui défend de la prêter, comme de la faire valoir par des ouvriers salariés, parce que, dans un cas comme dans l'autre, il vivrait sur le produit du travail d'autrui.

Que le rentier vive sur le travail d'autrui, cela est incontestable; mais on ne peut pas dire qu'il vive *aux dépens d'autrui*, si, grâce au prêt ou à la location, « autrui » réalise un gain ou une économie supérieure à l'intérêt ou au loyer qu'il doit payer : et il est bien probable que telle est la situation, car, sans cela, pourquoi l'emprunteur, le fermier ou le locataire, aurait-il consenti et, probablement même, demandé à louer?

Passe encore, dira-t-on, si la richesse prêtée par l'oisif était réellement le produit de son travail personnel et si l'on pouvait dire qu'il vit sur les résultats de son travail passé! Mais tel n'est pas le cas. Le propriétaire qui vit de ses fermages n'a pas fait la terre : le propriétaire qui vit de ses loyers n'a pas bâti la maison, il l'a fait bâtir par des ouvriers salariés : le capitaliste même qui vit de ses rentes, la plupart du temps n'a pas gagné ce capital, il l'a reçu tout fait de ceux qui le lui ont laissé en héritage? — A cela, nous ne pouvons répondre qu'en nous référant aux explications que nous avons déjà données et qui nous ont montré comment le droit de propriété, par une évolution logique, s'était étendu des produits du travail personnel à la terre, aux biens reçus en héritage et aux produits qu'on a « fait faire » (Voy. pp. 465-466). On peut contester l'extension du droit de propriété à ces diverses catégories de richesses, mais une fois le droit admis, on ne saurait le mutiler en lui enlevant un de ses attributs les plus essentiels.

Au point de vue du droit, l'existence d'une classe d'oisifs s'explique donc aisément. Est-elle plus critiquable au point de vue de l'utilité sociale?

Il n'est pas de socialiste qui ne l'affirme et Stuart Mill était aussi de cet avis. Toute la question revient à savoir si cette classe *sert à quelque chose.*

Les oisifs ne sont pas nécessairement les frelons de la ruche. L'oisiveté peut être féconde : elle peut constituer une véritable fonction sociale. Le terme d'oisif, au sens scientifique de ce mot, ne doit pas être pris comme synonyme de parasite : il sert à désigner ceux qui, affranchis par leur position du souci du pain quotidien, peuvent s'occuper à autre chose qu'à un travail lucratif. Les anciens considéraient comme indispensable que les citoyens eussent tout leur temps libre pour s'occuper de la chose publique. Même aujourd'hui, pour gérer convenablement certains intérêts sociaux, pour démêler les fils subtils de la politique et de la diplomatie, pour tenir les rênes du gouvernement, pour porter dignement le sceptre du goût dans le royaume des lettres et des arts, il faut des mains délicates que le travail quotidien n'ait pas endurcies et des intelligences sur lesquelles ne pèsent point les préoccupations d'une tâche à remplir et d'un revenu à gagner. Il ne suffit pas, pour remplir ces hautes fonctions, de quelques heures dérobées à l'atelier ou au bureau.

L'oisiveté, dans ces conditions, n'est qu'une division du travail bien entendue; et c'est bien ainsi qu'elle doit être entendue. Car le riche rentier qui se fondant sur ce fait que son argent représente le produit d'un travail passé quelconque, en profiterait pour se refuser à tout travail présent — ils sont

nombreux encore, ceux-là, dans nos sociétés modernes comme
dans celles d'autre**·** ᵉ ! — comprendrait mal son devoir et
compromettrait ses titres. Mais comprise comme nous l'avons
indiquée, bien loin d'être proscrite, l'oisiveté doit être considérée comme la récompense suprème à laquelle pourront aspirer
tous ceux qui auront assez travaillé et assez produit[1]. Il est
vrai que de longtemps encore elle ne pourra être le privilège
que d'un petit nombre d'hommes, parce que, comme nous
l'avons dit souvent, nos sociétés sont trop pauvres pour accorder
à beaucoup de leurs membres le beau luxe du loisir. Mais
nous devons espérer que le nombre de ceux qui pourront participer à ce privilège ira sans cesse grandissant [2].

Examinons maintenant séparément chacune des trois catégories de rentiers.

## II.

### DU FERMAGE.

Des trois classes de rentiers que nous avons énumérées,
celle qui donne le plus de prise à la critique est certainement
celle du propriétaire vivant de ses fermages.

Le côté faible de sa situation est bien visible : nous avons
admis la propriété foncière comme une institution indispensable pour amener la production agricole à son plus haut
degré de développement et pour tirer le meilleur parti possible de la terre (Voy. p. 486). Nous avons été amenés ainsi à

---

[1] Resterait à savoir aussi si la part qu'ils touchent dans la répartition
générale des richesses est très équitable. On ne saurait guère l'évaluer à
moins de 5 ou 6 milliards (3 milliards d'intérêts, dividendes ou arrérages,
1 milliard de fermages, 1 milliard de loyers). C'est peut-être beaucoup, eu
égard aux services rendus.

[2] Voy. Lafargue, *Du droit à la paresse.*

considérer les propriétaires comme investis d'une véritable fonction sociale, comme *des administrateurs auxquels la société a confié l'exploitation du sol, en leur abandonnant, à titre de rémunération définitive et absolue, tout ce qu'ils réussiraient à produire.*

Soit : mais alors il semble que le propriétaire s'acquitte mal de cette mission sociale qui lui a été confiée, quand, au lieu d'exploiter le sol, il s'en fait un instrument de lucre et un moyen de vivre sans rien faire. Il paraît difficile d'admettre que la terre ait été distribuée à certains hommes à seule fin de leur procurer un revenu, *fruges consumere nati*, comme ces bénéfices ou ces prébendes que le roi autrefois distribuait aux fils de famille. Les raisons qui nous ont fait adopter le droit de propriété semblent donc faire défaut pour justifier le fermage.

De plus, nous avons vu que par un effet inévitable des lois de la rente foncière et de la plus-value progressive du sol, le taux des fermages doit aller sans cesse en s'élevant, et qu'ainsi cette catégorie de propriétaires oisifs voit son revenu s'accroître incessamment sans y prendre peine. C'est ainsi que s'est constituée l'aristocratie territoriale des lords d'Angleterre. Des causes accidentelles et temporaires, telles que celle qui se manifeste actuellement en Europe par la concurrence des terres américaines, peuvent enrayer cette tendance, mais ne la changent pas.

Enfin, cette séparation entre les rôles de propriétaire et de cultivateur, qui résulte du contrat de bail, est funeste aux intérêts de la culture. Pour tirer tout le parti possible de la terre, il faut l'aimer et s'y attacher. Or, quand la terre est louée, ce sentiment ne se rencontre guère ni chez le propriétaire qui n'y réside pas et quelquefois même ne la connaît pas, ni chez le fermier qui n'est qu'un hôte de passage et qui s'y sent étranger[1].

---

[1] Voyez ce que dit Michelet du paysan propriétaire : « A trente pas il

Cependant et malgré tout, la faculté de donner sa terre à ferme est un droit trop indissolublement uni au droit de propriété pour qu'on puisse supprimer le fermage sans mutiler gravement le droit de propriété. Il pourrait même être contraire à l'utilité sociale de l'interdire, car la terre peut se trouver, par le hasard des circonstances, entre les mains de propriétaires qui, à raison de leur âge, ou de leur sexe, ou de leur profession, ou de leur éloignement forcé, ou de l'étendue de la multiplicité de leurs domaines, se trouvent dans l'impossibilité de les faire valoir eux-mêmes, et dans ce cas, que peuvent-ils faire de mieux que de les donner à ferme ?

Mais pour atténuer ces inconvénients, le législateur doit se donner pour tâche :

1° De réduire autant que possible l'usage du bail à ferme en favorisant l'*exploitation directe du sol par le propriétaire*. Nos lois civiles tendent à ce but en tant qu'elles facilitent la constitution de la petite propriété [1].

---

« s'arrête, se retourne et jette sur sa terre un dernier regard profond et « sombre, mais pour qui sait bien voir, il est tout passionné ce regard, « tout de cœur, plein de dévotion ». La terre ne sera jamais regardée de cet œil là ni par le fermier, ni par le propriétaire qui l'a affermée.

M. Leroy-Beaulieu pense, au contraire, qu'il s'établit entre le propriétaire et le fermier une division des fonctions tout à fait conforme à une bonne organisation de la production : « Le propriétaire représente les in- « térêts futurs ou perpétuels du domaine, tandis que le fermier n'en repré- « sente que les intérêts actuels et passagers ». (*Essai sur la répartition des richesses*, ch. I.) On ne saurait mieux dire, mais en admettant même que le propriétaire comprenne aussi bien son rôle, néanmoins, comme les intérêts actuels et futurs peuvent se trouver en conflit, il vaut toujours mieux qu'ils soient réunis dans les mêmes mains.

Le *métayage* présente, mieux que le fermage, le caractère d'une véritable association entre le propriétaire et le cultivateur, surtout quand le propriétaire fournit non seulement la terre, mais les capitaux : mais quand il se borne à venir prélever tous les ans la dîme en nature sous la forme de la moitié de la récolte (ou même, comme en Algérie, les quatre cinquièmes), ce contrat n'est pas beaucoup plus recommandable.

[1] Moins de la moitié des terres en France, 40 p. 0/0, se trouve sous le

Ces mêmes lois sont, au contraire, bien malheureusement inspirées quand elles multiplient les conditions d'inaliénabilité pour les immeubles appartenant aux mineurs, aux femmes, aux personnes civiles. Elles rendent, en ce cas, le bail à ferme en quelque sorte obligatoire, puisqu'elles maintiennent bon gré mal gré la charge de la propriété foncière sur la tête de personnes qui sont dans l'impossibilité de faire valoir directement. Sous prétexte de sauvegarder quelques intérêts privés, elles compromettent l'intérêt public [1].

2° Dans le cas où le bail à ferme est inévitable, d'exiger du moins que les intérêts de la culture soient sauvegardés par une assez *longue durée* des baux, et par une indemnité pour le fermier sortant *égale à la plus-value résultant de ses travaux.*

### III.

#### DU LOYER.

Au point de vue théorique, le droit au loyer ne donne pas prise à des objections de même nature que le droit au fermage, car on ne saurait prétendre qu'une maison n'est pas le produit du travail. On peut le dire, il est vrai, de l'emplacement, mais le terrain n'est ici que l'accessoire de la construction.

Au point de vue pratique, il est également bien plus solide. On ne saurait trouver mauvais que certaines personnes, au lieu de construire des maisons pour les habiter, les construi-

régime du fermage ou métayage, et 60 p. 0/0 sont exploités directement par le propriétaire lui-même. C'est une proportion très favorable : il y a peu de pays (sauf les pays neufs ou colonies) dans lesquels le fermage occupe ainsi moins de la moitié du territoire.

[1] La loi défend même aux administrateurs de ces biens (tuteurs, maris, etc.), de consentir des baux de trop longue durée, ce qui aggrave encore le mal.

sent pour les louer. En cela, au contraire, elles rendent à
tous ceux qui cherchent un logement, un service des plus
appréciables. Il est vrai que si elles rendaient ce service gratuitement ou même si, comme le demandent certains socialistes facétieux, elles consentaient à payer un droit de garde
à leurs locataires, ce serait encore plus commode pour le public : mais comme en ce cas nul ne construirait de maison
que pour son usage personnel, il arriverait que tous ceux qui
n'ont pas les moyens d'en posséder une, seraient obligés de
s'en passer et devraient coucher à la belle étoile.

Cependant, entre tous les rentiers il n'en est point qui soit
plus détesté par la classe ouvrière que celui qu'elle appelle
« le propriétaire », et il n'est pas d'impôt qui lui semble plus
lourd que celui qu'elle désigne par ce mot gros d'angoisses
« le terme ».

C'est qu'en effet la propriété des maisons, plus encore que
la propriété des terres, tend à devenir un monopole : toutes
les causes sociales, économiques, politiques qui poussent la
population à s'agglomérer dans les grandes villes, centralisa-
tion politique, grande production, développement des chemins de fer, fêtes, spectacles et cafés-concerts, tendent à
élever constamment le prix des loyers au grand profit des propriétaires urbains, mais au grand dommage du public [1].

C'est là une des conséquences les plus fâcheuses de l'évolution économique de notre temps. Dans l'antiquité, le loyer
était chose inconnue; la maison était non seulement le foyer
de la famille, mais l'autel des dieux pénates, et chacun, riche
ou pauvre, avait la sienne. Aujourd'hui que les exigences de
la vie moderne ont refait aux hommes une sorte de vie no-

---

[1] Il y a quarante ans, la population urbaine représentait un peu moins
du quart de la population de la France (24,12 p. 0/0). Aujourd'hui, elle
en représente un peu plus du tiers (35 p. 0/0). En d'autres termes, la population urbaine a augmenté depuis quarante ans de près de 50 p. 0/0. Et
la France est un des pays qui compte le moins de grandes villes!

made et ne leur permettent plus de prendre racine là où ils sont nés, la grande majorité des hommes vit dans des appartement loués.

Passe encore pour les riches, ils s'en accommodent aisément; mais pour les pauvres, c'est une autre affaire. L'élévation du prix des loyers, en forçant les ouvriers à s'entasser dans de misérables taudis, produit les effets les plus déplorables, soit au point de vue de l'hygiène, soit au point de vue de la moralité. La plupart des vices qui affligent la population ouvrière, le relâchement des liens de la famille, la fréquentation du cabaret, la débauche précoce et même quelques-uns des fléaux qui désolent la société, tels que la mortalité et les épidémies, tiennent surtout à cette cause. La dignité de la vie est d'ailleurs intimement liée à un certain confort du foyer.

Le seul remède efficace serait une évolution en sens contraire de celle qui s'est manifestée jusqu'à présent, à savoir l'arrêt de la croissance des grandes villes et le retour dans les campagnes des populations qui les ont désertées. Mais, bien qu'on ne doive pas abandonner tout à fait cet espoir[1], rien ne fait prévoir pour l'heure sa réalisation.

Il faut donc chercher un autre remède, et le plus pratique est assurément la construction de maisons destinées à être louées aux ouvriers ou même à devenir un jour leur propriété par le paiement d'une annuité modérée[2]. — Diverses institu-

---

[1] Je dis qu'on ne doit pas abandonner tout à fait cet espoir, parce que la création de moyens de transport à bon marché (omnibus, tramways, chemins de fer urbains), en permettant aux ouvriers et employés d'aller chercher loin du centre des grandes villes des logements plus salubres et moins chers pourront permettre à la population des villes de se disperser de plus en plus dans les campagnes.

[2] Assurément, il serait préférable de rendre les ouvriers propriétaires des maisons qu'ils occupent plutôt que locataires. Car si grotesque que paraisse l'aphorisme que la légende attribue à Joseph Prudhomme : « Quand on n'a pas de quoi payer son terme, il faut avoir une maison à soi », il exprime pourtant l'exacte vérité, — mais il y a certains obstacles tenant à ce que les fonctions de propriétaire supposent une sorte d'éducation mo-

tions dans le détail desquelles nous ne pouvons entrer — mais
dont une des plus intéressantes est l'association des ouvriers
eux-mêmes pour la construction de leurs propres maisons,
c'est-à-dire la *société coopérative de construction* — permettent
d'atteindre ce but[1].

# IV.

## DE L'INTÉRÊT.

La légitimité du fermage et du loyer, incontestées dans
l'antiquité et au moyen âge, n'a été attaquée que du jour où

rale et économique qui fait souvent défaut aux ouvriers, tenant aussi aux
conditions un peu nomades de leur métier, et, en ce qui concerne la
France en particulier, à la loi de succession qui impose le partage égal en
nature à la mort du père, et par suite, le plus souvent, la vente de la
maison.

[1] Ces associations (*building societies*) sont très nombreuses en Angleterre et aux États-Unis, et elles ont donné à Philadelphie de tels résultats que presque chaque ouvrier y possède une maison à soi et que cette
ville a reçu le beau nom de *City of homes*.

Il y a aussi en Angleterre et même en France des entreprises philanthropiques ayant pour but de construire des logements ouvriers, en prenant pour règle de se contenter d'un intérêt de 4 p. 0/0 du capital, ou
même de consacrer le montant des loyers touchés à la construction de
maisons nouvelles.

Dans divers pays, les fonds des caisses d'épargne sont consacrés à cet
emploi. Une loi récente en France a permis, quoique timidement, d'entrer
dans cette voie (Voy. p. 418, note).

L'école socialiste demande que l'État ou les municipalités construisent
eux-mêmes ces maisons ouvrières. L'école collectiviste demande même
que l'État ou les communes exproprient (avec ou sans indemnité) tous les
propriétaires de maisons, pour les louer ensuite, soit au prix de revient,
soit gratis : c'est l'application à la propriété urbaine du système de la
nationalisation du sol. A cela il faut répondre : — 1º que si l'État ne fait
pas payer de loyer, d'abord il se ruinera, et de plus, il aggravera dans
des proportions déplorables l'hypertrophie des grandes villes : le jour, en
effet, où l'on pourra être logé gratis à Paris, peu de gens se priveront de
ce plaisir ; — 2º que si, au contraire, l'État force ses locataires à payer
ponctuellement leur « terme », il est à craindre qu'il ne devienne promptement aussi impopulaire que le propriétaire d'aujourd'hui, et qu'il n'ait
beaucoup plus de mal encore à faire rentrer ses loyers.

la légitimité de la propriété foncière et de la propriété des maisons ont été elles-mêmes mises en question. Mais, chose curieuse, la légitimité de l'intérêt a été vivement attaquée longtemps avant que l'on eût songé à contester la propriété individuelle des capitaux, longtemps même avant qu'il y eût des socialistes; et cela non pas seulement par quelques esprits chagrins, mais par les représentants les plus éminents du savoir humain : la philosophie antique avec Aristote, le catholicisme avec tous les pères de l'Église, la religion réformée avec Luther, le droit civil avec Pothier..... on n'en finirait pas si l'on voulait seulement énumérer tous ceux qui ont fait campagne contre ce mode de revenu, anathématisé sous le nom d'*usure*. Plus ou moins prohibé par les lois civiles et canoniques pendant des siècles, le prêt à intérêt porte encore aujourd'hui comme le stigmate de cette réprobation séculaire par la loi de 1807 qui le limite à 5 p. 0/0[1], alors que jamais on n'a songé à tarifer le taux des fermages ou des loyers.

Un sentiment si général doit avoir assurément une cause. Elle n'est pas difficile à découvrir.

Dans le bail à ferme, on voit le revenu sortir de terre, en quelque sorte, sous forme de récoltes, et l'on sent bien que la rente payée au propriétaire ne sort pas de la poche du fermier. On comprend que celui-ci ne fait que restituer les produits de l'instrument producteur qui lui a été confié et

---

[1] La loi de 1807 avait fixé le taux de l'intérêt à 5 p. 0/0 en matière civile et à 6 p. 0/0 en matière commerciale. Cette dernière restriction qui, du reste, était à peu près lettre morte, a été abolie par une loi de 1885. Mais la limitation subsiste pour les prêts qui sont faits par d'autres que des commerçants, et c'est une vieille question que de savoir si on devrait l'abolir aussi et consacrer définitivement la liberté du taux de l'intérêt. Il va sans dire que l'école libérale la réclame depuis un siècle, à commencer par les mémoires fameux de Bentham et de Turgot. On ne saurait se prononcer sur ce point d'une façon absolue. L'usure, dans certains pays, est encore un fléau public, du moins parmi les populations rurales, et il n'est pas mauvais qu'elle soit flétrie par la loi, d'autant plus que, quoi qu'on en dise, les lois contribuent à former les mœurs.

que, comme il n'a à en restituer d'ordinaire qu'une partie, il doit lui rester un profit.

Dans le prêt, au contraire, on ne voit pas le revenu sortir, sous forme d'intérêt, du sac d'écus prêté : « un écu n'a jamais enfanté un autre écu », disait Aristote. L'intérêt ne peut donc sortir, pensait-on, que de la poche de l'emprunteur[1].

Et, qui plus est, il faut reconnaître que, pendant l'antiquité comme au moyen âge, cette opinion était fondée. Pendant bien des siècles, le prêt a revêtu presque exclusivement le caractère d'un prêt de consommation. Plébéien de Rome empruntant au patricien pour se procurer du pain, ou chevalier de l'époque féodale empruntant au juif pour s'acheter une armure de bataille, tous consacraient la somme reçue par eux à des consommations personnelles et par conséquent improductives. Dans ces conditions, le prêt, en effet, ne pouvait être qu'un instrument de ruine, et c'est là ce qui justifiait un préjugé si antique et si répandu.

Mais il n'en est plus de même aujourd'hui. La face des choses a changé. Autrefois, c'étaient les riches qui prêtaient aux pauvres : aujourd'hui ce sont les pauvres qui prêtent aux riches. Autrefois, on empruntait pour avoir de quoi vivre : aujourd'hui on emprunte pour faire fortune. Autrefois, on pouvait se préoccuper de protéger les emprunteurs contre la rapacité des prêteurs : aujourd'hui il faudrait plutôt aviser à protéger les prêteurs contre l'exploitation des emprunteurs,

---

[1] C'est ainsi que St Jean Chrysostome, mettant en contraste le propriétaire et le capitaliste, s'indignait de ce que le prêteur « pratiquait une damnable agriculture, en moissonnant là où il n'avait pas semé ».
La maison non plus ne produit rien, dira-t-on, et le locataire est bien obligé de sortir le prix du loyer de sa poche ? Il est vrai, mais si la maison ne produit rien, du moins elle ne se consomme pas, et, à l'échéance, le locataire se trouve quitte en la restituant telle quelle, tandis que le capital, pense-t-on, non seulement ne produit rien, mais encore est nécessairement consommé. Le malheureux emprunteur aura donc à prendre sur ses biens propres, non seulement les intérêts, mais le principal lui-même quand viendra l'échéance. Voy. ci-dessus, p. 297.

dont l'histoire financière de notre temps offre de si scandaleux
exemples. Aujourd'hui, en un mot, le crédit a pris son véritable caractère, le seul qu'il doive avoir dans l'organisation
économique, à savoir, un mode de production.

Sans doute, les formes déplorables et ruineuses du crédit
d'autrefois n'ont pas entièrement disparu. Elles ont été con-
servées par les fils de famille qui souscrivent des billets, par
les pauvres gens qui achètent à crédit chez les détaillants,
par les paysans de Russie ou d'Orient qui empruntent aux
Juifs et se font exproprier (et c'est même de là qu'est né ce
mouvement qu'on appelle l'anti-sémitisme) et surtout par les
gouvernements qui émettent des emprunts pour tirer des
coups de canon, — mais c'est là l'exception : la plus grosse
part des sommes immenses que le crédit fait passer chaque
jour de mains en mains est heureusement employée à des travaux productifs.

Dès lors, le préjugé contre la légitimité de l'intérêt n'a
plus de raison d'être. Le capital emprunté, d'ordinaire, sert à
produire[1], tout aussi bien que la terre affermée, et l'intérêt
payé n'est qu'une part prélevée sur les bénéfices réalisés, et
non un tribut prélevé sur le travail personnel de l'emprunteur.

Une fois le rôle du capital dans la production bien compris,
la question de la légitimité de l'intérêt se trouve vidée, et il
devient inutile de discuter les arguments que jurisconsultes
et théologiens ont accumulés dans une casuistique savante
pour ou contre le prêt à intérêt. Les socialistes eux-mêmes
n'en parlent plus[2].

---

[1] On confond à tort dans une même haine l'intérêt du capital et la puissance de l'argent. Il faut assurément haïr le règne de l'argent, mais si
l'on supprimait l'intérêt, il est probable qu'en rendrait service aux gros
financiers qui dirigent toutes les grandes entreprises de notre temps, car
ce sont eux qui, comme nous le disons dans le texte, paient intérêt au
grand public qni leur prête ses capitaux.

[2] Ces arguments viennent cependant d'être ressuscités dans un livre

Mai. ils ont porté la discussion sur un autre terrain. Ils ne contestent plus que l'intérêt ne soit la conséquence nécessaire et par conséquent légitime de la propriété individuelle du capital, seulement ce qu'ils attaquent c'est précisément la propriété individuelle du capital. Nous ne pouvons, à cet égard, que nous référer à la discussion que nous avons déjà faite de cette théorie (Voy. p. 473).

# V.

## SI LE TAUX DE L'INTÉRÊT TEND A LA BAISSE?

Il n'y a pas de théorie mieux accréditée en économie politique que celle de l'abaissement progressif et continu du taux de l'intérêt. Les économistes de l'école classique la citent

---

récent de M. Modeste : *Le prêt à intérêt, dernière forme de l'esclavage.* En dehors de l'argument classique tiré de l'improductivité du capital, dont nous avons parlé dans le texte, voici les deux les plus connus :

1° On dit qu'en prêtant son capital, le prêteur ne s'impose *aucune privation* réelle, et qu'en conséquence il n'a droit à aucune indemnité sous forme d'intérêt?

On a eu le tort de répondre à cette impertinente assertion en essayant de démontrer que le prêteur éprouve au contraire un préjudice. Là n'est pas la question. Qu'importe qu'il se prive ou non ? En vertu de quel principe serais-je tenu de mettre gratuitement à la disposition de mes semblables les biens dont je ne puis pas ou ne veux pas faire usage pour moi-même ? Faut-il que je laisse les gens s'installer dans mon appartement parce que je suis forcé de m'absenter, ou que je les laisse manger dans mon assiette parce que je n'ai pas faim ? On ne pourrait soutenir cette thèse qu'en partant du principe que l'homme en ce monde *a droit seulement à la quantité de richesses nécessaires à sa consommation personnelle* et que l'excédent appartient de droit à la masse, c'est-à-dire qu'autant que l'on se placerait sur le terrain du communisme pur. Mais le droit de propriété individuelle une fois admis, l'argument est puéril.

2° On dit que la *pérennité* de l'intérêt est une monstruosité. Au taux de 5 p. 0/0 (et sans tenir compte de la capitalisation des intérêts), il arrive qu'au bout de 20 ans le prêteur a déjà récupéré, par les versements

comme le plus remarquable exemple d'une *harmonie* économique naturelle. Voici d'abord comment ils la démontrent.

L'intérêt comprend trois éléments :

1° *Le prix de location du capital* qui est l'élément essentiel et qui est déterminé par la loi de l'offre et de la demande, c'est-à-dire par la plus ou moins grande abondance des capitaux sur le marché;

2° *La prime d'assurances contre les risques*, car, bien que le prêteur ne soit pas associé à l'entreprise et n'ait pas, par conséquent, à se préoccuper des pertes, cependant il y a un risque qu'il court toujours : l'insolvabilité de son débiteur;

3° *Une part dans le produit de l'entreprise*, car, ici encore, bien que le prêteur ne soit pas véritablement associé et par conséquent, ne participe pas plus aux bénéfices qu'aux pertes, cependant la part qu'il pourra obtenir sera évidem-

---

successifs, tout son capital; au bout de 40 ans il l'a touché deux fois et au bout d'un siècle, cinq fois; et il conserve encore néanmoins son droit au remboursement intégral du capital !

Il faut répondre que le paiement des intérêts ne représente nullement le remboursement par à-compte du capital, pas plus que le fermage ne représente le prix d'achat de la terre : on mêle là deux choses qui n'ont aucun rapport. L'intérêt représente le prix d'un service rendu, le paiement de l'usage d'un instrument de production pendant un certain temps : or, si le service rendu se renouvelle constamment, si l'usage qu'on peut faire de cet instrument est perpétuel, pourquoi l'intérêt ne serait-il pas aussi perpétuel ?

Il est vrai que les capitaux n'ont pas une durée perpétuelle : les uns périssent instantanément, les autres au bout d'un temps plus ou moins long, mais qu'importe? Toute opération de production, si elle est bien faite, doit reproduire toujours, soit immédiatement, soit au bout d'un temps plus ou moins long, une valeur égale à celle du capital consommé, sans quoi elle ne serait pas productive. Comme le phénix, le capital renaît éternellement de ses cendres.

3° On dit que l'emprunteur s'engage à rendre *plus qu'il n'a reçu?* — Non, car 105 francs à toucher dans un an ne valent pas plus que 100 francs touchés aujourd'hui et par conséquent le prêt à intérêt, tout comme l'échange, met les parties sur pied d'une parfaite égalité. Un bien futur ne vaut jamais un bien présent. (Voy. le livre de M. Böhm-Bawerk sur le capital et son article *Une nouvelle théorie sur le capital* dans la *Revue d'Economie politique*, 1889.)

ment d'autant plus grande que l'emprunteur pourra faire lui-
même un emploi plus productif du capital emprunté.

Ce sont les variations de ces trois éléments qui sont mesu-
rées par le taux de l'intérêt. On sait bien, en effet, que le
taux de l'intérêt est d'autant plus élevé, toutes choses égales
d'ailleurs, que les capitaux sont plus rares, ou qu'ils ont plus
de risques à courir, ou qu'ils peuvent trouver des emplois plus
productifs. C'est parce que ces trois causes agissent simultanément dans les colonies ou les pays neufs, comme l'Australie ou les États-Unis, que le taux courant de l'intérêt y atteint
8 ou 10 p. 0/0 et davantage. Or, les mêmes causes qui tendent à élever le taux de l'intérêt dans une société à ses débuts, doivent agir en sens inverse dans une société qui vieillit
et, par conséquent, déterminer un abaissement progressif
dans le taux de l'intérêt. Il y a tout lieu de croire qu'au fur
et à mesure que nous irons, les capitaux seront à la fois : —
*moins productifs*, car les emplois possibles se feront rares et
deviendront de moins en moins rémunérateurs; — *plus abondants*, car l'épargne poursuivie pendant une longue suite de
générations, devra les accumuler en quantité de plus en plus
considérable; — et enfin *mieux assurés*, car une vie plus
calme, des mœurs sinon plus honnêtes, du moins plus poli-
cées, une administration plus régulière, un gouvernement
mieux obéi, tendent à conférer une sécurité croissante, au
point de vue politique, légal et même moral.

Si cette loi de la décroissance progressive du taux de l'intérêt était certaine, elle serait en effet très bienfaisante, tant au
point de vue de la répartition des richesses qu'au point de vue
de la production : — au point de vue de la répartition, car par
cela même qu'elle réduirait sans cesse le prélèvement exercé
par le capital sur la production générale, elle accroîtrait d'autant la part restante pour le travail[1]; — au point de vue de la

---

[1] Le taux de l'intérêt ne détermine pas seulement le revenu des capita-

production, car par cela même qu'elle abaisserait sans cesse
le prix de location du capital et par conséquent aussi les frais
de production, elle faciliterait l'exécution d'entreprises jusque-là impossibles[1].

Malheureusement, sans nier la valeur des arguments exposés tout à l'heure, nous ne pouvons considérer cette loi
comme suffisamment démontrée. La valeur du capital, de
même que celle de la terre, de la main-d'œuvre, de n'importe
quelle marchandise, est déterminée par son utilité et par sa
rareté. Or, il est bien vrai que les capitaux, selon les prévisions les plus rationnelles, doivent tendre à devenir de plus en
plus abondants, mais nous ne voyons pas pourquoi ils deviendraient de moins en moins utiles[2]? L'offre peut augmenter
sans cesse, mais, étant données les exigences croissantes de
production, la demande doit augmenter sans cesse aussi. Et
quant aux risques, il ne paraît pas démontré qu'ils soient
moindres aujourd'hui dans l'industrie qu'ils n'étaient autrefois ni qu'ils doivent devenir moindres dans l'avenir à mesure
que l'homme deviendra plus audacieux et plus entreprenant,
par exemple du jour où il voyagera en ballon au lieu de voyager en chemin de fer ou en steamer. Les faits non plus ne

listes; il détermine indirectement le taux des profits, des loyers, des fermages même, et par conséquent de tous les revenus des classes possé-
dantes.

[1] Voici une terre qu'on pourrait défricher, des maisons qu'on pourrait
bâtir pour y loger des ouvriers, mais elles ne pourraient pas rapporter
plus de 3 p. 0/0. Si le taux courant de l'intérêt est de 5 p. 0/0, on ne pourra
trouver de capitaux pour ces entreprises, ou on ne pourra les entreprendre
qu'à perte : on s'abstiendra donc. Mais supposez que le taux de l'intérêt
tombe à 2 p. 0/0; aussitôt on s'empressera de les exécuter. Turgot, dans
une image célèbre, compare l'abaissement du taux de l'intérêt à la baisse
graduelle des eaux qui permettent d'étendre la culture sur de nouvelles
terres.

[2] M. Paul Leroy-Beaulieu qui est un des plus énergiques défenseurs de
cette thèse de l'abaissement progressif du taux de l'intérêt, s'appuie sur-
out sur cette idée que les entreprises sont destinées à devenir de moins
a moins rémunératrices. En ce qui concerne l'industrie manufacturière,
cette prévision paraît bien hasardée : en ce qui concerne l'industrie agri-

paraissent pas confirmer cette loi, car à la fin de l'empire romain, il y a quinze siècles, le taux de l'intérêt était à peu
près ce qu'il est aujourd'hui, et au xviii° siècle il était même
en Hollande au-dessous du taux actuel. Enfin si le taux de
l'intérêt doit descendre suivant une progression indéfinie, il
faut être logique jusqu'au bout et conclure qu'il descendra un
jour à zéro. Un économiste anglais M. Foxwell, a eu ce courage et a déclaré qu'un jour viendrait où les capitalistes, bien
loin de toucher un intérêt de ceux à qui ils confieraient leurs
fonds, leur paieraient au contraire un droit de garde. Ce jour-
là les socialistes seront satisfaits : la « gratuité du crédit »,
que rêvait Proudhon [1], aura été réalisée ; mais ils n'y comptent
guère et ils font bien.

cole, elle paraît exacte par suite de la loi du rendement non proportionnel
(bien que par une contradiction singulière, M. Leroy-Beaulieu se refuse à
admettre cette même loi). Mais la loi du rendement non proportionnel
signifie justement que pour doubler le produit il faudra consommer trois
ou quatre fois plus de capitaux ; dès lors, ne serait-on donc pas mieux
fondé à prétendre que les capitaux deviendront d'autant plus nécessaires,
d'autant plus demandés et acquerront d'autant plus de valeur que la terre
deviendra moins généreuse ?

[1] Sur cette question de la gratuité du crédit, voir la discussion entre
Proudhon et Bastiat (dans le vol. II des *Sophismes*). Le système de
Proudhon consistait tout simplement dans la création de Banque du Peuple
qui se procurerait des capitaux gratis, par l'émission de papier monnaie,
et pourrait ainsi les prêter sans escompte. (Voy. ci-dessus, pp. 233, 312.)

# CHAPITRE V.

## L'INDIGENT.

### I.

#### DU DROIT A L'ASSISTANCE.

Les diverses catégories de personnes que nous avons étudiées jusqu'à présent vivaient soit des revenus d'un capital quelconque, soit des revenus de leur travail. Mais il y a dans toute société un certain nombre d'hommes qui n'ont ni l'une ni l'autre de ces deux ressources, car ils ne possèdent rien et ne travaillent pas. Il sont donc exposés à mourir de faim. Mais pourquoi ne travaillent-ils pas ? — Cela peut tenir à trois causes :

1° à ce qu'ils n'ont pas la *force* de travailler (enfants, vieillards, tous ceux qui sont atteints d'une maladie ou d'infirmités chroniques);

2° à ce qu'ils ne trouvent pas les *moyens* de travailler. Il ne suffit pas en effet d'avoir la bonne volonté de travailler; il faut encore, comme on le dit, « trouver de l'ouvrage », c'est-à-dire avoir à sa disposition des matériaux et des instruments : or en cas de crise et de chômage, les deux choses font défaut;

3° à ce qu'ils n'ont pas la *volonté* de travailler : tout travail, nous le savons, suppose toujours un effort plus ou moins pénible et tel que beaucoup d'hommes, plutôt que de faire cet effort et surtout plutôt que de s'assujettir à la discipline qu'exige tout travail, préféreront courir la chance de mourir de faim.

En présence de ces trois catégories d'indigents, que doit faire la Société? — Elle ne peut échapper à la nécessité de s'en occuper.

Elle doit s'occuper de la première par humanité : sans doute c'est la famille, qui dans l'ordre naturel des choses, doit soutenir ceux de ses membres qui sont dans l'impossibilité de se suffire à eux-mêmes : mais la famille, dans le temps où nous vivons, est souvent dispersée; quelquefois même, par exemple pour les enfants naturels, elle n'existe pas[1] : alors c'est la société qui doit la remplacer : si une société civilisée devait laisser mourir de faim ses enfants et ses vieillards, il vaudrait mieux qu'elle retournât à l'état sauvage où on les étrangle, mais sans les faire longtemps souffrir.

Elle doit s'occuper de la seconde, parce qu'elle est dans une certaine mesure responsable de cette situation. C'est la constitution économique de la société qui détermine cette séparation artificielle et même, pourrait-on dire, contre nature entre le travailleur et l'instrument de son travail et le met par là dans la nécessité de chercher de l'ouvrage pour vivre. C'est la loi même du progrès, telle qu'elle se manifeste dans la grande production, les inventions mécaniques, le commerce international, la concurrence, qui détermine les chômages et les crises (Voy. p. 379). Il est donc juste que la Société — qui bénéficie dans son ensemble de chaque progrès accompli, et qui, dans ce grand combat de la vie, recueille tous les fruits de la victoire — en subisse aussi les charges en venant au secours des blessés et des vaincus.

Elle doit s'occuper de la troisième, bien que celle-ci soit fort peu intéressante, parce qu'elle constitue un danger public. C'est dans cette population de vagabonds et de mendiants que se recrute l'armée du crime. Et comme la Société, une fois

---

[1] Il naît, tous les ans, en France, de 70,000 à 80,000 enfants naturels. et la proportion, malheureusement, augmente chaque année.

qu'ils auront commis quelque délit, sera bien obligée de les garder et de les nourrir en prison, et que rien n'est plus coûteux que l'entretien d'un prisonnier[1], il est plus prudent et plus économique à la fois de s'en occuper préventivement.

Le droit qu'ont ces diverses catégories de personnes à être secourues, c'est le *droit à l'assistance*. L'école socialiste n'aime guère ce mot qu'elle trouve humiliant et elle préfère employer les mots *droit à l'existence*, ou *droit au travail* pour ceux qui sont valides. Ce sont de grands mots, mais qui au fond ne signifient rien de plus que le droit de réclamer à la société, c'est-à-dire à ses concitoyens, de quoi suffire aux nécessités de l'existence[2]. Or le fait de se faire entretenir par ses semblables quand on ne peut pas se suffire à soi-même — bien que ce fait n'ait en soi rien d'humiliant et que même, à notre avis, il constitue un droit légitime — n'en sera pas moins toujours, de quelque nom qu'on le nomme, un fait d'assistance.

Seulement, en employant le mot de « droit d'assistance », il faut lui donner toute sa force, c'est-à-dire reconnaître comme contre-partie une obligation de la part de la société, non pas seulement obligation naturelle, mais obligation légale. Beaucoup d'économistes pensent que l'assistance constitue bien un devoir pour la société, mais non un droit pour l'indigent; c'est là une subtilité de juriste. Toutes les fois qu'une personne se trouve dans certaines conditions que la loi aura à déterminer, la société ne doit pas pouvoir échapper à l'obligation de la secourir, et les dépenses nécessaires à cet objet devront être inscrites d'office au budget de l'État ou des communes : c'est à

---

[1] Dans les nouvelles prisons modèles qu'on construit aujourd'hui, la cellule d'un prisonnier revient à 6,000 fr.l

[2] Il est bien évident que quand on réclame le droit au travail, c'est tout simplement le salaire que l'on a en vue; le travail n'est qu'un moyen. Le travail, d'ailleurs, n'est pas précisément un droit, c'est un devoir.

ce signe que l'on distingue l'assistance légale de celle qui n'est que facultative.

L'école classique cependant, surtout celle de Malthus, proteste contre l'assistance « légale ». Ses arguments peuvent tous être résumés dans cette formule souvent répétée : *le nombre des indigents tend à augmenter en raison directe des secours qu'on leur assure.* Et voici comment on le démontre.

1º Le droit à l'assistance tend à *développer l'imprévoyance.* Nombre de gens qui peut-être se seraient tirés d'affaire s'ils n'avaient eu à compter que sur eux-mêmes, négligent de se faire une épargne pour leurs vieux jours ou pour leurs enfants, précisément parce qu'ils comptent sur les secours de l'État pour eux-mêmes et pour leurs enfants. « Nargue les soucis, dit une chanson des ouvriers des campagnes en Angleterre, la paroisse est une bonne mère; elle nous nourrira bien » !

2º Le droit à l'assistance pousse à *la multiplication de la population dans les classes indigentes.* Qu'auraient-ils à perdre à avoir beaucoup d'enfants, puisqu'ils n'ont pas à se préoccuper de les élever? Ils ne peuvent qu'y gagner, au contraire, puisque les secours distribués sont nécessairement proportionnels au nombre des enfants. On est forcé ainsi de donner une sorte de prime à l'accroissement des misérables, et il se forme dans les bas-fonds de la société une véritable couche de pauvres, tous inscrits sur les registres de l'assistance publique, comme les rentiers sur le Grand-Livre, se transmettant d'une génération à l'autre leurs droits en même temps que leurs vices, race méprisée, mais trop dégradée pour ne pas s'estimer heureuse de sa condition et pour travailler jamais à en sortir !

3º Le droit à l'assistance tend *à affaiblir les classes productives de la société au profit des classes improductives* et va ainsi directement à l'encontre de la loi de la sélection naturelle, qui tend au contraire à perfectionner l'organisme en faisant prédominer les éléments supérieurs sur les éléments inférieurs. Il est clair, en effet, que les classes indigentes ne représentent pas la partie la plus saine ni la plus vigoureuse de l'organisme social. Or, la société ne peut les nourrir qu'avec les impôts, c'est-à-dire avec les ressources qu'elle prélève sur le produit du travail de ceux qui sont capables de produire. La classe des indigents se multipliant d'elle-même, le tribut qu'elle prélève sur la classe laborieuse va ainsi sans cesse en s'aggravant et pourrait finir par faire choir cette classe industrieuse, à son tour, dans le gouffre du paupérisme [1].

Tout ce qu'on peut conclure de ces arguments, c'est qu'on ne saurait apporter trop de prudence dans l'organisation du droit à l'assistance publique, mais on ne saurait rien en conclure contre le droit lui-même.

Il est exact que la perspective d'une rente fournie par l'assistance publique peut tendre à réduire l'activité productrice ou l'épargne : mais la certitude d'une retraite, l'espérance d'un héritage, ou simplement la possession d'un titre de rente, produisent ce fâcheux effet exactement de la même façon.

Il est exact que l'entretien et la conservation dans la société de tous ceux qui sont malades, infirmes, incapables, paresseux, peut nuire à l'évolution économique du corps social; mais l'évolution morale n'est pas de moindre importance et celle-ci se trouverait singulièrement compromise dans une société qui prendrait pour règle l'élimination impitoyable de tous les misérables.

Il est exact enfin que le chiffre des naissances est plus élevé

---

[1] Comme il est beaucoup d'hommes dans toute société qui ont tout juste, comme on dit, de quoi nouer les deux bouts, et qui sont sur l'extrême limite de l'indigence, il suffit que l'impôt vienne prendre un peu dans leur poche pour les faire tomber au-dessous de ce niveau fatal et pour les envoyer grossir les rangs des pauvres. En Angleterre, on a vu de petits propriétaires qui ne pouvaient plus payer la taxe paroissiale des pauvres, devenue trop lourde, être expropriés de leur cottage et, désormais sans ressources, passer de la catégorie des assistants dans celle des assistés.

dans les classes assistées que dans les classes qui ont à se
suffire à elles-mêmes; mais si l'on parvient à faire de ces enfants des citoyens utiles, ce sera non un mal mais un bien,
surtout en France où les classes riches ne veulent plus ou ne
peuvent plus produire d'enfants.

## II.

### DE L'ORGANISATION DE L'ASSISTANCE PUBLIQUE.

L'assistance publique doit être organisée sur les principes
suivants :

1° Elle doit être *communale* (ou paroissiale, comme on dit
en Angleterre). La commune, en effet, précisément parce
qu'elle constitue d'ordinaire une petite association, est beaucoup mieux à même que l'État de distinguer les vrais des faux
indigents, et elle est d'ordinaire aussi plus ménagère de ses
deniers. Dans cette organisation, chacun n'a droit à des secours que dans la commune dans laquelle il est né ou dans
laquelle du moins il vit[1]. Toutefois, pour éviter de trop grandes inégalités de charges entre les communes, elles peuvent
constituer entre elles des fédérations (« unions de paroisses »
en Angleterre), et l'État lui-même peut venir à leur secours
dans le cas où leurs ressources seraient insuffisantes.

2° Elle doit être *obligatoire*, comme nous l'avons déjà dit,
c'est-à-dire qu'il doit être pourvu aux dépenses par des ressources spéciales. Ce n'est pas le cas pour la France. Elle a

---

[1] Cette obligation du *domicile légal*, comme on l'appelle, a bien certains inconvénients, notamment de provoquer entre les communes des difficultés et des conflits sans fin; mais elle aurait peut-être en France cet
avantage particulier d'attacher les travailleurs des campagnes à la commune où ils sont nés, et d'enrayer par là, dans une certaine mesure, la
dépopulation des campagnes et l'agglomération dans les grandes villes.

bien une assistance publique (il n'est aucun pays civilisé où il n'y en ait une) et même elle y dépense plus de 50 millions par an [1], mais ces dépenses ont un caractère purement facultatif tant pour les communes que pour les départements ou l'État [2]. Cependant le droit à l'assistance a été inscrit dans la plupart des nombreuses constitutions qui se sont succédé en France, mais aucune loi n'ayant organisé cette assistance d'une façon positive, le droit à l'assistance est resté une vaine déclaration de principe. Les deux principaux rouages de l'assistance publique en France sont les *bureaux de bienfaisance*, et les *hôpitaux* et *hospices*. Les bureaux de bienfaisance sont chargés de distribuer des secours à domicile aux indigents; les hospices, de recevoir les vieillards, enfants et invalides (aveugles, sourds-muets, aliénés); les hôpitaux, de recevoir les malades [3]. Les uns et les autres sont représentés par des commissions administratives et tirent leurs ressources surtout

[1] Le budget de l'assistance publique est d'environ 40 millions pour les communes (dont 21 millions rien que pour Paris), 34 millions pour les départements, et 13 millions pour l'État, — soit en tout 90 millions environ.

[2] Cependant il est deux catégories d'indigents pour lesquels les dépenses ont, dans une certaine mesure, un caractère obligatoire, ce sont les *enfants abandonnés* et les *aliénés*. Ils sont à la charge des départements et non des communes.

[3] Les bureaux de bienfaisance sont au nombre de 15,780 : comme il y a en France 36,117 communes, on voit que plus de la moitié n'en possèdent pas : il est vrai que ce sont les moins importantes. Leurs revenus s'élèvent à 50 millions environ (y compris les subventions des communes) mais comme ils n'en distribuent guère que 30 millions par an et que le nombre des assistés est de plus de 1,100,000, cela représente en moyenne un quotient dérisoire de 20 fr. par tête et par an, — tandis qu'en Angleterre ce chiffre est décuple, plus de 200 fr. par tête.

Les hospices et les hôpitaux ont des ressources beaucoup plus considérables qui s'élèvent à 130 millions environ (y compris les subventions de l'État ou des communes). La plupart sont des établissements communaux, quelques-uns cependant appartiennent à l'État. Les hôpitaux peuvent être considérés comme suffisant aux besoins, mais il n'en est pas de même des hospices, surtout pour les vieillards, dans lesquels on ne peut être admis qu'en payant une pension ou par une faveur très difficile à obtenir. La situation des vieillards indigents en France est une honte pour notre pays.

des biens qu'elles ont acquis par donation ou par legs en leur qualité de personnes morales ; elles ont aussi des subventions qui leur sont allouées par les communes, à titre simplement facultatif, et quelques autres ressources de peu d'importance [1].

En Angleterre, comme dans tous les pays protestants [2], l'assistance publique a un caractère obligatoire. Elle est organisée dans ce pays par une série de lois dont la première remonte à la reine Élisabeth et dont l'ensemble constitue un véritable monument législatif. Chaque paroisse pourvoit aux dépenses qu'exige cette assistance par un impôt spécial connu sous le nom de *poor-rate* et dont le total s'élève à 200 millions de francs environ [3].

3° Elle doit s'exercer autant que possible dans des *établissements spéciaux* et divisés en catégories diverses suivant les diverses catégories d'indigents :

*a*) Pour les invalides proprement dits, vieillards, enfants, aveugles, etc., dans les *hospices* et *maisons de secours* avec un nombre de places largement suffisant pour les besoins.

*b*) Pour les indigents valides mais sans travail, par des *maisons de travail* où l'entrée et la sortie sont *libres* et, plus

---

[1] Par exemple, quelques menus impôts dont l'État leur attribue le bénéfice, tels que le prélèvement de 10 p. 0/0 exercé sur les recettes des théâtres et représentations publiques.

[2] Au point de vue de la législation sur l'assistance publique, les pays d'Europe peuvent se diviser, en effet, en deux catégories bien tranchées. Tous les pays protestants admettent le principe de l'assistance publique obligatoire, c'est-à-dire inscrite dans la loi : les pays catholiques n'admettent que l'assistance publique facultative. La raison de cette curieuse opposition est toute historique. Les congrégations catholiques, pendant tout le moyen âge, avaient pris à leur charge l'entretien des indigents, et dans les pays où la Réforme s'introduisit, l'État, en s'emparant des biens de ces communautés, en accepta en général les charges, parmi lesquelles celles de l'assistance.

[3] Le nombre des assistés en Angleterre qui avait été en progressant d'une façon inquiétante et avait dépassé 1 million en 1870, est descendu depuis lors à 775,000 ; mais cette diminution doit être expliquée moins par une diminution du paupérisme que par une plus grande sévérité dans la distribution des secours.

spécialement par des *colonies agricoles* où l'on emploie les assistés aux travaux des champs [1].

c) Pour les vagabonds et mendiants qui ne veulent pas travailler, par *des maisons de travail forcé* où ils sont enfermés pendant un temps suffisamment long pour permettre d'exercer sur eux, si possible, une influence morale et régénératrice [2].

d) Pour les indigents temporaires ou de passage, par des *asiles de nuit* et des *fourneaux économiques* où ils trouvent le lit et la nourriture pendant deux ou trois jours.

Cela ne veut pas dire que l'assistance publique doit s'interdire absolument le secours à domicile. Ce mode d'assistance

---

[1] Nous avons écarté le droit au travail, mais il faut évidemment maintenir l'*obligation du travail*, ce qui est tout différent, dans le cas d'assistance à des indigents valides. Seulement il n'est pas aisé de trouver un travail productif et surtout d'astreindre les assistés à l'exécuter. L'Angleterre, qui interne ses pauvres dans les célèbres *workhouses*, les emploie à des travaux qui ont un caractère humiliant par leur inutilité même (par exemple, faire des cordages avec de la filasse et ensuite défaire ces mêmes cordages pour en refaire de la filasse).

La Hollande a obtenu des résultats beaucoup plus satisfaisants avec ses colonies agricoles, fondées par Van den Bosch en 1818. Les indigents y travaillent plus volontiers, ils n'ont pas le sentiment de se sentir emprisonnés, et surtout leur travail est infiniment plus productif, puisque la plupart de ces établissements arrivent à couvrir à peu près leurs frais. En outre, ce qui est le but essentiel de toute assistance, beaucoup de ces indigents arrivent à devenir fermiers et même propriétaires. L'Allemagne a suivi cet exemple en 1883. (Voy. pour plus de détails sur cette institution et sur tous les modes variés d'assistance publique ou privée, un petit livre, *Hospitalité et Travail*, de M. le pasteur Robin.)

[2] La législation française est absurde à cet égard. Le Code pénal considère comme un délit le fait « de n'avoir ni domicile ni moyen d'existence », et les tribunaux condamnent tous les ans à quelques jours de prison près de 100,000 malheureux coupables de n'avoir ni feu ni lieu. La prison leur fournit pour ces quelques jours l'un et l'autre, mais en sortant ils ne peuvent faire autrement que recommencer, et ils passent ainsi leur vie de récidive en récidive, jusqu'à ce que la fréquentation des prisons en ait fait des criminels endurcis. Ce n'est qu'autant que la loi a organisé des asiles pour tous les indigents qu'elle a le droit d'interdire la mendicité et de punir le vagabondage, et elle doit bien se garder en ce cas de les enfermer pour quelques jours seulement, et surtout de les mêler aux criminels de profession.

présente même de grands avantages, notamment d'être beaucoup moins dispendieux et de ne pas briser la vie de famille par une séparation forcée. Mais une administration publique est en général incapable d'exercer ce genre d'assistance avec discernement et l'expérience prouve qu'entre ses mains il favorise les pauvres indignes et surtout tend à en multiplier le nombre dans des proportions indéfinies. Ceci nous amène précisément à la dernière règle [1].

4° Dans les cas où l'assistance publique doit distribuer des secours à domicile, elle doit, autant que possible, s'aider de l'assistance privée, en recourant, pour les enquêtes à faire et même pour les distributions de secours, aux bonnes volontés individuelles. Des agents désignés d'office par le préfet, comme ceux qui composent nos bureaux de bienfaisance, ou même élus par des commissions comme ceux qui sont chargés de ces fonctions en Angleterre, n'égaleront jamais les volontaires de la charité. C'est justement cette alliance heureuse de l'assistance publique et de la charité privée qui fait la supériorité du fameux système d'Elberfeld [2].

---

[1] En Angleterre, à la suite d'une enquête célèbre faite en 1834, on avait absolument abandonné le système des secours à domicile (*out door*) et imposé comme condition absolue l'internement dans le *workhouse;* mais on s'est peu à peu relâché de cette rigueur. Nous avons déjà dit que nos bureaux de bienfaisance, au contraire, ne sont organisés que pour les secours à domicile.

[2] Nous ne pouvons entrer ici dans les détails de ce système modèle. Voy. dans la *Revue d'économie politique,* 1887, *Le système d'Elberfeld,* par M. St Marc.

Le secours à domicile doit être en tout cas soumis à une double condition :

1° *Ne jamais être donné en argent* mais en nature, par exemple sous forme de bons de fourneaux économiques, ou sous forme d'objets achetés par celui même qui distribue les secours.

2° *Ne jamais avoir lieu sans enquête préalable.* Et cette enquête elle-même, pour être bien faite, suppose la création d'une agence de renseignements spéciale. Il en existe une à Paris due à l'initiative privée qui rend les plus grands services.

# III.

## SI LE PAUPÉRISME TEND A AUGMENTER ?

C'est une question très discutée que celle de savoir si le nombre des indigents, ou, comme l'on dit, « le paupérisme » tend à augmenter. Comme on peut le penser, l'école socialiste répond par l'affirmative ; elle considère comme un fait démontré que les riches deviennent toujours plus riches et les pauvres toujours plus pauvres. L'école optimiste au contraire le nie et démontre par les statistiques, notamment celles de l'Angleterre, que le nombre des pauvres tend à diminuer. Les statistiques en cette matière n'ont que peu de valeur, rien n'étant plus élastique que l'indigence. Pour répondre à cette question, reportons-nous plutôt aux différentes causes du paupérisme que nous avons signalées, et essayons de déterminer dans quel sens elles agissent. Rappelons que nous avons divisé les indigents en trois catégories : ceux qui ne peuvent travailler par suite de faiblesse ou d'infirmités, ceux qui ne le peuvent pas par suite de manque d'ouvrage, et ceux qui ne le veulent pas.

En ce qui concerne la première catégorie d'indigents, il semble que les progrès de l'hygiène et de la science devraient réduire le nombre de ceux qui sont atteints d'infirmités incurables ou du moins mettre certains d'entre eux, par exemple les aveugles et les sourds-muets, en mesure de se livrer à des travaux productifs. Mais d'autre part certaines causes, et notamment l'alcoolisme, tendent à accroître dans une proportion effrayante le nombre des aliénés. Les naissances des enfants naturels, qui constituent une cause très active de paupérisme, tendent aussi à augmenter.

En ce qui concerne la seconde catégorie, il ne saurait y avoir de doute : le chômage qui résulte des inventions mécaniques ou de l'excès de production, les crises économiques qui résultent de l'évolution de la grande production et de la concurrence internationale, sont évidemment des phénomènes caractéristiques de notre temps et inconnus à nos pères.

En ce qui concerne la troisième catégorie, il semble au contraire que les progrès de l'éducation publique, le sentiment grandissant de la dignité humaine et les mœurs plus sédentaires de la vie civilisée, devraient faire disparaître progressivement ces habitudes de paresse, de vagabondage et de maraude, qui tenaient une si grande place dans les sociétés du moyen âge ou celles de l'antiquité, ou encore aujourd'hui dans les pays d'Orient. Et pourtant cette espérance ne paraît pas confirmée par les faits. Le nombre des vagabonds et des mendiants est énorme dans nos sociétés civilisées et ne paraît nullement diminuer [1].

Tout bien pesé, nous sommes donc tentés de conclure que les causes qui tendent à développer le paupérisme dans nos sociétés modernes sont plus actives que celles qui tendraient à le réduire. Nous n'en conclurons pas cependant que le paupérisme est destiné à se perpétuer et à s'aggraver indéfiniment. A moins de désespérer absolument de l'avenir de l'espèce humaine, il faut croire que quelques-unes au moins des causes que nous venons d'énumérer et les plus actives, s'atténueront avec le temps. Le paupérisme qui tient à des causes individuelles et naturelles, telles que la faiblesse de l'âge, les maladies, les infirmités physiques et morales, pourra disparaître par un système d'assurances bien organisé, — mais le paupérisme qui tient à des causes générales et économiques ne pourra disparaître que par une modification de l'ordre social actuel.

---

[1] Sur 120 à 130,000 condamnés annuellement par les tribunaux, on compte plus de 30,000 vagabonds ou mendiants. On estime qu'à Paris il y a environ 8,000 personnes chaque soir qui couchent dans les carrières ou sous les arches des ponts.

# APPENDICE.

## LES FINANCES PUBLIQUES.

———

## I.

### LES DÉPENSES PUBLIQUES.

L'accroissement continu des dépenses publiques est un des faits les plus caractéristiques de notre temps. Au commencement du siècle et jusque vers 1830 le budget des dépenses ne dépassait guère 1 milliard ; il atteint aujourd'hui 3 milliards 1/2 : en moins d'une vie d'homme, il a donc plus que triplé[1] et, si l'on ajoute les dépenses des communes et des départements, il dépasse de beaucoup 4 milliards. Il est vrai que l'augmentation générale de la richesse et la diminution de valeur de l'argent expliquent en partie ce phénomène. Mais ces causes ne suffisent pas pour rendre compte de l'énorme

———

[1] Voici, d'après un tableau que nous empruntons, en l'abrégeant, à l'excellent précis de statistique de M. de Foville, *la France économique*, les accroissements successifs du budget de la France depuis Saint Louis.

| | | |
|---|---|---|
| Saint Louis (1243)............. | 3,7 millions de francs. | |
| François Ier (1515)............. | 72,8 | — |
| Henri IV (1607)............. | 90,8 | — |
| Louis XIV (1683)............. | 226 | — |
| Louis XVI (1789)............. | 475 | — |
| Napoléon Ier (1810)............. | 1,007 | — |
| Louis Philippe (1840)......... | 1,363 | — |
| Napoléon III (1869) .......... | 1,904 | — |
| République (1893, projet)..... | 3,500 | — |

accroissement des dépenses publiques. Il faut en chercher d'autres[1].

1° La première est *le développement de l'esprit militaire* avec toutes ses conséquences, la guerre d'abord et la paix armée qui coûte autant que la guerre. Sur les 3 1/2 milliards de dépenses de l'État que nous venons d'indiquer, près des deux tiers sont consacrées à payer les frais des guerres passées ou les préparatifs des guerres futures. Le budget de la guerre et de la marine en France, en y comprenant les pensions militaires, atteint un milliard environ. D'autre part, la presque totalité des arrérages ou intérêts de notre dette publique, qui représentent 1,200 millions par an, viennent d'emprunts faits pour payer des frais de guerre ou des indemnités de guerre. Si quelque habitant de la lune, voire même de Mars, descendu sur notre planète, constatait qu'un pays civilisé comme la France est obligé de dépenser 1 milliard par an pour assurer sa sécurité, il la plaindrait, sans doute, d'être entourée de peuples aussi barbares : mais s'il constatait que ces autres pays qui prétendent à bon droit être tout aussi civilisés que la France, se croient obligés de faire de leur côté presqu'autant de sacrifices pour se défendre contre elle, sa stupeur sans doute serait sans bornes.

Les pays neufs d'Amérique ou d'Australie, grâce à ce fait qu'ils n'ont pas de voisins ou qu'ils n'ont, heureusement pour eux, que des barbares, n'ont à supporter de ce chef que des charges insignifiantes, et il est impossible, comme on l'a fait remarquer avec juste raison, que cette inégalité énorme dans les charges ne finisse pas par leur créer une supériorité écomique tout à fait décisive sur nos pays d'Europe.

2° La seconde est *l'extension graduelle des attributions de l'État.* Toute dépense publique correspond, en effet, à une

---

[1] Voyez sur cette question et sur les autres causes plus spéciales que nous ne pouvons étudier ici, le petit livre de M. Wuarin, professeur à Genève, *Le contribuable ou comment défendre sa bourse.*

certaine fonction de l'État. Or, on voit se manifester par tout pays, sans en excepter même le pays du *self-help*, l'Angleterre, une tendance de plus en plus marquée à élargir les attributions de l'État, non seulement en développant dans des proportions considérables certains services publics, tels que ceux de l'instruction publique ou des travaux publics, mais encore en créant des ministères nouveaux ou tout au moins de grands départements ministériels, tels que l'agriculture, le commerce, le travail (surveillance des manufactures au point de vue de l'observation des lois qui limitent le travail ou qui prescrivent certaines mesures de sécurité, publication de documents statistiques relatifs au travail, tels que les belles publications des *Bureaus of Labor* des États-Unis), l'assistance publique, l'hygiène publique (logements insalubres, préservation des épidémies, falsification des denrées alimentaires).

Il va sans dire que cette extension progressive des attributions de l'État doit se traduire par un accroissement proportionnel des dépenses publiques. Toutefois, cette cause peut se justifier beaucoup plus aisément que la première. Il est naturel et légitime que les dépenses d'intérêt collectif aillent en grandissant au fur et à mesure que l'organisation sociale se développe et que les hommes prennent une conscience plus claire de la solidarité qui les unit. Sans doute cette extension des attributions de l'État deviendrait dangereuse du jour où elle briserait le ressort des énergies individuelles, mais il ne semble pas que dans nos États modernes ces justes limites, dans lesquelles doit se renfermer l'action des pouvoirs publics, aient été dépassées (Voy. ci-dessus, p. 28). Les fonctions de l'État, en effet, dans presque tous les pays civilisés, se réduisent aux suivantes :

1° Faire régner l'ordre et la justice au dedans (ministères de l'*intérieur* et de la *justice*);

2° Assurer la sécurité à l'extérieur (ministères des *affaires étrangères*, de la *guerre* et de la *marine*);

3° Aider au développement intellectuel et moral de la société (ministères de l'*instruction publique*, des *cultes* et des *beaux-arts*) ;

4° Développer les forces productives du pays (ministères des *travaux publics*, des *postes et télégraphes*, de l'*agriculture*, du *commerce*).

On ne voit pas quelle est celle de ces fonctions publiques que l'on voudrait retrancher de cette liste : on en voit au contraire bon nombre que l'on pourrait ajouter, par exemple, celles que nous indiquions tout à l'heure, *travail*, *assistance publique*, *hygiène publique*.

En tout cas il serait injuste de faire retomber sur le socialisme d'État, comme on l'appelle, la plus grande part de responsabilité dans l'aggravation énorme des charges publiques. Si du chiffre total des dépenses de l'État qui est de 3 1/2 milliards, on retranche le milliard de la guerre et de la marine, le milliard de la dette publique qui se rattache aussi pour la plus grande part, comme nous l'avons fait observer, à la guerre, — si l'on retranche aussi les 4 ou 500 millions que coûte la perception des impôts, il ne reste qu'un milliard de dépenses publiques à répartir entre les divers ministères. Si l'on songe que le revenu total de la France est évalué à 20 ou 25 milliards, il ne paraîtra pas excessif qu'elle consacre 4 à 5 p. 0/0 de ce revenu à des dépenses d'intérêt collectif[1].

## II.

### LES REVENUS PUBLICS.

A la différence des simples particuliers qui sont bien obligés de régler leurs dépenses sur leurs revenus, l'État d'ordi-

---

[1] Il est vrai qu'il faut ajouter 8 à 900 millions pour les dépenses des communes et des départements, qui sont aussi des dépenses d'intérêt collectif, ce qui élève la proportion à 8 ou 9 p. 0/0.

naire règle ses recettes d'après ses dépenses. Puisque, pour remplir ses diverses fonctions, il a besoin de 3 milliards 1/2 environ, c'est 3 milliards 1/2 qu'il demandera aux contribuables. Le droit qu'il a de le leur demander est incontestable, parce qu'il est juste et indispensable que dans toute société chacun supporte sa part des dépenses qui ont un intérêt général [1].

Mais ce n'est pas une chose facile que de faire suer à un peuple avec les impôts des communes et des départements, plus de 4 milliards, ce qui représente plus de 100 fr. par tête de Français. Tout l'art des hommes d'État et des financiers a consisté jusqu'à ce jour à découvrir des sources de revenus publics qui fussent aussi peu onéreuses que possible pour le contribuable et qui même, si possible, pûssent passer inaperçues. Aujourd'hui, comme nous le verrons tout à l'heure, on tend à procéder en vertu d'un principe tout différent.

Voici donc quelles sont les différentes sources de revenus publics auxquelles on va puiser.

### § 1. — Revenus domaniaux.

Si l'État avait comme un simple particulier des biens qui lui fussent propres, il pourrait pourvoir aux dépenses publiques avec les revenus de ses biens et par là n'avoir pas besoin de rien demander au contribuable : il se suffirait à lui-même. Ne serait-ce pas beaucoup plus commode?

---

[1] La théorie économique de l'impôt comprend deux grandes questions. La première est celle de savoir *à quel titre* l'impôt est perçu : si on le doit considérer comme le prix d'un service rendu par l'État ou comme une dette de l'individu vis-à-vis de la collectivité. — La seconde, célèbre sous le nom de théorie de *la répercussion*, est celle de savoir qui est effectivement frappé par l'impôt : ce n'est pas toujours en effet celui qui doit le payer légalement : le plus souvent, au contraire, celui-ci le rejette sur d'autres (le propriétaire de maison rejette l'impôt foncier sur ses locataires, le marchand rejette l'impôt des patentes sur ses clients, etc.). Voy. pour es difficiles questions, Cauwès, *op. cit.*, pp. 265, 415, Mazzola, *Dati cientifici delle finanze,* Seligman, *On the shifting and incidence of axation,* avec une bibliographie très étendue du sujet.

Cette situation a été réalisée en partie sous le régime féodal et l'est encore aujourd'hui dans les sociétés à demi barbares où la fortune du souverain ne se distingue guère de la fortune de la nation. Les princes souverains de l'Inde, tout comme le faisaient les anciens rois de France, vivent en grande partie et entretiennent leurs armées sur les revenus de leurs domaines. Mais dans les pays civilisés le domaine de l'État depuis longtemps dilapidé est réduit en général à peu de chose. En Prusse cependant et dans les États de l'Allemagne, l'État retire encore de ses domaines (qui ne comprennent pas seulement des forêts, mais des fermes, des mines, des usines, etc.), des revenus de plusieurs centaines de millions. En France, il ne lui reste guère que les forêts et un grand nombre de monuments improductifs[1]. Le domaine privé de l'État représente cependant un capital considérable, 4 milliards environ (sans compter la nu-propriété des chemins de fer), et le domaine des départements et des communes presque autant. Mais la plus grande partie ne rapporte rien en argent, étant affectée à des services publics. Le tout donne en revenu brut une cinquantaine de millions, mais qui se réduit de moitié si l'on tient compte des dépenses : ce n'est donc qu'une goutte d'eau dans le budget.

Si la théorie de la nationalisation du sol (Voy. p. 496), devait recevoir un jour quelque application, si par exemple les pays nouveaux se réservaient dorénavant la propriété des terres publiques et ne les concédaient aux individus qu'à titre

---

[1] Il y a des pays dans lesquels l'exploitation des lignes télégraphiques est entre les mains de compagnies privées : il en est d'autres, au contraire, ainsi en Allemagne, dans lesquelles l'État exploite la presque totalité des lignes ferrées et même des mines.

On a proposé récemment à l'État de prendre en main une exploitation commerciale qui ne devait pas lui rapporter moins d'un milliard par an, à savoir la vente de l'eau-de-vie. Ce projet, dont l'auteur est M. Alglave, professeur de science financière à la Faculté de Paris, a été écarté en France ; mais la Suisse est entrée dans cette voie.

temporaire, on pourrait voir se reconstituer dans l'avenir des revenus domaniaux considérables qui permettraient à l'État d'abolir tout ou partie de ses impôts, et c'est là précisément un des arguments invoqués en faveur de ces systèmes.

## § 2. — Bénéfices provenant d'industries et monopoles.

Pour que l'État pût se suffire à lui-même, il ne serait pas indispensable qu'il eût des domaines et vécût en propriétaire rentier; on peut supposer aussi qu'il fonde une industrie ou un commerce lucratif et gagne ainsi sa vie comme un simple particulier.

Cette branche de revenus, à la différence de la précédente, a une importance très considérable et qui tend à grandir de jour en jour en raison même du développement du socialisme d'État. En France, notamment, l'État exerce les industries les plus variées : il fabrique la monnaie, le tabac, la poudre, les allumettes, les cartes à jouer, des porcelaines (Sèvres), des tapis (les Gobelins) : il est imprimeur (Imprimerie Nationale), journaliste (*Journal officiel*); il exploite un réseau de chemin de fer (chemin de fer de l'État)[1]; enfin on sait que c'est lui qui se charge de l'expédition de toutes les correspondances postales, télégraphiques et téléphoniques. Le tout réuni donne un produit brut de plus de 750 millions, mais comme il y a naturellement des frais très considérables, le produit net est de beaucoup inférieur et ne dépasse guère 350 millions. Beaucoup de municipalités tirent des ressources considérables (notamment aux États-Unis, en Belgique) d'entreprises d'éclairage, d'eaux, de forces motrices, de tramways, qu'elles exploitent directement.

Cette catégorie de revenus a-t-elle l'avantage, comme les

---

[1] Et il est l'héritier désigné de toutes les grandes Compagnies de chemins e fer de France, héritage colossal qui doit lui échoir vers le milieu du rochain siècle, s'il ne l'a pas mangé par anticipation d'ici là.

revenus domaniaux, de dispenser le contribuable de tout sacrifice? Il faut distinguer : si l'État ou la commune ne fait
pas d'autres bénéfices que ceux que pourrait faire un simple
particulier, il n'y a, en ce cas, aucun impôt. Mais si l'État
profite de sa situation de monopole pour vendre à des prix
très supérieurs au prix de revient, en ce cas le supplément
de prix que doit payer le consommateur constitue évidemment
un impôt déguisé. Dans certaines de ces exploitations qui ont
un caractère d'utilité publique, comme celle des postes, par
exemple, l'État ne cherche pas à gagner : quelquefois même,
comme aux États-Unis, il est en perte. Dans d'autres qui n'ont
pas ce caractère (tabac, alcool), l'État, au contraire, tire de
son monopole tout ce qu'il en peut tirer en élevant les prix
de vente au maximum[1].

### § 3. — Taxes sur les objets de consommation.

Les revenus tirés du domaine ou des industries de l'État
ne représentant, dans l'organisation économique actuelle
qu'une petite part, 11 ou 12 p. 0/0 environ en France, il faut
chercher une autre source de revenus. On en a trouvé depuis
longtemps une très importante en frappant de droits certaines
marchandises. Ceci est bien un impôt ou plutôt une *taxe*, car
en somme il faudra bien que le consommateur le paie sous
la forme d'un supplément du prix, mais il a le double avantage : 1° d'être *dissimulé* dans le prix même de la marchandise, ce qui fait que le consommateur ne le sent pas; bien
rares ceux qui en achetant 1 kil. de sucre à 1 fr. peuvent
dire quelle est la part d'impôt qui est comprise dans le prix
(aussi les appelle-t-on en France *contributions indirectes*);
2° d'être en quelque sorte *facultatif*, en ce sens qu'on ne le
paie qu'autant qu'on achète la marchandise imposée et qu'au

---

[1] Le tabac en France donne 378 millions de produit brut sur lesquels
305 de produit net.

bout du compte on est libre de ne pas l'acheter du tout ou de ne l'acheter qu'en telle quantité que bon vous semble.

Il faut ranger dans la même catégorie les *droits de douane* qui ne diffèrent en rien des contributions indirectes ; ils paraissent même avoir cette supériorité de faire payer l'impôt non point aux nationaux, mais aux étrangers ; si c'était vrai, ce serait assurément l'idéal des impôts, malheureusement nous avons vu qu'il n'y avait là qu'une illusion (Voy. p. 291).

Les contributions indirectes, en y comprenant les douanes, figurent dans les budgets de tout pays pour une somme considérable, et dans celui de la France pour une somme de plus d'un milliard, soit près du tiers du budget. Les principaux articles sont les alcools, vins et boissons, les sucres (indigènes ou coloniaux), le sel, le café, le pétrole.

## § 4. — Taxes sur les actes.

Le nombre des marchandises que l'on peut frapper est assez limité, car il faut à la fois qu'elles soient d'une grande consommation, pour offrir une base suffisante à l'impôt, et qu'elles ne soient pas indispensables à l'existence, pour ne pas donner à l'impôt un caractère trop injuste. Alors, au lieu de frapper les marchandises, on a eu l'idée de frapper certains actes de la vie, tels que les successions, les aliénations, les paiements, les procès, etc., sous la forme de droits d'*enregistrement*, de *timbre* et de *greffe*. Ces impôts aussi présentent cet avantage au point de vue fiscal de ne frapper qu'indirectement le contribuable, ou du moins de ne le frapper qu'au moment où il le sent le moins : — celui qui recueille un héritage, surtout s'il n'y comptait pas, peut sans trop de regrets en abandonner une partie à l'État : celui qui achète une terre, sachant d'avance le montant des droits de mutation qu'il aura à payer, calcule son prix d'achat en conséquence : le timbre de 0 fr. 10 centimes perçu sur toute quittance au-dessus de 10 fr. ne gêne ni l'acheteur parce que c'est le marchand d'ordinaire qui le paie, ni le marchand parce que celui-ci augmente son prix en conséquence, etc. Cependant ces droits ont de graves inconvénients au point de vue économique, tout particulièrement les droits de mutation (Voy. p. 499, note 2).

Ils figurent dans le budget de la France pour une somme considérable : près de 700 millions, plus du 1/5 du budget. Les principaux de ces droits sont les droits sur les successions, les ventes et les donations.

## § 5. — Impôts directs.

Les diverses catégories de revenu public que nous venons de passer en revue ne fournissent guère tout compte fait, plus de 3 milliards, or nous savons qu'il en faut 3 1/2. Il faut donc en finir par nous attaquer directement au contribuable lui-même par un impôt personnel et nominatif.

Ici il n'y a plus de déguisement : l'État réclame au contribuable une somme déterminée et, en cas de refus de payement, procède contre lui par les voies ordinaires d'exécution. Aussi est-ce de toutes les catégories d'impôts celle qui paraît la plus lourde pour le contribuable et la plus vexatoire, et les gouvernements qui craignent l'impopularité évitent-ils autant que possible d'y recourir. Quand après la guerre de 1870, par exemple, il a fallu trouver en France 700 millions par an de ressources nouvelles, la presque totalité a été demandée aux contributions indirectes.

Mais tout annonce qu'un changement radical est en train de se faire dans les esprits et, chose curieuse, c'est le souci même de la popularité qui pousse les gouvernements de nos jours à réduire les contributions indirectes pour demander la plus grande partie et au besoin même la totalité des revenus publics à l'impôt direct ! Voici l'explication de ce singulier revirement. On se préoccupe aujourd'hui beaucoup moins de

chercher l'impôt le plus productif ou le moins vexatoire que
de chercher l'impôt le plus conforme à la justice : on tend
même à chercher dans l'impôt moins un moyen de procurer à
l'État les ressources nécessaires, qu'un moyen de corriger l'i-
négale répartition des richesses : en un mot on se place au
point de vue social plutôt qu'au point de vue fiscal. Or à ce
point de vue l'impôt direct présente sur tout autre mode de
contribution une supériorité incontestable [1] : il est le seul, en
effet, à raison même de son caractère personnel, qui permette
de répartir les charges proportionnellement à la situation de
fortune des contribuables, le seul qui permette de faire payer
aux riches plus qu'aux pauvres. Sans doute, même pour les
contributions indirectes, un homme riche aura à supporter
d'ordinaire une plus forte charge qu'un homme pauvre, par
cette raison toute simple qu'un homme riche consomme davantage : mais enfin il est clair qu'un homme qui jouit de
100,000 fr. de rente ne consomme pas cent fois plus de sel,
ni même cent fois plus de sucre ou de vin [2] qu'un ouvrier
qui gagne 1,000 fr. par an, surtout si l'on suppose que cet
ouvrier a une nombreuse famille.

La forme la plus naturelle de l'impôt direct, c'est l'impôt
*proportionnel sur le revenu.* Si l'on pouvait déterminer exac-

---

[1] Au point de vue moral et politique d'ailleurs, le caractère personnel
et désagréable de l'impôt direct doit être considéré comme une supériorité. Il est bon, en effet, il est indispensable même que chaque citoyen
dans un pays libre sente directement et de façon à ne pouvoir l'ignorer
les conséquences et le contre-coup de chaque dépense faite par l'État,
c'est-à-dire par les représentants qu'il a nommés : c'est le meilleur moyen
de faire son éducation politique.

[2] Il est bien possible qu'il *dépense* cent fois plus en vin que l'ouvrier,
parce qu'il en boit de meilleur, mais nous disons seulement qu'il n'en
*consomme* pas davantage. Or, les droits en général ne sont pas proportionnels à la *valeur* des objets consommés, mais seulement à leur *quantité :* le vin de Château-Laffite ne paie ni plus ni moins de droits que le
vin de cabaret, et si injuste que paraisse cette égalité-là, on ne voit guère
le moyen pratique de faire autrement, à moins d'autoriser les contrôleurs
des contributions indirectes à déguster chaque barrique avant de la taxer.

tement le revenu de chaque citoyen, il suffirait de calculer par
une simple opération d'arithmétique quel est le tant pour cent
qu'il faut prélever sur ce revenu pour suffire aux dépenses
publiques et l'on aurait ainsi, semble-t-il, un système fiscal
d'une simplicité parfaite et d'une justice irréprochable[1].

Malheureusement quand on en vient à l'application, on
s'aperçoit que cet impôt général sur le revenu ne serait ni
aussi simple ni même aussi juste qu'on pourrait le penser. Il
est en effet extrêmement difficile de déterminer exactement le
revenu de chacun : si l'on s'en remet pour cela à la déclaration des contribuables, il est fort à craindre que les gens
honnêtes ne paient pour ceux qui ne le sont pas, ce qui ne
sera pas précisément conforme à la justice; si l'on procède à
des investigations sur la fortune de chacun, il faudra, pour
pénétrer ainsi dans le secret de la vie privée, employer
des mesures singulièrement vexatoires et qui peuvent devenir

---

[1] Ce principe cependant est loin d'être accepté sans discussion : il rencontre deux classes d'adversaires.

Les uns disent que l'impôt doit être établi non sur le revenu, mais sur le
*capital.* — Cette idée peut être acceptée pour certaines richesses qui ne
produisent pas de revenus (châteaux, galeries de tableaux, diamants, etc.),
mais elles sont de peu d'importance. Mais étendue à la généralité des richesses, cette idée est tout à fait illogique par la raison bien simple que
pour la plupart des richesses, terres, maisons, valeurs mobilières, *la valeur du capital n'est déterminée que par le montant du revenu :* il
est donc bien plus simple de frapper directement le revenu. On dit, il est
vrai, que le capital, ne représentant que la richesse déjà créée, doit être
frappé de préférence au revenu qui représente la richesse en voie de
formation. Il nous paraîtrait au contraire tout à fait injuste de dispenser
d'impôt les gains d'un avocat ou d'une cantatrice, par exemple, alors
même qu'ils n'auraient point de capital ; et il est facile du reste de donner
satisfaction à ce qu'il peut y avoir de fondé dans cette critique, en taxant
les revenus du capital à un taux plus élevé que les revenus du travail.

Les autres disent que l'impôt ne doit pas être proportionnel, mais *progressif,* c'est-à-dire que non seulement le montant de l'impôt, mais la proportion de l'impôt doit varier suivant la fortune. Si la proportion moyenne
est de 5 p. 0/0, par exemple, pour un revenu de 10,000 fr., elle devrait être
abaissée à 1 p. 0/0 seulement pour un revenu de 1,000 fr., et relevée au
contraire à 25 p. 0/0 pour un revenu de 100,000 fr. : et la raison qu'on
en donne, c'est que la privation que tout impôt fait subir au contribuable

même odieusement tyranniques. De plus si l'État veut demander la totalité de ses ressources à l'impôt sur le revenu, la
part qu'il devra prélever sur le revenu de chacun sera énorme ;
en supposant par exemple que le revenu total de tous les
Français s'élève à 25 milliards, l'État et les communes pour
se procurer les 4 1/2 milliards qui leur sont nécessaires, devront prélever 18 p. 0/0 sur le revenu de chacun de nous,
soit la septième partie environ. Or le jour où quelqu'un qui a
10,000 fr. de rente devra payer 1,800 fr. à l'État, il aura le
sentiment d'être écrasé. Et encore si l'on dispense de cet impôt, comme on ne manquerait pas de le faire, les classes
pauvres et probablement même toutes les classes salariées, la
part contributive des classes aisées devrait être trois ou quatre
fois supérieure à la proportion que nous venons d'indiquer !

est beaucoup plus lourde pour le pauvre que pour le riche : pour un
homme qui a 100,000 fr. de rente, un impôt de 10 p. 0/0, c'est-à-dire
10,000 fr. de moins, ne sera jamais pris que sur son superflu : pour celui
qui n'a que 1,000 fr. de revenu, un impôt de 10 p. 0/0, c'est-à-dire 100 fr.
de moins, sera pris sur son nécessaire. — L'observation est fondée et on
peut la confirmer par cette autre raison que d'ordinaire les causes sociales
et collectives contribuent davantage à la formation des grandes fortunes
qu'à celle des petites, et que par conséquent il est juste que les premières
paient plus à la société que les secondes : c'est une sorte de dette qu'elles
acquittent. Il n'y a donc pas d'objection de principe contre l'impôt progressif, pourvu qu'il n'ait d'autre but que d'*établir une proportionnalité plus exacte que la simple proportionnalité arithmétique*. Et il
existe du reste dans plusieurs cantons de la Suisse. — Mais si, comme
l'entend l'école socialiste, on prétend faire de l'impôt progressif un instrument de dénivellement pour accabler les classes riches et décharger
complètement les classes qui vivent de leur travail, on ne saurait approu-
ver un semblable plan parce que l'égalisation des conditions n'est pas le
but qu'on doit poursuivre : la mise en coupe réglée de toutes les fortunes qui dépasseraient un niveau arbitrairement fixé pourrait avoir pour
effet de décapiter du même coup l'activité productrice ; — 2° parce que la
décharge de toute contribution aux dépenses publiques pour les classes
salariées, aurait au point de vue politique des conséquences déplorables :
en effet, par suite du suffrage universel ce sont ces classes là, en fin de
compte, qui gouvernent, et le premier principe de tout gouvernement c'est
que celui qui gouverne doit subir la responsabilité de ses actes (Voy. le
livre du professeur Denis de Belgique, l'*Impôt*).

Malgré toutes ces difficultés d'application, l'impôt sur le revenu n'en reste pas moins l'impôt idéal dont il faut chercher à se rapprocher. Il serait prématuré de vouloir demander à l'impôt sur le revenu la totalité des revenus publics, mais il est très juste de lui faire une part et une part grandissante à côté des autres modes de contribution. L'application partielle de l'impôt sur le revenu permettra d'ailleurs de trouver les moyens de surmonter peu à peu les difficultés que nous venons d'indiquer.

Au reste l'impôt sur le revenu existe déjà et fonctionne très passablement dans un grand nombre de pays, notamment en Angleterre (où il a joué un grand rôle sous le nom d'*income-tax*), en Allemagne, en Suisse et en Italie.

En France il n'y a pas *un* impôt général sur le revenu, bien que cette mesure soit à l'ordre du jour; mais, il y a *des* impôts frappant certaines catégories de revenus déterminés. Voici les quatre impôts les plus importa... [1] :

1° L'impôt *foncier*, qui frappe le revenu de toute propriété sur le sol, bâtie ou non. En ce qui concerne la propriété rurale, il a été établi d'après un cadastre général de toutes les terres de France, opération colossale qui a duré quarante ans et qui serait aujourd'hui tout à refaire. Pour les maisons, la statistique de leur nombre et de leur valeur a été faite récemment[1].

2° L'impôt *personnel et mobilier*. C'est celui qui se rapproche le plus d'un impôt général sur le revenu; il frappe bien en effet le revenu général du contribuable : la seule différence c'est qu'au lieu d'être calculé directement d'après le revenu, il est

---

[1] Il y en a quelques autres de peu d'importance, par exemple, sur les chevaux *et les voitures*. Dans d'autres pays, il y en a sur les *domestiques,* c'est-à-dire que chacun est taxé progressivement suivant le nombre de domestiques qu'il a à son service.

[2] Il existait un impôt des *portes et fenêtres,* qui portait spécialement sur les maisons et était calculé principalement d'après le nombre des ouvertures, mais il vient d'être supprimé ou plutôt ajouté à l'impôt foncier sur les maisons.

calculé plus simplement d'après le prix du loyer (ou la valeur
locative présumée pour ceux qui habitent dans leur propre
maison)[1].

4° L'impôt des *patentes* qui frappe toute personne exerçant
une industrie ou un commerce quelconque. Ici encore la différence avec l'impôt sur le revenu proprement dit, c'est qu'il
n'est pas calculé sur le chiffre des bénéfices, mais d'après des
éléments assez complexes (nature de l'industrie, population de
la ville, valeur des locaux occupés, etc.).

5° L'impôt sur *les valeurs mobilières*, de date relativement
récente (il a été créé à la suite de la guerre de 1870), frappe le
revenu de toutes les valeurs mobilières, autres que les rentes
sur l'État, c'est-à-dire les actions et obligations cotées à la
Bourse. La taxe, autrefois de 3 p. 0/0, a été portée en 1891 à
4 p. 0/0[2].

Le tout réuni donne un peu moins de 500 millions.

Nous avons épuisé par là la liste des divers revenus publics[3].
S'ils suffisent, le budget est en équilibre : c'est parfait. Malheureusement il y a presque toujours dans les budgets, en

---

[1] L'impôt personnel et mobilier comprend, à côté de cet impôt général
sur le revenu, un impôt de peu d'importance (de 1 fr. 50 à 4 fr. 50 par
tête) et qui frappe tout citoyen français indistinctement, sans aucun souci,
par conséquent, de la proportionnalité, ce qui d'ailleurs, à raison de sa
modicité, n'a pas grand inconvénient.

[2] Quand les titres sont *au porteur*, ils sont frappés en outre d'un droit
proportionnel à la valeur du titre et destiné à compenser les droits de
transfert.

[3] Nous n'avons parlé que des revenus publics de l'État. Ceux des communes et des départements sont fort importants cependant, puisqu'ils atteignent 900 millions (il y a, il est vrai, quelques doubles emplois avec
ceux de l'État). Les deux sources principales de leurs revenus sont : l'*oc-
troi*, qui donne 280 millions environ (dont la moitié rien que pour Paris)
et les *centimes additionnels*, qui donnent 360 millions. Les centimes additionnels sont un tant pour cent qui est ajouté au principal des quatre
contributions directes et qui est perçu en même temps que ces impôts.
Quant aux octrois, tout le monde sait ce que c'est : ils sont depuis quelque
temps vivement attaqués, à peu près par les mêmes arguments que ceux
que l'on fait valoir contre les contributions indirectes.

dehors des dépenses ordinaires, des dépenses extraordinaires. On y fait face par l'emprunt et ceci nous amène directement à notre troisième chapitre.

# III.

## LA DETTE PUBLIQUE.

Si la plupart des États modernes ne peuvent faire face à leurs dépenses ordinaires[1], à plus forte raison en sont-ils incapables dès qu'il s'agit de faire face à quelque dépense extraordinaire telle qu'une guerre, ou même simplement de grands travaux publics. Ils sont donc obligés en maintes occasions de recourir au procédé usité par tous les gens qui dépensent plus qu'ils ne possèdent, c'est-à-dire à s'endetter. De là l'origine des dettes publiques. Il n'y a pas un seul des pays civilisés qui n'ait aujourd'hui sa dette publique, petite ou grande, et quand un pays barbare fait son entrée dans « le concert des peuples européens », comme on le dit élégamment, c'est d'ordinaire à ce signe qu'on le reconnaît. L'accroissement des dettes publiques a subi une progression bien autrement effrayante encore que celle des dépenses publiques : le total, qui était insignifiant il y a un siècle, est évalué aujourd'hui pour le monde entier à 150 milliards environ.

Entre tous ces États, la France a le privilège peu enviable d'occuper de beaucoup le premier rang, avec une dette publique que l'on peut évaluer au moins à 30 milliards[1]. Les dettes

---

[1] Il est assez difficile, quoique cela puisse paraître très simple au premier abord, d'évaluer exactement le capital de la dette publique. Les rentes *inscrites*, comme on les appelle, se divisent de la façon suivante : 1° — 456 millions de rentes *trois pour cent*, qui, à ce taux de 3 p¹ 0/0, représentent un capital nominal de 15,200 millions ; 2° — 305 millions de rentes *quatre et demi pour cent*, qui, au taux de 4 1/2 p. 0/0, représentent un capital de 6,789 millions ; 3° — 120 millions de rentes *trois pour cent amortissa-*

les plus considérables après la sienne, celles de l'Angleterre et de la Russie, ne dépassent pas 18 milliards.

Voyons comment se forment ces dettes et comment elles s'éteignent.

## § 1. — Des emprunts publics.

Quand un État a besoin d'argent, il fait comme un simple particulier, c'est-à-dire qu'il s'adresse aux capitalistes pour leur emprunter la somme dont il a besoin, en leur promettant un certain intérêt.

Toutefois les emprunts publics présentent avec les emprunts

---

*ble,* qui, au taux de 3 p. 0/0, représentent un capital de 3,998 millions ; — soit en tout, 881 millions de rentes représentant un capital presque exactement de 26 milliards. Telle est la somme dont l'État s'est reconnu débiteur, celle qui est constatée sur les titres même de rente et celle, par conséquent, qu'il devrait payer le jour où il voudrait rembourser le capital (mais nous allons voir qu'il n'est pas tenu de le faire). Nous devons faire remarquer, toutefois, que l'État est bien loin d'avoir *réellement touché et dépensé* cette somme, ayant l'habitude bizarre et dont nous verrons tout à l'heure la raison, d'emprunter toujours au-dessous du pair, c'est-à-dire de ne demander qu'une somme fort inférieure à celle dont il se reconnaît débiteur.

A ces 881 millions de rente perpétuelle, il faut ajouter environ 200 millions d'intérêts qui correspondent à des capitaux remboursables à divers titres, bons du Trésor, dette flottante, fonds déposés par les caisses d'épargne, cautionnements déposés par les fonctionnaires comptables. Mais ce capital est encore plus difficile à évaluer que l'autre, parce que ces intérêts comprennent aussi pour partie le remboursement de ces capitaux sous forme d'amortissement : on ne saurait cependant évaluer ce capital à moins de 4 ou 5 milliards, ce qui nous donne bien le total de 30 milliards. M. Leroy-Beaulieu porte ce total à 32 ou 33 milliards, parce qu'il capitalise les arrérages des pensions civiles et militaires : mais pourquoi, à ce compte, ne pas capitaliser aussi tous les traitements des fonctionnaires pour en ajouter le capital à la dette publique?

Si énorme que paraisse ce chiffre — et ce n'est certes pas nous qui songerions à en contester la gravité — il faut cependant remarquer que le revenu total de la France est évalué à 25 milliards environ et le chiffre total de sa fortune à 200 milliards environ. Or, si l'on suppose qu'un simple particulier, un industriel, par exemple, gagnant 25,000 fr. par an et disposant d'un capital de 200,000 fr., ait contracté pour 30,000 fr. de dettes, personne ne jugera sa situation désespérée ni même menaçante.

que font les simples particuliers trois différences caractéristiques :

1° L'État (comme les villes, les grandes compagnies et tous les établissements qui procèdent par voie d'emprunt public), au lieu de débattre la somme à emprunter et l'intérêt à payer, met en vente des *titres* rapportant un intérêt déterminé et moyennant un prix qu'il fixe à l'avance (mais qu'il ne peut fixer, cela va sans dire, que d'après le taux réel de l'intérêt sur le marché des capitaux, sans quoi il ne trouverait pas d'acheteurs). Par exemple s'il a besoin d'un milliard, il *émet*, c'est le mot consacré, des titres de rente rapportant 5 fr. par an et dont il fixera le prix à un chiffre plus ou moins élevé, suivant la situation de son crédit et suivant qu'il espère que les capitalistes seront plus ou moins empressés à répondre à son appel.

2° L'État emprunte d'ordinaire en *rentes perpétuelles*, c'est-à-dire que le capital de la dette n'est jamais exigible et qu'il se réserve le droit de ne le rembourser que si cela lui convient. On peut être tenté de s'étonner au premier abord que les prêteurs acceptent une semblable clause [1]; mais il suffit de réfléchir que les capitalistes qui prêtent leur argent à l'État ne le font pas avec l'intention de se le faire rembourser, mais pour faire un placement, c'est-à-dire pour se procurer un revenu assuré. Un titre de rente perpétuelle remplit à merveille cette condition, et d'ailleurs si le capitaliste, à un moment donné, veut rentrer dans son argent, rien ne lui est plus facile : il n'a qu'à vendre son titre de rente à la Bourse.

3° L'État emprunte d'ordinaire *au-dessous du pair*, c'est-à-dire qu'il se reconnaît débiteur d'une somme supérieure à

---

[1] Ce mode d'emprunt a une origine historique. Quand les premiers emprunts d'État ont été contractés, au xvi° siècle, on ne connaissait guère d'autre mode de placer de l'argent entre particuliers (le prêt à intérêt étant défendu) que de le placer en *rentes perpétuelles*, c'est-à-dire avec aliénation du capital.

celle qu'il a réellement touchée. Par exemple voici un État qui pourrait facilement emprunter au taux de 5 p. 0/0 : il pourrait en conséquence émettre des titres représentant un capital de 100 fr. et rapportant un intérêt de 5 fr. et les mettre en vente au prix de 100 fr., c'est-à-dire *au pair*. Ce serait assurément le procédé plus simple : quelques pays font ainsi, mais d'ordinaire l'État français s'y prend d'une autre façon. Il émettra des titres représentant un capital de 100 fr. et rapportant un intérêt de 3 fr. seulement : mais il ne peut songer à mettre en vente un pareil titre au prix de 100 fr., c'est-à-dire au pair, car il ne trouverait pas un seul prêteur dans ces conditions : alors, il l'offre au prix de 60 fr., par exemple, — ce qui pour les prêteurs revient au même que l'opération précédente, puisque toucher 3 fr. de rente pour une somme de 60 fr., c'est bien placer son argent à 5 p. 0/0. J'ai tort de dire que cela revient au même pour le prêteur, c'est beaucoup plus avantageux pour lui ; en effet, quoiqu'il n'ait donné que 60 fr., il reçoit en échange un titre dont la valeur nominale est de 100 fr. et dont la valeur réelle pourra atteindre un jour ce chiffre ou du moins s'en rapprocher peu à peu si le crédit de l'État fait des progrès[1].

Mais c'est de la part de l'État qu'on ne s'explique guère une semblable opération, car non seulement elle est étrangement compliquée, mais encore elle paraît absolument ruineuse et ressemble fort à ces emprunts que les fils de famille font à des usuriers, par lesquels ils se reconnaissent débiteurs de 1,000 fr., alors qu'ils n'ont touché en réalité que la moitié ou les trois quarts de la somme ! Toutefois, il faut remarquer que l'État n'étant jamais tenu de rembourser le capital, à raison même de la clause dont nous venons de parler, peu lui importe qu'il soit majoré ou non : la seule

[1] Le 3 p. 0/0 français a touché 100 fr. en 1892 : le 3 p. 0/0 anglais l'a dépassé et le dépasse même aujourd'hui, quoiqu'il ait été réduit à 2 3/4.

chose qui lui importe, c'est que l'intérêt à payer soit le moins
élevé possible : or l'excuse de ce singulier procédé, c'est
justement qu'il permet à l'État d'obtenir des conditions un
peu plus favorables au point de vue de l'intérêt; en effet, il
est probable que le prêteur, *à raison même de la plus-value
qu'il espère pour son titre, se montrera moins exigeant sur
les conditions :* par exemple, même en supposant que le crédit
de l'État ne soit pas au moment de l'emprunt de plus de 5
p. 0/0, l'emprunteur consentira peut-être à payer ce titre de
3 fr. de rente, 70 ou même 75 fr., ce qui ne représenterait
plus qu'un intérêt de 4 p. 0/0. — Néanmoins une semblable
opération doit être absolument condamnée au point de vue
des principes, parce qu'elle a l'inconvénient de rendre pour
l'avenir tout remboursement de la dette impossible ou du
moins ruineux pour l'État et par là même, comme nous le
verrons tout à l'heure, de rendre très difficile toute conversion future.

Voici maintenant de quelle façon l'État fait ses émissions
de rentes. Il a le choix entre trois procédés :

1° Traiter directement avec de grosses maisons de banque
qui lui fournissent l'argent nécessaire à un prix débattu.
C'est le procédé le plus simple et à peu près le seul qui fût
usité autrefois.

2° S'adresser directement au public par une souscription
publique ouverte dans le pays entier à un jour fixé. Ce procédé
presque seul usité en France, surtout depuis le second Empire,
présente les avantages suivants : — de se prêter mieux par
l'étendue du marché à des emprunts de sommes considérables,
par exemple pour les deux emprunts de 2 et de 3 milliards
qu'il a fallu faire à peu de temps d'intervalle pour payer l'indemnité de guerre à l'Allemagne; — de *classer* tout de suite
l'emprunt, c'est-à-dire de faire arriver directement les titres
entre les mains de ceux qui doivent les garder, tandis que les
banquiers ne sont que des intermédiaires qui ne prennent les

titres que pour les revendre avec bénéfice ; — de donner à
ces opérations le caractère un peu théâtral de grandes manifestations patriotiques. Ainsi l'emprunt fait par le gouvernement français après la guerre a été couvert quarante fois et
n'a pas peu contribué à relever le prestige du gouvernement
et le crédit de l'État. — Mais il a cet inconvénient que, justement en vue d'obtenir un succès éclatant, l'État fait en général des conditions trop favorables aux prêteurs et par suite
onéreuses pour le Trésor.

3° Vendre directement les titres à la Bourse, au jour le jour
et au fur et à mesure des besoins. C'est le procédé qu'on a
employé pour les emprunts destinés il y a quelques années à
payer les frais de nos grands travaux publics. Ce procédé a
cet inconvénient, au point de vue politique, d'être en quelque
sorte occulte et de ne pas mettre suffisamment le pays en garde
contre les charges dont on le grève : le public ne s'aperçoit
pas de l'emprunt et c'est justement la raison qui le fait
préférer par les gouvernements en certaines occasions.

### § 2. — De l'extinction des dettes publiques.

L'américain Jefferson disait qu'une génération n'a le droit
de contracter une dette qu'à la condition de la rembourser de
son vivant, c'est-à-dire dans un délai de 30 ou 40 ans; et il
avait parfaitement raison[1], car il est souverainement injuste
qu'une génération puisse rejeter sur toutes les générations à
venir le poids de ses sottises.

Aussi un gouvernement sage devrait-il toujours emprunter
sous la forme de titres *amortissables*, c'est-à-dire en s'engageant à rembourser la totalité du capital emprunté dans un délai approchant de celui que nous venons d'indiquer ou qui en

---

[1] A moins qu'il ne s'agisse d'un emprunt dont les générations futures
sont appelées à bénéficier : construction de chemins de fer, d'écoles, etc.

tout cas ne devrait jamais dépasser un siècle. Si la période de
temps est assez longue, il suffit d'une prime d'amortissement
extrêmement faible (1/2 p. 0/0 du capital, par exemple, ou
moins encore) pour rembourser complètement le capital,
grâce à la merveilleuse puissance de la capitalisation des intérêts[1]. Ainsi donc la charge de l'amortissement n'ajoute que
peu de chose à celle qui résulte de l'intérêt et elle offre l'inappréciable avantage de dégager sûrement l'avenir.

Malheureusement la plupart des États, notamment la
France, ont la déplorable habitude, comme nous l'avons vu,
d'emprunter en rentes perpétuelles. L'habitude est même si
bien prise par le public lui-même que l'essai fait, il y a quelques années, par M. Léon Say, d'un fonds amortissable 3
p. 0/0, n'a pas été goûté et qu'on s'est arrêté[2].

Mais alors même qu'un gouvernement a pris l'habitude
de faire ses emprunts en rente perpétuelle, cela n'empêche
pas qu'il ne puisse et qu'il ne doive travailler à l'éteindre ou
du moins à la réduire progressivement, et il a pour cela deux
moyens[3] : — soit de réduire le *capital* de la dette, ce qui s'ap-

---

[1] On procède de la façon suivante : tous les ans un certain nombre de
titres désignés par le tirage au sort sont remboursés. On s'arrange pour
que ce nombre soit très faible dans les débuts et aille en augmentant au
fur et à mesure que la diminution du capital et la diminution des intérêts,
qui en est la conséquence, permet de disposer de sommes plus considérables.

[2] Il est assez piquant de voir ce même État qui s'arroge ainsi le droit
d'emprunter en rentes perpétuelles, défendre aux communes et aux départements, au nom des intérêts des générations futures dont il a la garde,
de recourir à de semblables procédés ! Les départements et les villes ne
peuvent emprunter, en effet, que sous forme d'obligations amortissables
dans un délai déterminé par la loi même de l'emprunt, autrement dit en
s'engageant expressément à rembourser l'emprunt petit à petit par annuités
dans une période de vingt, trente, quarante ans.

[3] On cite quelquefois un troisième procédé, la *consolidation*. Mais la
consolidation n'a nullement pour résultat de diminuer la dette publique,
mais simplement de transformer une dette exigible à court terme en une
dette sous forme de rente perpétuelle et dont le capital, par conséquent,
n'est jamais exigible. En dehors des emprunts en rente perpétuelle, aux-

pelle l'*amortissement*, — soit de réduire les *intérêts* de la
dette, ce qui s'appelle la *conversion*.

1° *Amortissement*. — Le mot d'amortissement n'est peut-
être pas très heureusement choisi, car l'amortissement suppose le remboursement de la dette, comme nous venons de le
voir. Or, l'opération dont il s'agit ici consiste simplement à
acheter à la Bourse au cours du jour un certain nombre de
titres jusqu'à concurrence de la somme dont on dispose pour
l'amortissement, et à les détruire ensuite, soit en les jetant au
feu, soit du moins en les annulant[1]. Il est d'ordinaire beaucoup
plus avantageux pour l'État de procéder de la sorte que de
rembourser les titres, car il serait obligé de les rembourser au
pair, c'est-à-dire de payer une somme égale à leur valeur nominale, tandis que le plus souvent il peut les acheter à la
Bourse au-dessous du pair.

quels il n'a recours que dans les grandes occasions, l'État fait continuellement pour ses dépenses courantes de petits emprunts sous forme de bons
du Trésor, c'est-à-dire de billets remboursables dans un délai de quatre
ou cinq ans : ces bons et autres engagements analogues constituent ce
qu'on appelle la *dette flottante,* qui grossit quelquefois dans des proportions telles que l'État peut se trouver gêné à l'échéance pour tenir ses
engagements. Alors l'État transforme cette dette flottante en dette consoli-
dée (ou, ce qui revient au même, fait un emprunt en rente perpétuelle
pour rembourser la dette flottante) : c'est là ce qu'on appelle la consolidation. C'est un expédient financier quelquefois nécessaire, mais misérable.

[1] On procédait autrefois d'une façon plus compliquée. La somme affectée
tous les ans à l'amortissement était versée dans une caisse spéciale appelée
Caisse d'amortissement. Cette caisse employait bien cette somme à acheter
des titres de rente, mais au lieu de détruire ces titres, elle les conservait
pour en toucher les intérêts qu'elle employait à acheter d'autres titres dont
elle employait encore les intérêts de la même façon. On espérait arriver,
par le jeu de la capitalisation des intérêts, à des résultats prodigieux. En
fait, on n'est jamais arrivé par là qu'à créer une sorte de réserve sur laquelle le gouvernement s'empressait de mettre la main dès qu'il en trouvait l'occasion : c'est précisément ce qui est arrivé en Angleterre. D'ailleurs
l'annulation des titres achetés produit absolument le même effet au point
de vue de la capitalisation des intérêts, sans induire le gouvernement
dans les mêmes tentations.

Cette opération pratiquée avec suite et avec énergie produit rapidement des résultats .considérables[1]; malheureusement elle exige comme condition préalable que le budget se solde en excédent d'une façon régulière et continue : or, le budget de la plupart des États modernes se solde , au contraire , comme nous le savons, en déficit; dans ces conditions, il n'y a pas lieu de songer à l'amortissement et si on le pratique tout de même, comme on l'a fait en France dans ces dernières années, ce n'est qu'une duperie : à quoi sert-il d'amortir d'une main pour emprunter de l'autre?

2° *Conversion.* — Si un État doit renoncer à éteindre le capital de sa dette, cela est fâcheux sans doute, mais enfin on peut s'en consoler, car au bout du compte ce capital n'est qu'une charge fictive, puisque, nous le répétons, il n'est jamais exigible. La seule charge réelle dans la dette publique, parce que c'est celle-là seulement que l'État est obligé de payer, ce sont les intérêts. Réduire les intérêts est donc tout aussi efficace que réduire le capital; mais comment y arriver ?

On peut bien penser, en effet, que le rentier n'acceptera pas bénévolement une réduction dans le taux d'intérêt qui lui a été promis. L'État ne peut non plus le réduire d'office et contre le gré du rentier, car ce serait manquer à ses engagements; ce serait une banqueroute. Le problème semble donc insoluble? — Il se résout, au contraire, très simplement de la façon suivante :

Prenons comme exemple la conversion des rentes 5 p. 0/0 en rentes 4 1/2 qui a été faite en 1884. La rente 5 p. 0/0

---

[1] La dette publique des États-Unis s'élevait après la guerre de la sécession, en 1865, à près de 14 milliards : elle n'est plus aujourd'hui que de 3 milliards 1/2, grâce à l'amortissement, et elle aurait même complètement disparu depuis quelques années déjà, si l'État n'avait pris l'engagement pour une partie de sa dette *de ne pas la rembourser* avant un certain délai.

était au cours de 107 environ, c'est-à-dire qu'elle se vendait
à la Bourse 7 fr. environ au-dessus du pair[1]. Le gouvernement a dit aux rentiers : « Je vous offre le choix entre les
deux partis suivants : ou bien vous allez accepter désormais
un intérêt de 4 1/2 p. 0/0 seulement, — ou bien je vais vous
rembourser le capital que je vous dois, c'est-à-dire 100 fr.
par titre ». Il faut se rappeler, en effet, que si l'État n'est
jamais *obligé* de rembourser le capital de la dette, il a toujours *le droit* de le faire. La double proposition que fait
l'État est donc absolument correcte[2]. Mais que fera le rentier
mis ainsi en demeure d'opter? S'il opte pour le remboursement, il perd sur la valeur actuelle de son titre, puisque son
titre se vend à la Bourse plus de 100 fr.; il perdra probablement aussi sur la valeur future, puisque pour peu que le crédit de l'État se soutienne, ce titre même converti vaudra probablement plus de 100 fr. (en fait il vaut aujourd'hui, juin
1893, 106 fr.). Si encore il avait la certitude de pouvoir placer
les 100 fr. qu'on lui remboursera d'une façon aussi sûre et à
un taux supérieur à 4 1/2, par exemple en fonds d'États de
premier ordre, en obligations de villes ou chemins de fer, peut-
être exigerait-il le remboursement, — mais si le Ministre des
finances sait son métier, il a dû choisir, pour faire cette opération, le moment où les cours sont en hausse et où, par
conséquent, il est impossible de placer son argent en bonnes
valeurs à plus de 4 ou 4 1/2 p. 0/0. Dès lors, puisque d'une
part le rentier ne peut tirer de son argent un taux d'intérêt

---

[1] Elle s'était élevée, quelques années auparavant, jusqu'à 117 fr.

[2] Et qu'on ne dise pas qu'il était dur de la part de l'État de rembourser
à 100 fr. un titre qui valait 107 fr.; il ne faut pas oublier, en effet, que ce
même titre avait été émis par l'État après la guerre de 1870 au cours de
83 ou 84 fr., ce qui revient à dire qu'en offrant le remboursement à 100 fr.
l'État offrait encore 16 ou 17 fr. de plus qu'il n'avait reçu, et que le rentier, par conséquent, touchait 16 ou 17 fr. de plus qu'il n'avait prêté (en
admettant toutefois, que le titre n'eût pas changé de mains dans l'intervalle).

supérieur à celui qu'on lui offre, puisque d'autre part le remboursement le mettrait en perte, il acceptera — de mauvaise grâce, il est vrai, — la réduction d'intérêts. Dans l'exemple que nous avons choisi, celui de la conversion du 5 p. 0/0, quoiqu'elle n'ait pas été faite dans les meilleures conditions, la presque unanimité des rentiers a accepté; or comme les arrérages des rentes 5 p. 0/0 représentaient un total de 340 millions, la réduction d'un dixième sur l'intérêt de chaque titre a procuré une économie annuelle de 34 millions.

L'année prochaine, l'État (il s'était engagé à ne pas opérer de nouvelle conversion pendant dix ans) aura le droit de convertir derechef le 4 1/2 : il pourra offrir non seulement du 4, mais même du 3 1/2 avec la certitude que les rentiers accepteront, car la rente 3 p. 0/0 est cotée à 98 fr. (juin 1893) et par conséquent un titre 3 1/2 p. 0/0 vaudrait 114 fr. Il pourra donc réaliser une économie de 68 millions [1].

Plusieurs pays, notamment les États-Unis et l'Angleterre, ont employé le procédé de la conversion avec une suite et une méthode parfaite. C'est ainsi que l'Angleterre a fini par ne plus payer pour sa dette qu'un intérêt de 2,75 p. 0/0, qu'elle est maintenant en train de réduire encore à 2,50 p. 0/0 [2].

On voit, d'après les explications qui précèdent, que toute conversion suppose comme condition préalable que le fonds d'État que l'on veut convertir est coté *au-dessus du pair*. Aussi longtemps, en effet, que le 3 p. 0/0 est coté au-dessous de 100 fr., par exemple à 98 fr. comme au jour où nous écrivons, il est bien évident que l'État ne peut pas songer à

---

[1] En effet, 1 fr. de réduction sur 4 1/2 représente 68 millions sur 305 millions (chiffre des arrérages des rentes 4 1/2 p. 0/0).

[2] Les gouvernements qui se sont succédé en France ont fait d'assez nombreuses conversions, mais la plupart ont été mal conduites et quelques-unes même ont eu ce résultat incroyable d'accroître le capital de la dette sans diminuer les intérêts! Voy. pour l'histoire et les détails de ces opérations, comme pour toutes les questions indiquées ici, le traité classique de M. Paul Leroy-Beaulieu sur la *Science des Finances*.

mettre les rentiers en demeure de choisir entre un remboursement à 100 fr. ou une réduction d'intérêt : tous s'empres-
seraient de le prendre au mot en choisissant le remboursement, puisque ce remboursement leur donnerait plus que la
valeur réelle de leur titre, — et l'État obligé de rembourser
plus de 15 milliards, — que d'ailleurs il serait fort en peine
de trouver — aurait fait une manœuvre aussi désastreuse que
ridicule.

La conversion suppose aussi comme condition préalable une
hausse générale des valeurs, puisque c'est précisément cette
hausse des valeurs et l'impossibilité de placer son argent à un
taux aussi avantageux que par le passé, qui met le rentier
dans la nécessité d'accepter le taux d'intérêt réduit que lui
offre l'État.

FIN.

# TABLE ALPHABÉTIQUE.

Les noms des économistes ou socialistes classiques sont en caractères **gras** et les pages indiquées sont celles où l'on trouvera leurs principales théories.

Pour les mots où il y a plusieurs pages celles marquées en caractères **gras** sont les plus importantes.

FIN DE LA TABLE ALPHABÉTIQUE.

# TABLE DES MATIÈRES.

---

## NOTIONS GÉNÉRALES.

## LIVRE PREMIER.

### La Valeur.

# LIVRE DEUXIÈME.

## La Production.

## PREMIÈRE PARTIE.

### LES CONDITIONS DE LA PRODUCTION INDIVIDUELLE.

### CHAPITRE I.

### CHAPITRE II.

### CHAPITRE III..

## DEUXIÈME PARTIE.

### LES CONDITIONS SOCIALES DE LA PRODUCTION.

# TROISIÈME PARTIE.

L'ÉQUILIBRE ENTRE LA PRODUCTION ET LA CONSOMMATION.

## CHAPITRE I.

## CHAPITRE II.

## CHAPITRE III.

# LIVRE TROISIÈME.

## La Consommation.

# LIVRE QUATRIÈME.

## La Répartition.

### PREMIÈRE PARTIE.

#### LES DIVERS PRINCIPES DE RÉPARTITION.

### CHAPITRE I.

## FIN DE LA TABLE DES MATIÈRES.

BAR-LE-DUC, IMPRIMERIE CONTANT-LAGUERRE.

www.ingramcontent.com/pod-product-compliance
Lightning Source LLC
Chambersburg PA
CBHW060821220326
41599CB00017B/2246